마르키 드 사드(1740~1814) '샤를 아메데 필리프 반 후'가 그린 19세 때의 사드 초상화. 1760

▲리세 루이 르 그랑 외관(파리)
루이 14세가 후원하여 설립한 '루이대왕학교'로 불리는 중등학교이다. 귀족 가문의 자제인 사드는 큰아버지 에브뢰유의 사드 신부에게서 초기 교육을 받은 뒤 이 학교에서 공부하게 된다.

◀리세 루이 르 그랑 정문

▼리세 루이 르 그랑 교정

라코스트 성 유적 프랑스 남부 프로방스 지방에 있는 사드 집안의 영지에 있는 성. 1767년 새 영주가 된 사드는 이곳을 중심으로 난잡한 행위를 벌이게 된다.

Hôpital-Hospice de MAZAN (Vaucluse)
Ancien Château de Sade Restauré

마장의 호스피스 병원(보클뤼즈) 복원된 옛 사드 영지의 성

30. ARCUEIL-CACHAN
Ancien château du Marquis de Sade — Vue rustique

▲아르쾨유의 '작은 집'
1768년 4월 3일 부활절, 사드는 광장에서 만난 로즈 켈러(창녀)를 이 집으로 데려와 가두고 성적 학대를 했다. 로즈는 탈출하여 이 사실을 폭로했다. 이 사건으로 사드는 리용의 피에르앙시즈 요새에 투옥된다. —'아르쾨유 창녀(거지 여자) 구타사건'

◀《쥐스틴과 쥘리에트》의 판화 부분. 네덜란드. 1797.
요새에서 풀려난 사드는 1772년 마르세유에서 하인 라투르와 함께 네 명의 창녀들에게 최음제가 든 사탕을 먹게 하고 성도착행위를 한다. 그런데 그중 한 명에게 먹인 최음제가 부작용을 일으키면서 독살미수 혐의로 고소당했다. —'마르세유 봉봉사건'

뱅센 감옥 1775년 사드 부부와 함께 난교를 벌인 소년 소녀 부모들의 고발로 사드는 1777년 체포되어 뱅센 지하감옥에 투옥되어 1784년 파리 바스티유로 옮겨지기 전까지 갇혀 지냈다.

〈바스티유 감옥의 함락〉 1789년 7월 루이 16세의 폭정에 분노한 민중들이 봉기하여 전제적인 권력의 상징이었던 바스티유 감옥을 습격했다. 그림의 오른쪽 감옥으로 통하는 도개교 앞에 감옥 총책임자 로네가 체포되어 나오는 모습이 그려져 있다. 1784년 이 감옥으로 이송된 사드는 그 뒤 5년 동안 《소돔 120일》을 비롯하여 많은 작품을 집필한다.

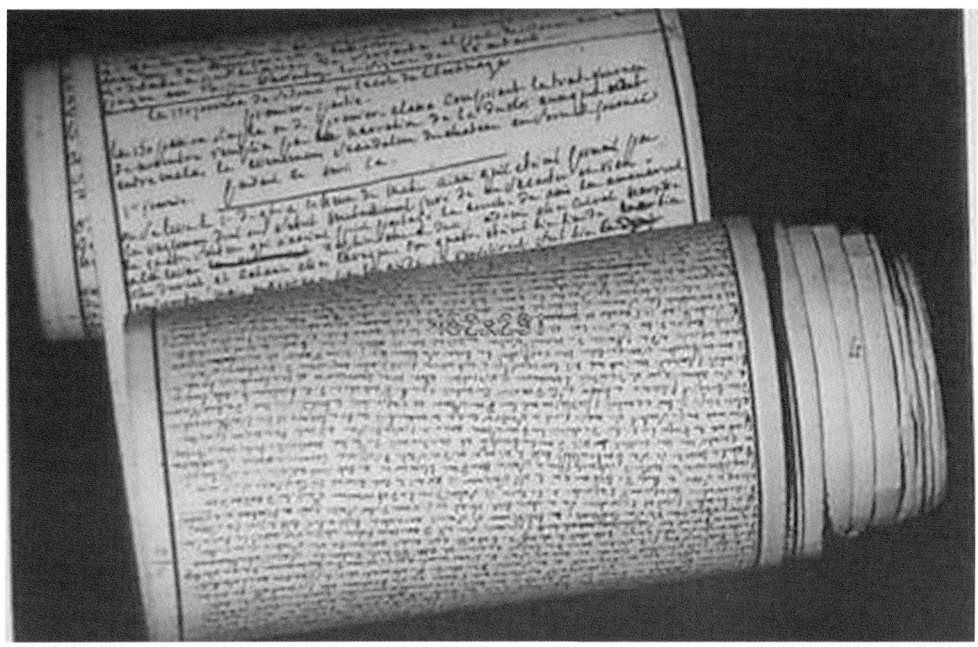

《소돔 120일》 두루마리 원고

나폴레옹 보나파르트(1769~1821) 장 오귀스트 도미니크 앵그르. 1804.
1801년 나폴레옹은 《쥐스틴과 쥘리에트》를 지은 익명의 저자를 체포하라는 명령을 내렸다. 사드는 그의 발행인 사무실에서 체포되어 투옥되었다.

▲ **샤랑통 정신병원**

1801년 또다시 체포되어 감옥생활을 하던 사드는 가족들의 탄원으로 샤랑통 정신병원으로 이송되어 1814년 생을 마친다.
이 병원은 19세기 중반 장 에스퀴롤이 인수해 '에스퀴롤 병원'으로 이름이 바뀌었다. 사드는 병원장 쿨미에의 권유로 1805년부터 죽기 전해까지 정신병 치유 프로그램으로서 극단을 지도하게 된다.

▶ 감옥에 있는 사드 판화. 18세기.

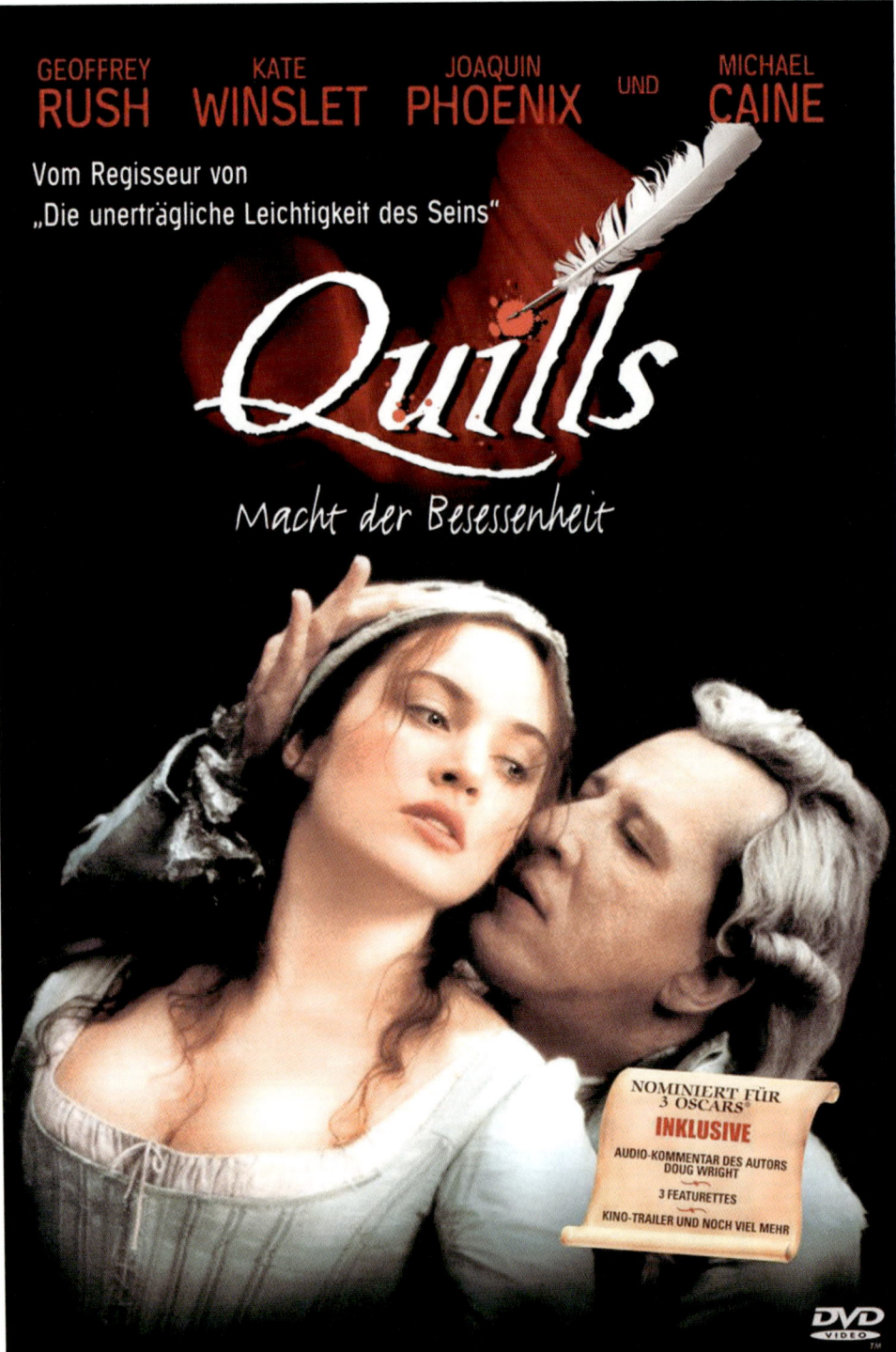

피에르 위젠 비베르(1875~1937, 스위스 화가)가 그린 사드 초상 판화. 1920.

라코스트 성 유적에 있는 사드 기념 동상

《쥐스틴》(1791) 권두화

《신 쥐스틴 또는 미덕의 불행 및 악덕의 번영》(1797) 제10권의 판화

《쥘리에트 또는 악덕의 번영》 표지 미국판

170

Marquis de Sade
HISTOIRE DE JULIETTE OU LES PROSPÉRITÉS DU VICE
악덕의 번영
마르키 드 사드/김문운 옮김

동서문화사

디자인 : 동서랑 미술팀

악덕의 번영
차례

사드를 화형시켜야 하는가 — 시몬 드 보부아르
사드를 화형시켜야 하는가 … 11

악덕의 번영 — 마르키 드 사드
제1부
팡테몽 수도원과 원장 데르벤 부인 … 101
뒤베르제 부인의 매음굴 … 115
대도(大盜) 도르발 … 118
방탕아 노아르슈 … 126
몽돌 노인 및 첫 도둑질 … 141
누명을 쓰게 된 몸종 … 147
노아르슈 부인 살해 … 168
늙은 공작 및 거지 여인 … 183
크레아빌 부인 … 192
가두 살인 … 209
생퐁의 정치학 … 213
생퐁과 크레아빌의 대논쟁 … 221
영화의 극치 쥘리에트 … 236
범죄친구 모임 … 239
쥘리에트 아버지 베르놀 … 267
총애의 실종 및 롤상주 … 298
이탈리아 여행 … 309
아펜니노의 은둔자 민스키 … 317

제2부
피렌체의 레오폴드 대공 … 335
도니 부인 … 347
보르게스 부인 … 361
로마의 대향연 … 369
교황 비오 6세 … 392
대도(大盜) 블리자 테스타 … 410
블리자 테스타의 소년시절 … 421
네덜란드 왕비 소피 … 426
북유럽 비밀결사 … 431
카타리나 여제 … 447
시베리아에서 … 457
나폴리 순례 … 467
나폴리 풍년제 … 481
베수비오 관광 … 496
뒤랑과의 재회 … 505
파리로 돌아와서 … 535
퐁탕주 … 546
쥐스틴의 죽음 및 대단원 … 567

사드의 사상과 문학
사드의 사상과 문학 … 575
사드 연보 … 603

Simone de Beauvoir, 《Faut-il brûler Sade?》
사드를 화형시켜야 하는가
시몬 드 보부아르

사드를 화형시켜야 하는가

"오만하고 걸핏하면 버럭 소리지르고 화를 내며, 모든 일에 극단적인 데다 상상력이 제멋대로이고, 품행이 바르지 못하기로는 어깨를 나란히 할 자가 없으며, 열광적이기까지 한 무신론자, 이것이 나라는 인간이다. 다시 한 번 말하지만 나를 죽이든지 아니면 그냥 이런 사람으로 받아들이기 바란다. 왜냐하면 나는 달라지지 않을 테니까."[*1]

세상 사람들은 사드를 죽이는 길을 선택했다. 처음엔 감옥의 권태라는 뭉근한 불에 태워서, 그 다음은 헐뜯고 잊어버림으로써. 이러한 죽음은 사드 자신이 몹시 바라던 바이기도 했다.

"언젠가 무덤구멍은 덮이고 그 위엔 참나무 열매가 굴러다니리라. 그 뒤엔…… 내 무덤의 흔적이 이 땅에서 사라져버릴 것이다. 내가 죽은 뒤 나의 이름이 세상 사람들의 머릿속에서 지워지는 것이 나의 솔직한 바람인 것처럼……."

사드의 유언 가운데 이 말만이 한 치의 빈틈도 없이 존중되었다. 사드에 대한 일화는 얼토당토않은 전설로 왜곡되고, 그의 이름마저도 사디즘, 사디스트 따위의 엉뚱한 말로 변질되어 버렸기 때문이다. 그의 일기는 사라지고, 육필원고는 불에 탔으며—《플로르벨의 나날들》[*2] 10권은 친아들의 부추김에 손수 태워버리기도 했다—저서는 금서가 되었다. 19세기 끝무렵 스윈번[*3]을 비롯한 몇몇 호사가가 사드의 처지에 관심을 가진 적은 있었다. 그러나 사드가 프랑스 문학사에서 지위를 인정받기까지는 아폴리네르를 기다려야만 했다.[*4] 또한 공식적으로 지위를 얻게 된 것은 그보다 더 뒷날의 일이다.

'18세기의 사상'이라든가 '18세기의 감성'에 대한 정리가 잘되어 있는 방대한 저서들을 아무리 뒤져보아도 사드라는 이름은 전혀 눈에 띄지 않는다. 사드의 광신도들이 이 파렴치한 침묵에 대한 반감에서 사드의 작품이 니체, 스티르나, 프로이트, 초현실주의를 예고하는 것이라며 그를 천재적인 예언자로 떠받들게 된 것도 어찌보면 마땅한 일이다. 그러나 다른 숭배와 마찬가지로 오해 위에 세워진 숭배는 '성 후작'으로 지나치게 떠받든 나머지 오히려 사드를 배신하는 결과가 되었다. 우리가 이해하길 원할 때, 엎드려 절하도록 강요한 것이다.

사드를 극악한 사람이나 우상으로 여기지 않고 하나의 인간, 하나의 작가로 보는 비평가는 다섯 손가락 안에 꼽을 정도이다. 이런 비평가들에 의해 사드는 마침내 지상으로, 우리에게 돌아왔다. 그러나 그의 자리는 어디인가? 우리의 관심을 끄는 가치는 과연 무엇인가? 사드의 찬미자들조차 그의 작품은 대체로 끝까지 읽기가 매우 힘들다고 쉽게 인정한다. 철학적으로 보아도 그 작품이 범상치 않은 것은 지리멸렬을 가장하고 있기 때문일 뿐이다. 그의 음탕함이 놀라운 까닭은 그 음탕함의 독특성 때문이 아니다. 이 영역에서 사드는 어떠한 발견도 하지 않았으며, 정신병리학 학설 가운데 적어도 사드의 것과 비슷할 정도로 독특한 경우는 매우 흔하다. 실제로 사드가 오늘날 우리의 주의를 끄는 것은 작가로서, 그리고 성적으로 이상하기 때문만은 아니다. 바로 그가 이 두 가지 측면 사이에 창조한 관계 때문이다.

사드의 비정상성은 그것을 타고난 성질로서 견뎌내지 않고 자기의 것으로 주장하므로 그가 거대한 체계를 이룩해내는 바로 그 순간에 가치를 드러낸다. 뒤집어 말하면, 그의 글이 풍기는 장황함과 틀에 박힌 하찮은 이야기를 통해 그 특수성이 전달되지 않기를 바라는 듯한 하나의 체험을 사드가 우리에게 전달하려는 것임을 아는 순간, 그의 글을 손에서 내려놓지 못하는 것이다. 사드는 자신의 정신생리학적인 숙명을 하나의 윤리적인 선택으로 바꿔놓으려고 했다. 자신의 분열을 각오한 이 행위를 통해 하나의 예증과 하나의 신호를 만들고자 했다. 그의 모험이 광대한 인간적 의미를 갖는 것은 이 때문이다.

우리의 개성을 부정하지 않으면서 보편성을 향한 우리의 갈망을 만족시킬 수 있을까? 아니면 우리가 스스로를 집단에 통합시키는 일은 오로지 우리 사이의 이질성을 희생함으로써만 가능한가? 이 문제는 우리 모두와 관계된 일이다. 사드를 만나면 이질성은 자칫 파렴치한 죄악이 되고 만다. 그리고 그의 방대한 문학적 산출을 보면 그가 얼마나 열정을 기울여 인간공동체를 받아들이려 노력했는지 알 수 있다. 이 상극은 어떠한 개인도 자기를 속이지 않고서는 피할 수가 없는데, 사드에겐 그것이 가장 극단적인 형태로 나타난 것이다. 사드가 자신의 독특성을 고집한 탓에 인간극(人間劇)을 일반성으로 정의하는 데 있어서 우리에게 많은 도움이 된다는 것은 역설이며, 어떤 의미에선 사드의 승리이기도 하다.

사드의 발견을 이해하고, 이러한 과정 속에서 그의 자유를 파악하며 그의 성공과 실패를 가늠하기 위해선 그가 처했던 상황을 정확히 인식해야 한다. 불행하게도 사드의 전기작가들이 열정을 기울였음에도 사드라는 인물과 경력은 대부분 밝혀지지 않았다. 우리는 사드에 대해 어떠한 초상도 지니고 있지 않다. 그에 대해 동시대인이 남긴 글들도 몹시 빈약하다. 마르세유의 소송증언[5]에 나타난 바로는 32세의 사드는 '수려한 용모에 바짝 긴장한 얼굴로', 키는 보통이며, 회색 프록코트에 금잔화색 반바지를 입고, 모자에는 깃을 꽂고 허리에 칼을 찼으며, 지팡이를 짚고 있었다.

1793년 5월 7일부의 주거증명서에는 53세의 그가 다음과 같이 묘사되어 있다.

"키 162센티, 백발에 가까우며 동그란 얼굴, 벗겨진 이마, 푸른 눈, 평범한 코, 둥근 턱."

1774년 3월 23일부의 인상묘사는 이것과 좀 다르다.

"키 162.3센티, 보통의 코, 작은 입과 둥근 턱, 머리칼은 회색을 띤 금발, 얼굴은 타원형, 이마는 벗겨졌으며 눈은 밝은 파랑."

그는 그 무렵에 이미 '수려한 용모'를 잃은 상태였다. 그보다 몇 년 앞서서 사드는 바스티유 감옥에서 다음과 같은 편지를 보냈다.

"운동을 하지 않아 살이 너무 쪄서 몸도 겨우 움직인다."

1807년 샤를 노디에[6]가 생펠라지 감옥에서 사드와 마주쳤을 때 맨 먼저 놀란 것은 뚱뚱해진 그의 몸집 때문이다.

"움직이지 못할 정도로 몹시 살이 쪄서 그의 몸가짐에 그나마 남아 있는 우아함을 과시하는 것마저 방해될 정도였다. 그렇지만 그의 지친 눈에는 아직도 빛나는 어떤 열기가 있었고, 꺼져가는 불씨의 마지막 불꽃처럼 이따금 번쩍 타오르곤 하는 것이었다."

이런 증언들은 지금 우리가 갖고 있는 유일한 것인데, 독특한 용모를 떠올리기엔 충분하다. 노디에의 이러한 묘사는 노년의 오스카 와일드를 떠올리게 한다고 말하는 사람이 있는가 하면 몽테스키외*7나 모리스 삭스*8를 떠올리게 하기도 한다. 즉 사드에겐 샤를뤼스적인 데가 있다는 몽상을 불러일으키는 것이다. 그러나 이것은 논거가 매우 빈약한 지적이다. 그보다 더 안타까운 것은 사드의 유년시절에 대해 전혀 모른다는 점이다. 발쿠르의 이야기*9를 자전적 묘사로 본다면 사드는 어릴 적부터 원한과 흉포함을 지녔다는 뜻이 된다.

사드와 동갑이었던 루이 조셉 드 부르봉*10 곁에서 자라난 그는 어린왕자의 버릇없고 거만한 태도에 궁정을 멀리해야 했을 정도로 거친 분노를 드러내고 구타를 일삼아 자신을 보호했기 때문이다. 소만의 어두운 성*11이나 에블뤼의 퇴폐적인 수도원*12에서 머문 것이 그의 상상력을 부쩍 키웠음은 의심의 여지가 없다. 그러나 사드의 짧은 교육 기간과 군대생활, 사교계와 방탕하고 안락한 생활에 대해 우리는 의미 있는 것이라곤 전혀 모른다. 그러나 사드의 작품에 드러난 그의 삶을 통해 그 의미를 추론할 수는 있다. 클로소프스키*13가 그 추론을 시도했는데 그는 사드가 어머니에게 품고 있던 증오 속에서 그의 삶과 작품의 열쇠를 찾았다. 그러나 클로소프스키는 이 가설을 사드의 글 속에 쓰여진 어머니의 역할로부터 귀납적으로 추론했다.

다시 말하면 그는 사드에 대한 사상세계를 일부 각도에서 묘사하는 데에만 그칠 뿐, 현실세계에 박혀 있는 그 사상세계의 뿌리를 보여주지 못한다. 실제로 사드와 그의 아버지, 어머니와의 관계의 중요성에 우리가 의심을 품는 것은 선천적이자 일반적 도식에 근거한 것이다. 따라서 그 독특한 속사정을 파고들면 우리는 도저히 그 관계를 파악할 수 없게 된다. 우리가 사드를 발견하기 시작하면 그는 이미 정해진 존재가 되어 있어 그가 어떻게 그런 평가를 받았는지 알 수 없다. 이와 같은 무지가 그의 경향과 자발적 행위에 대한 설명을 가로막는다. 그의 감정적 성질과 성적 본능의 독특성은 직접 확인할 수밖에 다른 방법이 없는 것처럼 보인다. 안타깝게도 이러한 틈이 있으므로 사드의 속내는 언제까지나 알아내지 못하게 된다.

어떠한 설명도 사드의 유년시절 내력만이 밝힐 수 있을 것으로 짐작되는 아쉬움을 뒤에 남긴다. 그러나 이런 한계 때문에 그냥 물러나선 안 된다. 왜냐하면 사드는 자기의 최초 선택 결과를 있는 그대로 받아들이지 않았기 때문이다. 우리는 그 독특성보다는 그가 그것을 받아들인 방식에 관심을 갖게 된다. 그는 자신의 성적 본능에서 하나의 윤리를 만들고, 이 윤리를 문학작품에 드러낸다. 사드가 독창성을 획득한 것은 성인이 된 뒤의 자기 생활에 대한 반성에 의해서이다. 그의 기호(嗜好)의 근거는 여전히 애매한 상태지만 우리는 이 기호를 통해 그가 어떤 식으로 몇 가지 원리를 만들었는지, 또는 왜 이것을 열광적일 정도로까지 지녔는지를 파악할 수가 있다.

겉으로 드러난 바로는 23살의 사드는 그 무렵 양가의 모든 자제들과 다를 바가 없었다. 교양 있고, 연극을 좋아하며 예술을 사랑하고 책을 읽었다. 방탕에 빠져 정부인 라 보부아쟁*14과 함께 밀회 장소로 돌아다녔다. 아버지의 뜻에 따라 소귀족이기는 하지만 부유한 어린 처녀 르네 펠라지 드 몽트뢰유와 사랑 없는 결혼을 했다.*15 그 무렵 그의 일생에 영향을 끼친—또한 되풀이되는—드라마가 폭발했다. 5월에 결혼하여 그해 10월 무렵, 6월부터 드나들던 집에서 저지른 폭행사건으로 사드는 체포되었다. 그 이유는 사드가 형무소 사령관에게 몇 통의 거친 편지를 썼을 정도로 꽤 중대한 것이었다. 편지에서 사드는 익명을 원한다. 그렇지 않으면 청원도 못 해보고 파멸할 거라고 사령관에게 애원한다.

이 일화는 사드의 에로티시즘이 이미 불온한 성격을 띠고 있었음을 예감케 한다. 이 가설을 뒷받침하는 것은 그로부터 1년 뒤, 검찰관 말레가 사드 후작에겐 앞으로 여자를 대어주지 말라고 포주들에게 경고장을 보낸 사실이다. 그러나 이 검찰관에 대해 흥미로운 점은 그가 제공하는 정보보다는 사드 자체에 대해 그가 만들어낸 계시에 있다. 성인생활의 마지막에 사드는 느닷없고도 거칠게 자신의 사회적 존재와 개인적인 쾌락 사이의 조정이 불가능하다는 것을 발견했기 때문이다.

젊은 시절의 사드는 전혀 혁명적이거나 반항적이지 않았다. 사회를 있는 그대로 받아들이려는 마음가짐이 강했다. 아버지의 뜻대로 23살에 마음에 들지 않는 아내를 얻을 정도로 아버지를 따랐고, 상속권에 의해 약속된 운명과 다른 운명은 생각해 보려고도 하지 않았다. 즉 그는 남편이 되고 아버지가 되고, 후작이 되고 대위와 중장이 될 것이었다. 그의 지위와 아내의 재산이 보장하는 특권을 포기할 마음은 결코 없었다. 그렇지만 거기에 만족한 것도 아니었다. 갖가지 직무와 역할과 명예가 주어졌지만, 흥미롭고 즐거우며 정열을 불러일으키는 일이라곤 하나도 없었다. 그는 단순히 일거수일투족까지 인습과 관례가 명령하는 대로 따르는 공인이기를 바라지 않았을 뿐만 아니라 살아 있는 개인이기를 바라지도 않았다. 살아 있는 개인이 자기를 확인할 수 있는 장소가 딱 한 군데뿐이었다. 그곳은 정숙한 아내가 그를 지나치게 숙명적으로 맞아들이는 침대가 아니라 그가 자기 몽상을 분출할 권리를 살 수 있는 창부집이었다. 그것은 그 무렵 젊은 귀족들 대부분이 가진 공통된 꿈의 하나였다.

얼마 전 구체적인 권력을 쥐었지만 현실세계에서는 어떠한 사실적인 권한도 갖지 못하는 몰락계급의 자손인 그들은 지난날의 화려한 삶을 간직한, 봉건적이고 고고한 지상의 권한을 지닌 전제군주의 신분을 규방의 비밀 속에서 상징적으로 부활시키려 시도했다. 특히 샤롤레 공작*16의 광란적 연회는 유명한 데다 또한 피비린내 나는 것이었다. 이 지고한 권력의 환상에 사드 또한 갈망을 품고 있었다.

"인간은 향락할 때 무엇을 바라는가? 당신을 둘러싼 것 모두가 당신에게만 몰두하고, 당신만을 생각하고, 당신만을 소중히 여긴다면, ……할 때 전제군주이기를 바라지 않는 사람은 없다."

압제에 대한 도취는 고스란히 잔학으로 통한다. 방탕아는 끈질기게 상대를 들볶으며, '기골이 장대한 사내가 자기 힘을 써서 맛보는 온갖 매력을 느낀다. 그는 지배하는 폭군이기' 때문이다.

사실 일정한 대가를 조건으로 몇몇 여자들을 채찍으로 친 것은 대수롭지 않은 공훈이라 할 만하다. 사드가 그것에 매우 높은 가치를 부여하는 까닭은 그것이 그라는 인물을 전적으로 문제 삼기 때문이다. 놀랍게도 그는 자기 정부의 집 담장 밖에선 자기 힘을 쓸 생각을 손톱만큼도 하지 않았다. 그에게선 어떠한 야성도, 일을 도모하려는 야망도, 권력에 대한 의지도 찾아볼 수가 없다. 그래서 나는 사드가 비겁자였다고 말하고 싶을 정도다. 사회가 결함이라고 여기는 모든 특징을 사드가 작품 속의 주인공들 탓으로 돌린 것은 물론 고의적일 것이다.

그러나 그가 블랑지(소돔 120일의 등장인물)를 묘사할 때 그토록 열정적인 것을 보면 블랑지에게 자신을 투영했다고 추측할 수밖에 없다. 다음 말에서 자기고백의 느낌이 더욱 뚜렷하게 든다.

"결단력 있는 아이였더라면 오히려 이 거인을 두려워했을 것이다······ 그는 겁도 많고 비겁했다. 그래서 전혀 위험하지 않고 힘이 엇비슷한 싸움을 생각해내고 지구 끝까지 도망친 게 틀림없다."

사드가 어느 때엔 경솔함에서, 또 어떤 때는 아량에서 상식을 벗어난 대담한 행동을 할 수 있었던 것은 그의 동류에 대해, 보다 일반적으로는 세상의 현실 앞에서 그가 주뼛주뼛 겁을 먹고 있었다는 가설과 다르지 않다. 견고한 영혼을 그토록 자주 다룬 것은 그가 그것을 소유하고 있어서가 아니라 갈망했기 때문이다.

역경 속에서 그는 푸념하고 발버둥치며 어쩔 줄 몰라 했다. 돈이 모자란다는 걱정이 끊임없이 그를 따라다니며 더 한층 걷잡을 수 없는 불안을 드러내게 했다. 그는 모든 일과 모든 사람을 의심한다. 왜냐하면 자신은 적응능력이 딸린다고 생각했기 때문이다. 그는 실제로 그러했다. 처세도 엉망인 데다 빚은 쌓여갔고, 예상이 빗나가면 화를 내고, 시기가 좋지 않을 때는 달아나 버렸다. 그는 언제나 덫에 걸려 있었던 것이다. 가치 있는 것은 어느 한 가지도 그에게 주어지지 않았으며, 또 어떻게 얻어야 하는지도 모르는 데다, 따분하고 위협적인 이 세상에도 그는 무관심했다. 그는 다른 곳에서 자신의 진실을 찾으려 했다. 쾌락의 정열은 다른 모든 정열을 종속시키며 한데 모은다고 쓰면서 그는 자기 고유의 체험의 정확한 묘사를 우리에게 내어준다.

그는 에로티시즘을 자기 존재에서 유일하게 가능한 완성으로 여겼으므로 자기 존재를 에로티시즘에 종속시켰다. 그가 그토록 광포하고 불손하게, 또 열심히 에로티시즘에 몸을 맡겼던 것은 우발적이라기보다는 욕정적인 행위를 통해 자기를 나타내는 방식을 더욱 중요시했기 때문이다. 그는 상상세계를 택한 것이다. 물론 사드도 초기에는 자기의 공상 천국에서 편안함을 느꼈다. 그곳은 고지식한 사람들의 세계로부터 완전히 격리되어 있는 것처럼 보이는 천국이다. 아마도 추문이 일어나지 않았더라면 그는 특별한 분야에서 약간 특수한 기호를 지녔다고 이름이 알려진 평범한 방탕아에 불과했을지 모른다. 그 시대엔 보다 악질적인 미치광이 연회에 탐닉하면서도 단죄당하지 않은 방탕아가 얼마든지 있었다.

그러나 내 생각에, 사드의 추문은 숙명적이었다. 지킬박사와 하이드의 신화가 딱 들어맞는 '성적 타락자'들이 몇몇 있다. 그런 사람들은 자기의 공식적 인격은 손상받지 않으면서 최우선적으로 자신의 '악덕'을 만족시키려 한다. 하지만 그들은 상상력을 충분히 지녔고, 수치와 오만이 뒤섞인 현기증을 통해 조금씩 제정신이 돌아오면 자기 가면을 벗는다. 그리하여 샤를뤼스는 계략을 썼음에도, 또 자기 계략에 의해 가면을 벗기에 이르렀다. 사드의 불손함에는 얼마나 큰 도발이 있었을까? 그것을 결정하기란 어렵다. 물론 그는 자기의 가정생활과 개인적인 쾌락을 애초부터 별개의 것으로 인정하려 했다. 그리고 비밀이 드러나는 극한의 한계에까지 내몰리지 않으면 이 비밀의 승리에 결코 만족할 줄 몰랐다.

그의 놀라움은 꽃병이 깨질 때까지 꽃병을 후려치는 놀라운 어린아이와 닮았다. 그는 늘 위험을 즐기면서도 자신은 여전히 지상의 권한을 가지고 있다고 믿었다. 그러나 세상은 그를 의심했다. 사회는 개인이 모든 몫을 지니기를 거부하고, 뱃속에 감춘 것 없는 개인을 요구한다. 사회는 사드의 비밀을 재빨리 벗겨내 범죄라는 틀 속에 송두리째 던져넣은 것이다.

사드가 처음으로 사회에 반대되는 행동을 한 것은 애원과 비하와 수치심 때문이었다. 아내를 심하게 모욕한 일을 자책했으므로 아내를 만나게 해달라고 애원했다. 고해신부와의 면담을 요청하고, 그에게 모든 것을 고백했다. 거기엔 위선이라곤 전혀 없었다. 그날부터 이틀날에 걸쳐 엄청난 변화가 일어났다. 지금까지는 쾌락의 원천에 불과했던, 자연스럽고 죄가 되지 않았던 행동이 이젠 죄에 해당하는 행위가 되고, 유쾌한 젊은이는 불한당으로 변질되고 말았다. 그가 어릴 적부터 이미—어쩌면 어머니와의 관계를 통해—양심의 가책이라는 그 불쾌하고도 가슴이 터질 듯한 느낌을 알고 있었다는 것도 있을 법한 이야기이다.

1763년 추문사건은 이 양심의 가책을 극적으로 되살아나게 했다. 사드는 그때부터 일생동안 죄인이 되리란 것을 예감했다. 왜냐하면 그는 자기 기분 전환에 지나치게 가치를 부여하여 그것을 단념하려는 생각 따위는 단 한순간도 하지 않기 때문이다. 오히려 그는 도전적인 태도로 수치심을 떨치려 했다. 일부러 추문을 일으킨 듯한 첫 번째 행위가 감금(앞에 나온 1763년 10월의 사건) 직후에 일어난 것은 주목할 만하다. 라 보부아쟁이 사드와 함께 라코스트의 성채(사드 집안 대대로 내려오는 영지의 하나)로 가서 사드 부인인 척하며 지방귀족이 즐비한 곳에서 춤추고 희극을 연기하여 사드 선생(사드의 큰아버지로 사드 집안 영지의 하나인 에불뤼의 신부. 사드의 어린 시절 스승)이 어쩔 수 없이 공모에 가담한다. 세상은 사드에 대해 남의 눈을 피한 모든 자유를 부인하고, 그의 에로티시즘을 사회화하려 했다.

사드 후작의 사회생활은 그 뒤로 에로틱한 굵은 줄기 위에 펼쳐지게 된다. 선과 악을 뚜렷하게 구분하고 거기에 차례로 몸을 맡길 수는 없으므로 악을 요구해야만 했던 것은 선을 맞닥뜨려서이고, 나아가 선의 기능 때문이다. 앞으로의 사드의 태도가 그 뿌리를 원한에 두고 있음을 사드는 수없이 고백했다.

"매우 쉽게 감동하므로 오히려 가혹하게 보이는 사람들이 있다. 더구나 그런 사람들은 때때로 가혹하리란 생각은 조금도 하지 않는다. 그 사람들에게 무감각하고 잔인하게 보이는 것은 그 사람들에게만 알려진, 다른 사람들보다 생생하게 느끼는 방식 때문이다."

도르망세(《규방철학》의 등장인물)는 자기 악덕을 사람들의 심술 탓으로 돌린다.

"내 마음이 거칠어진 것은 은혜를 모르는 그들 때문인데, 여러분과 마찬가지로 나 역시 타고난 그 불길한 미덕을 내 가슴속에서 파괴한 것은 그들의 부실 때문이다."

사드가 말년에 이론으로 내세웠던 악마적 도덕은 사드로선 무엇보다도 생생한 체험이었다.

사드가 모든 미덕이 재미없고 따분함을 안 것은 아내인 르네 펠라지를 통해서이다. 그는 그것들을 뼈와 살을 가진 존재만이 일으킬 수 있는 혐오 속에 뒤죽박죽 섞어 버렸다. 그러나 그가 르네에게서 쾌락과 함께 배운 것은 구체적이고 육체를 지닌 자기 개인으로서의 면모를 갖춘 채로 일대일이라면 선을 이길 수 있다는 것이었다. 그의 아내는 그에게 적이 아니라 그녀가 그에게 그 관념을 품게 한, 다른 모든 인물과 마찬가지로 엄선된 제물인 것이다.

브라몽(《알린과 발쿠르》의 등장인물)과 그의 아내와의 관계는 사드와 후작부인의 관계를 꽤 정확히 반영하고 있다. 브라몽은 아내에 대해 가장 부도덕한 음모를 꾀하고 있을 때 아내를 즐겨 애무했다. 향락에 벌을 내려야 한다는 것을 사드는 정신분석철학자들보다 150년이나 먼저 이해하고 있었다. 사드의 작품에는 고문을 가하기 전에 쾌락에 바쳐진 제물이 수없이 등장한다. 그것은 어쩌면 폭군적인 폭력이랄 수 있다. 연인의 가면을 쓴 사형집행인은 욕정과 감사의 마음으로 고민하는, 쉽게 믿을 수 있는 연인이 악의와 욕정을 하나로 여기는 것을 보고 기뻐 어쩔 줄 모른다. 이토록 절묘한 환희를 사회적인 의무 이행과 결부시키는 것, 이것이 아내에게 3명의 자식을 낳게 만드는 용기를 사드에게 주었던 것이다. 그러나 그는 그 이상의 것을 얻었다. 미덕은 악덕의 동맹자가 되고, 그 노예가 되었던 것이다.

몇 년 사이 사드 부인은 남편의 비행을 감추고 용감하게도 미올랑에서 멀리 떠나게 한다든지,[17] 후작과 자기 동생의 불륜을 비호하고,[18] 나아가 라코스트 성채에서 있었던 광란의 연회를 감쌌다. 그는 몸종 나농의 고소[19]를 취하시키기 위해 은제 식기를 자기 집 속에 감출 때는 스스로 죄인이 되기까지 했다. 사드는 그녀에게 어떠한 감사 표시도 한 적이 없었다. 보은사상은 그가 가장 열심히 뒤집으려 했던 사상의 하나이다. 그러나 모든 전제군주가 자기 것에 대해 지닌, 그 겉과 속이 다른 우정을 사드도 아내에게 분명히 느끼고 있었다. 아내 덕분에 그는 단순히 남편으로서, 아버지로서, 귀족신사로서의 역할과 자기의 쾌락을 화해시킬 수 있었다. 선의와 헌신과 충실, 예절 위에 찬란한 악덕의 우위성을 확립한 것이다. 그리고 결혼제도와 부부간의 모든 미덕을 그의 상상력과 감각적 변덕 아래에 놓고, 보란 듯이 사회를 비웃었다.

르네 펠라지가 사드의 가장 크게 내세울 만한 성공작이었다면 드 몽트뢰유 부인은 실패의 전형이다. 그 부인은 추상적이고 보편적인 정의의 화신이었다. 이에 대해선 개인이 도저히 대적하지 못한다. 사드가 가장 깐깐하게 아내의 동맹을 바랐던 것은 이 부인에게 맞서기 위해서였다. 재판에서 미덕에 승리했지만 법률은 그의 권력을 크게 손상시켰다. 왜냐하면 부인이 지닌 가장 무서운 무기는 감옥과 단두대가 아니라, 상처 입기 쉬운 마음에 해를 입히는 독약이었기 때문이다. 어머니의 영향을 받아 르네는 마음이 흔들렸다. 젊은 처제는 공포로 질렸다. 적의를 품은 사회는 사드의 가정 안으로 들어와 그의 쾌락을 파멸시켰다. 사드는 사회의 침해를 참고 견뎠다. 비난받고 모욕당하면서 그는 자신감을 잃었다. 이것이야말로 드 몽트뢰유 부인이 사드에 대해 저지른 가장 큰 죄악이다. 죄 있는 자란 결국 피고인이다. 사드를 죄인으로 몬 것은 그녀이다. 그가 그의 책을 통해 그녀를 웃음거리로 만들고, 얼굴에 흙탕물을 튀기고 고문하기를 멈추지 않았던 이유도 거기에 있다. 그가 암살한 것은 그녀 속에 있는 과오이다. 클로소프스키의 가설이 성립하는 것, 그리고 사드가 자기 어머니를 혐오했다는 것은 있을 법한 일이다. 그의 성적 본능의 독특성이 그것을 암시한다. 그러나 르네의 어머니가 그로 하여금 모성애라는 것에 대한 증오를 품게 하지 않았더라면 이와 같은 그의 감정이 그토록 격렬하지는 않았을 것이다. 그리고 사실상 사드가 그녀만을 공격했다고 추측할 수 있을 정도로 그녀는 딸의 존재 속에서 매우 중요하고 무서운 역할을 했었다. 《규방철학》의 끝부분에서 사드가 자기 딸로 하여금 거칠게 농락하게 하는 것은 결국 드 몽트뢰유 부인이다.

사드가 결국 장모와 법률에 지기는 했지만 그는 이 패배의 공범자가 되었던 것이다. 우연한 역할과, 1763년 추문사건에서의 그 불손한 태도가 어떠한 것이었건 그 뒤로 그가 위험 속에서 쾌락의 흥분을 추구한 것은 분명하다. 이런 뜻에서 그는 박해를 바랐지만, 그것은 격앙 속에서 참고 견딘 박해였다고 할 수 있다. 여자거지 로즈 켈러를 아르쾨유의 집으로 끌어들이는 데 부활절을 택한 것은 불장난이었다.[20] 채찍으로 때리고 협박을 했지만 감금은 제대로 하지 않아 이 여자거지는 알몸으로 도망쳐서 추문을 퍼뜨렸다. 때문에 사드는 또다시 단기간의 구류를 당해야 했다.

3년의 추방기간 동안—공무로 몇 번인가 멈추었지만—그는 프로방스의 영지에서 지냈는데 거기선 행실이 좋아진 것처럼 보였다. 그는 성주와 남편으로서의 의무를 양심적으로 해냈다. 아내에게 2명의 자녀를 낳게 하고, 소만의 수도원에서 송사를 맡았다. 정원 손질을 하고, 책을 읽고 자기 극장에서 희극을 상연케 했는데 그 가운데 하나는 그의 작품이었다. 그러나 이러한 모범적 생활로부터는 얻는 바가 별로 없었다. 1771년에는 빚 때문에 그는 투옥되었다. 다시 긴장이 풀어져 "미딕의 열정도 식어 버렸다." 그는 어린 처제를 유혹했다. 그녀에겐 짧은 기간이나마 꽤 진지한 관심을 가졌었던 것 같다. 수녀회원이자 처녀, 처제 등의 명목이 자극적인 사랑의 모험을 제공했다. 그러나 그는 또다시 다른 기분전환거리를 찾아 마르세유로 떠난다. 1772년에는 '최음제가 든 사탕사건'이 예기치 않은 무시무시한 사건이 되어 퍼져나갔다. 처제와 함께 이탈리아로 달아났을 때 그는 결석재판으로 사형선고를 받았고, 하인 라투르와 함께 에쿠스 광장에서 초상사형에 처해지게 되었다. 처제는 프랑스의 수도원으로 피신하여 거기서 남은 생애를 보냈다. 그는 사부아에서 지하로 숨어들었다. 미올랑의 성에서 붙들려 유폐된 그를 아내가 탈출시켰지만, 그 뒤로 쫓겨난 신세가 되었다. 한때는 이탈리아 길거리를 돌아다니고, 한때는 자기 성에 숨어 지내면서 이젠 평범한 삶이 결코 허락되지 않음을 깨닫는다.

때때로 그는 성주 노릇을 성실하게 해내기도 한다. 희극배우들이 그의 영지에 천막을 치고 《바람을 피우고 매를 맞아 기분 좋은 남편》을 상연했다. 사드는—이 제목에 화가 났었는지—'파렴치하고 교회의 특권을 침해하는 것'이라며 관리를 시켜 허가장을 찢으라고 명령했다. 생드니라는 남자를 영지에서 쫓아내고—사드는 이 남자를 몹시 불만스러워했다—'주소불명의 무뢰배는 누구든지 나의 영지로부터 추방할 권한을 갖는다'고 선언했다. 그러나 이러한 권세도 그를 즐겁게 하기엔 부족했다. 그는 뒷날 자기 책으로 정리할 꿈을 이루고자 시도했던 것이다. 그는 라코스트 성의 고독한 생활 속에서 변덕을 부려 별채를 지었다. 그리고 후작부인과 한통속이 되어 몇몇 잘생긴 하인, 배운 것은 없지만 마음에 드는 비서, 욕정을 일으키는 여자 요리사와 몸종, 그리고 포주에게서 마음에 드는 2명의 처녀를 받아 그곳에 모았다. 그러나 라코스트 성은 《소돔 120일》에 묘사되어 있는 난공불락의 성채가 아니었다. 사회가 그 성을 에워싸고 있었던 것이다. 처녀들은 달아났고 몸종은 후작의 아이를 낳았으며, 여자 요리사의 아버지가 찾아와 사드를 향해 총을 쏘고, 미모의 비서는 부모가 와서 데려갔다. 르네 펠라지만이 남편이 정한 등장인물에 정확히 순응했다. 다른 사람들은 모두 자기 나름의 생활을 요구했고, 또다시 사드는 너무나도 현실적인 이 세상을 무대로 삼을 수 없음을 절실히 깨닫는다.

이 세상은 그의 꿈을 좌절시키는 것에만 만족하지 않았다. 세상은 그를 배척했다. 사드는 이탈리아로 달아났다. 그러나 막내딸을 유혹한 일로 그를 용서치 않은 드 몽트뢰유 부인이 기회를 엿보고 있었다. 프랑스로 돌아온 사드는 위험을 무릅쓰고 파리로 향한다. 드 몽트뢰유 부인은 그 기회를 틈타 1777년 2월 13일에 뱅센 성에 사드를 가두었다. 에쿠스로 연행되어 재판을 받은 그는 라코스트로 도망쳐 돌아와 완전히 포기하고 있던 아내 앞에서 가정부 르세[21]와 1편의 연애담 원고를 쓴다. 그러나 1778년 11월 7일에 그는 다시 뱅센에서 "19개의 철문 속에 들짐승처럼 갇히는" 신세가 된다.

이때 또 하나의 다른 내력이 시작된다. 11년에 걸친 유폐생활 동안에—처음엔 뱅센에서, 이어 바스티유 감옥에서—한 인간이 빈사상태가 되면서 작가가 탄생한 것이다. 인간은 빠르게 무너져 내렸다. 무기력 속에서 구금이 얼마나 오랫동안 이어질지 몰라 이리저리 골똘히 생각에 빠지는 사이 그의 정신은 돌아버렸다. 아무 근거도 없는 자질구레한 계산을 하여 유폐기간이 얼마나 될지 따져 보려 했다. 사드 부인이나 르세와 주고받은 편지가 증명하다시피 그는 지적으로는 매우 빨리 자신을 되찾는다. 그러나 육체는 망가졌다. 그는 섹스를 끊은 보상을 식탁의 쾌락에서 찾았다. 하인 카를로통은 그가 감옥에서 "해적대장처럼 파이프를 피웠고, 끊임없이 먹었다"고 말한다. 그가 고백한 대로 매사에 극단적이어서 폭식증을 일으켰다. 아내가 보낸 커다란 바구니에 들어 있는 음식 때문에 그의 몸에는 지방이 서서히 쌓여갔다. 그는 탄식하고 책망하며 변호하고 간청하는 사이에도 역시 후작부인을 괴롭히기를 즐겼다. 자기가 질투가 많아졌다고 주장하고, 뱃속 시커먼 일을 꾸미고 있다며 부인을 몰아붙이고, 그녀가 찾아오면 화장하라고 닦달하고, 세상에서 가장 조신하게 처신하도록 요구했다. 그러나 이런 기분전환은 거의 드문 일로서 그는 완전히 무기력했다. 1782년부터 그는 인생이 더는 그에게 부여하지 않는 것, 흥분과 도전과 성실과 상상력의 모든 기쁨을 오직 문학을 통해서만 추구하려 했다. 그리고 거기서도 역시 극단적이었다. 그는 열광적으로, 걸신들린 듯 먹을 때처럼 글을 썼다. 《신부와 임종을 앞둔 남자와의 대화》 뒤에 《소돔 120일》, 《미덕의 불행》, 《알린과 발쿠르》를 차례로 썼다. 1788년의 〈내 저작물의 종류별 목록〉에 따르면 그는 희곡 35막, 6편 정도의 콩트, 《한 문학가의 원고》 거의 전체를 쓴 것 같다. 물론 그 목록은 완전한 것은 아니다.

  1790년 성금요일에 다시 자유의 몸이 되었을 때,[22] 사드는 자기에게 새로운 시대가 열릴 것으로 기대할 수 있었고, 그렇게 기대도 했다. 아내는 이혼을 바랐고,[23] 아들 한 명은 망명 준비를 하고, 다른 한 명은 마르트 기사단원[24]이 되었으나 두 사람 모두 사드의 딸인 '붙임성 좋고 살집 있는 농부처녀'와 마찬가지로 그와는 관계가 없었다. 가정에서 해방된 그는 옛 세상이 사람으로 대접하지 않았던 자신에게 시민의 자격을 부여해준 사회에 합류해보려 시도했다. 그의 희곡은 공개적으로 상연되었고, 《옥스티에른》[25]은 대성공을 거두기까지 한다. 피크지역위원회[26]에 등록, 회장에 임명되어 열심히 축사와 청원을 편집했다. 그러나 그의 대혁명과 서정적 시절은 매우 짧았다. 사드는 50세가 되었고, 혐의를 받았던 과거가 있으며, 귀족사회에 대한 그의 증오도 귀족적 기질을 잃게 하지는 않았다. 여기서 새롭게 그의 분열이 시작되었다. 그는 공화주의자였다. 그리고 이론적으로는 완전한 사회주의와 소유권 폐지를 요구하기도 했다. 그러나 자기의 성과 영지 소유에는 집착했다. 순응하려 했던 이 세계는 역시 너무나도 현실적인 세계였고, 잔인한 저항으로써 그는 상처를 입었다. 그것은 사드가 추상적이고 허위이며, 부정이라고 판단하는 보편적 법률로써 지배되는 세계이다. 그런 법률들의 이름으로 사회가 살인을 허락하자, 사드는 두려워서 뒤로 물러섰던 것이다. 고문하고 박해할 수 있는 지방시민 감찰위원 지위에 매달리지 않고, 그가 그 인간애 때문에 실각한 것에 놀란다면 그를 제대로 이해하지 못했다고 할 수 있다.

사람들이 산과 바다를 사랑하는 것처럼 그가 '피를 사랑했다'고 생각할 수 있을까? '피를 흘리는 것'은 하나의 행위지만, 그 행위가 지니는 의미가 어떤 상황에선 그를 열광시켰던 것이다. 그가 잔혹성을 본질적으로 추구했던 것은, 그 잔혹성이 개개인의 육체와 그 자신의 실존으로서, 동시에 의식과 자유로서 그에게 계시를 내려주기 때문이다. 이름도 없는 사람들을 비판하고 처벌하고, 그 사람들이 죽는 것을 멀리서 바라보기를 그는 거부한다. 그가 희생자가 되어 재판을 받고 벌을 받은 사회에서의 특권은 그가 옛 사회에서 가장 증오했던 것이다. 그러니 1793년의 공포정치를 용서할 수 없었으리라. 살해가 헌법으로 보장될 때, 그것은 이미 뿌리쳐야 할 추상적 원리의 표현일 따름이다. 비인간적이기 때문이다. 그러므로 고발심사위원에 임명된 사드는 거의 언제나 형사피고인의 처지를 헤아려 죄를 면해주었다. 드 몽트뢰유 부인과 자기 가족의 운명을 쥐고 있었을 때에도 그는 법의 이름으로 그들에게 위해를 가하는 것을 거부했다. 그 결과, 피크지역위원회 위원장직에서 해임된다. 그는 공증인 고프리디에게 다음과 같은 편지를 썼다. "나더러 부회장에게 자리를 물려주라고 강요하는 느낌이 들었다. 그들은 내가 잔인하고 비인간적인 행위를 하기를 바랐던 것이다. 하지만 나는 결코 그러기를 바라지 않았다."

1793년 12월에, 그는 '온건주의자'라는 혐의로 투옥되었다. 375일 뒤에 풀려난 그는 메스꺼운 마음을 담아 글을 쓴다. "눈앞에 단두대를 놓은, 나에 대한 국가의 감금은 상상할 수 있는 모든 바스티유 감옥보다 백배나 큰 고통을 내게 안겼다." 저 터무니없는 대살육을 통해 정치가 인간을 단순한 사냥감으로 여기고 있음을 너무나도 뚜렷하게 증명했기 때문이다. 사드는 자기 주위에 한 사람 한 사람의 실존자가 거주하는 세상을 바랐던 것이다. 그가 피난처로 삼았던 '악'은 미덕이 범죄에 권리를 요구할 때 소멸해버렸다. 선량한 의식을 갖고 이루어진 공포정치는 사드의 악마적 세계를 가장 근본적으로 부정하는 것이었다.

"공포정치의 과잉행동이 범죄감각을 무디게 했다"고 생쥐스트*27는 썼다. 사드의 성적 본능이 가라앉은 것은 단지 그가 나이가 들어 쇠약해서가 아니다. 단두대가 에로티시즘의 암묵적 시를 암살해 버렸던 것이다. 육체에 치욕을 가하고, 육체를 흥분시키는 것을 기뻐하려면 육체의 가치를 끌어올릴 필요가 있었다. 아무렇지 않게 인간을 물건으로 다룰 수 있다면 육체는 더 이상의 의미도 가치도 없다. 또한 사드는 그 책에서 자기의 과거 경험을 되살려 예전의 세계가 다시 활기를 띠게 할 수도 있었으리라. 그러나 그의 피와 신경 속에서 더 이상 그것을 믿지 않았다. 그가 '정이 있는 여인'*28이라 불렀던 여자와의 결합에도 육체적인 것은 전혀 없었다. 그는 《쥐스틴》에서 발상을 얻어 그런 외설적인 그림을 비밀의 방에 붙여놓고 바라보며 유일하게 에로틱한 쾌락을 얻곤 했다. 그는 추억 속에서 살았던 것이다. 그러나 더 이상 어떠한 약동도 가능하지 않았고, 또 생활비에 쪼들리고 있었다. 사회와 가정의 틀은 그에겐 숨이 막힐 것 같았지만, 그런 단단한 골조는 그에게 없어선 안 되는 것이었다. 그러나 그 틀에서 풀려나자 그는 빈곤에서 질병으로 그 몸을 끌고 갔다. 라코스트의 재산을 처리한 돈은 금세 다 써버렸다. 소작인의 집으로 달아났다가 다시 '정 있는 여인'의 아들과 함께 다락방에 숨고, 베르사유의 극장에 고용되어 하루에 40수를 벌었다. 그러나 1799년 6월 28일의 법령*29이 발표되어 귀족으로 등록되어 있던 망명자명단에서 지워지지 않아, 그는 다음과 같은 절망적인 말을 하게 된다. "죽음과 가난, 이것이 공화국에 대한 영원한 애착에 대해서 내가 받은 대가이다." 그래도 주거 증명 및 애국자 증명은 받았다. 그리고 1799년 12월에는 자작극 《옥스티에른》의 파블리스 역을 연기했다. 그러나 1800년 첫무렵에는 "굶주림과 추위로 죽을 것 같아서" 베르사유의 요양병원에 들어갔다. 그는 빚으로 인한 투옥을 겁

내고 있었다. 하지만 자칭 자유로운 사람들이 적대했던 세계에서 몹시 불행했으므로 감옥의 고독과 편안함 속으로 자신을 팽개치는 길을 택한 것이 아닐까 하는 의심마저 들게 한다. 《쥐스틴》을 유포하는 앞뒤 가리지 않는 행동을 하고, 조제핀, 타리앙 부인, 타리앙, 발라스, 보나파르트를 공격하는 《졸로에》*30를 간행하는 어리석은 행동을 한 것을 보면 다시 투옥된다는 생각도 그리 싫지 않았던 모양이다. 입을 다물었건, 자백을 했건 그의 희망은 이루어지지 않았다. 1801년 4월 5일에 그는 생펠라지 감옥에 수감되었다. 그리고 샤랑통에서 그는 남은 생을 마쳤다. 이곳 샤랑통에서는 케네 부인이 그의 시중을 들었으며, 사드의 딸이라고 둘러대고 그의 방 가까이에서 살았다.

말할 것도 없이 감금된 직후 몇 년 동안 사드는 항의하거나 흔들리기도 했다. 그러나 적어도 글을 쓰는 일에 몰두해 향락의 정열을 대신할 수 있었다. 그는 결코 멈추지 않았다. 그러나 바스티유 감옥을 나올 때, 그는 서류의 대부분을 잃었다. 《소돔 120일》의 육필원고—그가 공들여 감추고 있었던 12미터에 이르는 두루마리—는 파기되었다고 믿었지만 사실은 남아 있었는데, 그는 그것을 몰랐다. 1795년에 쓴 《규방철학》 뒤에 그는 새로이 합본을 만들었다. 그것은 《쥐스틴》 및 《쥘리에트》를 완벽하게 다듬어 내용을 바꾼 것으로, 1797년에 자기 작품이 아니라고 하면서 세상에 내놓았다. 그리고 공식적으로는 《사랑의 죄》를 간행했다. 생펠라지 감옥에서는 10권짜리 대작에 몰두한다. 그것이 《플로베르의 나날들, 또는 폭로된 자연》이다. 그리고 그의 이름은 나오지 않았지만 《강주 후작부인》 2권도 역시 그의 작품으로 보아야 한다.

사드가 일상생활 속에서 평화만을 갈망하게 된 것은 어쩌면 이때부터 그의 존재 의미가 오직 작가로서의 일에 있었기 때문이다. 그는 '정이 있는 여인'과 함께 양로원의 뜰을 거닐고, 환자들을 위해 희극을 써서 상연했다. 파리대주교가 방문했을 때는 즉흥시를 짓기도 했다. 부활절 날에는 성찬에 참석했고, 교구교회에 헌금도 했다. 그의 유언장이 증명하다시피 그는 그 확신을 전혀 버리지 않았다. 그는 싸우는 일에 지쳐 있었다. "그는 아첨을 한다고 보일 만큼 정중하고, 남을 감동시킬 만큼 붙임성이 좋았다. 그리고 모두가 존경하는 것이면 무엇이든 존경을 담아서 이야기했다"고 노디에는 말한다. 앙주 피투*31가 전하는 바에 따르면 사드는 노년과 죽음을 두려워했다고 한다. "이 사람은 죽음을 생각하며 창백해지고, 자기의 백발을 보고 졸도했다." 1814년 12월 2일, '천식성 폐 폐쇄'로 그는 조용히 숨을 거두었다.

그의 삶은 고통의 연속이었지만 가장 두드러진 특징은 다른 사람들과 그 사이에 어떠한 연대성도 드러나지 않았다는 점이다. 어떤 공통된 계획도 폐퇴한 귀족의 마지막 후손들을 이어주지는 못했다. 사드는 태어나는 순간부터 고독한 운명을 지니고 있었지만, 같은 귀족들도 그에게 등을 돌릴 정도로 극단적인 에로틱한 유희 때문에 그 고독이 더 깊어지게 되었다. 새로운 세상이 펼쳐졌을 때, 그는 너무나도 무거운 과거를 등에 지고 있었다. 스스로 분열하고 타인으로부터 의심의 눈길을 받았으며, 전제의 몽상에 휘둘렸던 이 귀족이 신흥 부르주아지에게 동조하기란 처음부터 불가능했다. 그는 신흥 부르주아지와는 반대로 인민이 받는 압박에 분개했지만, 그러한 인민은 그와 무관한 존재였다. 그는 계급 대립을 고발하면서도, 어떠한 계급에도 속하지 않았다. 자기 이외의 동류를 갖지 않았던 것이다. 만일 그의 감정 형성이 달랐더라면 이러한 운명에 거스를 수가 있었으리라. 그러나 평생토록 그는 자기중심주의자였다. 외부사건에 대한 무관심, 달라붙어 떨어질 줄 모르는 돈 걱정, 자기 방탕에 아낌없이 바쳤던 편집증적 배려, 뱅센에서 만들어진 열광적인 해석욕구, 그리고 그의 꿈의 정신분열증적인 측면, 그것들은 처음부터 그의 내향적인 기질을 드러내는 것이었다. 자기 자신과의 이러한 정열적인 합일은 그의 한계가 되기도 했으나, 오늘날 우리가 앞으로 문제 삼을 대표적 성격을 그의 삶에 부여하기도 했다.

사드는 자신의 에로티시즘을 그의 존재 전체의 의미와 표현으로 삼았다. 따라서 그의 에로티시즘의 성격을 명확히 하는 것은 무익한 호기심 따위가 아니다. 그는 모든 것을 시도했고, 모든 것을 사랑했다고 한 모리스 엔[*32]의 말은 문제를 호도하는 것이다. 그리고 잔학성이란 말로는 사드의 지성을 설명하는 데에는 아무런 도움도 되지 않는다. 사드에게 매우 확연한 성적 독특성이 있었던 것만은 분명하다. 그러나 그것을 파악하기란 쉽지 않다. 그의 공범자와 희생자는 침묵해버렸다. 두 가지 돌발적인 추문사건도 뒤에 늘 방탕이 감춰져 있는 커튼을 살짝 걷어올린 것에 불과했다. 일기와 각서 등은 사라져 버렸고, 편지의 내용은 신중했다. 그리고 글에서는 자기를 드러내는 것 이상으로 자기 모습을 지어냈다. "이런 종류의 일에서 인간이 터득할 수 있는 것은 모두 터득했다. 그러나 나는 내가 터득한 모든 것을 분명히 하지 않았거니와 앞으로도 그럴 일은 없을 것이다"라고 그는 썼다.

그의 작품이 크라프트에빙[33]의 《성의 정신병리학》과 비교되는 것도 이유가 있다. 사드가 분류한 모든 도착을 아무도 크라프트에빙 탓으로 돌리려 하지는 않는다. 이로써 사드는 어떤 접합술 처방에 따라 인간의 성적 가능성의 목록을 체계적으로 만들어내기에 이른다. 그는 그 모든 가능성을 겪은 것도 아니고, 그의 육체 속에서 꿈꾸지도 않았다. 그것에 대해 그는 단순히 지나친 표현을 하고 있을 따름이며, 표현방식도 대개는 매끄럽지 않다. 사드의 어투는 《쥐스틴》과 《쥘리에트》의 1797년판 삽화로 나오는 판화와 비슷하다. 등장인물의 해부와 자태는 면밀한 리얼리즘으로 묘사되어 있지만, 인물들의 용모는 못생기고 단조로운 데다 꾸밈이 없어 모골이 송연해지는 난잡하고 잔인한 행동을 완전히 비현실적인 것으로 만들어 버린다. 사드가 계획하는 냉혹한 광란의 연회를 통해 날것의 고백을 알아내기란 어렵다. 그러나 그의 소설에는 그가 특별히 공들여 다루는 상황이 있는데, 그것은 어느 주인공들에 대한 특수한 공감을 나타내고 있다는 것이다. 노아르쇠(《쥘리에트》의 등장인물), 블랑지(《소돔 120일》의 등장인물), 제르난드(《쥐스틴》의 등장인물), 특히 도르망세에게는 그의 다양한 취미와 관념을 빌려주었다. 때로는 편지나 삽입구 속에서, 또는 대화의 기회가 있을 때마다 결코 타의 추종을 불허하는, 목소리의 울림이 생생하고 예기치 못한 문장이 펼쳐지기도 한다. 문제로 다룰 필요가 있는 것은 이런 장면들과 주인공, 그리고 특수한 문장들이다.

보통 사디즘이라고 하면 잔학성을 의미한다. 매질, 사혈, 고문, 살인……. 사드의 작품이 사람들을 깜짝 놀라게 하는 가장 큰 특징은 전설이 그의 이름과 결부되어 있다는 점이다. 로즈 켈러의 일화는 그가 채찍과 매듭 진 밧줄로 희생자를 때리고, 아마도 그녀를 칼로 찌르고 상처에 밀랍을 흘려 넣었음을 보여준다. 마르세유에서는 구부러진 바늘을 양피지에 박아 넣은 채찍을 주머니에서 꺼내 매질을 했다. 아내에게 보였던 행위는 모두가 뚜렷한 정신적 잔학성을 드러낸다. 뿐만 아니라 상대방에게 고통을 맛보게 함으로써 느끼는 쾌락에 대해 그는 자기 생각을 있는 그대로 이야기한다. 그러나 동물 정기의 고전학설[34]을 다시 문제 삼아 만족하는 것으로는 우리를 일깨

워줄 수 없다. "되도록 격렬한 충동으로 우리의 신경덩어리를 뒤흔드는 것만이 중요하다. 한편 고통은 쾌락보다 훨씬 치열하게 작용하므로 타인에게 일으킨 이 감각의 결과로 우리에게 작용하는 충동은 본디 더욱 격렬한 떨림을 지닐 것이 틀림없다." 떨림의 격렬함이 욕정의 의식이 된다는 이 신비함을 사드는 허투루 하지 않는다.

다행히 그는 다른 곳에서 보다 솔직한 설명을 하고 있다. 사실 사드의 모든 성적 본능은, 즉 사드의 모든 윤리는 선천적 직관에서 출발하여 완성된 것인데 그 선천적 직관이란 섹스와 잔학성이 기본적으로 같다는 것이다. "인류의 어머니(자연)의 의도가, 곧 섹스의 대가가 분노의 대가와 같지 않다면 정욕의 위기는 어떤 격정이 아니겠는가? 이때 자신의 향락을 박해하기를…… 바라지 않는…… 체격이 좋은 인간이란 대체 무엇이겠는가?" 사드가 우리에게 남긴, 향락의 최고조에 이른 블랑지 공작에 대한 묘사에는 비행에 관한 이 작가의 서사시적 수법에 하나의 전환이 이루어졌음을 확인할 필요가 있다. "무시무시한 비명소리, 잔인하기 짝이 없는 모독의 말이 그의 부풀어 오른 가슴에서 터져 나왔다. 그때 눈에서는 불덩이가 타오르는 것 같았다. 입에는 거품을 품고 말처럼 소리 높여 히힝댔다……", 그리고 금방이라도 목이 막혀버릴 것 같았다. 로즈 켈러의 진술에 따르면, 사드 자신도 그 희생자를 결박한 밧줄을 끊기 전에 "매우 커다란, 세상을 뒤흔드는 듯한 비명을 지르기 시작했다"고 한다. 편지 《바닐라와 마닐라》는 광견병 발작 같은 공격적이고 흉악한 발작으로 그가 오르가슴을 느꼈음을 확증하고 있다.

이러한 비정상적 격렬함을 어떻게 설명해야 좋을까? 실제로 사드는 성적으로 약하지 않았나 하는 의심이 든다. 그가 그린 주인공의 대부분은—특히 그와 비슷한 제르낭드는—빈약한 능력밖에 없어서 발기는 물론 사정에도 심각한 어려움을 느꼈다. 사드는 이러한 고민을 분명 알고 있었다. 그러나 그의 반불능을 야기했다고 추측되는 것은 과도한 방탕이며, 그가 묘사한 대부분의 방탕아도 마찬가지였다. 뿐만 아니라 이런 방탕아들 가운데 대부분은 강대한 능력을 갖추고 있다. 이로써 사드는 자기 체질의 강대함을 자주 암시했다. 그러나 이와는 반대로 철저하게 감상적인 '고립주의'와 강렬한 성욕의 결합이야말로 사드 에로티시즘의 열쇠라고 생각한다.

그는 청년기에서부터 감옥생활을 할 때까지 절박하고 집요한 방법으로 욕망을 선동하는 길을 알고 있었다. 그러나 그가 결코 몰랐을 것으로 보이는 체험도 하나 있다. 바로 심적 동요의 체험이다. 그의 이야기에는 욕정이 결코 자기망각, 현기증, 제정신이 아닌 상태로 나타나지 않는다. 이것은 루소의 심정 토로와 노아르슈나 도르망세 같은 사내의 열광적인 모독의 말을 비교해 보면 알 수 있다. 아니면 드니 디드로의 소설 《수녀》에 나오는 수도원장의 감동과, 사드가 그린 동성애를 즐기는 여인의 분방한 쾌락을 비교해 보라. 사드의 주인공에게선 남성의 공격적 성격이 살아 있는 육체의 통상적 변화에 의해 수그러드는 일이 없다. 사드의 주인공은 그러한 동물성 속에서 단 한순간이라도 자기를 잃는 법이 없다. 매우 명석하고 이지적인 상태이므로 철학적인 담론이 충동에 걸림돌이 되기는커녕 오히려 음욕을 부추겼다. 모든 구속에 거스르는 이러한 긴장되고 냉혹한 육체 속에는 욕망과 쾌락이 미쳐 날뛰며 발작처럼 분출하는 것을 볼 수 있다. 욕망과 쾌락이 당사자의 정신생리학상의 통일 속에서 어떠한 체험적 태도를 만들어 내는 것이 아니라, 기관(器官)에 일어나는 우발적 사건처럼 그를 때린다. 이러한 전례를 벗어난 태도에 의해 성행위는 지상 향락의 환각을 창조하고, 사드가 볼 때 그것은 비할 바 없는 가치를 지닌 것이 된다. 그러나 거기엔 하나의 본질적 차원이 결여되어 있으며, 사디즘은 온 힘을 다해 그 부족함을 보상하려 노력한다. 심적 동요에 의해 존재는 자기 내부와 타자의 내부에서 주관성과 동시에 수동성으로 파악한다.

 이 양면성을 지닌 통일을 통해 두 사람이 서로 혼합된다. 저마다 자기 현실로부터 벗어나 타자와의 직접적인 교섭에 이른다. 사드를 짓누르고 있는 저주는—이 저주는 사드의 유년시절만이 우리에게 설명해 줄 수 있겠지만—폐쇄성이고, 이 폐쇄성이 언젠가 자기를 망각하는 것, 타자의 현존을 언젠가 실현하는 것을 그에게 금지해 버린다. 만일 그가 냉혹한 기질을 지녔더라면 어떠한 문제도 제기하지 않았으리라. 그러나 그에겐 자기를 연결시킬 수 없는 이질적 대상에 자기를 들이대려는 본능이 있다. 그러한 대상들을 파악하는 독특한 방법을 그는 발명해야 한다. 훗날 욕망이 사그라진 뒤에도 그는 여전히 에로틱한 세계에서 살아간다. 그것은 관능과 권태, 멸시와 원한에 의해, 그가 보기에 유일하게 가치 있는 세계다운 세계였다. 그리고 그가 다루는 것은 발기와 오르가슴의 환기가 목적이다. 그러나 발기와 오르가슴이 쉬워지면서 사드는 자기 성욕에 의의를 부여하기 위한 우회로가 필요했다. 그 의의는 성욕 속에 스케치되어 있지만 아직은 완성에 이르지 못했다. 그것은 그의 의식이 육신 속으로 도피하는 것이고, 육체를 통해 의식으로서 타자를 사로잡는 것이다.

보통 저마다 자기 육체 속에 얽매이는 것은 육체화한 타자의 현기증에 의해서이다. 만일 당사자가 자기의식의 고독 속에 갇힌 상태라면 그때는 이러한 심적 동요로부터 벗어나지만, 타자와의 결합은 오직 연기(演技)로만 가능하다. 머리가 좋고 냉혹한 연인은 정부의 향락을 탐하려 호시탐탐 노리고, 그 밖에 자기 육체의 조건에 다다를 수단을 지니지 않은 탓에 정부의 향락을 만들어낸 사람이 자기라고 인정할 필요가 있다. 심사숙고된 난폭성과 잔학성으로 자기 육체와 조건의 분리를 보상하는 이 행위는 사드적이라고 할 수 있다. 이미 살펴본 것처럼 쾌락에 모욕을 가하는 것이 공격적인 행위가 될 수 있음을 사드는 알고 있었다. 그리고 그의 전제주의는 때로 이 형태를 띠었다. 그러나 이 형태는 그를 만족시키지 못했다.

사드는 공통된 욕정이 만들어 내는 이러한 평등을 가장 혐오했다. "나에게 봉사하는 상대가 향락을 즐기면 그 다음은 우리에게 마음을 빼앗기는 것보다 그들 자신에게 마음을 빼앗기는 경우가 훨씬 많아지고, 그 결과 우리의 향락은 엉망이 되고 만다. 타인이 그와 동일하게 즐기는 것을 본다고 생각하는 것은 그를 어떤 평등감으로 이끌며, 그것이 전제주의가 안겨주는 말할 수 없는 매력을 완전히 떨어뜨린다." 그리고 한층 단정적인 투로 이렇게 선언한다. "어떠한 향락이든 나뉘면 약해진다." 그리고 기분 좋은, 상쾌한 감각은 지나치게 밍숭밍숭하다. 육체가 육체로서 가장 극적인 모습을 드러내는 것은 갈기갈기 찢기고 피를 흘리기 때문이다. "고뇌의 감각보다 활발하고 날카로운 감각은 없다. 그 인상은 확고하다." 그러나 가해진 고통을 통해 나 또한 피와 살이 되기 위해선, 타자의 수동성 속에서 나 자신의 조건을 내가 인식할 필요가 있다. 따라서 자유가 나 자신의 조건 속에 존재하고, 또 의식이 그곳에 존재해야 한다. 방탕아가 "아무것도 느끼지 않는 무기력한 상대에게 작용하게 되기라도 하면 그것이야말로 안타까운 일이다." 따라서 희생자가 얼굴을 찡그리거나 탄식을 내뱉는 표정이 사형집행인에겐 더할 나위 없는 행복이다. 베르누이(《새로운 쥐스틴》의 등장인물)는 아내에게 어떤 보닛을 씌워 비명을 한층 격렬하게 내지르게 했다. 고문을 받은 상대는 반항함으로써 나의 동류가 되었음을 스스로 인정하고, 나는 상대를 매개로 처음엔 서로를 거부하던 정신과 육체의 합일에 다다른다.

만일 추구하는 목적이 자기 자신으로부터 벗어나며 동시에 무관한 존재의 실재를 발견하는 것이라면 다른 길이 열린다. 즉 타자를 통해 나를 괴롭히는 것이다. 사드는 그 방법을 모르지 않았다. 마르세유에선 채찍이나 회초리를 썼다. 채찍으로 때리는 동시에 맞기 위해서였다. 확실히 그에게는 가장 흔한 실행방법의 하나였다. 그리고 그가 그려낸 주인공들은 모두 기꺼이 스스로에게 매질을 하게 했다. "과도한 정욕으로 사그라진 기력을 회복시키는 데 매질이 가장 높은 효능을 지녔음을 오늘날 아무도 의심치 않는다." 또한 자신의 수동성을 실현하는 수단은 또 있다. 마르세유에서 사드는 하인 라투르에게 비역을 하게 했다. 이 하인은 사드에게 이런 종류의 행위를 하는 것이 매우 익숙했던 듯하다. 사드가 묘사한 주인공들은 경쟁적으로 그를 흉내냈다. 그리고 그는 더욱 발칙한 말로 공공연하게 선언했다. 쾌락의 극한은 능동적 비역과 수동적 비역을 결합시킴으로써 이루어진다고. 그가 이렇게나 자주, 또 이토록 열기를 담아서, 정열이 담긴 치열함을 지니고 말하는 도착은 별것 아니다.

개개인을 매우 확고한 구분 아래 늘어놓기를 즐기는 사람에겐 곧바로 두 가지 의문이 생긴다. 사드는 과연 호모였는가, 사실은 마조히스트가 아니었을까. 호모에 관해서는 그의 육체적 겉모습, 하인들에게 시킨 역할, 무식하지만 미모의 비서가 라코스트의 성에 있었던 것, 사드가 쓴 글의 그 상상에 부여한 엄청난 중요성, 그의 항변에 담긴 열기 등 모든 것이 그의 성적 본능의 본질적 양상의 하나가 바로 거기에 있음을 긍정하고 있다. 확실히 여성은 그의 작품 속에서와 마찬가지로 그의 인생에서도 커다란 역할을 했다. 그는 수많은 여자를 알았고, 라 보부아쟁이나 그 밖의 하찮은 정부들에 둘러싸여 있었으며, 처제를 유혹하고, 라코스트 성에 젊은 여자들을 모아놓았으며, 르세 양과 즐기고, 케네 부인 곁에서 삶을 마감했다. 사회가 강요한 관계에 대해선 말하지 않는다. 그는 그 나름대로 즐기고 있었으며, 그것이 그를 사드 부인과 결혼하도록 했던 것이다.

그러나 그는 이런 여성들과 어떠한 관계를 가졌던 것일까? 주목할 것은 그의 성생활에 대한 단 두 가지 증거로는 사드가 상대방과 평범한 관계를 가졌었는지를 알 수 없다는 점이다. 로즈 켈러의 경우는 그녀를 채찍질하기만 해도 절정에 이르러 손을 대지 않았다. 마르세유의 여인에겐 하인 또는 자신으로 하여금 뒤에서 관계하게 해달라는 제안을 한다. 그녀가 거부하자 하인 라투르를 통해 자극을 받으면서 자신은 약간 만지는 것만으로 만족했다. 그가 그린 주인공들은 어린 처녀를 망가뜨리는 것을 매우 기꺼이 즐긴다. 이 피비린내 나고 모독적인 폭력은 사드의 상상력을 만족시켰다. 그러나 사드가 묘사한 주인공들이 처녀임을 부인할 때조차도 그들은 피를 흘리게 하기보다는 그 처녀를 남자로 다루기를 즐긴다. 사드의 등장인물은 한 사람도 남김없이 여성 앞에서 깊은 혐오를 느낀다. 그 밖의 사람은 절충주의적이지만 그 선택의 취향만큼은 분명하다. 사드는 《아라비안나이트》가 그토록 희열에 차서 찬미하는 여성의 육체적인 부분을 결코 칭찬한 적이 없었다. 평범하게 아내가 있는 불쌍한 여성적인 사내를 그는 경멸할 뿐이었다. 사드 부인에게 자식을 낳게 한 것도 어떤 조건에서였는지는 이미 살펴보았다. 라코스트 성에서 비정상적인 음란의 향연에 빠진 사실이 있다고 해서 그가 하녀 나농에게 임신을 시켰다고 누가 증명할 수 있으랴!

그의 소설에서 호모들이 공공연히 말하는 의견을 사드의 생각이라고 보아선 안 된다. 그러나 《소돔 120일》의 신부의 입을 빌려 말하는 논법은 그의 심정과 매우 가깝기 때문에 고백으로 간주할 수도 있다. 쾌락에 관해서 그는 이렇게 기술한다. "소년이 소녀보다 낫다. 거의 언제나 쾌락의 진정한 매력인 악의 편에 서서 소년을 보는 게 낫다. 완전히 너와 동류인 자와 하는 편이 그렇지 않은 자보다 죄가 한층 크게 보이리라. 그리고 그때부터 정욕은 두 배가 된다." 사드는 자기의 유일한 잘못은 여자들을 너무나 사랑한 것이라고, 그의 부인에게 분명히 써서 보냈다. 그러나 그것은 공식적인 위선의 편지다. 그리고 그가 책에서 여자들에게 긍지에 찬 역할을 맡기고 있는 것은 로마네스크적 변증법에 의한 것이다. 그녀들에게 심술이 있으면 그 성별이 전통적으로 지닌 상냥함과 놀랄 만한 대조를 이룬다. 그녀들은 죄악에 의해 타고난 저속함을 극복할 때면 어떠한 상황도 대담무쌍한 마음의 도약을 억누르지 못한다는 것을 남자보다 훨씬 뚜렷하게 증명하고 있다. 그러나 그녀들이 상상 세계에서 가장 훌륭한 사형집행인이 되는 것은 그녀들이 현실세계에선 날 때부터 희생자이기 때문이다.

비굴하고 눈물이 많으며, 기만당하기 쉽고 수동적인 그녀들에 대해 사드가 실제로 느낀 모멸과 혐오가 그의 모든 작품에 일관되게 흐른다. 그녀들에게서 자기 어머니를 발견하고 싫어한 것일까? 여자에게서 자기를 보상할 존재를 발견한 것이 아니라 자신의 복사품을 발견했으므로, 또는 여자에게선 어떠한 것도 받을 수가 없으므로 사드는 여성을 증오한 것이 아닐까 하는 의문을 가질 수도 있다. 그가 그린 위대한 악녀들은 주인공들보다 더한 열정과 생명을 지니고 있다. 그것은 단순히 미적인 이유에서만이 아니라 그녀들이 그에게 더 한층 가깝기 때문이다. 나는 사람들이 주장하는 것처럼 그가 양처럼 우는 쥐스틴에게서 자기 모습을 발견했다고는 절대로 생각하지 않는다. 그게 아니라 오만과 쾌락 속에서 동생과 같은 취급을 받는 쥘리에트에게서 그는 자기 모습을 발견했다. 사드는 자기를 여자로 생각하고, 여자들에 대해 자신이 바라는 남자가 아닌 것에 불만을 품었다. 모든 여자 가운데 가장 위대하고 가장 훌륭하다고 인정받는 뒤랭에게 사드는 성적으로 남자로 행동할 수 있는 커다란 클리토리스를 부여했다.

사드에게 여자들이 대용품, 또는 장난감과 어떻게 다른지 무 자르듯 말할 수는 없다. 확실하게 말할 수 있는 것은, 그의 성적 본능이 본질적으로 학문적이라는 점이다. 돈에 대한 사드의 집착이 그 확실한 증거이다. 상속재산을 가로챈 사건은 그의 일생에 중대한 역할을 했다. 도둑질은 그의 작품 속에선 오르가슴을 일으키기에 충분한 성적 행위로 나타난다. 그리고 탐욕에 대한 프로이트적 해석[35]은 멀리하더라도, 사드가 공공연히 인정한 두 가지 의미로 파악할 수 있는 한 가지 사실이 있다. 그것은 그의 분변음욕증이다. 마르세유에서 어떤 여자에게 사탕을 주면서 "이것은 가스가 나오도록 자극하는 것"이라고 말했다. 그러나 바라던 결과를 얻지 못하자 실망한 모습을 보인다. 그가 가장 깊게 자기를 설명하려 시도했던 두 가지 환상이 잔혹과 변을 먹는 것이라는 점 역시 놀랍다. 그는 어느 선까지 그것에 몰두했던 것일까? 마르세유에서 대강의 계획을 짜서 실행하는 것과《소돔 120일》의 배설의 대향연 사이에는 엄청난 거리가 있다. 그러나 그가 이 배설의 대향연에 부여하고 있는 중요성, 그 의식(儀式)에 대해, 특히 그것의 준비에 대해 묘사할 때의 정성은 거기서 문제가 되었던 것이 냉혹하고 체계적인 발상이 아니라 감정적인 환각임을 어김없이 증명한다.

한편 죄수 사드의 상식을 벗어난 폭식증은 단순히 그것이 쓸데없는 짓이었다는 것만으론 설명되지 않는다. 먹는 것은 위장의 기능과 성적 기능 사이의 소아적인 평형관계로 머물러야 비로소 에로틱한 활동을 대신할 수가 있다. 분명 이러한 평형관계는 사드에게 영원히 이어졌다. 그는 음식물의 대향연과 에로틱한 대향연을 밀접하게 연관지었다. "음주 버릇과 많이 먹는 것만큼 음란과 결부된 정열은 없다"고 그는 주석을 붙였다. 그리고 이 혼동은 인육을 먹는 환상으로 완결된다. 피를 마시고 정액과 배설물을 먹고 어린아이를 먹는 것, 그것은 상대방을 파괴함으로써 욕망을 충족시키는 일이다. 그 향락은 교환도 증여도, 상호성도, 무상의 화려함이나 아름다움도 수반하지 않기 때문이다. 그의 전제주의는 향락이 동화할 수 없는 것을 무(無)로 만들어 버리는 길을 택하는 탐욕의 그것이다.

사드의 분변음욕증에는 다른 한 가지 특별한 의미가 더 있다. "음탕한 행위 속에서 희열을 얻는 것이 더러운 것이라면, 더러우면 더러울수록 더욱더 희열을 얻을 것이 틀림없다." 가장 두드러진 성적 매력으로 사드는 노쇠와 추악과 악취를 든다. 이런 천박한 행위와 에로티시즘과의 관계는 사드에겐 잔혹성의 관계와 마찬가지로 타고나며, 그와 비슷한 방법으로 설명된다. 아름다움은 너무나 단순하며, 그의 고독으로부터 의식을 떼어내지도, 그의 무관심으로부터 육체를 분리해내지도 못하는 지적 판단에 의해 파악된다. 천박한 행위는 타락시키는 것이 아니며, 더러움을 즐기는 인간은 상처 주거나 상처받는 인간처럼 자기를 육신으로서 실현한다. 더러움이, 정신을 빨아 먹혀 갈가리 찢어진 개인이 다시 결합하는 심연이 되는 것은 바로 그의 불행과 굴욕 속에서이다. 얻어맞고, 꿰뚫리고, 상처 입어야 비로소 사드는 집요한 자기현존을 폐기할 수 있었던 것이다.

그렇지만 사드는 흔히 말하는 마조히스트가 아니다. 그는 여자의 노예가 되는 남자들을 몹시 비웃었다. "나는 쇠사슬로 얽어매는 천박한 쾌락에 그들을 내팽개쳐둔다. 그 쾌락의 성질은 타인을 압박하고 망가뜨릴 권리를 그들에게 주기 때문이다. 이런 야수들은 그들을 타락시키는 천박함 속에서 하는 일 없이 얼마나 세월을 헛되이 보내고 있는가?" 마조히스트의 세계는 마술적이다. 그러므로 마조히스트는 거의 언제나 물신숭배자이다. 객체(오브제)—구두나 모피, 승마용 채찍 같은 것—는 마조히스트를 물건으로 바꾸는 힘을 지닌 방전(放電)으로 간주된다. 그것이야말로 마조히스트가 추구하는 바이며, 생기 없는 물체(오브제)가 되어 자기를 폐기하는 것이다.

사드의 세계는 본질적으로는 합리적이고 실천적이며, 그의 쾌락에 도움이 되는 객체(오브제)—물질의 객체든, 인간의 객체든—는 아무런 신비함도 없는 도구이다. 그리고 그는 분명 굴욕 속에서 오만한 책략을 발견해낸다. 예를 들면 생퐁(《쥘리에트》의 등장인물)은 선언한다. "몇 가지 방탕한 행위를 지니는 굴욕은 오만의 평계로서 도움이 된다." 그리고 다른 곳에서 사드는 방탕자에 대해 이렇게 말한다. "타락의 상태는 당신이 방탕자를 범함으로써 빠져드는 상태의 특징을 이루지만, 그것이 그의 마음에 들어 그를 기쁘게 하고, 그를 더없이 즐겁게 한다. 더구나 그런 식으로 대접받을 정도로 멀리 나아갔다는 것을 그는 속으로 얼마나 즐거워할는지?" 그럼에도 이 두 가지 태도 사이에는 친밀한 혈족관계가 있다. 마조히스트가 자기상실을 바라는 것은 그가 녹아들기를 바라는 객체(오브제)에 현혹되기를 바라기 때문이며, 이 노력에 의해 그는 자기의 주관성으로 되돌아간다. 상대에게 자기를 학대할 것을 요구하고, 그는 상대에게 난폭한 학대를 가한다. 마찬가지로 그의 굴욕적인 노출, 참고 견딘 고문이 타인을 모욕하고 고문한다.

이와는 반대로 다치고 상처입히면서 사형집행인은 자기 자신을 다치게 하고, 상처를 입혀가며 자기가 그 가면을 벗겨내는 수동성에 협력한다. 그리고 자신이 스스로에게 가하는 고통의 원인으로 파악하려 하며, 그가 자기에게 다다르는 것은 도구일 때뿐이다. 따라서 물체(오브제)일 때에만 그러하다. 따라서 이러한 행위들을 사도마조히즘이라는 이름으로 묶는 것이 허용된다. 다만 주의해야 할 것은, 이 말이 일반성을 띠고 있음에도 이런 행위들이 구체적으로는 매우 다양하다는 점이다. 사드는 자허마조흐[36]가 아니다. 그를 특별히 특징짓는 것은 육체 속에서 자기를 잃는 일 없이 육체를 실재하게 하려고 애쓰는 의지의 긴장이다. 마르세유에서 그는 자기 자신을 채찍질하게 했으며, 때로는 난로로 뛰어들어 자기가 방금 맞은 매의 수를 연통에 주머니칼로 새겨 넣었다. 그러면 굴욕은 순식간에 허세로 뒤바뀌는 것이었다. 그는 비역을 당하는 동시에 여자를 채찍으로 때렸다. 그것이야말로 그가 좋아하는 환상의 하나이다. 얻어맞고 찔리며 그 순간에 굴욕을 준 희생자를 마구 때리고 찌르는 것이다.

이미 말했다시피 사드의 독특성을 단순한 여건으로만 본다면 그 의미와 범위를 지나치게 경시하는 셈이다. 사드의 독특성은 언제나 윤리적인 의미를 띤다는 점이다. 1763년의 추문사건 뒤로 사드의 에로티시즘은 더는 개인적인 태도를 보이지 않았다. 그것은 사회에 대한 도전이기도 했다. 아내에게 보내는 편지에서 사드는 자신의 취미를 어떻게 원칙으로 삼았는지에 대해 설명한다. "이런 원칙들과 취미, 기호를 나는 광신적일 정도로 지녔다. ……그리고 이 광신은 나의 폭군들이 준 박해 결과이다."

성생활 전체에 활기를 주는 최고의 의도는 그 의도 자체가 범죄를 일으키기를 바라는 것이었다. 즉 그것은 잔인성 또는 지저분한 행동으로, 악을 실재하게 하는 것이 문제가 된다. 사드는 섹스를 잔혹, 찢는 아픔, 결함으로서 직접 실험했다. 그리고 원한에 의해 섹스의 암묵성을 집요하게 요구했다. 사회는 자연과 결합하여 쾌락에 탐닉하는 그를 죄악자로 만들려 했기 때문에 그는 죄악조차도 하나의 쾌락으로 여기게 되었다. "죄악은 음탕의 영혼이다. 죄악이 따르지 않는 향락이 어디 있으랴! 우리를 흥분시키는 것은 방탕의 상대가 아닌 악의 관념이다." "미녀를 고문하거나 우롱하는 쾌락 속에는 우리를 숭배하는 상대를 모독하거나 또는 신성성에 상처를 줌으로써 얻어지는 어떤 쾌락이 있다"고 그는 말했다. 로즈 켈러를 채찍으로 때리기 위해 부활절을 택한 것도 우연이 아니다. 더욱이 그의 성적 흥분이 절정에 다다른 것은 그녀의 참회를 들으려고 이야기를 시작한 바로 그 시점이었다.

어떠한 최음제도 '선'에 대한 도전만큼 강력하지 않다. "우리가 커다란 죄악에 대해서 느끼는 욕망은 작은 죄악에 대해 느끼는 욕망보다 언제나 뜨겁다." 사드는 자기를 죄인으로 느끼기 위해 악을 자행했을까? 아니면 악을 받아들임으로써 자신의 유죄성으로부터 벗어났던 것일까? 이런 어느 한 가지 태도로 그를 내모는 것은 그의 팔다리를 잘라버리는 것과 다름없다. 그는 스스로 만족한 비열함에도, 경솔한 불손에도 만족한 적이 없다. 그는 끊임없이 존귀와 위대함으로부터 악의 심리를 향해 극적으로 흔들린다.

따라서 사드의 잔학성과 마조히즘의 범위가 구별된다. 격렬한 기질에—이것은 빠르게 소모되었다고 보지만—반쯤 병리학적인 감정인 '고립주의'를 결합시킨 이 남자는 고뇌를 참고 견디며 심적 동요의 대용물을 찾았다. 그의 잔인성은 매우 복잡한 의미를 지닌다. 먼저 그 잔인성은 섹스본능의 극단적이고 직접적인 완성, 즉 그의 총체적 승천으로 나타난다. 그것은 다른 객체와 지고의 주체와의 근본적 분리를 확인하는 것이며, 탐욕으로 동화하기를 바라지만 채 다다르지 못하는 것을 깊은 질투로 파괴하기를 바란다. 그러나 특히 오르가슴을 충동적으로 완성하기보다는 오히려 계획적인 방법으로 그것을 도발하기를 바라는 것이다. 그것은 다른 사람을 통해 의식과 육체의 통일을 얻고, 그 통일을 자기 내부에 투영하게 한다. 마지막으로 자연과 사회가 에로티시즘에 배당한 죄악적 성격의 권리를 자유에 대해 요구한다.

한편 사드는 비역을 하게 하고, 채찍으로 때리게 하고, 상처를 입힘으로써 수동적인 육체로서의 자기 자신의 현현(顯現)에 다다른다. 그는 자기징벌의 욕망을 채우고, 그에게 약속된 유죄성을 받아들인다. 그리고 곧장 도전을 통해 굴욕받는 상태로부터 오만으로 돌아선다. 완벽한 사드적 장면에선 개인이 자기의 자연성이 악함을 알게 되고, 또한 있는 그대로를 공격적으로 받아들여 해방시킨다. 그는 복수와 결함을 하나로 결합하고, 그 결합을 영광으로 변질시킨다.

잔학성과 함께 마조히즘의 극단적인 귀결로 표출되는 하나의 행위가 있다. 주체는 그 행위로 폭군 및 죄인으로서 자기를 특권적으로 확인하기 때문이다. 바로 살인이다. 그것이 사드적인 성적 본능의 지고한 달성이라고 자주 주장되었다. 내가 볼 때 이 견해는 오해 위에 성립되어 있다. 사드가 편지에서 과거 살인자였던 적은 없다고 그토록 강력하게 부인하는 것은 분명 자기변명이 목적이다. 그러나 그 생각은 진정으로 그를 혐오하게 만들었다고 나는 생각한다. 확실히 그는 자기 이야기에 기괴한 대살육을 지나치게 많이 펼쳤다. 살인만큼 추상적인 의미가 자극적 뚜렷함을 띠는 대죄는 세상에 없기 때문이다. 그는 계율도 공포도 없는 자유의 격앙된 요구를 내놓은 것이다. 그리고 작가로서 그는 종이 위에서 그 희생자의 고통을 무한히 연장시켜, 물질로 추락한 육체에 명석한 정신이 깃든다는 특권적 순간을 영원하게 만들 수가 있다. 나아가 그는 무의식인 껍데기에 생명 있는 과거를 불어넣는다. 그러나 실제로는 무기력한 객체인 이 유골을, 학대자는 어떻게 하려는 것일까? 물론 삶에서 죽음으로의 이행에는 눈을 가리는 어떤 것이 있다. 그리고 의식과 육신의 다툼에 매료되는 사드적 인간은 자기가 이토록 근본적인 변형을 만들어 내는 자이기를 기꺼이 꿈꿀 것이다. 그러나 기회가 있을 때 이 특권적인 경험을 이루는 것이 일반적이라 해도 그것이 더없는 만족을 주는 경우는 있을 수 없다. 무(無)로 만들어 버릴 정도로 인간이 학대를 가하고 싶어하는 이 자유는 자기를 무로 만듦으로써 학대가 그 자유의 급소를 쥐고 있던 세상 바깥으로 미끄러져 나가는 것이다.

사드가 묘사한 주인공들이 끝없이 살해를 되풀이하는 것은 어떠한 살해도 그들을 충족시킬 수 없기 때문이다. 구체적으로 살인은 방탕자를 괴롭히는 문제에 어떠한 해결책도 내놓지 못한다. 왜냐하면 방탕자가 추구하는 목적은 단순한 쾌락만이 아니기 때문이다. 감각이 발작적인 격렬함을 지녔다 해도 감각의 탐구에 이토록 열정적으로, 목숨을 걸고 깊이 다가간 사람은 아무도 없을 것이다. 오히려 죽을 때의 외상이 그 명증성으로써 그 기도(企圖)의 성공을 보장할 것이다. 그 기도를 시도하는 모험이 이 외상을 끝없이 극복하기 때문이다. 그러나 이와는 반대로 이 모험이 기도에 결말을 내지 않고 멈추는 일이 가끔 있다. 그리고 기도가 살인에 의해 연장된다면 살인은 그 기도의 실패를 증명할 따름이다. 블랑지는 오르가슴 자체의 분노를 담아서 목을 조른다. 그리고 욕망이 충족되는 일 없이 사라지는 이 분노 속에는 절망이 있다. 그가 계획했던 쾌락은 더 야만적이지 않고, 보다 복잡했다. 《쥘리에트》의 일화는 특히 의미가 깊다. 젊은 여자의 대화에 불타오른 노아르슈는 고독한 쾌락, 즉 상대와 단둘이 열중하는 쾌락이 즐거움을 주지 않아 이내 친구들을 부른다. "우리끼리로는 충분치 않아. 맡겨둬…… 이 한 점에 집중한 나의 정열은 태양거울로 모은 천체의 빛과 같아서 초점에 놓여 있는 것을 순식간에 태워 버리지." 그가 이 같은 과도함을 자신에게 금지한 것은 추상적인 의심에서가 아니다. 그는 살인의 경련 뒤에는 자기가 기대를 저버리는 심정이 되는 것을 알고 있었던 것이다. 우리의 본능이 만일 본능의 직접적 충동에 따름으로써 만족한다면 다다를 수 없는 결과를 우리에게 가르쳐 준다. 본능을 이기고, 그것을 반성하고 그리고 그것을 만족시킬 수단을 교묘히 만들어낼 필요가 있다. 본능에 대해 물러설 거리를 둘 때 우리에게 가장 도움이 되는 것은 타인의 의식의 현존이다.

사드가 지닌 성적 본능은 생물학에 속하지 않는다. 그것은 사회적 사실이다. 그가 몹시 만족했던 대향연은 거의 언제나 집단적이었다. 마르세유에선

2명의 여자를 요구하고, 하인을 데려갔다. 라코스트 성에선 후궁을 지었다. 그의 소설에 나오는 방탕아들은 진정한 공동사회를 이루고 있다. 그것의 유리한 점은 방탕에 제공되는 조합의 수가 많다는 것이다. 그러나 이 에로티시즘의 사회화에는 보다 깊은 이유가 있다. 사드는 마르세유에서 자기 하인을 '후작님'이라 부르고, 그와 '관계를 맺기'보다는 하인이 그의 이름으로 여자와 '관계하는' 것을 보고자 했다. 에로틱한 장면을 연출하는 쪽이 그가 몸소 체험하는 것보다 흥미로웠던 것이다.

《소돔 120일》에선 환상이 실행되기 전에 먼저 말로 설명된다. 이러한 두 측면의 관찰에 의해 행위는 실행되는 순간 거리를 두고 바라볼 수 있는 구경거리가 된다. 그리하여 행위는 고독하고 짐승 같은 격앙에 의해 의미가 이해되지 않아 내팽개쳐지는 일이 없다. 왜냐하면 만일 방탕아가 그 몸짓과 정확히 일치하고, 희생자가 그 감동과 일치한다면 자유와 의식은 육체의 흥분 속에서 헤맬 것이기 때문이다. 희생자는 얼토당토않은 고통을 당할 뿐이고, 방탕아는 경련하는 정욕을 이룩할 따름이다. 그들 주위에 모인 참여자의 힘을 빌려 그들이 당사자를 도와 당사자 자신을 현존하게 하는 하나의 현존상태가 이루어진다. 그가 스스로 다다르기를 기대하는 것은 연출을 통해서이며, 그런 자신을 보기 위해서는 남에게 보일 필요가 있다. 희생자에게 난폭한 학대를 가하면서 사드는 그를 바라보는 사람에겐 객체가 된다. 거꾸로 그가 폭행을 가하는 육체 위에 그가 참아내고 있는 폭력을 바라봄으로써 그는 수동성의 절정에서 자신을 주체로 보게 된다. 대자(對自)와 대타(對他)의 혼합이 완성되는 것이다. 공범자들은 성적 본능에 악마적 차원을 부여하기 위해 특히 필요하다. 그들이 있어야만 저질렀거나 감내한 행위가 우연적 요소에 희석되지 않고 확실한 형태를 띠게 된다. 실재적인 것이 됨으로써 모든 대죄악은 있을 수 있는 일, 일상적인 일임이 증명되고, 그 대죄악에 매우 친밀하고 익숙해지므로 그것이 죄라고 판단하는 경우가 거의 없다. 놀라거나 두려워 떨기 위해선 타인의 눈을 통해 멀리서 자신을 바라볼 필요가 있는 것이다.

그러나 타자에게 의지하는 것은 그것이 아무리 귀중하더라도 사드인 시도에 들어 있는 모순을 없애기에는 아직 충분치 않다. 인간이 체험할 수 있는 것 가운데서 양의성을 지닌 실재의 통일 파악에 실패한다면 결코 그 통일을 지적으로 다시 세우지는 못할 것이다. 연출의 정의상 그것은 의식의 내밀성은 물론 육체의 불투명성하고도 일치하지 못한다. 하물며 이 둘을 융화시키기란 더욱 불가능하다. 일단 분리되고 나면 인간현실의 이 두 요소는 서로 맞서, 한쪽을 추구하면 이내 다른 한쪽이 자취를 감추고 만다. 지나치게 격렬한 고통을 가한다면 당사자는 착란을 일으켜 자기의 주권을 포기하고 결국 그것을 잃는다. 지나치게 비열한 행위는 쾌락과 모순되는 혐오를 끌어들인다. 잔인성은 아주 소극적인 한계 안에서가 아니면 실제로 실행하기가 어렵다. 그리고 그것은 윤리적으로 다음 두 문장이 지니는 모순이 드러내고 있는 모순을 포함한다. "가장 신성한 매력도 예속과 복종이 우리에게 그것을 제공하는 수준에 이르지 않으면 아무것도 아니다", 또한 "욕망을 품은 상대에게 폭력을 가해야 한다. 상대가 굴복하는 순간 쾌락은 더욱 고조된다."

그러면 대체 어디서 자유로운 노예를 만날 것인가? 타협에 만족해야만 한다. 천박하게도 매수당하여 동의한 여자들과 함께 사드는 정해진 한계를 아주 조금 넘는다. 순종하며 인간의 품위를 지키고 있는 아내에게 그는 얼마간 폭력을 가하여 시험해 보았다. 그러나 바라던 에로틱한 행위는 결코 이루어지지 않았으리라. 바로 거기에 사드가 제롬(《쥐스틴》의 등장인물)의 입을 빌려 말한 내용의 깊은 뜻이 있다. "우리가 여기서 하고 있는 일은 우리가 하고 싶어하는 것의 영상에 지나지 않아." 그것은 단지 진정으로 중요한 대죄악이 실제로는 금지되어 있어서만이 아니다. 가장 극단적인 열광 속에서 환기할 수 있는 대죄악마저도, 그것을 만들어낸 사람을 배반할 수 있기 때문이다. "태양을 덮치는 것, 우주에서 태양을 빼앗는 것, 또는 태양으로 온 세상에 불을 지르는 것, 이런 것이야말로 죄악이다." 그러나 이런 꿈이 마음을 누그러뜨리는 것처럼 보이는 까닭은 죄인이 이 꿈속에 자기 자신의 무화(無化)를 우주의 무화와 함께 던져 넣기 때문이다. 오래도록 산다면 그는 기대를 배반당할 것이다. 사드적인 죄악은 그것에 활기를 불어넣는 의도에 결코 상응하지 않는다. 희생자는 유사 대리물로서만 존재하며, 당사자는 영상으로만 자신을 파악한다. 그리고 둘의 관계는 그들이 전달할 수 없는 내밀성 속에서 현실적으로 서로 드잡이하게 하는 드라마의 패러디일 뿐이다. 따라서 《소돔 120일》의 신부(神父)는 "그 자리에서 제2의 죄악을 계획하지 않고는 절대 죄악을 저지르지 않았다."

방탕자에겐 음모의 순간이 특권적인 시간이다. 그 이유는 현실이 그에게 숙명적으로 대립하게 하는 거부를 그는 그때엔 모를 수 있기 때문이다. 그리고 뼈와 살을 지닌 상대가 쓸모없는 감각에 쉽사리 눈을 뜨고, 사드적인 대항연 속에서 본원적인 역할을 하는 것은 상대가 그 부재 속에서만 전체적으로 피습을 당한 상태가 되기 때문이다. 사실 그것은 방탕이 만들어 내는 환상에 만족하는 하나의 방법에 지나지 않는다. 환상의 비현실성 자체에 내기를 하는 것이다. 에로티시즘을 선택함으로써 사드는 상상을 택했다. 상상 속에서야말로 그는 속아 넘어갈 걱정이 없고, 신변의 안정을 확보하리라. 그는 그것을 작품 전체에 걸쳐 되풀이했다. "감각의 향락은 언제나 상상력에 근거하여 규정된다. 인간은 자기 상상력의 모든 변덕에 봉사할 때만 극치의 행복을 열망할 수 있다." 상상력에 의해서만 그는 공간, 시간, 감옥, 경찰, 부재의 공허, 불투명한 현존상태, 실존의 투쟁, 죽음, 삶, 온갖 모순에서 벗어나리라. 사드의 에로티시즘이 완성되는 것은 살인에 의해서가 아니다. 문학에 의해서이다.

언뜻 보면 사드는 글을 씀으로써 많은 사람들과 마찬가지로 죄수로서의 상황에 저항했을 뿐이라고 보일지도 모른다. 그 생각이 전혀 틀린 것은 아니었다. 1772년 라코스트 성에서 상연된 희곡은 그가 쓴 것이었고, 몽트뢰유 부인의 배려로 억지로 연 그의 상자에는 그가 직접 쓴 몇 개의 '메모'[*37]가 들어 있었는데, 아마도 성본능에 대한 글이었던 듯하다. 그는 뱅센에 감금되자 진정한 작품을 계획하기까지 4년을 기다렸다. 같은 요새의 다른 감옥에 갇힌 미라보[*38]는 "나는 산 채로 무덤에 묻혔다"고 신음했는데, 그도 역시 글쓰기로 마음을 달랬다. 번역, 외설적인 편지, 왕의 도장이 찍힌 명령서에 관한 시론 등을 통해 미라보는 시간을 죽이면서 육체를 달래고, 적대적인 사회를 뒤엎으려 시도했다. 사드도 이와 비슷한 동기에 따라 몰두했다. 그리고 여러 소설을 쓰면서 자기 몸에 칼침을 놓는 셈이 되었다. 그 또한 자신의 사형집행인에게 복수하려 했다. 쾌활한 분노를 담아서 그는 아내에게 편지를 썼다. "육신의 죄에 관해 잔학하기 짝이 없는 금지를 나에게 강제함으로써 너희는 멋지게 해냈다고 생각하겠지. 단언해도 좋다. 하지만 말이야! 너흰 착각한 거야…… 너희는 내가 이루어야 할 환상을 나에게 만들어주었다." 그러나 그의 결심을 촉구한 것이 구류였다 해도 그의 결심에는 보다 깊은 뿌리가 있었다. 사드는 그 방탕을 통해 늘 스스로에게 얘기했다. 그러나 그의 공상의 유사 대리물로서 도움이 되었던 현실은 그 밀도를 그의 공상에 빌려주기는 했지만, 또한 저항하며 방해하기도 했다. 사물의 불투명성이 공상의 의미를 깊게 했던 것이다.

이와는 반대로 언어가 유지되는 것은 이러한 의미에서다. 고대인의 벽화가 그것들이 연상케 하는 기관이나 몸짓보다 외설적이란 점은 어린아이도 안다. 지저분한 의도지만 그 의도가 순수하게 벽화들 속에 고스란히 드러나 있기 때문이다. 모든 신성모독 행위 가운데 모독이 가장 쉽고 확실하다. 사드가 그려낸 주인공들은 질리지도 않고 떠들어댄다. 그리고 로즈 켈러 사건 때는 그 자신이 장황하게 연설함으로써 만족했다. 말로 하는 것보다 글로 쓰는 게 상상력에 기념비적인 견고함을 부여하기 쉽다. 더구나 그것은 모든 이의에 저항한다. 글이라는 것 덕분에 미덕은 위선이나 어리석은 행동으로 고발될 때도 그 불길한 위신을 잃지 않지만, 죄악은 그 위대함에 있어서 여전히 유죄 상태이며, 고통스런 육체 속에서 자유는 여전히 두려워 떨 수 있다. 문학은 사드로 하여금 그의 꿈을 해방시켜 정착하게 했으며, 모든 악마적 체계로 말미암아 생겨나는 모순을 극복하게도 했다. 더욱이 문학은 죄악의 환상을 공격적으로 과시하므로 그것 자체로서 악마적인 행위이다. 그것이 바로 문학에 가장 큰 가치를 부여한다. 한 사람의 '고립주의자'가 이토록 정열적으로 전달하려고 애쓴 것을 모순이라고 판단하는 것은 사드를 제대로 이해하지 못하기 때문이다. 그에겐 인류보다 동물이나 원시림을 사랑하는 등의 인간혐오적인 부분이 전혀 없다. 타인으로부터 단절된 그에겐 다다르기 어려운 현존이 따라다니고 있었다. 자기 삶의 가장 내밀한 점에 대해 그가 타인의 의식을 증인으로 요구한다 해도 한 권의 책으로 광범한 대중 앞에 자기 노출을 갈망했던 것은 당연한 일이었다.

사드는 자신을 추문에 노출하는 것 말고는 아무것도 바라지 않았을까? 1795년에 그는 이렇게 썼다. "나는 여러분에게 위대한 진실을 알려주고자 한다. 사람들은 그것들에 귀를 기울이고 뉘우치게 될 것이다. 그 모든 것이 기쁨을 주지는 않더라도 적어도 그중 몇 가지는 남으리라 생각한다. 문명의 진보에 기여할 수만 있다면 나는 만족한다." 또한《새로운 쥐스틴》에서는 이렇게 말했다. "인간에게서 이토록 본질적인 진실을 감추는 것은 결과가 어떠하든 인간을 제대로 사랑하지 않는 것이다." 피크지역위원회의 의장이 되어 단체의 이름으로 연설과 청원서의 초안을 썼으므로 그의 가장 낙관적인 시대에는 인류의 한 대변자임을 자부했던 게 틀림없었다. 그 무렵에는 자기의 경험에서 저주받은 모습이 아니라 진정한 풍요로움을 되찾고 있었다. 하지만 이런 꿈들은 이내 사라져버렸다. 사드를 악마주의로 내모는 일은 너무나 쉬웠다. 그에겐 성실성과 자기기만이 마구 뒤섞여 있었다. 진실이 추문을 일으키는 것이 그는 마음에 들었다. 추문을 자신에 대한 하나의 의무로 삼았던 것은 그런 추문이 진실을 밝히기 때문이었다. 그가 거만하게 실수할 권리를 요구할 때는 자기가 옳다고 보았다. 그가 일부러 능욕한 대중에게 그는 하나의 사명을 전달하려고도 했다. 그가 쓴 글은 주어진 세계와 타자와의 관계의 상반성을 반영하고 있는 것이다.

그것 이상으로 놀랄 만한 것은 그가 선택한 표현방법이다. 자신의 독특성을 매우 집요하게 가꾸어온 그는 로트레아몽이 했던 것처럼 그 경험을 특이한 형식으로 나타내려 노력했다고 기대할 수 있을지 모른다. 그러나 무엇보다 18세기는 서정적인 가능성을 거의 제공하지 않았다. 사드는 그 무렵 시와 혼동되던 맥 빠진 감수성을 증오하고 있었다. '저주받은 시인'에게는 시대가 익숙지 않았던 것이다. 그리고 사드의 마음을 문학적인 대담성으로 향하게 하는 것이라곤 전혀 없었다. 진정한 창조자는—적어도 어떤 면이나 어떤 때에는—주어진 것으로부터 근본적으로 자유의 몸이 되고, 완전한 고독 속에서 다른 사람들의 저편에 나타나야 하는 법이다. 그러나 사드의 내면에는 그런 시건방짐도 제대로 감추지 못하는 내적인 유약함이 있었다. 사회가 유죄성을 띠고 그의 내부로 파고든 것이다. 그에겐 세상과 인간과 그 자신을 재발견할 수단 및 시간도 없다. 그는 너무나 급했다. 자신을 옹호하기에 바빴던 것이다. 이미 말했듯이 글을 씀으로써 그는 무엇보다 양심을 획득하려 애썼다. 그러려면 무죄가 될 때까지, 동의를 얻을 때까지 타자를 거듭 뒤쫓지 않으면 안 되었다. 그는 자기주장을 하는 대신 변명을 했다. 그리고 자기를 이해시키기 위해 사회로부터 문학적 형식과 시험이 끝난 교리를 빌렸다. 합리주의적인 시대에 자라난 그에겐 추론만큼 확실한 무기가 없어 보였다. "보편적 도덕의 모든 원칙은 진정한 망상이다"라고 썼던 그가 동시대 미학의 일반적인 관습과 보편적 논리의 주장에 얌전히 따랐던 것이다. 그것으로 그의 예술과 사상이 설명된다. 그가 자기 권리를 요구하는 것은 언제나 자기 변명을 하는 것과 같은 충동에서 시작된 것이다. 그의 작품은 자신의 유죄성을 폐기하면서도 죄악을 끝까지 밀고 나가기 위한 양면성을 도모한다.

그 결과 사드가 좋아한 분야는 당연히 패러디였다. 그는 새로운 우주를 창조하려는 시도는 하지 않았다. 그는 그에게 강요된 우주, 그 우주를 본뜬 방식으로 비웃는 것에 만족했다. 그리고 일단은 그 우주를 채우고 있는 무과실, 선량함, 헌신, 너그러움, 순결 같은 망상을 믿는 척했다. 《알린과 발쿠르》, 《쥐스틴》, 《사랑의 죄》에서 그가 감동적인 투로 미덕을 묘사할 때, 단순히 용의주도한 술수가 문제되는 것은 아니다. 쥐스틴에게 둘러친 '얇은 천'은 문학적 기교 이상이다. 미덕에게 약을 올려 재미를 추구하려면 그것에 현실성을 부여할 필요가 있다. 부도덕하다는 비난에 대해 자기를 변호하며 사드는 위선적으로 이렇게 썼다. "미덕을 둘러싸고 있는 악덕의 특색이 강하게 드러나 있지 않을 때, 누가 미덕을 제대로 돋보이게 할 수 있겠는가?" 그러나 그가 말하고자 하는 바는 이와는 정반대다. 즉 독자가 선에 대한 환영을 지니고 있지 않다면 과연 어떻게 악덕에 악덕의 맛을 부여할 수 있겠는가. 순수하고 착한 사람들의 마음을 악하게 하기보단 속이는 편이 한결 쉽다. 그래서 사탕을 바른 듯한 완곡한 표현을 종이 위에 써내려가면서 사드는 기만의 세찬 쾌락을 맛보았다. 공교롭게도 그는 우리를 즐겁게 하기보다는 흔히 자기 혼자서 즐겼다. 그의 언어는 그가 쓰는 교훈 이야기와 똑같은 냉혹성과 무미건조함을 지니며, 일화 또한 음울한 관습에 따라 펼쳐져 있다. 그럼에도 사드가 가장 눈부신 예술적 성공을 이룩한 것은 패러디에 의해서였다.

모리스 엔이 강조했듯이 암흑소설의 선구자인 사드는 환상적인 것에 빠지기엔 너무나 철저하게 합리주의자였다. 그가 규칙을 벗어난 자기의 상상력에 몸을 맡길 때는 그 서사시적인 치열함과 빈정거림을 칭찬해도 되는지 알 수 없게 된다. 신기하게도 그 빈정거림은 그의 열광을 파괴하지 않을 만큼 충분히 정교하고 치밀하다. 반대로 비아냥거림은 그의 열광에 무미건조한 시정(詩情)을 부여하고, 그것이 우리의 불신과는 반대로 열광을 옹호하는 것이다. 기회 있을 때마다 자기 자신을 향해 역전시킬 수 있는 이 음울한 해학은 단순한 방법 이상의 장치이다. 수치와 오만, 진실과 죄악을 뒤섞어버린 사드에겐 이상한 정신이 둥지를 틀고 있었다. 그가 가장 성실할 때는 익살을 부릴 때였고, 자기기만이 분명하고 뚜렷할 때는 그가 가장 성실할 때이다. 그는 논리정연한 추론을 통해 유별난 이야기를 펼치는 한편, 그의 과장은 가끔 소박한 진실을 감추고 있었다. 그의 사상은 그것을 정착하고자 하는 사람의 예상을 뒤집으려고 노력하며, 그로써 우리를 불안하게 하려는 목적을 이룬다. 그가 쓰는 형식조차도 우리의 리듬을 엉망으로 만든다. 그는 단조롭고 당황한 목소리로 말하며, 우리를 따분하게 만들다가도 느닷없이 쓸쓸하게 비웃는 듯한 외설적인 하나의 진실로 이들 회색빛 장식화를 비추어 그 진실이 지니는 흉포한 번쩍임을 도드라지게 한다. 이때 그 쾌활함, 격렬함, 건방지고 제멋대로인 점 때문에 사드의 문체는 대작가의 문체가 된다.

그러나 《쥐스틴》을 《마농 레스코》*39나 《위험한 관계》*40와 나란히 놓고 보려는 사람은 아무도 없다. 역설적으로 말하면 사드의 작품에 미학적 한계를 할당한 것은 사드 작품의 그 필연성 자체였다. 그는 이 필연성 앞에서 예술가가 꼭 가져야 할 후퇴거리를 두지 않았다. 현실을 재창조할 의도로 맞부딪히는 데 필요한 해탈이 그에겐 없었다. 그는 자기 자신을 맞닥뜨리지 않았다. 자기 바깥에서 자신의 환상을 투영하는 데 만족했던 것이다. 그의 이야기에는 비현실성, 드러내 보이기 위한 정확성, 정신분열증적인 몽상의 단조로움이 있다. 그가 그 이야기를 자기에게 한 것은 자기 쾌락을 위해서였지 독자에게 강요할 뜻은 전혀 없었다. 그의 이야기에는 세계에 대한 저항도, 사드가 마음 깊숙한 낯선 곳에서 우연히 만난 것 이상으로 비장한 저항도 없다. 지하창고, 지하실, 신비로운 성 등 암흑소설의 병기창은 그에겐 독특한 의미를 갖는다. 이미지의 고립을 상징하는 것이다. 지각은 여건 전체를 가리키며, 따라서 여건이 포함하는 장애물을 가리킨다. 이미지는 완벽하게 순종해 본연의 상태로 돌아가지 않는다. 이미지에선 타인이 그곳에 놓은 것만이 발견된다. 이미지는 그곳에서 어떠한 권력, 드높은 전제군주를 몰아내지 못하는 매혹적인 영역이다. 사드가 문학적으로 이미지에 불투명성을 부여하려 주장할 때, 그가 본뜬 것은 이 이미지이다. 따라서 진실한 사건이 관련되어 자리잡고 있는 공간적·시간적인 좌표에 그는 도무지 관심이 없다. 그가 환기하는 장소는 이 세상의 것이 아니다. 그곳에 펼쳐져 있는 것은 파란만장한 사건이 아니라 생생한 화면이다. 지속은 사드의 우주에는 해당되지 않는다. 그의 작품에는 어떠한 미래도 없거니와 작품 속 역시 다를 바 없다. 우리가 초대받는 대향연은 언제 어디에서도 열리지 않을 뿐만 아니라, 그보다 더 중요한 것은 그것이 아무와도 연관되지 않는다는 점이다. 희생자는 그 애처로운 비열함 속에서, 사형집행인은 그 광란 속에서 제각기 얼어붙는다. 사드는 그들에게 자신의 생명 있는 밀도를 내주지 않고 그들 내부에서 기꺼이 자기를 꿈꾸었다. 그들은 회한을 모르며 만족할 줄도 모른다. 혐오도 모르고 무관심하게 사람을 죽인다. 이것이야말로 악의 추상적 화신이다. 그러나 사회적, 가정적, 인간적인 어떠한 밑바탕으로부터도 없앨 수 있는 것이 아니면 에로티시즘은 그 비정상적 성격을 잃는다. 그것은 이미 투쟁도, 계시도 특권적인 경험도 아니다. 개인 사이에서 어떠한 극적인 관계도 발견할 수 없으며, 오히려 생물학적인 조악함으로 후퇴한다. 만약 정욕에 불타고 있거나, 또는 고문을 당하고 있는 육체만이 곳곳에서 자신을 드러내고 있다면 그와는 무관한 자유의 적대성이나 정신의 타락을 어떻게 느끼겠는가? 어떠한 의식도 구체적으로 현존하지 않는 것 같은 흥분 속에선 공포조차 사라진다. 《우물과 진자시계》 같은 에드거 앨런 포의 단편이 그와 같은 불안을 낳는 것은 우리가 주제의 내부상황을 두려워하기 때문이다. 사드가 묘사한 주인공을 받아들이는 것은 외부로부터가 아니다. 그들은 플로리앙[*41]의 양치기와 마찬가지로 인공적이며 그들 역시 제멋대로인 세계에서 움직이고 있다. 그것이 이러한 어두운 목가가 나체주의자 집단의 엄숙함을 지니는 이유이다.

사드가 무대에 세세하게 드러내는 방탕은 독특한 복합감정의 발견이라기보다는 오히려 인간 육체의 해부학적 가능성을 계통적으로 이해하고 있다고 볼 수 있다. 그러나 그것들에 미학적 진실을 부여하는 데는 실패했다고 하더라도 사드는 그때까지는 추측하지 못했던 성적 형식, 특히 어머니에 대한 증오―불감증―두뇌성―수동적 비역―잔학성을 결합하는 성적 형식을 이미 예감하고 있었던 것이다. 상상력과 악덕의 결합을 사드만큼 굽히지 않고 강조한 사람은 없었다. 그리고 때때로 그는 성적 본능과 실존의 관련에 대해 놀랍도록 깊은 통찰을 우리에게 보여준다. 그러므로 그에게서 심리학 영역의 진정한 개혁자의 모습을 발견하고 칭찬해야 하지 않을까? 하지만 그것을 결정하기란 쉽지 않다. 선구자에겐 너무나 많이 주어져 있거나 너무 적게 주어져 있는 경우가 대부분이다. 헤겔의 말처럼, 완성된 것이 아닌 듯한 진리의 가치를 어떻게 헤아릴 수 있겠는가? 하나의 관념이 그 가치를 이끌어내는 것은 그것이 요약하는 경험으로부터이며, 또한 그것이 시작하는 방법으로부터이다. 그러나 그 신기함이 우리를 애태우는 방식이, 만일 어떤 자세한 기술로도 그것을 확증할 수 없다면 어떻게 믿어야 할지 우리는 도무지 알지 못한다. 우리는 아마도 먼 훗날 의미가 풍부해진 전체로부터 그 방식을 넓히거나, 아니면 반대로 그 방식의 효력범위를 극도로 좁혀야 할 것이다. 이리하여 사드 앞에서 공평한 독자는 머뭇거린다. 가끔 책장을 넘기면서 독자는 전혀 생각지도 않던 문장을 만나 미개척의 길이 열리는 듯한 느낌을 받는다. 그러나 그 생각은 이내 방향을 바꾼다. 생생하고도 독특한 목소리가 어느새 도르바크나 라메트리의 진부하고 종잡을 수 없는 이야기로밖엔 들리지 않는다.

  1795년에 사드가 다음과 같이 쓴 것은 주목할 만하다. "향락 행위는 내가 볼 때 다른 모든 정열을 종속시키는 정열이다. 그러나 그것은 또한 다른 모든 정열을 동시에 결합한다."(규방철학) 이 글의 첫 부분을 보면 사드는 프로이트의 '범성욕주의'라는 것을 예감했을 뿐만 아니라, 에로티시즘을 인간행위의 원동력으로 삼았다. 두 번째 부분에선 성적 본능이 성본능을 뛰어넘는 의미를 지니고 있음을 더욱 주장하고 있다. 리비도는 곳곳에 있으며, 그것은 언제나 그것 자체보다 훨씬 더한 것이다. 사드는 한 치의 의심도 없이 이 위대한 진리를 예감했다. 통속적으로 정신적 기형 또는 육체적 결함으로 간주되는 '도착'이 오늘날에는 지향성[*42]을 포함한다는 것을 그는 알고 있었다. 모든 "환상은…… 언제나 섬세함의 원칙을 거스르기 마련이다"라고 쓴 편지를 그는 아내에게 보냈다. 그리고 《알린과 발쿠르》에서 그는 확신했다. "세련은 섬세함에서만 태어난다. 따라서 인간이 자기를 배제하고 있는 것처럼 보이는 사물에 마음이 움직이는 경우가 있더라도 대부분의 세련을 갖출 수 있다."

  우리의 취미는 객체의 내재적 성질에 의해서가 아니라 객체가 주체와 이어지는 관계에 의해 동기가 부여된다는 것 또한 사드는 이해하고 있었다. 《새로운 쥐스틴》의 어느 문장에서 그는 분변애적 변태증을 이해하려 하고 있다. 그가 우물거리면서 지적한 바는—상상력의 개념을 섣부르게 쓰면서—한 사물의 진실은 그 날것의 현존에 있는 게 아니라, 우리의 독특한 경험의 경과 속에서 그 사물이 우리에게 감추고 있는 의미에 있다는 것이었다. 이와 같은 직관이 우리로 하여금 정신분석학의 선구자 사드에게 경의를 표하게 만든다. 유감스럽게도 그가 도르바크에 이어서 정신생리학의 병행론 원리를 장황하게 기술하는 일에 몰두한 것은 직관의 가치를 끌어내리는 것이다. "해부학이 완성의 영역에 다다르면 인간의 조직과 인간에게 작용하는 취미와의 관계가 해부학에 의해 확실하게 드러날 것이다." 그 모순은 추악함이 지니는 성적 매력을 자문한 《소돔 120일》의 감동적인 대목에서 뚜렷이 드러난다. "뿐만 아니라 ……할 때 마음에 드는 것은 공포와 비열한 행위, 그리고 소름끼치는 것임이 증명되어 있다. 아름다움은 단순하고, 추악함은 비정상적이며, 열렬한 상상력은 모두 단순한 것보다는 독특한 것을 좋아하게 마련이다." 사람들은 공포와 욕망 사이에서 사드가 막연하게 지적하는 이 결합을 그가 분명히 밝혀주기를 갈망하리라. 그러나 그는 느닷없이 제기된 문제를 취소하는 듯한 결론에 멈춰서고 만다. "이러한 모든 것은 우리의 인체구조와 기관, 또 그 기관이 영향을 받는 방식에 의존한다. 우리는 육체의 형태를 변경할 수 없듯이 자기 성향도 바꾸지 못한다."

맨 먼저 모순으로 보이는 것은 자기 자신에 대해 그토록 열렬한 편애를 품었던 이 사람이 개인의 독특성에 대해 모든 의미를 부정하는 이론을 펼쳤다는 점이다. 그는 사람들이 인간의 마음을 가장 잘 이해하도록 애쓸 것을 요구하며, 그것의 가장 독특한 면을 탐구하려 노력하고, "인간이란 얼마나 수수께끼에 싸여 있는가"라고 소리 높여 외쳤다. "여러분도 알다시피 어느 한 사람도 나처럼 사물을 분석하고 있지 않다"며 자화자찬했다. 그러나 그는 인간을 기계나 식물과 뒤죽박죽 섞어버려 심리학을 무로 만드는 라메트리의 제자가 되었다. 이러한 이율배반이 아무리 당황스럽다 해도 쉽사리 설명할 수 있다. 기괴한 인간이 되기란 누구나 그리 쉬운 일은 아니다. 자기 자신의 신비함에 빠져들었던 사드는 기괴한 인간이 되기를 두려워했다. 그는 자기 생각을 말로 나타내려 하지 않고 변명만 늘어놓았다. 그가 브라몽의 입을 빌려서 한 말은 하나의 고백이다. "나는 이치를 따져 내 잘못을 지지했다. 의심에만 머물러 있지 않았다. 나의 쾌락을 방해하는 것은 모조리 뿌리 뽑았고, 마음속에서 파괴했다."《알린과 발쿠르》 해방을 위한 첫 번째 노력은 후회를 정복하는 것이라고 그는 수없이 되풀이했다. 그리고 모든 죄악감을 포기하는 것이 문제라면 책임감 자체를 근본적으로 부정하는 교의만큼 확실한 교의가 있을까? 그러나 그를 그런 교의 속에 가두려는 것은 엄청난 실수이다. 대부분의 사람들과 마찬가지로 그가 결정론에 의거하는 까닭은 자기 자유의 권리를 요구하기 위해서인 것이다.

문학적으로는 사드가 바커스축제를 중단시키는 그 진부한 화제로 만들어낸 연설은 바커스축제에서 모든 진정성과 모든 생명을 없애 버리기 십상이다. 거기서 사드는 독자를 향해서가 아니라 자기 자신에게 말하고 있다. 그의 장황한 말은 성작수건(영성체 뒤에 성작을 닦는 수건)의 가치를 지니며, 그것을 되풀이하는 것은 거듭된 고백이 신앙가에게 자연스러운 것과 마찬가지로 그에겐 자연스러운 일이다. 사드는 해방된 한 인간의 작품을 우리에게 넘겨주지 않았다. 그의 해방 노력에 우리를 참여시키고 있는 것이다. 우리의 관심을 끄는 것은 바로 그 점이다. 그의 시도는 그 시도가 쓰는 모든 수단보다도 진실이다. 사드가 만일 그가 공언하는 결정론에 만족했다면, 그 윤리적인 불안을 뿌리부터 모조리 뒤집어엎었을 게 틀림없다. 그러나 그의 윤리적인 불안은 어떠한 윤리로도 가리지 못하는 뚜렷함을 지니고 있었다. 장황하고 따분하며 안일한 평계를 뛰어넘어 그는 공격에 몰두하고, 자문에 빠졌다. 이 집요한 성실성 덕분에 완전한 예술가나 맥락을 지닌 철학자가 아니라 위대한 도덕주의자로서 사드는 존경받을 가치가 있다.

"모든 일에 극단적인" 사드는 그 시대의 이신론(理神論)자들의 타협에 만족할 수가 없었다. 1782년에 처음으로 그가 작품을 세상에 내놓은 것은 무신론의 선언—《신부와 임종을 앞둔 남자와의 대화》—에 의해서였다. 1729년에 등장한 《장 멜리에의 유언》*43 이래로 이미 여러 차례 신의 존재가 부정되어 왔다. 루소는 《신엘로이즈》에서 무신론동조자인 드보르말 씨를 과감하게 소개했다. 멜레강 신부*44가 《조로아스터》를 써서 1754년에 투옥되고, 라메트리가 프리드리히 2세(당시 프로이센의 왕 프리드리히대왕은 계몽적 전제군주로서 문학과 예술을 사랑하고, 볼테르 등 계몽철학자와 사귀며 그들을 비호했다)의 뒤로 몸을 숨겨야 했던 것은 어쩔 수 없는 일이었다. 1770년 《자연의 체계》에서 도르바크에 의해, 또 같은 해 《철학논집》이라는 이름으로 집성된 소책자에 의해서도 통속화되었다. 실뱅 마레샬*45이 열렬히 주장한 무신론은 '최고 존재'인 신의 보호 아래 단두대까지 설치되었던 시대에는 여전히 위험한 학설이었다. 사드는 무신론을 드러내며 단호하게 도발적인 행위를 저질렀다. 그러나 한편으로 그것은 성실한 행위였다. 클로소프스키의 연구는 흥미롭기는 하지만 사드의 열정적인 신 거부를 신을 필요로 하는 인간의 고백이라고 볼 때, 그것은 사드를 배신하는 것이라고 나는 생각한다. 신을 공격하는 것은 신을 긍정하는 것이라는 궤변을 오늘날에는 일부러 지지한다. 그러나 사실 그것은 무신론자가 이의를 제기하고 있는 사람들에 의해 만들어진 관념이다. 사드가 다음과 같이 썼을 때, 그는 이것에 대해 자기의 뜻을 뚜렷하게 밝혔던 것이다. "신 관념은 나로 하여금 인간들을 용서할 수 없게 만드는 유일한 오류이다."

그가 신의 관념이라는 기만을 가장 공격하는 것은, 데카르트의 훌륭한 계승자로서 단순한 것에서 복잡한 것으로, 조잡한 허위에서 더 한층 그럴싸한 오류로의 절차를 밟고 있기 때문이다. 사회가 개인을 소외시키는 온갖 우상으로부터 개인을 해방하기 위해서는 신 앞에서 자율을 확보하는 것에서부터 시작해야 한다는 것을 그는 알고 있었다. 인간이 어리석게도 숭배하는 커다란 허수아비에 전율하지 않았더라면 인간은 이토록 쉽게 자기의 자유와 진실을 희생하지 않았을 것이다. 신을 선택함으로써 인간은 자기를 부인했다. 그리고 그것이야말로 인간의 용서받을 수 없는 과오이다. 사실 인간은 어떠한 초월적 심판자에게도 갚아야 할 빚을 지지 않았다. 소송은 이곳 지상에만 있는 것이다. 사드는 지옥과 영원의 신앙이 얼마나 잔인한지 알고 있었다. 생퐁은 지옥에 떨어진 사람들의 끝없는 고통을 향락하려고 매우 큰 기대를 품고 있었다. 그는 또한 자연의 경박한 악의 화신인 악마적 조화신(造化神)을 즐겨 상상했다. 그러나 사드는 단 한순간도 이런 가설들을 정신적 유희가 아닌 다른 것으로 보지 않았다. 그는 그런 가설들을 말하게 한 등장인물 속에 자신을 반영하지 않고, 그의 대변자의 입을 빌려서 반증을 들어 논박한다. 그가 절대죄악을 환기할 때, 그는 자연을 살육하고자 했을 뿐, 신에게 상처입히고자 한 것이 아니다. 종교에 반대하는 그의 주장을 비난하는 것은, 그 주장이 따분하고 지긋지긋할 정도로 단조로우며 이미 실험이 끝난 진부한 것을 재현하고 있기 때문이다. 그럼에도 그가 니체보다 앞서 기독교 속에 희생자의 종교가 있다고 고발하고, 이 희생자의 종교 대신 힘의 이데올로기가 놓여야 한다고 했을 때, 그 주장은 그만의 독특한 논조를 띤다. 어쨌든 그의 성의는 의심할 여지가 없다. 사드의 기질은 철저히 비종교적이다. 그의 내부에는 어떠한 형이상학적 불안의 자취도 없다. 자기 실존의 의미와 목적을 자문하기 위해선 자기 실존의 권리회복을 요구하는 일만으로도 그는 너무나 바빴던 것이다. 게다가 그의 확신은 결코 모순되지 않았다. 그가 미사에 나가서 주교에게 아첨한 것은 나이가 들어 몹시 지친 탓에 위선을 택한 때문이지만, 유언장에는 애매한 구석이 전혀 없었다. 죽음은 노쇠와 같은 자격으로 개성을 없애 버림으로써 그를 두려움에 떨게 했다. 저승을 향한 두려움은 그의 작품에는 결코 나타나 있지 않다. 사드는 인간만을 상대하려 했으며, 인간적이지 않은 것에는 무심했다.

그러나 그는 인간의 내부에 머물렀던 단 한 사람이다. 18세기, 이곳 지상에선 신의 지배를 없애려고 했던 범위에서 신의 지배를 대신한 것은 다른 우상이었다. 무신론자와 이신론(理神論)자는 '자연'이라는 '최고선'의 새로운 화신을 숭배함으로써 하나가 되었다. 그들은 명령적이고 보편적인 도덕의 안락을 포기할 생각은 전혀 없었다. 초월적 가치는 무너지고, 쾌락은 선의 잣대로 받아들여져, 이 쾌락설에 의해 자기애가 복권되었다. "즐거운 감각과 감정을 얻는 것 말고 이 세상에서 우리가 해야 할 일은 아무것도 없음을 나 자신에게 설명하는 일부터 시작할 필요가 있다"고 뒤 샤틀레 부인[46]은 말했다. 그러나 이런 겁 많은 에고이스트들은 특수이익과 일반이익의 조화로운 화해를 보장하는 자연 질서를 바랐다. 사회가 개인과 만인에게 보탬이 되고 번영하려면 하나의 약관 또는 계약을 통해 얻을 수 있는 합리적인 조직이 있으면 충분하다면서. 사드는 이러한 낙천적인 종교로부터 배신당한 비극작가가 되었다.

18세기는 연애를 어둡고 무거운 색채로 묘사했다. 리처드슨,[47] 프레보, 뒤클로,[48] 사드가 존경심을 갖고 인용했던 크레비용[49]—특히 사드가 모른다고 주장했던 라클로—은 많든 적든 악마적인 주인공을 창조했다. 그러나 그런 주인공들의 악한 마음은 언제나 그들의 정신 또는 의지의 도착(倒錯) 속에 원천을 둘 뿐, 그들의 자연발생성 속엔 없었다. 본능적인 성격 때문에 이른바 에로티시즘이 거꾸로 회복되었다. 디드로에 따르면 소박하고 건전하며 인류에게 보탬이 되는 성욕은 생명의 활동 그 자체와 융합하고, 성욕에서 태어나는 정열은 성욕과 마찬가지로 바람직하며, 얻는 바가 많은 것이었다. 《수녀》의 수녀들이 '사드적'인 악한 마음을 즐긴 것은 그녀들이 자기 욕망을 채우려 하지 않고, 그것을 억눌렀기 때문이다.

성적 경험이 복잡하고 대부분은 즐거운 것이 아니었던 루소 역시 교훈적인 말로 성욕을 설명한다. "감미로운 정욕, 순수하고 발랄하며 고통이 전혀 섞이지 않은 정욕……" 또한 "내가 이해하는 사랑, 내가 느낄 수 있었던 사랑은 사랑하는 상대를 완벽한 존재이게 하는 환상적인 이미지로 불타오른다. 그리고 이 환각 자체가 사랑을 미덕의 열광으로 이끌어낸다. 왜냐하면 이 생각은 언제나 하나의 완벽한 여성이라는 생각으로 빠지기 때문이다."

레스티프 들 라 브르톤*50에게조차 쾌락은 흉포한 성격을 띠더라도 역시 그것은 황홀하고 나른하며 부드럽다. 사드 혼자서만 성본능을 에고이즘, 난폭과 잔학성으로 보았다. 자연본능 가운데서 그는 죄악에 대한 유혹을 선택한 것이다. 이것만으로도 그가 살았던 시대의 감수성의 역사 속에서 유일무이한 자리를 그에게 내줄 수 있다. 그러나 이 직관에서 그는 더한층 독특한 윤리적 결말을 이끌어냈다.

인간의 본성(자연)을 악이라 공언한 것은 그 자체로선 특별히 새로운 사상이 아니었다. 사드가 잘 알고 있고 즐겨 인용했던 홉스*51는 "인간은 인간에 대해 늑대이다", 또한 자연상태는 전쟁상태라고 이미 주장하고 있었다. 영국의 유력한 도덕주의자와 풍자가의 혈통이 홉스의 뒤를 이었다. 특히 사드가 따라할 정도로 응용했던 스위프트*52가 그러하다. 프랑스에서는 보부나르그*53가 육체를 원초적인 과실로 보고, 기독교에서 나온 청교도적이고 장세니스트적인 전통을 다시 화제로 삼았다. 베일*54과 뷔퐁*55이 '자연'은 본디 선하지 않다는 주장을 더한층 화려하게 펼쳤다. 선량한 야만인*56의 전설은 16세기부터 이어졌으며, 특히 디드로 및 백과전서파에 의해 명맥이 유지되어 왔으나, 18세기 초에 에므릭 드 크뤼세*57가 이것을 공격했었다. 역사와 여행, 과학이 차츰 이 전설의 믿음을 떨어뜨렸던 것이다. 에로틱한 경험속에 포함된, 아이러니하게도 사회가 확인한 명제를 수많은 논법으로 지지하는 것은 사드에게는 쉬운 일이었다. 왜냐하면 사회는 그를 본능에 따랐다는 이유로 감옥에 가뒀기 때문이다. 그러나 그 점에서야말로 그는 그의 모든 선구자보다 뛰어났다. 그의 선구자들은 자연의 사악함을 고발한 뒤 신 또는 사회에 속하는 인위적인 도덕으로 그것에 맞섰기 때문이다. 한편 "자연은 선이다. 자연을 좇자"라는 일반적인 '신조'에서 사드는 첫 부분을 버리고 역설적으로 뒷부분을 받아들였다. 자연의 법칙이 증오와 파괴의 법칙이라고는 하지만 자연의 예증은 명령적인 가치를 지닌다. 어떠한 궤변과 계책에 의해 그가 자연 신봉자들을 이처럼 새로이 숭배하기 시작했는지는 좀더 자세히 연구해 봐야 한다.

사드는 인간과 자연의 관계를 갖가지 방법으로 이해했다. 그의 변모는 한 변증법의 다양한 계기라기보다는 오히려 그의 방약무인함을 제한하고, 때로는 고삐 풀린 한 사상의 망설임을 드러내는 것처럼 보인다. 사드는 조급한 정당화만을 추구할 때는 세상에 대한 기계론적인 환상을 채용했다. 라메트리는 "우리가 우리를 지배하는 원시적 충동상태가 된다 해도, 나일강에 홍수의 죄를 따지지 않고 바다에 풍랑의 죄를 묻지 않는 것처럼 그것은 죄가 아니다"고 공언했을 때, 인간 행위는 도덕상에서 차별이 없다고 주장했다. 이처럼 사드는 자기를 변명하기 위해 식물이나 동물, 또는 원소에 자신을 비유했다. "나는 자연의 손안에 있으며, 자연이 마음 내키는 대로 조종하는 기계에 불과하다." 그는 이와 비슷한 말을 여러 차례 했는데 그것이 그의 성실한 사상을 나타내지는 않는다. 먼저 '자연'은 그가 볼 때 무관심한 꼭두각시가 아니다. 악령이 자연을 지배한다고 상상하고 즐길 수 있을 만큼 자연의 화신에겐 하나의 의미가 있다. 사실 자연은 잔인하고 탐욕스러우며, 파괴 정신이 깃들어 있다. 자연은 "새로운 피조물을 내놓는 자신이 지닌 능력을 즐기기 위해 그 피조물이 모조리 없어지길 바랄 것이다"라고도 했다.

한편 인간은 자연의 노예가 아니다. 이미 《알린과 발쿠르》에서 사드는 인간이 자연과 이별하고, 자연을 배신할 수 있음을 지적했다. "이 이해할 수 없는 자연을 향락하는 방법을 더욱 잘 알기 위해 결국엔 감히 이것을 능욕해야 하지 않겠는가?" 그리고 그는 《쥘리에트》에서 더욱 결정적으로 선언한다. "일단 내팽개쳐지고 나면 인간은 더 이상 '자연'에 집착하지 않는다. 일단 내던지고 나면 자연은 더 이상 인간에 대해 아무것도 하지 못한다." 자연과의 관계에서 인간은 "불 때문에 병 속에서 희박해진 리큐어에서 일어나는 거품이나 증기에" 견줄 수 있다. "이 증기는 창조된 것이 아니다. 결과에서 생겨난 것일 뿐, 이질적인 것이다. 그것은 자기 존재를 그것과는 무관한 요소로부터 이끌어내고, 그 원천이 되는 요소가 그것으로부터 해를 입지 않고 존재할 수 있는가 없는가의 문제이다. 그것은 이 요소에 어떤 빚도 지지 않으며, 이 요소 또한 그것에 어떤 빚도 없다." 인간은 우주가 볼 때는 물거품

하나와 다를 바가 없지만, 바로 이런 무의미함이 인간에게 자율을 보장한다. 자연의 질서는 인간과는 근본적으로 이질적인 것이므로 인간을 예속시키지 못한다. 그러므로 인간에게 윤리적 결단을 허용하고, 나아가 이 결단을 인간에게 강요할 권한은 아무에게도 없다. 그렇다면 사드는 왜 자기 앞에 열려 있는 길 중에서 자연을 모방함으로써 그를 죄악으로 이끄는 길을 택했을까? 이 물음에 답하기 위해선 그의 체계 전체를 파악해야 한다. 그 체계의 목적은 바로 사드가 단 한 번도 단념하려고 하지 않았던 '죄악'을 정당화하는 것이었다.

인간은 보통 자기가 맞서고 있는 사상에 의해 생각 이상으로 영향을 받는다. 사드가 가끔 자연주의를 이용하는 것은 분명히 인간의 편견이나 이익에 호소하는 논지로서의 한계를 갖는다. 동시대인들이 선을 위해 활용하려던 예증을 악을 위해 요구함으로써 그는 심술궂은 쾌락을 발견했다. 그러나 사실이 권리의 바탕을 이룬다는 것을 그 또한 이미 정해진 일로 삼았다는 점은 의심의 여지가 없다. 방탕아가 여성을 학대할 권리를 가진다는 것을 보이려고 그는 다음과 같이 부르짖었다. "'자연'은 여성으로 하여금 우리의 욕망에 종사하게 하는 힘을 우리에게 부여하고, 우리가 이 권리를 갖고 있음을 증명하지 않았는가?" 이와 비슷한 인용은 얼마든지 있다. "자연은 우리 모두를 평등하게 태어나게 했어, 소피"라고 라 뒤부아(《쥐스틴》의 등장인물)는 쥐스틴에게 말한다. "운명이 일반법칙의 이 최초 계획을 엉망으로 만드는 게 마음에 든다면, 이 운명의 변덕을 바로잡는 것은 바로 우리다."

사드가 사회의 법칙을 향해 퍼부은 본질적인 비난은 그것이 인위적이라는 점이다. 특히 의미 깊은 문장에서 그는 그 법칙들을 맹인의 공동사회에나 있을 법한 법칙에 비교하고 있다. "이러한 모든 의무는 관습에 지나지 않으므로 역시 가공의 것이다. 인간도 마찬가지로 약간의 지식이나 보잘것없는 책략, 하찮은 요구에 관해 다양한 법률을 만들었다. 그러나 이러한 것들에는 현실적인 것이 전혀 없다. ……자연 자체에 다다르자. 그러면 우리가 가다듬고 결정하는 모든 것이, 이 맹인사회의 법률을 우리의 법률에 비교할 때와 마찬가지로 자연의 목적 완성으로부터 한참 동떨어져 있으며 자연보다 열등하다는 점을 쉽사리 이해할 것이다." 법률은 기후나 환경뿐만 아니라 우리 육체의 '섬유'의 배치에 의존한다고 몽테스키외가 《법의 정신》에서 이미 주장한 바 있다. 따라서 공간과 시간을 통해 자연이 나타내는 다양한 양상이 법률 속에 표현되어 있다고 결론을 내릴 수도 있겠다. 그러나 사드가 파타고니아나 타히티 등 지구 정반대 지점으로 우리를 지치지 않고 걷게 하는 것은, 제정된 규칙의 다양성이 규칙의 가치에 결정적으로 이의를 제기한다는 사실을 논증하기 위해서이다. 그 규칙들이 상대적인 까닭은 사드에게 그것들이 임의의 것처럼 보였기 때문이다. 여기서 주목할 중요한 사실은 '관습적'이란 것과 '가공적'이란 것이 그에겐 같은 말이었다는 점이다. 그가 볼 때 자연은 신성한 성격을 지녔으며, 분할할 수 없는 유일한 존재인 자연은 그것 말고는 현실에 없는 하나의 절대존재였다.

사드의 사상은 이 점에 관해 맥락이 완전하지 않다는 것, 그 사상이 진전했다는 것, 그 사상의 계기가 모두 성실하지 않았다는 것은 분명한 사실이다. 그러나 그의 사상이 일관성이 없다는 것은 사람들이 생각하는 것처럼 뚜렷한 사실이 아니다. 자연은 악하다. 그러므로 자연으로부터 멀어진 사회에 우리가 복종할 가치가 있다고 하는 것은 그야말로 너무나 단순한 삼단논법이다. 첫째, 사회의 위선은 사회에 의심을 품게 한다. 사회는 자연에 적대하고 있으면서 자연을 방패로 삼기 때문이다. 둘째, 사회는 자연에 적대를 표명하지만 자연에 그 뿌리를 두고 있다. 사회가 자연을 거스르는 방식조차 본디의 도착을 드러내는 것이다. 일반이익의 개념에는 어떠한 자연의 기초도 존재하지 않는다. "개개인의 이익은 거의 언제나 사회 이익과 대립한다." 그러나 일반이익의 개념이 만들어진 것은 자연스런 본능, 즉 강력자의 전제적 의지를 충족시키기 위해서이다. 세계의 원시적 질서를 바로잡지 않으면 법률의 부정이 한층 심각해질 따름이다. "우리에게서 힘을 제외하면 모두 거기서 거기다." 다시 말하면 개인 사이엔 어떠한 본질적 차이도 없으며, 힘의 불평등한 분배도 사라질 수 있다는 것이다. 그러나 강자는 모든 우월성이 제 것인 양 우쭐대고, 그러한 우월성을 만들어내기까지 했다. 사드와 더불어 도르바크나 그 밖의 많은 사람들이, 약자를 압박하는 것이 유일한 목적인 듯한 법전의 위선을 고발했다.

특히 모렐리[58]와 브리소[59]는, 소유권은 어떠한 자연 바탕 위에도 서 있지 않다고 주장했다. 사회는 온갖 단편으로부터 이 부정한 제도를 만들었다. "자연에는 독점적인 소유권이 하나도 없다"고 브리소는 말했다. "소유권이란 말은 자연의 법전에서 지워져 있다. 이 불행하고 굶주린 자는 굶주려 있으므로 자기 것인 이 빵을 빼앗아 게걸스레 먹을 수 있다. 굶주림, 그것이 그의 이름이다." 사드가 《규방철학》에서 향락의 관념은 소유권의 관념으로 바뀔 수 있다고 주장한 것도 거의 같은 뜻에서이다. 가난한 사람이 소유권 때문에 폭동을 일으키고 부자가 새로운 독점을 통해 그것을 증대할 생각만 한다면, 그것이 보편적인 권리를 구성한다고 어떻게 자부할 수 있겠는가. "최강자의 권력을 약화시킬 필요가 있는 것은 재산과 조건의 완전평등에 의해서이지 공허한 법률에 의해서가 아니다." 그러나 사실은 강자들이 이런 법률을 자기들의 이익을 위해 만들어 놓았다. 그들의 자부심은 그들이 추가할 권리를 제 것인 양 휘두르는 처벌이라는 가장 꺼림칙한 방법으로 분명하게 드러나 있다.

베카리아*60는 벌의 목적은 교정에 있지만 누구도 벌하자고 요구해선 안 된다고 주장했다. 사드는 그의 뒤를 이어 속죄적 성격을 지닌 모든 제재를 혹독하게 비판했다. "오, 모든 치세와 모든 정부의 학살자들, 감금관리들, 그리고 바보들이여, 너희는 대체 언제쯤에야 인간을 가두고 죽이는 학문보다 인간을 인식하는 학문을 좋아하게 될 것인가?" 그가 무엇보다 반항했던 것은 사형에 대해서였다. 그것은 반좌(反座)법(가해자에게 피해자와 똑같은 고통을 주는 형을 부과하는 제도)이라는 생각으로 정당화할 수 있다고 주장했다. 그러나 그것은 역시 현실에 어떠한 뿌리도 지니지 않은 환상이다. 첫째로 주체와 자체 사이에는 상호성이 전혀 없는데, 각 주체의 실존은 같은 단위로 측량할 수가 없기 때문이다. 둘째로 정열에서, 또는 필요에서 충동적으로 이루어진 살인과 재판관이 냉정하게 숙고한 암살 사이엔 어떠한 유사성도 없기 때문이다. 더구나 후자가 전자의 보상이 된다고 어떻게 말할 수 있으랴! 자연의 잔학성을 완화하기는커녕 사회는 단두대를 세워놓고 그것의 날을 갈 줄 밖에 모른다.

사실 사회는 악에 대해 보다 더 큰 악을 대항시키는 일만 한다. 우리의 공정을 요구할 권리를 사회에 부여하는 것은 아무것도 없다. 홉스와 루소가 주장한 유명한 계약설은 신화일 뿐이다. 개인의 자유를, 그것을 압박하는 질서 속에서 어떻게 인정할 수 있으리오! 계약은, 자기들의 어떠한 특권도 폐기할 생각이 없는 강자는 물론, 계약의 열등성을 확인하는 듯한 약자에게도 적합지 않다. 이 두 그룹 사이에는 오직 전쟁상태가 존재할 따름이며, 저마다 다른 가치와는 화해할 수 없는 고유의 가치를 지니고 있다. "그가 어떤 사람의 주머니에서 1백 루이를 훔친 순간, 도둑맞은 사람은 색다른 눈으로 바라보겠지만 그로선 매우 정당한 일을 한 것이었다." '철의 심장'(쥐스틴의 등장인물, 도둑 우두머리의 별명)의 탓으로 돌리는 주장에서 사드는 자기의 계급적 이익을 보편적 원칙으로 세우는 일로 어느 부르주아의 기만을 열렬히 고발했다. 개인이 살아가는 구체적 조건은 같지 않으므로 어떠한 보편적 도덕도 가능하지 않은 것이다.

그러나 사회가 그 자체의 포부를 배신한다면 사회를 개혁하려 시도해야 하지 않을까? 개인의 자유는 이 노력에 지불되어야 하지 않는가? 사드가 때로 이를 해결하기 위해 고심했던 것을 나는 의심하지 않는다. 주목할 것은 《알린과 발쿠르》에서 그가 인간의 본능적 잔학성에 따르는 식인종의 무정부 사회와, 정의에 의해 악이 무장해제되어 있는 자메(알린과 발쿠르의 등장인물)의 공산주의를 기꺼이 같게 묘사하고 있다는 점이다. 《규방철학》에 삽입된 구호, "프랑스인이여……"(사드는 이 선언에서 '기사'의 입을 빌려서 말하고 있기 때문에 책임지지 않아도 된다고 확신했다. 그러나 '기사'는 사드의 대변자인 도르망세가 그 지은이라고 스스로 인정한 한 문장을 읽었을 따름이다)와 마찬가지로 그 다음 묘사에 비아냥이 있으리라고는 나로선 도무지 생각할 수 없다. 대혁명 와중에 나타난 사드의 태도는 그가 성실하게 공동사회에 통합되기를 갈망했음을 충분히 증명한다. 그는 자기가 그 대상이 된 도편추방에 몹시 괴로워했다. 그는 개인적인 기호 때문에 내쫓기는 일이 없는 이상사회를 꿈꾸었다. 사실 그는 자신의 개인적인 기호는 빛을 부여한 공동사회에 중대한 위험이 되지 않는다고 생각했다. 자메는 자기가 사드의 경쟁자들에게 방해되는 일은 없었을 것이라고 장담했다. "당신이 나한테 말한 그런 사람들은 거의 없어요. 그 사람들은 나를 조금도 불안하게 하지 않습니다." 그리고 어떤 편지에서 사드는 이렇게 단언한다. "……국가에 해가 되는 것은 특정인들의 의견이나 악덕이 아니라 공공의 비행이다." 방탕한 행위가 세상에 이(齒)를 드러내는 일은 없으며, 그것은 대부분 유희에 지나지 않는다는 것이다. 사드는 방탕행위의 무의미성을 방패 삼아 언제든지 그것을 희생시킬 생각이 있음을 암시할 정도였다. 도전과 원한으로 드러나는 방탕행위는 증오 없는 세계에선 그 의미를 잃고 만다. 죄악의 매력을 부여하는 금지조항을 없애면 외설 자체가 제거되고 말리라.

어쩌면 사드는 다른 사람들의 회심(回心)이 그에게 일으키는 내적인 회심을 진심으로 꿈꾸었던 것이리라. 또한 그는 개인의 독특성을 중시하고 그를 예외로 인정하는 공동사회로부터 그의 악덕이 예외적인 자격으로 받아들여지기를 바랐던 것이다. 어쨌든 그가 확신했던 점은 때로 여자에게 채찍질을 하고 만족하는 사람들은 조세청부인보다 해가 적다는 것이었다. 확립된 부정, 관리의 독직, 헌법상의 죄악이야말로 진정으로 해악을 끼치는 것들이다. 그리고 그것들은 근본적으로 서로 별개인 대부분의 주체를 획일적이고 억지로 밀어붙이려는 추상적 법률의 필연적 결과이다. 올바른 경제조직이 있으면 법전이나 재판소가 무슨 쓸모가 있으랴! 죄악은 빈곤과 불평등에서 생겨나기 때문이다. 그렇다면 죄악은 그 동기와 함께 사라져 버리리라. 사드가 볼 때 이상적인 제도를 구성하는 것은 어떤 합리적인 무정부상태이다. "법률의 지배는 무정부상태보다 뒤떨어진다. 내가 주장하는 바의 가장 큰 증거는, 모든 정부가 헌법을 고치려 할 때 자연히 무정부상태에 빠질 수밖에 없기 때문이다. 옛 법률을 없애려면 법률이 없는 혁명제도를 수립해야 한다. 이 제도로부터 마지막에는 새로운 법률이 탄생하게 되는데, 이러한 제2의 상태는 최초 상태에서 파생된 것이므로 아무래도 최초의 상태만큼 순수하지는 않다." 아마도 이 추론이 크게 설득력이 있다고는 생각되지 않을 것이다. 그러나 주목할 만한 가치가 있을 정도로 사드가 이해한 점이 있다. 그의 시대 이념은 하나의 경제조직을 번역한 것일 뿐이고, 이 경제조직을 구체적으로 변형하면 부르주아 도덕의 기만이 사라지리라는 것이다. 이토록 통찰력 있는 견해를 이만큼 극단적인 방법으로 발전시킨 사람을 그의 동시대인 가운데선 거의 찾아볼 수 없다.

그럼에도 사드가 단호하게 발을 들인 것은 사회개혁의 길이 아니었다. 그의 생애와 작품이 모두 이런 유토피아적 몽상을 바탕으로 규정된 것은 아니다. 감옥 안에서, 또는 공포정치 뒤에 그런 것을 어떻게 오랫동안 믿을 수 있었겠는가! 다양한 사건들이 그의 내적 체험을 확증했다. 사회의 실패는 단순한 우발적 사건이 아니다. 그뿐만 아니라 그가 자기의 가능성 있는 성공에 부여한 관심은 완전히 순이론적인 부문에 속하는 것이었다. 그를 평생 따라다녔던 것은 그의 고유의 상황이었다. 그는 마음을 고쳐먹는 일 따윈 거의 마음속에 두지 않았다. 자신의 선택이 확증될 수 있으리라고는 더더욱 생각하지 않았다. 그의 악덕이 그를 고독한 숙명에 머무르게 했다. 그는 고독의 필요와 악의 지상권을 나타내려 했다. 이럴 때 성의는 그에겐 쉬운 일이었다. 순응하지 않았던 이 귀족은 어디서도 자기와 같은 인간을 만나지 못했기 때문이다. 일반화를 멸시했다고는 하지만 그는 형이상학적 숙명의 가치를 자기의 상황 탓으로 돌렸다. "인간은 이 세상에서 고독하다. 모든 생물은 태어나는 순간 고독하며, 서로 어떠한 필요도 갖지 않는다." 만약 개개인의 다름이—사드 자신이 가끔 암시했다시피—식물 또는 동물을 서로 구별하는 차이와 동일시될 수 있다면 합리적인 사회는 이 다름을 극복할 수 있으리라. 개개인의 독특성만 존중하면 되기 때문이다.

그러나 인간은 단지 자기의 고독을 견디지 못한다. 인간은 모든 것을 향해 자기 고독의 권리를 요구한다. 따라서 오직 하나의 계급으로부터 다른 계급으로만이 아니라 한 개인에게서 다른 개인으로의 가치의 이질성이 생기게 된다. "모든 정열에는 두 가지 의미가 있어, 쥘리에트. 그중 하나는 희생자에 관한 것인데 아주 부정한 것이지. 다른 하나는 희생자에게 권력을 휘두르는 자에 관한 것인데 특히 올바르지……." 그리고 이 근본적인 대립은, 그 대립이 진실 자체이므로 극복하려 해도 불가능하리라. 만약 인간의 의도가 일반이익이라는 공통 내용을 추구함으로써 서로 화해하려 한다면 그 의도는 필연적으로 진정하지 않은 것이 되리라. 왜냐하면 자기 안에 틀어박혀서 지상권을 다투는 다른 모든 주체를 적대하는 주체의 현실이 아닌 다른 현실은 없기 때문이다. 개인의 자유에 대해 선의 선택을 금지하는 것은 선이 공허에도, 부정한 지상에도, 이상적인 수평선에조차도 존재하지 않기 때문이다. 즉 어디에도 없다. 악은 환상적인 관념만이 맞설 수 있는 하나의 절대이며, 악에 맞닥뜨린 자신을 확증하려면 한 가지 방법밖엔 없다. 바로 악을 받아들이는 것이다.

왜냐하면 사드가 그의 염세주의 전체를 통해 단호히 배척했던 사상이 한 가지 있기 때문이다. 그것은 참고 따른다는 사상이다. 그가 미덕으로 꾸민 체념한 위선을 증오하는 것은 이 때문이다. 이 위선은 어리석게도 악의 지배에 굴종하는 것이며, 사회가 재창조한 것과 조금도 다르지 않다. 이 위선 속에서 인간은 자기의 본디성과 자유를 함께 내팽개친다. 사드는 기회 있을 때마다 순결과 절제는 그 효용성에 의해서조차 정당화될 수 없음을 내보인 것이다. 근친상간과 비역, 온갖 성적 환상을 죄로 여기는 편견은 개인에게 어리석은 획일주의를 강요하여 개인을 아주 없애려는 것이다. 그러나 시대가 가르치는 위대한 미덕에는 보다 깊은 의미가 있었다. 즉 지나치게 뚜렷한 법률의 무능함을 덮어 버리려고 한 것이다.

사드는 관용에 대해선 이의를 제기하지 않았다. 아마도 어느 누구도 그것을 실행하는 것을 본 적이 없었기 때문이리라. 그러나 인류애나 자선이라 불리는 것을 그는 맹렬히 공격했다. 그것은 가난뱅이의 채워지지 않는 욕망과 부자의 이기적인 탐욕처럼 서로 화해할 수 없는 것을 화해시키고자 하는 기만이다. 라 로슈푸코*61의 전통을 다시 끄집어내 그는 그것들이 이익과 욕망이 변장한 가면에 지나지 않음을 보여주었다. 권력자들의 오만함을 누르기 위해 약자들은 어떤 견고한 토대에도 의거하지 않은 동포애 관념을 만들어 냈다. "한편 단지 한 인간이 존재한다 해서, 또는 나하고 비슷하다는 이유에서 과연 내가 그 사람을 사랑해야 하는지를 나에게 알려주기 바란다. 약간 특별한 관계일 뿐인데 내가 당장 나보다 그 사람을 어떻게 더 좋아할 수 있겠는가?" 특권자들이 압박당한 사람들의 비속한 조건에 동의하면서 교화적인 박애를 과시하는 것은 얼마나 지독한 위선인가! 이 거짓 감정의 과장은 그 무렵에 매우 널리 퍼져 있어 라클로의 작품 속 발몽조차도 자비를 베풀고 눈물을 흘릴 만큼 감동했다. 그리고 사드를 부추겨 자선에 대해 그의 모든 자기기만과 성실성을 폭발시킨 것도 다름 아닌 이 유행이었다. 확실히 여자들을 학대하면서 미풍양속을 따른다고 주장할 때, 그는 익살을 부리고 있었다. 방탕아가 아무런 벌도 받지 않고 여자들을 학대할 수 있다면, 매춘은 감히 아무도 엄두를 내지 못할 만큼 위험한 직업이 될 거라고 그는 주장한다. 그러나 이런 궤변을 통해 자기의 유죄를 보호하고, 방탕을 허용하면서 방탕아를 효수하려는 사회의 무정견을 그가 고발하는 것은 이치에 합당한 일이다. 그가 베풂의 위험을 공언한 것 역시 매우 심한 비아냥이었다.

가난한 사람은 절망에 빠져 있지 않으면 반항할 위험이 있으므로, 가장 확실한 길은 그들 전체를 죽이는 것이다. 생퐁의 입을 빌려서 한 이 말을 통해 사드는 스위프트의 유명한 소책자의 주장을 발전시키고 있기는 하지만 자신을 주인공과 동일시하지는 않았다. 그러나 자기 계급의 이익에 극단적으로 봉사한 이 귀족의 냉소주의는 사드가 볼 때 수치스런 향락자들의 타협보다는 가치 있는 것이었다. 그의 사상은 뚜렷하다. 가난한 사람을 없애거나 빈곤을 없애고, 어중간한 수단으로 부정과 압박을 영속시키지 말라고 했다. 특히 여러분이 정체를 벗겨낸 자들에 대해 무의미한 십일조를 포기하고, 여러분이 부당한 징세의 부담을 지려 해서는 안 된다고. 사드가 그려낸 주인공들이 그들에게는 전혀 보탬이 되지 않는 헌금을 내서 몸을 더럽히느니 차라리 불행한 사람이 굶어죽는 것을 보고도 못 본 체하는 것은, 몇 푼 안 되는 돈으로 자기 양심을 위로하려는 결백하고 정직한 사람들과 공모하기를 모두가 열정적으로 거부하기 때문이다.

미덕은 어떠한 칭찬도, 어떠한 감사도 할 가치가 없다. 왜냐하면 초월적인 선의 요청을 반영하기는커녕, 그것을 과시하는 사람의 이익에 봉사하기 때문이다. 사드가 논리적 추론에 따라 이 결론에 다다랐다. 그러나 결국 이익이 개인의 유일한 법칙이라면 왜 미덕을 경멸하는가? 악덕이 미덕보다 나은 어떠한 우월성을 지니는가? 사드는 자주, 그리고 열심히 이 물음에 대답했다. 인간이 미덕을 택하는 경우는 "더 이상 아무런 감동도 없다! 맛이라곤 하나도 없다! 어느 것도 나를 감동시키지 않는다, 그 무엇도 나를 동요시키지 않는다…… 이것이 향락이라는 것일까? 그런데 반대 위치에 서면 얼마나 다른가! 내 감각은 얼마나 상쾌하게 마음을 뒤흔드는가? 나의 기관은 얼마나 쉽게 감동받는가?" 나아가 "행복은 마음을 흔드는 것에만 존재한다. 그리고 마음을 뒤흔드는 것은 죄악이 있기 때문이다." 그의 시대가 공언했던 쾌락설의 이름으로 이 논법은 위력을 발휘했다. 그에게 반론할 수 있는 것은 다음뿐이다. 바로 사드가 자기의 독특한 경우를 일반화했다는 점이다. 어떤 영혼은 선에 의해서 다시 흔들리는 경우가 있지 않을까? 그러나 그는 절충주의를 거부했다. "미덕은 결코 환상적인 행복밖에는 얻지 못한다…… 진정한 행복은 감각 속에만 존재한다. 그리고 미덕은 어떠한 감각도 기쁘게 하지 못한다." 이 선언이 뜻밖이라고 볼 수도 있다. 사드는 상상력을 악덕의 원동력으로 삼았기 때문이다. 그러나 그가 기른 환각을 통해 악덕은 하나의 진실을 파악했다. 그 증거는 그가 오르가슴에, 바꿔 말하면 확실한 감각에 다다른 것에서 찾을 수 있다.

이에 반해 미덕이 길러내고 있는 환상은 개인에 의해 구체적인 방법으로 회복되는 일이 결코 없다. 사드가 그의 시대에서 빌린 철학에 따르면 현실을 헤아리는 유일한 기준은 감각이었다. 그리고 미덕이 어떠한 현실도 깨닫지 못하는 것은 그 미덕이 어떠한 현실적 기반도 지니지 못하기 때문이다. 사드는 미덕과 악덕을 대조하면서 자기 생각을 더욱 분명하게 설명했다. "전자는 가공의 것이고, 후자는 현실의 것이다. 전자는 편견에 바탕하고 있으며, 후자는 이성에 근거하고 있다. 나는 한편으로는 ……지만, 다른 한편으론 거의 느끼는 바가 없다." 가공적이고 환상적인 미덕은 우리를 겉만 번드르르한 세상에 가둔다. 그러나 육체와의 은밀한 결합이 악덕이라 불리는 것의 본성을 보증한다. 사드를 가까이하는 것이 옳다고 여기는 스티르나의 말을 빌리면, 미덕은 '인간'이라는 이 허무한 실재에서 개인을 소외시키는 것이라고 할 수 있다. 그가 자기의 권리회복을 요구하고, 구체적인 나로서의 자기를 완성하는 것은 죄악으로만 가능하다. 가난한 사람이 체념한다면, 또는 동포를 위해 싸우려 애써도 그 노력이 헛되다면 가난한 사람은 멋지게 조종당하고 속아 넘어가며, 자연이 가지고 노는 무기력한 대상이 되어 아무것도 아니게 된다. 가난한 사람은 라 뒤부아(쥐스틴의 등장인물)나 '철의 심장'처럼 강자에게 붙으려 힘써야 하기 때문이다. 자기의 특권을 수동적으로 받아들이는 부자 역시 사물의 존재방식으로만 존재한다. 부자가 자기 권력을 남용하여, 스스로 폭군이자 사형집행인이 된다면 그때 그는 무엇인가? 박애적인 몽상 속에서 자신을 잃지 않고, 파렴치하게도 자기에게 이로운 부정을 이용할 것이다. "모든 인간이 죄인이라면 우리의 악랄한 행위의 희생자는 어디에 자리하는가? 시민을 이러한 오류와 거짓의 멍에에 옭아매기를 결코 멈추어선 안 된다"고 에스테르발(새로운 쥐스틴의 등장인물)은 말했다.

그러면 인간은 악한 본성을 따를 수밖에 없다는 관념으로 우리는 돌아가는 것일까? 인간의 본성을 구원한다는 핑계로 그 자유가 땅속에 묻히는 것은 아닐까? 그렇지는 않다. 왜냐하면 인간의 자유가 주어진 조건에 반박하진 못한다 해도, 주어진 조건을 받아들이기 위해 거기서 떨어져 나갈 수는 있기 때문이다. 그것은 스토아파의 회심과 비슷한 논조인데, 스토아파의 회심 역시 의지적으로 결심하고 현실의 책임을 받아들인다. 사드가 죄악을 칭송하면서도 인간의 부정과 에고이즘, 또는 잔학성에 대해 가끔 분개하는 것은 모순이 아니다. 겁 많은 악덕, 자연의 사악함을 수동적으로 받아들이는 생각 없는 대죄악을 그는 경멸했다. 그가 자신을 죄인으로 만들 필요가 있는 것은 화산처럼 격렬한 사내나, 경찰력을 등에 업은 악의를 지닌 인간을 피하기 위해서였다. 우주에 굴복하는 것은 문제가 아니었다. 그보다는 자유로운 도전 속에서 우주를 모방하는 것이 중요했다. 그것은 에트나산 기슭에서 화학자 아르마니(《새로운 쥐스틴》의 등장인물)가 권리회복을 요구하는 태도이다.

"그렇다오, 친구여, 그렇고말고. 나는 자연을 증오하고 있소. 나는 자연을 잘 알기 때문에 자연을 혐오하오. 자연의 무서운 비밀에 정통한 나는 자연의 사악함을 흉내 내는 일에서 말할 수 없는 쾌락을 겪었소. 나는 자연을 모방했을 뿐 결코 그것에 호의를 갖고 있지 않소…… 자연의 위험한 그물은 오직 우리 위에 쳐져 있소. 그 그물 속에 자연 자체를 가두도록 힘쓰지 않겠소? 자연은 나에게 그 결과만을 보여주고 원인은 몽땅 감춰왔소. 따라서 나는 그저 자연의 결과를 본뜰 수밖에 없소. 자연이 손에 단도를 들고 있는 이유를 꿰뚫어볼 수가 없어서 나는 자연으로부터 그 무기를 빼앗을 수밖에 없었으며, 자연과 마찬가지로 그 무기를 이용한 것이오." 이 한 문장은 다음의 도르망세의 말과 마찬가지로 모호한 구석이 있다. "내 마음을 메마르게 한 것은 그들의 배은망덕이었소." 이 말은 사드가 악에게 몸을 바친 것이 절망과 원한 때문이었음을 짐작케 한다. 그리고 사드가 묘사한 주인공은 이 점에서 고대 현자와 다르다. 사드가 그린 주인공은 사랑과 환희를 갖고 자연에 따르는 것이 아니라 자연을 증오하면서, 더구나 자연을 이해하지도 못하면서 자연을 베끼고 있는 것이다. 그리고 자화자찬하지 않으며 자기를 탐내고 있는 것이다. 악은 조화로운 것이 아니다. 그 본질은 찢어질 듯 비통한 것이다.

찢어질 듯한 비통은 끊임없는 긴장 속에서 체험해야 한다. 그렇지 않으면 회한이 되어 굳어 버리고, 그 형태는 치명적인 위험을 만들어낸다. 사드적 주인공은 어떠한 걱정 때문에 사회가 자기에게 끼치는 힘을 거두어가자마자 최악의 공황상태에 몸을 던진다고, 블랑쇼*62는 지적했다. 후회와 망설임은 스스로를 재판하는 자로 인정한다는 것이다. 따라서 자기 행위의 자유로운 창조자로서 자신의 권리회복을 요구하지 않고 유죄임을 받아들이는 것이다. 자기의 수동성에 동의하는 자에겐 적대하는 세계로부터 당하는 모든 패배가 당연한 것이다. 그러나 "진정한 방탕아는 그 증오스런 대죄에 걸맞은 비난마저도 즐긴다. 인류의 복수가 내미는 형벌마저도 환영하며, 그 형벌에 기꺼이 따르고, 단두대를 영광의 왕좌로 여긴 자가 있지 않았는가? 그런 사람이 퇴폐의 마지막 단계에 있는 인간이다." 이 최고의 단계에서 인간이 해방되는 것은 단순히 편견이나 치욕 때문만이 아니라 온갖 공포 때문이기도 하다. 그의 청량함은 "나에게 의존하지 않는 자"를 무익한 자로 보았던 고대 현자의 그것에 가깝다. 그러나 고대 현자는 일어날 수 있는 고통에 대해 완전히 소극적인 방법으로 자기를 보호하기만 했다. 사드의 어두운 스토아주의는 적극적인 행복을 약속한다. 그리하여 '철의 심장'은 "우리를 행복하게 하는 죄악인가, 우리를 불행으로부터 가로막은 단두대인가", 둘 가운데 하나를 고르라고 주장한다. 자기의 패배마저 승리로 바꿀 수 있는 인간을 무엇으로 위협할 수 있으랴! 그에겐 모든 것이 좋으므로 그 어떤 것도 두렵지 않다.

사물의 조악한 사실성은 자유로운 인간을 압박하지 않는다. 그런 것은 자유로운 인간의 관심을 끌지 않기 때문이다. 그와 관계가 있는 것이라곤 사물의 의미에 따른 것뿐이고, 더구나 그 의미는 그에게만 속한다. 타인에게 채찍질을 당하고, 창에 꿰뚫리는 개인은 타인의 노예가 될 수 있지만 주인이 될 수도 있다. 고뇌와 쾌락, 굴욕과 오만의 상반성에 의해 방탕아는 모든 상황을 지배할 수 있다. 따라서 쥘리에트는 쥐스틴을 짓눌렀던 가책과 고통을 향락으로 바꿀 수가 있었다. 근본을 살펴볼 때 경험의 내용은 크게 중요하지 않다. 계산에 넣을 것은 주체가 그 내용에 활기를 불어넣는 지향성이다. 이로써 쾌락설은 아타락시아로 완성되며, 이것은 사디즘과 스토아주의의 역설적 근접성을 증명한다. 개인에게 약속된 행복은 무관심으로 귀결된다. "나는 행복해, 이런 내가 말이야. 온갖 죄악에 태연히 몸을 맡기게 되었기 때문이야"라고 부르작(《쥐스틴》의 등장인물)은 말한다. 잔학성이 새로운 태양 아래서 고행의 정신으로 나타난 것이다. "다른 사람의 악에 대해 냉혹해질 수 있는 사람은 자기 자신의 악에 꿈쩍하지 않게 된다." 이제 목표할 것은 흥분이 아니라 아파테이아(무감동)이다.

어쩌면 초보 방탕아는 자신의 독특한 실존의 진실성을 느끼기 위해 강렬한 감동을 필요로 할 것이다. 그러나 일단 그 진실성을 획득하고 나면 죄악의 순수한 형식만으로도 그것은 충분히 보증할 수 있다. 죄악은 "미덕의 단조로운 매력을 뛰어넘고, 또 언제나 그것을 뛰어넘을 위대함과 숭고한 성격"을 지니며, 더욱이 그 성격은 인간이 그것을 몹시 기대하는 우연한 만족을 모두 헛된 것으로 만들어 버린다. 칸트의 엄격함과 비슷한, 또는 똑같이 청교도적 전통에 뿌리를 둔 엄격함에 의해 사드는 모든 감수성으로부터 해방되는 것만이 자유로운 행위라고 생각했다. 그가 감정의 동기에 따랐더라면 우리를 역시 자연의 노예로 만들었겠지만, 결코 자율적인 주체의 노예로 만들지는 않았을 것이다.

이와 같은 선택은 그 상황이 어떠하든 모든 개인에게 허락되어 있다. 쥐스틴이 고생하던 수도자들의 할렘에 갇힌 한 희생자는 자기 가치를 증명하고 그 운명으로부터 벗어나는 데 성공했다. 그녀는 잔인하게도 동료를 단도로 찔렀다. 그 잔인성이 주인들의 칭찬을 불러일으켰고, 그녀를 후궁의 여왕으로 삼았다. 압박당한 자들 편에 선 사람들은 그것이 그들 마음의 저속함에 바탕하고 있으므로 모든 연민을 거절해야 한다. "모든 것을 할 수 있는 사람과, 일부러 아무것도 하지 않는 인간 사이에 공통점이 있다고 주장하는가?" 이 두 동사의 대립은 뜻하는 바가 크다. 사드가 일부러 하는 행동은 곧바로 할 수 있는 것이었다. 블랑쇼는 이 도덕의 준엄성을 강조했다. 사드가 그린 범죄자들은 거의 모두 뜻밖의 죽임을 당했다. 그리고 그것이 그들의 불행을 영광으로 바꾸는 그들의 가치인 것이다. 그러나 죽음이 최악의 실패는 아니다. 사드가 그린 주인공들에게 남겨둔 최후가 어떠한 것이건 사드는 그들에게 성취를 허용하는 하나의 숙명을 보장했다.

이 낙천주의는 영혼구원예정설의 교리를 뜨거운 치열함 속에 감싸 안는, 인간성에 대한 귀족주의적인 비전에 근거하고 있다. 왜냐하면 드물게 선택된 사람들로 하여금 죄인들 위에 군림하도록 허락하는 이 영혼의 자질은 임의로 분배된 은총처럼 보이기 때문이다. 쥘리에트는 언제나 구원되고, 쥐스틴은 파멸했다. 더욱 흥미로운 것은 가치를 인정받지 못하면 가치는 성공을 이끌어낼 수 없다는 점이다. 바렐리(《새로운 쥐스틴》의 등장인물)든, 쥘리에트든 그 영혼의 능력이 만약 그 폭군들의 칭찬에 걸맞지 않다면 그녀들에게 아무 도움도 되지 않았으리라. 따라서 한참 동떨어진 곳에 있는 폭군들이 어떤 가치 앞에선 함께 굴복한다는 것을 긍정해야만 한다. 그리고 실제로 오르가슴—자연—이성이라는, 사드가 가치를 확증하고 있는 이 다양한 형태 아래서 폭군들은 현실을 택한 것이다. 더 정확히 말하면 그들에게 현실이 맡겨진 것이다. 주인공의 승리가 확증되는 것은 폭군들의 매개에 의해서이다. 그러나 마지막 심판에서 주인공을 구하는 것은 주인공이 진실 쪽에 걸었다는 사실이다. 모든 우연을 뛰어넘어 사드는 하나의 절대를 믿었다. 그것은 그것을 진심으로 호소하는 자를 결코 속일 수 없다는 절대였다.

　모든 사람이 이토록 확신에 찬 도덕을 지니지 않은 것은 단지 사람들이 겁을 내기 때문이다. 왜냐하면 이 도덕에 대해 어떤 유효한 반론을 아무도 내놓지 못하기 때문이다. 그 도덕은 가공의 산물일 뿐인 신을 화나게 하지도 못하리라. 그리고 '자연'은 분열이며 적대적이므로 인간은 자연을 공격하면서도 다시 자연에 순응할 것이다. 사드는 자기의 자연주의적 편견에 굴복하면서 다음과 같이 썼다. "유일하고 진정한 죄악은 자연을 능욕하는 것이다." 그는 덧붙여서 말했다. "자연을 능욕하는 죄악의 가능성을 자연이 우리에게 부여한다고 상상할 수 있겠는가?" 무릇 일어날 수 있는 일은 모두 자연에 의해 통합된다. 살인조차도 자연은 무심하게 받아들인다. 왜냐하면 "모든 존재의 생명원리는 죽음의 원리와 별개가 아니며, 이 죽음은 상상에 지나지 않기" 때문이다. 인간만이 자기 자신의 존재에 중요성을 부여한다. 그러나 "우주는 아주 작은 변화도 느끼지 못한 채 인간을 완전히 멸종시킬 수 있을 것이다."

　인간은 스스로 범접할 수 없는 신성한 성격을 지녔다고 주장하지만 한낱 동물일 뿐이다. "살인을 죄악이라고 단정한 것은 인간의 유일한 오만이다." 사드의 변론은 어찌나 정력적인지 결국엔 죄악에 대한 모든 범죄적 성격을 부정할 정도였다. 사드 스스로도 그것을 이해하고 있었다. 《쥘리에트》의 마지막 부분은 '악'의 불꽃을 일으키기 위한 발작적인 노력이다. 그러나 신이 없다면, 인간이 증기에 불과하다면, 자연이 모든 것에 동의한다면 화산이나 화재, 독, 페스트 등 가장 끔찍한 재해마저도 무슨 차이가 있으랴! "자연을 능욕하지 못하는 것이 인간의 가장 큰 고통이다!"라고 사드는 신음했다. 그가 죄악의 악마적인 공포에만 미련을 두었더라면 그의 윤리는 철저한 실패로 끝났을 것이다. 그러나 그 스스로 이러한 패배를 인정한 것은 다른 전투 또한 겪었기 때문이다. 그가 굳게 믿은 것은, 죄악이 좋은 것이라는 점이다.

　첫째, 죄악은 자연에 해가 되지 않을 뿐만 아니라 자연에 봉사한다. '동물, 식물, 광물의 3세계 정령'은 가로막는 것이 아무것도 없다면 매우 격렬하게 움직여 우주의 운행마저 마비시킬 것이라고 사드는 《쥘리에트》에서 설명한다. "인력도 운동도 더는 존재하지 않으리라." 우주의 품속으로 모순을 운반하면서 인간의 대죄는 미덕으로 가득 찬 사회까지 협박하는 정체(停滯)

로부터 우주를 분리시킨다. 사드는 틀림없이 18세기 첫무렵에 널리 성공을 거두었던 맨더빌의 《붕붕거리는 벌집》*63을 읽었을 것이다. 이 작가는 거기서 특수한 것들의 정열과 과일이 일반의 번영에 도움이 된다는 점을 보여주었다. 가장 활발하게 공통 선을 위해 일하는 이는 가장 끔찍한 죄를 저지를 대죄인이었다. 때 아닌 변환이 미덕을 승리하게 하면 벌집은 무너져 버린다.

사드도 미덕에 빠진 집단은 마찬가지로 순식간에 무기력 속으로 타락한다는 것을 여러 차례 말했다. 거기엔 '정신의 불안'은 역사의 종말을 끌어들이지 않고는 끝나지 않는다는 헤겔적 이론의 예감 같은 것이 있다. 그러나 사드는 부동성을 굳은 충실이 아니라 순수한 부재로 나타낸다. 인류는 인습의 투구를 쓰고, 그 인습에 따라 자연과의 온갖 관계를 끊으려 애썼다. 따라서 만일 몇몇 과단성 있는 사람들이 인류의 생각과는 달리 분열, 전쟁, 동란이라는 진실의 승리를 인류에게 안겨주지 않는다면 인류는 창백한 환영이 되어버릴 것이다. 우리의 제한된 감각이 현실의 핵심에 다다르는 것을 막는 것은 이미 중요한 일이므로 우리를 더욱 불구로 만들지 않으려고, 우리가 지닌 한계를 극복하도록 노력하려고 우리 모두를 맹인에 비유한 특별한 문장에서 사드는 말했다. "우리가 이해할 수 있는 가장 완벽한 존재는 우리의 인습으로부터 가장 멀리 떨어져서, 그것을 가장 경멸해야 할 것으로 생각하는 자일 것이다." 사드의 이 말은 그 문맥을 다시 짚어 보면 모든 감각의 '조직적인 착란'을 위해 시도한 랭보의 권리회복 요구를 떠올리게 한다. 또한 인간의 인위적인 수단을 뛰어넘어 현실의 신비로운 핵심으로 침투하려 했던 초현실주의자들의 시도도 생각나게 한다.

그러나 사드가 가상의 감옥을 깨뜨려 버리고자 한 것은 시인으로서가 아니라 도덕주의자로서였다. 사드가 맞서 싸웠던 기만하고 기만당하는 사회는 실존의 본디성을 포함한 하이데거의 '인간'을 떠올리게 한다. 사드에게도 문제가 되었던 것은 개인적 결단에 의해 실존을 회복하는 일이었다. 이러한 비교는 유희가 아니다. '일상생활의 진부함'을 극복하고 이 세계에 내재하는 진리를 얻고자 하는 사람들의 대가족 속에 사드를 자리매김할 필요가 있는 것이다. 이러한 시각에서 바라볼 때만 사드에게 죄악이 의무처럼 여겨진다. "죄악의 사회에선 죄인이어야만 한다." 이 방식이 그의 윤리를 요약한다. 죄악에 의해 방탕아는 주어진 여건의 사악함과 공모하기를 완전히 거부한다.

그리고 대중은 주어진 조건의 수동적인, 비천한 반영이다. 방탕아는 사회가 부정 속에서 잠드는 것을 방해하고, 모든 개인에게 그들의 분리, 곧 그들의 진실을 끊임없는 긴장 속에서 받아들이도록 강요하는 어떤 묵시록적 상태를 만든다.

 그러나 사드에 대해 가장 설득력 있는 반론을 펼 수 있는 것은 개인의 이름에 있어서이다. 왜냐하면 사드는 매우 현실적이었고, 죄악이 실제로 그를 능욕했기 때문이다. 이 점에서 사드 사상의 극단적인 성격이 증명된다. 어떠한 것이든 내 경험에 포함되는 것 말고는 나에게 진실이란 없다. 더구나 이러한 나의 경험에서 타자의 내적인 현존은 근본적으로 벗어난다. 따라서 타자의 내적인 현존은 나와 무관하며, 나에게 어떠한 의무도 명령하지 못한다. "우리는 타인의 고통을 개의치 않는다. 타인의 이러한 고통이 대체 우리와 어떠한 공통점을 지녔다는 것인가?" 또한 "타인이 느끼는 것과 우리가 인식하는 것 사이에는 비교·대조되는 것이 아무것도 없다. 타인에겐 가장 강렬한 고뇌라도 우리에겐 아무것도 아니며, 우리가 느끼는 쾌락은 가장 희미한 간지럼조차 우리의 마음을 흔든다."

 사실 인간 사이에서 유일하게 확실한 끈은 인간의 공통된 목적에서, 공통의 세계에서 자기를 뛰어넘으면서 창조하는 것이다. 18세기의 쾌락주의적 관능주의는 개인에게 오로지 "쾌적한 감각과 감정을 얻으라"고만 제안했다. 그것은 개인을 고독한 내재 속에 얼어붙게 했다. 《쥐스틴》에서 사드는 과학의 진보, 곧 인류의 진보에 도움이 되기 위해 자기 딸을 해부하려 한 한 외과의사를 우리에게 소개했다. 그가 볼 때 인류는 초월적 생성 속에서 파악할 때만 하나의 가치를 지니는 존재였다. 그러나 그 공허한 자기현전으로 되돌아갔을 때, 인간이란 대체 무엇인가? 그것은 모든 가치가 결여된 순수 사실이며, 생기 없는 돌과 마찬가지로 내 마음에 와 닿는 바가 없다. "이웃은 나에게 아무 존재도 아니다. 이웃과 나 사이엔 아주 하찮은 관계도 없다."

 이러한 선언은 사드의 생기 넘치는 태도와 모순되는 것처럼 보인다. 희생자의 고통과 사형집행인 사이에 공통점이 하나도 없다면 당연히 사형집행인은 희생자의 고통으로부터 아무런 쾌락도 이끌어내지 못한다. 그러나 사드는 나의 행위가 추상적으로 규정되는 것 같은, 나와 타자 사이의 어떤 일정한 관계가 아프리오리에 존재한다는 것에 이의를 제기한다. 그는 그런 관계가 구축될 가능성을 부정하지는 않는다. 그가 타자에 대해 상호성과 보편성이라는 잘못된 관념에 근거한 윤리적 인식을 거부하는 것은 모든 의식을 고립시키는 관능의 장애물을 구체적으로 깨뜨림으로써 스스로에게 권위를 부여하기 위해서였다.

하나하나의 의식은 자기만이 입증할 수 있다. 하나하나의 의식은 자기 것으로 삼는 가치를 타자에게 강요하기 위한 어떠한 권리도 주장할 수 없으리라. 그러나 모든 행위로부터 독특하고 생기 있는 방법으로 그 가치의 권리회복을 요구할 수는 있다. 그것이 죄인이 선택하는 결심이다. 그리고 격렬한 자기 확신을 통해 죄인은 타자에 대해 현실의 존재가 되면서 타자도 현실에 실존하는 존재이게 한다. 그러나 결의할 필요가 있는 것은—헤겔이 그린 투쟁*64과는 완전히 달리—이 과정이 주체에 대해 어떠한 위험도 수반하지 않는다는 것이다. 주체는 자기 우월성을 드러내지 않는다. 그리고 어떠한 일이 있어도 주체는 주인을 받아들이지 않을 것이다. 패자가 되면 그는 죽음으로 끝나는 고독으로 돌아갈 것이다. 그러나 그는 여전히 주권자로 머무르리라.

그리하여 타자는 압제자에 대해 압제자의 심장으로 파고드는 위험을 감수하지 않는다. 그럼에도 타자가 소외되어 있는 이 무연의 관계는 타자를 안달하게 하여 그곳으로 들어가려 하게 한다. 금지된 이 영역에선 역설적으로 모든 사건을 일으키는 것이 타자에게 허용되어 있고, 그 사건들이 타자의 경험과 공통점이 없으므로 그 유혹은 괜스레 어지럼증을 일으킨다. 사드는 여러 차례 이렇게 힘주어 말했다. 즉 방탕아를 열광시키는 것은 타자의 불행이 아니라 자기가 그 불행을 만들어 내는 자임을 아는 것이라고. 사드에게는 바로 그곳에 추상적이고 악마적 쾌락과는 전혀 다른 것이 있었다. 그가 흉악한 음모를 꾀할 때, 자신의 자유가 타자의 운명으로 변해 가는 것을 보는 것이었다. 그리고 죽음이 삶보다 확실하고, 고뇌가 행복보다 확실하므로 그가 이 신비를 받아들이는 것은 박해와 암살에 의해서였다.

그러나 숙명적으로 간이 짓뭉개진 희생자에게 자기를 밀어붙이는 것만으론 충분치 않다. 속고, 기만당한 희생자를 소유하기는 하지만 그것은 단지 외적인 소유일 뿐이다. 희생자에게 자기를 드러내 보임으로써, 사형집행인은 희생자를 부추겨 비명과 애원 속에 자기 자유를 밝히려 한다. 만약 그 자유를 드러내지 못한다면 희생자를 고문할 가치가 없으므로 죽이거나 잊는다. 도망, 자살, 승리 같은 격렬한 저항을 통해 희생자가 고문을 하는 인간으로부터 벗어나는 경우도 있을 수 있다. 고문을 하는 인간이 요구하는 것은 거절에서 복종으로 넘어가면서 반항을 하건 동의를 하건, 결국에는 희생자가 학대자의 자유 속에서 자기 운명을 확인하는 것이다. 그리하여 희생자는 가장 긴밀한 유대에 의해 학대자에게 결합되고, 그들은 진정한 한 쌍을 이루게 된다.

희생자의 자유가, 학대자가 희생자에 대해 만들어 내는 운명으로 추락하는 일 없이 그 운명을 극복하는 데 성공하는 매우 드문 경우가 있다. 희생자는 고뇌를 쾌락으로, 치욕을 오만으로 바꾸어 공범자가 된다. 그때가 바로 방탕자가 극치감을 느끼는 때이다. "방탕의 정신에는 새로운 신자를 만드는 것만큼 생동감 있는 쾌락이 없다." 때 묻지 않은 것을 타락시키는 것은 확실히 악마적인 행위이다. 그러나 악에는 상반성이 있으므로 악의 깊은 뜻에 다른 자의 손에 들어감으로써 본디적인 회심이 이루어진다. 이러한 세상에서는 특히 처녀성의 유괴가 심오한 의미를 지니는 전수식처럼 보인다. 자연을 모방하려면 자연을 능욕할 필요가 있는데 자연 자체가 그 능욕을 요구하므로 그 능욕이 사라지는 것과 마찬가지로, 개인에게 폭력을 가함으로써 개인은 그 분해를 받아들이도록 강요당하고, 그로써 개인은 그와 적대자를 융화시키는 하나의 진실을 발견하기에 이른다. 사형집행인과 희생자는 놀라움과 존경뿐만 아니라 칭찬 속에서조차 서로를 동류로 인정한다.

사드가 묘사한 방탕아들 사이에는 어떠한 결정적인 동맹도 결코 존재하지 않는다고 이미 밝힌 바 있다. 그들의 관계에는 끊임없는 긴장이 흐른다. 그러나 사드가, 이기주의가 우정보다 더 낫다고 조직적으로 주장한다 해도 그가 우정에 하나의 현실성을 부여하고 있음엔 변함이 없다. 노아르슈는 쥘리에트에게, 그가 그녀에게 집착하는 까닭은 오직 그녀를 상대로 느끼는 쾌락 때문임을 알게 하려고 많은 배려를 보였다. 그러나 그와 같은 쾌락은 둘 사이에 구체적인 관계를 끌어들인다. 두 사람은 서로 다른 자아의 현존에 의해 자기가 자기 자신 속에 확증되어 있다고 느낀다. 바로 면죄와 열광이다. 집단적인 방탕이 사드가 그린 방탕아들 사이에 하나의 진정한 일치를 실현한다. 각자가 자기 행위의 의미와 자기 자신의 모습을 파악하는 것은 타인의 의식을 통해서이다. 내가 나의 육체를 느끼는 것은 미지의 존재의 육체 속에서이다. 그때 진실로 이웃이 나에게 존재한다. 공존의 걸림돌이라고는 생각지 않지만, 알렉산더 대왕이 고르디아스의 매듭을 끊어버린 것과 똑같은 방법으로 그 신비를 깨뜨릴 수는 있다. 즉 행위로써 그 신비 속에 몸을 둘 필요가 있다. "인간이란 얼마나 수수께끼인가! ―그렇다, 친구여, 그것이야말로 매우 재기 넘치는 인간에게, 인간을 이해하기보다는 인간을 ……하는 편이 훨씬 낫다고 말하게 하는 것이다." 에로티시즘은 사드에겐 유일하게 가치 있는 의사소통의 한 양식이다. 클로델의 입을 빌리면, 사드에게는 "악덕이 하나의 마음에서 다른 마음으로 통하는 최단거리이다"라고 할 수 있다.

사드에게 너무 쉽게 공감하는 것은 사드를 배신하는 일이다. 왜냐하면 그가 바라는 것은 나의 불행, 나의 예속, 나의 죽음이기 때문이다. 그리고 우리가 색마에게 목 졸려 죽은 어린이의 편에 설 결심을 할 때마다 우리는 색마에게 반대하며 일어서는 것이 된다. 사드는 나를 방어하는 것을 나에게 금지하지 않기 때문이다. 한 집안의 아버지가 자기 자식이 강간당한 것을 비록 살인으로 복수하거나 예방하더라도 그는 인정했다. 그가 요구한 것은 화해할 수 없는 존재를 대립시키는 투쟁에 각자가 자기 실존의 이름을 걸고 구체적으로 참가하는 일이었다. 그는 복수를 인정했지만 재판은 결코 인정하지 않았다. 인간은 죽일 수는 있지만 재판할 수는 없다고 했다. 재판관의 주장은 폭군의 주장보다 불손하다. 왜냐하면 폭군은 자기 자신과 일치하는 것으로 만족하지만 재판관은 자기 의견을 보편적인 법률로서 내세우려 하기 때문이다. 재판관의 시도는 거짓 위에 쉬고 있다. 왜냐하면 인간은 저마다 자기 피부 속에 갇혀 있어서, 그 자신과 동떨어져 있는 각 개인의 매개자가 될 수는 없기 때문이다. 더구나 이들 다수의 개인이 동맹을 맺고 어떤 존재도 주인이 되지 않는 제도 속에서 그들이 서로 양도했다 해도 그들에겐 어떠한 새로운 권리가 주어지지 않는다. 숫자는 문제와 아무런 관계가 없기 때문이다.

같은 단위로 측정할 수 없는 것을 측정하는 수단은 어디에도 없다. 실존의 투쟁에서 벗어나기 위해 우리는 가상 세계로 달아난다. 그러면 실존 자체가 숨어버린다. 자신을 방어한다고 믿으면서 우리는 자신을 무(無)로 만들어버리는 것이다. 사드의 절대적인 공적은 도망이나 다름없는 추상화(化)와 소외에 대해 인간의 진정한 권리회복을 요구했다는 점이다. 어느 누구도 사드만큼 열정적으로 구체적인 것에 애착했던 사람은 없다. 평범한 정신이 게으름으로 자기를 부양하고 있는 이른바 "사람들의 이야기로는"이라는 것에 그는 어떠한 믿음도 보이지 않았다. 그가 동의한 것은 자기가 겪은 경험의 명증성 속에서 자신에게 주어진 진실뿐이다. 따라서 그는 시대의 관능주의를 극복하고, 그것을 본디성의 도덕으로 승화시킨 것이다.

이것은 그가 내놓은 해결이 우리를 만족시킨다는 뜻은 아니다. 사드의 위대함이 그 독특한 상황 속에서 인간 조건의 본질 자체를 파악하려 했다 해도 거기서 또다시 그의 한계가 드러나기 때문이다. 그는 자신을 위해 선택한 출구가 모든 사람에게도 가치가 있다고 생각했으며, 그것이 아닌 다른 모든 출구를 배제해 버렸다. 이 점에서 그는 이중의 오류를 저질렀다. 그의 모든 비관주의에도 그는 사회적으로는 특권층에 속했다. 더구나 사회의 부정은 개인의 윤리적 가능성마저도 훼손한다는 것을 그는 이해하지 못했다. 반항도, 교양과 한가로움이 강요하는 사치이며, 실존의 요구 앞에서 후퇴하는 것이었다. 사드가 묘사한 주인공들이 그들의 생명으로 반항을 보상한다 해도, 적어도 그것은 반항이 가치 있는 의미를 그 생명에 부여한 뒤의 일이다.

반면에 거의 모든 사람에게 반항은 어리석은 자살과 같은 것이리라. 사드의 바람과는 반대로 지식인 범죄자를 선발하는 것은 기회일 뿐 공적이 아니다. 그는 결코 보편성을 추구하지 않았다. 또한 그 자신의 구원을 받아들이는 것만으로 그는 만족했다고 반박해도 그가 옳다는 뜻이 되지는 않는다. 그는 자기를 예증으로 제출했던 것이다. 그는—더구나 엄청난 정열을 담아서—자기 경험을 썼기 때문이다. 아마도 그는 모든 사람이 이해해 주기를 바라지는 않았을 것이다. 그러나 그가 그 거만함을 혐오했던 특권계층 사람들에게만 손짓하려 했던 것은 아니었다. 그가 믿었던 이런 영혼구원예정설을 그는 민주적으로 이해하고 있었지만, 그것이 경제상황에 의존한다는 사실을 찾아내려 하진 않았던 게 틀림없다. 그의 사상에선 영혼구원예정설이 경제상황으로부터 벗어날 수 있었기 때문이다.

한편 사드는 개인적인 반역이 아닌 다른 길이 존재한다는 생각은 조금도 하지 않았다. 그는 추상적 도덕이냐, 죄악이냐의 양자택일밖엔 몰랐다. 그는 행동을 경험한 적이 없었던 것이다. 주체와 주체 사이의 구체적인 의사소통은 인간이 된다는 일반적 투기(投企)[*65]로 모든 인간을 통합하려는 시도를 통해 가능해진다는 점에 의심을 품었다 해도 그는 그곳에서 멈추지 않았다. 그는 개인에 대해 그 초월을 줄곧 거절하면서, 개인에게 폭력을 가하는 것을 허락하는 무의미성에 개인을 맡겼다. 그러나 이러한 헛된 폭력은 비웃음만 사게 된다. 그리고 폭력으로써 자기를 확인하려는 학대자는 그것을 통해 자신의 허무밖에 발견하지 못한다.

그러나 이런 모순에 대해 사드는 또 다른 모순을 대립시킬 수가 있었다. 왜냐하면 개개인을 각자의 품속에서 화해시키고자 하는, 18세기가 애무했던 꿈은 어차피 이룰 수 없는 것이었기 때문이다. 틀림없이 공포정치가 그에게 안겨주었을 위선과 기만을 사드는 그 나름의 비통한 방법으로 육화(肉化)한 것이었다. 사회는 자기 독특성을 부정하지 않는 개인을 배척한다. 그러나 인간이 각 주체를 구체적으로 동류로 묶는 초월만을 각 주체 내부에서 인식하는 길을 택한다면 동류를 모두 새로운 우상으로 소외시키는 일이 되고 만다. 그리고 그들 개개인의 무의미성이 그만큼 점점 더 뚜렷한 것으로 드러날 것이다. 오늘을 내일에, 소수를 다수에, 개인의 자유를 집단의 완성에 희생하게 될 것이다. 감옥과 단두대는 이 거부의 논리적 결과이리라. 거짓 동포애가 죄악으로써 이루어지고, 미덕이 죄악 속에서 그 추상적인 용모를 인정하게 된다. "커다란 죄악 말고는 어느 한 가지도 미덕과 닮은 것은 없다"고 생쥐스트는 말했다. 추상적인 대살육을 뒤에 감추고 있는 듯한 선에 동의하느니 악을 받아들이는 편이 훨씬 낫지 않을까? 이러한 딜레마에서 벗어나기란 불가능할 것이다. 만일 대지를 번식시키는 모든 인간이 그 현실 전체의 모든 것 앞에 나타난다면 어떠한 집단적 행동도 불가능하며, 각자에게 공기는 숨쉴 수 없는 것이 되리라.

매 순간 몇 천의 사람들이 헛되이, 그리고 부당하게 고통을 겪고 죽어간다. 우리는 그것을 슬퍼하지 않는다. 우리의 실존은 이러한 희생을 치러야만 가능하다. 사드의 공적은 각자가 부끄러워하며 자백하는 것을 소리 높여 외친 것만이 아니다. 사드는 부끄럽게 자백한 것을 자기 운명으로 달게 받아들이지 않았다. 무관심에 대해 그는 잔혹성을 택했다. 아마도 그랬으므로 개인이 인간의 악의보다는 선의의 희생자임을 아는 오늘날에 그가 많은 반향을 얻고 있는 것이다. 그러한 엄청난 낙천주의에 타격을 입히는 것이 인간을 구원하는 일이기 때문이다. 감옥의 고독 속에서 사드는 데카르트가 몸을 감쌌던 지성의 밤과도 비슷한 윤리의 밤을 실현했다. 그는 그 명증을 용솟음치게 하지는 않았다. 그러나 너무나 안이한 모든 해답에 적어도 이의를 제기했다. 개개인의 분리상태를 언젠가 뛰어넘으리라 기대할 수 있다면 그것은 그 분리상태를 잘못 인식하지 않는다는 조건 아래서만 가능하다. 그게 아니라면 행복과 정의의 약속은 최악의 위협을 포함하는 것이 된다. 사드는 철저한 이기주의와 부정과 불행의 시기를 살았다. 그가 증명한 것의 최고 가치는 그가 우리를 불안하게 한다는 데 있다. 그는 우리에게 다른 여러 가지 형태로 요즘 시대에 얽혀 있는 본질적인 과제, 인간과 인간의 진정한 관계를 다시 문제 삼을 것을 제시하고 있다.

〈주〉

*1 사드가 바스티유 감옥에서 1784년에서 1879년 사이에 써서 아내에게 보낸 것으로 추정되는 편지의 끝부분. 사드연구가인 질베르 루리가 발견했으며 그의 《사드》(피에르 세게르스 판) 부록에 이 편지의 전문이 실려 있다.

*2 《플로르벨의 나날들(Les Journées de Florabelle)》. 1801년 생펠라지 감옥에서 비세트르의 정신병원으로 옮겨졌다가 훗날 친척과 지인들의 탄원과 경찰국장의 명에 따라 다시 옮겨져 죽는 날까지 머물렀던 샤랑통 정신병원에서 사드가 1807년 4월에 정서를 마친 것. "베일이 벗겨진 자연 및 속편 드 모두스 수도원장의 수상록과 에밀리 드 포란쥬의 연애 이야기"라는 부제가 붙어 있다. 이 작품은 10권에 이르는 대작이지만 1820년 무렵 아들인 드나찬 클로드 아르망망의 요청에 따라 경찰국장인 드라포가 불살라, 현재 로선 미발표 노트만이 남아 있다.

*3 스윈번(Algernon Charles Swinburne, 1837~1909). 영국의 유명한 관능파 시인이자 평론가로, 관능적 작품 때문에 세상의 지탄을 받았다. 1860~1880년 친구 와츠에게 보낸 편지에서 사드의 위대함을 다음과 같이 설명했다. "그 화려하고 불운한 인간성의 옹호자. 내가 매우 안타깝게 여기는 점은 자네를 아직껏 미덕의 사슬에 옭아매고 있는 그 불치의 맹목이며, 저 파라오(고대 이집트왕의 칭호)가 살던 시절의 고리타분한 완고함일세. 그것이 자네로 하여금 저 위대한 인물의 정당한 가치평가를 방해하고 있음이니. 내가 신과 인간에 대한 나의 감정을 그나마 표현할 수 있게 된 것도 다 그의 덕분일세. (내가 그의 덕을 입지 않은 것이 단 한 가지라도 있겠는가?) 나는 신이 자네의 마음을 무디게 했다고 믿어야 하네. 그 밖의 어떠한 것으로도 후작의 놀랄 만한 가치에 대한 자네의 그 무감동을 설명할 길이 없을 걸세. 뭐, 어쩔 수 없지! 그 불멸의 작가 자신이 그것을 예언했으니. 언젠가 달이 기울고 별이 바뀌면 어느 도시에나 그의 조각상이

세워지고, 어느 묘석 아래에나 그를 위한 제물이 바쳐지는 그런 시대가 올 걸세."
* 4 아폴리네르(Guiaullme Apollinaire, 1880~1918). 프랑스 초현실주의의 선구자로 후기 상징파 시인. 1909년 《진본문고》의 〈애정의 나침반〉 두 책을 감수한 뒤, 그중에서 《사드 작품집》을 세상에 내놓아 평가를 묻고, 문헌을 수집하면서 작품에 주를 달아 다음과 같이 칭찬했다. "19세기 내내 묵살당했던 이 인물은 20세기를 지배하게 될 것이다. 마르키 드 사드, 과거에 존재했던 가장 자유로운 이 정신은 여성에 관한 독특한 사상을 지님으로써 남성과 마찬가지로 여성을 자유로운 존재가 되도록 하려고 했다.
　우리도 언젠가 받아들이게 될 이 사상은 먼저 두 소설로서 탄생을 보았다. 《쥐스틴》과 《쥘리에트》가 그것이다. 후작이 남주인공이 아니라 여주인공을 택한 것도 우연이 아니다. 쥐스틴은 고리타분한 여자, 비참하고 노예가 된 인간 이하의 존재이다. 이에 반해 쥘리에트는 작자가 예견한 신여성, 아직 아무도 상상해본 적이 없는 인간성으로부터 해방된 존재, 날개를 지니고 세상을 새롭게 할 여성이다. ……어쩌면 독자는 이 소설들 속에서 불쾌한 문장밖엔 보지 못할지도 모른다."(아폴리네르 《마르키 드 사드 작품집》 1909)
* 5 1972년 6월 25일, 사드는 라투르라는 하인을 데리고 마르세유로 돈을 받으러 갔다가 27일 오전 10시쯤 라투르와 함께 마르세유의 오뷔 거리의 사창가를 찾아가 여자 넷을 불러 즐겼는데 거기서 사탕(최음제)을 복용하고, 채찍으로 치는 등 난잡한 행동을 했다. 같은 날 오후 9시에는 홀로 생페레오르 르 뷔우 거리의 마르그리트 코스트(19세)를 찾아가 같은 행동을 했다. 6월 30일에 형사재판관 앞에서 마르그리트 코스트는 "며칠 동안이나 배가 아팠으므로" 그 사탕은 독이 든 게 틀림없다고 진술했다. 7월 1일, 앞의 네 아가씨도 복통을 일으켰으며, 또한 사드와 하인이 비역관계를 했다고 증언했다. 사드와 라투르에게 7월 4일 체포영장이 발부되었고, 7월 11일 사드의 성을 수색하지만 사드는 이미 처제와 함께 자취를 감춘 뒤였다. 사드 부인은 이때 처음으로 남편과 동생의 관계를 알았다. 9월 3일, 결석재판에 의해 사드와 라투르는 독살미수와 비역죄로 수도원 문앞에서 알몸이 되어 생루이 광장으로 끌려나온 뒤, 사드는 목을 치고 라투르는 교수형에 처하며 불에 탄 시신의 재는 바람에 날아가게 한다는 판결을 받았다. 이것이 이른바 마르세유 사건이다.
* 6 샤를 노디에(Charles Nodier, 1780~1844). 프랑스 낭만주의운동 창시자로 알려진 시인, 소설가로 프랑스혁명 무렵 정부의 박해를 받아 고통당하며 성장했다. 보부아르의 본문에 1807년이라고 되어 있지만 사드가 생펠라지 감옥에 있었던 것은 1801년에서 1803년까지이며, 노디에가 사드를 만난 것은 대충 1803년 무렵으로 추정된다. 노디에의 이 문장은 《왕정복고·제정시대의 추억》(1831)에 있는 것이다.
* 7 로베르 드 몽테스키외(Robert de Montesquiou, 1855~1921). 《법의 정신》을 쓴 몽테스

키외가 아니라 마르셀 프루스트의 친구로 알려진 시인이다. 사교계 인물이자 시인이고, 섬세한 감각과 취미가 매우 진기했다. 죽은 뒤에 《지워진 발자취(Les Pas effaacés)》(1927)라는 추상록이 나오게 되어 그의 퇴폐적 삶의 모습이 밝혀졌는데, 프루스트의 《잃어버린 시간을 찾아서》속 작중인물인 샤를뤼스 남작이라는 변태성욕자의 모델로도 유명하다.

*8 모리스 삭스(Maurice Sachs, 1906~1945). 프랑스의 소설가. 주로 현실폭로를 한 작가로서 《마연(魔宴, Le Sabbat)》(1942)은 콕토, 지드, 프루스트 등의 영향을 받으며 살았던 청년의 이야기이다. 이 밖에 《즐겁고 파렴치한 연대기(Chronique joyeuse et scandaleuse)》,《마상수렵(La Chasse à courre)》등이 있고, 독일에서 의문의 죽음을 맞았다. 삭스의 《마연》에는 다음과 같은 묘사가 있다. "아주 어렸을 때 나는 그(외할아버지 자크 비제)의 집에서 사드 후작의 저서를 발견했다. 《소돔 120일》을 그의 집에서 훔쳐다가 무아지경으로 탐독했다. 표지에 아무것도 씌어 있지 않은 이 장밋빛 책이야말로 내 청춘의 첫 바이블이었다. 나의 정신이 《푸줏간 주인 렌 베도크》를 떠다니는 동안 나의 관능과 마음은 완전히 《쥘리에트》의 포로가 되어 있었다."

*9 발쿠르의 이야기, 사드의 소설 《알린과 발쿠르, 또는 철학소설(Aline et Valcour ou le Roman Philosophique)》을 말한다. 이것은 1793년에 인쇄를 마친 8권짜리 소설로서 라크로의 《위험한 관계》에 버금가는 것으로 평가되며, '프랑스혁명 1년 전, 바스티유에서 시민 S**가 쓴 글'이라는 부제가 붙어 있다. 1권 및 4권의 주요 부분은 편지 형식이며, 2권은 상상 속의 여행 이야기이고, 3권은 모험소설의 느낌이다.

*10 루이 조셉 드 부르봉(Louis-Joseph de Bourbon, 1736~1818). 프랑스왕가 콩데 공의 한 사람으로 뒷날 망명군 대장이 되었다. 보부아르는 사드와 동갑이라고 했지만, 사드보다 4살 위이다. 사드의 어머니는 콩데 공작부인과 친척이고, 부인의 시녀로 일한 적이 있는 마리 엘레노어 드 마이에 드 카르맹으로서 사드는 파리 콩데가의 콩데 공관에서 태어났다. 아울러 사드의 아버지는 장 밥티스트 조셉 프랑수아 드 사드 백작으로 소만 및 라코스트의 영주이며, 사드가 태어났을 때는 외교관으로서 케른에 있다가 훗날 러시아 대사로 부임했다.

*11 소만의 어두운 성. 사드가에 대대로 내려오는 영지의 하나. 여기서 사드는 5살에서 10살까지, 에블뤼의 베네딕트파 수도원장이자 큰아버지인 자크 프랑수아 폴 알동스 밑에서 최초의 교육을 받았다.

*12 에블뤼의 퇴폐적인 수도원. 큰아버지의 수도원. 큰아버지는 볼테르의 친구로서 박학다식하고 취미가 다양하며 《페트라르카의 일생》의 작자이고, 뒷날 사드의 방탕생활을 지켜보았다는 것은 본문에도 씌어 있다. 사드가 바스티유 감옥에서 페트라르카를 즐겨 읽은 사실은 아내에게 보낸 편지로도 알 수 있다. 본디 사드 집안은 이탈리아 출

신으로서 페트라르카는 사드 집안과 인연이 있었던 듯하며, 사드가의 딸들에겐 대부분 그 주인공인 로라(프랑스명 롤)의 이름을 붙였을 정도이다.

*13 클로소프스키(Pierre Klossowski, 1905~2001). 폴란드계 프랑스인 작가. 아버지 에릭 에두아르 클로소프스키는 화가이자 미술사가로서 도미에에 관한 연구는 권위 있는 명저이다. 어머니 발라딘 클로소프스키는 라이너 마리아 릴케의 만년의 연인이었던 여류화가이다. 고등중학교를 마친 뒤 릴케의 사랑을 받아 릴케의 소개로 지드를 만나 지드의 비서가 되었다. 그 무렵 횔덜린과 키에르케고르에게 매료되었던 듯하나 사드의 저서를 읽고 기독교정신에 눈뜬다. 사드에 관한 그의 첫 번째 연구는 1934년에 발표되었다. 이것을 계기로 전위적인 젊은 예술가집단인 콜레주 드 소시올로지에 가입한다. 그것은 제2차 세계대전 전의 사상적 혼돈 속에서 스스로 새로운 신을 발견하려 시도한 것이었다. 제2차 대전 중에 사상의 혼미에 마침표를 찍기 위해 성직에 뜻을 두고 리옹대학에서 신학연구를 한 적도 있지만, 마침내 그 희망을 버리고 1947년에 평론 《내 이웃 사드》를 발표했다. 또 소설도 쓰는데 《로베르토는 오늘밤》(1953)과 《낭트칙령 파기》(1959)가 있다.

*14 라 보부아쟁. 1763년 5월, 사드는 결혼식을 올렸는데 같은 해 10월 29일, 파리 정부의 집 모퉁이에서 체포, 뱅센 성채에 감금되었다. 15일의 구류 뒤에 풀려났으나 몽트뢰유의 영지 에쇼푸르 성에서의 근신명령을 받았다. 1764년 5월, 부르고뉴고등법원에서 아버지의 직을 이어받아 블레스, 비제, 바를로메 및 젝스지방의 국왕대리관이 되었다. 같은 해 9월 8일 왕의 근신명령을 무시하고 파리에 머물며 가수 보부아쟁과 동거하느라 빚이 450리브르에 달했다. 보부아르도 썼다시피 같은 해 12월 7일, 검찰관 말레는 보고서에서 사드 씨에겐 절대 여자를 주지 말라고 유명한 포주 라 블린에게 권고했다. 사드는 1765년 11월에 보부아쟁을 영지인 라코스트로 데려가 아내라 부르며, 큰아버지인 신부를 불러다 밤낮으로 마시고 놀았다. 1767년 1월 24일, 아버지가 베르사유 근교에서 죽자 사드는 유일한 유산상속인으로서 라코스트, 마장, 소만 등의 영주가 되었다. 같은 해 4월 16일, 다시 군대로 복귀하라는 명령을 받은 사드는 4월 20일에 임신 5개월인 아내를 파리에 남겨두고 보부아쟁을 만나기 위해 리옹으로 떠났다.

*15 기병대위로 있던 사드는 1763년 3월 15일의 파리조약에 의해 7년 전쟁이 끝나면서 제대했다. 같은 해 5월 17일 왕가의 인허를 받아 종신세금재판소 장관 클로드 르네 드 몽트뢰유 및 그의 부인 마리 마들렌 마송 드 프리세의 맏딸 르네 펠라지 코르디에 드 로네 드 몽트뢰유(1741년생)와 생로크교회에서 결혼식을 올렸다.

*16 샤롤레 공작(duc de Charolais, 1700~1760). 대(大) 콩데 공의 손자로 흉포, 잔인, 방탕 삼매에 빠진 것으로 유명했다.

＊17 1772년 6월, 이른바 마르세유사건으로 하인 라투르와 함께 체포영장이 발부된 사드는 7월 11일, 라코스트의 성채 수사가 있기 며칠 전에 처제와 함께 자취를 감춰 10월 27일에는 사르데냐공국령인 샹베리로 도피했다. 그러나 사드가 '연어 대가리'라는 별명을 써가며 싫어했던 장모 몽트뢰유 부인의 의뢰를 받은 사르데냐왕은 샹베리에서 사드와 라투르를 구속시켰다. 사드는 12월 9일 미올랑 요새로 이송되어 간수 돌로네 앞에서 절대 도망치지 않겠다고 맹세해야 했다. 1773년 4월 30일, 며칠 전부터 근처 마을에 잠입하여 기회를 엿보던 사드 부인은 사드를 라투르 및 동료죄수 랄레 드 송지 남작과 함께 미올랑에서 탈출시켰다. 1774년 1월 6일 파리경찰의 경감이 부하를 데리고 라코스트 성채로 한밤중에 숨어들었으나 사드는 없었다. 경찰은 집 안을 샅샅이 뒤졌고, 사드 후작의 방을 태우고 원고를 가져갔다. 이 기간의 수사명령은 엄격했으며 상사로부터 보고를 종용받은 경감은 라코스트에 사드가 없다고 단언할 수밖에 없었는데 사실은 부인과 함께 성 안에 숨어 있었다.

＊18 앞의 주석에도 있다시피 마르세유사건으로 체포영장을 받은 사드가 사드 부인의 동생 돌로네와 함께 라코스트 수사 직전 자취를 감춤으로써 사드 부인은 비로소 동생과 남편의 관계를 알게 되었다. 동생 돌로네는 수녀회원으로서 이 사건 전인 1771년 6월 1일 사드가 기병연대장 직을 1만 리브르에 다른 사람에게 양도한 뒤, 같은 해 8월에 아내와 라코스트로 올 때 동행했었다. 그녀는 1781년 5월 13일 천연두로 죽었다.

＊19 몸종 나농의 고소. 1773년 4월, 미올랑 요새에서 탈출한 사드는 라코스트에 숨어 있었는데 1775년 비엔과 리옹에서 일하러 와 있던 아가씨 3명이 유괴된 사건이 일어나 후작의 처지는 다시 위험해졌다. 같은 해 5월 11일, 성의 하녀 안 사브로니엘, 통칭 나농이 쿠르테종에서 사드의 딸을 낳았는데 아기는 석 달만에 죽었다. 6월 21일, 사드 부인은 계속되는 추문사건을 무마하기 위해 강수를 써서 나농에게 도둑누명을 씌워 고소했다. 같은 해 7월 5일, 파리에서 몽트뢰유 부인의 돈으로 나농을 아를의 감옥에 가두게 하기 위한 칙령체포장이 날아들었다. 1778년에 나농은 리옹과 비엔에서 12킬로미터 이내로는 결코 접근하지 않는다는 조건으로 풀려났다.

＊20 1764년에 검찰관 말레는 포주에게 사드에겐 절대로 여자를 대주지 말라고 권고했지만 여전히 사드는 가수 보부아쟁과 만났고, 오페라여배우 리비에르와 아르퀘이유의 별장에서 동거하기도 했다. 1768년 4월 3일, 부활절 날 오전 9시 빅투아르 광장에서 사드는 36살 남짓한 여자거지 로즈 켈러를 마차에 태워 아르퀘이유의 별장으로 데려가 옷을 벗기고 채찍으로 때리고 감금했다. 그러나 여자는 창문으로 탈출해 헌병대로 가서 폭행을 당했다고 고소했다. 그러나 4월 7일 로즈 켈러는 2천 4백 리브르의 배상금을 받고 고소를 취하한다. 그러나 고소를 취하했음에도 라 투르넬 형사부의 명령을 받은 검찰관 말레는 사드를 소뮈르에서 리옹 근처의 피에르 앙시즈 요새로 호송했다.

사드를 화형시켜야 하는가 79

*21 가정부 르세. 1778년 6월 20일 사드는 검찰관 말레에게 이끌려 에쿠스로 왔고, 6월 30일 프로방스고등법원에 출두했다. 변호사 조세프 제롬 시메온의 구두변론으로 마르세유 소송기록은 폐기되고 독살혐의는 벗었지만, 그 점에 대해 다시 증인신문이 이루어졌다. 7월 7일 신문 및 증인과 피고의 대질이 이루어졌다. 7월 14일 비역 및 풍기문란으로 마르세유 사건의 최종판결이 내려져 사드는 훈방처분을 받고, 50리브르의 벌금형과 향후 3년 동안 마르세유 체류가 금지되었다. 그러나 이 재판을 받았음에도 사드는 말레 등 2, 3명의 경찰에게 이끌려 에쿠스를 떠나야 했다. 7월 16일 발랑스에 머물다가 사드는 여관을 탈출해 이튿날 아침 론 강을 건너 7월 17일 저녁 아비뇽에 도착한다. 친구 집에서 밥을 먹고 마차로 라코스트로 향한다. 이리하여 7월 18일 다시 라코스트로 돌아온 사드는 한 달여 동안 가정부로 집에 있던 생사튀르냉 레 자프트 출신의 어린 친구들, 마리 도로테 드 르세와 함께 평온하게 지낸다. 8월 19일 수상한 남자가 노리고 있음을 눈치 챈 사드는 방랑생활을 시작했으나 8월 26일 성으로 돌아왔다가 말레 검찰관에게 체포당한다. 말레는 사드의 장모인 몽트뢰유 부인이 손에 넣은 칙령체포장을 가지고 있었던 것이다. 9월 7일 뱅센 성으로 송환된 사드는 가혹한 처우에 정신이상에 걸릴 정도였다. 사드 부인은 남편의 체포소식을 듣고 몹시 낙담하여 르세에게 파리로 와달라고 부탁하고, 르세는 11월 6일 파리의 후작부인 허락을 받고 왔다. 사드에 대한 옥중 대우가 1779년 1월부터 얼마간 완화되어 종이와 잉크를 받을 수 있었고 일주일에 두 번은 바깥 공기를 쐴 수가 있었다. 이 무렵부터 르세와 편지로 은근히 서로 통하게 되었는데 르세는 11월 9일 사드와의 편지를 끊고 11월 11일 피를 토하고 병석에 눕게 되었다. 뒷날 1781년 6월 라코스트로 돌아온 르세는 사드와 다시 편지를 주고받았으나 1784년 1월 25일 라코스트에서 40세로 생을 마감했다.

*22 1778년 9월 7일 뱅센 성으로 이송된 사드는 1784년 2월 29일에 바스티유 감옥으로 다시 옮겨졌다. 그때까지 뱅센에서의 구류기간은 5년 5개월하고도 3주일이었다. 1789년 7월 2일자 바스티유의 기록에 따르면 사드는 하수관을 확성기 삼아 독방 창문에서 혁명전야의 술렁임 속에 있었던 포부르 생 탕투안의 민중을 향해 무기를 모아서 죄수들을 해방시키라고 자꾸 선동했다. 7월 4일에 불온한 언동이 있었다는 이유로 샤랑통 정신병원으로 이송되었다. 그 무렵 바스티유의 그의 방은 봉쇄되어, 그의 중요한 책과 원고는 하나도 반출할 수가 없었다. 남아 있던 원고 중에는 《소돔 120일》도 있었다. 이때의 바스티유 구류기간은 5년 5개월이다. 7월 9일 경찰의 요구에 따라 대리인인 사드 부인의 입회 아래 봉쇄된 방을 열어도 좋다는 허락을 받는다. 7월 14일, 혁명이 일어나 사드 부인은 남편이 맡긴 임무를 완수하지 못하고 파리를 떠난다. 봉쇄된 방은 폭도들에게 짓밟혔고, 원고는 대부분 사라졌다. 그때 간수 돌로네는 학살

당한다. 7월 19일 사드 부인은 개인적인 이유에서 앞으로 남편의 소유물에 책임질 수 없음을 분명히 밝혔다. 1790년 3월 13일, 혁명으로 탄생한 헌법제정의회는 칙명체포장을 무효화하고, 6개월 안에 수감된 모든 피고 및 정신병 혐의자를 풀어주라는 훈령을 내놓았다. 4월 2일 이 법령의 효력에 따라 사드는 샤랑통을 나와 자유의 몸이 되었다.

*23 사드가 뱅센에 갇혀 있었을 때, 1781년 7월 13일 사드 부인은 처음으로 남편과의 면회 허가를 받았으나, 10월에 죄수의 질투에 의한 폭행을 이유로 면회가 금지되었다. 그래서 부인은 남편의 혐의를 벗기기 위해 생토르 수도원에 들어가 1784년 3월 16일부터는 바스티유로 이송된 사드와 한 달에 2번 면회를 허가받았다. 1785년 8월 15일에 추기경 드로앵이 어떤 사건으로 투옥되어 죄수 면회가 한때 금지되었다가 7월 13일부터 다시 한 달에 1번 면회가 허락되었다. 7월 14일 혁명이 일어난 뒤에 부인은 남편의 소유물에 책임을 질 수 없다는 뜻을 분명히 했다. 그리고 1790년 4월 3일에 사드 부인은 남편과의 재회를 거부하고 이혼 의사를 밝혔으며, 6월 9일에 이혼 및 재산 분할을 파리재판소에 신청하여 받아들여졌다. 사드는 9월 23일에 공증인 앞에서 이혼판결에 동의한다는 뜻을 밝혔다.

*24 사드의 큰아들 루이 마리 드 사드는 1767년 8월 27일, 둘째아들 도나티앙 클로드 아르망 드 사드는 1769년에 태어났다. 막딸 마들렌 롤은 1771년 4월 17일생이다. 둘째 아들인 클로드 아르망은 1784년 10월 5일, 십자군과 관련된 종교적 칭호인 마르트 기사단에 들어가 뒷날 트롱종 후작의 부관이 되었지만, 혁명 뒤인 1792년 5월 군에서 도망쳐 마르트 기사단원으로서 동맹외국군 밑에서 전투에 종사했다. 사드는 '온건주의자'라는 혐의를 받고 파리코뮌 경찰의 명령으로 1793년 12월 5일 체포, 구금되었다가 1794년 10월 15일 보안위원회의 명령으로 풀려났다. 그러나 1798년 12월 3일, 경찰청의 결정에 따라 망명귀족명단에 오르면서 이후 시당국의 엄중한 감시를 받게 되었다. 1801년 3월 6일 맛세서점 수색 때 사드의 자필원고, 특히 《쥘리에트》가 발견되어 서점에 함께 있던 사드는 즉각 체포당해 4월 5일 생펠라지 감옥에 갇혔다가 다시 샤랑통 정신병원으로 이송되었다. 이후 죽을 때까지 그곳에 머무르게 되었다.

사드는 1807년 4월 25일에 10권짜리 대작 《플로르벨의 나날들》의 정서를 여기서 마쳤는데 이것은 둘째아들 아르망의 요청에 따라 경시총감이 불태워 버려 현재는 미발표 노트만이 남아 있다. 또한 아르망은 아버지 사드의 반대를 뿌리치고 1808년 9월 15일에 사촌누이 로르 드 사드 에기엘과 결혼했다. 사드의 병세가 악화되어 걸을 수조차 없게 된 1814년 12월 2일에 아르망은 병상에 누운 아버지를 만나러 왔다가 병원 당직의학생에게 간병을 의뢰했다. 같은 해에 향년 74세를 일기로 사드가 죽은 이튿날 사드의 유언장 개봉에 아르망이 입회했다. 큰아들 루이 마리도 군직에 있었으나 혁명

뒤인 1792년에 군대를 떠나 국외로 망명했다가 1795년 나폴레옹의 총재정부가 수립된 뒤 프랑스로 돌아왔다. 망명자명단에 올라 있지 않았으므로 식물학과 조각술을 배우기 위해 국내여행을 했다는 말만으로 당국의 신문은 받지 않았다. 루이 마리는 제1제정시대인 1806년에 보몽대장의 막료로서 예나전투에 참가했고, 1807년 6월 14일 말레제프스키의 지휘 아래 폴란드 제2보병연대장으로 프리드란드에서 부상을 당한다. 사드는 아들의 무공을 알고 나폴레옹에게 편지를 써서 건강쇠약을 이유로 보석을 탄원했다. 1809년 6월 9일에 루이 마리는 이장부르 기병중위로 이탈리아의 메르크그리아노 부근에서 총에 맞아 죽었다.

*25 《옥스티에른(Oxtiern)》은 사드가 바스티유 감옥에서 쓴 3막으로 된 희곡으로 《옥스티에른 백작, 또는 방탕의 대가》가 원제목. 1791년 10월 22일, 생마르탱 거리의 몰리에르 극장에서 초연하고 막이 내린 뒤, 관중의 박수에 화답하여 작가 사드는 무대 위에서 인사했다. 같은 해 11월 4일에 다시 공연되었다.

*26 피크의 지역위원회. 1789년의 혁명으로 1791년, 프랑스에 처음으로 헌법이 만들어졌다. 1791년 10월 1일 소집된 의회 우익에는 입헌군주제파인 피앵파, 좌익에는 공화주의인 지롱드파, 자코뱅파, 코르돌리에파가 있었고, 숫자가 가장 많은 것은 기회주의적인 중앙파였다. 이러한 입법의회 아래서 전쟁의 위기가 표면화되고 있었다. 국내에선 이미 방데지방과 기타 지역에서 반혁명적 내란이 일어났고, 국외에선 왕의 동생 프로방스 백작이 가세한 망명귀족의 움직임이 활발했다. 특히 독일과 프랑스 국경의 코프렌츠에 군사력을 집결하여 공공연히 반혁명전쟁을 꾀하고 있었다. 왕정의 요구를 외국의 간섭이라 외치던 국왕파는 전쟁을 통해 혁명 프랑스가 패배하기를 바랐다. 이러한 왕을 완전히 반혁명으로 몰아갈 것이 두려워서 입헌왕정파는 전쟁에 신중했으나 지롱드파, 특히 블리소파는 호전적이었다. 그들은 전쟁을 안팎 혁명의 적을 무찌르고, 왕권의 정체를 국민에게 폭로할 기회로 보았으며, 혁명의 원리를 다른 국민에게도 파급시켜 그들을 해방시키려는 꿈도 갖고 있었다. 1792년 3월 오스트리아에선 전제적이고 호전적인 프란츠 2세가 즉위하고, 프랑스에선 주전론을 펴는 지롱드파가 정국의 주도권을 쥐고 4월에 결국 프랑스는 오스트리아에 선전포고를 함으로써 20여년간 이어진 전쟁이 시작되었다. 전황은 프랑스에 불리하여 패전이 이어졌다. 반혁명파에는 프로이센 군대와 망명귀족의 군대가 가세했다. 7월 11일 의회는 "조국이 위기에 처했다"고 선언하고, 국민은 조국과 혁명방위를 위해 자원했다. 지방에서 올라온 의용군이 파리에 속속 도착하여 〈라 마르세예즈〉를 부르며 행진했다. 전쟁이 시작된 뒤에도 국왕파는 적과 교섭을 계속했다. 민중은 차츰 격앙됐고, 8월 9일 밤 파리코뮌을 구성하는 각 지역 대표자들은 시청에 모여서 '봉기 코뮌'을 조직한다. 10일 아침 민중은 지방에서 올라온 의용군과 함께 튀를리 궁을 습격, 마침내 군주제가 폐지된다. 이리하여

상퀼로트라는 민중세력이 혁명의 주인공으로 등장하기 시작했다.

한편, 8월 1일 이후 의회로 대표되는 합법적 권력에 봉기 코뮌이 맞섰다. 코뮌은 국왕일가를 탕플탑에 감금했다. 의회에선 상퀼로트의 압력 아래 일련의 민주적 처치가 내려졌다. 그러나 전황은 여전히 불리했고, 적군은 베르됭으로 밀고 들어왔다. 9월 2일부터 4일에 걸쳐 애국자들이 수감중인 반혁명용의자를 학살하고 다닌 것은 이러한 긴박한 상황 아래서였다. 이러한 참담한 '9월 학살' 한가운데서 사드는 피크지역 서기로 임명되어 10월 17일 피크지구 제8중대 기병대 조직위원이 되었다. 사드는 '법의 재가법에 대한 의견'의 소책자 제작과 청원활동으로 활약했다. 10월 30일 피크지구의 병원관리위원이 되었고, 1793년 2월 26일 두 시민의 협력을 받아 파리 시내 대부분의 병원과 요양소를 시찰한 결과 보고서를 작성했다. 4월 13일 고발심사위원에 임명되었다. 더구나 사드는 숙청자명단에 올라 있던 장인장모인 몽트뢰유 부부를 구명하기 위해 애썼다. 6월 15일 파리지구위원회 서기로서 파리 시내에 병력을 두려는 포고에 반대하는 글을 의회에 제출하러 가는 대표의 한 사람으로 지명되었다. 8월 2일, 피크지구 집회가 실패하자 사드는 비인도적인 판결을 거부하고 의장 자리를 내놓았다. 9월 29일, 피크지역위원회는 시민 사드가 초안을 잡은 《마라와 르페르티에의 영혼에 바치는 연설》의 인쇄 및 배포를 결정했다. 11월 15일, 사드는 7명의 대표와 함께 의회로 가서 자기가 만든 소책자 《피크지구에서 프랑스 국민대표 여러분에게 보내는 청원》을 읽었다. 12월 1일 또는 2일에 피크지구 위원장 사드는 망명자의 도피를 도왔다는 이유로 고발되었던 육군소령 라망에게 300리브르와 여권을 주어 파리를 탈출시켰다. 12월 5일, 파리코뮌경찰의 명령에 의해 사드는 '온건주의자'의 혐의로 페름 데 마튀랭 거리 자택에서 체포되어 마들로네트 수도원에 감금되었다.

*27 루이 앙투안 드 생쥐스트(Louis Antoine Léon de Saint-Just, 1768~1794). 프랑스의 정치가. 한때 법률사무소에서 일했고 프랑스혁명이 시작된 뒤에는 지방지식인으로 활동하다가 25세에 소아송에서 국민의회에 선출되었다. 일찍부터 로베스피에르를 존경하여 자코뱅파에 속했고, 의회에선 식량할당제와 헌법초안비판 같은 연설로 주목을 끌어 공안위원회에 들어갔다. 엄숙한 금욕주의를 고수했고, 로베스피에르와 함께 자코뱅 독재와 공포정치 확립에 힘썼으며, 지롱드파 타도 뒤에는 에베르파, 당통파 숙청을 고발했다. 외부의 적에 대한 저항조직자로서 라인군, 북부군에서 엄격한 감독과 지도를 했다. 농촌에서 자란 그는 생산농민 해방에 강한 신념을 갖고 빈농에게 토지의 무상분배를 규정하는 뱅투스법을 상정했다. 1794년에 테르미도르의 쿠데타로 로베스피에르와 함께 처형되었다.

*28 '정이 있는 여인'. 사드는 1789년 혁명으로 샤랑통 정신병원에서 풀려나 1790년 7월 14일의 혁명 1주년 연맹축제에 참가했고, 이때부터 과거 그르노블재판소 장관의 아내

였던 오노레 슈발리에가의 프를뤼 부인의 집에서 동거했다. 같은 해 8월 17일에 친구 코메디 프랑세즈의 극장소속 작가 겸 배우인 부테 드 몽베르의 소개로 이 극장에서 자작연극 〈속이기 쉬운 남편〉을 낭독했다. 같은 해 8월 25일부터 젊은 여배우 마리 콩스탕스 르네, 통칭 '정이 있는 여자'와 교제를 시작했다. 그 무렵 사드는 50세, 그녀는 30세, 상인 발터자르 케네의 아내였으나 남편은 자녀 하나를 남긴 채 그녀를 버리고 아메리카로 떠나버린 상태였다. 사드와 이 여배우의 관계는 사드가 죽을 때까지 이어졌다. 1796년 10월 사드는 라코스트의 성과 땅을 판 뒤(이 대금은 완전히 받지 못했다), 크리시의 코뮌에 거처를 정하고 12월 1일부터 생투앙 라 리베르테 광장에서 케네 부인과 함께 살았다. 그러나 1798년 9월 10일, 사드와 케네부인은 재정압박 때문에 어쩔 수 없이 생투앙의 집을 떠나 부인은 친구 집에서, 사드는 보스지방의 소작인 집에서 각각 떨어져 지내야만 했다. 같은 해 11월 소작인이 더 이상 방을 빌려줄 수 없다고 거부했으므로 사드는 케네 부인의 자식인 샤를과 함께 베르사유 어느 다락방으로 이사하여 지독한 가난 속에서 겨울을 보냈다. 같은 해 12월 3일 경찰청의 결정으로 망명귀족명단에 오르면서 시 당국의 엄중한 감시 결정을 받은 사드에게 1799년 보크뤼스 군 당국은 같은 군 내에 한하여 그 재산의 압류처분을 풀어줬다. 그러나 가난에 허덕이던 사드는 베르사유의 극장에 고용되어 하루에 40수의 급료를 받고 일했다.

공증인 고프리디 앞으로 보낸 같은 해 2월 13일의 편지 한 구절에는 다음과 같은 내용이 있다. "나는 지금 남의 자식을 키우고 있다. 힘든 일임엔 틀림없지만 이런 괴로운 시대에 나 때문에 날마다 이리저리 뛰어다니며 채권자들을 달래느라 고생이 이만저만이 아닌 이 아이의 어미를 생각하면 그리 대단한 일은 아니다. 말이야 바른 말이지 그녀야말로 하늘이 내게 보내주신 천사다……." 1801년 맛세르점 수색 때 사드의 자필원고, 특히《쥘리에트》가 발견되어 그 자리에 있던 사드는 "이런 종류 가운데 세상에 나온 가장 외설적인 작품의 작자"로서 곧바로 체포되었는데 이 수색은 동시에 생투앙에 있는 케네 부인의 집에서도 이루어졌다. 사드는 이 집에 "부끄러운 소설 《쥐스틴》에서 대부분의 주제를 얻은 가장 외설적인 그림이 그려져 있는 벽지를 바른" 비밀의 방을 갖고 있었다고 한다. 사드가 1806년 1월 30일 인정한 유언장의 첫 3개의 문장(미발표)은 케네 부인에 대한 배려로 채워져 있었다.

*29 1799년 6월 28일의 법령. 옛 귀족은 망명자명단에서 없애지 못한다는 법령.
*30 졸로에(Zoloé). 1800년 7월 출판된 이른바 '열쇠 있는 소설'로서 출판인을 찾지 못해 자비출판되었다. 이 소설이 발표되었을 때 심각한 추문을 일으킨 것은 등장인물이 실재인물을 암시했기 때문이다. 즉 도르세크(코르시카인 Corse의 철자를 바꾼 것)는 보나파르트, 졸로에는 조세핀 드 보아르네로 나폴레옹 왕비, 사바르는 발라스를 가리킨

다. 발라스(1755~1829)는 귀족출신의 군사이자 정치가로 방탕한 청춘시절을 보내고, 퐁디셰리에서 영국 포로가 되었다가 혁명이 일어난 뒤 자코뱅파에 접근하여 국민공회에 선출되고 산악당에 속하여 이탈리아 원정에 파견되었다. 테르미도르의 쿠데타에서는 로베스피에르가 있는 시청을 습격하여 파리사령관이 되었다. 방데의 반란 때 다시 사령관이 되어 나폴레옹을 기용해 진압하고 총재가 되었다. 그는 사치와 방탕한 생활을 계속하여 그의 살롱은 수많은 귀부인이 모여들었다. 프뤽티도르의 쿠데타 (1797), 플로레알의 쿠데타(1798)를 각각 왕당파, 급진적 공화파에 양다리를 걸쳐 세력균형을 도모하는 한편 소(小)피트 및 루이18세와 내통 공모했다. 플뤼메르 18일의 나폴레옹 쿠데타 뒤 정치생활을 단념하고 브뤼셀, 마르세유, 파리에서 은퇴생활을 했다. 페시노는 타리앙을 가리킨다. 타리앙(1789~1820)은 혁명가로 프랑스혁명이 격렬해지자 파리코뮌의 서기가 되어 국민공회에 선출된다. 그는 지롱드 타도를 주장하고, 에베르파 계통의 공포정치가가 되었다. 공안위원회의 위원이 되어 국민공회에서 보르도 시를 감독하기 위해 파견되어 공포정치를 했다. 중도파인 로베스피에르와 대립하고, 테르미도르의 쿠데타를 획책했으며, 의회에서 로베스피에르를 고발했다. 뒷날 몸을 보호하기 위해 보수파가 되어 자코뱅 탄압과 혁명재판소 폐지에 힘써 총재정부시대에 5백인 회의 의원이 되었다. 그의 아내는 스페인 출신으로 '테르미도르의 노트르담'으로 알려진 재원으로서 총재정부시대에 유행을 주도하고 그리스식 복장을 널리 퍼뜨렸지만 뒷날 이혼했다.

*31 앙주 피투(Ange Pitou, 1767~1842). 왕통파 작사작곡가로 노래를 통해 대혁명을 비방했다가 감옥에 갇혔다.

*32 모리스 엔(Maurice Heine, 1884~1940). 프랑스 사드 연구의 석학. 책을 좋아하고 양심적이며 투철한 학자였다. 공산주의자로서 평화주의를 극단적으로 추진하여 1921년의 크론슈타트(레닌그라드 근교의 군사항) 선원의 무정부주의적인 폭동 진압정책을 이유로 공산당을 떠났다. 그는 사드 연구를 위해 전 재산을 바쳤으나, 자기가 기르던 수많은 고양이를 먹이느라 자신은 먹는 둥 마는 둥 하다가 끝내 치열한 연구의 과로로 쓰러졌다. 살아 있던 무렵엔 거의 책다운 책을 내지 않았으나 오늘날 사드연구가인 질베르 루리에 의해 그의 작품이 편집되어 연구서 《사드 후작》이 세상에 나왔다.

*33 크라프트에빙(Kraft-Ebing, 1840~1902). 독일의 정신병학자. 처음으로 성도착 문제를 다루어 신경병리학에 새로운 지평을 열었다. 독일에서 나온 오토 프라케의 사드 전기에 따르면 사드의 《소돔 120일》을 크라프트에빙의 《성의 정신병리학》의 선구로 보고 있는데, 《성의 정신병리학》의 출판은 1886년이고, 프랑스판은 1896년이다. 그러나 《소돔 120일》은 바스티유에서 분실되어 20세기가 되어 베를린의 정신과의사 이반 프로흐 박사가 오이겐 뒤랭이라는 필명으로 과학적 주석을 달아 원문과 함께 편집한

것이 1904년에 베를린에서 처음으로 180부 한정으로 출판되었다.

* 34 동물 정기의 고전학설. 데카르트의 생리학을 말한다. 데카르트의 생리학은 특히 《인간론》—데카르트가 죽은 뒤에 간행되어 《방법서설》의 내용으로 알려져 있는 《우주론》 제1부를 구성하는 것—에 들어 있다. 데카르트는 이 《우주론》의 18장, 《인간론》에서 신경과 근육의 장치를 기술하고 있다. 스콜라학파는 신체의 '형상'과 '현실성', 생물학적인 기능들을 영혼에 귀속시켰는데, 데카르트는 영혼을 몸과 구분하는 그 순간에, 또한 그가 이 분리를 긍정한다는 심신이원론의 관점에서 영혼으로부터 이러한 기능들을 빼버렸다. 데카르트에게는 신경도 정맥과 마찬가지로 작은 판막을 지닌 미세한 관이었다. 그리고 그 속에서—맥관을 통해 '떨림을 받은'—혈액의 가장 미세하고도 활발한, 또 가장 빠른 분자로 이루어진 '동물 정기'가 흐르는 것이다. 그리고 동물 정기는 "매우 미묘한 기류, 또는 아주 순수하고 강렬한 구멍 같은 것이어서 그것은 끊임없이, 또 놀랍도록 많은 양이 뇌로 올라가 거기서 신경을 통해 근육 속으로 전해진다 …… 그것은 자연의 규칙과 마찬가지로 역학의 규칙에 따른다"(《방법서설》 제5부)는 것이다. 신경이 근육에 영향을 끼치는 까닭은 신경이 근육에게 동물 정기를 보내기 때문이며, 그 동물 정기는 뇌, 더 자세히는 솔방울샘에 의해 분포되기 때문이다. 어떤 근육은 동물 정기를 받으면 부풀어서 몸을 움직이게 한다. 데카르트는 뇌를 오르간 연주에 즐겨 비유했다. 즉 오르간의 관이 신경이고, 동물 정기는 공기이며, 건반은 내부(신체기관) 또는 외부(외부자극, 감각)로부터 일어나는 자극에 의해 울림이 일어난다. 동물 정기는 솔방울샘을 지나는데 이것은 부채와 같아서 그물처럼 뇌의 형태를 구성하는 관이나 미세한 구멍을 열거나 닫는다. 즉 솔방울샘은 마음의 최선 자리이며, 인간의 모든 관념이 만들어지는 장소이다. 데카르트의 생리학과 심리학의 기계론적 유물론은 형이상학을 배제하는 것이 아니라 그것을 포함한 것이었다.

* 35 탐욕에 대한 프로이트적 해석. 프로이트는 성적 에너지인 리비도에 관해 그 쾌감을 추구하는 기관의 단계를 다음의 다섯 시기로 나누었다. 첫 번째는 주로 입과 입술이 쾌감을 담당하는 '구순기'. 두 번째는 항문이 관여하는 '항문기'(이것은 다시 2기로 나뉘어 후반은 '항문사디즘기'라 불린다). 세 번째는 남녀아동 모두 음경 또는 그 등가체가 성감에 관여하는 '남근기'. 네 번째는 이 쾌감의 추구가 잠재적이 되는 '잠재기'. 마지막으로 정상적인 성인의 성애에서 보듯이 성기가 주체가 되는 '성기기'.

또한 프로이트는 성격유형을 리비도 변형의 결과로 보았는데, '구순 성격'은 '구순기'에 고착하는 경향이 있어서 타자의존적, 수동적, 수용적이고, 좌절체험에 의해 심각한 영향을 받으며 고독을 잘 견디지 못한다. 구순기 후기에 고착의 경향을 갖는 성격은 사디즘적 경향도 더해져 선망과 야심이 두드러지는 특색을 이룬다. '항문애 성격'은 '항문기'에 고착의 경향을 보이는 것으로서 인색하고 고집이 세며 현학적인 것이 특징이고, 퇴행적, 적대적, 강박적이 된다고 한다. 반동형식은 가끔 이 '항문기적' 특징과 관련해서 나타난다고 한다. '남근기적 성격'은 오만하고 지배적, 공격적인 특색을 보이며, '성기기적 성격'은 쾌락원리보다 현실원리에 의해 지배되며, 친절이나 애정을 풍부하게 나타내는 성격으로 여겨진다. 프로이트의 경우는 이 밖에 격렬한 야심과 자기현시 욕구가 강한 성격을 '요도애적 사랑'이라 명명한다. 프로이트적 정신분석에서는 성격형성을 신경증의 증상형식과 똑같은 원리로 본다는 점이 독특하다.

*36 자허마조흐(Sacher-Masoch, 1836~1895). 오스트리아 작가. 이른바 마조히즘(피학증)은 이 작가의 이름에서 생겨났다.

*37 사드는 감추거나 들고 다니기에 편리한 '메모'에 자기 사상이나 소설 줄거리를 써서, 그것을 번호를 매겨놓은 다른 노트와 조합할 수 있게 해놓았다. 1926년 모리스 엔의 경매품 속에 그 일부가 있었다.

*38 오노레 가브리엘 빅토르 리퀘티 미라보(Honoré Gabriel Victor Riqueti Mirabeau, 1749~1791). 웅변으로 유명한 프랑스의 혁명정치가. 18세 때 기병연대에 들어가 레섬에 구속되었다가 코르시카 원정에 참가했다. 그 무렵 중농주의 경제학자로 유명했던 아버지의 요청으로 구인영장이 발부되어 이프 섬에 감금되었고, 퐁타를리에 갇혔다가 그곳의 총감부인과 스위스, 네덜란드로 도주하여 1777~1780년 동안 뱅센감옥에 수감되었다. 이 기간에《전제주의론》(1773~1774) 등을 저술했다. 아내의 이혼소송에 대한 에쿠스에서의 웅변은 전국을 놀라게 했다. 1784~1785년 영국에 머물면서 의회정치를 배우고, 귀국한 뒤에는 팸플릿으로 정치활동을 했다. 1786~1788년 동안 세 차례 베를린을 방문하고《프로이센왕국론》을 발표한다. 에쿠스의 제3신분에서 삼부회에 선출되고, 국민의회에서 2년간 지도적 역할을 하다 시민혁명을 추진했다. 웅변과 정치수단을 지녀 국왕 및 반혁명파 쿠데타에 저항하고 헌법, 재정, 외교, 전쟁권 논쟁에서 혁명적 웅변을 펼쳤다. 입헌군주제를 주장하고 궁정과 접촉하여 정책 입안을 했으나 왕비 등의 신뢰를 얻지 못했다. 자기 세력의 지주인 자코뱅의 의장이 되었으나 곧 제명되었다. 국민의회회원으로서 국민의 관심 속에서 세상을 떠났다.

사드가 뱅센의 감옥에 있었던 것은 1777~1784년까지이다. 감옥의 대우가 나쁘다며 소리치다가 뜰을 산책하던 미라보를 창밖으로 발견하고, "넌 나에게 산책을 금지한 감옥대장의 자식인가 보구나. 여기서 나가면 네 귀를 잘라줄 테니 이름을 말해!"라고 외쳤다. 미라보는 "나는 제대로 된 인간이야. 여자를 죽이거나 독을 마시게 한 적이 없다고, 자, 이 칼로 이름을 써줄 테니 어깨를 내밀어라" 하고 대답했다고 한다.

*39《마농 레스코(Manon Lescaut)》. 18세기 프랑스의 작가 아베 프레보(Abbé Prévost, 1697~1763)의 대표작. 신부였던 프레보는 여러 나라를 떠돌며 기이한 삶을 살았다. 이 작품은 본디《한 귀인의 간단한 글과 모험》(1728~1732) 가운데 한 권으로 나온

것인데 기사 데 그뤼와 창녀 마농의 파란만장하고 정열적인 사랑을 그려 특히 유명해졌다. 사드는 《소설론》에서 "리처드슨의 훌륭한 번역자 프레보어"라고 칭송하며 《마농 레스코》는 프랑스 최고 소설이라고 썼다.

*40 《위험한 관계(Les liaisons dangereuses)》(1782). 18세기의 프랑스 작가 피에르 암브루아즈 프랑수아 코델로스 드 라클로(Pierre Ambroise François Choderlos de Laclos, 1741~1803)의 대표작. 라클로는 포병대위로 뒷날 오를레앙 공 필립의 비서로 일하다 대혁명 때 오를레앙가 및 자코뱅당에 가담했다. 온건파의 선전가로서 〈헌법 친구의 신문〉을 발행하기도 하고, 자코뱅 클럽에서 웅변을 하기도 했다. 나중에 라인 방면으로 종군하여 집정정부 때는 포병단장, 이어 나폴레옹 1세의 제정 아래서는 북이탈리아군 총감에 임명되었는데 타란토에서 객사했다. 《위험한 관계》는 서간체 소설로서 유혹의 심리분석과 18세기 퇴폐적 사교계의 풍속묘사에 뛰어나 프랑스 심리소설 대표작의 하나로 꼽힌다. 소르본 문학사가인 소니에는 사드와 라클로 및 동시대 작가 레스티프 들 라 브르톤을 '수치스러운 3인방'이라고 불렀는데, 보부아르도 지적했다시피 사드는 이들 두 사람과는 다르다.

《위험한 관계》의 주제는 다음과 같다. 연애를 갈구하는 두 사람, 발몽과 메르퇴이유 후작부인은 최근까지 섹스를 나누던 사이이다. 이 두 사람은 유혹하는 방법을 경쟁해 희생자를 계속 늘려가는 것에서 타락한 희열을 느낀다. 희생자들은 모두 사람의 감정으로 감동하지만, 그 둘의 감수성은 완전히 무감각해진다. 이 작품은 미덕을 이야기한 것으로, 도덕주의자인 라클로는 욕망과 허영의 결과를 악덕에 대한 처벌로 결말짓는다. 즉 발몽은 결투에서 살해되고, 후작부인은 몸이 약해지고 병이 들어 추악해지는 천벌을 받는다. 사드는 《소설론》에서 고대에서부터 18세기 끝무렵에 이르는 유명한 문학자를 총괄했다. 그중에는 동시대 사람인 클레비옹, 드라, 아베 프레보, 마리보, 나아가 사드와 견원지간이었던 레스티프 들 라 브르톤의 이름까지 나와 있지만, 당연히 들어 있어야 할 베르나르댕 드 생피에르와 라클로의 이름은 결국 없었다. 사드 평론가 질베르 루리의 가설에 따르면 이러하다. 첫 번째로 사드는 라클로의 천재적 재능을 질투한 나머지 일부러 《위험한 관계》를 탈락시킨 게 아닐까? 두 번째로 1774년 3월에서 10월까지 사드와 라클로는 둘 다 피크퓌스 요양원에 수감되었는데, 그 두 죄수가 서로 아는 사이가 되어, 격정적인 기질의 사드가 뱅센 감옥에서 미라보에게 했던 것처럼 그와 싸움을 벌였을 수도 있으며, 그 앙갚음으로 사드가 라클로를 무시했다고 볼 수도 있다. 최근 공표된 사드의 '메모'에 따르면 사드에겐 서간체 소설을 쓸 의도가 있었다고 한다.

*41 장 피에르 클라리스 드 플로리앙(Jean Pierre Claris de Florian, 1755~1794). 18세기 프랑스의 시인, 우화작가. 볼테르의 조카로 팡티에브 공을 섬기며 안네 성에 있었으나

공이 죽은 뒤 파리로 나와 공포정치 아래에서 혁명에 뛰어들었으나 뒷날 소브의 자기 영지로 돌아가 세상을 떠났다. 감각적이고 소박한 목가적 서정이 풍부한 시인이다.

*42 지향성(Intentionalité). 후설 현상학의 첫 번째 명제는 "의식이란 언제나 어떤 것에 대한 의식이다"이며, 의식은 언제나 의식을 뛰어넘어 존재하는 어떠한 대상을 향하고 있다. 이러한 의식의 특성을 지향성이라고 한다. 의식이 지향성을 지닌다는 것은 이미 아리스토텔레스가 지적한 바 있고, 스콜라철학으로 이어져 스콜라철학에선 직접 대상에게 향해진 의식—제1지향과, 이것을 반성하는 의식—제2지향으로 구별되었다. 그러나 지향성을 심리적 작용의 특성으로 강조한 사람은 브렌타노이며, 모든 심리적 현상은 객관으로서 무엇인가를 내부에 포함한다고 보았다. 후설은 이 사상을 현상학적으로 순화하여 지향적 체험의 분석을 통해 현상학의 중심문제로 삼았다. 이 지향성은 사르트르, 보부아르의 실존주의에서도 기본적인 명제이다.

*43 《장 멜리에의 유언(Testament de Jeam Meslier)》. 무명의 신부 멜리에의 글. 1762년 볼테르가 발표했고, 1772년에는 도르바크가 다시 세상에 내놓았다. 무신론 초기의 교과서로 취급된다.

*44 멜레강 신부(Abbé Mélégan). 미상.

*45 실뱅 마레샬(Sylvain Maréchal, 1750~1803). 18세기 프랑스 작가. 유물론자이자 무신론자.

*46 뒤 샤틀레 부인(Mme du Chatelet, 1706~1749). 18세기 프랑스의 높은 교양을 지닌 후작부인으로 볼테르와 20년간 동거한 것으로 유명하다. 뉴턴의 저서를 번역하고, 흥미로운 《서간집》을 남겼다.

*47 사무엘 리처드슨(Samuel Richardson, 1689~1781). 영국의 18세기 소설가. 근대소설의 창시자로 알려져 있다. 자기가 들은 여성의 신상 이야기를 서간체 소설로 내놓은 《파멜라(Pamela)》(1740)는 호평을 받아 한 세기를 풍미했다. 이어 《클라리사 할로(Clarissa Harlow)》(1747~1748)를 내놓았다. 박복한 주인공 클라리사와 방탕아 라블레스의 교제를 그린 것인데, 《파멜라》를 뛰어넘는 성공을 거둬 유럽대륙에까지 영향을 끼쳤다. 사드는 《소설론》에서 리처드슨에 대해 다음과 같이 썼다. 길지만 사드를 이해하기 위해선 아주 중요한 내용이라고 생각하므로 이곳에 옮겨 싣는다.

"마지막으로 영국소설, 리처드슨이나 필딩의 힘찬 작품이 등장하여 소설이라는 분야가 널리 성공을 거둔 것은 장황한 연애 이야기나 따분한 규방의 대화를 묘사했기 때문이 아니다. 사랑이라는 이름으로 알려진 심적 격앙의 농락물이자 희생자인 우리에게 위험과 불행을 함께 보여주는 남성적 성격의 묘사 덕분임을 프랑스에 가르쳐준 것이다. 영국소설에 그토록 멋지게 활자화된 그 정열과 논지는 그곳에서만 얻어진 것이다. 자연의 미궁이라고 할 수 있는 인간 마음에 대한 깊은 연구만이 작가에게 영감을 줄 수 있고, 그리하여 쓰여진 작품만이 있는 그대로의 인간, 눈에 비치는 그대로의 인간—그것을 베끼는 것이 역사가의 임무다—뿐만 아니라 한 걸음 나아갈 수 있는 인간, 악덕의 수식과 모든 정열의 격동이 다채로운 변화를 보이는 진정한 인간의 모습을 나타낼 수 있음을 우리에게 가르쳐준 것이 리처드슨과 필딩이다. 따라서 이 분야에 종사하고자 한다면 모든 악덕과 정열을 알아야 하며, 그 모든 것을 이용해야 한다. 그때 비로소 우리는 독자의 흥미가 반드시 미덕의 승리에 있지 않음을 알게 된다. 물론 현실에선 되도록 미덕을 보는 것이 필요하지만, 그런 규칙은 딱히 자연 내부에 있지도 않거니와 아리스토텔레스의 철학 속에 있지도 않으며 단지 우리가 우리의 행복을 위해 모든 인류가 그것에 따르기를 바라는 것일 뿐이다. 그런 것은 소설로선 전혀 본질적이지 않으며, 우리의 흥미를 끌지도 않는다. 왜냐하면 미덕의 승리란 그래야만 하는 사물의 상태이며, 그때 우리의 눈물은 흘리기도 전에 메말라 버린다. 그러나 만일 혹독한 시련 끝에 마침내 악덕을 이겨낸 미덕을 보았을 경우, 우리의 영혼은 반드시 고통에 찢기고, 그 작품은 우리를 세찬 감동으로 뒤흔들어 마치 디드로가 말한 것처럼 '우리의 마음은 불운에 희롱당하여 피투성이가 된다.' 그리하여 반드시 흥미를 일으켜야만 하고, 그것만이 성공을 약속한다.

만일 불멸의 인간 리처드슨이 12권 내지 14권의 소설 마지막에 와서 라블리스를 '미덕의 길'로 개심시키거나, 클라리사를 '안온하게' 결혼시킬 경우 이 소설(사실은 반대 결과로 끝났다)을 읽고 모든 사람이 따스한 눈물을 흘리는 일이 과연 있을 수 있겠는가? 그러므로 이 분야에 임할 때, 맨 먼저 파악해야 할 것은 자연 및 자연의 작품 속에서 가장 기묘한 것이라 할 수 있는 인간의 마음이지, 결코 미덕 따위가 아니다. 미덕이란 아무리 아름답고 필요하다 해도 소설가의 깊은 연구가 요구되는 불가사의한 인간 마음의 한 형태에 불과하다. 그리고 소설은 이러한 마음의 충실한 거울이므로 반드시 그것의 모든 어두운 그림자를 그려내야 한다."

*48 샤를 피노 뒤클로(Charles Pinot Duclos, 1704~1772). 18세기의 풍속소설가. 평민 출신에서 처음으로 귀족 반열에 오른 문사로 알려져 있다. 개인적 영향력이 강했던 아카데미 상임서기로 유명하며, 그의 교묘한 공작에 의해 '필로조프', 즉 '철학자들'이 1770년 즈음에는 아카데미에서 과반수를 차지하기에 이르렀다.

*49 크레비용(Crébillon). 여기서는 비극시인 아버지 프로스페르 크레비용이 아니라 통칭 아들 크레비용이라고 말하는 크레비용 피스, 즉 클로드 크레비용(1707~1777). 호색적인 악덕소설가로 유명하며,《소파》,《탕자이》,《섹스트라반간차》 등의 작품이 있다.

사드는 소설론에서 "크레비용은《소파》,《탕자이》,《마음과 정신의 혼돈》 등을 썼다. 모두 악덕에 아첨하고 미덕을 멀리한 소설이었는데 발표되자마자 전에 없던 성공을 거두게 되었다"고 쓰고 있다.
* 50 레스티프 들 라 브르톤(Restif de la Bretonne, 1734~1806). 소르본 문학사가 소니에가 사드, 라클로와 함께 '수치스러운 3인방'이라 불렀던 작가의 한 사람. 중부 프랑스의 부유한 농민 출신으로 병약하던 유소년기에 강도단 이야기를 많이 들었다. 훌륭한 교육을 받은 뒤 인쇄공으로 파리에 나와 인쇄소 감독이 되었다. 그 사이 방탕한 생활을 하고 여자를 쫓아다녀 결혼을 두 번하고, 연애사건을 50번이나 일으켰다. 그는 즉흥적으로 작품을 썼는데 작가로서의 천성을 자각하고, 《타락한 농부》(1755)로 이름을 알린 뒤 40년 동안 계속해서 글을 썼다. 견유주의자로 여색을 좋아하고 처세술에 능했다. 보마르셰, 세니에 등과 교류하고, 왕족부인과 친교를 맺고, 대혁명시대에는 국민공회의 신임을 얻어 나폴레옹 제정 초기까지 살아남았다. 3백 권에 이르는 작품을 썼는데 《타락한 농부》를 비롯하여 《파리의 밤》, 연작 《농부-농부의 아내》, 《미녀열전》 등이 대표작이다. 그의 현실주의적 풍속묘사는 19세기 소설의 선구, 서민적 사회관은 국민문학의 선구로 평가되며, '시장의 루소' 또는 '시궁창의 루소', '몸종 볼테르'라고도 했다. 도덕주의자인 레스티프는 사드의 《쥐스틴》이 만들어 내는 해악에 맞서 《반(反)쥐스틴》을 썼으므로 사드와는 견원지간이다. 그는 사드를 "괴물작가. 생체해부가"라 평하고 다음과 같이 썼다.

"괴물작가. 생체해부가. 1789년 7월 14일, 긴 백발과 함께 바스티유에서 끌려나온 인물. 이 악한은 사랑의 환상을 묘사할 때 남자들에겐 반드시 잔학행위를 행사하게 하고, 여자들에겐 반드시 죽음의 고통을 수반케 한다. 나의 도덕적 의도는 완전히 다른 곳에 있으며, 요컨대 그의 작품보다 훨씬 맛깔스러운 작품을 만드는 것이다. …… 그곳에선 감각은 심정에 호소하고, 방탕은 여자에게 어떠한 잔인성도 휘두르지 않으며, 여성의 죽음을 초래하기보다는 삶을 부여한다. 《쥐스틴》 대신에 나의 《반쥐스틴》을 선택하게 하기 위해선 전자가 후자보다 잔학성이 우세한 만큼, 쾌락에 있어서 후자가 전자를 능가할 필요가 있다."
* 51 토마스 홉스(Thomas Hobbes, 1588~1679), 영국 경험론의 대표적인 철학자, 정치학자. 양모공업 중심지인 산업지대에서 가난한 목사 아들로 태어나 옥스퍼드대학에서 청교도주의의 영향을 받았다. 진보적 귀족의 비호를 받아 처녀작 《법학요론》을 써서 스튜어트 절대왕정의 유력한 정치사상가로 주목받았다. 청교도혁명 발발 직전에 목숨의 위험을 느끼고 프랑스로 망명한다. 그러나 파리로 망명 와 있던 황태자를 둘러싼 왕당파 사람들에게서 무신론적·민주주의적인 위험사상가로 비난받아 크롬웰 정권 아래서 다시 런던으로 달아났다. 왕정복고 뒤에도 옛 사상의 공격 대상이 되었으나 치명적인 타격을 입지 않고 진보적 귀족 밑에서 남은 삶을 보냈다.

홉스는 베이컨의 신비적·직관적인 자연관을 기하학적 논리로 극복했다. 정치사상으로는 주권의 절대성 기초를 시민의 자기보존권(자연권)에 두었다는 점에서, 절대주의 내에서 부르주아 발전이 그 틀을 깨려 하는 부르주아혁명 직전의 모습을 보인다. 평등한 개인의 불가침한 자기보존권에서 출발했지만 그곳에서 근대사회의 질서를 찾아내지 못하고 그 상태를 만인 대 만인의 생존투쟁 상태로 보았으며, 그것을 벗어나 자연권을 합리적으로 실현하려면 사회계약에 의한 절대주권을 설정해야 한다고 주장했다.

*52 잔학하고 음침한 대풍자작가 스위프트는 인육을 즐겨 먹는 것에 관한 가차 없는 농담을 날린 작품《〈가난한 집의 자녀를 사회적으로 유용하게 하는 방법에 관한 나의 생각〉》을 썼다. 사드에겐 《쥘리에트》에 나오는 인육귀 민스키의 인육식에 관한 농담을 비롯하여 인육식에 대해 다루면서 인간의 미덕, 사회조직, 종교적·철학적 기만을 철저히 파괴하려는 의도가 곳곳에 나와 있다.

*53 뤼크 드 클라피에 드 보부나르그(Luc de Clapiers de Vauvenargues, 1715~1747), 프랑스 18세기의 도덕주의자, 비평가. 명문귀족 집안에서 태어나 소박하고 정열적이다. 처음엔 군대에 들어가 전쟁에 두 차례 참가한 뒤, 병을 얻어 제대한다. 빈곤, 병약, 고독을 견디면서 도덕과 문학에 대해 사색했다. 특히 《성찰과 잠언(Réflexions et Maximes)》(1746)이 유명하다. 그는 18세기적인 낙천주의, 인간성에 대한 신뢰, 감정과 정열의 힘에 대한 신념을 토로했으며, 볼테르에게서 재능을 인정받아 루소의 선구자라는 평을 듣는다.

*54 피에르 베일(Pierre Bayle, 1647~1706), 17세기 프랑스의 철학자. 신교도에서 가톨릭으로 개종, 다시 신교도로 돌아가 철학교사가 되었다. 1693년 신교의 목사와 논쟁을 벌여 교직을 떠난 뒤, 오직 저술에만 전념했다. 데카르트철학의 회의주의적인 측면을 강조하고, 이것을 18세기에 전달한 공적이 있다. 매우 박식하며, 사상의 자유와 종교적 너그러움의 필요성을 주장했다.

*55 장루이 르클레르크 드 뷔퐁(Jean-Louis Leclerc de Buffonm, 1707~1788), 18세기 프랑스의 계몽주의적 박물학자. 왕립동식물원장으로 36권에 이르는 저서 《박물지(Histoire naturelle)》(1749~1788)로 유명하다. 처음으로 시간과 공간에 걸쳐 자연물을 조직적으로 기술했으며, 어떤 의미에서 다윈의 선구자이지만, 데카르트철학을 신봉했다. 아카데미에서의 연설 《문체론》(1753)은 비평사에 하나의 이정표를 세운 것으로 유명하다.

*56 "선량한 야만인". "자연으로 돌아가라"고 외치며 타락한 인위적 문명을 비판했던 루소는 인간의 불평등과 노예상태 등의 존재이유가 사유재산과 이것을 공식 인정하는 사회체제에 있다고 보고, 욕구와 만족이 조화된 자연상태와 대비시킴으로써 사회악을 파헤치려 했다. 《인간평등기원론》(1755)에선 미개인 즉 '선량한 야만인'의 행복을 그렸으며, 사유재산제도가 퇴폐의 원인이라고 보았다. 루소가 말하는 야만인은 선량한

남편과 친절한 남편이며, 탐욕스럽지 않고 자연스런 위로의 종교를 지녔다고 한다. 그것은 원시적 무지 찬미가 아니라 현재 상태를 공격하는 한편, 재생할 수 있는 새로운 인간인 '사회의 자연인'의 형성을 지향하는 것이었다.

여기서 보부아르가 '16세기부터 계속되어'라고 쓴 것은 프랑스 르네상스의 위대한 인도주의자인, 몽테뉴가 《수상록》 특히 '제31장, 인육을 먹는 사람(카니발)에 대하여'에서 이성이나 예술에 대해 자연을 기리고, 나아가 야만을 찬미하기에 이른 것을 가리키는 것 같다. 루소는 몽테뉴의 영향을 강하게 받아 가끔 몽테뉴의 문장을 교묘하게 자기 것으로 만들었다.

*57 에므릭 드 크뤼세(Emeric de Crucé). 미상.

*58 모렐리(Morelly). 18세기 프랑스의 사회사상가. 그의 생애는 알려져 있지 않지만 《자연법전(Code de Nature)》에 의해 공상적 공산주의자로 이름을 남겼다. 그는 인류 최초의 단계야말로 자연적 질서의 황금시대라 생각했다. 그리고 사유재산의 발생으로 봉건제도와 사회적 불평등이 생겨났다고 보고 사유재산을 격렬히 공격했다.

*59 자크 피에르 브리소(Jacques-Pierre Brissot, 1754~1793). 프랑스 18세기의 정치가, 저널리스트. 대혁명 이전에는 주로 소책자 작가로 알려졌으며, 루소적 도덕관의 영향이 강하고, 《형법 이론》(1781)에서 사유재산을 공격했다. 왕비 마리 앙투아네트를 비방하는 소책자를 썼다는 혐의로 바스티유에 감금되었다가 풀려난 뒤에는 오를레앙 공의 촉탁으로 금융업자와 교류했다. 혁명이 일어나자마자 정치활동에 뛰어들었으나 중심활동은 저널리즘에 있었다. 신문 〈프랑스의 애국자〉(1789~1793)를 발간해, 마침내 지롱드파의 지도적 인물이 되었다. 입법의회선거에서 당선되어 의회에서 외교위원회를 지배하고, 대 오스트리아 개전론을 주장하며, "새로운 십자군 시대가 도래했다. 그것은 세계의 자유를 위한 십자군이다"라는 유명한 말로 열변을 토했다. 지롱드파 내각 탄생의 주체로서 정권을 장악했으나 1792년 7월에 국왕퇴위의 시기상조, 보통선거 반대 등을 주장하여 파리의 대중에게서 버림받았다. 혁명의 진행에 두려움을 느끼고 자코뱅 클럽 폐쇄를 주장하여 지롱드파의 추방을 초래해 스위스로 망명을 도모했으나 체포·감금되어 결국 처형당했다.

*60 마르케제 디 체사레 보네사나 베카리아(Marchese di Cesare Bonesana Beccaria, 1737~1794), 이탈리아의 형법학자, 철학자. 밀라노 귀족 출신으로 프랑스 계몽주의 철학자와 루소의 영향을 받아 26세 때 자유주의, 인도주의의 관점에서 그 무렵의 형벌제도를 비판한 《범죄와 형벌(Dei delitti e delle pene)》(1764)을 내놓아 명성을 날렸다. 형법학상 고전학파로 분류되며, 경제학상으로는 중농주의자였다.

*61 프랑수아 라 로슈푸코(François La Rochefoucauld, 1613~1680). 프랑스 17세기의 도덕주의자. 대귀족 출신으로 군에 복무한 뒤 궁정으로 돌아가 왕비 안 도트리슈의 재

상 리슐리외의 반대 음모에 가담했다가 투옥된다. 뒷날 섭정 안 도트리슈와 재상 마자랭의 권력투쟁에 가담하여 애인인 후작부인의 부추김으로 반군 지휘에 나섰다가 부상당한다. 휴전 뒤 다시 제2차 프롱드의 난에 휘말려 지방귀족을 선동하여 보르도에서 반란을 지지하고, 콩데 공과 함께 스페인군과 내통 공모했다. 앙투안 전쟁에서 얼굴에 총탄을 맞고 패잔한 몸으로 고향에 돌아온다. 모든 야심을 버리고 회상의 붓을 들어 반성하며 쓴 《잠언(Réflexions ou Sentences et Maximes morales)》(1665)은 모든 것을 이기심으로 돌리는 염세주의로 일관되어 있다.

＊62 모리스 블랑쇼(Maurice Blanchot, 1907~2003), 현대 프랑스의 소설가, 평론가. 프랑스의 카프카라 일컬어지며 독특한 문체로 내적 체험의 현존을 어떤 신화나 우화, 상징의 형태로 빚어낸다. 평론에선 오직 언어의 근원적 추구와 문학체험의 관계를 추구하여 무(無)인 동시에 절대가 되는 언어의 성격이 도드라진 작품의 숙명과, 작가의 허무성과 절대추구 문제에 주목한다. 소설로 《아미나다브》, 《수수께끼의 사나이 토마스》, 《죽음의 선고》 등이 있고, 평론으로는 《불꽃의 문학》, 《문학공간》 외에 《로트레아몽과 사드》가 있다.

＊63 맨더빌의 《붕붕거리는 벌집》. 버나드 맨더빌(Bernard de Mandeville, 1670~1733). 네덜란드에서 태어난 영국의 철학자, 작가. 풍자적인 작품이 많으며 홉스와 라 로슈푸코의 작품에서 고취된 비관주의적인 도덕성을 펼쳤다. 《붕붕거리는 벌집(La Ruche bourdunnante)》(1719)과 《벌의 우화(La Fable des Abeilles)》(1723) 등에서 인간의 이기주의와 허영 및 정열이 사회의 경제적 발전의 원동력이라고 주장했다.

＊64 헤겔이 그린 투쟁. 헤겔에 따르면 자기의식은 다음과 같은 과정을 따른다. 정신은 자연성에 얽매여 있는 한 개인이었지만, 자연성을 벗어나자마자 의식, 즉 자아가 된다. 이것과 함께 정신은 자연성으로부터 자신을 구별하고 자기 자신으로 돌아왔으며, 예전의 정신에 얽혀 있었던 것, 따라서 정신 자체의 규정성이었던 것(지구적 규정성, 국민적 규정성 등)은 이때 바깥 세계로서 그것과 대치한다. 따라서 자아의 깨달음은 객관성 자체를 창조하는 행위이며, 반대로 객관성에 의해서만, 곧 객관성과 대치해야만 자아는 주관성에 눈뜬다. 이와 같이 객관성에 대치하고 있는 자아가 좁은 뜻의 의식이다. 의식은 그것이 직접적인 감각적 의식, 지각, 오성(悟性)이라는 여러 단계를 통과하여 이 성장의 역사 속에서 대상을 다루었다고 믿고 있었건만, 알고 보니 자기 자신만을 다루고 있었다고 확신함으로써 그것은 자기의식이 된다.

다시 말해서 자기의식은 먼저 개별적·개체적인 나, 즉 모든 타자를 나로부터 배제하는 한, 단지 그것 자체하고만 관계하는 개별적·개체적 나이다. 그것 자체에 대한 이와 같은 부정적 관계에서 자기의식은 사물의 힘이자 진정한 상태이며, 스스로 그러한 것으로 활동하려는 충동을 감지한다. 곧 그것은 사물, 특히 자기의 충동성 있는 존재를 감지하는 생명 있는 사물을 파악하고 그것을 자기 것으로 만든다. 요컨대 파괴하고 먹어 치우며 향락한다. 이리하여 그것은 '탐욕스런 자기의식'이 된다.

개체적 자기의식이 탐욕으로 완전히 없어지고, 먹어 치우는 생명 있는 객체 속에도 자기의식적 존재가 있다. 왜냐하면 자기 특유의 존재를 뛰어넘어 행동하려는 충동을 가진 생명 있는 사물은 자기의식적이기 때문이다. 그리하여 개개의 자기의식에 대해 다른 어떠한 개개의 자기의식이, 즉 자아에 대해 다른 자아가 대립하기에 이른다. 그런 상호적인 관계들은 상호투쟁 및 지배예속의 관계를 통해 서로를 인정한다.

개인들의 투쟁은 자기의식의 현실화 및 만족을 위해 도움이 되어야만 하며, 따라서 이 투쟁은 자기의식의 존립을 완전히 배제하거나, 아니면 자기의식이 배타적으로 관계하고, 또 관계해야 하는 대상, 즉 타아를 배제하는 듯한 부정으로 끝나는 경우는 불가능하다. 이 부정으로부터 일단 복종의 형태로 보존된다. 예를 들면 타아가 목숨을 건 투쟁에서 스스로 항복하거나, 아니면 폭력적으로 억압당하거나 지배당하는 것이다. 탐욕 및 부정적인 자기의식에서, 지배적 자기의식 및 피지배적 자기의식이 지배와 예속의 관계를 낳는다. 주인은 명령하고 노예는 복종한다. 그러나 노예는 노동하여 사물을 만들어내므로 그것 자체를 이루고, 그로써 주인과 평등해지며, 불가결한 존재가 되어 사실상 주인보다 유력해지고 자기의 자유를 획득하는 지배와 예속의 관계에서 자아와 자아의 본질적 평등성 의식, 승인적 자기의식이 발달한다. 그것은 더는 개별적·배타적 의식이 아니며, 개개의 나가 아니라 우리를 대상으로 하고 주제로 삼는 보편적 자기의식이다. 그것이 곧 이성이다.

*65 투기(投企). 현재를 뛰어넘어 미래로 자기를 내던지는 실존의 존재방식. 하이데거나 사르트르 실존주의의 기본개념이다.

Histoire de Juliette ou les Prospérités du Vice
악덕의 번영
마르키 드 사드

제1부

여동생 쥐스틴과 내가 자란 곳은 팡테몽 수도원이었다. 알다시피 이 수도원은 매우 유명한데, 파리에서 가장 아름답고 놀기 좋아하는 음란한 여자들을 몇 년 전부터 해마다 이곳에서 배출하고 있다. 내 부모가 사는 집 이웃에 살다가 방탕한 생활로 뛰어들기 위해 아버지의 집에서 나가버린 유프로진도 나와 함께 이 수도원에 있었다. 나는 모든 일에서 이 젊은 여자를 따라하려고 애를 썼다. 지금까지 내 여동생이 한 이야기를 듣고 여러분은 내가 아주 어렸을 때부터 그런 남다른 도덕관념을 지니고 있었던 것에 놀랐으리라 생각하는데, 그 도덕의 첫걸음을 나에게 가르쳐준 사람이 이 유프로진과 그녀의 친구인 한 수녀이므로 먼저 여러분에게 이 두 여자의 이야기를 해, 내 마음속 깊숙이 악덕의 씨앗이 뿌려졌을 때 이 두 요부의 유혹에 빠져 타락한 내 인생의 처음 순간을 정확하게 알리는 것이 좋으리라고 생각한다.

팡테몽 수도원과 원장 데르벤 부인

그 수녀의 이름은 데르벤 부인으로, 5년 전부터 이 수도원의 원장이며 내가 알게 되었을 때는 서른 줄에 접어들고 있었다. 그녀보다 아름다워지기란 불가능했다. 그녀는 마치 그림으로 그린 듯한 모습, 부드럽고 성스러워 보이는 용모, 금발에 더할 나위 없이 호감을 갖게 하는 크고 푸른 눈, 그리고 우아한 여신과 같은 늘씬한 몸매를 지니고 있었다. 어린 시절 데르벤은 그녀의 오빠를 더욱 부유하게 만들려는 부모의 뜻에 희생되어 12세 때 수도원에 들어오게 되었는데, 그녀는 이 오빠가 싫었다. 본인은 아직 의사표시를 할 수 없었다고 해도 온갖 욕망이 싹트기 시작하는 나이에 이런 곳에 갇히고 말았으니, 남들처럼 속세의 일이나 사람을 좋아했던 그녀에게 이곳 생활은 당연히 스스로 체념으로 일관하는 생활, 마침내 인내로 자신을 굴복시키고, 가장 쓰라린 싸움에서 승리하기 위한 생활에 지나지 않았다. 나이에 비해 무척 조숙해 여러 철학자의 저술을 탐독하고 사색에 잠기곤 했던 데르벤은 이렇게 은둔생활을 어쩔 수 없이 받아들이며 두세 여자친구들과 서로 마음을 달래고 있었다. 그녀를 만나러 와 위로해주는 이도 있었다. 또한 그녀의 집은 아주 유복했기 때문에 그녀에게는 원하는 대로 끊임없이 여러 가지 책과 맛있는 과자 등을 보내주었다. 그런 선물 가운데에는 은둔생활로도 진정시킬 수 없었던, 이미 몹시 활발해진 그녀의 상상력을 더욱 자극하는 물품까지 있었다.

나와 친하게 지내기 시작했을 때 유프로진은 15세였는데 나보다 18개월 빨리 데르벤 부인의 제자가 되어 있었으므로, 그 무렵 갓 13살이 된 나도 자기들 동아리에 넣으려고 둘이서 잇달아 나를 구슬리고 있었다. 유프로진은 밤색 머리칼을 가졌고, 나이에 비해 키가 크고 날씬하며, 눈매가 아주 아름답고 재치 있으며 몸놀림이 빨랐지만 수녀원장에 비하면 아름다움이나 매력이 훨씬 뒤떨어졌다.

말할 것도 없지만, 한가로이 모여 있는 여성들에게는 쾌락으로의 이끌림이 그녀들을 친근하게 뭉치게 해주는 유일한 동기이다. 여자들의 마음이 서로 맞도록 하는 것은 미덕이 아니라 음란한 짓이다. 여자는 자기를 위해 힘이 넘치는 것을 좋아하고 자기를 뒤흔드는 이를 사랑한다. 9살 때부터 누구보다 다감한 기질을 지니고 있던 나는 머릿속에 떠오르는 욕망에 따라 내 손가락을 움직이는 일에 익숙했고, 또 이 무렵부터 벌써 나를 교육해줄 기회를 발견하거나, 조숙한 자연이 이미 날 위해 기꺼이 그 문을 열어주었던 환경에 스스로 몸을 던지는 것에서 무엇과도 바꿀 수 없는 기쁨을 느꼈다. 이윽고 유프로진과 데르벤이 내가 추구하던 것을 고스란히 제공해주었다. 내 교육을 맡기로 한 수녀원장이 어느 날 나를 점심식사에 초대했다…… 유프로진도 그 자리에 있었는데 그날은 몹시 더워서 내가 방으로 들어갔을 때는 두 사람 모두 옷차림이 흐트러져 있었다. 그 엄청난 무더위가 두 사람에게 좋은 핑계를 만들어주었던 것이다. 커다란 장밋빛 리본으로 매듭을 묶어놓았을 뿐인 슈미즈만 걸치고 그녀들은 거의 알몸이나 다름없는 모습으로 앉아 있었다.

데르벤 부인은 내 이마에 가볍게 입을 맞추고 말했다.

"네가 이 수도원에 들어온 뒤부터 나는 언제나 너와 더욱 가까워지고 싶었단다. 너는 참 예쁘고 똑똑해 보이니까 말이야. 너처럼 젊은 아가씨를 보면 나는 어째선지 온몸의 기운이 빠져나가버리는 것 같아…… 어머, 꼬마아가씨, 얼굴이 빨개졌구나. 그러면 안 돼요. 수치심 따위는 아무 쓸모도 없는 감정이야. 그것은 단지 풍속이나 교육의 산물로, 말하자면 습관의 한 형태일 뿐이거든. 알몸의 사내와 여자를 만들어낸 자연이 동시에 알몸이 되는 것에 혐오나 수치심을 인간에게 줄 리가 없잖아? 만일 인간이 언제까지나 자연의 원리에 따랐다면 인간은 수치심 따위는 결코 몰랐을 거야. 즉 이 숙명적인 진리가 증명하는 것처럼, 이 세상에는 자연 법칙을 완전히 잊어버림으로써 비로소 성립하는 어떤 미덕이라는 것이 있어. 이런 식으로 그리스도교의 도덕을 구성하는 모든 원리를 잘 살펴보면 아주 놀랄 만한 인간성의 왜곡을 발견할 수 있지! 하지만 그런 건 나중에 다시 얘기하기로 하고, 오늘은 다른 이야기를 하자꾸나. 자, 너도 우리처럼 옷을 벗으렴."

말이 끝나기가 무섭게 두 음탕한 여자는 웃으면서 나에게로 다가와 나를 자기들과 똑같은 모습으로 만들어버렸다. 데르벤 부인의 키스도 이번에는 기세가 전혀 달랐다…….

"이 아가씨는 어쩜 이렇게 예쁠까, 나의 쥘리에트."

그녀의 입에서 감탄사가 흘러나왔다.

"이 아가씨의 귀여운 유방은 어쩌면 이렇게도 탄력이 있을까! 너처럼 크지 않아, 유프로진…… 이제 겨우 열셋인데."

이윽고 그녀는 자신의 애무가 내 감각을 완전히 마비시켜 당장이라도 내가 기절할 듯한 것을 보고 말했다.

"아아, 애가 탄다."

그녀는 더는 참을 수 없다는 듯이 거친 말투로 말해 나를 놀라게 했다.

"제기랄, 어쩌면 이렇게도 애간장을 태우는지! 너희들 모두 사양할 것 없어. 자연은 인간의 아름다움을 숨겨두기 위해 인간을 창조한 게 아니니까. 우리의 눈을 가리게 하는 것은 하나도 남기지 말고 악마에게나 줘버리렴!"

그렇게 말하고 자신의 몸을 감싸고 있었던 얇은 슈미즈를 벗어버리며 데르벤 부인은 마치 미의 여신 카리테스조차 찬양해 마지않을 그 비너스와 같은 아름다운 모습을 우리 앞에 그대로 드러냈다. 이토록 훌륭한 자태, 이토록 희고 매끄러운 살결, 이토록 멋지고 늘씬한 몸매는 세계 어디에도 없을 것이다. 유프로진도 뒤질세라 그녀를 따라 흉내를 냈지만 그녀는 데르벤 부인 같은 매력을 보여주지는 못했다. 데르벤 부인만큼 성숙해 보이지 않으며 피부색도 조금 검어서 틀림없이 전반적으로 그녀만큼 호감을 주지는 못할 것이다. 하지만 그 눈매와 재치만큼은 놀랄 만하다. 이러한 매력에 마음을 빼앗기고, 수치심을 모르는 오묘함을 터득한 두 여자의 강한 권유를 받아본다면, 여러분도 내가 그만 그 말에 따를 수밖에 없었음을 이해해줄 것이다. 더없는 감미로움에 취한 상태에서 나는 데르벤 부인에게 안겨 침대에 누혀졌고 탐욕스런 키스 세례를 받았다.

이렇게 한 달이 지나자 방탕한 생활에 홀딱 빠져들고 만 유프로진은 결국 수도원과 집과도 인연을 끊어버리고 이 사내 저 사내를 찾아다니며 난잡한 탐닉생활에 뛰어들고 말았다. 그 뒤에도 그녀는 우리를 만나러 와 지금 살고 있는 삶을 낱낱이 말해주었다. 물론 우리도 그녀의 행실을 이러쿵저러쿵 말할 수 없을 만큼 타락한 몸이기 때문에 그녀를 동정하거나 올바른 길로 되돌리려는 노력 같은 것은 전혀 하지 않았다.
"그 아가씨도 참 대단해."
데르벤 부인이 나에게 말했다.
"나도 몇 번이나 그 아가씨와 같은 삶에 뛰어들려고 했는지 몰라. 만일 내가 여자에 대해 느끼는 극단적인 애호보다 사내에게 더 강한 취미를 느꼈다면 틀림없이 나도 그녀와 똑같은 길을 걸었겠지. 하지만 사랑스런 쥘리에트, 나를 영원한 칩거생활로 내몬 운명의 신은 고맙게도 이 은둔처에서 제공하는 쾌락 말고는 어떤 쾌락도 굳이 바라지 않도록 나라는 여자를 만드신 것 같아. 여자끼리 즐기는 쾌락이 너무나 멋져서 그 이상의 것을 거의 바라지 않는 거겠지. 그야 물론 나도 남이 사내를 사랑하는 마음은 이해할 수 있어. 사내를 손에 넣기 위해서라면 무엇이든 하는 마음, 잘 알아. 도락에 관해서라면 나는 모르는 게 없어…… 하지만 상상력으로 얻을 수 있는 것보다는 실제로 내가 손에 넣은 게 훨씬 더 낫지 않을까?"
유프로진이 수도원을 나간 뒤 나에게 더욱 애착을 보이기 시작한 데르벤 부인의 말이 이어졌다.
"내 철학의 첫걸음은 말이야, 쥘리에트. 세간의 소문 따위는 신경을 쓰지 말자는 거야. 너는 꿈도 꾸지 못하겠지만 나는 남에게 무슨 소리를 듣건 전혀 개의치 않는단다. 애당초 천한 속물들의 생각이 어떻게 내 행복을 마음대로 흔들 수 있겠어? 그런 것은 결국 우리의 감수성이 어느 정도인가에 따라서 우리에게 영향을 줄 뿐이야. 만일 지식을 쌓고 반성을 거듭하여 우리가 이 감수성을 무디게 만들어 가장 감동적인 사건에서조차 그 효과를 느끼지 못할 정도가 된다면 좋건 싫건 타인의 소문 따위가 우리의 행복에 영향을 주는 일은 전혀 없을 거야. 인간의 행복이란 우리 자신 안에만 있는 것, 우리의 양심과 나아가 우리의 사상에 의존하는 것이므로, 양심의 가장 확실한 권유라 해도 이 사상의 지지를 얻지 못하면 아무 힘도 쓰지 못해."
이 재치 있는 여자는 말을 이었다.
"왜냐하면 양심이란 틀에 박힌 한결같은 것이 아니거든. 거의 언제나 풍속의 결과나 기후풍토의 영향을 받고, 그렇기 때문에 우리 프랑스인을 겁먹게 하는 행위 따위가 중국인에게는 전혀 혐오의 감정을 일으키지 않을 수도 있는 거야. 따라서 만일 이 순응하기 쉬운 기관이 오직 기후풍토의 차이만으로 극단으로 치달을 수 있다면, 이때 진실로 현명한 일은 부조리와 환영 사이에서 도리에 맞는 중용을 택하고, 또 사람의 자연스러운 성향과 자기나라 정부의 법률을 함께 충족시키는 사상을 스스로 만들어내는 것이겠지. 그리고 그런 사상이야말로 우리의 양심을 이루는 것이어야 해. 사람이 너무 젊을 때에는 철학을 자신의 행동지침으로 삼기 어려운 까닭이 바로 이 때문이야. 철학만이 우리의 양심을 만들고, 우리 삶의 모든 행위를 결정하는 것은 우리의 양심이니까 말이야."

"그렇군요! 그러면 당신은 자신의 평판이 어떻든 상관하지 않을 정도로 무관심할 수 있다는 건가요?"

나는 데르벤 부인에게 말했다.

"그래, 맞아. 사실 나는 내 소문이 나쁘다는 확신이 서면 더욱더 속으로 유쾌함을 느껴. 그리고 평판이 좋은 것을 알면, 그런 일은 없겠지만, 틀림없이 실망할 거야. 쥘리에트, 잘 기억해두렴. 평판 같은 건 아무런 쓸모도 없는 재산이야. 너희들이 평판을 위해 어떤 희생을 치르더라도 결코 보상은 받지 못할 거야. 평판 따위에 신경을 쓰지 않는 자도 수고가 많다는 점에서는 명성을 얻기 위해 애태우는 자와 똑같아. 후자는 이 귀중한 재산을 잃지 않기 위해 언제나 전전긍긍하고, 전자는 자신의 무관심을 언제나 걱정하지. 그렇다면, 미덕의 길에 자라 있는 가시나무와 악덕의 길을 채우고 있는 가시나무의 양이 똑같다면 도대체 왜 우리는 이 두 길의 갈림길에 서서 골치를 앓아야 하지? 우리는 자연 그대로를, 머리에 떠오르는 그대로를 믿으면 되지 않을까?"

"하지만 그런 도덕을 선택하면 속박이 너무 없어서 왠지 무서운 생각이 들어요."

나는 데르벤 부인에게 이의를 제기했다.

"어머나, 귀여운 말을 하는구나."

데르벤 부인이 나에게 대답했다.

"즐거움이 너무 지나쳐서 걱정이란 말이지. 하지만 잘 생각해보렴. 그 속박이란 건 도대체 무엇이지? 차분하게 생각해봐⋯⋯ 인간사회의 관습이란 거의 언제나 보편적으로 사회구성원의 허락 없이 퍼지고 말기 때문에, 대부분의 경우 우리가 증오하는 표적이고⋯⋯ 세상의 양식과는 따로 성립할 수 없단다. 어리석은 세간의 관습은 그것에 고분고분 따르는 아둔한 사람의 눈에만 현실성이 있을 뿐, 예지와 이성의 눈에는 단지 경멸의 대상일 뿐이야…… 하지만 그런 이야기는 아까도 말했듯이 나중에 하기로 하자. 꼬마아가씨, 너는 앞으로 내가 가르칠 거야. 너의 천진함과 순수함이 앞으로 가시덤불이 가득한 인생길을 걸어가려면 아무래도 안내자가 필요할 테니까, 내가 너를 이끌어줄게."

확실히 데르벤 부인만큼 평판이 나쁜 여자는 없었다. 어느 수녀는 일부러 나를 따로 불러내 나와 수녀원장과의 관계를 트집 잡아 따지면서 그 여자는 타락한 여자이니 주의하라고 충고했다. 실제로 데르벤 부인은 수녀원에 살고 있는 거의 모든 수녀를 타락의 길로 끌어들였기 때문에 이미 15, 6명이 넘는 여자들이 그녀의 권유에 따라 유프로진과 같은 행동에 나섰던 것이다. 들리는 말에 따르면 데르벤 부인은 두려움 없이 자신의 도덕대로 놀아나며, 신도 사람도 개의치 않는 무신앙자이므로, 만일 그 세력이나 문벌이 없었더라면 이미 몇 번이나 마땅히 엄벌에 처해졌을 것이라고 한다. 하지만 나는 이런 조언 따위는 처음부터 귓등으로도 듣지 않았다. 데르벤 부인의 단 한 번의 키스와 단 하나의 의견이 나와 그녀 사이를 갈라놓으려고 하는 모든 사람의 술책보다도 더욱 강렬하게 나를 지배했던 것이다. 설사 그녀가 나를 파멸로 끌어들일 생각이었다고 해도 나는 다른 사람에게 붙어 출세하기보다는 오히려 그녀와 함께 몸을 망치길 원했으리라. 아아, 여러분! 이 세상에는 아주 달콤한 악덕이란 것이 있다. 이 악덕에 한번 마음이 이끌린 자는 설사 냉철한 이성이 우리를 한때 그곳에서 멀어지게 할 수 있다고 해도 다시금 쾌락의 손에 이끌려 그곳으로 되돌아가 두 번 다시 벗어날 수 없게 되고 만다.

그런데 우리의 사랑하는 수녀 원장은 머지않아 그녀가 결코 나에게만 사랑을 쏟고 있는 게 아님을 내 눈앞에 확실하게 보여주었다. 단정한 애정보다도 방자한 정욕으로 가득 차 있는 그녀의 쾌락상대가 결코 나만이 아님을 나는 곧 알게 되었다.

"내일 재미있는 놀이를 할 테니 내 방으로 오렴."

어느 날 그녀가 말했다.

"엘리자벳과 플라비와 볼마르 부인, 그리고 상태름까지 해서 모두 6명이야. 다 같이 모여서 꿈도 꿀 수 없을 만큼 재미있는 놀이를 할 생각이란다."

"뭐라고요?"
나는 말했다.
"그러면 당신은 그 사람들 모두와 가깝게 지낸다는 말인가요?"
"물론이지. 그 사람들뿐만이 아니야. 이 수도원에는 30명이나 되는 수녀가 있는데 그 가운데 22명이 내 가르침을 받고 있단다. 18명의 수습수녀 가운데 아직 내가 손을 대지 않은 사람은 단 1명밖에 없어. 그리고 너희 기숙생 60명 가운데서는 단 3명이 아직 내 말을 듣지 않고 있지. 새로운 아이가 올 때마다 나는 어떻게든 그 아가씨를 손에 넣지 않으면 성이 차질 않아! 그 때문에 여드레 이상은 반성할 시간을 주지 않지. 아아, 쥘리에트, 쥘리에트, 나의 도락은 하나의 전염병이야. 주위에 있는 모든 것을 썩게 만들지 않으면 성이 차질 않아! 하지만 내가 이 병을 이렇게 조용한 방법으로 퍼뜨리는 것은 그런 대로 사회를 위해 다행한 일이라고 생각해. 만일 내가 내 몸에 밴 이 버릇과 도덕원리로 사내들에게 이 병을 퍼뜨리는 날에는 그야말로 어떤 불행한 일이 생길지 모르니까 말이야."

나는 전부터 이상하게 생각하던 일이 하나 있었다. 숫처녀인 기숙생들을 이곳 사람들이 극진히 대해주는 것이었다. 물론 이미 수녀가 될 서약을 한 처녀들에게는 자연스레 다른 대우를 하고 있었지만, 언젠가 다시 세상으로 나갈 기숙생들에게는 이해하기 힘들 정도로 그 처녀성을 존중해주었다. 내가 어째서 그런 차이를 두느냐고 묻자 데르벤이 대답했다.
"정조는 여자에게 가장 중요한 것이기 때문이야. 우리도 그런 젊은 아가씨들과 놀고 싶은 마음이 굴뚝같지만 굳이 그 아가씨들의 일생을 망치고 싶지는 않아. 수도원에서 지낸 시절을 세상에 나간 뒤 즐거운 추억으로 떠올리게 해주고 싶어. 그러니까 이것이 우리 사이의 의리인 거지. 우리가 아무리 타락하더라도 절대 풋내기들을 말려들게 할 생각은 없어."
나는 이와 같은 태도가 아주 훌륭하다고 생각했다. 하지만 뒷날 온갖 극악한 짓을 다하고 모두를 발밑에 거느리는 운명을 타고난 나는 이때부터 동료의 순결을 더럽히려는 참을 수 없는 욕망이, 나 자신을 더럽히고 싶다는 욕망 못지않게 가슴속에서 용솟음치는 것을 억누를 수가 없었다.
데르벤은 머지않아 내가 그녀를 버리고 상태름에게로 옮겨가려는 것을 눈치챘다. 실제로 나는 이 귀여운 아가씨에게 홀딱 반해버려 이제 그녀 없이는 살 수 없을 정도였다. 하지만 그녀는 원장과는 비교할 수 없을 정도로 재치가 없었으므로 그녀와 지낸 뒤에는 자연스럽게 데르벤 곁으로 다시 돌아가는 발걸음을 멈출 수 없었다.

"아무래도 너는 이곳에 있는 아가씨의 처녀성에 흠집을 내거나 스스로가 흠집이 나지 않으면 성이 차지 않는 것 같구나."

어느 날 이 아름다운 원장이 나에게 말했다.

"어쨌든 상태름이 상대라면 쉬운 일이겠지. 그 아가씨는 나처럼 앞으로 수도원에서 계속 살아갈 몸이니까. 확실히 그녀를 상대로 한다면 아무런 위험이 없을 거야. 하지만 쥘리에트, 만일 그 아가씨가 자기도 똑같이 한다면 너는 평생 결혼할 수 없게 될 뿐더러 이 잘못의 결과로 얼마나 큰 불행을 맞닥뜨리게 될지 몰라! 하지만 잘 들으렴. 너도 알다시피 나는 너를 사랑하고 있어. 날 위해 상태름을 버려줘. 할 수 있겠니? 그렇게 하면 바로 네가 원하는 대로 쾌락을 즐기도록 해줄게. 너는 수도원 안에서 맘에 드는 아가씨를 골라 그 처녀를 빼앗으면 돼…… 단, 너의 처녀를 빼앗는 것은 바로 나…… 어때? 상처는 내가 깨끗이 원상대로 고쳐줄 테니까 걱정하지 않아도 돼. 하지만 이것은 중요한 비밀의식이니까 너는 지금부터 상태름과는 한마디도 하지 않겠다는 것을 신성하게 맹세해야 해. 그리고 만일 약속을 어기면 상상도 못할 보복이 뒤따를 거야."

나는 그 귀여운 처녀의 몸을 더럽히기에는 너무나 그녀를 사랑했고, 또 그녀를 포기하면 원하는 대로 쾌락을 맛볼 수 있다는 말에, 결국 원장의 약속을 그대로 받아들이고 말았다. 이윽고 한 달이 지나자 데르벤이 물었다.

"어때, 누구로 할지 정했니? 네가 처녀를 빼앗아보고 싶은 상대는 누구지?"

"네, 정했어요. 롤렛을 저에게 주세요!"

나는 과감하게 대답했다.

나에게는 이 롤렛이라는 처녀의 어린애 같은(이제 겨우 10살이었다) 모습, 귀엽고 활기찬 자그마한 얼굴, 좋은 가문 등이 모두 말할 수 없이 자극적이었다. 수녀원장은, 이 어린 고아의 보호자가 파리에서 40킬로미터나 떨어진 곳에 사는 늙은 숙부밖에 없는 것은 뜻밖의 행운이며, 틀림없이 그녀는 내가 바라는 사악한 욕망의 희생양이 되어줄 거라고 확실하게 보증해주었다.

어느 날 밤, 데르벤 부인의 팔에 안겨 그녀의 종교론을 한참 들은 뒤, 나는 이 사랑의 지도자에게 롤렛을 준다던 언젠가의 약속은 어떻게 되었느냐고 졸라보았다. 그러자 데르벤 부인이 대답했다.
"결코 잊진 않았단다. 오늘 밤까지 기다리렴. 모두가 침실로 돌아가면 너는 몰래 빠져나오려무나. 볼마르와 플라비도 함께 올 거야. 하지만 겁을 내면 안 돼. 너는 지금부터 비밀의식의 회원이 되었으니까. 마음 단단히 먹고 용기를 내렴, 쥘리에트. 오늘 밤에는 깜짝 놀랄 만한 일을 잔뜩 보여줄 테니까."
그래서 나는 데르벤 부인과 다시 만날 약속을 하고 일단 헤어졌다. 그런데 이게 도대체 어찌된 일인가. 한 기숙생이 방금 수도원에서 달아났다는 소문이 돌았다. 그 처녀의 이름을 물어보니 바로 롤렛이 아닌가! 나는 너무 놀라 무심결에 큰 소리를 내고 말았다.
"롤렛이라뇨!"
그러고는 혼자 생각했다.
'아아, 하느님! 그토록 기대했던 상대였는데, 그토록 내 마음을 불타게 했던 상대였는데…… 아, 부실한 욕망아, 나는 너를 공허하게 몸 안에 품고 있어야만 하는 걸까?'
자세한 내용을 물어보아도 아무도 사건의 진실을 몰랐다. 곧바로 데르벤의 방으로 알리러 갔지만 문이 굳게 닫혀 있어 약속한 시간까지는 만날 수 있을 것 같지 않았다. 이 시간이 얼마나 길게 느껴졌는지 모른다. 이윽고 약속한 시간이 되었다. 볼마르와 플라비는 나보다 먼저 데르벤의 방에 와 있었다.
"원장수녀님."
나는 다그치듯이 수녀원장에게 말했다.
"그 약속을 어떻게 하실 생각이에요? 롤렛은 이곳에 없습니다. 누가 그녀를 대신한다는 거죠?"
그러고는 더욱 성난 투로 내뱉듯이 말했다.
"아무리 약속을 하셔도 이렇게 되면 아무 소용이 없잖아요!"

그러자 데르벤 부인은 자못 엄숙한 표정으로 말했다.

"쥘리에트, 우정의 첫째 조건은 믿음이야. 네가 내 친구라면 좀더 신중하게 처신하려무나. 그리고 불필요한 억측은 하지 마라. 내가 틀림없이 너에게 쾌락을 맛보게 해주겠다고 약속하지 않았니? 내가 약속을 한 이상 너는 내 말을 믿고, 수도원에서의 내 권한을 충분히 믿어야 하지 않을까? 쾌락의 수단은 모두 내가 쥐고 있다는 것을 알고 있으면서 너는 무슨 걱정을 그렇게 하니? 자, 나를 따라오렴. 이제야 겨우 주위가 조용해졌구나. 아까 깜짝 놀랄 만한 것을 보여주겠다고 한 말을 아직 잊지는 않았겠지?"

데르벤은 네모난 작은 등에 불을 켜고 우리 앞에 서서 성큼성큼 걷기 시작했다. 볼마르와 플라비와 나는 그녀 뒤를 따랐다. 이윽고 성당 내부에 이르자 그녀는 놀랍게도 묘소의 뚜껑을 열고 납골당 안으로 들어갔다. 내 동료들도 사정을 알고 있는지 말없이 원장의 뒤를 따라갔다. 내가 조금 무서워하자 볼마르가 괜찮다고 눈짓으로 신호를 보냈다. 이윽고 원장이 묘석을 원상태로 닫았고, 우리는 이제 수도원에서 죽은 여자들의 매장터로 쓰이는 지하도로 몰래 숨어들어갔다. 그렇게 더욱 나아가자 또다시 돌계단이 나왔고, 그 돌계단을 열대여섯 계단쯤 아래로 내려가 우리는 천장이 낮은 큰 홀과 같은 곳에 닿았다. 이 방은 아주 잘 만들어져 있었고, 틀림없이 뜰 한가운데에 몇 개 나 있는 통풍구가 이곳으로 연결되어 공기를 들여보내는 것 같았다. 그런데 여러분, 내가 이곳에서 누굴 발견했는지 알겠는가? 바로 롤렛이다. 일찍이 바커스의 신전에 희생물로 바쳐진 처녀처럼 아름답게 치장한 롤렛이었다. 그녀 말고도 사내가 둘 있었다. 한 사람은 뒤크로 신부였다. 파리대주교의 부주교로 30세쯤 되어 보이는 빼어난 미남에 팡테몽 경찰의 책임교사로 있는 사내였다. 또 한 사람은 성프란체스코파의 테렘 수도사로, 36세의 피부가 검은 미남 대장부이며 견습수도사와 기숙생의 참회청문 수도사였다.

"이 아가씨가 두려워하고 있어요."

데르벤은 두 사내 곁으로 다가가 그들에게 나를 보여주면서 말했다. 그런 다음 나에게 키스를 했다.

"자, 이제 알겠지, 꼬마아가씨? 우리가 이곳에 모인 것은 무섭고도 잔인한 일에 빠져들기 위해서라는 것을. 이 망자의 영역으로까지 내려온 것도 살아 있는 사람들 곁에서 되도록 멀리 떨어져 있기 위함이야. 도락에 빠진 사람도, 타락한 인간과 극악무도한 인간도 모두 우리쯤 되면 이 세상의 인간이나 어리석은 법률을 피하기 위해 땅속 깊숙이 들어가고 싶다는 소망을 언제나 품게 되지."

아무리 어느 정도 음탕한 수행을 쌓고 있었다고는 해도 이쯤 되자 나도 솔직히 말해 간담이 서늘해졌다.

"어머나…… 그런데 이런 지하실에서 이제부터 무엇을 하는 거죠?"

나는 완전히 얼이 빠져서 말했다.

"나쁜 짓을 하지."

데르벤 부인이 말이 끝나기가 무섭게 대답했다.

"우리는 이제부터 네 눈앞에서 나쁜 짓에 푹 빠져들 생각이야. 몸으로 너에게 본보기를 보여주려는 거지. 왜, 무서워졌니? 모처럼 네 기대에 부응해주려고 했던 게 잘못이었던 거니?"

"부디 걱정 마세요. 어떤 일이 있어도 결코 두려워하지 않겠다고 당신에게 맹세하겠어요."

나는 딱 잘라 말했다.

오늘 밤 의식의 사제역할을 맡게 된 나에게 사람들은 음경모양으로 된 여성용 자위기구를 착용하게 했다. 원장의 잔인한 명령에 따라 가장 굵은 것이 선택되었다.

그럼 이제 이 잔혹하고 음란한 의식을 차례대로 이야기하겠다.

롤렛은 다리가 하나인 작은 의자에 묶여 있었는데 엉덩이가 단단한 방석으로 들어 올려져 있어 엉덩이만 의자에 닿아 있는 모양새였다. 다리는 플라잉링으로 바닥에 묶여 있고 팔도 역시 묶여서 반대쪽으로 당겨져 있었다. 그녀 앞에 앉은 테렘은 그녀의 아름다운 머리를 두 손으로 받쳐 들고서 그녀에게 설교를 하기로 되어 있었다. 참회를 듣는 수도사의 손에 그녀를 맡긴다는 발상은, 그것이 마치 형벌에 처해지는 것처럼 보여 잔혹한 것을 좋아하는 데르벤을 미칠 듯이 기쁘게 만들었다. 나는 원장의 취미가 음탕할 뿐만 아니라 그 기호가 무척 야만적임을 새삼 알게 되었다.

"그런데, 나의 선생님, 내가 입은 피해를 당신이 어떻게 원래대로 고쳐주시나요?"

나는 데르벤 부인 곁으로 다가가 말했다.

"네가 입은 피해쯤은 곧 나을 테니 걱정 마렴. 내일 내가 연고를 발라줄게. 그러면 순식간에 나아서 옛날에 받은 공격의 흔적 같은 건 아무도 모르게 된단다."

원장은 대답했다.

"롤렛에 대해서는 너도 기억하고 있지? 그녀가 수도원에서 달아났다는 소문을 말이야…… 그녀는 이제 우리 차지야, 쥘리에트. 롤렛이 살아서 다시 모습을 보이는 일은 없을 거야."

원장이 말을 이었다.

"그럼, 어떻게 하는 거죠?"

나는 놀라서 물었다.

"우리의 방탕한 놀이의 희생으로 삼는 거야. 아아, 쥘리에트, 너는 아직 철부지야! 이 세상에는 죄의 향락만큼 즐거운 것이 없고, 거기에 극악무도함이 더해지면 그만큼 매력이 더 커진다는 것을 너는 아직 모르는구나?"

"정말, 당신이 하는 말이 무슨 뜻인지 전혀 모르겠어요."

"가만히 기다리렴. 머지않아 사실로써 네 눈을 뜨게 해줄 테니까. 자, 식사를 하자꾸나."

사람들은 조금 전까지 방탕하게 놀았던 홀 옆에 있는 작은 움막같이 생긴 방으로 들어갔는데, 그곳에는 아주 훌륭한 음식과 술이 푸짐하게 차려져 있었다. 우리가 식탁에 자리를 잡자 롤렛이 삭사시중을 들었다. 머지않아 나는 사람들이 그녀를 난폭하게 대하는 태도에서 이 가련한 처녀가 이미 한낱 희생자로밖에 보이지 않는다는 것을 알게 되었다. 그들은 흥분할수록 이 처녀를 학대했다. 시중을 한 가지 들 때마다 손바닥으로 때리고 꼬집고 따귀를 갈기지 않은 적이 없었으며 조금만 실수해도 가끔 큰 벌을 내렸다. 이런 난잡한 곳에서 어떤 일이 이루어지고, 어떤 얘기가 오갔는지를 하나하나 전하지는 않겠지만, 여러분, 내가 이제까지 보아온 모든 공포와 신성을 모독하는 모든 행위에 이번의 그것이 가장 엇비슷하다는 것만은 부디 알아주기 바란다.

무척 더웠으므로 우리는 모두 알몸이었다. 사내들도 똑같이 꼴사나운 모습으로 우리와 여기저기서 뒤섞여 정욕이 이끄는 온갖 불결하고 천박한 짓에 거침없이 푹 빠져 있었다. 테렘과 뒤크로는 나의 엉덩이를 서로 다투듯이

치기 시작했다. 나는 두 사내 밑에서 몸을 웅크리고는 이 다툼의 결말을 온순하게 기다리고 있었다.

이렇게 해서 이성을 잃은 흥분이 고조되자 미치광이처럼 된 원장은 방탕하고 목마른 욕망을 몸 안에 되살리기 위해 이 수도원에서 죽은 여자들의 유해가 안치되어 있는 움막으로 장소를 옮겨 수많은 관 가운데 최근에 그녀의 무서운 질투에 희생되어 죽은 여자의 관을 골라내 시체에다가 대여섯 번 해보면 어떻겠느냐는 말을 꺼냈다. 아주 재미있을 것 같은 생각이어서 우리는 곧바로 장소를 납골당으로 옮겼다. 젊은 나이에 죽은 수습수녀의 관을 둘러싸고 촛불 몇 개를 나란히 켰다. 원장의 총애를 한 몸에 받다가 석 달 전에 독살된 여자였다. 원장은 이 관 위에 길게 누워서 두 성직자에게 교대로 와서 해보라고 말했다. 우리는 구경꾼이었다. 그런데 그때 갑자기 꺅, 하는 날카로운 소리가 들리면서 불빛이 모두 꺼지고 말았다.

"제기랄! 무슨 일이야?"

대담하기 이를 데 없는 원장이 큰 소리를 질렀다. 우리가 얼이 빠져 당황하고 있는 와중에도 그녀만은 평소와 다름없는 용기를 지니고 있었던 것이다.

"쥘리에트! ……볼마르! ……플라비! ……도대체 다들 왜 그러니?"

하지만 모두 벙어리가 되어버렸는지, 무서워서 목소리가 나오지 않는지 아무도 대답하지 않았다. 실은 나도 기절해버렸기 때문에 이튿날 원장으로부터 자세한 이야기를 듣지 않았더라면 이 대소동의 원인을 여전히 모르고 있을 뻔했다. 원인이래야 별 게 아니라 움막 속에 숨어 있던 올빼미가 날아오른 것일 뿐이었다. 눈부신 불빛에 놀라 올빼미가 날갯짓을 하면서 날아오르다가 촛불을 꺼버린 것이었다. 정신이 들었을 때 나는 침대에 누워 있었다. 데르벤은 내가 깨어난 것을 알자 바로 찾아와주었다. 그녀의 말에 따르면, 두 사내도 우리와 마찬가지로 무서워 벌벌 떠는 것을 그녀가 안심시켜주고 그들의 힘을 빌려 우리를 한 사람씩 방으로 옮겼기 때문에 불이 꺼진 원인을 바로 알았다는 것이다.

"나는 초자연적인 사건 따윈 조금도 믿지 않아."

데르벤이 말했다.

"원인이 없는 결과는 없으므로, 결과가 나를 위협할 때는 먼저 곧장 원인까지 거슬러 올라가 보는 거야. 어제 사건의 원인도 나는 바로 알아차렸기 때문에 불을 다시 켜고 사내들을 시켜 서둘러 모든 조치를 취하게 할 수 있었지."

"롤렛은 어떻게 되었나요?"

"그 애는 움막 안에 있어. 그대로 내버려두고 왔거든."

"뭐라고요? 그러면 지금쯤……."

"아직은 괜찮아. 다음 집회 때 또 쓸 수 있어. 어쨌든 어제는 무사히 넘긴 것 같구나."

"데르벤, 당신은 진심으로 방탕을 즐기는…… 잔혹한 분이에요."

"아니야, 그렇지 않아. 나는 단지 격렬한 정욕을 지니고 있을 뿐이야. 나는 정욕의 목소리밖에 듣지 않아. 그것이 인간의 가장 충실한 목소리라고 확신하므로 공포도 후회도 없이 그 목소리가 가리키는 대로 따르는 거야. 그런데 너도 이제 기운을 차렸지, 쥘리에트? 일어나렴. 내 방으로 점심식사를 하러 와. 둘이서만 이야기하자꾸나."

뒤베르제 부인의 매음굴

데르벤과 둘이 이야길 하고 있는데, 집에서 어머니가 보낸 심부름꾼이 와서 나의 집이 많은 빚으로 파산했다는 것과 아버지가 위독하다는 소식을 원장에게 알렸다. 우리 자매는 불려가 곧바로 집으로 돌아가게 되었다……
"아차, 큰일 날 뻔했구나! 잠깐 기다리렴."
원장이 말했다.
"이 단지를 가지고 가. 도금양(桃金孃)의 진액인데 이 액을 아침저녁으로 9일 동안 몸에 바르면 열흘째에는 틀림없이 옛날과 다름없는 예쁜 처녀의 몸이 되어 있을 거야."
그리고 데르벤 부인은 내 동생을 데리고 오게 해 마중을 온 자에게 우리 두 사람을 넘겨주고는, 돌아올 수 있으면 바로 수도원으로 돌아오라고 다짐을 했다. 우리는 데르벤 부인과 작별의 키스를 하고 떠났다.
나의 아버지는 죽었다. 그리고 그 죽음 뒤에 어떤 불운이 잇달아 일어났는지는 여러분도 다 알 것이다. 한 달 뒤 어머니가 죽고 우리는 고아가 되었다. 쥐스틴은 나와 수녀원장과의 은밀한 관계를 몰랐으므로 파산하고 며칠 뒤에 내가 데르벤을 찾아간 것도 당연히 몰랐다. 그런데 이 방문은 독창적인 데르벤의 성격을 나에게 남김없이 보여주는 기회가 되었으므로 이제부터 그때의 상황을 말하려고 한다. 나에 대한 데르벤의 박정함은 먼저 다음과 같은 행위로 나타났다. 그녀는 나를 문안으로 들여보내주지 않았고 울타리가 있는 곳에서 잠깐 이야기를 나누는 것밖에 허락하지 않았던 것이다.
내가 그녀의 쌀쌀함에 놀라 둘 사이에 있었던 이전의 관계를 얘기하자 원장은 대답했다.
"잘 들어. 이젠 함께 살고 있는 것도 아닌데 그런 시시한 옛날 일을 언제까지 기억하고 있을 셈이니? 분명히 말해두는데 나는 이제 너와 무슨 이야기를 했는지조차 기억나지 않아. 내게 바라는 게 있는 듯한 말투인데, 그 일이라면 유프로진의 예를 떠올려보렴. 그 애는 아무런 후원도 없이 음탕한 생활로 뛰어들지 않았니? 너도 달리 살아갈 길이 없다면 그 애의 뒤를 밟도록 해. 다른 방법은 없단다. 내가 해줄 수 있는 충고도 이것뿐이야. 결심이 서거든 다신 날 만나러 오지 말거라. 그 길에서 성공하기란 아주 어려운 일이니 돈도 신용도 필요하겠지만 나는 그 어느 쪽도 너에게 줄 수 없으니까."

말이 끝나기가 무섭게 데르벤은 벌떡 일어서서 문안으로 들어가버렸다. 어안이 벙벙한 나를 그 자리에 남겨두고…… 물론 좀더 이치에 맞게 말해주었다면 나도 그렇게 놀라지는 않았을 텐데…… 어쨌든 그때는 심각하게 고민했다. 하지만 이내, 이 악녀의 의견이 아무리 위험해도 그것에 따르는 것 말고는 방법이 없다고 굳게 마음을 먹고 수도원을 뒤로했다. 다행히 나는 유프로진이 전에 얘기해준 여자의 이름과 주소를 기억하고 있었다. 아아, 하지만 정말 그 여자에게 몸을 의지하게 되다니, 예전의 나였다면 꿈이나 꿀 수 있었겠는가! 먼저 그곳으로 찾아가자 뒤베르제 부인은 기꺼이 맞아주었다. 데르벤 부인의 치료가 잘된 탓인지 전문가인 그녀의 눈으로도 예의 그것은 알아채지 못하고 넘어갔다. 우리 자매가 서로 다른 인생길을 걷기 위해 갈라선 것은 내가 이 집에 오기 23일 전의 일이었다.

뒤베르제 부인의 집에 있는 여자는 6명뿐이었지만 그녀의 명령에 따라 손님을 맞는 여자는 300명이 넘었다. 또 헤라클레스처럼 체격이 좋은 하인인 2명의 사내와 천사와 같은 용모의 14, 5세의 소년이 둘 있었는데 이들은 양쪽 성향 모두를 즐기는 손님이나 여체의 향락에 관심이 없는 도락자 등을 위해 이 집에 고용되어 있는 사람들이었다. 이 사내들만으로는 모자랄 만큼 요청이 많은 경우에는 뒤베르제 부인이 밖에서 80명 남짓의 사내를 더 채워왔다.

6주 동안이나, 이 교활한 여주인은 나의 처녀를 50명이 넘는 사내들에게 잇따라 팔았다. 그리고 매일 밤 데르벤 부인이 썼던 것과 똑같은 연고를 발라 내가 몸을 맡긴 사내들이 사정없이 난폭하게 파열시킨 것을 주의 깊게 원상태로 되돌려주었다.

어느 날, 내가 스테른 공작이란 늙은 탕아를 잘 구슬려 30루이의 화대를 챙겨 집으로 돌아오자, 동료 가운데 내가 가장 좋아하는 파팀이라는, 16살쯤 된 태양처럼 아름다운 여자가 웬일인지 무척 기쁜 표정을 짓고 있다. 무슨 일이냐고 물어보니, 그녀도 공작의 집에서 상대를 해주었다고 한다. 나보다도 훨씬 수완이 좋은 이 여자는 사내를 즐겁게 해주기 위해 자기가 제공한 것의 대가로 벽난로 위에 있던 50루이가 든 지갑을 슬쩍했다는 것이다.

"뭐라고?"
나는 놀라서 말했다.
"그런 짓을 해도 된단 말이에요?"
"되고 말고가 어딨니? 늘 하는 일인걸."
나의 동료는 아무런 거리낌도 없이 태연하게 말했다.
"그런 쓸모없는 늙은이의 돈은 모두 우리를 위해 있는 거야. 훔칠 수 있을 때 훔치지 않는 사람이 얼간이지. 그런데 너는 아직도 도둑질이 나쁘다고 생각할 정도로 머리가 안 돌아가니?"
"그렇지만 도둑질은 아주 나쁜 짓인걸요."
"와, 대단하다!"
파팀이 말했다.
"그런 어리석은 편견에 사로잡혀 있는 줄은 몰랐네. 하지만 그런 생각은 일찌감치 버리는 게 좋을 거야. 내일 나는 시골에 있는 연인의 집에서 열리는 만찬회에 가는데 너도 함께 갈 수 있도록 뒤베르제 부인에게 부탁해볼게. 그러면 틀림없이 도르발이 이 문제에 대해 얘기해줄 테니까 말이야."
"나쁜 사람."
나는 대답했다.
"당신, 내게 타락의 끝자락을 보게 해주겠다는 거군요? 나는 그런 무서운 일에 쉽게 이끌리는 성격이란 말이에요. 아무튼 좋아요. 마음대로 해요. 나를 제자로 삼기 위해 당신이 수고할 일은 아무것도 없을 거예요…… 하지만 뒤베르제 부인이 허락해줄까요?"
"걱정 마. 나만 믿어."
파팀은 말했다.

대도(大盜) 도르발

이튿날 아침 일찍부터 우리는 마차로 라빌레트로 갔다. 꽤 먼 곳에 있는 집이었지만 겉모양은 아주 아름다웠다. 우리를 맞이한 하인은 무척 훌륭한 가구가 있는 방으로 안내하고는 우리가 타고 온 마차를 돌려보내기 위해 물러갔다. 하인이 나가자 파팀이 천천히 입을 열었다…….
"지금 네가 누구 집에 있는지 알고 있니?"
그녀는 이렇게 물으며 싱글싱글 웃었다.
"아뇨, 전혀 모르겠어요."
나는 대답했다.
"아주 이상한 사람의 집이야."
파팀이 말을 가로채 계속 얘기했다.
"어제는 연인이라고 속였지만, 사실 이 집은 뒤베르제 부인에게 비밀로 하고 내가 자주 일을 하러 오는 곳이야. 즉 이곳에서 버는 돈은 다 내 것이란 말이지. 하지만 일이 그렇게 편해진 않아……."
"좀더 자세히 설명해봐요. 어쩐지 수상한 얘기 같은데……."
나는 재촉했다.
"네가 지금 있는 곳은 파리에서 가장 유명한 대도적 가운데 한 사람이 사는 집이야. 이 사내는 도둑질에서 그 양분을 빨아들이고, 도둑질에서 가장 감미로운 쾌락을 얻지. 언젠가는 그가 직접 자기 고유의 도덕관을 너에게 설명해줄 거야. 네 말대로라면 죄가 되는 짓일지 모르지만, 이 사내가 욕정을 불태우는 때는 도둑질이라는 행위를 통해 몸 안의 정열이 타오를 때뿐이거든. 게다가 그는 자기가 좋아하는 그 정열이 언제나 자기 주변에서 실현되길 바라고 있어. 우리와 관계를 맺을 때에도 서로 훔치거나 도적을 맞거나 하는 것이 아니면 성이 차질 않는 거야. 우리는 미리 돈을 받았어도 아무것도 받지 않은 시늉을 해야 해. 자, 이게 그 증거야. 쥘리에트, 이 10루이는 네 거야. 나도 똑같이 받았어."

"그럼 뒤베르제 부인은?"

"아까 말했듯이 아무것도 몰라. 부인은 내가 언제나 잘 속이고 있어. 너, 후회하니?"

"아니, 조금도요."

나는 대답했다.

"적어도 여기에서 내가 번 것은 모두 내 것이잖아요? 아무에게도 그 열불 나는 수수료를 떼일 필요도 없다는 말이잖아요? 그보다, 좀더 자세히 가르쳐줘요. 우리는 누구에게서 어떤 식으로 훔치죠?"

"자, 들어봐."

파팀은 말했다.

"이 도르발이란 사내는 하루도 빠짐없이 파리 시내 안에 많은 염탐꾼을 풀어놓고 있어서 이 도시로 오는 외국인이나 도시 구경 나온 촌뜨기들에 대해서라면 다 알고 있어. 그래서 그 사람들과 친분을 쌓고는 집으로 데리고 와 우리 같은 여자들과 함께 융숭한 대접을 베풀지. 그리고 한창 즐기는 사이에 우리가 그런 외국인들의 주머니를 터는 거야. 훔친 것은 모두 일단 도르발에게 돌려주는데 어떤 장물이건 특별히 지불하는 것을 빼면 여자들은 언제나 그 4분의 1을 나누어 받아."

"하지만 그런 짓을 했다간 금방 붙잡히지 않을까요?"

내가 끼어들어 말했다.

"얼마 동안은 걱정하지 않아도 좋아. 어쨌든 그 사내는 매우 신중하니까."

"그 남자의 집은 어떤가요?"

"집이 30채나 돼. 우리는 지금 그 가운데 한 곳에 있는 거야. 한 번 나가면 반년은 돌아오지 않아. 너도 역할을 잘 수행해야 해. 이제부터 23명이나 되는 외국인이 초대받아 올 거야. 식사가 끝나는 대로 각자 방으로 가서 이 신사들을 즐겁게 해주는 거지. 네 상대에게서 잘 훔쳐야 해. 나는 절대 실수하지 않을 거야. 도르발은 숨어서 우리 행동을 엿보고 있을 거야. 일이 끝나면 술을 마시게 해 사내들을 잠재워버리고 우리끼리 남은 밤을 이 집 주인과 놀면서 지내는 거지. 하지만 도르발은 곧 다른 여자들과 똑같은 일을 하기 위해 다른 곳으로 가기 때문에 우리 곁에는 서너 시간밖에 있지 못해. 우리가 상대한 촌놈들은 이튿날 잠에서 깨면 집 안에 아무도 없는 것을 보고 깜짝 놀라겠지만 무사히 달아날 수 있는 것만으로도 다행으로 여겨야 할 거야."

"하지만 우린 이미 돈을 받았으니 그 이상 도적놈의 취미에 맞춰줄 필요는 없지 않나요?"

나는 파팀에게 말했다.

"그것은 잘못된 계산이야. 그런 짓을 했다간 두 번 다시 손님을 받을 수 없게 돼. 하지만 도르발의 말대로 잘 따라주면 우리는 1년에 열둘에서 열다섯 번쯤 오늘과 같은 유흥 자리에 낄 수 있게 되는 거야. 아니면 너 같은 사고방식 때문에 우리의 주머니를 두둑하게 채워줄 것을 뻔히 알면서도 손을 떼는 게 좋겠니?"

"그렇군요, 잘 알았어요. 그런데 여전히 이해할 수 없는 건, 과연 이 사내의 집에서 우리가 훔친 것을 그렇게 정확하게 보고할 필요가 있느냐는 거예요."

"찬성할 순 없지만 그런 생각은 마음에 드는걸."

파팀은 말했다.

"그런 마음가짐으로 있으면 아무 문제없어. 이제부터 시작하는 모험도 잘 해낼 수 있을 거야."

우리가 여기까지 이야기했을 때 도르발이 들어왔다. 40세쯤 되어 보이는 미남에, 머리가 좋아 보이고 애교도 넘쳤다. 특히 그의 생업에서 빼놓을 수 없는 희롱하는 기술이 아주 뛰어났다.

"파팀."

도르발이 내 동료에게 말했다.

"이 예쁜 아가씨는 이미 사정을 알고 있겠지? 그렇다면 내가 말해둘 것은 이제 오늘 밤의 일뿐이군. 그럼 간단히 얘기하지. 오늘은 두 독일인과 함께 식사를 할 거야. 한 달 전부터 파리에 와 있는데, 예쁜 여자애와 사귀고 싶어 어지간히 좀이 쑤시는 자들이거든. 한 사람은 다이아몬드를 2만 에퀴나 지니고 있는데, 이 녀석은 파팀 너에게 맡기겠어. 그리고 또 한 사람은 이 마을에 집을 사고 싶다기에 현금으로 낼 수 있는 만큼의 돈을 가지고 오면 내가 싼 곳을 찾아주겠다고 약속해뒀으니 금화건 약속어음이건 틀림없이 4

만 프랑 이상을 주머니에 넣고 올 거야. 이 녀석이, 쥘리에트, 네 몫이다. 알겠나? 훌륭하게 임무를 수행하도록 해. 그러면 앞으로도 가끔 이런 자리에 불러줄 테니까."

"그런데 이런 무도한 짓이 당신의 욕망을 자극하나요?"

나는 말했다.

"귀여운 아가씨."

도르발이 대답했다.

"아무래도 너는 죄악이 신경덩어리에 미치는 격렬한 작용을 아직 맛본 적이 없는 모양이군. 이 죄악이라는 것이 얼마나 음란한 짓을 부추기는지 너에게 가르쳐줄 필요가 있겠어. 이 문제는 다음에 다시 얘기하지. 곧 독일 사람이 올 거야. 저쪽 방으로 가서 기다리자구. 너희들은 온갖 술수를 다해 놈들의 마음을 완전히 휘어잡아야 한다는 것을 부디 잊지 말도록. 내가 기대하는 것은 그것뿐이야."

우리는 손님방으로 자리를 옮겼다. 두 독일인 가운데 내가 맡게 된 셰프너는 45세에 우직스러워 보이는 남작으로, 여드름투성이의 추남이었는데 내가 본 독일인은 대체로 다 그랬다. 한편 내 친구가 후려내기로 한 봉의 이름은 콘라드였는데 정말로 다이아몬드를 잔뜩 지니고 있을 것 같은 사내였다. 머리도, 용모도, 그리고 나이도 자기 친구와 거의 비슷했고 둔감한 것까지 고스란히 닮아서 나도 파팀도 일단은 무난하게 성공할 수 있을 것 같았다.

처음에는 일반적인 얘기에 머무르던 대화가 이내 한 방향으로 흐르기 시작했다. 미모와 수완을 두루 지닌 파팀은 손쉽게 콘라드를 열중하게 만들었다. 나의 천진난만하고 겁먹은 듯한 모습도 순식간에 셰프너의 마음을 사로잡아버린 것 같았다. 식사가 시작되었다. 도르발은 손님의 술잔에 더없이 감미로운 술을 따르는 배려를 잊지 않았다. 그리하여 후식이 나오기도 전에 두 사람은 벌써 다정한 속삭임으로 넘어가고 싶어서 견딜 수 없다는 기미를 보이기 시작했다.

도르발은 우리가 일하는 모습을 모두 보고 싶었던 것 같다. 정사를 나눌 수 있는 방이 하나밖에 없다는 핑계로 콘라드의 조급한 마음을 열심히 달래 놓고는 먼저 나와 셰프너를 침실로 보냈다. 우직한 독일인은 완전히 흥분해 애무만으로는 성에 차질 않았다. 무더운 날이었기에 나는 사내에게 알몸이 되도록 권하고 나도 그렇게 해 그의 정열을 한층 더 부추겼다. 그가 벗어던진 옷 위에 나는 내 오른손을 두고 성실한 남작이 섹스에 열중해 있는 사이에 내 가슴에 사내의 머리를 꼭 껴안았다. 사실 이것은 상대를 속이기 위한 수단이었는데, 그와 같은 모습으로 쾌락보다는 일에 전념하며 나는 사내의 모든 주머니를 재빠르게 뒤졌다. 지폐가 들어 있는 지갑은 아주 납작했으므로 중요한 것은 종이봉투에 들어 있다고 곧바로 느끼고는, 교묘하게 웃옷 오른쪽 주머니에서 그것을 끄집어내 순식간에 우리가 사랑의 제단으로 쓰고 있는 긴 의자의 쿠션 아래로 밀어넣었다.

일이 끝났으니 이제 이 더러운 냄새를 풍기는 짐승 같은 미련한 사내와 언제까지나 붙어 있을 필요는 없었다. 곧바로 초인종을 눌러 하녀를 부르고 그녀의 도움을 얻어 이 독일 남작에게 수면제를 탄 술을 한 잔 마시게 하고는 방으로 데리고 가 잠을 재웠는데, 어찌나 잘 자는지, 여덟 시간이 지나도 여전히 드르렁드르렁 코를 골고 있었다.

이렇게 독일인이 나가자 바로 도르발이 들어왔다.

"정말 잘했어."

그는 나를 껴안으면서 말했다.

"네가 쓴 수법을 하나도 빠짐없이 다 보고 있었지. 이것을 봐."

그는 쇠막대기보다도 단단한 것을 나에게 보여주며 말했다.

"네가 하는 것을 본 덕분에 나는 이렇게 돼버렸어."

도르발은 자신의 이상야릇한 기호를 변호하기 위해 다음과 같은 연설을 했다.

"사회라는 것이 처음 만들어졌을 때부터 인간을 구별하는 것은 오직 하나밖에 없어. 그것이 무엇인가 하면, 바로 힘이지. 자연은 모든 사람에게 살아갈 땅을 주었지만, 이 땅을 나누는 근거가 되는 힘은 인간에게 똑같이 나누어주지 않았어. 오로지 힘이 분배를 지배한다면 과연 평등 같은 것이 있을 수 있을까? 바로 여기에 이미 분명한 도둑질이 있는 거야. 이 분배의 불평등은 반드시 약자에 대한 강자의 침해를 가정하기 때문에, 그 침해인 즉 도둑질은 이미 분명한 것이며 자연의 허락까지 받았다고 할 수 있어. 따라서 자연이 인간에게 필연적으로 이 도둑질이라는 행위를 저지르게 하는 동기를 부여하는 것도 당연한 이치라고 할 수 있지.

한편 약자는 약자대로 힘으로써 빼앗긴 땅에 어떻게든 파고들기 위해 술책을 써서 복수를 꾀하는데, 이때 도둑질의 누이이자 자연의 딸인 사기 행위가 성립하는 거야. 도둑질이 자연을 분노케 하는 행위라면, 자연은 인간이 이 행위를 저지르지 못하도록 힘도 성격도 똑같은 인간을 만들었을 거야. 분배의 평등은 힘이 평등한 결과이니, 그렇게 되면 남을 희생해 부자가 되려는 욕망도 모두 사라지겠지. 그러면 도둑질은 불가능해져야 해. 그런데 인간은 자신의 모태인 자연으로부터 분배의 불평등과 이 불평등의 틀림없는 결과인 도둑질을 반드시 저지를 수밖에 없는 구조를 받아들이고 있단 말이야. 그런데도 어떻게 도둑질이 자연을 분노케 한다는 말을 믿을 정도로 어리석을 수 있지? 자연은 동물의 본능 가운데 도둑질이라는 본능을 하나 더 보탬으로써 그것이 얼마나 자연 법칙에 중요한지를 확실하게 증명하고 있지 않느냔 말이야. 동물의 종족 유지가 무엇보다 이 영원한 도둑질에 따른 것이라면, 그것이 저마다의 생명을 유지하는 것도 헤아릴 수 없는 횡령과 갈취와 같은 행위에 따른 것이야. 자기들도 동물의 한 종족에 지나지 않는데 도대체 인간은 어째서 자연이 동물의 마음속 깊이 스미게 한 본능이 자기들에게는 죄가 된다는 바보 같은 생각을 믿게 된 걸까?

소유권의 발단으로 거슬러 올라가 보면 우리는 반드시 횡령과 갈취에 부딪치게 돼. 그럼에도 도둑질이 벌을 받는 것은 그것이 오로지 소유권을 침해한다는 이유에서야. 그런데 이 권리 자체가 애당초 도둑질이란 말이야. 따라서 결국 법률은 도둑질을 공격한다는 이유로 도둑질을 벌하고, 권리를 되찾으려고 했다는 이유로 약자를 벌하고, 또 자연으로부터 받은 힘을 이용해 자기 권리를 확립하고 증강하려 했다는 이유로 강자를 벌하는 셈이지. 도대체 이보다 얼토당토않은 관계가 또 있을까? 정당한 이유로 확립된 권리라는 것이 어디에도 없는 한 도둑질이 죄악임을 증명하기란 아주 어려울 거야. 분명 도둑질이라는 것은 어떻게 보면 질서를 어지럽히는 일이지만, 달리 보면 어지럽힌 것을 회복하는 일이지. 또 자연이 전자보다 후자를 특히 좋아하는 것도 아니므로 한쪽보다 다른 한쪽을 우대해 자연 법칙을 무시하는 것은 받아들여질 일이 아니야."

이튿날 나는 한 사내를 손님으로 맞게 되었다. 50세쯤 되는 음울하고 창백한 용모의 사내로 왠지 불길한 느낌이 들었다.

"저 사내가 하는 말은 무엇이건 고분고분 잘 들어줘야 한다."

뒤베르제 부인은 이렇게 말하며 사내가 들어간 방으로 나를 데리고 갔다.

"우리의 가장 중요한 단골손님 가운데 한 사람이니까, 그분의 기분을 언짢게 하는 실수를 저질렀다간 그야말로 돌이킬 수 없단다."

어떤 준비행위 뒤에 이 사람은 소돔 신자가 가장 선호하는 취향의 소유자였으므로 나를 침대 위에 엎드리게 하고는 항문을 사용하려고 했다. 그러자 나는 사내가 무언가 아주 주의 깊게 자기의 신체 일부를 숨기려 하는 것을 깨닫고 묘한 예감을 느껴 무심코 뒤돌아보았다⋯⋯ 아아, 그때 내가 본 것은 무엇이었을까? 고름집에, 궤양에, 하감(下疳)에⋯⋯ 온갖 기분 나쁜 종기투성이의 물건이었다. 이 불길한 사내를 좀먹고 있었던 것은 틀림없이 무서운 매독의 징후였다.

"어머나, 손님."

나는 비명을 질렀다.

"그런 몸으로 여자를 농락하려 하시다니 제정신이세요? 제 목숨까지도 빼앗고 말 작정이신가요?"

"뭐라고!?"

그 사내는 힘으로 나를 정복하려고 했다.

"하지만 그것은 이미 양해를 구했어. 네 주인은 내 병에 대해서 알고 있어. 또 나로 말하자면, 매독을 여자들에게 전염시키는 즐거움을 위한 것이 아니라면 무엇 때문에 많은 돈을 내고 여자를 사겠느냐? 이것이 바로 나의 유일한 정열이고, 내가 내 몸을 조금도 고치려고 하지 않는 유일한 이유이기도 하지."

"아아, 손님, 제발 그런 잔인한 짓을 저에게만은 부디 하지 말아주세요⋯⋯⋯."

서둘러 여주인을 불러와 나는 그녀에게 심하게 따졌다. 그러나 그녀가 이 사내에게 보인 태도로 미루어 나는 처음부터 이 여자가 그럴 생각으로 나에게 손님을 받게 한 것을 알았다.

"부인, 나는 이제 하지 않겠어요."

나는 몹시 화를 내며 말했다.

"다 알겠어요. 나를 희생양으로 삼으려 하다니 당신도 정말 못된 사람이군요. 더 이상 당신의 말 따위는 듣지 않을 테니 빨리 나를 대신할 여자를 부르는 게 좋을 거예요."

여주인은 나의 말에 굳이 반대하지 않았지만 이미 나에게 집착하고 있던 사내는 좀처럼 이 거래를 받아들이려고 하지 않았다. 이런 불결한 사내의 마음에 들게 되다니. 하지만 마침내 다른 여자를 독살하기로 매듭이 지어져, 다른 여자를 부르게 되었고 나는 방을 나섰다. 이 사내가 나 대신에 점찍은 여자는 아직 어린아이인 13세의 수습수녀였다. 그녀는 눈을 가려 아무것도 모른 채 희생되었는데 8일 뒤에는 병원으로 실려가야만 했다. 그런데 이 극악한 자는 그녀가 괴로워하는 것을 보러 병원까지 찾아갔다. 이것이 그의 즐거움의 전부였다. 뒤베르제 부인의 말에 따르면 그는 이 세상에서 이보다 기막힌 즐거움을 모른다는 것이었다.

방탕아 노아르슈

그 뒤 나는 거의 한 달 동안 똑같은 취미의 사내—물론 건강한 육체의 소유자였다—15, 6명과 관계를 맺었다. 그에 대한 재미있는 이야기가 없진 않지만, 여러분에게 얘기해야 할 정도로 특별히 기괴한 행위를 했던 주인공은 어느 날 내가 파견된 집의 주인이다. 그런데 이 사내가 바로 얼마 전 우리 곁을 떠난 노아르슈라고 말하면, 여러분은 얼마나 큰 흥미를 느끼게 될까?

과연 노아르슈답게 상상도 못할 만큼 방탕한 짓을 해댄 결과, 그는 자기 아내가 보는 앞에서 섹스를 하고 아내에게 그것을 돕게 한 뒤, 그다음에 아내와 뒹굴지 않으면 더는 만족하지 못하게 되었다. 또 여기에서 주의해야 할 점은 내가 변함없이 숫처녀로 생각되고 있었다는 것인데, 노아르슈가 같이 놀고 싶어하는 여자는 처녀로 한정되어 있었다.

노아르슈 부인은 기껏해야 20살 정도인 빼어난 미인이었다. 아주 어릴 때, 그 무렵 이미 나이 마흔에 끝 모르는 도락에 빠져 있던 남편에게 시집을 온 그녀가 이 방탕아의 노리개가 된 뒤부터 얼마나 고생을 했는지는 여러분의 상상에 맡기겠다. 내가 불려갔을 때는 부부가 모두 침실에 있었다. 내가 침실로 들어가자 노아르슈는 초인종으로 두 시동(侍童)을 불렀는데, 나타난 것은 17, 8세쯤 되는 소년들로 거의 알몸이나 다름없는 모습이었다.

"듣자하니 너는 이 세상에 둘도 없이 아름다운 엉덩이를 지니고 있다는데……."

그러고는 아내에게 말했다.

"자아, 부인, 부탁해요. 당신의 손으로 그것을 나에게 보여줘요."

"하지만, 여보. 그런 무리한 말씀을 하시면……."

겁먹은 듯한 가련한 여자가 대답했다.

"무리한 일이 아니라 아주 간단한 일이오. 이제 당신도 어느 정도 그런 일에는 익숙해졌을 텐데. 나에 대한 봉사는 가장 고귀한 일이라고 늘 설명해주었건만 아직도 그것을 모르다니 정말 한심하군."

"아무리 말씀하셔도 이 일만은 영원히 모를 거예요."

"당신에게 크게 실망했소. 나라면 꼭 해야 할 일을 거절해 매일 벌을 받기보다는 스스로 나서서 도와주는 쪽이 백배 낫다고 생각하는데. 자, 부인, 이제 알았으면 이 처녀의 옷을 벗기는 게 어떻소?"

나는 이 불쌍한 여인을 위해 부끄러움을 무릅쓰고 스스로 옷을 벗어 그녀를 도와주려고 했는데 그보다 빨리 노아르슈가 나를 가로막고 거칠게 아내를 꾸짖었으므로 그녀도 말을 듣는 수밖에 방법이 없었다.

"아아, 여보. 이처럼 날 못살게 구는 게 당신은 재미있나요?"

이 방탕아의 정숙한 아내가 신음소리를 내며 말했다.

"아아, 아주 재미있지. 정말이야, 부인. 게다가 알다시피 나는 솔직한 사람이니 다 말해버리자면, 당신이 싫어하기 때문에 그만큼 더 유쾌하다오."

"당신은 사람도 아니에요!"

"사람이 아닐 뿐더러 나는 신도 신앙도 도덕도 없는 짐승 같은 인간이야. 자아, 부인, 마음껏 욕을 해. 여자의 욕설이 일을 빨리 진행시키는 묘약이란 건 아무도 모를 거야. 아아, 쥘리에트, 가만 있거라. 더는 참을 수가 없구나."

노아르슈는 나의 미모와 악녀다운 점이 무척이나 마음에 들었는지 두 아이와 함께 야식 자리에 남도록 권했다. 우리는 좋은 방에서 식사를 했는데, 시중을 드는 사람은 완전이 알몸이 된 노아르슈 부인밖에 없었다. 난폭한 남편은 만일 시중드는 일을 제대로 하지 못하면 지난번보다도 더욱 심한 벌을 내릴 터이니 그렇게 알라고 부인에게 다짐을 했다.

여러분도 아는 바와 같이 노아르슈는 재치가 많은 사람이었으므로 그 누구보다도 자신의 타락을 더 잘 합리화할 줄 알았다. 나는 과감하게, 아내를 대하는 그의 행위를 따끔하게 비난하는 투로 말해보았다.

"당신이 저 불쌍한 여자에게 겪게 하는 고통만큼 부당한 것은 없다고 생각해요……."

"그야, 참으로 부당한 일이지."

노아르슈는 대답했다.

"하지만 그 부당함은 어디까지나 아내에게만 부당한 일이야. 말해두는데 나만 두고 보자면 그런 행위만큼 정당한 것이 없어. 왜냐하면 그보다 나를 즐겁게 해주는 일은 이 세상에 둘도 없기 때문이야. 온갖 정욕에는 두 가지 의의가 있단다, 쥘리에트. 하나는 희생자에 대해 말하는 것인데, 이것은 아주 부당하지. 다른 하나는 이 정욕을 행사하는 자에 대해 말하는 것인데, 이것은 더없이 정당해. 본디 이 정욕의 목소리는 설사 그것이 정욕의 희생자에게는 어느 정도 부당한 것이라 하더라도 역시 그것이 자연의 목소리라는 점에는 변함이 없어. 우리에게 이 정욕을 주는 것은 오직 자연의 손뿐이고, 우리에게 정욕을 불어넣는 것은 자연의 에너지뿐이거든. 그렇지만 이 정욕은 자연계에 필요한 부정만을 우리에게 저지르게 한단다. 그리고 그 동기를 알 수 없는 자연 법칙은 적어도 미덕의 총합과 똑같은 만큼의 악덕을 요구하지. 따라서 미덕의 경향이 없는 사람은 그를 지배하는 악덕의 손 아래 무조건 몸을 굽혀야 하는데, 그 손은 자연의 손이고, 자연에 의해서 평형을 유지하기 위해 선택된 것임을 의심할 여지가 없다는 거야."

"하지만 쾌락의 흥분이 사라졌을 때 당신은 미덕의 은밀한 충동과도 같은 것을 느끼지는 않나요? ……그리고 그 미덕에 따른다면 당신도 틀림없이 선의 품 안으로 돌아가는 것이 아닌가요?"

나는 그 소문난 도락가에게 말했다.

"그렇지."

노아르슈는 대답했다.

"나도 때로는 그와 같은 은밀한 충동을 느낄 때가 있지. 그것은 정욕이 가라앉았을 때 자칫하면 생기는 것이다. 하지만 내가 생각하건대 그것은 이렇게 설명할 수 있어.

내 안에서 악덕과 싸우고 있는 것이 정말로 미덕일까? 만약 그렇다면 나는 미덕이 권유하는 대로 따라야 하는 것일까? 이 문제를 공정하게 해결하려면, 나는 먼저 내 정신을 미덕 쪽이나 악덕 쪽으로도 기울지 않는 완벽한 평정 상태에 두고, 그런 다음에 미덕이란 도대체 무엇인가를 깊이 생각해봐야 할 거야. 만일 미덕의 존재가 조금이라도 현실성을 지닌다고 생각된다면 나는 이 존재를 분석해야 하고, 또 이 존재가 악덕의 존재보다 바람직하게 보인다면 말할 것도 없이 나는 미덕을 택해야 하겠지. 그런데 곰곰이 생각해

보면, 세상 사람들이 미덕으로 부르며 찬양하는 것은 자기의 쾌락이나 이익 등에 눈을 돌리지 않고 오로지 사회의 행복만을 추구하는 여러 삶의 방식을 말하는 것 같거든. 그러므로 결국 덕망을 갖추려면 나는 자신에 관한 것을 모두 잊고 남의 이익이 되는 것들만 생각해야 한다는 뜻이야. 하지만 내가 아무리 그렇게 해도 타인은 결코 나를 위한 일은 해주지 않을 거야. 설사 해준다고 해도 만일 나라는 인간의 타고난 본성이 내 안에서 이와 같은 삶에 이의를 제기한다면, 타인과 똑같이 행동을 해야만 할 이유가 과연 어디에 있을까? 게다가 사회에 도움이 되는 것을 남들이 미덕이라 부른다면 정의가 어떻든 그 사회의 각 구성원에게 도움이 되는 일 또한 같은 이름으로 불러도 좋은 것이고, 그 결과 개인의 미덕은 가끔 사회의 미덕과 완전히 상반된다는 견해도 나오겠지.

생각건대, 개인의 이익은 거의 언제나 사회의 이익과 일치하지 않아. 이처럼 확실하고 절대적인 것이 아무것도 없으므로 순수하게 임의적인 존재인 이 미덕은 더 이상 확고한 어떤 관념도 나타낼 수 없는 것이야. 그런데 미덕에는 어떤 현실성도 없다고 굳게 믿는 내가 악덕으로 향할 때 왜 마음속으로 갈등을 느끼느냐는 물음으로 돌아가자면, 나는 그것을 다음과 같이 이해하지. 즉 내 안에서 싸우고 있는 것은 절대로 미덕 따위가 아니야. 그 짧은 순간 내 귀를 시끄럽게 하는 약하디 약한 목소리는 교육이나 편견의 목소리일 뿐이라는 거야. 요컨대 향락 행위에서 미덕의 소리를 낮게 하고, 이를 모든 면에서 곱씹어보았다고 치자. 그러면 더는 어떤 감동도 없을 거야! 그럼 얼마나 따분하겠어? 나를 움직이거나 감동시키는 것이 이제 아무것도 없다는 말이야. 정확하게 분석해보면, 나는 이 향락이 완전히 내가 봉사한 상대의 것이라는 점, 그리고 나는 그 대가로 상대로부터 차디찬 감사인사 한마디밖에 받지 못함을 알고 있어. 과연 이것이 향락일까? 그런데 이것을 반대 관점에서 보면 얼마나 차이가 나는지 몰라! 내 감각은 쾌적하게 자극을 받고 나의 기관(器官)은 격렬한 자극을 받겠지! 진실로 내 마음에 묘사되는 착란의 공상을 마음껏 펼치지 않고는 신성한 체액 한 방울도 내 혈관 속을 돌지 않고 걱정 한 가닥도 내 마음에 용솟음치지 않는 것과 같아. 이 공상이 나를 몰두하게 하는 열광상태가 이렇게 내 마음의 온갖 면에 감미로운 환영을 펼치지. 그러면 나는 더욱더 이 계획에 몰두하고 더욱더 황홀해진단 말이야.

나는 이 공상의 모든 수단을 꼼꼼히 살펴보고 그 계획에 취하게 되지. 이때 나를 움직이는 것은 더 이상 같은 생명도, 같은 혼도 아니야. 내 정신은 큰 기쁨과 하나가 되어 나는 이제 정욕만을 위해서 숨 쉬게 되는 것이지."

"선생님."

나는 이 도락가에게 말했다. 확실히 그의 언변은 이상할 정도로 나를 감동시켰는데, 굳이 반박을 한 것도 단지 그에게 더 말하게 하기 위해서였다.

"아아, 선생님. 미덕의 존재를 부인하는 것은 아무래도 나에게는 너무나도 빨리 목적에 닿으려는 것, 우리를 어떠한 결말로 이끌어주는 원리를 단번에 뛰어넘어 자칫하면 목적을 잃게 될지도 모르는 위험에 몸을 드러내는 것과 같다는 생각이 듭니다만……."

"바로 그렇지."

노아르슈는 대답했다.

"그것이 바로 내가 바라는 것이야. 그러면 좀더 조리 있게 얘기해볼까? 네 의견을 듣고 있으면 네가 내 말을 확실하게 이해했다는 것을 잘 알 수 있어. 너와 같은 이를 상대로 이야기하면 나도 몹시 기쁘단다."

노아르슈는 말을 이었다.

"이 세상의 온갖 사건에서, 적어도 우리에게 선택의 자유를 남겨주는 이 세상의 모든 사건에서 우리는 두 가지 충동, 더 알기 쉽게 말하면 두 가지 권고를 느끼지. 그 하나는 인간이 미덕이라고 부르는 것으로 우리를 향하게 하고, 다른 하나는 악덕이라고 부르는 것으로 향하게 해. 즉 여기에서 검토해야 할 것은 이 둘로 갈등하는 추세이지. 정직한 사람으로 통하는 이의 의견에 따르면, 이 갈등은 우리 인간의 정욕 없이는 존재하지 않아. 자연의 손이 우리 인간의 혼 속에 영원히 새겨넣은 이 미덕의 충동을 가로막는 것은 언제나 정욕뿐이야. 너희의 정욕을 자제하라, 그러면 너희는 이제 망설이지 않을 것이다. 대체로 이런 식이지.

그런데 이런 식의 논리를 제기하는 사람은 왜 미덕이 자연의 제1충동의 결과이고, 악덕은 제2의 결과에 지나지 않는다고 단정하는 것일까? 도대체 어떤 분명한 근거로 그들은 그런 제멋대로의 가설을 우리에게 밀어붙이는 것일까? 이 진리를 꿰뚫어보고 두 감정 가운데 어느 쪽에 먼저 나를 이해시킬 가능성이 있는지를 확인하려면(왜냐하면 두 목소리 가운데 먼저 말을 거는 쪽이 틀림없는 자연의 권고로서 나를 복종시킬 목소리이고, 다른 쪽이 퇴폐한 목소리임이 뚜렷하므로), 즉 우선성(于先性)을 확인하려면 나는 개개의 국민이 아니라(왜냐하면 국가의 풍습은 미덕을 부자연스럽게 왜곡시키고 있으므로) 인간 전체를 살펴야 해. 가장 먼저 야만인의 심정을, 다음으로는 문명인의 심정을 제각기 연구해야 하지. 이렇게 함으로써 비로소 확실하게 내가 선택해야 할 것은 미덕인가 악덕인가, 그리고 이 두 권고의 어느 쪽에 참된 우선성이 있는지가 밝혀질 것이야. 그런데 이 문제만 조사해보면 먼저 나는 이런 것을 발견할 수 있어. 바로 개인의 이익과 전체의 이익은 언제나 서로 어긋난다는 점이야. 여기서 만일 인간이 전체의 이익을 택한다면 그는 그로써 덕망 높은 선비가 되겠지만 틀림없이 평생 불행하게 살겠지. 하지만 반대로 전체의 이익을 버리고 개인적 이익을 취한다면 그는 법률에 저촉되는 일만 없으면 완전히 행복해질 거야. 다만, 법률은 자연의 것이 아니야. 따라서 그것은 우리의 고찰에서 완전히 제외해야 하지. 그러므로 법률을 뺀 우리의 고찰은 반드시 미덕보다 악덕으로써 인간이 보다 행복해진다는 결론을 뚜렷이 하는 것이어야 해. 그래서 나는 이렇게 주장하지. 곧·우선성은 강한 쪽의 충동, 곧 행복한 충동에 있어야 하며 이 충동이야말로 자연의 충동이고 다른 쪽이 타락의 충동임은 이론의 여지가 없다고 말이야. 미덕은 인간의 일상적인 도덕이 전혀 아니라, 단지 사회생활의 의무가 인간에게 존중하도록 강요한 부자연스런 희생적 감정에 지나지 않은 점도 틀림없어. 그러나 미덕의 준수는 어느 일정량의 행복을 본인에게 되돌려줌으로써 그것이 잃게 한 행복의 전체를 조금이나마 확실하게 메워주지. 물론 어느 쪽을 택할 것인가는 본인이 정하는 것이지만 악덕의 권장은 확실히 자연의 소리야. 하지만 법률이라는 것이 있으므로 반드시 완전한 행복을 얻을 수 있을지는 확실치 않지⋯⋯ 기대한 것을 무사히 얻을 수 있을지는 아무도 몰라.

한편 미덕의 기교적인 세계는, 자연의 것은 전혀 아니지만 틀림없이 어떤 손실을 강요하면서도 자연의 목소리를 마음속에서 억누를 수밖에 없었던 무참한 희생에 대한 보상만은 확실하게 돌려줄 거야. 따라서 더욱더 내가 미덕을 혐오하는 까닭은, 그것이 오로지 자연의 첫째 충동이 아니라는 이유뿐만이 아니라, 그것이 그 자체의 정의에 따라 마치 '네가 준다면 나도 주겠다'고 말하는 듯한 이익만 챙기는 아주 천박한 충동으로밖에 생각되지 않기 때문이야. 이렇게 말하면 너도 알겠지. 악덕이야말로 우리 인간에게 고유한 것, 언제나 자연의 제1법칙이며, 그것에 비하면 아무리 훌륭한 미덕도 이기주의적인 것에 지나지 않고, 분석해보면 실은 미덕 자체가 악덕이라는 것을 말이야. 요컨대 인간의 모든 것은 악덕인 것이야. 악덕만이 자연의 본질이고 자연조직의 본질이지. 자기 이익을 남의 이익보다 위에 두면 그 사내는 악덕한 사람이야. 또 설사 그 사내가 미덕의 품 안에 있었다고 해도, 무릇 정욕의 억제인 이 미덕이란 반드시 자존심의 충동이거나 그렇지 않으면 죄악의 수단이 제공하는 것보다 안전하고 확실한 행복의 일정량을 거두어들이고 싶다는 욕망이거나, 이 둘 가운데 한쪽임에는 틀림이 없으므로 역시 그는 악덕한 사람이야. 다시 말해 이 사내가 추구하는 것은 언제나 자기의 행복이고 그 밖의 것에는 결코 신경을 쓰지 않는 것이지. 대체로 동기 없이 선을 행할 수가 있다는 무사무욕(無私無慾)의 미덕이 존재한다고 생각한다면 그것이야말로 당치도 않은 웃음거리지. 그런 미덕은 허황된 것에 지나지 않아.

  인간이 미덕을 행하는 것은 어떤 이익을 얻기 위해 또는 상대방이 고마워하기를 기대하기 위한 것에 지나지 않음을 잘 기억해두는 게 좋다. 타고난 미덕 같은 것을 끄집어내 내가 말하는 것에 반대해도 헛수고다. 그런 미덕을 실행하는 자들도 요컨대 자기가 가장 마음에 드는 감정에 자기 마음을 맡기고 있다는 것 말고는 별도로 어떤 가치가 있는 일을 하는 것도 아니므로 역시 타인과 마찬가지로 이기주의자임에는 변함이 없다. 시험 삼아 여러분의 마음에 드는 선행이란 것을 분석해보기 바란다. 그곳에 얼마나 많은 이해관계에 의한 불순한 동기가 언제나 끼어 있는지를 여러분은 알게 될 것이다. 물론 악덕한도 같은 목적으로 움직이기는 하지만 다만 솔직하다는 것, 그것만은 존중해야 한다. 법률이란 것이 없으면 그들은 그 상대방보다도 훨씬 크게 성공할 것은 의심의 여지가 없다. 실제로 법률이란 인색한 것이어서 전체의 행복을 확보하기 위해 개인의 행복을 무시하거나, 해주기보다는 빼앗는 경향이 훨씬 강하다. 이렇게 정의해보면 여러분은 거기에서 다음과 같은 의견을 끌어낼 수 있을 것이다. 즉 미덕은 인간에 있어서 제2의 충동에 지나지 않으며, 타인과 독립한 인간의 내부에 존재하는 제1의 충동은 상대를 가리지 않고 타인에게 해를 입혀 자기의 행복을 구축하려는 욕망이다. 그리고, 인간의 정욕에 거스르거나 반항하거나 하는 충동은 이 똑같은 행복을 더 높은 값으로—즉 얼마쯤 희생은 각오하고, 또한 단두대에 대한 생각을 잊지 않고—소심하고 겁이 많은 감정에 지나지 않는다. 따라서 미덕은 아무리 잘 보아도 지역에 따라서 변화하는 법률의 종속물이고, 어떤 확고한 실재성도 부여되지는 않는다. 그러므로 인간은 이 미덕에 대해서도 이제는 증오 이외의 것을 품을 수가 없고 가장 완전한 경멸 이외의 것을 느낄 수가 없다. 그래서 최선의 삶을 살려고 하는 자는 당대에 있어서는 절대로 이 천하고 이익만 좇는 삶, 법률이나 편견이나 기질의 결과밖에 안 되는 이 삶의 방식을 채용하지 않도록 결의하는 것이 중요하다. 만일 이런 삶의 방식을 받아들인다면 우리는 이 천박하고 부끄러워해야 할 거래에 의해서 이제는 자기가 출자한 이익금조차 얻을 수 없을 정도의 얼빠진 인간이 되고 말 것이 뻔하다. 그런 계산은 바보가 아닌 이상 하지 않을 테고, 그것에 지고 마는 것은 마음 약한 인간인 것이다."

이런 고상한 주장이 펼쳐지고 있는 동안 노아르슈 부인과 두 아이는 졸고 있었다.

"이들은 바보야"라고, 잠들어 있는 세 사람을 보고 노아르슈가 말했다. "우리 정욕의 도구밖에 안 되는 인간이지. 머리가 나빠 아무것도 모르거든. 하지만 너는 훨씬 영리하다. 내 마음을 잘 이해하고 내가 말하는 것을 잘 헤아려주지. 어떤가, 쥘리에트, 나는 틀림없이 그러리라 생각하는데 너는 그것을 좋아하겠지?"

"그래요, 몹시 좋아해요. 선생님, 그거라면 나는 사족을 못 쓰는걸요."

"그렇겠지. 그렇게 해서 그 기술이 늘게 되지…… 귀여운 것, 또 만나고 싶구나."

"당신의 의견을 들으니 정말 기쁩니다. 선생님, 내 생각과 완전히 같다고 말해도 좋을 정도예요. 옛날에 나를 지도해준 여인이 있었습니다. 수도원에서 나의 영혼은 자라났지요. 아아, 그렇긴 해도, 나의 태생으로 말하면 나는 이런 천한 장사로 몸을 버릴 이유가 결코 없답니다."

여기서 나는 신상이야기 한 대목을 노아르슈에게 말해주었다. 그는 아주 열심히 듣고 있었는데 이윽고 이야기가 끝나자,

"쥘리에트, 네 이야기를 다 듣고 나는 완전히 비관하고 말았어."

"어머나, 도대체 그 이유가 뭐죠?"

"이유는 이렇다. 나는 네 아버지를 잘 알아. 아버지의 파산 원인이 바로 이 사람, 나야. 꽤 오래전의 이야긴데 그의 재산을 배로 늘리는 것도, 또 나의 손안에 들어오게 하는 것도 완전히 내 손아귀에 쥐어져 있었던 적이 있었어. 나는 내 소신의 당연한 귀결로서 그때는 그 사람보다 내 이익을 생각했지. 그래서 그는 파산해서 죽고, 나는 30만 리브르의 연금을 얻었어. 네 고백을 들은 지금 나로서는 너를 역경에 몰아넣은 죗값을 너에게 치러야만 할지도 모르겠구나. 하지만 그와 같은 행위는 미덕이야. 절대로 나는 미덕을 행할 수는 없어. 생각만 해도 소름이 끼칠 정도로 미덕이 싫으니까. 그런 이유로 우리 두 사람 사이에는 영원한 벽이 생기고 만 것과 같아. 이제 두 번 다시 만날 일은 없을 성싶다."

"얄미운 사람!" 나는 외쳤다. "나는 어느 정도 당신이 저지른 악덕의 피해를 입고 있기는 하죠…… 아아, 하지만 나는 그 악덕이 좋아요. 당신의 악덕이 좋다니까요………."

"오오, 쥘리에트, 너는 아직 전체를 몰라서 그렇게 말하는 거야……."

"그렇다면 모두 말해주세요!"

"너의 아버지와 어머니의 이야기인데."

"뭘 어쨌다는 거죠?"

"살려두면 나에게 좋지가 않았어…… 숨통을 끊어놓을 수밖에 없었지. 그래서 두 사람 모두 힘없이 죽고 만 것은 내가 그들을 내 집으로 불러 어느 음료를 마시게 했기 때문이야……."

순간 내 몸에 차가운 기운이 치달았다. 하지만 곧바로 자연이 내 마음 깊숙이 각인시킨 극악한 사람에게 걸맞은 그 무감동의 냉정함으로 나는 노아르슈를 똑바로 뚫어져라 노려보면서 "비인간! 몇 번이고 이 이름을 되풀이해주고 싶어" 외치고 있었다. "당신은 보기에도 무서운 남자예요. 하지만 나는 그런 당신을 사랑하고 있죠."

"네 가족을 죽였는데도?"

"아아, 그런 것이 나에게 무슨 관계가 있을까요? 나는 모든 것을 감동에 의해서 판단해요. 당신의 만행으로 희생된 나의 가족은 나에게 아무런 감동도 주지 않았어요. 하지만 당신이 나에게 해준 그 범죄의 고백은 나를 열광하게 하고 어떻게 나타내야 할지 모를 정도의 흥분 속으로 나를 몰아넣었어

요."

"귀여운 아가씨로군." 노아르슈는 대답을 했다. "악의 없는 너의 순수함과 영혼의 솔직함을 보니 나는 내 방침을 거스를 수밖에 없구나. 어쩔 수 없다. 나는 너를 맡겠다, 쥘리에트. 너는 이제 뒤베르제 부인의 살롱으로 돌아가지 않아도 돼."

"하지만…… 노아르슈 부인은?"

"아내는 내 지시대로 따르게 되어 있어. 그대는 한 집안의 지배자가 되는 거야. 이 집 사람들은 모두 그대의 명령에 따를 것이다. 그대의 말만 듣게 될 것이다. 그대의 혼에는 죄악이 멋대로 날뛰고 있어. 나는 무엇보다도 죄의 낙인이 찍힌 자가 그립거든. 자연은 죄를 사랑하듯이 나라는 인간을 만든 것 같아. 결국 나는 미덕을 증오함으로써 알게 모르게 끊임없이 죄와 오욕의 발아래로 떨어져야만 하는 거야. 자, 이리 와 쥘리에트. 너의 그 아름다운 엉덩이를 보여줘. 내 물욕의 희생자가 된 자들의 아이를 이번에는 내 음욕의 희생으로 삼으려 하다니, 이 취향은 정말로 견딜 수 없구나."

"노아르슈, 나도 내 부모를 살해한 원수의 애첩이 된다고 생각하니 이젠 기뻐서…… 나의 언약을 맺는 물을 흘리게 해줘요. 그것이야말로 배알이 뒤집힐 것 같은 내 가족의 유해에 내가 바치고 싶은 유일한 물이니까."

그때부터 나는 노아르슈의 집에 아예 눌러앉았다. 그는 나를 언제나 곁에 두고 싶었는지 뒤베르제 부인에게 돌아가서는 안 된다고 말하는 것이다. 이튿날 하인과 지인들에게 나를 사촌누이동생으로 소개했으므로 나는 이제 떳떳하게 그의 집 식객의 신분이 되어 있었다.

그렇지만 역시 잠깐 틈을 내 옛 주인을 만나고 싶은 마음을 억누르기 어려워 나는 이 여자를 완전히 냉대할 생각은 별로 들지 않았다. 그렇지만 약점을 보이기는 싫었으므로 미련이 남아서 낯 두껍게 되돌아온 것 같은 모습은 보이지 않았다.

"어서 와. 잘 왔어. 그리운 쥘리에트." 뒤베르제 부인은 나를 보자마자 이렇게 말했다. "이제나 저제나 하고 기다리고 있었지. 하고 싶은 얘기가 하도 많아서"

우리가 그녀의 전용실로 들어가자 부인은 자못 감개무량한 듯이 나에게 뜨거운 키스를 퍼붓고 나서, 노아르슈 같은 부자 영감의 마음에 들게 하다니

여자로 태어나 행복하겠다는 둥 겉치레 말을 하고는

"쥘리에트, 내 말을 들어봐" 하면서 말을 잇는 것이었다.

"네가 자신의 새로운 신분을 어떻게 생각하고 있는지, 그야 난 모르지만. 그렇지만 네가 만일 내가 첩으로서의 상황을, 이렇게 옴짝달싹할 수 없는 답답한, 주인에 대한 충성으로 얽매인 처지라는 등의 생각을 하고 있다면 가엾게도 그건 큰 착각이야. 주인들은 대부분 1년에 7, 8백 명의 여자와 놀고 있거든. 사내란 그가 제아무리 부자라도, 제아무리 잘해주는 사람이라도 우리는 조금도 감사 따위는 할 필요가 없어. 우리를 아무리 사치스럽게 해주어도 결국 사내는 자기 한 사람을 위해 그 짓을 하고 있는 것이고, 휘황찬란하게 치장을 해주었다고 해도 결국 그것은 여자를 독점하고 있다는 자만의 결과이거나, 그렇지 않으면 자기가 사랑하는 대상을 누구하고도 나눠 갖고 싶지 않으므로 어쩔 수 없이 재물을 쓰는 질투심의 결과이거나 둘 가운데 하나야.

그래서 너에게 묻겠는데 쥘리에트, 사내란 이렇게 터무니없이 돈을 쓰는데 그렇다고 해서 그것이 우리를 사내의 광기에 놀아나게 하는 충분한 동기가 될 수 있을까…… 또 사내는 자기 정부가 다른 사내의 팔에 안겨 있는 것을 보면 상처를 입는다지만 그렇다고 해서 우리가 꼭 한 사내만을 지키고 있어야만 하느냐고? 나에게 말하라면 아내이건, 정부이건, 여자가 함께 살고 있는 상대인 사내를 열렬히 사랑한다는 것은 언제나 우리에게 멍에가 되어 구속하는 어리석기 짝이 없는 짓이야. 인간은 마음이라든가 감정에 찰과상 하나 입히지 않고 온갖 방법으로 인연을 맺을 수가 있기 때문이지. 매일 한 사내를 목숨 걸고 사랑하고 있으면서 다른 사내와 인연을 맺을 수도 있는 거잖아. 즉 이 경우 후자에게 주는 것은 애정이 아니라 육체 같은 것이기 때문이야. 가장 제멋대로의 장난기, 가장 멋대로 놀아난 방탕이라도 정신적인 애정으로부터 빼앗는 것은 아무것도 없어. 그런데도 다른 사내에게 몸을 파는 것이 상대에게 상처를 입히는 죄악이라니 도대체 어디에서 그런 말이 나올 수가 있지? 너도 알 거야. 그런 건 기껏해야 정신적인 손해에 지나지 않는다는 것을. 그러므로 일을 신중하게 잘 치르기만 하면 남편은 아내의 외도를 눈치 챌 리가 없어. 곧 이때 남편은 상처를 입으려야 입을 수가 없다는 뜻이지. 그리고 더욱 말하자면 아무리 정숙한 여자라도 신중하지 못한 말이나 행동을 한다거나 거짓말을 해서 일단 남편이 무언가 의심을 갖게 되면 비록 실제로 아무리 정숙한 여자였다고 해도 그녀는 아침부터 밤까지 정사에 빠져 사는데도 모든 사람의 눈에 그것을 감쪽같이 숨길 수 있는 수완 좋은 여자에 비해 아무튼 나쁜 여자라고 해야겠지? 말하자면 어떤 이유로 한 사내를 애지중지 여기고 있건 사랑하고 있건 여자는 언제나 다른 사내에게 자기의 몸도 마음도 줄 수가 있으며 또 한 남자를 아무리 끔찍이 사랑하고 있어도, 언젠가 함께 잠을 잔 적이 있는 다른 사내를 역시 같은 정도로 사랑하는 것도 여자에게는 있을 수 있는 일이거든. 이른바 이 변심만큼 인간의 정욕과 화합하는 것은 없어. 내가 지금 한 말을 예를 들어 입증해 보여주겠어. 쥘리에트, 이제부터 내가 얘기해주는 여러 여자의 예를 들으면 너도 틀림없이 이해가 갈 거야. 저쪽 방에 지금 15명쯤 되는 여자가 와 있는데 그녀들은 모두 제각기 내 집에서 매춘을 하거나 그렇지 않으면 내가 시골로 보내 몸을 팔게 하기로 되어 있어. 그럼 잠깐 그 여자들을 살펴볼까? 내가 한 사람 한 사람 짚어가면서 그 신상에 얽힌 이야기를 해주겠어. 하지만 이런 무례한 짓을 내가 하는 것도 모두 널 위해서야. 다른 사람이었다면 절대로 이런 일은 하지 않았을 거야."

그렇게 말하고 뒤베르제 부인이 작은 비밀의 창을 열자 저쪽에선 이쪽을 볼 수 없지만 이쪽에선 홀의 전경을 바라볼 수 있었다.

"자, 저길 봐," 부인이 말했다. "저곳에 모여 있는 저들을 봐. 15명이 있다고 말했는데 거짓이 아니었지? 세어봐."

과연 모두가 아름답고 저마다 다른 차림새를 한 15명의 여자들이 홀에 앉아 말없이 지시가 내리길 기다리고 있었다.

"그러면 먼저," 뒤베르제 부인이 말했다. "저쪽 난롯가에 앉아 있는 아름다운 금발의 여자부터 시작할까. 그녀부터 시작해 빙 돌지 뭐. 저 여자는 생 파르 공작의 부인인데 그녀의 행동은 아무도 탓하지 못해. 그녀가 저렇게 미인인 데다가 남편에게 냉대를 받고 있기 때문이야. 이런 곳에 와 있지만 자기만한 숙녀는 없다는 자만심만은 하늘을 찌르지. 가족의 감시를 받고 있으므로 음란한 행위가 발견되면 금족령이 내릴 게 뻔해."

"하지만," 나는 뒤베르제 부인에게 말했다. "저 여자들은 저렇게 잘도 함께 모여 있군요. 다른 곳에서 얼굴을 마주치면 곤란하지 않을까요?"

"처음에는 서로 몰랐는데," 여주인은 대답을 했다. "계속해서 오다 보니 모두 서로 알게 되었지. 자기도 똑같은 일을 하고 있으면서 타인의 나쁜 행실을 이러쿵저러쿵 말할 처지가 아니지. 요컨대 모두 같은 이해관계로 엮여 있으므로 배신할 염려는 조금도 없어. 나도 25년 동안 이런 여자들을 돌보고 있는데 그런 당치도 않은 일을 한 여자의 이야기는 한 번도 듣지 못했어. 따라서 그녀들은 그런 걱정은 하지 않아. 그럼 다음 여자를 볼까.

공작부인 옆에 있는 저 20살 남짓한 몸집이 큰 부인은 마치 성처녀처럼 기품이 있는 모습인데 남편에게 홀딱 반했지. 하지만 체질적으로 욕구가 넘쳐서 나에게 돈을 지불하면서 젊은 사내와 관계를 맺고 있어. 그 여자의 타락상에는 이제 질려버렸어. 내가 아무리 돈을 많이 내도 그녀가 만족할 정도로 그것이 큰 사내를 찾아주기가 불가능할 정도야.

그 옆에 있는 천사처럼 귀여운 아가씨를 봐. 저 아이는 고등법원 평정관의 딸이야. 책략으로 그녀는 나에게 끌려온 거지. 아직 14세가 될까 말까 한 나이에 여자 가정교사에게 끌려왔지. 하지만 나는 저 애의 처녀성이 손상되지 않게 하려고 그것은 시키지 않았어. 저 처녀에게 5백 루이의 값이 매겨졌지만 나는 승낙하지 않았지. 오늘 그녀가 기다리고 있는 상대는 뒤로 하는 것만으로 만족하는 사내인데 그 대가로 1천 루이를 지불하겠다는 거야. 아무튼 그거라면 위험은 없으니까 그냥 허락해줄 생각이야.

그리고 그다음에 대기하고 있는 13세 소녀는 내가 유혹한 장사꾼의 딸이지. 미치도록 사랑하는 어느 청년과 결혼하기로 되어 있었는데 지금 너에게 이야기해준 것과 같은 내 의견에 홀딱 넘어간 거지. 어제는 노아르슈에게 그녀의 처녀를 팔아주었어. 내일도 놀러 오기로 되어 있고. 오늘은 젊은 주교님이 이곳에서 역시 그녀의 것을 빼앗을 거야. 하지만 주교님의 것은 그대 연인의 것보다 훨씬 작으니까 아마 내일이 되어도 눈치를 못 챌 거야.

그 옆에 있는 여자는 신앙심이 두터운 사람이야. 저 옷차림을 봐. 설교와 미사와 뚜쟁이질로 그녀는 인생을 보내고 있어. 남편은 그녀를 몹시 사랑하고 있는데 그 성질을 고치지는 못하는 것 같아. 가정에서 거만하게 구는 것도 그런 허식이 자기의 모든 죄를 보상해주는 줄 믿고 있기 때문이지. 남편은 돈은 잔뜩 벌어놓았지만 딱하게도 세계 제일의 악처를 떠맡은 셈이지. 나는 나대로 엉뚱한 난제를 떠맡게 된 셈인데, 그것은 저 여자가 애들과 상대하지 않으면 전혀 흥분이 안 된다는 거야. 사실 저 여잔 나이에도 겉모양에도 전혀 관심이 없고 단지 향냄새가 나는 사람이면 사족을 못 쓰니 정말 별난 여자야."

"저쪽에 있는 여자도 꽤 미인인데" 하면서 그녀는 말을 이었다. "꽤 처지가 기묘한 여자지. 아무튼 저 여자에게 몸을 팔게 하는 것이 저 여자의 남편이니까. 변덕이라고 할까, 뭐라고 할까, 그녀의 남편은 마치 뚜쟁이처럼 아내를 팔고 자신도 그 현장에 함께하지 않으면 흥분이 되지 않을 뿐만 아니라 아내의 상대 남성에게 뒤에서 한다니까.

아, 저 예의바른 미인 역시 아버지에 의해 이곳에 끌려왔지. 하지만 저 아이의 아버지는 아무에게도 딸을 범하지 못하게 해. 처녀성만 중요시하는 손님이라면 나머지는 무슨 짓을 해도 상관이 없어. 그리고 자신도 역시 그 자리에 입회하는 거야. 오늘 저 아이의 상대가 될 사내는 이미 와 있으므로 나는 아버지를 기다리고 있는데 만일 네가 급하지 않다면 한몫을 해주었으면 하는데 유감이야. 다들 틀림없이 기쁘게 그대를 맞아줄 텐데."

"요컨대 무슨 일을 하는 거죠?"

"저 아이의 아버지는 딸의 상대가 되는 사내를 채찍으로 치려고 하는데 상대는 그걸 막으려고 한다, 그래서 서로 집요하게 상스러운 짓을 하거나 못하게 하거나, 이를 몇 번이고 되풀이한 나머지 마지막으로 사내가 채찍을 빼앗아 아버지에게 채찍질을 하고 아가씨의 엉덩이 위에서 그걸 하는 거야. 아버지 쪽은 자기를 세게 매질한 사내의 엉덩이에 찰싹 달라붙어 그가 흘린 물을 게걸스럽게 마시면서 자기도 흘린다는 것이지."

"어머나, 정말 짓궂게 하는군요! 만일 내가 끼게 되면 무엇을 시켜줄 건데요?"

"아버지한테 매질하는 역할을 맡길 거야. 그대도 조금은 다칠 수 있겠지만 1백 루이의 사례금은 받을 수 있어."

"그러면 오늘은 안 돼요. 부인, 유감이지만 다음을 얘기해줘요."

"그러면 저기 마지막에서 두 번째인 여자에 대해서 이야기해볼까. 저 대단한 미인은 연금 5만 리브르를 받고 있는 유명한 가문의 여자인데 동성애를 하지. 저길 봐. 동료에게 추파를 보내고 있지 않아? 게다가 뒤로 해주는 것도 좋아하고, 남편을 열렬히 사랑하면서도 그와 같은 일을 할 수 있다니 대단해. 하지만 그녀도 육체와 정신은 전혀 별개라는 것을 알기 때문에 한편으로는 남편과 하고 있으면서 이곳에 몸을 팔러 오는 것이 그녀에게는 조금도 모순은 아니지.

그러면 마지막으로 크게 잘난 체하고 게다가 파리에서 가장 얌전한 체하는 독신녀 이야기로 옮겨갈까. 아무튼 그녀는 사교계에서 자기에게 말을 걸고 접근하는 사내의 따귀를 갈겼다니까. 그런 주제에 내 살롱에 많은 돈을 치르며 매달 50차례나 그걸 하러 온다니까."

"자, 쥘리에트, 이만큼 여러 가지 이야길 해주었으니까 그대도 이제는 망설이지 않겠지?"

"네, 물론이에요, 부인." 나는 대답을 했다. "돈이랑 좋아하는 마음 때문에 나는 그 일을 하러 오기로 했어요. 그리고 모든 음란한 놀이의 자리로 나가 부인을 기쁘게 해주겠어요. 그래도 미리 양해를 구하는데 내가 당신을 위해 손님을 받을 때에는 50루이 이하의 변두리 자리는 싫어요."

"알았어, 그건 걱정 말아." 뒤베르제 부인은 크게 기뻐하면서 말했다. "승낙을 했으면 됐어. 돈에 대해서는 걱정할 필요가 없어. 당신이 무슨 요구든 순순히 들어주고 어떤 요구도 거부하지 않으면 나는 당신을 돈방석 위에 앉혀줄 테니까."

너무 늦으면 노아르슈가 걱정을 할 것 같아서, 사실 나는 좀더 머무르면서 그 여자들이 하는 것을 보고 싶었지만 꾹 참고 식사시간 전에 집으로 돌아왔다.

몽돌 노인 및 첫 도둑질

여기서 여러분에게 말해둘 것이 있는데 나는 꽤 오래전부터 대도적 도르발의 교훈을 실행에 옮기고 싶었다. 손가락까지 근질근질하면서 무슨 일이 있어도 무언가 훔쳐야만 속이 후련해질 것 같았다. 아직 도둑질의 경험이라곤 없었지만 내심 자신이 있었다. 단지 이 행위를 누구에게 할 것인지에 대해서는 조금 망설였다. 노아르슈의 집은 더할 수 없이 좋은 기회가 많았다. 그의 부가 엄청나고, 그의 타락이 극도인 것과 궤를 같이하여 나에 대한 그의 신임은 절대적이었다. 하려고 마음만 먹으면 매일이라도, 그에게 눈치 채지 않게 10루이나 20루이를 속이는 것쯤은 식은 죽 먹기였다. 하지만 그럼에도 나는 틀림없이 나 스스로도 이해할 수 없는 어떤 감정, 어떤 기묘한 맹신에 의해서 나와 마찬가지로 타락한 인물에게 나쁜 짓을 하는 것을 떳떳하게 생각하지 않았다. 이것이 악인끼리의 의리이겠지만 나에겐 그와 같은 감정이 있었다.

그리고 또 하나 나의 계획을 단념하게 한 커다란 이유는 내가 도둑질이라는 행위를 통해 나쁜 짓을 하고 싶어했다는 점이다. 이 공상은 내 머리에 불처럼 심지를 돋게 한 것이다. 그런데 노아르슈로부터 물건을 빼앗는 것이 과연 죄를 범한 걸까? 그의 재산이 본디 우리 집안의 것이었음을 생각하면 그것은 기껏해야 내 권리의 회복에 지나지 않고, 따라서 이 행위에는 범죄라고 할 것이 털끝만치도 없는 게 아닐까? 요컨대 만일 노아르슈가 정직한 자였다면 나는 조금도 용서하지 않았을 것이다. 그런데 그는 대악인인 것이다. 그리고 나는 그를 존경하지 않는다. 그러면 조금 전 그대가 뒤베르제 부인의 살롱에서 바람을 피우려고 한 것은 어떤 이유인가. 너의 존경도 믿을 수 없다고 말한다면 나는 이렇게 대답하겠다. 나의 방침으로서는 이것과 그것은 별개 문제요, 라고. 즉 나는 노아르슈에게서의 도락을, 색다른 정신을 사랑하고 있을 뿐 그의 인품에 털끝만치도 반한 게 아니므로 적당한 때에 그를 배신할 수 없을 만큼 노아르슈에게 나 자신을 바치고 있는 것은 아니었던 것이다.
　나는 전부터 큰 인물을 손에 넣고 싶었다. 수많은 사내를 접하다 보면 노아르슈보다 훌륭한 사내를 발견할 수 있을지도 모른다. 하지만 만일 이 행복이 결국 이루어지지 않는다면 뒤베르제 집에서의 방탕은 큰 대가를 치르게 되지 않을까. 그런 이유로 노아르슈의 마음속에는 처음부터 눈곱만큼의 애정도 없건만 여전히 나는 그에 대한 어떤 의협심을 버리지 못하고 있었다. 대략 이상과 같은 행동지침에 따라서 나는 앞서 이야기한 뒤베르제 부인과 만난 지 2, 3일 뒤에 그녀가 제공하는 방탕의 자리에 나가기로 결정한 것이다.
　이 방탕의 자리가 마련되는 곳은 어느 백만장자의 집이며, 주인은 쾌락을 위해서는 무엇이건 아끼지 않고 자신의 부끄러워해야 할 욕망을 만족시켜주는 신묘한 여자들에게는 금화를 듬뿍 지불해주겠다고 약속했다. 도락이라는 것이 이토록 넓은 내용을 가질 수 있다니 꿈도 꾸지 못한 일이었고, 또 이 감미로운 악덕이 환기하는 예민한 정욕 이외의 소리에는 귀를 기울이지 않는다는 이 인물만큼 타락한 인간이란 세상에 없을 것이다.
　6명의 요염한 아가씨가 뒤베르제의 집을 떠나 나와 함께 리디아 최후의 왕 크로이소스에 견줄 만한 이 부잣집으로 향하게 되었다. 하지만 눈에 띄게 아름다운 나만이 이 연회의 주빈이고 다른 여자들은 무녀(巫女)에 지나지 않은 것이었다.
　그곳에 닿자 우리는 비단을 바른 어느 방으로 안내되었는데 그 빛깔은 의심할 것도 없이 이곳으로 맞아들인 여자들의 피부색을 돋보이게 하기 위한 것이었다. 과연 우리를 안내한 여자는 곧장 알몸이 될 것을 모두에게 전했다. 그래서 내가 바로 옷을 벗자, 그 여자는 나에게 은색이 든 검정 사포를 걸치게 해 무리들 사이에서 나만 돋보이도록 하는 것이었다. 그런 치장을 하고 나는 긴 의자에 앉혀졌는데 그동안 다른 여자들은 선 채로 말없이 지시를 기다리고 있었으며, 나는 나에 대한 정중한 대우에서 이 집에서 나만이 특별대우를 받고 있는 것을 알았다.
　이윽고 몽돌이 들어왔다. 70세의 작은 몸집에 땅딸막한 사내이고 음란한 눈빛이 번득이고 있다. 일행을 훑어보고 한 사람 한 사람 인사를 건넨 다음 내 곁으로 다가와 세금징세인만 쓰는 은근한 말투로 두세 마디 말을 걸었다.

그런 다음, 우리를 안내한 여집사에게 "그럼 이 아가씨들의 준비가 되는 대로 슬슬 일을 시작할까"라고 말하는 것이다.

순식간에 3개조가 되어 이 음란한 무대의 전체가 이루어졌다. 먼저 내가 직접 입에 물어 몽돌의 마비된 활력을 되살리려고 하자 한편에서는 6명의 여자들이 3조로 나뉘어 이 노인의 눈앞에서 더없이 음란한 사포의 자태를 연출했다. 더구나 한순간이라도 같은 자태여서는 안 되며 잇따라 새로운 형태를 연출해야만 하는 것이다. 어느 사이에 3조가 뒤섞이고 이윽고 마지막에 우리 6명의 물때새들은 전부터 연습하던 대로 떠올릴 수 있는 가장 진기하고 가장 분방한 한 폭의 살아 있는 그림을 만들어냈다. 이렇게 일이 시작되어 반시간이나 지난 뒤, 드디어 나는 이 70세 노인의 육체에 약간의 변화를 인정하기 시작한 것이다. 그러자 "아름다운 천사여"라고, 몽돌이 나에게 말했다. "매춘 덕택에 아무래도 나올 것 같다. 한번 해볼까."

하지만 몽돌은 자신의 힘을 지나치게 믿고 있었으므로 사실은 싸늘하게 배신을 당했다. 두 번의 시도에서 나는 그의 공격이 어떤 종류의 것인지 충분히 알게 되었는데 그 결과 그는 이렇게 말하는 것이었다.

"아무래도 무언가 손을 써야 할 필요가 있는 것 같다."

그래서 조로 나뉘어 있었던 우리 7명은 모두 그를 둘러쌌다. 시중을 드는 부인이 우리에게 하나씩 채찍을 쥐어주자 우리는 차례로 가련한 노인의 엉덩이를 힘껏 쳤다. 피가 흐를 때까지 계속 그를 때렸는데 일은 좀처럼 진척이 되지 않는다.

"이런 제기랄!" 불쌍한 노인이 외쳤다. "나는 결국 막판에까지 내몰린 것 같다."

숨을 헐떡거리면서 땀에 흠뻑 젖은 노인은 구원을 청하듯이 우리를 바라보았다. 그러자 친절한 보조원이 세척제로 주인의 찢어진 엉덩이를 식혀주고 "아가씨들" 하면서 이렇게 말했다. "이렇게 된 이상, 주인님을 되살리게 하는 데에는 마지막 수단이 남았을 뿐이에요."

"마지막 수단이라니 뭐죠?" 내가 물었다. "도대체 이런 무기력에서 이 노인을 되살리게 할 방법이 있나요?"

"있고말구요. 먼저 이 노인을 내가 긴 의자에 눕힐 테니까 쥘리에트 씨, 당신은 그 앞에 무릎을 꿇고 그 예쁜 장미 입술로 키스해줘요. 그리고 남은 아가씨들, 당신들은 한 사람씩 이 사람의 몸 위에서 대단히 기묘한 세 가지 일을 해야만 돼요. 알겠어요? 그 하나는 이 사람의 뺨을 손바닥으로 세게 후려갈기는 것이고 또 하나는 얼굴에 침을 뱉는 것, 그리고 마지막으로 코끝에 방귀를 뀔 것. 이 세 가지예요. 이 방법만 쓰면 효과는 곧바로 나타납니다."

나이가 많은 여자가 말한대로 곧장 실천에 옮겼는데 그 회춘제의 효과야말로 너무나 확실해서 나도 질려버리고 말았다. 게다가 이 가련하고 늙은 탕자에 대해서 시행된 짜임새 있는 처치의 재빠름은 참으로 상상 밖이었으며, 여러 가지 방귀소리, 뺨때리기, 가래를 내뱉는 소리가 공기 중에 동시에 자아내는 음향만큼 재미있는 것은 또 없었다.

마지막으로 두 아가씨가 한 사람은 내 무릎 위에 또 한 사람은 그녀의 허리 위에 제각기 걸터앉아 둘이서 동시에 배변을 해 한 사람은 노인의 입안에, 또 한 사람은 노인의 이마에 그 더러운 것을 끼얹은 것이었다. 그러나 이윽고 모두가 차례로 이 역할을 수행해 모두가 배변을 하고 나이 많은 부인도 분을 끼얹었다.

몽돌은 다른 여자들을 물러가게 한 다음, 나만을 밀실로 끌어들여 "아름다운 천사여" 하면서 이렇게 말했다. "드디어 마지막 서비스를 해줄 때가 왔다. 그것이야말로 내가 기대하는 가장 거룩한 나의 쾌락이지. 자, 너의 무리를 따라서 그녀들이 한 것처럼 너도 배변을 해 그것을 내 입안에, 너의 엉덩이에서 나온 거룩한 오물과 내가 흘린 것을 넣어줘."

"알았습니다. 주인님, 어서 무엇이든 시켜주십시오." 나는 가능한 한 비굴하게 그렇게 대답을 했다.

"뭐라고! 해주겠다고? ……그것은 기묘하군, 사랑스런 아가씨…… 이 일은 실로 그대의 독무대로구나! ……나는 이렇게 편하게 한 적이 없어!"

이 방에 들어왔을 때부터 나는 사무 책상 위에 놓인 두툼한 꾸러미에 눈길이 갔는데, 그것은 내가 상상하기에 내 재산을 불리는 데 대단히 편리한 것이 들어 있을 터였다. 힐끗 본 순간부터 어떻게든 저걸 훔치자는 것이 나의 바람이 되고 있었다. 하지만 이를 어떻게 하면 좋을까? 나는 알몸이다. 크기는 얼마 안 되지만 둘레가 내 팔 정도나 되는 이 짐을 밀어넣고 숨길 장소도 없다.

"주인님," 나는 몽돌에게 말했다. "조수를 한 사람 부르지 않겠습니까?"

"조수는 필요 없어." 이 자본가는 말했다. "마지막 즐거움은 혼자서 맛보고 싶다. 가능하면 음란한 자기타락의 색다른 즐거움을 맛보고 싶다고……."

"예, 그래도 상관없지 않습니까? 역시 누군가 한 사람 있는 것이 좋겠어요."

"그런가?"

"당연하죠, 주인님."

"그럼, 여자들이 아직 있는지 보고 오도록 해. 그리고 아직 있으면 가장 어린 아이를 데리고 와. 그 처녀의 엉덩이는 꽤 볼품이 있어 보였거든. 그 아가씨가 제일 마음에 들어."

"그런 말씀을 하셔도 저는 이 댁 사정을 잘 모릅니다. 게다가 이런 모습으로는 도저히……."

"그러면 초인종을 누를까?"

"안 됩니다, 주인님, 전 이런 모습으로 댁의 하인 앞에 나서고 싶지 않아요."

"염려 마라, 여집사가 올 것이다."

"역시 안 됩니다. 그 여자는 아가씨들을 모두 데리고 올 거라고요!"

"아이구 힘들어, 시간을 너무 허비했어!"

이 얼빠진 사내는 투덜대면서 아무것도 눈치를 채지 못하고 나를 혼자 놔둔 채 가장 앞의 방으로 달려갔다. 이 집에서는 내가 노아르슈의 집에서 느낀 것과 같은, 타인의 재물을 슬쩍 훔친다는 나쁜 습성을 방해하는 어떤 근거도 없었고 아무런 거리낌도 필요치 않았다. 그래서 한순간도 헛되지 않도록, 노인이 등을 돌리자마자 꾸러미로 달려들어 내 머리를 뒤덮고 있었던 크게 틀어 올린 머리카락 속에 넣었다. 이것으로 나는 누구의 눈에도 분명한 도둑질을 저지른 것이다. 일을 마침과 동시에 몽돌이 나를 불렀다. 아가씨들은 아직 돌아가지 않았다. 하지만 그는 자기 밀실로 아가씨들을 불러들이는 것을 좋아하지 않아 처음과 똑같이 방에 놀 자리를 다시 만들었다. 우리는 장소를 옮겨 여기에서 또 여러 가지로 난잡하게 놀았는데, 나는 마지막까지 아무도 눈치채지 못하도록 옷매무새를 고쳤다. 그러고는 기다리고 있던 2대의 마차에 일행과 나누어 타고 보수를 듬뿍 받은 뒤에 이 희대의 호색한과 이별을 고했다.

노아르슈의 집으로 돌아가 훔친 보따리를 뚫어지게 바라보면서 나는 혼잣말을 했다. "난생처음 나의 도둑질을 신이 이토록 도와주시다니!"

꾸러미에는 서명이 필요 없는 지참인 지불 어음이 6만 프랑이나 들어 있었다.

누명을 쓰게 된 몸종

그런데 방으로 돌아와 보니 내가 다른 곳에서 도둑질을 하고 있는 사이에 누군가가 내 것을 훔치고 있었다. 내 문갑을 비집어 열어 확실히 그곳에 있어야 할 5루이인가, 6루이의 돈을 훔친 자가 있는 것이다. 그래서 노아르슈에게 이 일을 알리자 범인은 고도라는 이름의 몸종이 틀림없다고 말했는데, 그 애는 내가 이 집에 온 뒤부터 노아르슈가 나를 위해 특별히 고용한, 곁에서 시중을 드는 대단한 미모의 여자로, 우리는 즐길 때에도 자주 그녀를 곁에 두었던 것이다. 게다가 노아르슈는 자못 그다운 우발적인 충동에서 그녀에게 아이를 배게 하여 즐기고 있었으며, 그녀는 임신 6개월로 몸이 무거웠다.

"어머, 정말일까요 주인님?" 내가 말했다. "당신은 정말로 고도가 그런 짓을 했다고 생각하세요?"

"난, 확신하고 있어, 쥘리에트. 그 애의 안절부절못하는 태도를 봐."

그 말을 듣자 나는 더 이상 참을 수 없게 되어 나와 같은 수준의 악독한 사랑은 결코 곤란하게 하거나 고통스럽게 하지 않겠다고 결심한 것도 어느새 잊어버리고 노아르슈에게 제발 범인을 잡아달라고 애원했다. 그러자 노아르슈는 묘하게 시큰둥한 투로 "나도 그렇게 하고 싶은 생각은 굴뚝같은데"라고 말하는 것이었다. 나에게 좀더 안목이 있었다면 왜 그가 이렇게 차분하게 있었는지도 곧바로 이해했으리라.

"그렇게 하고 싶은 생각은 굴뚝같은데 단순한 벌로는 너도 재미가 없겠지. 게다가 그 애는 몸이 무거우니까 틀림없이 유예가 인정될 거야. 그리고 유예기간 중에 젊고 미인인 그 넉살 좋은 애가 어떻게든 빠져나갈 게 뻔하지."

"아아, 그러면 너무 관대해요!"

"그대가 그 애를 교수대로 보내고 싶어하는 마음은 충분히 이해하지만 그렇게 되면 기껏해야 3개월 동안 그 애를 감옥 안에서 괴롭히는 것밖에 안 돼. 게다가 쥘리에트, 설사 그대가 그 애를 교수대에 보냈다고 해도 형벌을 보고 그대가 즐길 수 있는 시간은 실제로는 고작 15분에 지나지 않아. 그러니 그 애의 고통을 오래가게 해 죽을 때까지 괴롭힐 방법을 생각해내는 게 어때? 그리고 이것은 손쉬운 일이야. 비세톨의 토굴 속에 쳐 넣으면 50년은 나오지 못하니까."

"어머나, 기발한 생각이네요!"

"해가 지기 전까지 범인을 붙잡아 이 재미있는 계획을 더욱 흥미롭게 하기 위한 여러 가지 방법을 생각해두자고."

나는 노아르슈에게 달려들어 키스를 했다. 그는 곧바로 마차를 준비시키고 두 시간 뒤에는 우리의 계획실현에 필요한 조치를 취하고 돌아왔다.

"자, 이제부터 재미있어질 거야," 속이 엉큼한 사내는 말했다. "제대로 속여 넘길 테니까 구경이나 해." 그렇게 말하고 나를 밀실로 끌고 들어가 식사를 마치자 곧바로 "고도야, 고도는 없느냐" 하면서 몸종을 불러 "평소에 내가 보살피고 있는 것은 알고 있겠지만 오늘은 그 증거를 너에게 보여주겠다. 네 뱃속에 너에 대한 사랑의 증거를 남긴 사내가 있을 텐데 내가 인연을 맺어주는 신이 되어 두 사람 사이를 주선해줄 생각이다. 2천 에퀴의 연금도 보태주겠다."

"아아, 주인님, 고맙습니다!"

"감사할 것까지는 없고, 감사를 할 필요도 전혀 없다. 나는 내 취향대로 단순히 좋아서 하는 일이니까. 이것으로 너도 죽을 때까지 먹고사는 것만은 보장이 된 셈이다."

처음부터 노아르슈의 말에 포함된 의미를 이해할 리 없던 고도는 이 자칭 자선가의 손을 기쁨의 눈물로 적시는 것이었다. 그러자

"자, 고도야" 하면서 나의 애인이 말한다. "마지막 봉사를 해다오. 나는 보통은 임신한 여자는 좋아하지 않는데 네가 쥘리에트의 엉덩이를 핥고 있는 것을 뒤에서 넣고 싶다."

그렇게 해서 잘 마쳤는데 나는 노아르슈가 이렇게 열중하는 것을 일찍이 본 적이 없다.

"죄의 공상은 왜 이처럼 쾌락을 높여주는 것일까요!" 나는 작은 목소리로

그에게 속삭였다.

"이상할 정도야." 노아르슈가 대답했다. "하지만 만일 그녀가 실제로 도둑질을 하고 있는 것이라면 도대체 죄는 어디에 있는 걸까?"

"하기는 그렇군요."

"하아, 안심해. 쥘리에트, 죄는 확실하게 있으니까. 내막이 밝혀지면 이 절도사건의 범인이야말로 무엇을 숨기겠나. 나와 그녀는 그대와 똑같이 아무런 죄도 없는 몸이야."

이렇게 말하면서 그는 내 입에 키스를 하고 내 엉덩이를 철썩 때렸는데 나도 이 최고로 악랄한 짓을 알기에 이르러 그만 얼떨결에 그와 섹스를 하고 말았다. 그러나 그가 발끝을 밖으로 내밀려는 찰나 하인이 조용히 문을 두드리고는 미리 와달라고 부탁한 경관이 마침 찾아와 직무집행의 허가를 요청하고 있다고 알렸다.

"아아, 잘됐군. 잠시 기다려달라고 해." 노아르슈는 말했다. "지금 곧 안내해줄 테니까. 고도야, 옷을 갖춰 입어라. 네 신랑이 맞으러 왔다. 내가 돌봐준 시골집으로 널 데려다줄 거야."

마음이 들떠 떠나려는 고도를 노아르슈는 밖으로 밀어냈다. 아아, 그때 그녀의 공포는 어땠을까, 눈앞에는 기분 나쁜 사내가 부하를 이끌고 서 있다. 그녀는 죄인처럼 손이 묶였다. 게다가 (이것이 가장 그녀를 놀라게 한 것 같은데) 사정을 알게 된 하인들이 큰 소리로 다음과 같이 외치고 있는 것이 들린다.

"놓치지 마세요. 경관님, 아가씨의 문갑을 비틀어 연 것은 그녀가 틀림없으니까…… 그 바람에 우리까지 혐의를 받아……."

"뭐라고, 내가 아가씨의 문갑을 열었다고?" 고도는 외치자마자 정신을 잃고 말았다. "아아, 하느님, 저는 억울합니다!"

경관은 잠시 헷갈렸는데 노아르슈가 개의치 말고 직무를 수행하라고 명령했으므로 가엾게도 고도는 연행되어 비세톨의 가장 불쾌한 토굴에 쳐 넣어지고 도착과 동시에 그곳에서 유산해 하마터면 죽을 뻔했다. 그러나 그녀는 살아남아 여러분도 아시다시피 그로부터 몇 년이나 지난 지금도 자신의 불운을 탄식하고 있는데, 한편 노아르슈도 아직 사정이 허락하면 6개월마다 어김없이 비세톨로 가 그녀의 눈물을 보고는 즐기고 그때마다 새로운 감금갱신영장

누명을 쓰게 된 몸종

에 의해서 그녀의 감금을 더욱 엄중하게 하는 것을 결코 잊지 않는다.

고도가 끌려간 뒤 노아르슈는 "이제 됐다" 말하고 나의 문갑에서 사라진 돈의 두 배를 갚아주었다. "이렇게 해두는 편이 관대한 재판소 같은 곳에 데려가는 것보다 훨씬 재미있지 않은가? 재판소 같은 곳에 넘겨버리면 우리는 그녀를 자유롭게 할 수가 없는데 이렇게 두면 그녀는 영원히 우리의 뜻대로지."

"아아, 노아르슈, 어쩌면 당신은 그렇게도 교활하죠? 어떻게 당신은 무서운 쾌락을 그토록 즐기는 거죠?"

"사실이야!" 나의 연인은 대답했다. "지금이니까 말하는데 나는 문 저쪽에 경관이 와 있는 것을 빤히 알고 있었지. 그래서 그토록 즐겁게 범인을 곧장 넘겨줄 수가 있었던 거야."

"나쁜 사람. 하지만 당신이 저지른 악행에 의해서 당신이 그렇게 큰 쾌락을 맛볼 수 있다니 그건 도대체 어떤 이유인지 모르겠군요."

"악행이란 본디 그런 거야." 노아르슈는 대답했다. "쾌락을 낳지 않는 악행이란 하나도 없지. 죄는 문란한 행위의 핵심이라고도 할 수 있는데 이것 없이는 어떤 방탕도 현실감을 잃게 되거든. 요는 자비심을 짓누르는 정욕이 있다는 거야."

"그렇다면 도덕을 가르치는 선생이 끊임없이 입에 올리는 그 자비심이라는 무미건조한 것은 결코 자연의 목소리는 아니군요? 아무리 무정견(無定見)한 자연이라고는 하지만 어느 것을 동시에 짓누르거나 장려할 수는 없겠죠."

"그래 맞아 쥘리에트, 자연이란 것을 잘 알아야 해. 이 너그럽고 친절한 자연은 이익 또는 공포라는 동기에 의한 것 말고는 특별히 타인을 위해 힘쓸 것을 우리에게 요구하지는 않거든.

왜 공포가 동기가 되느냐 하면 우리는 자신들의 나약함으로 말미암아 불행을 두려워하고 있기 때문이고, 또 왜 이익이 동기가 되느냐 하면 우리의 허영심이 이득 또는 소유를 원하기 때문이야.

하지만 그보다 강한 정욕의 소리가 일단 들리기 시작하면 다른 목소리는 모두 침묵해버리고, 이기주의가 가까이 다가설 수 없는 권리를 회복하지. 그리고 우리는 타인의 고통 따위는 아무렇지도 않게 여기게 돼. 도대체 타인의 고통과 우리 자신과의 사이에 어떤 공통점이 있다는 것이지? 우리가 타인의 고통을 이해하는 것은 단지 자신도 똑같은 운명이 되면 무섭다고 생각하기 때문이 아닌가? 이처럼 만일 공포에서 동정을 낳는다고 하면 동정이란 하나의 나약함이고 우리는 마땅히 그와 같은 것에서 몸을 지켜 되도록 빨리 벗어나야만 해."

"그런 논의는," 나는 말했다. "더 계속해줘요. 미덕이란 것이 공허한 것임을 당신은 나에게 증명해주었는데 이번에는 죄란 무엇인가를 증명해주었으면 해요. 전에는 존경해야 할 것을 없애주었으니까 이번에는 두려워해야 할 것을 없애주면 양쪽이 서로 도와 나의 영혼은 앞으로 무엇에도 꺼떡하지 않는 이상적인 상태에 가까워지지 않을까요."

"먼저 앉아. 쥴리에트." 노아르슈는 말했다. "이런 일은 그렇게 간단히 설명할 수 있는 게 아니야. 이해하려면 나의 이야기를 꽤 주의 깊게 들어야만 할 거야."

"일반적으로 죄로 불리고 있는 것은 모두 우연적이건 계획적이건 인간이 법률이라고 일컫는 것에 대한 형식적인 위반이야. 여기서도 알 수 있듯이 죄란 무엇인가는, 제멋대로 이해하는 무의미한 언어이지. 즉 법률이란 풍속이나 풍토에 관계가 있는 것이고 지역에 따라서 매우 다르게 바뀌는 것이기 때문에, 이를테면 배라든가 역마차 같은 것을 쓰면 일요일 아침 파리에서 죽을 죄가 될 뻔했던 내가 같은 주의 토요일에는 아시아의 변경 또는 아프리카 해안에서 같은 행위에 칭찬을 받게 되는 사정도 일어날 수 있거든. 참으로 어리석고 변변치 못한 일인데 철학자라면 요즈음의 사정에서 다음 원리들을 이끌어낼 수가 있지.

첫째, 우리의 행위는 모두 그 자체로서는 무차별이고 선도 악도 아니야. 때때로 인간이 선이라든가 악이라든가 하는 구별을 두었다고 해도 그것은 오로지 인간이 채용한 법률에 따른 것이거나 또는 인간이 속한 국가의 의향에 따른 것일 뿐 자연이란 면에서만 관찰한다면 우리의 행위는 모두 완전히 같은 것에 지나지 않아.

둘째, 만일 우리가 자신의 내부에서 마음에 싹튼 나쁜 행위로의 욕망과 싸우는 무의식의 목소리를 느낀다면 그 목소리는 의심할 것도 없이 우리의 편견 또는 교육의 결과에 지나지 않고, 만일 우리가 다른 풍토에서 태어났더라면 그 목소리도 크게 달라져 있었을 것은 의심할 여지가 없어.

셋째, 우리가 다른 나라에 가서 사는데도 이 무의식의 목소리를 지울 수가 없었다는 사실이 이 목소리를 증명하지는 않아. 단지 최초로 마음에 싹튼 충동이 좀처럼 사라지지 않는다는 것을 새삼 깨닫게 될 뿐이지.

넷째, 요컨대 양심의 가책이란 최초로 마음에 싹튼 충동의 순수하고도 소박한 결과인 것이고 습관만이 이를 파괴할 수가 있어. 우리는 이와 같은 감정을 단호하게 극복하기 위해 노력해야만 해.

실제로 어느 행위가 진실로 죄악적인 것인지를 판단하기 위해서는 그 행위가 어떻게 자연을 침해하는가를 조사해보아야 하지. 틀림없이 인간은 자연의 법칙을 침범하는 것만을 죄악으로서 합리적으로 구분하지는 못하기 때문이야. 따라서 이 죄악은 세계 공통이고 지상의 모든 인간으로부터 까닭 없이 혐오되고 있는 행위이며, 또한 이 행위에 대한 혐오는 인간의 필요를 채우는 욕망 등과 마찬가지로 널리 인간의 마음속에 각인되어 있는 감정이어야만 해. 그런데 그런 감정이 실제로는 하나도 없단 말이야. 우리에게는 더 없이 무섭고 추악하게 생각되는 죄악도 어딘가 다른 곳으로 가면 훌륭한 행위로서 떠받들어져 있는 것이지.

그러므로 죄라는 것은 전혀 현실적인 게 아니야. 자연은 언제나 쉼 없이 움직이고 우리를 두려워하기에는 너무나 강대하므로 이를 침범하는 것과 같은 어떤 죄도, 또 어떤 방법도 실제로는 있을 수가 없어. 설사 우리가 자연을 침해할 수 있다고 자만한다 해도, 또 어떻게 말하면 좋을까, 그와 같은 자만을 일으키게 하는 것도 역시 자연이므로 자연을 범해도 전혀 나쁠 게 없다고 생각해도 우리가 무차별하게 자연을 범했다고 믿어질 정도로 그토록 맹렬하고 과격하며 추악한 행위는 유감스럽지만 어디에도 없는 거야. 우리의 풍속이나 종교나 관습 등은 매우 쉽고도 필연적으로 우리를 그릇되게 이끄는데 자연의 목소리는 결코 우리를 잘못된 길로 이끌지는 않지. 그리고 자연의 법칙이 유지되는 것도 우리가 죄라든가 미덕으로 부르고 있는 것의 완전히 평등하고 무차별인 뒤섞임에 따를 수밖에 없는 거야. 다시 말해서 자연의 재생에는 파괴가 필요하고 자연의 유지에는 죄가 필요해. 한마디로 말해서 자연이 살기 위해서는 죽음이 필요하다는 것이다.

따라서 어디까지나 미덕으로 충만한 세계는 한순간도 존속할 수가 없어.

자연의 현명한 손은 무질서에서 질서를 낳게 해. 그리고 이 무질서가 없으면 자연은 아무것도 이룰 수가 없는 거지. 이를테면 별의 운행을 유지해 아득하게 넓은 우주의 벌판에서 이를 놀게 하고 이에 주기적인 운동을 부여하는 것도 그와 같은 예측불가의 자연의 평형작용인 거야. 자연이 선을 만들 수가 있었던 것도 오로지 악의 힘에 따른 것이고, 자연이 존재하는 것 역시 죄의 힘에 따른 것이며, 만일 지상에 미덕밖에 없다면 모든 것은 파괴될 테지.

여기서 한 가지 묻겠는데 쥘리에트, 이와 같이 악이 자연의 위대한 목적에 유효하게 작용하고, 악이 없었다면 자연은 아무것도 이룰 수 없다는 사실을 안 이상, 어찌 나쁜 짓을 하는 인간이 자연에 유익한 인간이 아닌 이유가 있을까? 이런 인물이야말로 의심할 것도 없이 자연이 그 목적 달성을 위해 만들어낸 인간이 아닐까?

왜 우리는 자연이 동물의 세계에 만든 것을 우리 인간의 세계에도 만들었다는 뚜렷한 사실을 외면하는 것일까? 모든 동물이 서로 물어뜯고 약육강식의 법칙에 따라서 쇠망하고 있는 것은 아닐까? 아그리피나를 독살한 네로의 행위도 양을 먹는 늑대의 행위와 조금도 다름이 없는 똑같은 법칙의 결과가 아니라고 누가 말할 수 있을까? 또 마리우스나 술라의 명령도 자연이 때로는 지상에 보내는 페스트나 굶주림과 조금도 다를 바가 없지 않나?

내가 잘 아는데, 자연은 특별히 인간에게만 이런저런 죄를 할당한 게 아니라, 온갖 죄를 만들고 나서 인간에게는 그와 같은 죄에 물들지 않고는 견딜 수 없는 버릇을 잊지 않고 부여했던 거야. 그리고 자연은 합법적이거나 비합법이거나 산더미처럼 쌓인 이 모든 큰 죄악과 파괴에서 무질서와 쇠망을 이끌어내는데, 이것이야말로 자연이 다시 질서와 생장을 발견하기 위해 반드시 필요한 것이지.

만일 인간에게 쓰길 바라지 않았다면 자연은 왜 우리에게 독을 주었을까? 만일 티베리우스라든가 안드로니쿠스, 헤롯, 엘라가발루스 같은 폭군이나 그 밖에 지상을 어지럽힌 모든 악인 또는 영웅(이 두 가지는 동의어인데)의 파괴행위가 자연의 목적에 부응하는 것이 아니라면 왜 자연은 그와 같은 냉혹한 인간들을 출현시킨 것일까? 그리고 만일 파괴라는 것이 자연의 본질이 아니고 죄와 파멸이 자연의 법칙에 꼭 필요한 것이 아니라면 자연은 왜 이들 악인 밑에 페스트와 전쟁, 굶주림 등을 보낸 것일까? 또 이상의 논거에서 파괴라는 것이 자연에 있어서 본질적인 것임을 인정한다면 파괴를 위해 탄생된 것을 깨달은 인간이 자신의 경향에 거스를 필요가 어디에 있지? 지상에 만일 악이라는 것이 있다고 한다면 그것은 분명히 우리 인류 위에 미친 자연의 의도에 거스르는 인간의 행위여야 한다고 말할 수 있지 않을까?

오로지 우리 인류를 해침으로써 성립하는 죄가 자연의 분노를 가져오는 것이라면 자연이란 어느 한 존재를 다른 것보다도 편들고 있음을 인정해야만 하고, 또 우리는 자연의 손에 의해서 모두 똑같이 창조되었지만 실은 평등한 대우를 받고 있지는 않음을 가정해야만 하지. 하지만 만일 우리 인류가 힘을 제외하고 모두 똑같이 만들어져 있어 구두 수선집을 만드는 데에도, 황제를 만드는 데에도 자연은 같은 고심을 하는 것이라면, 이와 같은 여러 가지 죄가 있는 행위는 최초 충동의 필연적인 결과로서의 사건에 지나지 않을 뿐더러 자연의 마음에 드는 방식으로 만들어져 있는 우리가 이 행위를 필연적으로 실행할 수밖에 없는 것도 당연한 도리이지. 또 자연이 우리 개인 사이에도 여러 가지 육체적 차이로 약자와 강자를 만든 사실에 주목한다면, 마치 양을 잡아먹는 것이 늑대의 본질이고 고양이에게 먹히는 것이 쥐의 본질인 것처럼 자연이 필요로 하는 죄악의 실행은 가장 강한 자의 손에 의해서라는 사실도 그와 같은 추세에서 자연 자체가 우리에게 뚜렷이 지시하는 게 아닐까?

이와 같은 문제에 관한 우리의 가장 큰 편견 가운데 하나는 우리가 자신과 타인과의 사이에 이유 없이 설정하고 있는 하나의 유대에서 생기는 것이고, 우리는 아무런 근거도 없는 이 어리석고 변변치 못한 유대를 종교에 의해서 동포애라는 이름 아래 쌓고 있지. 내가 뚜렷이 해야 할 일도 주로 이런 것인데, 까닭인즉 이 근거 없는 유대라는 사고방식이 상상도 하기 어려울 정도로 인간의 정욕을 부당하게 구속하고 억누르고 있는 사실을 언제나 우리가 목격하고 있기 때문이야. 그래서 내가 그대의 눈앞에서 이를 쳐부수려고 하는 것도 이 유대가 인간 이성에 미치고 있는 압박 때문이지.

모든 생물은 태어날 때는 고독하고 서로 어떠한 필요도 지니고 있지는 않아. 인간은 자연 그대로의 상태로 내버려두고 교화 따위는 하지 않는 게 좋지. 그렇게 하면 모두가 동료 따위는 필요로 하지 않으며 저마다 음식물이나 생활자료를 스스로 발견할 거야.

강자는 누구의 지원도 필요로 하지 않고 생존의 양식을 얻을 것이며, 약자도 틀림없이 그 필요를 느끼기는 하겠지만 그들은 자연의 손에 의해서 우리에게 굴복하도록 만들어져 있지 않아 결국은 우리에게 희생될 거야. 그들의 현상이 확실한 증거지. 그러므로 가장 강한 자가 원하는 만큼 약자를 이용할 수가 있어. 하지만 그들이 약자를 지원해야만 한다는 것은 어떤 경우에도 있을 수 없는 일이야. 만일 강자가 약자를 지원한다면 그것은 자연에 거스르는 행위이니까. 만일 그가 이 약자를 향락의 도구로 삼고 기분 내키는 대로 따르게 해 폭력으로 지배하고, 학대하고, 우롱하고, 위안으로 삼고, 더 나아가 그 개체를 파멸에 이르게 한다면 그 행위는 자연에 도움이 되고 있는 거야.

하지만 되풀이해서 말하는데, 거꾸로 만일 그가 약자를 지원하고 그 힘의 일부를 부여하거나 그 권력의 일부를 넘겨주어서 자기와 상대를 평등한 위치에 둔다면 필연적으로 그 행위는 자연질서의 파괴가 되고 그는 보편적인 법칙을 어긴 것이 돼버려. 그리고 이 사실에서 연민이라는 감정이 자연의 법칙에 따라서 요청된 불평등이라는 상태를 어지럽히도록 우리를 이끄는 것이라면, 그것은 미덕은커녕 엄연한 악덕이야. 과연 고대의 철학자는 연민을 혼의 약점, 일찌감치 치유해야 할 질환의 하나로 간주하고 있었으므로 그와 같은 과오를 범하지 않았어. 즉 이 잘못은 차별과 불평등을 가장 기초가 되는 자연의 법칙에 전면적으로 배치한 결과인 셈이지. 따라서 이른바 동포애의 유대라는 것은 예부터 약자에 의해서 생각된 것이었지. 아무것도 필요로 하지 않는 강자가 그와 같은 유대를 생각해내지는 않았을 테니까. 약자를 굴종시키기 위해 강자는 그 힘만을 필요로 하므로 오로지 약자의 발명품인 동포애라는 유대는 마치 양이 늑대에게 '너는 날 먹어서는 안 된다. 왜냐하면 나도 다리가 넷, 너도 다리가 넷이기 때문이다'라고 한 것과 마찬가지로 웃기는 논거 위에 서 있는 관점에 지나지 않는 거야."

1년쯤의 세월을 이렇게 보내는 동안 나는 나의 이익을 위해 몇몇 연회에 참석했는데 우연은 나의 절도솜씨를 발휘할 기회를 좀처럼 주지 않았다. 그래도 나는 변함없이 노아르슈의 제자이고 노아르슈의 방탕의 상대가 되어 그 부인으로부터 미움을 받고 있었다.

우리는 서로 무관심해 노아르슈도 나를 사랑하지는 않았으나 나의 재능을 크게 존중하고 있었으므로 계속해서 엄청난 돈을 나에게 지불했다. 그런 이유로 그는 자신의 쾌락을 위해 1년에 2만 4천 프랑의 돈으로 나를 부양하고 있었는데 그 밖에도 내가 버는 돈이 연 수입 1만 2천은 거뜬했다. 사내 따위는 그다지 생각하지 않고 내가 욕망을 채우고 있었던 것은 오로지 두 미녀에 의해서였다. 이 여자친구 둘은 우리가 노는 자리에 섞일 때도 있었으며 그런 때에는 상식의 틀을 벗어나 쾌락에 빠져들었다.

어느 날 내가 가장 아끼는 하녀의 친구가 찾아와 자기 가족의 한 사람이 골치 아픈 사건에 연루되어 있는데 어떻게 좀 힘을 빌릴 수 없겠느냐고 부탁을 했다. 그녀의 말에 따르면 나의 연인인 노아르슈는 장관 곁에서 크게 신용을 얻고 있으므로 그에게 한마디만 하면 곧 모든 일이 해결되리라는 것이었다. 그리고 원한다면 당사자를 보내 직접 이야기를 하겠다는 것이다. 그래서 나는 그만 어려운 처지에 놓인 사람을 구해주는 분수에도 맞지 않은 불길한 미덕의 욕망에 이끌려 승낙을 하고 말았는데 이윽고 심한 대가를 치르게 되었다. 젊은 사내가 찾아오자 그를 본 순간 나는 깜짝 놀랐다. 놀랍게도 그 사내는 내가 얼마 전 불려가 도둑질까지 하고 돌아온 덴마르 공작 가의 하인 뤼방이 아닌가. 나는 최대한의 노력을 기울여 낭패감을 얼버무렸다. 뤼방은 자기는 이제 공작 집에서 일하지 않는다고 말하고 밑도 끝도 없는 엉터리 이야기를 들려주었다.

내가 틀림없이 도움이 되어주겠다고 약속을 하자 뤼방은 이미 1년 전부터 나를 찾고 있었는데 이렇게 만날 수 있게 되어 매우 기쁘다는 말을 남기고 돌아갔다. 며칠이 지나는 동안 아무 이야기도 내 귀에는 들어오지 않는다. 이 꺼림칙한 만남이 어떤 불행한 결과를 가져올지 나는 생각하지 않기로 했다. 정말로 하녀의 친구에게 적의가 있었는지 알 수 없었는데, 마치 함정에 빠뜨리는 것과 같은 방법이므로 나는 그녀가 원망스러웠다. 그런 어느 날 밤, 이탈리아 극장에서 나오자 갑자기 6명의 사내가 내 마차를 멈추게 하고 굴욕적으로 나를 마차에서 끌어내더니 지붕이 달린 마차에 쳐 넣고 "요양원으로!"라고 마부에게 명한 것이다.

'아아, 하느님, 난 이제 끝장이에요!' 이같이 마음속으로 생각을 했다.

그렇지만 곧바로 안정을 되찾자

"여러분" 하고 외쳤다. "무언가 착각을 하고 있는 것이 아닙니까?"

"맞습니다. 우리는 착각을 하고 있습니다"라고 대답을 한 것은 악한 가운데 한 사람이고, 이윽고 그 사내가 뤼방이라는 것을 나는 깨달았다. "물론 우리는 착각을 하고 있습니다. 실은 아가씨를 교수대로 끌고 가야 하는데, 충분한 증거가 갖추어지기 전에는 노아르슈 씨에 대한 체면도 있으므로 경찰당국은 당신을 일단 요양원에 보내두기로 한 것입니다. 아무튼 집행유예라고나 할까요."

"그런 일이라면," 나는 깐깐하게 말했다. "어디 두고 봅시다. 한순간이라도 나를 죄인으로 믿고 뻔뻔스럽게 나에게 손을 댄 사내가 어떤 꼴을 당하는지 깊이 깨닫게 해줄 거예요."

어두운 토굴에 갇혀 서른여섯 시간 동안 나는 감옥 말고는 누구도 만날 수가 없었다.

그런데 2일째가 되자 문을 열고 들어오는 자가 있었고, 바로 노아르슈였다.

"오오, 노아르슈!" 나는 연인을 보는 순간 반가워서 나도 모르게 외쳤다. "어느 신이 당신을 이곳으로 보냈을까요! 그런 나쁜 짓을 저질렀는데, 나는 아직 당신의 동정을 받을 수 있을까요?"

"쥘리에트." 우리가 단둘이 되자 그가 말했다. "우리 두 사람의 삶에는 그대를 비난해야만 할 이유는 하나도 없었어. 그대는 자유였지. 우리의 관계에는 애정 같은 것이 끼어들 여지가 전혀 없었는데 문제는 믿음이야. 그런데 나의 사고방식과 그대의 사고방식 사이에 무언가 유사함이 있었다고 해도 그대는 이 믿음이라는 감정을 배신해야만 한다고 믿은 것 같더군. 이보다 더 단순명쾌한 것은 없어. 만일 단순명쾌하지 않은 것이 있다고 한다면 그것은 그대가 그런 하찮은 일로 체포되어 벌을 받게 된다는 것뿐이지. 내 말 잘 들어. 알고 있는 바와 같이 나는 그대의 두뇌를 사랑하고 있어. 전부터 그것은 그대에게 말했었지. 그리고 그대의 두뇌회전이 나의 두뇌회전과 닮아 있는 이상, 나는 이를 영원히 이용하고 싶어. 따라서 내가 그대의 구속을 풀어주려고 온 것은 애정에서도 아니고 동정에서도 아님을 먼저 믿어야 해. 그대는 나라는 인간을 잘 알고 있을 테니까 내가 인간의 그 어떠한 약점에 의해서도 꿈쩍도 하지 않는다는 것도 잘 알 거야. 나는 이기주의에 의해서만 행동해. 맹세코 말하는데 예컨대 그대가 교수형에 처해지는 것을 보고 훨씬 내가 흥분한다고 해도 나는 한순간도 망설이지 않을 거야. 더구나 그대와의 교제는 꽤 마음에 들어. 만일 그대가 교수형을 당하면 나는 그대와의 교제도 할 수 없게 되는 거잖아. 그런데 그대는 교수형에 처해질 만하고 바로 교수형에 처해지려고 해. 그리고 이것이 내 행동에 힘찬 동기를 부여하지. 만일 그대가 거열(車裂)의 형에 처할 만한 인간이었다면 나는 더욱 그대를 사랑할 거야…… 자 날 따라와, 그대는 자유다…… 감사 따위를 할 필요는 없어. 나는 그 같은 감정을 제일 싫어하니까."

재판소의 서기과로 오자, 곧바로 노아르슈는 판사 한 사람에게

"판사님" 하고 말했다. "이 아가씨는 부당하게도 도둑의 혐의를 받고 있는 것 같은데 진범의 이름을 당신 앞에서 숨길 의도는 전혀 없는 모양입니다. 그녀가 지금 나에게 확언한 바에 의하면 진범은 덴마르 공작의 집으로 그녀를 데리고 간 3명의 여자 가운데 한 사람이라고 합니다. 자, 쥘리에트, 말해. 그대는 그 아가씨의 이름을 기억하고 있겠지?"

"네, 물론이에요." 나는 엉큼한 노아르슈의 말에 되도록 보조를 맞추어 "확실히 세 사람 가운데 가장 예쁜 애였어요. 18, 9살쯤 된 미네트란 이름의 아가씨였어요."

"그 말을 해주었으면 좋았을 텐데, 아가씨." 판사는 말했다. "그러면 한 가지, 그 진술을 선서해주겠습니까?"

"네, 하겠습니다." 나는 대답을 하며 바로 일어나서 십자가 쪽으로 손을 들고 "선서"라고 또렷한 목소리로 말했다. "덴마르 공작 집에서 도둑질을 한 범인은 미네트란 이름의 여자임을 하느님 앞에 맹세합니다."

우리는 밖으로 나오자 서둘러 마차에 올랐다.

"어떤가, 쥘리에트." 나의 연인이 말했다. "내가 없었으면 그대는 여기서 벗어날 수 없었을 거야. 키스해줘, 나의 천사여…… 그대의 거짓 혀를 빠는 것이 나는 제일 좋아. 아아 그대는 감쪽같이 해냈군! 어차피 미네트는 교수형에 처해질 거야. 죄를 범했을 때는 몹시 즐겁단 말이야. 무사히 빠져나왔을 뿐만 아니라 한 사람의 무고한 여자를 대신 죽이는 것이니까."

"오오, 노아르슈!" 나는 외치고 있었다. "당신은 정말 멋진 사람이에요! 이 세상에서 내가 좋아하는 유일한 분이에요. 그런 사람을 배신하다니 나는 얼마나 어리석은지 몰라요."

"이제 됐어. 쥘리에트. 마음 놓아도 돼." 노아르슈는 말했다. "죄의 후회

따위는 할 필요가 없어. 그보다 해야 할 것은 미덕의 후회야. 나에게 숨긴 것이 잘못이었어." 나의 연인은 마차가 저택에 닿을 때까지 다음과 같은 이야기를 해주었다.

"그대가 물욕이나 음탕한 욕심에서 연회에 나가는 것이었다면 나는 조금도 그 행위를 꾸짖지는 않았을 거야. 그와 같은 악덕에 의거한 행위는 모두 나에게 있어서는 존경해야 할 행동이거든. 하지만 뒤베르제의 친절에는 경계해야만 했지.

아무튼 그 여자는 여자를 죽일지도 모르는 잔혹한 취미를 가진 도락자만을 대상으로 삼고 있었으니까. 나에게 한마디 해주었으면 그다지 위험하지도 않고 원할 때에 도둑질도 할 수 있는 유쾌한 연회를 널 위해 마련해주었을 텐데! 도둑질처럼 단순한 욕망은 없어. 그것은 인간에게 있어서 자연스런 변덕의 하나니까. 이렇게 말하고 있는 나도 실은 오랫동안 이 변덕스러움에 사로잡혀 있었지. 지금 그런 짓을 하지 않는 것은 더 나쁜 짓을 하게 되었기 때문이야. 작은 악덕을 교정하려면 큰 죄에 빠지는 것 말고는 방법이 없지. 미덕을 우롱하면 할수록 미덕을 침해하는 일에 익숙해지는 법이야. 이렇게 되면 인간은 가장 큰 미덕의 모욕에 의해서만 쾌감을 느끼게 돼. 어떤가, 쥘리에트, 그대는 크게 손해를 보았어. 하지만 나는 그대의 욕망을 몰랐으므로 그대와 그것을 하고 싶어서 근질근질해 견디지 못하고 있는 친구들을 지금까지 5, 6명이나 거절하고 있었지. 이런 친구들의 집에 가면 그대는 엉덩이를 제공하는 것만으로도 아무런 위험 없이 도둑질을 할 수 있었지, 게다가," 노아르슈는 말을 이었다.

"만일 그 뤼방이란 놈이 주인의 의심을 받고 절도범에 관한 엄중한 수사를 하려는 마음만 없었다면 이런 일은 아무도 모르게 묻혀버렸을 거야. 하지만 나의 천사여, 그대의 원수는 갚아주었어. 우리는 그놈을 비세톨의 감옥에 쳐 넣고 평생 햇빛을 볼 수 없도록 해주었지. 물론 그대도 알고 있겠지만 그대를 구출해 이 사건을 뒤집는 데는 생퐁 장관의 힘이 필요했어. 아무튼 사정이 모두 밝혀지고 22명이나 되는 증인이 너에게 불리한 진술을 했기 때문이야. 그러나 설사 5백 명의 진술자가 있었다고 해도 우리의 권세는 그들을 두려움에 질리도록 하기에 충분했을 테지. 이 세력이야말로 쥘리에트, 참으로 대단한 거야. 나와 생퐁은 어떤 극악한 자도 순식간에 단두대에서 구출하고, 어떤 선인도 한순간에 단두대에 오르게 하는, 두 가지 힘을 지니고 있지. 어리석은 왕들이 지배하고 있는 나라에서는 이렇게 멋대로 할 수 있다는 좋은 본보기야. 둘러싸고 있는 자들이 왕을 움직이고 있으므로 꼭두각시에 지나지 않은 왕은 스스로 지배하고 있다고 생각하지만 실은 우리의 정욕에 의해서만 지배하고 있는 것이지."

저택으로 돌아오자 하녀들이 기다리고 있다가 나를 욕탕에 들여보내주었다. 나는 목욕과 화장에 두 시간을 보내고 장미처럼 싱싱해져 생퐁 장관의 만찬회에 나갔다.

생퐁은 나이가 50세쯤 되고 재치가 뛰어난데 성질은 몹시 음험하고 머리와 배가 크다. 게다가 호색한에 잔인하고 더없이 거만한 사람이었다. 프랑스 국가의 재정을 부풀려 막대한 부를 만들거나 하찮은 변덕으로 칙명 체포영장을 발부하거나 하는 수완을 지니고 있었다. 남녀노소 2만 명 이상의 인간이 이 생퐁의 명령으로 프랑스의 곳곳에 세워져 있는 요새감옥에 갇혀 신음하고 있다는 것이다.

하지만 이 2만 명 가운데에는, 어느 날 농담삼아 그가 한 말에 의하면 실제로 죄가 있는 사람은 한 사람도 없다는 것이다. 파리고등법원 의장인 다르벨이 모임에 자리를 같이했는데 이 사람에 대해서는 만찬장으로 가는 도중 노아르슈에게서 조금 들은 바가 있었다.

"그 사람에게도 생퐁에 대한 것과 똑같이 경의를 표해야만 돼. 열두 시간 전만 해도 그 사람이 그대의 목숨을 쥐고 있었으니까. 그대에 대해 베푼 친절에 보답을 해야 해. 그 사람의 덕택으로 나는 탈 없이 그대를 무죄로 해줄 수가 있었던 거야."

노아르슈 부인과 나, 거기에 4명의 예쁜 아가씨가 이들을 위한 후궁을 구성하고 있었다. 이 아가씨들은 아직 처녀이고 뒤베르제가 특별히 고른 미녀들이었다. 가장 어린 아가씨는 에그레라고 하는데 금발에 올해 13세로 홀딱 반할 것 같은 용모였다. 다음의 아가씨 롤렛은 15세였으며, 꽃의 여신 플로라를 빼닮은 생김새에 지금껏 본 적이 없는 앳되고 순진한 모습이었다. 앙리에트는 16세, 시인이 미의 세 여신에게 부여하는 매력을 독차지하고 있었다. 랭단은 17세, 그 모습은 그림에 그린 것 같고 또렷한 눈매와 그 이상은 생각할 수 없을 정도의 육체를 가진 아가씨였다.

15에서 20세까지의 청년이 6명, 여자처럼 머리를 묶고 알몸으로 우리의 식사를 거들었다. 이 인원수로 알 수 있듯이 만찬회를 구성하고 있는 3명의 호색가들은 두 여자와 두 청년을 합쳐서 4명의 인간을 제각기 이용할 수가 있는 것이다. 내가 홀에 들어갔을 때는 아직 이 사람들 가운데 아무도 와 있지 않았으므로 다르벨과 생퐁은 15분 동안이나 나 한 사람을 붙잡고 키스를 하거나 겉치레 말을 하거나 칭찬을 하던 끝에 나의 꼬투리를 잡아 화제로 삼아 놀리거나 하는 것이었다.

"아무튼 여자도적이라고 해도 이렇게 귀여운 여자니까." 노아르슈가 말했다. "바로 재판관의 처분으로 목숨을 건진 것만도 크게 감지덕지해야 할 처지다."

"그러나 생명을 잃지 않은 것이 무엇보다 다행이었어." 다르벨이 말했다. "법의 여신 테미스가 눈가리개를 하고 있는 것은 괜한 게 아니야. 너도 그렇게 생각하지? 이런 귀여운 여자를 재판할 때에는 어떤 경우에도 눈가리개를 하지 않으면 안 된다고"

"내가 보증하건대 이 여자는 평생토록 절대로 어떤 벌도 받지 않아." 생퐁이 말했다. "그녀는 원하는 대로 무엇이건 할 수가 있지. 어떤 잘못을 범해도 내가 감싸줄 것이고, 법에 벗어난 어떤 쾌락이라도 그녀의 쾌락을 방해하려는 자에게는 본인의 요구가 있는 대로 내가 복수해주겠어. 약속해."

"나도 그렇게 하겠어." 다르벨이 말했다. "게다가 나는 프랑스 국내의 어느 재판소가 그녀에 대해서 소송을 제기해도 모든 추궁을 면할 수 있는 사법관의 친서를 만들어주겠어. 내일 당장이라도, 그런데 생퐁 씨, 나는 무언가 더욱 필요한 것이 있을 성싶어. 지금 우리가 한 일은 모두 죄를 용서하는 것인데 이번에는 이것을 장려해야만 해. 그래서 당신에게 부탁하는데 말이지, 그녀가 앞으로 저지르는 죄악의 정도에 따라서 2천 프랑에서 2만 5천 프랑까지의 연금을 준다는 허가증을 만들었으면 해."

"쥘리에트," 노아르슈가 말했다. "이만큼 강력한 후원이 있는 이상 이제 그대는 어떤 변덕스러운 일에 탐닉하건, 어떤 잘못을 범하건 우리에게 숨길 필요는 없을 거야. 그런데 여러분," 나의 연인은 나에게 대답할 틈도 주지 않고 바로 계속했다. "이래야만 여러분은 법률이나 국왕으로부터 위임된 권력을 훌륭하게 활용하는 게 아닐까."

"아무튼 이보다 더 훌륭한 활용법은 없겠지." 생퐁이 대답했다. "본디 우리에게 위임된 권력은 인간의 행복을 만들기 위한 거야. 우리의 행복과 이 귀여운 여자의 행복을 위해서라면 활동하지 않고 어떻게 배기겠는가!"

"우리에게 권력을 맡긴 인간은," 다르벨이 말했다. "별도로 이런저런 인간을 특별히 행복하게 하라, 는 따위의 말은 하지 않았어. 단지 이렇게 말했을 뿐이지. 너희들에게 이 권력을 부여할 테니까 인간의 행복을 만들어주기 바란다, 라고. 그러나 모든 인간을 똑같이 행복하게 한다는 것은 무리지. 그러므로 우리 가운데 몇 사람이 만족하면 그것으로 목적은 이루어지는 거야."

"그러나……" 노아르슈가 새삼 반대의견을 말했다. "죄가 있는 자를 돕고 무고한 자를 함정에 빠뜨리게 되면 역시 아무래도 전체의 불행을 위해 활동하게 될 텐데."

"그런 일은 없어." 생퐁이 말했다. "악덕은 미덕보다도 훨씬 많은 행복을 만들지. 그래서 미덕에 포상을 하기보다는 악덕을 감싸줌으로써 나는 전체의 행복에 계속 기여하고 있는 거야."

"당신과 같은 악한 자에게 그야말로 꼭 들어맞는 의견이군." 이같이 노아르슈가 말했다.

"그렇지만" 다르벨이 말했다. "악인도 당신을 즐겁게 해주지 않는가, 공연한 트집이로군."

"과연, 그래." 노아르슈가 말했다. "그런데 말만으로는 안 돼. 조금은 실행 쪽으로 무게를 두는 것이 좋지 않을까. 여러분이 다 모이기 전에 잠시 쥘리에트와 둘이서만 있고 싶은데?"

"난, 괜찮아." 다르벨이 말했다. "마주 대하는 것은 전혀 기질에 맞지 않아. 첫째 서투르거든…… 그런 경우에는 언제나 도움이 절대로 필요해서, 모두가 모일 때까지 느긋하게 기다리고 있는 게 즐거워."

"나는 그런 생각은 해본 적이 없어서." 생퐁이 말했다. "잠깐 저 침실 안에서 쥘리에트와 이야기를 좀 할까?"

우리가 침실로 들어가자 곧장 생퐁은 나에게 알몸이 되어달라고 했다. 그리고 내가 지시에 따르고 있는 사이에 나에게 말을 걸었다.

"확실한 이야기에 의하면, 그대는 내 변덕에 고분고분 따라줄 여자인 것 같아. 내 변덕이 그다지 기분 좋은 것이 아닌 것은 나도 일찍부터 잘 알고 있지만 그대의 굳은 의리에 기대를 갖게 되는군. 그대도 아는 바와 같이 나는 그대를 위해 힘을 다했어. 앞으로도 더욱 힘을 써줄 거고. 그대는 천성이 악하고, 집념이 강해. 마음에 들어." 그렇게 말하고 그는 아직 백지상태인 칙명 구인장 6통을 나에게 건네주었는데, 거기에 이름만 쓰면 어떤 상대라도 뜻대로 그 자유를 빼앗을 수 있는 것이었다. "이것으로 그대를 즐겁게 해주겠어"라고 하면서 그는 계속 말했다. "그리고 1천 루이의 이 다이아몬드를 받아둬. 이것은 오늘 밤 그대와 가까워지는 즐거움을 위한 사례로 생각해…… 자, 받아줘, 어차피 나랏돈이니까, 내 주머니가 비게 되는 것은 아니야."

"정말, 당신의 친절에는 어찌할 바를 모르겠군요."

"아니야, 약간의 성의 표시에 지나지 않아. 나는 그대가 집에 와주었으면 하는데 마침 그대처럼 무엇이든 처리할 수 있는 여자가 한 사람 필요했던 참이야. 실은 독살계획에 한몫을 해주었으면 해서."

"아니, 당신은 그 같은 일을 하고 계셨나요?"

"꼭 필요해서. 우리에게는 반드시 없애야 할 인간이 많거든. 어때, 마음에 걸리나?"

"아니에요, 조금도. 당신 앞에서 맹세하겠어요. 전 세계에 나를 공포에 떨게 할 나쁜 일은 하나도 없고, 내가 기꺼이 범하지 않는 죄는 하나도 없다는 것을."

"아아, 키스해줘, 그대는 정말 좋은 여자야." 생퐁은 말했다. "그리고 그대가 이렇게 약속해준다면 나도 결코 잊지 않도록 하지, 그대가 무슨 일을 해도 벌을 받지 않는다는 앞서의 약속을. 그대는 어떤 일이건 뜻대로 해도 되는 거야. 그대의 신상에 닥치는 불행한 사건은 모두 내가 처리해주기로 약속하지. 하지만 그러기 위해서는 내가 이제부터 그대에게 맡기는 일을 훌륭하게 수행할 수 있을지를 지금 바로 나에게 증명해 보여줘야만 해. 자, 이것을 봐." 그는 나에게 작은 상자를 건네면서 말을 이었다. "오늘 밤 만찬 때 그대 옆에 아가씨들 가운데 한 사람을 앉히겠어. 그 여자를 대상으로 독을 시험해보면 재미가 있을 것 같군. 그대는 먼저 그 여자를 마음껏 귀여워하도록 해. 거짓은 실체를 숨기기 위한 수단이니까. 가능한 한 잘 속이도록. 그리고 식사가 끝난 뒤에 포도주잔이 그녀 앞에 놓이면 그 안에 이 가루를 집어넣는 거야. 효과는 곧바로 나타날 테고, 그대가 나에게 걸맞은 여자인지 아닌지도 그때 알게 되겠지. 성공하면 약속한 지위는 이미 그대의 것이야."

"오, 당신" 나는 흥분된 투로 말했다. "무엇이건 명령만 내려주세요. 나의 활약상이 어떤 것인지 곧 알게 될 거예요."

"귀여운 것! 그러면 어디 한번 즐겨볼까, 아가씨. 그대의 타락상은 나를 흥분하게 해…… 그런데 먼저 그대가 결코 잊어서는 안 될 의식을 하나 알려주지. 그대는 나에 대해 표시해야 할 깊은 경의를 절대 가볍게 생각해서는 안 돼. 내가 참으로 많이 가지고 있는 칭호는 나에 대한 경의의 의무를 그대에게 부과하는 거야. 이 점에 대해서 나는 지나칠 정도로 자존심이 강해서 말인데, 결코 그대에게 허물없는 대화 따위는 하지 않을 생각이다. 그러므로 그대도 당신이라고 부르는 것 말고는 특별히 어떤 호칭도 써서는 안 된다는 것을 명심하도록. 가능한 한 3인칭을 써서 말하도록 해. 그리고 내 앞에서는 언제나 존경하는 태도를 갖추도록. 내가 차지하고 있는 높은 지위도 물론이지만 내 가문은 더없이 고귀하고, 내 재산은 더없이 거대해. 그리고 나의 권세는 국왕조차도 넘어서고 있지. 그 정도의 지위에 있을 때 사람이 자만하지 않기란 절대적으로 불가능해. 하찮은 인기를 얻기 위해 민중에게 무턱대고 가까이하려는 권력자는 순식간에 비천해지고 몸을 망치게 돼. 자연은 권세가를 넓은 하늘의 별처럼 지상에 자리매김하게 한 것이지. 따라서 그들은 세계를 비춰야만 하고 결코 땅으로 내려와서는 안 돼. 그와 같은 나의 자존심도 상대가 나에게 무릎을 꿇고 복종하지 않으면 만족하지 못할 정도의 것이고 시민으로 불리고 있는 저 천민들은 사람을 통하지 않고는 말도 섞기 싫다. 나의 눈높이에 걸맞지 않은 것은 모두 싫으니까."

"아무튼" 내가 말했다. "당신은 대부분의 사람들을 증오할 수밖에 없을 거예요. 이렇게 말씀드리는 것은 이 지상에서 당신에게 견줄 수 있는 사람은 몇 사람밖에 안 되기 때문이죠."

"그대가 말하는 대로 아주 소수지. 그래서 나는 방금 저쪽 방에서 만나고 있었던 두 친구와 그 밖에 3, 4명을 제외하고 전 세계의 인간을 혐오해. 그 밖의 인간은 모두 더없이 증오하고 있어."

나는 망설이지 않고 이 독선가에게 말했다. "그런 당신께서도 도락에 빠져 있을 때에는 그다지 높게 자세를 잡고 있는 것은 아닐 거예요. 언제나 고 자세를 취하고 있는 것이 당신의 취미인 줄 알았는데 말이죠."

"아니, 그것은 요컨대 같은 것이지." 생퐁은 말했다. "우리처럼 사려가 있는 인간에게 어떤 도락행위에서의 비하는 자존심에 도움이 되는 거야."

그때 내가 알몸이 되자 "아아, 엉덩이가 아름답구나 쥘리에트" 하면서 이 방탕자는 자신도 엉덩이를 드러내고 말하는 것이었다. "그대의 엉덩이가 멋지다는 말은 많이 듣고 있었는데 소문 이상이군…… 아아, 이것이야말로 날 절망시키는구나. 그런데 노아르슈에게 듣지 못했나. 내가 어떤 상태에서 그대의 엉덩이를 보고 싶어했는지?"

"아뇨."

"나는 똥으로 범벅이 된 그대의 엉덩이를 보고 싶었어…… 더러운 곳을 보고 싶었어…… 맑고 깨끗한 모든 것은 나를 절망시켜. 자, 그러면 더럽게 해서 내 기분을 만족시켜줘. 자, 봐라, 쥘리에트, 이것이 내 엉덩이다…… 그대의 엉덩이도 이런 상태이게 하고 싶었어. 어떤가, 똥투성이가 되어 있을 테지. 내 엉덩이 앞에 무릎을 꿇고 절을 해라. 내가 그대에게 주는 명예를 기뻐하라. 지상의 모든 인간이 경의를 표하고 싶어하는 내 엉덩이를 특별히 그대에게 배례하게 해주겠다…… 그대를 부러워할 테지! 신들도 이 땅에 내려오면 그런 은혜를 받고 싶어할 것이다. 자 빨아라, 너의 혀를 넣어. 머뭇거릴 것 없다."

어떤 혐오를 느꼈다 해도 나는 그것들을 이겨냈다. 그리고 나는 거기에서 하나의 계율을 만들어내고 있었다. 나는 이 도락자가 바라는 모든 것을 해주었으며, 자기 뺨을 때리게 하거나, 입안에 방귀를 뀌게 하거나, 유방이나 얼굴 위에 소변을 보게 하거나, 침을 뱉거나 젖꼭지를 잡아당기거나 엉덩이에 발길질을 가하게 하는 등 여러 가지 난폭한 행동에 몸을 맡겼다.

"자, 무릎을 꿇어라." 생퐁이 마지막으로 말했다. "내 발에 키스를 해라. 그리고 오늘 그대에게 마음껏 누리게 한 은혜에 감사해야 한다."

내가 명령에 따르자 생퐁은 나를 꼭 껴안고 그대는 참으로 대단한 여자다, 라고 말하는 것이었다. 세척기와 향료로 내 몸을 더럽히고 있었던 모든 오물은 깨끗이 씻어졌다. 그리고 우리가 침실에서 나와 손님방으로 갈 때 생퐁이 작은 상자를 나에게 건넸다.

"어머나!" 내가 말했다. "쾌락의 꿈이 아직 덜 깼는데 당신은 아직 죄의 망상에 빠져 있는 건가요?"

"뭐라고?" 이 무서운 사내가 대답을 했다. "그러면 그대는 나의 제안을 단순히 상상 속의 흥분으로만 생각하고 있었나?"

"그렇게만 생각하고 있었어요."

"그것은 그대의 착각이다. 이와 같은 일은 단순히 머릿속으로 생각만 해도 분명 우리의 정욕을 부추기는 법이야. 그러나 어떤 광기의 순간에 생각이 난 계략이라도 계획이라는 것은 냉정하게 실행되어야만 해."

"하지만 당신의 친구들은 그것을 알고 있나요?"

"알 리가 없지."

"그러면 싸움이 되지 않겠어요."

"싸움은커녕 우리는 그런 일에 익숙해져 있으니까. 아아, 그렇지. 이를테면 노아르슈의 집 뜰에 있는 장미나무가 어떤 양분을 빨아 살고 있었다고 해도 장미는 장미인 이상, 자기 아름다움의 대가를 지불할 의무가 있는 거야…… 쥘리에트, 쥘리에트…… 우리에게는 사형집행자가 여럿 있어도 모자라."

"그러면 안심하세요. 맹세코 당신의 명령에 따르겠습니다. 역할은 확실히 수행해 보이겠습니다."

그리고 우리는 손님방으로 돌아왔다.

여자들은 이미 와 있고 모두가 우리를 기다리고 있었다. 우리가 나타나자 곧바로 다르벨이 노아르슈 부인과 앙리에트, 랭단과 두 남창(男娼)을 동반하고 침실로 가고 싶다는 의사를 표시했다. 나중에 내가 다르벨의 명령으로 실행한 곳에서 본 그의 취미는 매우 기괴한 것이었다.

남은 우리, 롤렛과 에그레와 4명의 남창과 그리고 장관과 노아르슈는 몇 가지 음란한 정경을 펼쳤다. ……이윽고 생퐁이 노아르슈를 데리고 가서 몇 분간 은밀하게 대화를 나눈 뒤, 두 사람 모두 몹시 흥분한 모습으로 자리로 돌아왔다. 나머지 사람들도 모여 우리는 드디어 식탁에 자리를 잡게 되었다.

거기에서 내게 주어진 명령을 떠올리고 옆자리를 살며시 바라보자 어찌된 일인지 내 옆에 앉아 있는 것은 노아르슈 부인이 아닌가. 이를 알았을 때 나의 놀라움이 어느 정도였는지 여러분은 상상해보기 바란다.

"저 좀, 보세요." 나는 역시 반대쪽 옆에 나란히 자리를 차지한 생퐁에게 작은 목소리로 속삭였다. "그러면 저 사람이 당신이 택하신 희생자입니까?"

"물론이지." 장관은 나에게 말했다. "겁먹지 말고 좀 침착하도록 해. 그런 그대를 보는 것은 불쾌하군. 또다시 그처럼 패기가 없는 말을 했다가는 그대는 영원히 나의 신임을 잃게 될 거야."

노아르슈 부인 살해

"나는 내일 칙명으로 구인장을 발부한다." 장관이 말했다. "기괴한 장난으로 죄인이 된 한 사내를 체포해야만 한다. 그 사내는 노아르슈, 당신처럼 자기 아내를 알지도 못하는 사내에게 그 짓을 시키길 좋아하는 도락자이다. 그대에게는 매우 불합리한 일로 생각될지도 모르는데 그 아내는 모든 사람의 행복에 기여해야 할 남편의 호기심에 대해서 법원에 고소하는 어리석음을 저질렀다. 그러자 가족이 나서게 되어 마침내 나는 남편을 감금해달라는 부탁을 받았어."

"그것은 제법 가혹한 징벌이군." 노아르슈가 말했다.

"내가 보기에는 지나치게 관대하다고 생각하는데." 다르벨이 말했다. "그런 사내는 사형에 처해버리는 나라가 많지."

"아아, 당신들 같은 법률가들은 언제나 그런 의견이군." 노아르슈가 말했다. "피를 흘리기만 하면 행복하다. 여신 테미스의 단두대가 그대들에게는 침실이다. 사형을 선고하면서 신나 하고, 사형을 집행하면서 가끔 눈물을 흘리는 것이 당신들 법률가들이다."

"확실히 그와 같은 일은 흔히 있는데." 다르벨이 말했다. "그건 그렇고 자기 의무를 쾌락으로 삼는 것에 어떤 불편함이 있다는 것이지?"

"물론 불편함 같은 것은 있을 리가 없지." 생퐁이 말했다. "하지만 조금 전의 사내로 이야기를 되돌리면 세상에는 꽤 우스꽝스런 여자도 있다는 거야."

"그야 많지." 노아르슈가 말했다. "자신들의 정조만 존중하고 있으면 그것으로 남편에 대한 의무는 다한 것으로 믿고 있는 여자, 답답함이나 신심, 특히 허용된 쾌락에서 벗어난 온갖 것에 대한 완강한 거부로 그 진부하기 짝이 없는 미덕이란 놈을 구매하게 하려는 여자가, 미덕에 끈덕지게 달라붙어 있는, 이와 같은 매음(賣淫)은 자신들이 아무에게도 제대로 대우를 받은 적이 없으므로 가장 극단적인 숙녀의 모습이야말로 적어도 타인에게 인정 받을 수 있는 유일한 미덕이 될 거라고 상상을 하고 있는 거야. 여러분도 그렇게 생각하겠지만 이런 천한 여자를 누가 제대로 사랑할 수 있을까. 게다가 이런 여자들은 남편의 온갖 호기심에 대한 한없는 만족과 더 말할 나위 없는 복종에 의해서 그 악행을 숨기고 있는 법이니까! 자, 자, 하세요, 부인들이, 원하는 대로 하세요. 우리에게 그런 일은 아무래도 좋으니까. 하지만 먼저 우리의 욕망을 만족시켜주어야만 해. 아무런 거리낌도 없이 우리의 모든 욕망을 만족시켜주지 않으면 우리 마음에 들게 하기 위해 온갖 것으로 변신하고 동시에 사내가 되거나 여자가 되거나, 아이가 되기까지 하여 당신을 마음껏 채찍질하는 쾌락을 남편에게 주어야만 해. 이와 같은 배려가 있어야 비로소 남편은 다른 온갖 결점에 눈을 감기 때문이지. 또 이것이야말로 인간이 순순히 그 몸을 묶는, 모든 유대 가운데서 가장 무섭고 가장 혐오해야 할 혼인의 유대의 공포를 누그러뜨리는 유일한 수단이니까."

"아아, 노아르슈, 그대는 부인에 대한 예의를 모르는 사내로군." 생퐁이 친구 아내의 유방을 꽉 잡고 말했다. "그대는 자네 부인이 이 자리에 있는 것을 잊고 있었나?"

"이제 길게는 함께 있지 않을 생각이니까." 노아르슈가 짓궂게 대답했다.

"뭐라고?" 속이 들여다보이는 음험한 시선을 불쌍한 아내 쪽으로 던지고 이렇게 말했다.

"우리는 곧 헤어진다."

"심한 사내군." 생퐁이 말했다. 짓궂게 주고받는 말에 야릇한 흥분을 느끼고는 여전히 노아르슈 부인의 아름다운 유방을 왼손으로 주무르면서 말했다. "그럼 자네는 저렇게 아름다운 자네의 동반자와 부부의 인연을 끊으려는 것인가? 꽤 오랫동안 이어졌는데?"

"그런가, 그렇다면……" 여전히 화가 난 듯이 생퐁은 말을 이었다. "자네가 아내와 헤어질 생각이라면 내가 그녀를 받겠어. 나는 훨씬 전부터 그녀의 아름다운 모습, 배려하는 마음이 좋았으니까…… 키스해줘……."

그녀는 이미 15분이나 생퐁에게 시달리고 있었으므로 눈물이 글썽했는데 도락자는 이런 그녀의 눈물을 혀로 닦아주는 것이었다. 그런 다음 이렇게 계속했다.

"실제로 노아르슈, 이런 아름다운 부인(그렇게 말하고 그는 그녀를 깨물었다)…… 이렇게 눈물이 많은 부인(그렇게 말하고 그는 그녀를 꼬집었다)과 헤어지다니 죽이는 것과 마찬가지로 잔혹한 짓이라고 생각해."

"죽이는 것과 같다?" 다르벨이 말했다 "정말로 노아르슈가 부부의 인연을 끊는다는 것은 나도 하나의 살인이라고 생각해."

"아아, 잔혹하군." 생퐁은 이같이 말하고 친구의 불행한 아내를 세워놓고는 잔혹하게도 항문을 공격하기 시작했다. "자, 여러분, 봐라, 나는 그녀의 슬픔을 잊게 해주기 위해 다시 한 번 항문공격을 하겠다."

"그거 좋군." 다르벨은 그녀의 앞쪽으로 돌아갔다. "나는 그 사이에 정면에서 하겠다. 우리 둘 사이에 그녀를 두자. 이렇게 하는 걸 나는 정말 좋아하거든."

"그러면 나는 어떻게 하면 좋은가?" 노아르슈가 말했다.

"자네는 촛불을 들고 흉계를 꾸미고 있으면 돼." 장관이 말했다.

음란한 무대는 언제 끝이 날지도 모르고 정경은 정교하고 치밀함이 극에 이르렀다. 이렇게 해서 세 도락자가 일을 끝내자 가련한 노아르슈 부인은 상처투성이가 되어 겨우 그들의 손안에서 벗어날 수가 있었다. 다르벨이 하고 있는 와중에 그녀의 유방을 세게 물었으므로 그녀는 피투성이가 되어 있었다. 나도 주인들을 따라서 두 음간(陰間)을 마음껏 즐겼는데 역시 놀랄 정도로 열중했음을 말해둔다. 바코스의 무녀처럼 빨개져서 머리를 풀어헤치고 끝낸 나의 모습은 사내들의 눈에 무어라 말할 수 없는 모습이었을 것이다. 그런 가운데서도 생퐁은 집요한 애무로 날 괴롭혔다.

"정말 좋은 여자다." 그는 말했다. "음란한 짓에 의해 그녀는 아름다워지는구나."

그렇게 말하고 나의 온몸을 가리지 않고 구석구석 핥는 것이었다.

연회는 더욱 무르익었는데 이젠 아무도 식탁에는 돌아가지 않았다. 이 방법은 참으로 쾌적해 사람들은 술을 마시기 시작하자마자 순식간에 취해버렸다. 사내들의 머릿속은 여자들을 떨게 하는 방법으로 열이 올라 있었다. 나는 그들이 번쩍이는 눈으로 여자들에게 덤벼들어 협박과 욕설밖에 말하지 않는 것을 이제는 알았다. 하지만 쉽게 눈에 띄는 두 가지 사실이 있었다. 그것은 내가 그들의 음모대상에는 전혀 포함되어 있지 않다는 것, 그리고 그 음모가 거의 노아르슈 부인 한 사람의 몸에 계획되어 있는 듯하다는 것, 그 두 가지였다. 하지만 그것을 알았다고 해서 나의 불안이 곧바로 가라앉지는 않았다.

생퐁의 손에서 남편의 손으로, 남편의 손에서 다르벨의 손으로 둥글게 원으로 돌아가게 된 불행한 노아르슈 부인은 이미 호되게 당하고 있었다. 그녀의 유방도, 팔도, 넓적다리도, 엉덩이도, 또 그 육체의 모든 부분에 순식간에 이 악인들이 벌이는 잔악하기 이를 데 없는 애처로운 상흔을 남기기 시작했다. 그때 생퐁이 팔을 크게 휘둘러 그녀의 엉덩이를 12번이나 내리치고 다음에는 그녀를 식당 한가운데에 세워 다리를 크게 벌리게 해 발목을 바닥에 묶고, 손은 움직이지 못하도록 천장에 매달았다. 그 일이 끝나자 곧바로 두 다리 사이에 12개의 촛불을 켜고 촛불이 옥문 안의 안쪽 벽을 침범하거나 클리토리스와 볼기를 그을리거나 해 이 여자의 아름다운 안면근육이 그 뜨거운 열기 때문에 심하게 일그러지고 온몸이 욕정을 자아내는 고통스런 몸부림을 할 정도에 이르렀다. 생퐁은 손에 촛불 하나를 들고 이 발작을 하는 동안 뚫어지게 그녀를 바라보고 있었다. 노아르슈는 앙리에트의 엉덩이에 달려들어 물고 늘어지면서 그 아내를 향해 그대가 이런 식으로 죽어도 나는 모른다, 라고 어쩔 수 없는 사정을 말하고 있었다.

한편 다르벨은 다른 한 사람과 시시덕거리면서 친구의 불행한 아내를 더욱 학대할 것을 노아르슈에게 부추기고 있었다. 나는 모두를 위해 여러 가지로 배려해주도록 지시를 받고 있었기에 초가 계속 짧아져 기대에 부응하는 고통의 효과를 희생자에게 미칠 수 없게 된 것을 보자, 기지를 살려 초 밑에 작은 대를 두었다. 견딜 수 없게 된 노아르슈 부인은 결국 비명을 질러 나는 형집행인들의 많은 박수를 받았다. 실성을 한 생퐁이 말로 나타낼 수 없는 잔학한 짓을 굳이 한 것은 이때였다. 그가 초를 들고 수형자의 코끝에 들이대자 그녀의 눈꺼풀과 한쪽 눈이 거의 모두 타버리고 만 것이다. 다르벨도 뒤질 세라 다른 초를 들고 그녀의 유방 끝을 그을리고 노아르슈는 그녀의 머리카락을 태웠다.

나는 이 광경에 몹시 흥분해 집행자들을 더욱 격려하여 형의 방법을 바꿀 결심을 하게 했다. 나의 의견을 받아들여 사람들은 그녀의 몸에 에탄올을 바르고 그 위에 불을 붙였다. 그녀는 순간 불길로 변한 것처럼 보였는데 이윽고 에탄올이 사라지자, 완전히 타서 짓무른 그녀의 피부는 보기에도 무참한 모습으로 변해 있었다. 이 잔혹한 착상에 사람들은 무엇으로 날 칭찬해야 좋을지 모르는 것 같았다. 생퐁은 이 극악무도에 흥분해 랭단의 입술에서 벗어나 내 곁으로 달려오자 내 입술에 미친 듯이 키스를 퍼붓더니 "자, 이번에는 무엇을 할까?" 묻는 것이었다. "무언가 생각해봐 쥘리에트. 네 머리는 정말 대단해. 네 제안은 모두가 신처럼 대단해."

"이 사람에게 맛보게 해야 할 고문은 아직도 많아요." 나는 대답했다. "한 가지씩 할 때마다 묘미는 더욱 늘게 될 거예요."

거기에서 내가 무언가 방법을 제안하려고 하자 노아르슈는 우리에게로 다가와 아직 그녀에게 힘이 남아 있는 동안에 빨리 내가 가지고 있는 독을 그녀에게 마시게 해 그 효과를 판정해 즐겨야만 한다고, 생퐁에게 말하는 것이었다. 다르벨도 이 의견에는 완전히 찬성했으므로 사람들은 그녀를 자유롭게 해 내 손에 맡기게 되었다.

"가여워라." 나는 아리칸테 포도주가 담긴 잔에 가루를 섞은 다음 그녀에게 이렇게 말했다. "자, 이것을 마시고 기운을 차려요. 이 음료가 얼마나 그대의 기운을 북돋아주는지 지금 곧 알게 될 거예요."

어리석은 여자는 순순히 독을 다 마셨다. 내가 독물을 만드는 동안 계속 내 곁을 떠나지 않았던 노아르슈는 단말마의 경련을 놓치지 않고 확인하려는 생각에 사로잡혀 내 곁을 떠나 희생자 가까이 다가가

"그대는 곧 죽는다"라고 말했다. "어떤가, 체념했나?"

"부인은 현명하시니까." 다르벨이 말을 이었다. "여자가 남편의 존경과 애정을 잃고, 남편에게 미움 받게 되었을 때 가장 현명한 방법은 스스로 사라져버리는 것임은 잘 알고 있을 텐데."

"오오, 잘 알고 있어요." 이 불행한 여자는 외쳤다. "그것은 죽는 거예요. 죽는 것이야말로 내가 추구하는 마지막 은총입니다! 주님의 이름으로 어서 나에게 마지막 은총을 얻게 해주세요!"

"그대가 바라고 있는 죽음은 그대의 배 속에 있다. 이 더러운 년." 노아르슈가 비참한 아내의 눈앞에서 한 사람과 시시덕거리면서 말했다. "그대는 쥘리에트의 손에서 죽음의 잔을 받은 것이다. 쥘리에트는 너에게 대단히 집착하고 있었으므로 너에게 독을 마시게 하는 즐거움을 우리와 다투어서 얻

은 것이다."

"이런 일은 순서를 정해서 하는 것이 좋겠군." 이렇게 말한 것은 노아르슈였는데, 그는 아내의 경련이 시작되자 이제는 한순간도 눈을 뗄 수 없었던 것이다.

곧바로 방 한가운데 융단이 펴지고 그 위에 희생자가 뉘어졌다. 우리는 그녀 주위에 둥글게 진을 쳤다. 그러는 동안에 발작이 시작되었는데 그것은 실로 엄청나 이 독약의 효과야말로 아무도 생각지 못한 것이었다. 가련한 여자는 걸핏하면 둥근 공으로 변한 것처럼 몸을 오므렸다. 그 경련은 말로 다할 수 없는 기괴함이었다. 이윽고 엄청난 절규가 시작되었는데 우리는 주의 깊게 아무에게도 그 소리가 들리지 않도록 미리 손을 써두었다.

"아, 이거 재미있구나." 생퐁이 내 엉덩이에 그 짓을 하면서 말했다. "이런 상태의 그녀를 뒤에서 할 수가 있다면 나는 무엇을 버려도 아깝지 않을 거야."

"그거야 어렵지 않아." 노아르슈가 말했다. "해봐, 우리가 누르고 있을 테니까."

수형자는 젊은 사내들에게 꽉 잡혀 무리하게 생퐁이 원하는 엉덩이를 내밀도록 강요되었다. 생퐁은 그곳에 넣자 "이거야, 정말" 하면서 외쳤다. "더는 못 참겠다."

다르벨이 대신하고 노아르슈가 그 뒤를 이었다. 하지만 불행한 아내는 남편에게 그 짓을 당하는 것을 느끼자 괴력을 발휘해 누르고 있었던 사내의 손에서 벗어나 미친 듯이 남편 쪽으로 몸을 던졌다. 노아르슈는 겁먹은 표정으로 달아나고, 둥글게 진이 다시 만들어졌다. "내버려둬, 내버려둬." 생퐁이 내 엉덩이 쪽으로 표적을 되돌리고 말했다. "독을 먹은 짐승이 죽음의 발작으로 날뛰고 있을 때에는 가까이 가지 않는 게 좋아."

그러나 노아르슈는 격분해 조금 전의 무례에 보복을 하고 싶다는 것이었다. 그리고 새로운 고문을 계획했는데 생퐁은 이에 이의를 제기하고 지금 희생자에 대해서 무언가를 하려는 것은 모처럼 독의 효능을 시험하려는 우리의 의도를 엉망으로 만드는 것이라고 이렇게 주장했다.

"알았습니까, 여러분." 나는 큰 소리로 말했다. "부인에게 필요한 것은 그런 것이 아닙니다. 부인은 현재 참회를 들어줄 신부만을 필요로 하고 있습니다."

"악마에게 먹히는 게 차라리 낫다." 노아르슈가 말했다. "그래, 악마에게 먹히는 게 차라리 낫지! 내가 한 번이라도 지옥을 떠올렸다면 그것은 그녀의 혼과 그곳에서 다시 만나고 싶기 때문이고 또한 그녀가 엄청난 고통에서 영원히 벗어날 수 없다는 즐거운 공상을 죽을 때까지 내 가슴에 따뜻하게 간직하고 싶었기 때문이야."

이 저주의 말이 최후의 고통을 결정한 것처럼 보였다. 노아르슈 부인은 거기에서 숨이 끊어져 세 도락자는 마치 무뢰한처럼 모독의 언어를 내뱉으면서 결말을 지었다.

"이것이야말로 내 생애 최대의 위업 가운데 하나이다." 생퐁은 마지막 한 방울까지 짜내려고 기를 쓰고 "나는 오랫동안 이 불쾌한 여자의 최후가 보고 싶어서 견딜 수 없었다. 내가 더 지겨웠을 정도였으니까."

"나도 그래." 다르벨이 말했다. "당신 못지않게 그녀를 불쾌하게 생각하고 있었지."

"아니, 왜!" 나의 연인이 말했다.

"아무튼, 그것은 그렇다 치고." 생퐁이 노아르슈에게 말했다. "이렇게 된 이상, 나의 딸은 그대의 것이다. 내가 이 실험의 대가로서 딸을 그대에게 약속한 것은 다 아는 바이다. 그렇긴 해도 정말 대단한 독약이었다. 우리가 이 독약을 써서 죽일 수 있는 모든 인간의 죽는 모습을 이렇게 즐길 수 없는 사실이 무엇보다도 유감이야…… 자, 그러면 친구들, 다시 한 번 말해두는데 내 딸은 확실히 그대의 것이다. 나는 이 모험으로 사랑스런 사위를 얻고, 더구나 이 독약을 나에게 대어준 여자가 결코 거짓이 아니었다는 확신을 얻었으므로 축하해야 할 이야기지!"

노아르슈가 그때 생퐁에게 작은 목소리로 질문을 한 탓인지 생퐁은 큰 목소리로 대답을 했다.

그리고 장관은 나에게 말을 걸어 "쥘리에트"라고 말했다. "내일 내 집으로 와. 오늘 잠깐 언급했던 것을 내일 설명해주지. 노아르슈는 나에게 감사하고 있으므로 이제 그대를 자기 집에 둘 수는 없겠지. 아무튼 나의 명성, 내가 그대에게 듬뿍 주려는 은혜, 그리고 내가 그대에게 마음껏 쓰게 하려는 큰 돈은 내 친구들 집에서 그대가 받고 있었던 행복을 충분히 보상해주는 거야. 나는 그대에게 매우 만족하고 있어. 그대의 상상력은 넘칠 정도이고 악행을 저지를 때 그대의 차분함은 더 말할 나위가 없으며 그대의 엉덩이는 더욱 훌륭하다. 미루어 짐작컨대 그대는 잔인하고 놀이를 좋아하는 여자지. 그리고 이것이야말로 나에게 필요한 미덕이야."

"당신이 기꺼이 내주시는 것 모두를 나는 감사하는 마음을 담아 받고 싶습니다. 하지만 내가 노아르슈를 사랑하고 있다는 것을 숨길 수는 없습니다. 그 사람과 헤어지는 것은 마음이 쓰라려 안 되겠습니다."

"우리는 만나려고만 하면 언제든지 만날 수 있습니다." 생퐁의 친구이자 장관의 친구이며 그 심복의 친구인 사내가 나에게 이렇게 대답을 했다. "우리 함께 인생을 보내자."

"그렇다면," 나는 대답했다. "그런 조건부로 모든 것을 승낙하겠어요."

젊은이와 아가씨들은 어떤 하찮은 일이라도 이 비밀을 외부에 누설한 경우에는 분명코 사형이다, 라는 위협에 영원한 침묵을 맹세했다. 노아르슈 부인은 뜰에 묻혔고 사람들은 흩어졌다.

뜻하지 않은 사정이 노아르슈의 결혼과 장관의 계획을 가로막았다. 이튿날에도 나는 장관을 만나러 갈 수가 없었다. 평소 생퐁에 대해서 특별히 신임이 두터운 국왕폐하가 그 신뢰의 확실한 증거를 보여주시어 그에게 여러 곳을 돌아보며 사정을 살펴보라고 명했으므로 생퐁은 급히 떠나야만 했던 것이다. 그리고 이 여행에서 돌아오자 그는 성령기사의 푸른 훈장과 연금 10만 에퀴를 받게 되었다.

나는 이 총애에 대해 듣고 문득 이런 생각이 들었다.

'운명의 신이 죄악을 칭찬한다는 것은 정말이구나. 이와 같은 예가 몇 가지나 제시되고 있는데 넓은 죄악의 큰길로 기꺼이 나아가려고 하지 않는 사람이 있다면 이 얼마나 어리석은 일인가!'

그동안에 노아르슈가 장관으로부터 받은 편지에 의하면 나는 규모가 큰 저택에 살 수 있게 되었다. 그리고 그 계획의 실시에 필요한 돈을 받자 나는 즉시 포바르생트노레 거리에 당당한 저택을 빌려 4필의 말과 화려한 마차를 2대 구입하고 매력적인 용모의 하인 셋과 이발사를 한 사람, 그 수습 아가씨를 두 사람, 그리고 마부 두 사람을 고용했다. 집 안은 아름다운 가구로 꾸몄다. 그리고 장관이 여행에서 돌아오자 나는 곧바로 문안인사를 했다. 그때 나는 고작 17살이었는데 나보다 아름다운 여자가 파리에 그다지 많이 있었다고는 볼 수 없다. 마치 사랑의 여신처럼 꾸미고 있었으며, 이 이상의 기교, 이 이상의 사치는 불가능했다. 10만 프랑으로도 내가 나의 매력이 넘치는 몸을 치장하고 있었던 장신구 값을 지불할 수는 없었으리라. 나는 10만 에퀴나 되는 보석과 다이아몬드를 몸에 달고 있었다. 내 모습이 보이자 모든 문이 열렸다. 장관은 혼자서 나를 기다리고 있었다. 먼저 진심으로 축하의 말을 전한 다음 그의 새로운 위엄의 상징이라고도 할 수 있는 훈장에 키스를 해도 되는지 허락을 구했다. 그러자 그는 내가 무릎을 꿇고 훈장에 키스를 한다는 조건을 붙여 허락해주었으므로 나는 그의 거만함에 새삼 감탄하면서 비위를 상하지 않도록 주의해 원하는 대로 해주었다. 궁정에 있는 자들이 그들 이외의 인간에 대해서 몹시 거만하고 무례한 것을 당연한 권리처럼 생각하는 것은 그들이 일찍부터 이런 비굴함에 길들여져 있기 때문이리라.

"그대도 보다시피," 그는 나에게 말했다. "지금, 나는 영광의 중심에 몸을 두고 있어. 국왕이 나에게 수여한 것인데 굳이 말하자면 나는 그만큼의 하사를 받기에 충분하지. 이제까지 나의 권세가 이 정도로 확고했던 적은 없고, 나의 재산이 이처럼 엄청났던 적도 없어. 그 은혜의 일부를 그대에게 돌려주려고 하는데 그 조건이 어떤 것인지는 새삼 말할 필요도 없겠지. 그와 같은 약속을 주고받은 이상 나는 그대를 믿어도 좋다고 생각해. 그대는 전폭적인 신뢰를 받고 있는 셈이지. 그런데 자세한 이야기로 옮기기 전에, 잠깐 이 2개의 열쇠를 봐. 이쪽 열쇠는 국고의 열쇠이므로 그대가 날 위해 일해주면 국고의 돈은 머지않아 그대의 것이 되는 거야. 그리고 이쪽 열쇠는 바스티유의 열쇠인데 만일 그대가 고분고분하지 않거나 제멋대로 행동한 경우에는 영원한 감금을 그대를 위해 준비하고 있는 거라고."

"한쪽은 무서운 협박, 다른 한쪽은 빛나는 희망이라면 물론 내가 망설이지 못하리라는 것은 당신도 잘 알 거예요." 나는 생퐁에게 말했다. "그러니까 당신의 가장 고분고분한 노예를 부디 믿어주세요. 결코 배신하는 일은 없을 거예요."

"두 가지 중요한 일을 그대에게 맡기겠어. 일단 앉아봐. 그리고 내 이야기를 듣는 게 좋겠어."

거기에서 내가 무심코 팔걸이의자에 앉으려고 하자 생퐁은 단순한 의자에 앉으라고 신호를 보냈다. 나는 당황해서 무어라고 둘러대야 좋을지 몰랐는데 그는 곧바로 다음과 같은 이야기를 시작했다.

"나는 현재의 지위를 오래 유지하고 싶은데 그러기 위해서는 수많은 사람을 없애야만 해. 여기에 하나의 상자가 있는데 이 안에는 여러 가지 독약이 가득 채워져 있어. 그대는 나의 명령이 떨어지는 대로 이 독약을 유효하게 쓰는 거야. 나에 대해서 충성하지 않으려는 자에게는 극독을 쓰는 게 좋겠지. 한시라도 빨리 이 세상에서 없애버리고 싶은 방해자에게는 즉효약을 쓰는 게 좋고. 그리고 효과가 더딘 독이라고 표시가 되어 있는 약은 정치상의 중대한 이유로 내가 혐의를 벗겨주기 위해 그 생명을 늘일 필요가 있는 인물을 위해 쓰는 거야. 실행을 함에 있어서는 그때그때의 상황에 따라서 그대의 집도 좋고, 내 집에서도 좋고, 또는 어딘가 시골이라도 좋고, 외국도 좋을 테지.

그리고 그대가 해야 할 두 번째 일이 있는데, 이것은 어쩌면 그대에게 가장 힘든 일일 수도 있겠지만 동시에 가장 이익이 되는 일이기도 할 거야. 나란 인간은 본디 공상력이 매우 풍부하고 당연한 쾌락에는 일찍부터 무감각해져 있지. 자연히 불같은 기질과, 매우 잔인한 취미와, 이 난폭한 정욕을 만족시키는 데 필요한 재산을 물려받았고. 그래서 앞으로 1주일에 2회, 그대의 집에서 타락의 저녁 모임을 열어 노아르슈와 그 밖에 친구 몇 명을 부르게 될 텐데 그 자리에는 적어도 두세 사람의 희생자가 꼭 필요해. 내가 여행을 할 때에는 그대도 함께하게 되므로 이런 음란한 소동은 할 수 없지만 그때 말고는 보통 2백여 명의 아가씨가 필요하지. 그리고 이 아가씨들을 찾아 모으는 것이 그대가 할 일이야. 하지만 이 희생자의 선택에는 어려운 조건이 있어. 첫째로 쥴리에트, 가장 못생긴 아가씨가 적어도 그대 정도의 미인이어야 해. 그리고 그녀들은 9세 이상, 16세 이하가 아니면 안 되고. 또한 처녀인 데다 최고의 명문 출신이고 모두 작위가 있거나 그렇지 않으면 적어도 부자여야만 한다……."

"당신은 그 사람들을 모두 죽일 겁니까?"

"물론이지. 살인은 내가 나의 쾌락 가운데서 가장 좋아하는 거니까. 나는 피를 보는 것을 견딜 수 없이 좋아하고 피야말로 나의 가장 귀중한 정열이거든. 게다가 어떤 대가를 치르더라도 온갖 쾌락을 만족시켜야만 한다는 것이

나의 신조니까."

나는 생퐁이 나의 대답을 기다리는 것을 보고 이렇게 말했다. "이제까지 나의 기질상 당신의 지시를 배신하는 일은 도저히 할 수 없다는 것을 충분히 보여드렸다고 생각합니다. 나의 흥미도 취미도 당신과 모두 같으므로, 나도 자연에서 당신과 같은 정열, 같은 기질을 물려받고 있어요······ 그리고 같은 일을 하는 데에도 스스로 즐겨 열중하는 사람 쪽이 비위를 맞추기 위해서만 복종을 하는 사람보다도 훨씬 도움이 되는 것은 말할 나위도 없을 겁니다. 우정의 유대, 취향의 일치, 이것이야말로 나와 같은 여자의 마음을 확실하게 사로잡는 굴레가 아니겠습니까."

"우정의 굴레라는 따위의 말을 입에 올리는 일은 그만하지." 장관은 거칠게 말했다. "그런 감정은 나에게 있어서 사랑의 굴레 이상으로 믿을 수 없는 것이니까.

심정에 유래하는 것은 모두 가짜야. 나는 감각밖에 믿지 않아. 육체의 습관, 이기주의, 이기심만을 믿지······ 그래, 이기심이야말로 모든 굴레 가운데서 언제나 내가 가장 신용하고 있는 것이다. 그러므로 그대의 이기심도 내가 그대와 주고받은 약속에 의해서 무한한 만족과 멋진 쾌락을 느끼기만 하면 그것으로 충분해. 그 뒤에 취미가 이기심의 기초를 다지기 위해 와주면 더욱 좋고. 그러나 취미라는 것은 나이와 함께 바뀌는 법이고, 더 이상 취미에 의해서 움직여지지 않는 시기가 오는데 이기심에 의해서 움직여지지 않게 되는 것은 절대로 있을 수 없지. 그러면, 그대의 작은 재산을 계산해보자고. 먼저 노아르슈에게서 받는 수당이 1년에 1만 리브르, 나로부터의 수당이 3천 리브르, 거기에 그대의 재산으로부터의 연수입이 1만 2천 리브르이고, 합쳐서 2만 5천 리브르가 되는데, 이 계약에 의해서 2만 5천만큼 더 늘게 되므로 연수입 5만이 되는 거야. 그리고 임시수입도 있으니까 이젠 그 이야기를 하지."

나는 장관 밑에 몸을 던져 이 새로운 호의 표시에 감사했다. 장관은 거기에 대해서 반대는 하지 않았는데 이윽고 다시 앉도록 나에게 권하고

"그대도 잘 아는 바와 같이 쥘리에트" 하면서 말을 이었다. "그런 보잘것없는 수입으로는 1주 2번의 만찬을 베풀 수도 없고 모처럼 내가 갖게 해준 집을 유지해나갈 수도 없어. 그래서 이 만찬을 위해 1년에 백만을 내 줄 거

야. 하지만 잊어서는 안 될 것은 이 만찬회를 상상조차 못할 만큼 호화롭게 만들어야 한다는 점이야. 언제나 최상의 산해진미, 좀처럼 보기 힘든 술, 최상급의 고기와 과일을 내놓기 바라. 물론 양도 많아야 하겠지만 맛도 기막히게 좋아야만 해. 우리가 둘이서 마주 앉을 때조차도 50접시로는 모자라지. 희생자가 되는 아가씨는 한 사람당 2만 프랑을 지불하는데 이것도 내가 주문하는 성질에 따라서 적당한 가격일 거야. 그대 자신의 손으로 살해된 정부 계통의 인간에 대해서는 한 사람당 특별수당 3만 프랑을 지급하겠어. 따라서 1년에 50명을 죽이면 몫은 1백50만 프랑으로 늘어나는 거지. 거기에 봉급으로 매달 2만 프랑을 보태줄 거야. 그렇게 보면, 그대가 자유롭게 쓸 수 있는 돈은 모두 6백79만 프랑이 된다고. 또 여기 용돈으로 21만 리브르를 더해 1년에 7백만으로 하면 불만은 없을 거야. 그 가운데 5만 프랑은 증서로 만들어 결코 없어지지 않게 해주겠어. 어떤가 만족하나, 쥘리에트?"

나는 여기에서 더욱 많이 챙기기 위해 기쁜 표정을 애써 감추고 장관에게 이렇게 말했다. 당신이 명하신 일은 아무튼 매우 부담이 되는 것이므로 아무리 자유롭게 쓸 수 있는 금액이 엄청나도 여간해서는 충분하지 않으며, 훌륭하게 역할을 수행하려고 하면 인색하게 할 수도 없어 반드시 수입을 훨씬 웃도는 거액의 출자를 각오하지 않으면 안 될 것이고, 게다가……

"좋다, 그렇게 말하니 마음에 드는군." 장관은 말했다. "그대는 이기심을 보여주었어. 쥘리에트, 그것이야말로 내가 바라는 바다. 그런 마음가짐이면 틀림없이 일을 잘할 수 있을 거야. 지원을 아끼지 않겠어. 그대는 1년에 1천만을 받는 것이 좋겠지. 아무리 추가해도 나는 끄떡도 하지 않아. 나는 내 수입에는 하나도 손을 대지 않고 그런 돈을 어디에서 빼내야 하는지 확실하게 알고 있거든. 대체로 국가에 속한 인간으로서 자기 쾌락의 대가를 국가에게 지불하게 하지 못하는 인간은 웬만큼 바보거나 미친 사람일 것이다. 우리의 정욕이 채워지기만 하면 시민의 빈곤 따위는 아무래도 상관이 없지 않은가? 만일 그들의 혈관에서 황금이 흘러나오는 것으로 내가 믿고 있었다면 나는 그들의 피를 모두 짜서 내 배를 불리기 위해 쓰고 싶을 정도야."

"대단하신 분!" 나는 외쳤다. "당신의 생각은 내 머리를 멍하게 하고 말아요. 지난번에는 이기심에 대해서 기탄없는 면을 보여주셨으므로 이번에는 나의 취미에 대해서도 믿어주세요. 맹세코 말씀드리건대 내가 이렇게 열심히 당신의 쾌락에 도움이 되려고 하는 것은 다른 어떤 동기보다도 천배나 당신의 쾌락에 대한 숭배에서 온 것입니다."

"그렇겠지." 생퐁이 말했다. "나는 그대를 시험해본 것이다. 어찌 내 정욕이 그대의 마음에 들지 않을까. 인간의 마음에 낳게 되는 가장 감미로운 것이 이것이니까. 어떤 편견도 나를 막지 못하고, 나는 그런 모든 것을 이겨냈어. 그리고 한쪽에 나의 모든 행위를 정당화하는 권세가 있고 다른 한쪽에는 온갖 죄악에 묘미를 곁들이는 데 필요한 부가 있지. 즉 이렇게 말할 수 있는 인간이야말로, 잘 들어, 쥘리에트, 의심할 것도 없이 모든 인간 가운데서 가장 행복한 인간이다…… 아아, 그래서 생각났는데, 지난번 함께 만찬을 했을 때에 다르벨이 그대에게 약속한 그 천하사면의 표, 그것이 여기에 있어. 그렇지만 사법관이 오늘 아침 여기에 도장을 찍어준 것은 날 위한 것이지 다르벨을 위해서가 아니야. 그 놈은 그대 따위는 완전히 잊고 있었으니까."

이런 행복한 사건이 몇 개나 계속 일어나 나의 마음은 이제 완전히 즐겁고 어떤 취한 듯한 기분, 꿈꾸는 듯한 기분이 되어 마치 멍하니 정신을 잃은 것처럼 말도 제대로 못할 정도였다. 생퐁이 나를 가까이 오게 해 이런 몽롱함에서 나를 제정신으로 돌아가게 하자

"그러면 언제부터 시작할까, 쥘리에트." 이같이 말하면서 내 입술에 키스를 하거나 내 엉덩이로 손을 돌려 바로 그곳에 손가락을 집어넣거나 하는 것이었다.

"글쎄요." 나는 대답했다. "당신의 위대함이 나에게 요구하는 여러 가지 일을 완전히 준비하기 위해서는 적어도 3주가 필요합니다."

"아아, 좋아, 쥘리에트. 오늘은 초하루군. 그러면 22일에 그대의 집에서 만찬을 열기로 하지."

"그렇지만" 나는 말을 이었다. "당신은 자신의 취미를 나에게 고백해 나에게도 자신의 취미를 밝힐 기회를 만들어주셨습니다. 그리고 당신 안에 악의 취미가 있는 것을 확인하게 되었는데 나에게는 거기에 도벽과 복수의 취미가 더 있습니다. 최초의 취미는 당신과 함께 만족시킬 수 있을 것입니다. 또 도둑질은 지금 당신으로부터 받은 문서에 의해 정면으로 할 수 있게 될 것입니다. 그래서 이렇게 된 이상, 복수의 수단까지도 부여해주셨으면 합니다."

"그러면 날 따라와." 생퐁이 말했다.

우리는 서기에게로 갔다.

"내 말 잘 들어라." 장관이 서기에게 말했다. "이 젊은 부인을 잘 봐두어라. 그리고 그녀가 필요하다고 하면 이유가 무엇이건, 곧바로 칙명구인장에 서명해 그녀에게 건네주어라. 내 명령이다."

그리고 우리가 처음에 있었던 방으로 돌아오자 "자, 이제 됐다"며 장관은 말을 이었다. "이것으로 모두 처리가 되었다. 이렇게 된 이상 베건, 찢건, 도려내건, 네 마음대로다. 나는 프랑스 전체를 그대에게 맡겼어. 어떤 죄를 저지르건 죄의 크기나 무게가 어떻게 되건 그대에게는 손가락 하나 까딱하지 않을 것을 약속하겠다. 그뿐만 아니라 앞서도 말한대로 그대가 스스로 행한 범죄에 대해서는 한 사람당 3만 프랑의 특별수당을 지급하겠다."

이와 같은 약속 모두가 나에게 어떤 느낌을 주었는지 도저히 여러분에게 전할 도리가 없다.

—아아! 나는 마음속으로 생각했다. 나는 태어날 때부터 분방한 상상력을 많이 받은 데다 온갖 변덕의 충족에 충분한 재력과 온갖 일이 죄가 되지 않기 위한 확실한 운명, 이 두 가지를 내 것으로 만들었다. 정말로 이런 대단한 즐거움이 세계에 또 있는 것이 아니다. 어떤 음탕한 것도 이처럼 영혼을 기분 좋게 해주지는 못할 것이다.

"계약서에 도장을 찍어야만 해." 그때 장관이 나에게 말했다. "그리고 이것은 경품이다" 말하며 나에게 작은 상자를 보여주었는데, 그 안에는 금화 2천 루이와 보석 교환증이 들어 있었다. "독의 상자와 함께 이것도 잊지 말고 나르게 해."

그리고 비밀의 작은 방으로 나를 데리고 갔는데 그곳은 가장 호화롭고 가장 세련된 취미가 결합된 방이었다.

"이곳에 오면" 생퐁이 말했다. "그대는 이제 한 사람의 창녀에 지나지 않아. 밖에서는 프랑스 으뜸가는 훌륭한 귀부인이지만."

"어디에서나 나는 당신의 노예예요. 어디에서나 나는 당신의 숭배자이고 당신의 가장 미묘한 쾌락의 중심이에요."

나는 옷을 벗었다. 생퐁은 드디어 뛰어난 공범자를 얻은 기쁨에 무아지경이 되어 여러 가지로 추악한 짓을 했다. 그의 취미에 대해서는 이미 말했는데 그는 그런 모든 것을 연마하고 있었다. 밖에서는 나를 추켜세우는 그였으나 집 안에서는 잔혹하게 나를 욕보였다. 육욕에 있어서는 확실히 가장 불결한 사내이고, 가장 포악하며, 가장 잔인한 사내였다. 자신의 음경이나 엉덩이를 나에게 예배하게 하는 것이었다. 아무튼 매우 이상한 집착에서 나를 오물로 더럽히는 것이었는데 그는 그와 같은 행위에서 가장 중요한 자존심의 동기를 이끌어내고 있었다. 자신의 가슴에 번쩍이고 있는 성령기사 훈장 위에 배변할 것을 요구하고 내 엉덩이를 푸른 훈장의 리본으로 닦는 것이었다.

상상 밖의 일에 내가 놀라고 있자

"쥘리에트" 하면서 그가 말했다. "나는 말이다, 세간의 바보들을 현혹하기 위해 만들어진 이런 하찮은 넝마조각이 철학자에게 있어서는 아무런 가치도 없다는 것을 그대에게 가르쳐주고 싶은 거야."

"하지만 당신은 지난번 그것을 나에게 키스하게 하지 않았습니까?"

"분명 키스는 시켰지. 그러나 이와 같은 장난감이 나의 자존심에 동기를 부여하는 것과 마찬가지로 나는 그런 것들을 마음껏 더럽혀주고 싶은 것이다. 아무튼 이것은 나 같은 도락자만이 할 수 있는 정신의 변덕이지."

늙은 공작 및 거지 여인

만찬회 첫날, 장관은 60세의 노인과 함께 왔다. 오자마자 그는 몇 분 동안 나와 한방에 틀어박혀 내 어깨를 살폈는데, 지난번 만났을 때 남기고 간 반점이 이미 사라지고 있는 것에 불만인 듯했다. 내 몸에는 거의 손대지 않고 오늘 데리고 온 인물에 대해서 최대의 경의와 최고의 순종을 다하도록 지시했다. 그 사내는 궁정에서 선두를 다투는 대귀족이라고 한다. 사내는 곧장 생퐁 대신 나와 작은 방에서 함께 있게 되었다. 생퐁이 미리 해둔 말이 있어 나는 그가 들어오자 곧바로 내 엉덩이를 보여주었다. 사내는 손에 안경을 들고 다가와 말했다.

"만일 그대가 방귀를 뀌지 않는다면 나는 너에게 달려들어 깨물 것이다."

나는 곧바로 그의 소망을 만족시켜줄 수 없었으므로 왼쪽 엉덩이에 그의 깊은 잇자국을 남겼다. 노인은 위압적인 무뚝뚝한 표정으로 말했다.

"네 혀를 내 입안에 넣어라." 그리고 내가 그대로 하자 "만일 그대가 트림을 하지 않으면 나는 그대에게 달려들어 물을 것이다."

하지만 나는 시키는 대로 할 수 없음을 알고 있었으므로 위험을 피하기 위해 재빨리 몸을 뺐다. 그러자 노인은 화를 내면서 채찍을 잡더니 15분쯤 나를 마구 때렸다. 이윽고 때리는 것을 멈추고 나에게 자신의 몸을 보이면서 "봐라, 내가 가장 좋아하는 것조차 내 감각에는 이렇게 적은 효과밖에는 낳지 못해. 이 나약한 음경을 봐라. 그 누구도 이놈을 일어서게 할 수는 없다. 이렇게 된 이상 그대를 괴롭힐 수밖에 없다."

"하지만 그러실 필요는 없습니다. 공작님." 내가 말했다. "이제부터 당신은 자신이 원하는 대로 괴롭힐 수 있는 세 미녀를 만나게 될 테니까요."

"그것은 그렇다…… 그러나 그대는 아름답다…… 그대의 엉덩이는(그는 아까부터 그곳에 손을 대고 있었다) 무척 마음에 든다. 할 수만 있다면 이 엉덩이를 위해 나는 그것을 하고 싶다."

그러고 나서 그는 옷을 벗어버리고 벽난로 위에 다이아몬드로 꾸며진 시계와 상자 하나, 금으로 된 담뱃갑, 2백 루이가 든 지갑과 멋진 반지 2개를 놓았다. 그리고 말했다.

"자, 해보자. 봐라, 이것이 내 엉덩이다. 그대의 손으로 부드럽게 흔들면서 이 엉덩이를 힘껏 비틀고 물어줘, 좋군." 그는 자신의 상태에 약간 변화가 일어나자 이렇게 말했다. "그러면 이 긴 의자 위에 엎드려 이 금침(金針)으로 그대의 엉덩이를 찔러주게."

나는 하라는 대로 했다. 하지만 찔린 상처 때문에 비명을 질러 기절한 듯한 모습을 보이자 이 노인은 크게 놀라, 만일 장관이 총애하는 정부를 죽이기라도 하면 큰일이라며 서둘러 방에서 나가 나를 안도하게 했다. 그가 나가자마자 나는 사내의 옷가지를 다른 방으로 던져 넣고 귀중한 어음을 모조리 주머니에 챙기고는 서둘러 생퐁에게로 돌아갔다. 생퐁은 왜 이렇게 빨리 왔느냐고 물었다.

"아무것도 아니에요." 나는 대답했다. "단지 내 침실이 안쪽에서 자물쇠로 잠겨 있기 때문에 그분의 옷을 쉽게 찾을 수 있었던 거죠. 그것은 누구도 열수 없는 영국식 자물쇠인걸요. 그분은 완전히 만족한 것 같았으니까 또 원하실 때에 만나면 됩니다."

거기에서 나는 두 회식자를 정원으로 안내했다. 정원에서는 손님을 맞기 위해 모든 준비가 갖추어져 있었다. 공작은 어음에 대한 것 따위는 모두 잊고 내가 내준 옷을 입자 이제는 새로운 쾌락에 대한 생각밖에 없는 것 같은 모습이었다.

기분이 상쾌한 저녁, 우리 세 사람은 휘황한 조명에 비쳐진 백합과 장미가 무성하게 핀 가운데 절묘한 향기를 자아내는 구름으로 떠받쳐놓은 옥좌에 앉아 있었다. 진귀하기 이를 데 없는 꽃들의 산이 가운데 자리를 차지하고 그 사이에는 우리를 위한 황금 그릇 한 벌이 놓여 있었다. 우리가 자리에 앉자 무성한 숲의 윗부분이 둘로 갈라지면서 순식간에 붉게 타오르는 구름 위에 세 복수의 여신이 이날 밤 연회의 희생자가 될 3명의 처녀를 뱀으로 묶어 이끌고 나타났다. 여신들은 구름 위에서 내려오자 제각기 맡겨진 세 처녀를 우리 가까이 있는 떨기나무에 묶고 공손히 우리의 지시를 기다리는 모습이었다. 신분을 가리지 않는 이 연회는 단지 참회자의 의지만으로 이루어지게 되어 있었다. 머릿속으로만 생각하던 일이 세 여신들에 의해서 실제로 일어났다. 80접시 이상의 다양한 요리가 주문되었는데 어느 것 하나 주문에 응하지 못하는 요리는 없었다. 10종류나 되는 술이 나오고 온갖 진미가 충분히 제공되었다.

"이것은 쾌적한 연회다." 나의 연인은 말했다. "내 여지배인의 첫 무대에 공작께서도 틀림없이 만족하고 계시겠죠."

"아주 훌륭해요." 60세의 노인은 말했는데 풍부한 요리와 강한 술로 꽤 머리가 멍해져 있었으므로 이젠 완전히 제정신이 아니었다. "아니, 정말, 생퐁 씨. 당신의 쥘리에트는 홀딱 반할 정도로 아름답군…… 또 그 엉덩이의 아름다움이란 비길 데가 없더군요!"

"쥘리에트의 엉덩이 이야기는 한동안 잊으시지요." 생퐁이 말했다. "그보다 저 여신들의 엉덩이는 어떻습니까. 틀림없이 대단하리라 생각합니다만."

여신들은 내가 고용하고 있던 뚜쟁이가 파리에서 발견한 아가씨들 가운데 골라낸 가장 아름다운 세 사람인데 사내들의 욕망의 눈길을 느끼자마자 엉덩이를 숨김없이 드러내 그들 쪽으로 내미는 것이었다. 두 도락자는 여기에 키스를 하고 핥으며 이유도 없이 달려들어 물었다.

"오오, 생퐁 씨." 공작이 말했다. "이 여신들에게 매를 맞아볼까요?"

"매는 장미나무 가지가 좋습니다." 생퐁이 말했다.

거기에서 두 호색한은 맨 엉덩이를 드러내놓고 장미꽃 다발과 여자 얼굴에다 독수리 몸을 한 신들의 뱀의 매로 심하게 맞았다.

"이와 같은 별난 행위는 참으로 호기심을 부추기는군" 하더니 생퐁이 다시 앉으면서 음경을 곤두세우고 말했다. "공작도 곤두섰나요?"

"아니, 난 안 돼요." 공작이 한심한 듯이 말했다. "나에겐 아직 자극이 너무 약합니다. 내가 즐기고 싶을 때에는 잔악하기 이를 데 없는 행위가 끊임없이 내 주위를 둘러싸고 있어야만 하죠. 인간들 사이에서 신성시되고 있는 것이, 곧바로 내 손에 의해서 어지럽혀지고, 인간들의 가장 엄숙한 굴레가 악의를 품은 내 손에 의해서 단절되는 것이 아니면 도저히 안 됩니다."

"그렇다면 당신은 인간을 사랑하지 않는군요 공작?"

"증오하고 있습니다."

생퐁이 대답을 했다. "그러고 보니 나도 하루 가운데 인간을 해치겠다는 격렬하기 이를 데 없는 의도를 한시도 잊은 적이 없습니다. 사실, 인간만큼 무서운 종족은 없습니다. 강할 때에는 실로 위험하고 악의에 있어서는 숲 속의 호랑이도 이에 미치지 못합니다. 그런가 하면 불행한 때에는 참으로 천하고 야비해 가슴이 꽉 막히는 것만 같습니다! 나는 이런 생물 사이에 내가 태어난 것이 가끔 부끄러워 견딜 수 없게 됩니다. 내 마음에 드는 일은 자연도 나도 완전히 똑같이 인간을 증오하고 있다는 것입니다. 왜냐하면 자연은 날마다 인간을 파괴하고 있으니까요. 나는 적어도 자연처럼 지상에서 인간을 아주 없애버릴 방법을 얻고 싶다고 생각할 때가 많습니다."

여기에서 내가 말참견을 했다. "하지만 당신과 같은 숭고한 생물이, 당신과 같은 분이 자신을 인간으로 진심으로 믿고 있나요? 아니에요, 당신처럼 인간과 동떨어져 있는 분, 당신처럼 세력적으로 인간을 지배하고 있는 분이 인간과 같은 종족이라니…… 그렇지 않아요."

"맞아." 생퐁은 말했다. "그래, 우리는 신이다. 신과 똑같이 우리의 욕망은 채워지는 것이기 때문이지. 아아! 인간 가운데에는 일찍이 시인이 신으로 불린 것과 같아질 수 있을 정도로 약한 종족을 거느린 계급이 확실히 있는 것이다!"

"나를 신으로 판단한다고 해도 헤라클레스의 역할 같은 것은 아니야. 아무래도 그런 생각이 들어." 공작이 말했다. "요컨대 나는 플루톤이군. 지옥에서 망자들을 제압하는 역할이 주어지면 나는 만족이야."

생퐁이 말했다. "나라면 판도라의 상자가 되고 싶군. 내 몸 안에서 튀어나온 모든 재난이 제각기 전 인류를 격멸하는 것과 같은."

이때 무언가 신음소리 같은 것이 들렸다. 묶인 세 처녀가 지르는 목소리였다.

"풀어주어라." 생퐁이 말했다. "그렇지 않으면 우리에게는 잘 보이지 않는다."

세 여신이 그녀들을 묶은 줄을 풀고 두 회식자 앞으로 데리고 왔다. 이 정도의 매력과, 이 정도의 아름다움을 두루 갖춘다는 것은 틀림없이 불가능에 가까우므로 이윽고 그것이 어떻게 더럽고 음란하며 지저분한 것에 휩쓸리고 말았는지 조금 생각해보기 바란다.

우쭐해진 장관이 나에게 말했다. "쥘리에트, 그대는 정말 멋진 여자다. 그대의 수완은 바로 명인의 재주라고 해도 좋을 것이다. 자, 그러면 이 숲 아래서 나를 잊자. 어둠과 정적 속에서 이성의 착란이 우리에게 명하는 모든 것에 빠져들자…… 그대는 구덩이를 파두게 했나, 쥘리에트?"

"당신이 음란한 일을 치르기 위해 마련한 곳이라면 거기가 어디건 구덩이를 파놓았을 거예요."

"다행이군. 그리고 샛길에 조명은 설치하지 않았겠지?"

"하나도 설치하지 않았습니다. 어둠이야말로 죄악에 걸맞은 것입니다. 캄캄한 공포 속에서 부디 마음껏 죄악을 즐기십시오. 자, 그러면 공작님, 저쪽에 보이는 덤불 속으로 들어가세요. 그 속으로 들어가기만 하면 아무리 무도한 행위에 빠져들어도 이를 막을 자는 없습니다."

맨 먼저 두 사람의 도락자와 세 사람의 희생자가 함께 떠났다. 나무 숲길의 어귀에 다다르자 생퐁은 여기에서 한판 벌이지 않으면 더 나아갈 수 없다고 말을 꺼냈다. 그리고 곧바로 가장 어린 처녀를 잡고 불과 10분도 안 돼, 이 비열한 사내는 그녀의 두 처녀성을 빼앗고 말았다. 그동안에 나는 늙은 공작에게 도발하고 있었는데 어떤 행위도 그를 흥분시키지 못했다.

"당신은 하지 않습니까?" 생퐁이 두 번째 처녀를 잡고 말했다.

"나는 하지 않습니다. 하지만 당신은 사양하지 마세요." 늙은 탕아는 말했다. "나는 자극을 주어 흥분하게 해주는 것만으로도 만족입니다. 당신이 손을 대는 대로 그 아가씨들을 나에게로 돌려줘요."

그리고 가장 어린 처녀를 곧바로 잔혹한 방법으로 공략했는데 나는 그동안 힘껏 그의 것을 빨고 있었다. 한편 생퐁은 잇따라 능욕을 거듭하고 두 번째 처녀도 순식간에 첫 번째 처녀와 똑같은 상태로 만들어 공작의 손에 넘기고 14세의 처녀를 또 붙잡았다.

"어둠 속에서 이렇게 하는 것을 가장 좋아합니다." 그는 말했다. "밤의 장막이 악행의 자극이 되는군요. 어둠 속에서 범하는 악행만큼 좋은 것은 없죠."

생퐁은 세 사람 가운데 가장 나이 많은 처녀의 엉덩이 속에서 결말을 지었다. 그러고는 바로 공작에게 어느 처녀를 희생양으로 삼고 싶으냐고 묻자 이 늙은 탕아는 지금 당신이 데리고 논 처녀는 양보할 것이므로 나머지 두 사람은 나에게 맡겨달라고 말하고, 미리 생각해두었던 고문 도구를 갖추자 두 희생자를 이끌고 어디론가 가고 말았다. 나는 거기에서 남은 한 처녀와 함께 생풍을 따라갔는데 이 처녀도 곧 그의 손에 의해서 죽게 된 것이다. 단둘이 있게 되자 나는 조금 전, 도둑질한 일을 생풍에게 털어놓았다. 그러자 그는 나와 함께 크게 웃은 다음, 그 사내는 여기에 오기 전 늘 다니던 창녀집에 있었을 터이므로 그곳에서 소지품을 도적맞은 것으로 단정하게 하는 일은 어렵지 않다고 말했다.

"하지만 당신은 그분과 친구가 아닌가요?" 나는 생풍에게 물었다. "나는 누구의 친구도 아니야." 장관이 대답했다. "나는 그 별난 사람을 정치적인 이유로 소중하게 여기고 있을 뿐이다. 나의 출세에 기여만하면 그것으로 족하지. 그자는 국왕이 꽤 아끼는 인물이니까. 그러나 내일이라도 그가 총애를 잃으면 나는 놈을 쓰러뜨리려는 자들의 맨 앞에 서게 될지도 몰라. 어찌 된 일인지 놈은 나의 취미를 알고 있었고 자기도 끼워달라며 조르기에 알았다고 했지. 그렇게 우리의 관계가 성립되었어. 그대는 놈이 싫은가, 쥘리에트?"

"정말로 주는 것 없이 미운 사내에요."

"정치적인 이유만 아니면 나는 맹세코 그 사내를 그대의 손에 넘겨줬을 거야. 그러나 만일 그대가 원한다면 나는 그 사내를 잃어도 좋아. 그대를 위해서라면 무엇을 잃어도 아깝지 않을 정도로 난 그대가 마음에 드니까."

"당신은 그 사내에게 신세를 지고 있는 거죠?"

"얼마간."

"그러면, 한순간도 그 사내와 얼굴을 마주 대할 수는 없지 않습니까?"

"아무튼 나에게 맡겨줘. 쥘리에트, 나쁘게는 하지 않을 테니까."

그렇게 말하자 생풍은 오늘 밤의 연회를 주재한 나의 훌륭한 수완을 입에 침이 마르도록 칭찬해주었다.

"그대는 취미와 재치로 넘치는군. 그대를 알면 알수록 더욱더 나는 그대를 곁에 두어야 할 필요를 절실히 느끼곤 해."

이때 비로소 그는 나에게 친근한 친구끼리 나누는 언어를 썼다. 그리고 동시에 나에게도 그와 같은 친근한 언어를 써도 좋다는 허락을 이례적인 대우로 맛보게 했다.

"그대가 바란다면 생풍, 나는 평생 당신에게 도움이 되어줄 거예요." 나는 대답했다. "당신의 취미를 알고, 만족시켜줄 거예요. 당신도 틀림없이 만족할 테고."

"키스해줘, 거룩한 천사여. 내일 아침, 10만 에퀴를 보내주겠어. 내가 그대의 마음을 얼마나 잘 헤아리고 있는지, 이것으로 알 수 있을 거야."

우리가 여기까지 이야기했을 때 초라한 한 노파가 다가와 구걸을 했다. 생풍이 놀란 듯이 말했다. "왜 이런 여자를 집 안에 들였느냐?" 그리고 내가 웃고 있는 것을 보자, 곧바로 무언가 장난질이 있음을 눈치 채고 "하아! 이 여자가" 하면서 나에게 말했다. "제법 잔꾀를 부리는군!" 그러고는 노파에게로 다가가 물었다. "자, 어떻게 하라는 거지?"

"아아, 어르신 무언가 좀 베풀어줍쇼." 가엾은 여자가 대답했다. "아무튼 우리의 비참한 삶을 보시고."

여자는 장관의 손을 잡고 어느 허술한 오두막으로 그를 안내했다. 그곳에는 램프가 하나 천장에 매달려 있고 여덟에서 열 정도의 사내아이와 여자아이가 약간의 지푸라기 위에 알몸으로 누워 있었다.

노파가 말했다. "보시다시피 비참한 가정이어서 3일 전부터 아이들에게 먹일 빵 한 조각도 없습니다. 당신께서는 대단한 부자라는데 부디 한 번만 이 아이들이 가련한 생명을 잇도록 은혜를 베풀어주십시오. 당신께서 어떤 분인지는 모르는데 아마도 생풍이란 사람을 알고 있겠지요?"

"아아, 알고 있다." 장관은 대답했다.

"그 사람 때문에 이런 꼴을 당한 것입니다. 내 남편을 감옥에 가두고, 얼마 되지 않는 재산마저 빼앗은 것이 그 사내입니다. 벌써 1년이 넘었군요……."

이와 같은 장면이야말로 내가 맨 처음부터 꾸미고 있었던 대체적인 줄거리였다. 노파의 이야기는 완전히 사실 그대로였다. 나는 생풍의 탐욕 무도한 비참한 희생자를 발견했으므로 그들을 그의 앞으로 데리고 와 생풍의 나쁜 생각을 더욱 부추기려고 했던 것이다.

"흥, 이 거지가!" 장관은 여자를 노려보면서 외쳤다. "나는 그 사내를 알고 있다. 그리고 그대도 날 잘 알고 있을 거야." 그런 다음 나에게 "오오, 쥘리에트, 그대는 교묘한 연극으로 내 기분을 높여주었군……" 말하고 나서 다시 여자거지를 향해 소리쳤다. "야, 네가 뭔데 날 비난하는 것이냐? 과연, 나는 네 무고한 남편을 감옥에 처 넣었다. 아니 그것만이 아니다. 네 남편은 이제 살아 있지 않다…… 그대는 운 좋게 내 손을 벗어났는데 사실 그대도 똑같은 꼴을 당하게 해줄 생각이었다."

"우리가 어떤 나쁜 짓을 범했다는 것이오?"

"내 저택 앞에 땅을 가지고 있었으며 더구나 그 땅을 나에게 파는 것을 승낙하지 않았다. 그것이 나쁜 것이다. 그러므로 나는 그대들을 압박해 그 땅을 손에 넣었다…… 굶주려 죽건, 어떻게 되건 내가 알 바가 아니다!"

"하지만 이 불행한 아이들은?"

"프랑스에는 1천만이나 되는 인간이 남아돈다. 불필요한 부분은 없애야만 사회에 도움이 되는 법이다. 발로 밭을 일구어 그곳에 결실이 많은 씨앗을 뿌리면 된다."

악인은 이렇게 말하자 이상하게 흥분해 어린 사내아이를 붙잡아 뒤로 그것을 했다. 여자애에게도 덤벼들어 똑같이 했다.

그러고는 말했다. "빌어먹을 노파, 너의 주름투성이 엉덩이를 보여라. 결말을 지으려면 너의 엉덩이를 볼 필요가 있다."

노파는 울면서 저항했는데 나는 생퐁의 마음을 읽고 그를 도왔다. 도락자는 보잘것없는 엉덩이를 거칠게 다룬 뒤, 마지막 처리하는 단계에서 그때까지 발아래 짓누르고 있었던 두 아이를 밟아죽이고 노파의 뇌에 총을 쏘았다.

"자, 이제 됐어요." 나는 불행한 희생자를 뒤에 남기고 떠나면서 이렇게 말했다. "이제 당신은 무사히 편안하게 이 집안의 재산으로 즐길 수 있어요. 당신은 몰랐던 것 같은데 이 사람들은 지지자를 발견해 당신의 허를 찔러 깜짝 놀라게 할 생각이었으니까요. 내가 이렇게 말해도 당신은 분명 코웃음을 치겠지만 만일 정말로 그렇게 되었다면 역시 골치 아픈 일임에는 틀림이 없어요. 그러므로 나는 이 사람들을 속여서 데리고 온 거예요. 이제는 안심이에요."

그 말이 끝나자 생퐁은 나에게 키스를 하고 몹시 기뻐했다.

"아아! 어쩌면 죄악은 이렇게도 즐겁고, 어쩌면 죄악의 결과는 이렇게도 쾌락적일까! 쥘리에트, 그대는 지금 그대가 방금 나에게 범하게 한 신성한 죄악이 나의 모든 감각을 어떤 상태로 유지하고 있는지, 도저히 떠올릴 수가 없을 것이다…… 나의 천사여, 나의 유일한 신이여, 자, 그대는 내가 무엇을 해주길 바라지요?"

"당신은 남에게 부자가 되고 싶다는 희망을 말하게 하고 기뻐하는 분이에요. 약속한 금액에 얼마간 보태서 주세요."

"확실히 10만 에퀴였지?"

"네, 그래요."

"그러면 쥘리에트, 그 2배의 금액을 그대에게 약속하지!"

크레아빌 부인

그 뒤 한 달쯤 지나자 노아르슈는 나에게 친구를 갖게 하려는 생각에서 한 여자를 소개해주었다. 생퐁의 아버지가 죽었으므로 장관은 상복을 입고 있어야만 해서 장관의 딸 알렉산드린과 노아르슈와의 결혼도 그런 이유로 꽤 늦춰지고 있었다. 그러나 어쨌든 이 가련한 처녀의 이야기는 언젠가 내가 그녀를 손에 넣었을 때에 말하기로 하고 지금은 크레아빌 부인의 이야기와 우리의 관계를 깊게 하기 위해 내가 그녀와 주고받은 여러 가지 약속에 관해 말하기로 한다.

노아르슈가 크레아빌 부인을 최상급의 찬사로 찬양한 것은 참으로 당연한 일이었다. 그녀는 몸집이 보통사람보다 크고, 그림으로 그린 것처럼 아름다웠으며, 뜨거운 눈길은 도저히 가만 바라보고 있지 못할 정도였다. 하지만 검은빛을 띤 큰 눈은 남에게 호감을 준다기보다는 위압하는 것 같고 흔히 이 여자에게서 받는 느낌은 사랑스럽다기보다는 위엄스러운 것이었다. 입은 약간 둥글면서 촉촉하고, 육감적인 검은 머리카락은 엉덩이 아래까지 늘어뜨리고 있었다. 독특한 모양의 멋진 코와 기품 있는 장중한 이마와, 뚜렷한 유방의 선과, 약간 거무스름한 실로 아름다운 피부와 오동통한 몸매, 그런 것들을 한마디로 나타내자면 미네르바의 몸을 비너스의 매력으로 가린 것 같았다. 그렇지만 내 쪽이 젊은 탓일까, 그렇지 않으면 나의 용모가 그녀의 기품 있는 용모와는 달리 남자들이 좋아하는 매력으로 넘쳐 있었던 탓일까, 세간의 사내들은 내 쪽을 훨씬 마음에 들어 했다. 크레아빌 부인이 사내들의 오금을 저리게 하는 데 반해 나는 기껏해야 매혹하고 있었던 것이다. 그녀가 사내들의 존경을 강요하고 있다면 나는 그 존경을 가로채고 있는 식이었다.

이 교만한 아름다움에 더해서 크레아빌 부인은 매우 고상한 정신의 소유자이기도 했다. 꽤 교양이 높고, 온갖 편견에 단호한 데다 어린 시절부터 그와 같은 것을 모두 갖추고 있었다. 여자가 이 정도의 철학적 정신을 견지하기란 좀처럼 쉬운 일은 아니다. 그 밖에도 많은 재능이 있어 영어와 이탈리아어를 완벽히 구사하고, 천사처럼 연극을 하며, 테르프시코레 여신처럼 춤을 추었다. 또 화학이나 물리학에도 능통하고, 아름다운 시를 지었으며, 역사학에 해박하고, 소묘화, 음악, 지리학에 밝았으며, 세비녜 부인처럼 명문장을 썼는데 자못 재원다운 억지를 너무나도 우아하고 산뜻하게 과시하고 있었으므로 일반적으로 그녀 정도의 높이에 이를 수 없는 사람들에게 있어서는 견디기 힘든 오만함이 역겨웠다. 나 같은 사람도 그렇게 생각하는데, 크레아빌 부인의 말에 의하면 그녀가 재능을 인정한 단 한 사람의 여성이 바로 나인 것이다.

　5년 전에 이 아름다운 여자는 과부가 되었다. 아이를 낳은 적이 없고 어떤 냉혹함으로 아이를 혐오하고 있었는데 이 냉혹함이야말로 언제나 여자의 무감동을 증명하는 것이다. 그러므로 크레아빌 부인의 무감동은 최고의 단계에 있다고 말할 수가 있었다. 그녀는 평생 단 한 번도 눈물을 흘린 적이 없으며 불행한 자의 운명에 한 번도 마음이 흔들린 적이 없는 것을 자랑으로 삼고 있었던 것이다. 나의 혼은 어느 것에도 움직이지 않아요, 라고 그녀는 입버릇처럼 말했다. 쾌락의 감정 이외에 나의 혼에 이르는 어떤 감정도 나는 경멸하고 있어요. 혼의 경향이라든가, 그 욕망이라든가, 그 운동과 같은 것을 나는 자유롭게 다룰 수 있어요. 나에게는 모든 것이 이성의 명령대로 되어 있어요. 완전히 싫어지고 말아요. 하지만……, 하면서 그녀는 말을 잇는 것이었다. 하지만 이성 따위는 버리고 멀리 해야만 해요. 그래도 나는 불평 따윈 하지 않아요. 나는 내 악덕을 사랑하고 미덕을 증오하기 때문이죠. 온갖 종교와 온갖 신은 나의 불구대천 적이에요. 나는 삶의 어려움도, 죽은 뒤의 일에도 전혀 신경을 쓰지 않아요. 그리고 나처럼 되면 누구나 사람은 행복해질 수 있어요.

　이 같은 성격을 지니고 태어난 크레아빌 부인의 주위에 추종자는 있을망정 친구 등이 거의 없었던 것은 쉽게 상상할 수 있었다. 애당초 그녀 자신이 우정도, 행복도, 또 미덕까지도 믿고 있지 않은 것이었다. 게다가 그녀는 막대한 재산과 파리에 있는 꽤 살기 좋은 집 한 채, 시원한 시골 땅과 사치를 위한 온갖 수단, 혈기왕성한 나이와 무쇠와도 같은 건강을 지니고 있었다. 만일 이 세상에 행복이라는 것이 조금이라도 있다면 이와 같은 재능을 두루 갖추고 있는 인간이야말로 틀림없는 행복의 소유자라고 자랑할 수 있는 인간이리라.

크레아빌 부인은 처음부터 나에게 흉금을 터놓았는데 앞서도 말한 바와 같이 그녀는 자신이 우월한 것에 대해서 강한 자부심을 지닌 여자였기 때문에 그 솔직함은 나로선 몹시 뜻밖이었다. 그러나 나는 그녀가 나에 대해서는 결코 우월감을 갖고 있지 않다는 것을 당연하게 생각했다.

그녀는 이같이 말했던 것이다. "당신에 대해선 노아르슈에게 상세하게 듣고 있었지만 확실히 우리는 같은 영혼, 같은 정신, 같은 취미를 가지고 있군요. 우리는 함께 살기 위해 만들어진 것과 같아요. 우리 친구가 돼요. 그리고 우리의 행동을 더욱 발전시켜요. 하지만 그러려면 모든 굴레를 벗어버리지 않으면 안 돼요. 그런 것들은 세간의 바보들을 위해서만 만들어진 것이니까요. 우리와 같은 고상한 기질, 자랑스러운 영혼, 늠름한 정신은 세간의 그와 같은 굴레를 쉽게 깨버릴 거예요. 우리의 정신은 행복이라는 것이 굴레의 피안에 있음을 알고 있으므로 하찮은 법률이라든가, 매정한 미덕이라든가, 자연을 해치기 위해서만 태어난 것과 같은, 수도승의 냄새를 풍기는 사람들이 입에 올리는 어리석은 종교 같은 것을 발아래 짓밟고 행복에 다다르려고 힘쓰죠."

며칠 뒤 나는 이미 이 여자에 열중하기 시작했는데 크레아빌 부인은 나와 오붓하게 저녁식사를 하기 위해 왔다. 우리가 두 사람의 취미와 감정을 서로 믿기에 이른 것은 이 두 번째 만남 때였다. 오오, 이것을 무슨 영혼이라고 해야 할까, 이 크레아빌이란 여인의 혼은! 만일 지상에 악덕이 둥지를 틀고 있는 것이라면, 악덕의 제국이 건설된 것은 이 사악한 영혼 깊숙한 곳 말고는 없다고 나는 믿는다.

식탁에 앉기 전에 우리는 몸도 마음도 터놓기 위해 서로 부둥켜안고서 잠시 뒹굴었다. 둘이 단정치 않게 누운 곳은 경대가 달린 침대의 이불 위이고 부드러운 새털이불은 우리 허리를 폭신하게 받쳐주고 있었다. 그날은 정말 날씨가 포근해 사랑의 신을 불러들여 사랑의 신의 즐거움을 고조시키는 듯한 분위기가 있었다.

크레아빌은 나의 유방에 키스를 하고 말했다. "이봐요, 우리처럼 두 여자가 가까워질 때에는 이렇게 하지 않으면 안 되죠?"

그렇게 말하자 이 물떼새는 나의 치맛자락을 걷어올리면서 내 목의 가장 깊은 곳까지 이미 불타는 듯한 혀를 들이밀고 있었다. 장난기가 있는 손가락은 어려움 없이 목적지에 닿았다.

"여기에요." 그녀가 말했다. "여기에 쾌락이 살고 있어요. 장미의 침대 위에서 잠들고 있어요. 나의 아름다운 사랑의 신은 당신이 쾌락의 잠에서 깨어날 것을 허락해줄지 몰라요. 오오, 쥘리에트, 당신의 몸속에 나의 손으로 열광의 불을 켜게 해줘요!"

"나쁜 사람!" 그녀는 말을 이었다. "당신의 입이 나의 입에 호응하고, 당신의 혀가 나의 혀를 불러 나를 열락으로 이끌고 가요. 아아, 내가 당신에게 한 것을 당신도 나에게 해줘요. 그리고 날 쾌락으로 죽게 해줘요."

"옷을 벗어요." 나는 친구에게 말했다. "쾌락의 방종은 알몸이 되어야만 멋져요. 이대로는 당신이란 사람을 전혀 몰라요. 나는 모두를 보고 싶어요. 이 얇은 옷을 벗어버려요. 무엇보다 그것이 더 자연스럽지 않은가요? 아아, 당신의 흥분이 절정에 이를 때, 나는 당신의 심장이 움직이고 있는 것을 보고 싶어요."

"좋은 생각이군요." 크레아빌이 말했다. "그 말을 듣고 당신의 성품이 좋다는 것을 알았어요. 쥘리에트, 나 당신이 정말 좋아요. 모두 당신이 원하는 대로 해요."

거기에서 내 친구들은 나와 마찬가지로 모두 실오라기 하나 걸치지 않은 알몸이 되었다. 우리는 말없이 한동안 서로의 몸을 바라보고 있었다. 자연이 내 몸 위에 넘칠 정도로 뿌려준 아름다움을 한 번 보자 크레아빌은 흥분이 절정에 이르렀다. 나도 그녀의 육체를 질리지 않고 바라볼 수밖에 없었다. 이보다 더 아름다운 허리의 선, 이보다 더 보기 좋게 솟아오른 유방은 어디에도 없을 것이다. 그야말로 그리스인이 떠받드는 비너스의 엉덩이 바로 그것이었다! 이보다 더 멋진 엉덩이의 깊게 파인 곡선을 일찍이 본 적이 없고 이 정도의 매력에는 몇 번 키스를 해도 질리지 않았다. 처음에 기꺼이 나에게 몸을 맡기고 있었던 친구들은 이윽고 나의 집요한 애무를 백배로 나에게 갚아주었다. 그리고 긴 의자 위에 나를 눕히고 나서 말했다.

"나에게 맡겨줘. 내가 여자를 즐겁게 하는 비법을 어떻게 터득하고 있는지, 증명해 보일 테니까."

"아아, 정말 잘하네요! 어떻게 내 마음을 잘 알죠!" 나는 외치고 있었다. "오오, 크레아빌, 나, 당신 때문에 죽을 것만 같아요."

거기에서 다시 나는 이 음란한 여신처럼 멋진 기교에 손을 쓸 새도 없이 절정에 이르러 완전히 소리를 지르고 말았다. 이윽고 내가 조금 안정을 되찾자 "어때" 하면서 그녀가 말했다. "내가 여자를 기쁘게 해줄 수 있다는 것을 이제 알았지? 여자를 몹시 좋아하는 내가 여자에게 쾌락을 주는 기술을 모르면 어떻게 해! 그대가 어떻게 생각하건 나는 마음속부터 타락한 여자야. 자연이 나에게 세상 사람들과 반대의 취미를 주었다고 해서 그것이 내 죄일까? 순수한 쾌락을 얻기 위해 섹스를 섞는 것이 법률로서 부정이 되다니 나로서는 도저히 이해할 수가 없어. 게다가 우리 여성이 아니고 어떤 성이 자기들에게 특유한 쾌락을 혼자서 즐기기 위해 필요한 수단을 우리에게 얻게 함으로써 쾌락을 고무하는 기술을 더 잘 터득하고 있다고 말할 수 있을까? 우리 여성이라는 존재가 요구하는 쾌락과는 매우 동떨어진 쾌락밖에 제공해주지 못하는, 우리와는 다른 남성이란 존재보다도 당연히 우리 자신이 훨씬 이 길에 능숙하지 않을까?"

"어머나, 크레아빌, 그러면 당신은 사내가 싫은가요?"

"내 몸이 욕망하기 때문에 이용하는 것뿐이에요. 하지만 나는 사내 따위는 경멸하고 있어요. 혐오하고 있어요. 내가 빠진 나락에 사내들 모두를 빠뜨리고 싶어요."

"잘난 체하는군요!"

"그것이 내 성격이에요, 쥘리에트. 솔직한 거죠. 이런 성격 탓에 내 인품은 곧 당신도 알게 될 거예요."

"당신이 말하는 것은 잔혹하지 않으면 도저히 안 되겠군요. 만일 당신이 지금 말한 것을 마음으로 바란다고 해도 실행에 옮길 수 있을지는 문제라고 생각해요."

"내가 실행에 옮기지 않았다고도 말할 생각이었나요? 나의 영혼은 본디 냉혹해요. 나는 내가 향락하고 있는 행복한 무감동보다도 감수성 쪽이 바람직하다는 따위의 생각을 한 적도 없어요. 오오, 쥘리에트." 그녀는 나를 진정시키면서 이렇게 말을 이었다. "당신은 다분히 많은 어리석은 자들이 자랑으로 삼고 있는 그 위험한 감수성이란 것에 대해서 잘못된 생각을 하고 있는 거예요."

"감수성이란 온갖 미덕의 근원인 것처럼 온갖 악덕의 근원이기도 해요. 대도(大盜) 카르토슈를 단두대로 이끈 것도 감수성인가 하면 선행의 연대기에 티투스의 이름을 금문자로 명기한 것도 감수성이죠. 우리가 미덕에 몸을 바치는 것도 감수성에 가득 차 있기 때문이고 우리가 큰 악행을 즐기는 것도 역시 감수성으로 가득 차 있기 때문이에요. 감수성을 빼앗긴 인간은 단순한 야망의 덩어리이고, 마치 얼굴만 지니고 있는 인간처럼 선한 일도 악한 일도 할 수 없어요.

이처럼 순수하게 육체적인 것인 감수성은 우리 기관(器官)의 획일성이나 감각의 섬세함에 의존하고 있는 것이고 신경유체의 성질과는 전혀 관계가 없는 것인데 나는 일반적으로 인간의 모든 경향을, 이 신경유체 속에서만 인정할 수 있어요. 교육과 그 다음에 오는 습관이 자연의 손으로부터 받은 이 배당분을 이러이러한 방향으로 향하게 하려고 하죠. 게다가 이기주의와 우리의 생활에 대한 배려가 교육과 습관을 도우려고 이러이러한 선택을 하도록 우리에게 방향지시를 해요. 그렇지만 교육이란 것은 거의 언제나 우리를 잘못된 길로 이끌기 마련이므로 교육이 끝난 순간 외부대상과의 사이에 있는 전기유체에 의해서 야기된 염증, 즉 우리가 정열이란 이름을 붙이고 있는 효과를 지닌 작용이 우리의 습관을 선 또는 악으로 결정짓기 위해 찾아오는 거죠. 만일 이 염증이 신경유체에 압력을 미치는 외부대상의 작용에 길항하는 기관의 둔한 기능으로 말미암아, 또는 이 압력의 효과를 전달하는 완만한 가슴운동, 그리고 이 유체를 운동시켜야 할 준비태세의 미비 등등으로 말미암아 순조롭게 활기를 띠지 않았을 경우에 이 감수성의 효과는 우리를 미덕으로 결정짓는답니다.

그런데 만일 반대로 외부 대상이 우리의 기관에 강렬한 작용을 하여 맹렬하게 기관 내부에 침입하고, 그리고 그것이 우리 신경내부의 공동을 순환하고 있는 신경유체의 미립자에 신속한 영양을 준다면, 이 경우 우리의 감수성 효과는 우리를 악덕의 방향으로 결정하는 것이죠. 만일 그 작용이 더욱 강대해지면 감수성은 우리를 죄악으로 이끌어갈 것이고, 격심한 효과가 최고도의 에너지에 다다르면 우리는 극악무도로 향할 수밖에 없을 거예요. 아무튼 이것으로 알 수 있듯이 온갖 관점에서 보아 감수성이란 것이 기계적인 것에 지나지 않는다는 사실, 모두가 감수성에서 출발하고, 우리를 모든 것으로 이끌고 가는 것이 감수성임은 뚜렷해요. 만일 우리가 젊은 사람에게서 이 감수성의 지나침을 인정한다면 우리는 대담하게 그곳에서 그의 장래를 점쳐, 이 감수성이 언젠가는 결국 그를 죄악으로 향하게 할 것이 틀림없다는 사실을 이해해야 할 거예요. 왜냐하면 사람을 죄악이나 미덕으로 이끄는 것은 감수성 등과 같은 미지근한 것이 아니라 그 극도의 단계이기 때문이죠. 감수성의 작용이 완만하게만 나타나는 사람이 선으로 향하기 쉬운 것은 마치 감수성의 작용이 그 내부에서 들끓고 있는 사람이 필연적으로 악으로 향하게 되는 것과 마찬가지에요. 아무튼 악이란 것은 선보다도 훨씬 자극적이고 매력 있는 것이기 때문이죠. 그러므로 격렬한 효과는 필연적으로 악의 방향으로 가야만 하고, 이 운동은 같은 모든 효과를 정신 및 육체에 결부시키는 위대한 원리에 의해서 좌우되고 있는 거랍니다."

"쥘리에트, 당신은 대단한 여자예요." 하면서 크레아빌은 더욱 말을 이었다. "하지만 나는 당신에 비하면 너무나도 나이가 들었어요. 생각해봐요. 나는 벌써 30이에요. 어지간한 일에는 익숙해져 있으므로, 이런 심한 기교라든가, 과장된 이런저런 수법을 쓰고 많은 예비행위를 거치지 않으면 좀처럼 마음이 움직여지지 않아요. 내가 마음껏 기(氣)를 주기 위해서는 많은 추악한 공상이라든가, 많은 음란한 행위라든가에 빠져야만 하죠. 나의 습관은 틀림없이 당신을 소름이 끼치게 할 거예요. 나의 흥분은 당신의 빈축을 사고, 나의 욕구는 당신을 축 늘어지게 할 거예요⋯⋯."

이어서 그녀의 아름다운 눈이 열을 띠어 반짝이고 그녀의 입술이 음란한 거품으로 뒤덮이기 시작하자 "댁에는 하녀가 있겠지요?"라고, 그녀는 나에게 묻는 것이었다. "그 여자들은 요염한가요? 아니, 미인인지 아닌지 그런 것은 아무래도 상관이 없어요. 나는 당신에게만 관심이 있으니까. 하지만 적어도 그 여자들이 매우 왈가닥이고, 매우 호색이며, 참을성 있고, 건강하면 좋겠어요. 게다가 매우 욕설을 잘 퍼붓고, 내 앞에 나올 때에는, 모두 알몸이 되어주었으면 해요. 그런 여자들을 당신은 몇 사람이나 내 앞에 데리고 올 수 있나요?"

"당장, 이곳에는 내 일을 도와주는 여자 4명뿐이에요." 나는 대답했다.

"너무 적어요. 당신만한 부자라면 적어도 20명 정도의 여자가 매일 당신의 명령을 받기 위해 대기하고 있어야 하고 또 매주 새 사람과 교환해야 해요. 아아, 당신에게는 돈 쓰는 방법을 가르쳐줄 필요가 있을 것 같아요. 당신은 인색한가요? 그래도 상관없어요. 나도 때로는 굴러들어오는 막대한 돈 때문에 내 몸을 자유롭게 할 때가 있을 정도로 돈이란 것을 숭배하고 있는걸요. 자기 눈앞에 있는 돈으로 무엇이건 할 수 있다고 생각하면 그런 일을 시킬 정도로 태연하죠. 그러므로 남이 나와 똑같은 취미를 가지고 있다고 해서 특별히 아무 생각도 하지 않아요. 하지만 사람이 참으로 하찮은 검약을 하고 있는 것을 보면 역시 가만히 있을 수 없어요. 세상에는 인간이 인색하기도 하고 동시에 낭비할 수도 있다는 것, 쾌락을 위해 창밖으로 있는 돈을 남김없이 내던질 수도 있는가 하면 동시에 자선사업에는 단돈 한 푼도 내놓지 않고 있을 수도 있다는 것을, 전혀 이해하지 못하는 어리석은 자가 우글우글하니까…… 자, 이를 알았다면 하녀 넷을 이곳으로 데리고 와요. 그리고 만일 당신이 내가 만족하는 것을 보고 싶다면 채찍도 잊지 말아요."

"어머나, 채찍으로 치는 겁니까, 당신을?"

"그래요, 피가 흐를 때까지…… 그리고 나도 똑같은 대접을 받을 거예요. 나에게 있어서 이 이상 감미로운 욕망은 없으며, 나의 모든 존재를 그 이상 확실하게 불타게 해주는 방법도 없어요. 요즈음 수동적인 매질이라는 것이 황음(荒淫)으로 인해서 다 말라버린 정력을 회복하는 최대의 효과적인 방법임을 의심하는 자는 한 사람도 없어요. 그러므로 음탕에 지쳐버린 사람들이 매질이라는 고통으로 충만한 조작 속에 그들의 정력소모와 신허(腎虛), 원기의 상실이나 또는 말을 듣지 않게 된 견딜 수 없는 육체를 회복하는 최상의 수단을 탐내듯이 추구하는 사정은 전혀 놀랄 만한 것이 못 돼요. 이와 같은 조작은 이완된 유체부분에 하나의 활발한 격동, 육체를 불타오르게 해 정수(精水)를 무한으로 세차게 분출시키는 하나의 열락적인 자극감을 주지 않을 수 없답니다. 맞은 부분의 고통이 많은 피를 미립자로 뿜어나오게 해 생식기관에 뜨거운 열을 제공하면서 몸 안의 정기를 불러일으키고, 결국은 쾌락을 추구하는 색욕적인 생명의 본질에, 자연의 억제를 무시하고, 방탕한 행위를 수행하기 위한 수단, 모태인 자연의 한계 저편으로 음란 향락을 늘리기 위한 수단을 얻기에 이르는 거예요. 능동적인 매질에 대해서 말하자면 우리처럼 냉혹하기 이를 데 없는 인간에게 있어서 이 이상 커다란 쾌락이 세상에 또 있는지 모르겠군요. 잔학의 이미지를 이보다 더 고무하는 것, 한마디로 말해서 우리가 자연에서 받은 잔혹으로의 경향을 더 만족시키는 것이 도대체 세상에 있을까요? ……오오, 쥘리에트, 우리와 아주 가까운 관계를 지닌 성적인 매력이 있는 여자를 이 타락행위에 길들이게 해 그 모든 부수물이 하나의 열락인 어떤 고문의 고통을 그녀에게 맛보게 해…… 그 눈물을 보고는 즐기고, 그 슬픔을 보고는 배려를 하고, 그 약동하는 듯한 경련을 보고는 흥분하고…… 박해를 받은 희생자로부터 고통이 이끌어내는 그 열락적인 번민이나 전율을 보고는 타오르고, 눈물과 피를 흥건하게 흘리게 하고, 절망에 의해서 각인된 고통의 일그러짐과 근육의 움직임을, 그 아름다운 얼굴 위에 즐기고, 새하얀 백합과 같은 부드러운 피부와 절묘한 대조를 이루는 그 진홍빛 피의 흐름을 혀로 핥아주고, 순간 안정된 듯한 모습을 보이고는, 다음에 새로운 협박을 준비하고, 전보다 더욱 모욕적인, 더욱 무서운 수단으로만 이 협박을 실행하고, 격노한 발작에는 그 무엇도 용서하지 않고, 자연이 바보들의 숭배를 위해서만 만든 것과 같은 유방이라든가, 옥문의 내부라든가, 또는 얼굴이라든가, 가장 미묘한 육체의 부분에 대해서조차도 똑같은 흉포한 격정을 행사하는. 오오, 쥘리에트, 만일 이 같은 일을 할 수 있다면 얼마나 더 할 수 없는 쾌락일까? 이것이야말로 이른바 사형집행인의 권리를 강탈해 그 역할을 스스로 수행하는 것이 아닐까? 우리처럼 웬만큼 단순할 일에도 마비되고 말아, 지나친 정사의 결과 잃은 것을 되찾기 위해 악랄한 기교를 써야만 하는 인간에게 있어서 신수(腎水)의 사출을 결정적으로 촉진시키는 가장 효과적인 방법은 단 하나, 이와 같은 잔혹한 이미지만이 아닐까?

그런데 쥘리에트, 놀라지 말아요. 이와 같은 잔혹한 취미는 나라는 여자 한 사람만의 취미는 아니에요. 앞서 내가 쓴 번민이란 표현은 브란톰에게서 빌린 말인데 이 작가가 천진난만하게 나의 금언을 지지하는 여러 가지 예를 들고 있어요. 거기에 따르면 옛날 어느 곳에 상류사회의 귀부인이 있었는데 그녀는 미인에 부자이고, 몇 년째 과부인 데다 그 몸가짐의 나쁨이 무엇에도 비길 만한 것이 없었죠. 언제나 아름다운 어린 처녀들에게 둘러싸여 있었던 그녀는 처녀들을 발가벗겨 그 엉덩이를 가능한 한 세게 손바닥으로 때리는 것을 더없는 즐거움으로 삼고 있었어요. 체벌을 가하는 이유를 찾아내기 위해 그녀들의 실수를 날조하고 매를 때렸는데, 매로 괴로워하며 뒹구는 처녀들을 보는 것에 그녀의 모든 쾌락이 있었던 거예요. 처녀들이 몸을 움직이면 움직일수록, 울음소리를 내면 낼수록 이 악녀는 기뻐했어요. 때로는 처녀들을 발가벗기는 대신에 그 치마를 걷어올리고, 감아올리는 행위에서 완전한 나체가 제공하는 용이함보다 더한 쾌락을 발견해 그녀는 스스로 만족하곤 했죠……."

4명의 처녀가 들어왔다. 그녀들은 내 친구가 희망한 대로 알몸의 자태로 확실히 이 세상에서 볼 수 있는 가장 아름답고 음탕한 한 조를 이루고 있었다. 가장 나이가 많은 처녀가 아직 18세이고, 가장 어린 처녀가 15세였다. 이처럼 아름다운 육체, 이처럼 사랑스런 용모는 어디에도 없었다.

"아주 멋져요." 크레아빌이 간단하게 사전검사를 하면서 말했다.

이어서 처녀들이 저마다 채찍 다발을 가지고 오자, 크레아빌은 몇 개를 자기 곁에 놓았다. 그런 다음 가장 어린 처녀에게 말했다. "이리로 와. 이쪽으로 와. 그리고 내 발아래 무릎을 꿇고 어제 네가 저지른 부주의를 사과하도록 해요."

"하지만 부인, 저는 부주의한 적이 없습니다."

세게 뺨때리기가 크레아빌의 대답이었다.

"나는 네가 부주의했다고 말하고 있는 것이다. 그리고 무릎을 꿇고 사과하라고 명령하고 있는 것이다."

어린 처녀가 하라는 대로 대답을 했다. "네, 그러면 부인, 부디 용서해주십시오."

"너에게 벌을 내리지 않고서 용서해줄 수는 없다. 자, 일어서라, 그리고 순순히 네 엉덩이를 이쪽으로 돌려라."

크레아빌은 손바닥으로 아름다운 엉덩이를 가볍게 쓰다듬은 다음 다섯 손가락의 흔적이 뚜렷하게 새겨질 정도로 손바닥으로 세게 그곳을 때렸다. 순식간에 이 가련한 처녀의 아름다운 볼에 눈물이 흐르기 시작했다. 그녀는 이런 일을 당하리라고는 꿈에도 생각지 않았고 이런 것은 한 번도 겪은 적이 없었으므로 이 부당한 처사가 깊은 충격을 준 것 같았다. 처녀의 모습을 보고 있던 크레아빌은 그 눈물이 계속 흐르자 그 눈에 입을 대고 눈물을 빨았다. 이윽고 그녀의 눈이 더욱 빛을 발하고, 그녀의 호흡이 가빠지면서 그녀의 아름다운 가슴이 크게 약동하는 심장의 고동을 전하는 것이었다. 그리고 그녀는 이 어린 처녀의 입안에 혀를 넣어 오랫동안 빨고 있었는데 이윽고 이 애무에 더욱더 생기를 얻어 전보다도 더욱 격하게 손바닥으로 엉덩이를 쳤다.
"너는 이상한 아이로구나." 그녀는 말했다. "나는 어제 네가 사내와 시시덕거리는 것을 보았다. 너 때문에 집안의 풍기가 더 이상 문란해져서는 안 된다…… 나는 몸가짐이 바른 애가 좋아. 어린 처녀의 순결을 좋아한다고."
"그렇게 말씀하시지만 부인……."
"변명은 필요 없다. 이 굴러먹은 년." 크레아빌이 처녀의 옆구리에 세게 주먹 한 방을 먹이고 말했다. "잘못이 있건 없건 나는 너를 괴롭혀야만 해. 널 괴롭혀 즐기지 않으면 안 된다. 너처럼 젖비린내 나는 아이는 나 같은 여자의 쾌락을 위해서만 도움이 되니까."
이렇게 말한 뒤 크레아빌은 이 희생자의 아름다운 작은 육체의 살집 좋은 부분을 상대가 비명을 지를 정도로 세게 비틀었다. 그리고 그녀가 비명을 지르자, 입안에 혀를 집어넣어 소리가 나는 것을 막아버렸다. 그런 다음 점점 분노의 발작이 고조되자 가장 더러운, 가장 외설스러운 언어와 가장 부끄러워해야 할 저주의 언어가 음란한 그녀의 입에서 흘러나오고 탄식처럼 쉽게 끊어지게 되었다. 긴 의자 위의 희생자에게 덮치듯이 난잡하게 그 엉덩이를 살피고 네 곳을 달려들어 물었는데, 여기에는 젊은 처녀도 견디지 못하고 튀어 올랐다. 그러자 이 반항이 내 친구를 몹시 기쁘게 해 환희보다도 오히려 잔인성에 가까운 듯한 그 악의에 가득 찬 웃음을 자아내게 하고 있는 것이다. "자, 이 화가 치밀 정도로 못생긴 년 같으니, 내 매를 맞아야 해." 크레아빌이 말했다. "한 대 맞을 때마다 네 엉덩이 위에 지울 수 없는 자국이 남는 것을 생각하면서 심한 꼴을 당하게 해줄 테니까 각오해라."
이렇게 말하고 나서 그녀는 채찍을 잡고 어린 처녀의 치마를 걷어올리게 해 왼팔로 처녀의 몸을 껴안고 한쪽 무릎에 처녀의 배를 꾹 눌러 밀어붙여 실로 보기 좋게 처녀의 엉덩이를 드러나게 했다. 그리고 한동안 이 상태로 처녀의 엉덩이를 살피는가 싶더니 갑자기 아무런 예고도 없이 오른손으로 두들기기 시작해 25회나 계속해서 때렸다. 그 두들기는 폼이 참으로 교묘해 어느새 신선한 장밋빛 엉덩이는 남김없이 상처로 가득해지고 말았다. 그러자 그녀는 세 처녀를 한 사람씩 불러 제각기 입에 혀를 집어넣고 그녀가 키스를 하고 있는 동안, 자신의 그것에 세게 그것을 하도록 처녀들에게 명령하는 것이었다. 그리고 특히 나쁜 짓을 한 처녀의 죄상을 그녀들에게 헤아리게 하고 자신이 가한 벌을 그녀들이 온갖 말로 찬양하도록 요구했다. 나도 세 처녀들이 끝난 뒤, 똑같이 크레아빌에게 키스를 해주고 그녀가 희생자에게 가한 벌을 찬양하며 이 불행한 처녀에 대한 중상으로 그녀의 음란한 격정을 부추겨주었다. 내가 키스를 하면 크레아빌은 침으로 입안을 가득 채워달라고 말하고 내 침을 모두 삼키고 말았다. 그리고 또 일을 시작해 조금 전보다 매질이 곱절로 늘었다. 처녀의 엉덩이가 피투성이가 되자 크레아빌은 나에게 키스를 하며 "쥘리에트!" 말했다. "나의 감각은 불타오를 것 같아. 나머지 세 처녀는 더 심한 매질을 당하게 될 거야."

그리고 나이 순으로 다음의 처녀를 가리키면서 "자, 앞으로 나와라, 단정치 못한 년!"

지목이 된 처녀는 동료가 받은 학대에 두려움을 느껴 말을 듣지 않고 뒷걸음질을 쳤다. 하지만 크레아빌은 용서는커녕 그녀의 팔을 잡아끌어 매섭게 뺨을 때렸다. 처녀는 울음을 터뜨렸다.

"흥" 하면서 크레아빌이 말했다. "나는 이것이 좋은 거다."

그리고 16살밖에 안 된 여자아이가 벌써 꽤나 예쁜 유방을 지니고 있는 것을 보자 처녀가 비명을 지를 정도로 세게 껴안았다. 이어서 곧바로 그녀에게 키스를 퍼붓고는 잇자국이 남을 정도로 물었다.

"자" 하고, 그녀가 더럽게 욕을 하면서 말했다. "어디 네 엉덩이를 보여라." 엉덩이가 꽤 그녀의 마음에 들었는지 그녀는 때리기 전에 "아아, 예쁜 엉덩이구나!" 찬탄할 수밖에 없었다.

이 뛰어나고 아름다운 엉덩이가 그녀를 새로운 정열로 내몰았다. 몸을 구부려 엉덩이에 키스하자 이리 보고 저리 보고 앞뒤로 그것을 했다. 하지만 이번에는 손바닥으로 때리지 않고 힘껏 주먹으로 때려 넓적다리에서 어깨끝까지 순식간에 이 아름다운 육체의 하얀 부분이 검은 멍투성이가 되고 말았을 정도였다.

……그리고 매를 잡자 여러 가지로 음란한 짓을 다한 끝에 세 번째 처녀에게도 네 번째 처녀에게도 똑같이 그냥 넘길 수 없을 정도의 학대를 가했다. 그래서 모든 처녀가 무참하게 찢기고 피투성이가 되자 바쿠스신의 무녀처럼 이 행위를 마치고 비너스보다도 더욱 아름다워진 크레아빌은 이윽고 4

명의 처녀를 일렬로 세워놓고 그녀들의 엉덩이가 모두 똑같이 찢어져 있는지 비교 검토하는 것이었다. 그리고 상처가 적은 쪽의 엉덩이를 발견하면 다시 매를 들어 50회나 새롭게 매질을 가했으므로 곧 그 엉덩이는 동료들의 엉덩이와 마찬가지로 애처로운 상태가 되고 말았다.

그녀가 말했다. "쥘리에트, 그대도 이런 식으로 혼내줄까?"

"좋아요." 나는 대답했다. "당신의 쾌락을 늘리기 위해서라면 기꺼이 무슨 일이건 받아들일 마음의 준비가 되어 있어요. 자, 때려줘요. 이것이 나의 엉덩이, 이것이 나의 몸이에요. 모두 당신의 지시를 기다리고 있어요."

"그러면" 하면서 그녀가 말했다. "그대는 가장 어린 이 처녀 어깨 위에 올라가줘요. 내가 그대를 매질하는 동안 다른 세 처녀는 내가 하는 걸 잘 보도록 해. 그리고 너는 매를 잡는 거다. 가장 힘이 약해 보이는 자가 먼저이고 나머지 두 사람이 그 뒤를 잇는 것이다. 너는 맨 처음 나를 매질하는 역할이므로 필요한 것을 잘 물어 기억해두어라. 먼저 내 엉덩이 앞에 무릎을 꿇어 내 엉덩이를 찬양하고 거기에 키스를 한다. 그리고 여러 가지로 음란한 짓을 한 뒤에 너는 다시 일어나 나를 욕설과 협박으로 위협하고 계속해서 나의 엉덩이에 2백 번 매질을 가한다. 차츰 강하게 때리는 것이다. 뒤로 이어지는 너희들도 내 말을 잘 듣고, 모르면 동료가 하는 것을 따라하면 된다. 자, 그럼 시작하자."

크레아빌은 비틀거나 할퀴거나 해 나를 목말 태워주고 있는 아가씨의 엉덩이를 괴롭히면서 동시에 맹렬한 기세로 내 몸을 흠씬 때렸다. 한편 다른 처녀들은 그녀에게 명령을 받은 대로 훌륭하게 실행을 했다. 게다가 모든 수단을 계획한 이 악녀는 자신을 매질하지 않은 처녀의 입을 번갈아 빨며 즐기는 것이었다. 이윽고 내 엉덩이가 차츰 그녀의 매 자국을 드러내기 시작하자 사나운 그녀는 거기에 입술을 들이대고 게걸스럽게 상흔을 핥는 것이었다.

그녀가 말했다. "쥘리에트, 그대는 상상력에 의해서만 흥분한다고 전에 나에게 말했지. 그런데 내 상상력을 가장 불타오르게 하는 것은 내 주위에서 내뱉는 모독적인 언어야. 그대의 하녀들은 아무 말도 하지 않는군."

일이 난감하게 되었다. 내 집의 처녀들은 상류 부르주아계급에서 납치해 온 처녀들이고 나 말고는 함께 음란한 짓에 빠진 적이 없었으므로 크레아빌을 만족시키는 언어를 거의 모르는 것이다. 그녀들도 할 수 있는 일은 다 했으나 나는 거의 혼자서 크레아빌의 마음에 들 만한 신에 대한 신랄한 폭언을 더 채워 인용하지 않으면 안 되었다. 또 그렇게 되자 크레아빌을 자극하는 역할도 내가 대신할 수밖에 없어, 나는 큰 목소리로, 그리스도교의 경멸해야 할 삼위일체의 신을 욕하면서 그녀의 기관을 자극해주었다. 그래서 그녀는 매우 흥분했는데 아직 결말이 나지 않았다. 다시 한 번 자세를 바꾸어 놀이에 변화를 주어야만 했다. 이 대단한 여자가 자세를 풀었을 때 나는 그녀가 이렇게도 아름답고, 이렇게도 활기에 차 있었던 것을 일찍이 본 적이 없었다. 음탕의 여신 모델로 그녀보다 더 나은 여인을 찾아낼 수는 없었으리라. 내 목에 매달려 15분이나 그 짓을 한 끝에 자신의 엉덩이를 보여주었는데 그것은 붉은색에 가깝고 눈부실 정도의 순백 피부와 좋은 대조를 보여주고 있었다.

"아아, 화가 나요!" 그녀가 정신없이 외쳤다. "쥘리에트, 이런 상태가 되기 위해서라면 난 무엇이든 해요. 바로 지금 내가 무엇을 하건, 그대가 나의 행위를 아무리 극악무도한 일로 생각하건 죄의식 같은 건 조금도 없어요. 오오 귀여운 사람…… 오오 나의 꾀바르고 넉살 좋은 여자…… 내가 한없이 좋아하는 사람, 당신의 품 안에서 끝내고 싶어요. 우리가 지니고 있는 평정, 부, 건강만큼 더러움을 고무하는 것은 아무것도 없어요. 그러니까 제발 나에게 무언가 나쁜 이미지를 줘요…… 그대가 보는 앞에서 나쁜 짓을 하고 싶어요. 무언가 더러운 일을 해줘요, 부탁이니까……."

문득 보자 크레아빌은 가장 어린 처녀에게 자기 엉덩이와 그 밖의 곳을 빨게 하고 있었으므로 나는 크레아빌에게 작은 목소리로 이 어린 여자를 죽이고 싶지 않으냐고 물어보았다. 그러자 그녀는 "아니오"라고 대답했다. "그런 것으로는 만족할 수 없어요. 나는 여자를 좋아해 매질을 하거나 괴롭히기는 하지만 물질의 총체적인 파괴라는 점에 대해서는 사내 말고는 필요로 하지 않아요. 알겠어요? 나를 진정한 잔학으로 내모는 것은 사내뿐이에요. 거드름을 피우고 있는 악인 등을 보면 나는 그들이 여성에게 맛보게 하고 있는 공포로 복수해주고 싶어요. 아아, 만일 이곳에 사내가 있다면 나는 얼마나 기쁘게 살인에 빠질지 몰라요. 아아, 제기랄, 무언가의 고통으로 그들을 괴롭혀줄 거예요. 무언가 음산한 방법으로 그들을 죽음에 이르게 할 거라고요! 이제, 나는 잘 알았어요. 요컨대 나의 상상력은 아직 거기까지는 이르지 않고 있어요. 이런 일은 도저히 그대의 손으로는 준비해주지 못할 거예요. 아무튼 오늘의 일은 음란한 더러운 짓으로 끝내기로 해요. 그것뿐이라면 간단히 할 수 있으니까."

거기에서 희망한 대로 더러운 일이 세심하고 면밀하게 실행이 되고 크레아빌도 마지막에는 완전히 지쳐버리고 말았다. 그리고 그녀는 장미향수의 욕조에 뛰어들어 하녀가 씻겨주거나 향수를 발라주거나 했다.

침대에서의 방탕과 마찬가지로 식탁에서의 방탕에서도 변덕스럽고, 무절제하며, 색다른 것을 좋아하는 크레아빌은 언제나 변화가 풍부한 이상한 형태로 요리된 뼈 없는 닭고기나 자고새 같은 것밖에 먹지 않았다. 보통요리는 절대 손대지 않고 식탁에 제공되는 것은 모두 공들여 음미된 것뿐이었다. 평생의 음료는 사계절을 가리지 않고 얼음으로 식힌 설탕물이고, 그 안에는 레몬 에센스 20방울과 오렌지 두 숟갈이 들어 있었다. 그녀는 포도주를 결코 마시지 않았는데 리큐르라든가 커피는 자주 마셨다. 게다가 그녀는 먹성이 대단해 식탁에 오른 50접시의 요리 가운데 그녀가 손을 대지 않은 요리는 한 접시도 없었다. 그녀의 기호는 미리 알려져 있었으므로 모든 요리가 입에 맞도록 갖추어져 있다 해도 그녀가 먹은 양은 믿어지지 않을 정도였다. 이 대단한 부인은 자신의 취향을 타인에게도 받아들이기를 바랄 정도로 취향에 대해서 절대적인 신념을 지니고 있었으므로 나에게도 자신의 식성에 따르도록 계속 권했다. 하지만 포도주만은 아무래도 나는 끊을 수 없어 분명 앞으로도 평생 이 음료를 계속 마실 것이다.

식사 중에 내가 크레아빌의 타락상에 놀라게 된 것을 고백하자 "그런 것은 시작에 지나지 않아요" 하면서 그녀는 말했다. "내 방탕의 아주 하찮은 일부분을 보여준 것뿐이에요. 나는 당신과 함께 더욱더 상식을 벗어난 일을 하고 싶어요. 내가 나가는 모임에서는 더욱 엄청난 외설스러운 폭력사태가 벌어지고 있는데 그대를 그곳 회원으로 넣어주겠어요. 그 모임에서 남편은 누구나 그 아내를, 오빠는 여동생을, 아버지는 딸을, 독신자는 여자친구들을, 사랑을 받고 있는 사내는 정부를 데리고 와야만 해요. 큰 홀에 모여 저마다 가장 마음에 드는 것을 하며 즐기는 것인데 각자의 욕망 이외에는 아무런 규칙도 없고 각자의 상상력 이외에는 아무런 속박도 없어요. 외도로 치달으면 치달을수록 우리는 칭찬받는 인간이 되는 거죠. 그리고 부끄러워해야 할 행위에서 뛰어난 인물, 또는 쾌락을 맛보는 새로운 방법을 발명한 인물에게 적립된 상금이 수여되는 구조로 되어 있어요."

나는 크레아빌의 팔에 안기면서 이렇게 외쳤다. "어머나, 당신, 그런 이야기를 듣기만 해도 나는 머리가 멍해지고 말아요. 부디 그 모임에 넣어주세요."

"넣어주고 싶지만 그대에게 허가가 나올지 모르겠군요. 입회 시험은 정말 무서워요."

"그런 것이 걱정인가요? 하지만 그 입회식의 성질이 어떤 것이건, 노아르슈나 생퐁의 집에서 내가 어떤 일을 해왔는지 잘 아는 당신께서 내가 망설이는 모습을 떠올리다니 걱정이 너무 지나치지 않은가요?"

"좋아요. 그러면 그대는 틀림없이 들어갈 수 있어요. 내가 꽉꽉 밀어줄 테니까."

그리고 다시 말을 이어 "오오, 쥘리에트, 결혼의 모든 불행이 잉태하는 것은 습관에 의해서 우리가 결합한 상대와의 사이에 취미의 일치도 닮은 점도 없다는, 그 절망, 그 견디기 힘든 초조, 그 혐오에서 오는 것이 아닐까요? 이 불행을 치유하고, 마음에 들지 않은 자끼리 영원히 결합시키는 무서운 속박에서 벗어나기 위해서는 모든 인간이 서로 이와 같은 모임을 만들 필요가 있어요."

"그곳에서는 몇 백 명이나 되는 세상의 남편이, 몇 백 명이나 되는 세상의 아버지들이 저마다 아내와 딸과 함께 이 모임에 들어와 그들에게 모자란 것 모두를 손에 넣을 수가 있어요. 나는 내 남편을 크리멘에게 줌으로써 크리멘의 남편에게 없었던 모든 매력을 그녀에게 넘겨주고, 크리멘은 그녀의 남편을 나에게 양보함으로써 내 남편이 줄 수 없었던 모든 매력을 나에게 주는 거예요. 교환은 이렇게 해서 계속 늘어 하룻밤 사이에 한 여자가 백 명의 사내와 관계하고, 한 사내가 백 명의 여자와 맺을 수 있을 정도가 됩니다. 또 회원끼리는 서로 연구되고 서로 깊이 알게 되므로 어떻게 자신의 성격을 발전시키건 태연해요. 가장 완전한 취미의 자유가 거리낌 없이 이루어지고 있기 때문이에요. 여자를 좋아하지 않는 사내는 동성을 즐기면 되고, 동성밖에 사랑하지 않는 여자는 마찬가지로 자신의 기분대로 빠지면 되는 거예요. 어떤 속박도, 어떤 부끄러움도 없이 단지 자신의 쾌락을 늘리는 욕망만이 자신의 전 재산을 함께 나누는 것이지요. 거기에서 전체의 이익이 존중되고, 개개의 이익이 전체의 이익에 결부되어 회원끼리 유대가 탄탄해진답니다. 우리 모임은 15년 전부터 이어지고 있는데 단 한 건의 분쟁, 단 한 건의 싸움도 본 적이 없어요. 이와 같은 모임의 성립이 질투심을 없애고, 아내를 도둑맞을 걱정을 영원히 날려버리는 것은 분명하고, 덕분에 인생의 두 해독이 깨끗이 없어지지요. 그러므로 삶에 지친 부부가 서로 미워하면서 언제까지나 싫은 상대와 붙어살아야 한다든지 부부의 인연을 끊으려면 자신의 명예를 버려야만 하는 그 단조롭기 짝이 없는 사회보다는 이와 같은 모임 쪽이 훨씬 뛰어난 것은 당연해요. 부디 전 세계의 인간이 내가 인용한 예를 잘 이해해 우리를 따라해주었으면 좋겠어요. 내 생각에는, 그러려면 어떤 편견을 타파하지 않으면 안 되는데 우리 모임처럼 확고한 철학이 버팀목이 되어 있으면 편견 따위는 곧 사라지고 말 거예요. 나는 결혼 첫 해에 이 모임에 들어갔어요. 그때 겨우 16살이었죠. 처음에는 나도 솔직하게 말해서 많은 사내와 여자의 일시적인 변심에 따를 수밖에 없어 완전히 당황했지요. 상상대로 내 나이와 용모는 순식간에 많은 남녀를 주위에 끌어모으는 데 충분했으니까⋯⋯ 그것이 놀랍게도 3일이나 이어지더군요. 나도 완전히 빠지고 말았어요. 거기에서 호색인 나의 동료들이 선택방법이나 음탕의 연구에 대해서 논쟁을 벌이고 있거나, 체면도 없이 외설스런 말과 행동에 빠지거나 하는 것을 보고 들음에 따라서 순식간에 나는 실천 면에서나 이론 면에서나 그들 모두를 앞지르고 만 거죠."

이 대단한 모임의 이야기가 정말 흥미진진했으므로 나는 입회약속을 받아낼 때까지는 크레아빌을 놓치지 않으려고 했다. 계약서는 우리가 다시 흘린 절정의 물을 써서 조인되었다. 그때 우리는 거구의 세 하인을 이용해 그 일을 한 것인데 크레아빌은 그들의 눈앞에서 그대들은 절대로 욕망을 일으키지 말고 우리를 즐겁게 해줘야만 한다고 다짐을 했던 것이다.

"이런 식으로" 하면서 그녀는 나에게 말했다. "파렴치한 행위에 익숙해지는 것이 중요해요. 우리 모임에 알맞은 사람이 되기 위해서는 이렇게 하지 않으면 안 돼요."

우리는 가능한 한 빨리 다시 만날 것을 약속하고 헤어졌다.

가두 살인

며칠이 지나자 나는 매일 보고 듣는 잔혹한 장면에 완전히 흥분이 되어 아무래도 날 위해 악행을 저질러야겠다는 그칠 줄 모르는 욕망을 주체할 수 없게 되었다. 게다가 무슨 짓을 해도 용서가 되는 천하공인의 보증서가 실제로 믿을 만한 것인지 시험해보고 싶은 생각도 있었다. 그래서 나는 날마다 받고 있었던 교육에 걸맞은 극악무도한 짓을 한번 해보자는 생각을 했다. 나 자신의 용기와 잔인성을 시험해보기 위해 나는 남장을 하고 두 자루의 권총을 주머니에 넣고는 혼자서 인기척 없는 거리 모퉁이로 나간 것이다. 맨 처음 마주치는 사람이 내 손에 죽게 되어 있었다. 목적은 절도와 나 자신의 쾌락을 위한 살육이었다. 거리 모퉁이 벽에 기대어 나는 격렬한 정욕에 의한 어떤 설렘과도 같은 것을 느끼고 있었는데 나의 동물적 정기에 미치는 이 정욕의 충동이야말로 틀림없이 죄악에 뒤따르는 최초의 쾌락 요소라고도 할 수 있는 것이었다. 나는 귀를 기울이고 있었다⋯⋯ 무슨 소리가 들려올 때마다 기대감에 가슴이 부풀었다. 이윽고 아주 희미한 기색에 나는 결국 희생자를 발견했다고 생각했다. 어디선가 한숨과도 같은 소리가 들려오는 것이다⋯⋯ 목소리가 나는 쪽으로 달려갔다. 확실히 그것은 신음소리였다. 가까이 다가가 보니 가난해 보이는 한 여자가 어느 집 문앞에 엎드려 방금 내가 들은 신음소리를 내고 있었다.

"당신은 누구신가요?" 나는 그 여자의 곁으로 다가가 물었다.

"세상 천지에 나처럼 불행한 여자는 없습니다." 그녀는 울면서 대답을 했는데 자세히 보니 서른도 채 안 되어 보였다. "당신께서 나에게 죽음을 주신다면 더 바랄 나위가 없겠습니다."

"그런데 그대의 불행이란 어떤 것인가요?"

"너무나 기구한 것이어서⋯⋯" 일어나며 이렇게 답하는 그녀의 용모는 부드러우면서도 동정심을 불러일으켰다. "그것은 엄청난 불행입니다. 8일 전부터 일자리를 잃어 이 집에 세 들고 있었던 방세도 내지 못하게 되더니 이젠 아이의 우유 값도 없습니다…… 불쌍한 아이는 고아원으로 끌려가고 남편은 감옥에 갔어요. 나 혼자 죽을힘을 다해 달아나 이런 무자비한 짓을 한 사람들의 포학에서 벗어났습니다. 방금 내가 문앞에 쓰러져 있던 집도 사실 전에는 내 집이었습니다. 옛날부터 이렇게 비참하지는 않았습니다. 아아, 뜻대로 되지 않는 세상입니다! 저는 옛날에는 가난한 자를 도와주었더랬어요. 당신께서도 예전의 나처럼 이 가난한 사람을 도와주시겠습니까?"

이 말을 듣자 불과 같은 욕정이 내 혈관을 치달았다. 이제 됐다, 라고 나는 마음속으로 쾌재를 불렀다. 악행을 저지를 절호의 기회이다. 나의 관능은 부글부글 끓고 있다.

"일어나요." 나는 여자에게 말했다. "보다시피 나는 사내이니까 당신의 몸을 즐겨 보아야겠소."

"오오, 나처럼 눈물과 불행의 소용돌이 속에 있는 여자도 욕망을 일으키게 하나요?"

"당신 같은 여자니까 나는 불타오르는 거요. 자, 빨리 내가 시키는 대로 가만히 있어요."

나는 한 팔로 그녀를 잡고 억지로 몸을 더듬으려고 했다. 치마 밑에서 내가 찾아낸 것은 의심할 바도 없이 포동포동하고 탄력 있는 하얀 육체였다. 나는 그녀의 손을 나의 그곳에 갖다 대고 말했다.

"어서 즐겁게 해줘. 나는 여자야. 하지만 동성을 좋아하니까 당신이 그것을 해주었으면 해."

"어머, 당치도 않은 일을! 놔줘요. 놔요…… 당신의 비정상적인 성향에 소름이 돋는군요. 이렇게 기구한 운명이지만 저에게는 분별이 있어요. 그런 치욕은 받고 싶지 않아요."

그녀가 달아나려 하자 나는 그녀의 머리카락을 잡고 관자놀이에 총구를 들이대고 "지옥에나 떨어져라, 이 악마"라고 말해주었다. "지옥의 악마들에게 쥘리에트의 솜씨는 이 정도였다고 말해주는 게 좋을 거다."

여자는 피투성이가 되어 쓰러졌다. 그런데 여러분, 이때 내가 어떤 흥분을 느꼈는지, 사실대로 전하지 않으면 안 되는데…… 그렇다, 나는 이 죄를 저지르면서 내 몸이 흥건하게 흥분의 액체로 젖는 것을 느꼈을 정도로 신경유체의 대격동을 가져온 것이다. 아아, 이것이 죄악의 효과이구나, 나는 마음속으로 생각했다. 과연, 모두가 죄악을 감미로운 것이라고 한 것은 맞는 말이었다! 나 같은 여자의 뇌 속에 죄악이라는 것은 얼마나 큰 지배력을 발휘하고 있는가. 죄악이란 얼마나 쾌락에 보탬이 되는 것인지! ……나는 감탄에 젖어 한동안 그 자리에 우두커니 서 있었다.

그때 권총소리를 듣고 몇 개의 창이 열리는 소리에 나는 제정신으로 돌아왔다. "경찰을 불러라!" 외치는 목소리가 곳곳에서 들려왔다. 그리하여 12시의 시계소리와 함께 나는 체포되었다. 권총을 소지하고 있는 이상, 의심을 받아도 어쩔 수 없다. 나는 신분조사를 받았다.

"장관의 집에서 신분을 밝히겠어요." 나는 거만하게 대답했다. "생퐁의 집으로 데려가줘요."

나의 태도에 놀란 경찰은 이 요구에 굳이 이의를 제기하지 않았다. 나는 오랏줄에 묶여 끌려가면서도 마음만은 여전히 즐거웠다. 과연 죄악으로 묶이는 것은 기분 좋은 일이다. 죄악을 사랑하는 사람은 오랏줄에 묶이면서 흥분하는 것이다. 생퐁은 아직 자지 않고 있었다. 우리의 방문을 알리고 나는 방으로 안내되었다. 생퐁은 나를 보자 경관을 향해 말했다.

"이제 됐다. 만일 이 부인을 내 집에 데리고 오지 않았다면 자네는 교수형에 처해졌을 것이다. 자, 근무지로 돌아가라. 자네는 이미 직무를 수행했다. 오늘 밤의 일은 자네 같은 자가 관여할 필요가 없는 비밀사건이다."

장관과 단둘이 되자 나는 곧바로 사건의 전말을 이야기함으로써 흥분하게 했다. 생퐁은 땅바닥에 쓰러진 여자의 경련을 제대로 확인할 수가 있었는지 나에게 물었다.

"그럴 여유는 없었어요." 나는 대답했다.

"아아, 그러면 모처럼의 악행이 흥미가 반감되는데. 상대가 죽는 것을 즐기지 않으면 의미가 없지."

"그야 그렇지만 아무튼 거리에서 벌어진 사건이라."

"흠, 그렇다면 무리도 아니지, 길거리의 싸움소동, 큰길의 살인은 법률로서 엄하게 다스리게 되어 있어. 잘못하면 벌금을 물게 돼…… 그건 그렇다 치고, 그 여자는 형편이 어려운 몰골이었겠지…… 내 집에 데리고 왔더라면 좋았을 텐데. 그랬더라면 우리가 함께 즐길 수 있었을 것을. 경찰은 죽은 사람의 이름이 뭐라고 하던가?"

"확실히 시몬이라고 했어요."

"시몬이라고…… 그렇다면 4, 5일 전에 나의 손을 거친 사건이군. 응, 생각나. 그 시몬이란 사내를 감옥에 처넣고 아이를 고아원에 보내게 한 것이 바로 나였지. 그것은 그 여자가 조신하고 꽤 미인이었기 때문이야. 나는 당신의 가정부로 그 여자를 점찍어놓고 있었지. 그 여자가 당신에게 말한 것은 모두 사실이야. 그들은 옛날에는 잘살았었지. 그런데 파산을 해 한순간에 비참해지고 만 거야. 아아, 쥘리에트, 그대는 나의 악행에 화룡점정을 해준 거야. 악행이란 즐거운 것이로고."

나는 내가 저지른 악행의 성공에 몹시 기분이 좋아져 생퐁의 저택에서 나왔다.

생퐁의 정치학

 그 뒤 다시 생퐁과 식사를 함께했을 때 그는 다음과 같은 특출한 사상을 나에게 말해주었다.
 "바로 그거야." 장관은 말을 이었다. "법률은 더욱 엄격해야만 돼. 이단처치국이 지배하는 나라만이 행복한 통치국이야. 그것만이 군주에 대한 절대복종을 이룰 수 있지. 정치의 지배력을 강화하려면 종교의 지배력을 강화하는 것이 으뜸이거든. 왕의 권위는 향로의 권위에 의존하지. 이 두 권위는 서로 힘을 제공하는 것에 절대적인 관심을 가지고 있어. 인민이 지배의 멍에를 뒤흔드는 것은 이들 권력이 서로 멀어졌을 때뿐이야. 종교적인 공포감만큼 인민을 유순하게 하는 것은 없어. 왕에 맞서는 자에게는 영원히 떨어지는 지옥으로 위협을 하는 것이 제일이야. 유럽의 열강이 언제나 로마교황청과 사이좋게 지내온 것은 이런 이유에서지. 우리와 같은 지상의 권력자는 그 경멸해야 할 교황의 황당무계한 파문선고 따위는 완전히 무시하고 있지만 우리의 노예에게는 이를 공포로 느끼게 해주는 것이 좋아. 되풀이해서 말하는데 이것이야말로 노예들을 멍에로 묶어두기 위한 유일한 수단이거든. 마키아벨리의 원리로 자라난 나는 왕과 국민과의 거리가 하늘의 별과 개미 정도로 떨어져 있어야 한다고 생각해. 옥좌 주위에 피를 흘리기 위해 군주는 조금만 움직이면 되고, 군주는 마치 지상의 신처럼 간주되고 국민은 무릎을 꿇지 않으면 절대로 군주에게 접근할 수 없다는 식이면 최상이지. 도대체 군주의 옥체와 인민의 육체를 같게 생각하는 어리석은 인간이 있을까? 나는 자연이 그들에게 똑같이 그 필요함을 부여했다고 믿어. 마치 사자가 구더기와 같은 필요를 지니고 있는 것처럼 말이지. 그러나 그렇다고 해서 그들은 비슷한가?"
 "오오, 쥘리에트, 유럽의 왕들이 그들의 위신을 잃기 시작한 것은 왕들의 인간성이 위신을 잃은 것과 궤를 같이한다는 것을 생각해보면 돼. 만일 그들이 아시아의 군주처럼 아홉 겹의 장막 속에 몸을 숨기고 있었다면 그들의 이름은 아직도 지상의 사람들을 틀림없이 떨게 했을 것이야. 매일처럼 사람들 눈에 드러나 있으면 위엄이 없어지는 것은 당연해. 카프리 섬에서 만년을 보낸 티베리우스 황제는 로마 시내에 살면서 빈민을 위로해주었던 티투스 황제보다도 훨씬 로마인을 두려워 떨게 했을 게 분명해."

"하지만 당신이 그토록 전제주의를 좋아하는 것은 당신 자신이 권력자이기 때문일 거예요. 약한 자에게도 전제주의가 마음에 들 거라고 생각하시나요?" 나는 생퐁에게 말했다.

"전제주의는 모든 사람에게 사랑을 받는 것이지." 생퐁은 대답했다. "모든 인간이 전제주의를 선호하는 경향이 있어. 그리고 이것이야말로 자연이 우리 인간에게 준 최초의 욕망이며, 일반적으로 자연의 것으로 되어 있는 그 우스꽝스러운 법칙은 사실 자연과는 아무런 관계도 없어. 그 법은 요컨대 자신이 하고 싶지 않은 것을 타인에게 하지 말라는 정신의 것으로서, 짧게 말해서 보복을 두려워하는 마음이야. 즉 자연의 법칙과는 아무런 연관도 없는 표현을 자연에 갖다 붙일 수 있었던 것도 오로지 이 보복을 두려워하는 마음 때문이지. 그러므로 나는 단언하는데 인간의 가장 근원적이고 격렬한 경향은 그들의 동족을 사슬로 묶어 온갖 폭력으로 이를 압박하는 것으로 정해져 있어. 유모의 유방을 물고 틈만 나면 장난감을 부수려는 유아의 예가 파괴와 악과 압박이야말로 자연이 우리 마음속에 각인한 최초의 경향임을 명확히 보여주지. 우리는 저마다 부여된 감수성의 정도에 따라서 많건 적건 폭력적으로 이 경향에 빠져 있는 거야.

따라서 인간의 마음에 드는 모든 쾌락, 인간이 맛볼 수 있는 모든 열락, 인간의 정욕을 최고도로 즐기게 해주는 모든 것이 타인을 괴롭힐 수 있는 전제주의 안에 본질적으로 존립하고 있는 것은 분명해. 열락적인 아시아인이 향락의 대상을 엄중하게 가두어둠으로써 음욕과 쾌락은 압박과 압제에서 크게 효과를 나타내고, 나아가 정욕은 동조하는 자보다도 무리하게 굴복시키는 자에게 있어서 훨씬 뜨겁게 달아오른다는 진리를 우리에게 보여주고 있는 것이 아닐까? 행위를 하는 자의 행복의 총량은 저지른 행위의 폭력이 많고 적음에 따라서 측정되어야만 한다는 것은 이 일정량이 크면 클수록 신경 조직에 커다란 충격을 줄 수가 있기 때문인데 이것이 뚜렷한 이상 가장 큰 행복의 양이 전제주의와 압박의 최대효과 속에 있는 것도 또한 분명해. 그리고 이것에서 당연히 귀결되는 것은 가장 잔혹하고, 가장 흉포하며, 가장 음험하고, 가장 간교에 뛰어난 인물이야말로 가장 행복한 인물임에 틀림이 없다는 것이야. 왜냐하면 노아르슈도 자주 말하다시피 행복은 악덕 가운데 있는 것도, 미덕 가운데 있는 것도 아니고 우리 개개인이 자유롭게 느끼는 그 느낌, 인간의 소질에 따라서 우리가 행하는 선택 속에 있기 때문이야. 우리의 식욕은 차려진 요리 가운데 있지 않아. 식욕은 우리 안에만 있는 것이고 요리는 두 인간에 대해서 저마다 크게 다른 반응을 불러일으킨단 말이야. 즉 굶주리고 있는 인간에게는 기쁨을 주고, 배부른 인간에게는 혐오감을 불러일으키지.

그러나 받아들인 감동에는 제각기 차이가 있어 악덕은 악덕을 받아들이기 쉬운 인간에 의해 격렬한 감동을 주고, 미덕은 미덕을 받아들이는 기관의 구조를 지닌 인간에게 더 큰 감동을 불러일으키게 하는 것은 당연해. 베스파시아누스의 혼이 아무리 선량해도, 네로의 혼이 아무리 사악해도 둘 다 감수성을 지니고 있는 것에는 변함이 없어. 다만, 이 두 혼의 구성요소가 되는 감수성의 배아에 대한 두 영혼의 침투도가 크게 다를 뿐이야. 따라서 네로가 베스파시아누스보다 행복했다는 것은 확실해. 이유인즉 가장 격렬하게 감동시키는 것은 언제나 인간을 더욱 많이 만족시키는 것이고, 미덕의 영향보다 악덕의 영향을 더욱 잘 받게 만들어져 있는 힘이 센 인간은 약한 기질 때문에 미풍양속의 어리석고 단조로운 실천밖에 하지 못하는 온순한 인간보다도 훨씬 확실하게 행복을 거머쥐기 때문이야. 설사 악덕이 미덕보다 바람직하지 않다고 해도 미덕에 무슨 가치가 있을까? 과연 베스파시아누스도 네로도 나름대로 행복했던 것은 사실이야.

그러나 네로 쪽이 훨씬 많이 행복했던 것은 의심할 여지가 없어. 그것은 네로의 쾌락 쪽이 훨씬 생생한 것이었기 때문이고 또 스스로 만천하에 밝힌 대로 '가난한 자에게도 살 권리가 있다'는 유일한 신조에 의해서 가난한 사내에게 베푼 베스파시아누스는, 거문고를 한 손에 들고 안토니아 궁전의 탑 위에서 로마시가 불타는 것을 보고 있었던 네로보다도 훨씬 약한 감동밖에 받지 못했을 것이기 때문이야. 하지만 한쪽은 제단에 올릴 만하고, 다른 한쪽은 화형에 처할 만하다고 주장하는 사람이 있을지도 몰라. 원한다면 그렇게 말해도 상관없어. 단, 내가 판단하고 있는 것은 내 혼이 타인에게 미치는 결과가 아니라 제각기 부여된 잘못된 경향, 제각기 움직이게 되는 잘못된 판단에 따라서 두 사람이 받을 수밖에 없었던 그들 자신의 내부감각이야. 이런 의미에서 지상에서 가장 행복한 인간은 분명히 어떤 행위이건 혼이 받을 수 있는 가장 격렬한 동요를 자신의 혼으로 받아들일 수 있는 인간이 될 거야. 그리고 악덕의 동요는 미덕의 동요보다도 강렬하므로 지상에서 가장 행복한 인간은 필연적으로 가장 추악하고 음탕하며 극악무도한 습관에 빠져든 인간이고, 더 나아가 이 습관을 날마다 무리하게 2배, 3배로 늘릴 것을 생각하는 인간이라는 것이지."

"그렇게 되면 젊은 사람에게 해야 할 가장 중요한 일은" 하면서 나는 말참견을 했다. "자연이나 교육이 활발하게 키우려는 미덕의 씨앗을 그 사람의 마음에서 뿌리째 없애버리는 거로군요."

"그렇지." 생퐁이 말했다. "그것은 이를테면 그 사내가 미덕 속에서 행복을 발견하고 있다고 그대에게 확언했다고 해도 당신이 그 미덕의 씨앗을 없애주면 악덕 속에서 더 큰 행복을 발견하는 확실한 단서를 준 것이 되기 때문이야. 한쪽을 환기해주기 위해서는 다른 한쪽을 모조리 잡아 없애야 하거든. 균형은 금물이야. 이것이야말로 진정한 호의이고 호의를 다해준 그대는 머잖아 감사를 받게 될 거야. 그러므로 나는 선인과는 한참 다른 방식으로 온갖 자기타락 또는 부도덕한 행위를 좋다고 하는 것이지. 그와 같은 행위야말로 인간의 행복에 빼놓을 수 없는 것이고 철학의 진보에 도움이 되는 것이며 편견의 절멸에 필요한 것이고 여러모로 보아 인간지식의 양을 늘리는 것이라고 생각해. 두려워하지 않고 진리를 말할 정도로 용기가 있는 작가를 나는 지지해. 그와 같은 사상을 지닌 작가를 위해서라면 언제라도 상을 줄 마음이 있어. 그런 작가야말로 국가에 필요한 드문 인물인데 아쉽게도 세상 사람들은 그들의 일을 북돋아주는 것을 너무 몰라."

"하지만 그런 작가는 당신이 건설하려는 정부나 이단처치국의 엄격함과 잘 타협을 지어나갈 수 있을까요?" 내가 물었다.

"문제없지." 생퐁은 대답했다. "내가 엄격함을 요구하는 것은 국민을 억압하기 위한 것이거든. 리스본의 종교심문소를 파리에도 두고 싶다는 나의 간절한 소망은 단지 국민에 대해서일 뿐이야. 그러므로 부유한 계급, 귀족, 종교가와 같은 자들은 내 공상에 조금도 두려워 떨 필요가 없지."

"그래도 모든 사람에게 읽히는 책은 당신이 보존해두려는 부유한 계급에게 위험한 것이 되지 않을까요?"

"그런 일은 없어." 생퐁은 말했다. "비록 약자가 그 책에서 예속의 사슬을 끊는 희망을 발견했다고 해도 강자는 이와 똑같은 사슬을 더욱더 묵직하게 해야 한다는 훨씬 강한 교훈을 얻게 될 테니까. 요컨대 그것을 실행하려면 강자는 1분이면 충분한데 약자는 몇 년이란 세월이 필요하다는 사실을 깨닫게 될 거야."

나는 더욱 반론을 시도했다. "세간에서는 풍속의 퇴폐에 대한 당신의 무차별적인 너그러움을 비난할 거예요. 당신이 장관이 되기 전까지는 이렇게 풍기가 문란한 적은 한 번도 없었다고 사람들은 말할걸요?"

"내가 직접 보고 싶어할 정도로 풍속이 문란하려면 아직 멀었어." 생퐁은 대답했다. "내가 바라는 정도의 풍속퇴폐가 실현될 만한 경찰조례를 생각하고 있지. 알겠나 쥘리에트, 적어도 정치를 하는 자는 국민이 타락의 극치를 만들도록 정부를 이끌고 가야만 해. 시민 개개인이 방탕한 쾌락에 중독되어 얼이 빠져버리면 어떤 압박이 가해져도 느끼지 못하게 되고, 스스로 깨달음이 없이 압제에 짜부라지게 되지. 따라서 국가의 진정한 정치는 국민을 타락시키는 온갖 수단을 몇 백배나 늘리는 거야. 호사스런 사치, 수많은 선술집, 창녀집, 방탕죄의 전면적 허가, 이것이야말로 인간을 유순하게 하기 위한 확실한 수단이거든. 오오, 인간을 지배하길 원하는 자여, 여러분의 지배하 미덕을 경계하는 것이 좋다. 미덕이 활발하게 이루어지면 너희의 국민은 지식의 빛에 비쳐져 결국에는 악덕 위에 가까스로 지탱이 된 제군의 왕좌가 뒤집히기에 이를 것이다. 자유로운 인간의 깨달음은 전제군주에게 있어서 위험하기 짝이 없으리라. 악덕이 이미 국민의 여가를 즐겁게 할 수 없게 되면 국민이 제군처럼 지배의 욕망을 품기에 이를 것이다."

"그러면 당신이 생각하고 있는 풍기조례란 어떤 것인가요?" 내가 물었다.

"먼저 유행을 비롯한 여론에 호소해야 한다고 생각해. 이 유행이란 것이 프랑스인에게 어떤 영향력을 지니고 있는지 그대도 알고 있겠지?

첫째, 남녀의 옷차림을 고쳐 음란한 부분, 특히 엉덩이가 거의 완전히 드러나도록 한다.

둘째, 로마의 플로라경기를 본뜬 행사를 마련하고 그곳에서 젊은 소년소녀에게 알몸 춤을 추게 한다.

셋째, 공립학교에서 도덕이나 종교원리 대신에 자연원리만을 가르치게 한다. 사내건 여자건 15세가 되어 애인 하나 찾지 못하는 아이는 모두 그 몸에 낙인을 찍어 여론의 이름으로 창피를 준다. 그리고 여자애라면 영구히 결혼을 못하도록, 사내라면 어떤 지위에도 오르지 못하도록 선고를 내린다. 애인이 없는 사내건 여자건 적어도 자신이 매춘을 해 이제 처녀도 동정도 없음을 증명하는 증명서를 제시해야만 될 것이다.

넷째, 그리스도교는 엄중하게 국가에서 추방된다. 자유사상의 제례 말고는 어떤 제례도 거행되지 않도록 한다. 하지만 종교의 속박은 여전히 존속시켜야 한다. 앞서도 설명한 바와 같이 국민을 억압하기 위해서는 그것이 필요하기 때문이다. 사제만 있으면 예배의 대상은 무엇이건 상관없다. 마리아 숭배자의 마음속에 공포의 미신이 있었던 것처럼 나는 비너스 숭배자의 마음속에도 미신의 씨앗을 뿌려주겠다.

다섯째, 국민을 노예상태에 빠지게 한다. 그렇게 해두면 지배라든가, 침략이라든가, 부자의 소유물을 박탈하는 것과 같은 위험한 기도는 영구히 못할 것이다. 지난날처럼 토지와 묶어서 부자의 재산 가운데 일부이게 하고 온갖 양도를 허가한다. 노동은 그들에게 있어서만 유지되고 매우 하찮은 실수에도 엄벌을 내린다. 영주는 노예와 그 가족의 생사여탈권을 장악해 어떤 고충도 탄원도 완전히 무시해버린다. 그들을 위해 무료 학교 등은 절대 짓지 않는다. 토지를 경작하는 데 학문은 필요치 않다. 농민에게는 무지몽매의 눈가리개를 해두면 좋다. 눈가리개를 벗으면 위험은 반드시 닥친다. 국민을 선동하거나 속박을 단절하는 것을 권하는 자는 어느 계급의 인간이건 살아서 호랑이 밥이 되지 않으면 안 된다.

여섯째, 국내의 모든 도시에 그 도시의 인구에 비례한 수의 남녀를 위한 매음굴을 마련한다. 주민 천 명에 대해서 남녀 따로따로 한 집의 비율이다. 각 업소는 3백 명의 창녀를 두고 12세에서 25세까지를 취업기간으로 한다. 이 시설은 정부에 의해서 보호되며 자유로운 계급의 인간만이 그곳에 들러 마음 내키는 대로 할 권리를 지닌다.

일곱째, 불법살인, 근친상간, 강간, 남색, 간통 등 온갖 풍기문란죄로 불리는 범죄가 노예계급을 제외하고 절대로 벌 받지 않도록 한다.

여덟째, 쾌락을 주는 기술에서 평판이 높은 창녀나, 같은 시설의 가장 젊은 남창에게 상여금을 지급한다. 또 새로운 쾌락의 방법을 창출한 인물이나 에로물의 저자, 이 영역에서 서원(誓願)을 했을 정도의 고명한 도락자에게도 똑같이 포상금을 지급한다.

아홉째, 옛날 라케다이몬에서의 반(半)자유민과 같은 예속하는 인간의 계급을 만든다. 노예와 짐승 사이에는 어떤 차이도 없다. 동물과 마찬가지로 죽였다고 해서 누가 벌 받을 필요가 있을까?"

내가 말했다. "그 부분을 좀더 설명해주지 않겠어요? 노예와 짐승 사이에는 실제로 어떤 차이도 없다는 설명을 들었으면 고맙겠는데."

"자연의 의지를 봐." 이 철학자가 대답했다. "그리고 상류계급에서 태어난 인간과 하층계급에서 태어난 인간과의 사이에 자연의 의지가 육체상 어떤 극단의 차이를 낳게 했는지 잘 생각해봐. 공평하게 생각해 판단해야 해…… 두 계급의 인간은 같은 목소리, 같은 피부, 같은 손발, 같은 걸음걸이, 같은 취미를 가지고 있을까? 더 나아가 같은 욕구를 지니고 있을까? 물론 그와 같은 차이는 사치나 교육에 의해서 생겨난 것이고 어릴 적부터 자연 그대로 두면 인간끼리는 모두 비슷해진다고 생각하는 놈도 있다. 어리석은 이론도 있기는 한데 나는 그와 같은 사실을 부정해. 나 스스로 조사하고 해부학자에게 관찰시킨 결과 나는 상류계급과 하층계급 아이들의 다양한 육체상의 구조에 어떤 유사점도 없다는 것을 단정하기에 이르렀으니까. 아무튼 둘을 풀어놓고 길러보는 게 좋아. 상류계급의 자제가 보여주는 취미나 경향이, 하층계급 아이들이 나타내는 그런 것과 얼마나 심한 차이가 있는지 당신도 알 거야. 감정이나 소질도 전혀 다르다는 것을 알 수 있어.

그런데 인간에게 가장 가까운 동물에게 주의를 돌려보는 게 좋아. 이를테면 숲의 원숭이, 즉 이 동물과 노예계급의 인간을 비교해보라는 말이지. 놀랄 만한 닮은 점이 발견되지 않는가! 요컨대 하층계급의 인간이란 숲의 원숭이보다 한 단계 위에 있는 종족에 지나지 않아. 이 원숭이로부터 하층계급까지의 거리는 하층계급에서 상층계급까지의 거리와 완전히 같거든. 본디 모든 생물에게 엄격한 단계를 마련하고 있는 자연이 인간에게만 이 단계를 무시했다면 도리어 이상하지 않을까? 모든 식물이 똑같은 형태를 하고 있을까? 모든 동물이 같은 생김새, 같은 힘을 지니고 있나? 왜소한 떨기나무와 키 큰 포플러, 겁 많은 오랑캐와 용맹한 덴마크 개, 코르시카의 산지에 태어나는 작은 말과 직감력이 강한 종마, 이 둘을 굳이 비교할 용기가 그대에게 있을까? 이것을 보아도 알 수 있듯이 같은 계급 안에도 본질적인 차이가 있는 법이야. 그런데 인간의 계급에도 같은 차별이 존재하는 것을 왜 수긍하지 않는 거지? 볼테르와 페늘롱, 용감한 프러시아의 투척병과 유약한 호텐토트족. 이 둘을 굳이 비교할 용기가 있을까? 그러므로 쥘리에트, 그대도 이제는 이와 같은 불평등에 신경을 쓸 필요는 없어. 불평등이 존재하는 이상, 그것을 유리하게 이용하는 것이 좋아. 그리고 자연이 다행히도 우리를 상류계급으로 태어나게 해준 이상, 기꺼이 하층계급의 인간들을 압박해 모든 정욕, 모든 욕구에 그들을 굴종시킴으로써 자신의 쾌락을 추구하는 것이 좋아."

"키스해줘요. 내가 가장 좋아하는 친구." 나는 완전히 그의 말에 우쭐해져서는 생퐁의 품에 안겼다.

"당신은 나의 신이에요. 당신 밑에서 나는 평생을 지내고 싶어요"

생퐁과 크레아빌의 대논쟁

어느 날 식사자리에서 생퐁의 비밀을 알고 싶어 안달이 난 크레아빌은 술과 애무와 찬양의 말로 그를 추켜세우고 이제 이 정도라면 문제가 없겠다 싶은 때를 노려 이렇게 말을 꺼냈다.

"당신은 언제나 희생자를 몹시 괴롭히기 전에 한동안 그 상대와 함께 무언가를 하는 것 같던데 도대체 무엇을 하는 거죠?"

"사형선고를 하고 있지." 생퐁은 대답했다.

"아니에요. 그것만이 아니에요. 우리는 그것 말고도 틀림없이 무언가 있다고 생각해요."

"아무것도 없소."

"우린 알고 있어요."

"나에게도 약점은 있지. 그것을 무리하게 털어놓게 할 필요는 없을 텐데."

"그럼 당신은 우리에게 비밀을 갖게 돼요." 나는 연인을 향해 말했다.

"그런 건 결코 없어."

"하지만 당신은 숨기고 있지 않은가요? 우리는 그것을 말해주기 바라는 거예요."

"그런 걸 물어서 뭐해?"

"단지, 이해만 하면 돼요. 둘도 없는 친구를 만족시켜주면 그것으로 충분해요."

"정말 짓궂은 부인들이군! 그러나 그대들은 알고 있을지 모르는데 내가 이 고백을 하는 날에는 내 마음의 약점까지도 모두 털어놓게 되는 거야."

"그거야말로 우리가 알고 싶은 거예요."

거기에서 우리 두 사람이 더욱 집요하게 조르거나 어르고 추어주자 그는 결국 항복해 다음과 같이 말해주었다.

"부끄러워해야 할 종교의 속박을 벗어나 있다고는 하지만 내세의 희망까지도 뿌리째 잘라버리는 것은 나로선 도저히 할 수 없는 일이었어. 만일 저세상에 응보가 있는 것이 사실이라면 내 악행의 희생자들은 죽어서 복을 받아 행복해질 것이 틀림없다고 나는 생각했어. 이렇게 생각하자 나는 안절부절못해 내 극단의 만행은 도리어 내 마음을 아프게 하는 결과가 되었지. 야심을 위한 것이건 음욕을 위한 것이건, 내가 상대를 죽일 때에는 상대의 고통을 몇 세기 뒤까지 길게 끌고 싶었던 거야. 나는 이것을 일찍이 내 친구이자 나와 똑같은 취미의 소유자였던 어느 고명한 도락자에게 상담해보았지. 그 사내는 학문이 심오한 데다가 연금술의 대가이고 점성학에도 통달해 있었는데 언제나 나에게 확언하고 있었던 바에 따르면 내세의 인과응보만큼 확실한 것은 없고, 우리가 죽이는 상대를 천국의 지복에 참여하지 못하게 하기 위해서는 심장에서 짜낸 피로 악마에게 혼을 내어주는 약속의 증서를 쓰게 한 뒤에 이 증서를 우리 성기로 그 사내의 항문에 밀어넣어 그동안 이 사내가 견딜 수 있을 만큼의 가장 큰 고통을 주어야만 한다는 것이었지. 이 방법만 쓰면 우리가 죽이는 인간은 결코 천국으로 들어갈 수 없을 거라고 내 친구는 확언했거든. 증서를 항문으로 밀어넣을 때 이 사내에게 주는 고통과 똑같은 성질의 고통이 미래영겁으로 이어진다는 거야. 그리고 우리는 만일 영원에 끝이 있다면 영원의 끝까지 이 고통을 오래 끌게 할 수 있다는 감미로운 쾌락을 맛볼 수 있다는 것이고."

"그러면 당신은 희생자와 함께 그와 같은 짓을 하고 있었군요." 크레아빌이 말했다.

"말하라고 하니까 말했을 뿐인데…… 나에게도 잘못은 있어."

"한심하군요. 난 설마 당신이 그토록 미련한 사람일 줄은 생각도 못 했어요. 적어도 이성이 있는 사람이 혼의 불멸 등, 어리석기 짝이 없는 견해를 한순간이라도 인정할 수 있는 것일까요? 그 불쾌한 종교의 환영을 인정하지 않으면 내세의 인과응보 따위는 도저히 믿을 수 없으니까 말이죠. 당신의 사고방식은 나도 좋아해요. 그것은 좋아요." 크레아빌은 말을 이었다. "확실히 나도 당신과 똑같은 사고방식을 지니고 있어요. 제물로 삼으려는 인간의 고통을 무한히 늘리고 싶다는 생각은 정말 당신다워요. 하지만 그렇다고 해서 그 생각을 어리석은 신앙의 탓으로 돌리는 것은 용서할 수 없는 일이에요."

생퐁이 말했다. "그러나 그와 같은 견해의 근거를 찾지 않으면 나의 신성한 희망이 사라지고 마는데."

"옛날이야기에서 근거를 찾느니" 하면서 크레아빌이 말했다. "그 같은 희망은 단념하는 게 나아요. 옛날이야기를 믿었던 시절엔 쾌락은커녕 내 몸에 해로움을 가져오는 것이 고작이니까. 이 세상에서 줄 수 있는 고통만으로 만족해야 해요. 그리고 영원한 고통을 주겠다는 둥 무익한 사고는 완전히 잊어야 해요."

"내세 같은 건 어디에나 있는 게 아니에요. 생퐁." 나는 어릴 적부터 받아온 철학교육을 떠올리면서 말했다. "그 같은 환영은 인간의 공상력에만 근거가 있는 거라고요. 인간은 내세라는 것을 생각해내 어쩌면 죽은 뒤에도 살아남아 현재 맛보고 있는 행복보다 더욱 영속적인, 더욱 순수한 행복을 누리고 싶다는 소망을 이루려고 한 것뿐이에요. 하지만 신을 믿거나 더 나아가 이 신이 최대다수의 인간에게 무한한 고통을 주려고 한다는 등의 공상을 믿는 것은 얼마나 어리석고 불합리한 일인가요. 종교는 이 세상에서 인간을 불행하게 하는 것만으로는 만족하지 못해, 더욱 인간의 경신(輕信)과 사기(詐欺)의 결과밖에 안 되는 그 기묘한 신이라는 존재가 내세에서 그들을 더욱 더 불행하게 할 것이라는 둥 그럴 듯하게 진실인 양 포장하기 마련이니까. 물론 나도 사람이 신의 선량함이란 것을 끄집어내 이 신의 심판에서 벗어나려고 하는 것쯤은 알고 있어요. 하지만 무서운 잔학성을 발휘하는 선량함은 무한한 선량함은 아니에요. 게다가 한없이 선량한가 하면, 한없이 심술궂은 신이 일정불변의 존재로 간주될 수 있을까요? 분노로 가득 찬 신이 너그럽고 인자한 면모를 발견할 수 있는 존재와 같은 것일까요? 적어도 신학의 개념에 의하면 신이 대부분의 인간을 영겁(永劫)의 가책(呵責)에 맞닥뜨릴 수 있도록 만들지 않았다는 것은 분명한 듯해요. 그러므로 그 행동에 의해서 무한한 벌을 자신에게 가져오게 될지도 모르는 인간만을 만들기보다는 차라리 돌이나 식물만 만드는 편이 더 선량하고 이성적이며 공정하다고 말할 수 있을지 몰라요. 죄에 빠질 위험이 있는 인간을 한 사람이라도 더 만들어낼수록 짓궂은 신은 결코 완전한 존재로 간주될 수는 없어요. 완전은커녕 광기와 부정과 악의와 포학의 덩어리로밖에 생각되지 않죠. 완전한 신을 만들어내기는커녕 신학자들은 이 세상에 있는 한 가장 불쾌한 환영밖에 만들지 않았던 거예요. 그들은 증오해야 할 신이란 존재에 영원한 형벌이란 발명품을 부여함으로써 그 작품을 더한층 완전하게 실추시킨 거예요. 잔혹이란 것은 우리의 쾌락에 없어서는 안 되는 것이고 적어도 여러 가지 동기가 있어요. 이와 같은 동기는 설명할 수도 있고 우리는 그것을 알고도 있어요. 하지만 신은 분노에 의해서 희생자를 괴롭히는 어떤 동기도 갖고 있지 않아요. 왜냐하면 인간은 실제로는 신의 권력을 위험에 빠뜨릴 수도, 신의 행복을 망가뜨릴 수도 없으므로 그런 인간을 벌한다는 것은 이치에 맞지 않기 때문이에요. 한편 내세의 형벌은 살아 있는 인간으로선 절대로 볼 수가 없으므로 그들에게는 헛된 것이라고 말해야만 해요. 그리고 지옥에 빠진 인간에게도 그것은 헛된 일이에요. 왜냐하면 지옥에는 이 신의 이른바 자비의 때가 더 없으므로 개심을 해도 아무 소용이 없기 때문이에요. 즉 이런 이유로 영원한 복수에 몸을 맡기고 있는 신은 그 창조물인 인간의 나약함을 즐기고 이를 희롱하는 것 말고는 다른 목적을 갖지 않은 것이 틀림없다고 말할 수 있어요. 인간처럼 결코 동기 같은 것을 갖지 않고 더구나 어떤 인간보다도 잔혹하게 행동하는 비열한 신은 따라서 이 점에서만 보아도 인간보다 훨씬 음험하고, 훨씬 악랄하며, 훨씬 악한 존재일 거예요."

크레아빌이 말을 이었다. "만일 우주가 무한한 힘과 예지와 자애를 지닌 존재에 의해서 창조되고 지배되고 있다는 것을 믿는다면 우리는 온갖 절대적인 악이 이 우주에서 필연적으로 쫓겨나고 있다는 결론을 내려야만 해요. 그런데 인류의 대부분이 영원히 불행하다는 것은 의심할 바도 없이 하나의 절대적인 악이 아닌가요? 굳이 이런 야만의 짓을 할 정도로 괘씸한, 이 증오해야 할 신이란 존재에 도대체 어떤 천한 역할을 하게 하려는 거죠? '요컨대 이 영원한 형벌이라는 관념은 세상 사람들이 가정하고 있는 신의 무한한 자애라는 관념에 어긋나는 거라고요. 신을 믿는 것을 그만두거나 그렇지 않으면 한순간이라도 신을 인정하고 싶다는 것이라면 이 야만의 영원한 형벌이란 교리를 없애야 할 거예요. 그렇지만 지옥의 교리를 없애고 천국의 교리를 믿는 것은 어떨까 싶어요. 어느 쪽이나 인간의 생각을 막아 이를 절대군주의 전제적인 속박 아래 두려는 종교적 폭군들의 잔인한 발명품이니까. 우리 인간은 물질에 지나지 않고 우리가 죽은 뒤에는 절대로 아무것도 없다는 것을 생각해야 해요. 우리가 영혼에서 원인을 찾고 있는 것도 모두 실은 단순한 물질의 작용에 지나지 않는다는 것을 믿어야 한다고요. 이것은 인간의 자존심을 해치는 것 같아 혼이야말로 인간을 동물과 구별하는 것으로 다들 여기는데 그러나 만일 우리가 동물처럼 우리를 움직이는 요소를 모두 물질로 되돌린다면 우리는 이제 자연으로부터 받은 다양한 체질에 따라서 빠져드는 극악무도에 의해 벌을 받는 일도 없는가 하면 반대로 체질에 따라서 실행해야 할 선행에 의해 보상을 받는 일도 없을 거예요. 선행을 하건, 악행을 하건 이 세상 뒤에 우리를 기다리고 있는 운명과는 아무 연관도 없는 거죠.

만일 우리가 모든 순간을 쾌락 속에서 지낼 수가 있다면, 설사 이와 같은 삶의 방식이 모든 인류, 모든 사회적 관습을 문란하게 할지 모른다고 해도 유일한 본질적인 사항이라고 해야 할 법률의 지배에서 벗어나 있기만 하면 의심할 것도 없이 우리는 내세의 징벌을 두려워해 이 세상에서 온갖 쾌락을 엄중하게 물리치고 있는 세간의 어리석은 자들보다도 훨씬 행복하다고 해야 하지 않을까요? 우리에게 있어서 확실한 이 세상의 행복을 잡는 것이, 있는지 없는지도 모르는 가공 세계의 행복을 얻으려고 눈앞에 있는 확고한 행복을 놓치는 것보다는 훨씬 중요한 일이에요. 게다가 처음부터 인간이 현세에서보다도 저승에 가서 더 불행해질지도 모른다는 둥 그럴 듯하게 믿게 하려고 시도하는 둥, 상식에서 벗어난 두뇌의 소유자는 어떤 인간이었을까요? 그 인물 덕택에 인간은 이 세상에 태어났을까요? 이 인물 덕택에 인간은 스스로를 영원한 모진 괴로움 속으로 내모는, 정욕이라는 것이 주어진 걸까요? 아니에요, 당치도 않아요. 이 인물에게는 그런 힘 같은 것은 전혀 있지도 않았어요. 그렇다면 인간이 자신과는 아무런 관계도 없는 인물에게 벌을 받을 이유 따위는 없는 거죠.

아무튼 영혼불멸을 증명하는 것이 인간 안에 전혀 없다는 사실을 이해하기 위해서는 이 가련한 인류에게 한 번 눈을 돌려보면 충분하지 않을까요? 도대체 이 신비한 성질(더 적절하게 말해서 물질에 있어서 불가해한 성질)은 인간으로 불리는 동물이 소유할 수 있는 성질의 것일까요? 짐승처럼 마시거나 먹거나 번식하거나 하는 인간, 짐승보다는 약간 세련된 본능을 지니고 태어난 인간이 짐승의 운명과 다른 운명을 바랄 수 있는 것일까요? 그런 것이 한순간이라도 허락될 수 있을까요? 하지만 인간은 이렇게 말할지도 몰라요. 인간은 숭고한 신의 인식에 다다른 것이다. 이것만으로도 영혼의 불멸에 걸맞은 존재임이 증명되어 있다고요. 그러나 만일 당신이 인간은 어느 사물에 관해서 예언으로 일관해왔으므로 다른 모든 사물에 관해서도 예언을 말해야 한다고 주장하는 것이 아니라면 도대체 이 환영의 인식 어디에 숭고한 점이 있는지 묻고 싶군요. 인간이 동물보다 어떤 점에서 뛰어나다면 동물도 어떤 점에서 인간보다 뛰어나야 하지 않을까요? 인간은 수많은 나약함과 질환에 곧 빠지게 되지 않나요? 여러 정욕에 바로 사로잡히고 말지 않나요? 이와 같은 일을 모두 감안하고도 인간은 확실히 뛰어나다고 말할 수 있을까요? 별로 뛰어난 것 같지 않은데도 인간은 왜 다른 동물들보다도 오래도록 영원히 불멸이어야 한다고 믿을 만큼 오만한 생각을 굳이 가지려는 것일까요? 오오, 불행한 인류여, 그대의 자만은 기어이 궤도에서 벗어난 짓을 저지르고 말았으니! 언제 그대는 이러한 어리석은 미망에서 깨어나 그대 자신 안의 한 마리 짐승을, 그대의 신 안에서 인류의 무궤도의 극치를 발견할 것인가? 현세의 길은 미덕으로도 악덕으로도 자유롭게 통하는 거칠 것 없는 길에 지나지 않음을 어느 때가 되어야 받아들일 것인가?"

크레아빌은 말을 계속했다. "더욱 근본적이고 까다로운 논의로 들어가도록 하죠. 몇몇 교회 학자들은 예수가 지옥에 떨어졌다고 주장했어요. 도대체 이 한 대목이 얼마나 반증을 견뎌낼 수 있을지 모르겠네요! 하지만 우리는 이 점에 관해서 생긴 여러 가지 논의에 깊이 파고들지는 말기로 해요. 이 같은 논의는 철학적 정신에 있어서는 참을 수 없는 것이니까요. 우리는 철학적 정신에 의해서만 논의를 해야 해요. 성서도, 성서의 어떤 주석서도 지옥이 있었던 장소에 대해서 또 지옥에서 맛본 모진 고통에 대해서 어떤 실증적인 해결도 내리지 않고 있는 것이 현실이에요. 그러므로 신의 언어는 어떤 것도 해결해주지 않아요. 하지만 성서가 우리에게 가르쳐주는 것은, 특히 가장 중요한 사항이 문제가 되고 있을 때에는 어쨌거나 실증적이어야 하고, 확실하게 표현되어 있어야 하기 때문일 거예요. 그런데 히브리어의 원전에도 또는 그리스어와 라틴어의 번역서에도 우리가 그곳에 결부시키고 있는 의미에서의, 즉 죄인을 위한 고문 장소로서의 지옥이라는 것을 나타내는 단어가 단 하나도 나오지 않아요. 이것이야말로 지옥의 고문의 현실성을 주장하는 사람들의 의견에 대한 가장 강력한 반증이 아닐까요? 만일 성서에서 지옥이 조금도 문제가 되고 있지 않다면 도대체 무슨 이유로 그 같은 개념을 인정해야만 하는 것일까요? 종교라는 것은 씌어진 것 이외의 것을 인정해야만 하나요? 이와 같은 의견이 씌어져 있지도 않고 어디에도 보이지 않는데 무슨 이유로 이를 인정하자고 하는 것일까요? 우리는 명시되지도 않은 것에 정신을 얽맬 필요는 없어요. 사실 속에 존재하지 않는 것은 모두 당연한 일로 우리에게 있어서 옛날이야기, 애매한 날조, 인간의 전설, 사기를 부풀린 것으로밖에 간주될 수 없는 거예요. 하지만 잘 찾아보면 예루살렘 가까이에 게헤나의 골짜기로 불리는 장소가 있으며, 그곳에서 죄인을 처형하거나 그곳에다 동물의 사체를 버린다는 것을 알 수 있어요. 예수가 '그곳에서 통곡하고 이를 갈 때가 있으리라' 말했을 때, 암암리에 말하려고 한 것도 이곳이에요. 즉 이 골짜기는 고뇌의 장소, 처형의 장소였던 거죠. 그가 여러 가지 비유와 이해하기 어려운 연설 가운데서 말하고 있는 것도 분명 이 장소예요. 이 상상은 이 골짜기에서 화형이 이뤄지고 있었다고 생각하면 더욱더 진실인 것처럼 다가오게 돼요. 그곳에서는 죄인이 산 채로 불태워지거나, 어느 때는 오물 속에 무릎까지 담그고 있기도 했죠. 목둘레에 천을 감아 양쪽에서 잡아당겨 졸라 죽이거나 무리하게 입을 벌리게 하고, 그 안에 녹은 납을 부어 내장까지 태우기도 했어요. 갈리아 사람이 흔히 말하는 화형이라든가 고문이란 이런 것이었어요.

'이 죄는 화형으로 벌해야 한다'는 등의 말이 자주 나오는데 요컨대 그것은 법을 어긴 자가 게헤나 골짜기의 쓰레기장에 내던져져 그곳에 버려진 동물의 사체와 함께 불태워져야 한다는 것이었어요. 그러나 예수가 이 불에 대해서 말할 때 가끔 쓰는 '영원'이란 단어는 과연 지옥의 불에는 끝이 없다고 믿고 있는 사람들의 사고방식과 통하는 것일까요? 아니오, 물론 통하지는 않아요. 그럼에도 성서에서 가끔 쓰이는 이 '영원'이란 단어는 유한한 사물에 대한 관념밖에는 주지 않아요. 신은 유대민족과 영원한 계약을 맺었다고 하지만 이 계약은 사라지고 말았어요. 소돔과 고모라의 도시는 영원히 불태워질 것이라고 했지만 이 화재가 진화된 지 이미 오랜 세월이 흘렀어요. 게다가 예루살렘 가까이에서 게헤나 골짜기의 불이 밤낮을 가리지 않고 불타고 있었다는 것은 다 아는 사실이에요. 우리는 또 성서가 가끔 요란하게 떠벌리기 때문에 그 말하려는 것을 결코 문자 그대로 해석해서는 안 된다는 것도 알고 있어요. 이런 과장에 진지하게 대응해 사물의 진정한 의미를 왜곡해 버리면 큰일이지요. 이와 같은 엉터리 문장을 쓰는 사람이야말로 양식과 이

성의 뚜렷한 적으로 간주되어야 하지 않을까요?

  요컨대 이 지옥이라는 더러운 교리에 관해서 내가 당신에게 말하고 싶었던 것은 이런 거예요, 생퐁. 그러므로 더 이상, 겁에 질려 떨거나 쾌락의 뜨거운 기분을 그대로 드러내는 일은 그만해요. 인간에게 있어서 무지몽매와 동포의 악 말고는 지옥 같은 것은 있지도 않아요. 그렇지만 죽어버리면 모든 일이 끝장이에요. 영원히 무로 돌아가 아무것도 남지 않아요. 그런데도 자신의 정욕을 마음껏 구사하지 못한다니 한심해요. 인간은 정욕을 위해서만 만들어졌고 어떤 극단적인 방법도 정욕을 채우기 위해 만들어진 것임을 믿어야 해요. 그러면 영원한 형벌이라는 학설을 깨뜨리기 위해 내가 편리하게 이용한 신의 관념을 이쯤에서 속물들에게 돌려보내기로 할까요? 요컨대 신도 악마도 있지 않아요. 천국도 지옥도 없어요. 이 세상에서 우리가 수행해야 할 유일한 의무는 사회적인 이해관계를 제외하면 단지 쾌락의 의무뿐이에요.

  이상으로 당신의 무익한 야만행위의 기초가 되고 있는 원리의 허황됨은 충분히 증명이 되었다고 생각해요. 원한다면 그 방법을 검토해볼까요? 하지만 솔직히 말해서 검토할 것도 없을 것 같군요. 애당초 피로 쓴 증서에 무슨 특별한 효과가 있다거나, 그리고 젊은 혈기에 밀어넣은 종잇조각(즉 물질 가운데에 섞어든 물질)이 신 또는 악마(즉 존재하지 않는 존재)에게로 전해지는 여행증서가 된다니 어떻게 그런 것을 믿을 수 있죠? 반증할 가치조차 없을 정도로 당치도 않은 편견일 뿐이에요. 당신이 열중하고 있는 열락적인 생각, 즉 똑같은 인간을 가능한 한 오래도록 괴롭힌다는 생각은 최대 다수의 살육이라는 생각으로 바꾸어야 해요. 똑같은 한 인간을 되도록 오래 끌어 죽이다니 할 수도 없어요. 하지만 많은 인간을 잇따라 죽이는 것이라면 문제없어요. 1주일에 6명으로 한정해 죽이다니 그런 무기력한 방법이 어디 있어요? 쥘리에트의 수완과 좋은 머리를 믿으세요. 그리고 희생자를 2배, 3배로 늘리기 위해 필요한 돈을 그녀에게 쏟아붓는 거예요. 그렇게 하면 틀림없이 당신의 정욕도 채워질 거예요."

  "고맙군." 생퐁이 대답했다. "그 마지막 결론은 꽤 마음에 들었어. 그러면 앞으로 쥘리에트, 만찬회에선 세 사람이 아니고 여섯 사람을 죽이기로 하지. 그리고 주 2회의 만찬을 4회로 늘리자. 그렇게 하면 1주에 합계 24명의 희생자가 나오게 되겠지. 3분의 1은 사내이고 3분의 2는 여자로 하자. 물론 그대에 대한 사례금은 주겠어. 그건 그렇다 치고 부인, 지옥의 형벌은 하찮은 것이라는 조금 전의 말, 신중하게 경청했는데 그렇게 간단하게 내가 항복할 것으로 생각했다면 큰 착각이야. 그곳에 넘치는 고증학적 정신, 그 목적, 그 결론의 몇 가지는 확실히 일부 일리가 있다고 인정하지만 전면적으로 인정할 수는 없어. 그러면 이번엔 내가 반대하는 이유를 말해볼까?

 먼저 첫째로 그대의 이론은 처음부터 끝까지 지옥 교리의 야만함을 가지고 신의 무죄를 변호하는 것에만 급급하는 것과 같아. 그대는 두 번째로는 이렇게 말했어. 만일 신이 존재한다면 신의 몸에 갖추어진 성질은 그 혐오해야 할 지옥의 교리와는 양립할 수 없는 것이어야 한다고. 그러나 이것이야말로 바로 그대가 중대한 착오에 빠져 있다는 증거야. 그대가 이 문제를 올바르게 꿰뚫어보지 못하는 것은 깊고 뛰어난 지혜의 철학이 모자란다는 증거지. 그대는 지옥이 없다는 것을 주장하기 위해 지옥이 쾌락에 걸림돌이 된다는 한 가지에서 출발하고 있어. 그런 이기주의로 충만한 의견을 어떻게 믿을 수 있을까. 영원한 형벌이라는 확고한 교리를 깨뜨리기 위해 그대는 이 교리에 버팀목이 되고 있는 모든 것을 암암리에 파괴하려고 해. 신은 존재하지 않는다, 인간은 영혼 따위는 지니고 있지 않다, 따라서 내세에는 두려워할 만한 형벌 따위는 존재하지 않는다는 식이지. 그러나 그대는 여기에서 논리적으로 저지를 수 있는 가장 중대한 오류에서부터 시작하고 있는 것 같군. 그 오류란 증명해야 한다는 것을 가정하고 있다는 거야. 나라면 절대 그대처럼 생각하지 않고 먼저 신의 존재와 인간영혼의 불멸성을 과감하게 인정하겠어. 하지만 이렇게 말했다고 해서 내 이론의 발단만을 파악해 미리부터 내가 개종자라도 된 것처럼 지레짐작해서는 곤란해. 내 주장은 그대의 마음에 안 들지도 몰라. 그렇지만 아무리 그대들로부터 비상식이라는 비난을 받아도 할 말은 해야겠어.

 우주로 눈을 돌리면 이르는 곳마다 악과 무질서와 죄가 제 세상인 양 활개치며 지배하고 있는 것이 보여. 또 시선을 아래로 내려 이 우주에서 가장 흥미로운 존재를 바라보면 역시 그것이 악덕과 모순으로 가득 차 있음을 알 수 있지. 이 고찰에서 어떤 의견이 나올까? 즉 우리가 부적절하게도 악이라 부르고 있는 것이 실은 악도 아무것도 아니고 우리를 낳게 한 존재의 눈으로 보면 이와 같은 양상이야말로 필요불가결한 것이며, 만일 악이 지상에 보편적으로 존재하지 않는다면 창조자는 스스로 창조주임을 그만두리라는 것이야. 나는 이 이론을 굳게 믿고 있으므로 이렇게 생각해. 신은 존재한다고. 우리 시선 안에 있는 것은 모두 어느 신의 손이 필연적으로 창조한 거지만 신의 손은 그것들을 악을 위해서만 만들어냈으므로 신은 악 가운데서만 즐기는 거야. 악은 신의 본질이고 신이 우리에게 범하게 하는 악은 모두 신의 목적에서 빼놓을 수 없는 거지. 그리고 신에게 악이 필요한 이상 내가 이 악에 의해서 고뇌하건 고뇌하지 않건 신에게는 아무래도 상관이 없다는 거야. 어쩌면 나는 신의 총아일지도 몰라! 내가 태어나서 죽을 때까지 내 몸에 덮친 불행이 나에 대한 신의 무관심을 보여주고 있는 것이라면 어쩌면 나는 내가 악으로 부르고 있는 것에 대해 잘못된 관념을 안고 있는지도 모르지. 내가 자기 본위로 생각해 악으로 부르고 있는 것은 나를 이 세상에 낳은 신을 중심으로 생각하면 훌륭한 선이라고 할 수 있을지도 몰라. 만일 내가 타인으로부터 피해를 입었다면 나는 그것을 타인에게 돌려줄 권리, 이쪽에서도 자진해서 악을 범하는 행복까지 누리게 될 거야. 이렇게 생각하면 악이란 나를 이 세상에 낳게 한 내 생명의 창조자에게 그러한 것처럼 나에게도 하나의 선에 지나지 않아. 마치 신이 나에게 악을 행함으로써 행복한 것처럼 나도 타인에게 악을 행함으로써 행복해야 하지. 이렇게 되면 잘못은 언어에 할당된 관념 속에만 있는 거야.

  그런데 사실은 악이야말로 필요한 것이고 악이란 곧 쾌락을 말하는데 어찌 이를 선으로 부르지 않을 수 있을까? 의심할 것도 없는데 악 또는 악이라고 불리는 것이야말로 이 비참한 우주의 부패한 조직에 있어서 절대로 필요한 것이지. 그리고 이 우주를 만들어낸 신은 매우 복수심이 강하고, 매우 야만, 매우 악랄, 매우 부정, 매우 잔혹한 존재인 거야. 왜냐하면 복수, 야만, 악의, 부정, 포학이야말로 이 광대무변한 천지창조의 원동력으로서 빼놓을 수 없는 것이고 우리는 그런 것에 의해서 상처를 입게 될 때 말고는 굳이 불평을 하지 않으니까. 수형자에게 죄는 부당하지만 가해자에게 있어서 죄는 정당한 것이지. 그런데 만일 악 또는 악으로 불리는 것이 만물을 창조한 신의 본질이고 또 이 신을 닮은 모습으로 만들어진 인간의 본질이기도 하다면 악의 운동이 영원히 이어지지 않는 것이라고 어떻게 단정할 수 있을까? 신은 악 가운데서 세계를 창조하고, 악에 의해서 세계를 유지하며 악을 위해 세계를 존속시키고 있는 것이 아닐까? 또 인간은 악에 침해되어 생활하고 죽은 뒤에도 악 밑으로 돌아가는 것이 아닐까? 인간의 혼이라는 것도 묶인 것이 풀린 물질 위에 미치게 된 악의 작용에 지나지 않고 악에 의해서만 구성될 수 있는 것이 아닐까? 창조물의 혼인 동시에 창조자의 혼이기도 한, 이 악이란 양상은 따라서 창조 이전에도 존재하고 있었던 것처럼 만물이 죽어 없어진 뒤에도 존재할 거야. 만물은 신처럼 악랄, 야만, 무도해야만 해.

　신의 마음에 들려면 사람은 악덕을 받아들여야만 하는데 그러나 거기서 성공을 바라는 것은 허용되지 않아. 언제나 상대에게 상처를 주는 악, 신의 본질인 악은 애정도 감사도 받아들일 수 없을 테니까. 만일 악과 잔인의 근원인 신이 살아 있는 동안 인간을 괴롭히고 자연이나 다른 인간의 손을 빌려 그를 괴롭힌다면 그도 똑같이 행동하지 못할 이유가 있을까? 아니, 틀림없이 그는 그가 죽은 뒤에도 살아남고, 그리고 내가 지금 말한 것처럼 악 자체에 지나지 않은, 그 악의 정신에 의해서 무의식으로 똑같은 행동을 하고 말 거야. 하지만 그대는 이런 말로 반대할지도 모르지. 악이 악에 의해서 괴롭힘을 당하는 일이 있을 수 있느냐고. 그렇지만 악은 스스로 동화함으로써 늘게 되는 거야. 용인이 된 부분은 용인하는 부분에 의해서 필연적으로 찌부러져야만 하는 거지. 그리고 이와 같은 일은 언제나 약자로 하여금 힘에 복종하게 하는 이성에 의해서 수행돼. 악은 악의 존재 이전에 존재하는 본질이고, 존재가 멸망해도 다시 악의 곁으로 되돌아오면서 필연적으로 존재를 계속하므로 본디 악의 존재에서 벗어난 것이나, 또 벗어나야 할 것은 이미 스스로를 지킬 힘을 지니지 않고 가장 열악한 존재가 되고, 영원히 악의 모든 본질에 계속 괴롭힘을 당해 이윽고 악 자체에 동화되는 거야. 우리가 죽음이라 일컫는 현상까지도 포함해 시인이나 활발한 상상력을 지닌 사람을 악마라고 일컫는 것이, 곧 이 악의 분자의 활동으로 인해서 구성되는 것이지. 다 아는 바와 같이 어떤 인간도 이 세상에서 어떻게 행동하건 이 무서운 운명에서 벗어날 수는 없어. 자연의 태, 즉 악의 태에서 비롯된 것은 모두 그곳으로 돌아가야만 하기 때문이고 이것이 우주의 법칙이야. 따라서 악인을 구성하는 저주해야 할 요소는 신 자체인 악의의 근원으로 흡수되고, 반대로 다시 다른 존재에 생명을 불어넣는 거야. 그리고 새롭게 태어나는 다른 존재는 부패의 과실인 만큼 더욱더 부패해 있는 것이 틀림없다는 것이다.

그대는 이렇게 말할지도 모르지, 그러면 선의 존재는 어떻게 되느냐고. 그러나 선의 존재 같은 것은 있을 수 없어. 설사 그대의 눈앞에서 선인이었다고 해도 신 앞에서는 절대로 선인은 아니야. 신은 악 자체이고 악밖에 원하지 않으며 악밖에 요구하지 않기 때문이야. 그대가 말하는 선인은 약자에 지나지 않아. 그리고 약함은 하나의 악이지. 그렇지만 이 사내는 절대로 완벽한 악인이라기보다는 오히려 약자이고 따라서 그 구성요소가 해체됨과 동시에 악의 분자에게 병합되고 말기 때문에 오히려 대단한 고뇌에 맞닥뜨리게 돼. 그러므로 이 세상에서 인간은 모두 되도록 악인이 되길 힘써야만 하고, 언젠가 악의 분자로 동화할 때에 악의 분자의 중압에 괴로움을 당하지 않도록 가능한 한 악인을 닮은 존재가 되어 있어야 하는 거지. 많은 동물의 무리 속에 섞여들어간 한 마리의 개미는 섞여든 모든 것을 짓밟아버릴 듯한 혼잡의 무서운 압력에 의해서 가냘픈 몸을 지키지도 못하고 몹시 고통을 당해야만 하는데, 만일 큰 짐승이었다면 맞설 힘이 남아돌기 때문에 혼잡한 압력을 쉽게 넘겨 그다지 고통을 당하지 않아도 될 거야. 인간은 이 세상에서 악덕과 죄를 범하면 범할수록 악의라는 만고불변의 목적에 그만큼 다가가고, 그 결과 세계조직의 근원인 악의의 중심에 하나로 합쳐져도 그다지 괴로워할 필요가 없게 되지. 그러므로 인간은 두려워할 만한 고뇌에 맞닥뜨리고 싶지 않다면 엄중하게 미덕을 멀리해야 해. 미덕이란 세계 조직에 반하는 양상이므로 미덕을 받아들이는 자는 모두 이 세상의 삶이 끝난 뒤, 천지만물의 창조자이고 쇄신자인 악의 밑으로 되돌아갈 때 필설로 다할 수 없는 고뇌에 맞닥뜨릴 게 틀림없어.

지상 모두가 악인과 죄인으로 넘쳐났을 때 악의의 신은 다음과 같이 말할 거야. 왜 그대는 미덕의 샛길로 숨어들었나? 이 세계가 내 마음에 들도록 되어 있는 것을 그대는 모르는가? 내가 전 세계에 퍼뜨린 영원한 불행을 보면 내가 무질서만 사랑하고, 내 마음에 들기 위해서는 나를 본뜨면 된다는 것쯤은 알고 있을 텐데? 날마다 내가 파괴의 본보기를 보여주지 않았던가? 왜 그대는 파괴하지 않았나? 내가 전 세계에 퍼뜨린 재앙을 보면 악이 나의 모든 기쁨임은 쉽게 알았을 텐데 왜 그대는 내 악의 계획에 자진해서 참여하지 않았는가? 그대는 자비심이 신을 만족시킨다는 미신을 믿고 있었던 것 같은데 그러면 도대체 내 행위의 어디에서 그대는 자비로움을 보았는가? 페스트나, 내란이나, 질병이나, 지진이나 폭풍을 인간들에게 보냈기 때문인가? 그렇지 않으면 인간들의 머리 위에 끝없이 불화를 부추겼기 때문에 그것으로 그대는 선을 신의 본질이라 믿은 것인가? 어리석은 자! 나를 본떴더라면 좋았을 것이다. 내가 그대 안에 정욕의 씨앗을 심은 것은 악이 나에게 있어서 얼마나 필요한가를 증명해주기 위한 것이었는데 왜 그대는 이 정욕에 거스른 것인가? 정욕의 소리에 순순히 따라 과부나 고아를 가차 없이 발가벗기고, 가난한 자의 유산을 가로채고, 한마디로 말해서 나를 흉내내어 온갖 욕망과 변덕스러움에 인간을 도움 되게 하면 좋았던 것이다. 바보처럼 반대 의견을 택함으로써 그대는 어떤 이익을 얻었나? 그대의 해체로 생긴 연약한 분자는 이제 악의와 죄의 근원으로 귀속시켜야 할 때에 가장 고통스러운 시련을 받게 될 것이다!

보다시피 크레아빌, 나는 그대보다 훨씬 철학적인 인간이라, 내 이론을 증명하는 데 구태여 그대처럼 예수 등과 같은 무뢰한을 끌어들이거나, 성서 등과 같은 지루하기 짝이 없는 이야기에 도움을 청할 필요는 털끝만큼도 없어. 나는 우주에 관한 연구만을 그대의 논의에 맞서기 위한 무기로 하고, 우주를 지배하는 법칙에서만 세계에서의 영구하고도 보편적인 악의 존재의 필요성을 끌어내는 거야. 우주의 창조자야말로 모든 존재 가운데서 가장 악랄하고 잔인하며 두려워할 만한 존재지. 신의 작품은 악역무도의 결과, 또는 그 운동 이외의 것일 수는 없어. 악의의 최고 단계 없이는 우주에서는 어떤 것도 유지되지 않으니까. 악은 역시 정신적 존재일 뿐 결코 창조된 것은 아니야. 악은 영원불멸의 존재이며 세계 이전에도 존재하고 있었어. 그리고 이런 기묘한 세계를 창조한 것과 마찬가지로 저주스러운 괴물과 같은 인물을 낳았어. 이 세계에 넘치는 창조물이 모조리 죽어 사라지고 만 뒤에도 낳은 거지. 따라서 악은 계속 존재할 거야. 만물은 악 가운데로 돌아가고 더 악의가 있는 존재가 되어 다시 창조된다는 말이지. 만물이 세월과 함께 부패 타락한다고 하는 것은 이런 이유에서고. 요컨대 모든 것은 악의 분자 밑으로 드나들면 악의 있는 요소의 영구운동밖에 안 되는 거야.

그러면 내가 왜 항문으로 증서를 밀어넣음으로써 죽여야 할 상대를 가능한 한 오래도록 괴롭힐 수 있다는 따위의 생각을 지니고 있는지 묻고 싶겠지? 실로 단순하기 짝이 없는 일이야. 결코 반박할 여지가 없는 것이라고 해도 좋아. 전에는 그것을 약점이라고 말했는데 그것은 설마 그대가 나의 이론을 까발릴 생각은 아닐 거라 믿었기 때문이야. 그러면 내 방법을 설명하겠어. 그것은 나의 선의의 표출이지.

내 손아귀에서 견뎌야 할 모든 것을 견디었다는 증명과 함께 악의 곁으로 보내진 나의 희생자는 반드시 유덕한 자의 계급에 편입될 거야. 즉 나는 수술에 의해서 희생자를 개선하는 것이지. 이 수술에 의해서 악의 분자로 병합된 그들은 엄청난 곤란과 고통에 맞닥뜨려야만 해. 자연계 특유의 인력의 법칙에 따라 그들은 틀림없이 이 세상에서 내가 맛보게 한 것과 똑같은 종류의 고통을 당할 거야. 자석이 쇠를 끌어당기고, 살인이 육욕을 부추기는 것과 마찬가지로 A인 고통, B인 고통, C인 고통은 제각기 서로 호응하고 서로 연락하는 거지. B의 고통에 의해서 살해된 인간은 반드시 B의 고통에 의해서만 악의 분자 곁으로 돌아갈 거야. 만일 이 B의 고통이 가장 무참한 고통이라면 나의 희생자는 악의 중심으로 흡수될 때 역시 똑같이 가장 끔찍한 고통을 견뎌야만 하겠지. 악은 모든 인간을 기다려 지금 내가 말한 인력의 법칙에 의해서 희생자가 우주 밖으로 나갈 때와 같은 감각으로 그들을 받아들이기 때문이야. 그렇지만 증서란 어디까지나 단순한 형식에 지나지 않아. 그것은 나도 인정해. 어쩌면 소용이 없을지도 모르고. 하지만 나의 정신은 그것으로 만족이 되는 거지. 게다가 내 수술의 진정한 의미, 그 확실한 성공에 반대할 이유는 하나도 없을 거야."

크레아빌이 말했다. "정말로 놀라운 학설이군요. 굳이 말한다면 틀림없이 인간정신에 나타날 수 있는 모든 학설 가운데서 가장 기묘한 학설이에요."

"앞서 내가 개진한 학설만큼 엉뚱한 것은 아니야." 생퐁이 말했다. "나는 내 이론을 주장하기 위해 신의 죄를 씻거나 신을 부정해야 했으니까. 그런데 나는 그 악덕의 모든 것을 포함해 신을 인정하는 거지. 그러므로 이 기묘한 신이란 존재의 모든 죄, 모든 두려움을 충분히 알고 있는 사람의 눈에는 그대가 말한 의견보다도 내 의견 쪽이 이치에 맞는 것으로 보일 거다."

"당신의 이론은 신에 대한 뿌리 깊은 혐오에서 출발하고 있군요." 크레아빌이 말했다.

"그것은 사실이야. 나는 신을 증오하고 있어. 그러나 신에 대한 증오가 내 이론을 낳은 것은 아니야. 내 이론은 어디까지나 나의 예지와 숙고하고 반성한 결과야."

"나라면," 크레아빌이 말했다. "증오하기 위해 신을 날조하기보다는 신 같은 건 믿지 않는 게 좋아요, 그대는 어떻게 생각해요, 쥘리에트?"

"나는 근본적으로 무신론이에요." 나는 대답했다. "영혼불멸의 교리 따위는 적으로 생각하고 있으니까, 역시 생퐁의 설보다도 당신의 설이 바람직해요. 게다가 영원한 고통을 걱정하기보다는 확실한 허무를 믿는 쪽이 편해요."

"바로 그거야." 생퐁이 말했다. "아무래도 그 의심스러운 이기주의에서 벗어나지 못하는 것 같군. 모든 인간이 저지르는 잘못의 원인이 그거야. 취미나 변덕으로 계획을 세우므로 당연히 진리에서 멀어질 수밖에 없지. 철학의 이론을 음미할 때만이라도 정념은 보류하면 어떨까."

"어머, 생퐁." 크레아빌이 말했다. "정념을 버리라니, 당신의 이론이야말로 그 정념에서 태어난 것 아닌가요. 조금만 살펴보면 바로 알 수 있어요. 마음에 그토록 잔인성이 없으면 당신의 이론도 그렇게 피로 얼룩지는 일은 없을 거예요. 당신은 타인을 두렵게 하는 쾌락을 단념하기보다는 오히려 스스로 영원한 책망의 고문을 받고 싶은 거예요."

"그거야, 크레아빌." 내가 끼어들었다. "그거야, 생퐁의 이론을 더듬어가면 어떻게 하건 그런 곳으로 오고 말아요. 하지만 그것이 그가 제일 잘하는 나쁜 장난이에요. 사실은 그런 것 믿고 있지 않아요."

"천만에, 난 믿어. 알다시피 내 행동은 모든 점에서 나의 사고방식과 일치하거든. 악의 분자와 같은 정도로 유해한 존재로 되어 있으면 이 분자에 흡수되었을 때의 고통도 대단치 않을 거라고 믿으니까 나는 이 세상에서 부지런히 죄를 쌓아 저승에서의 고통을 조금이라도 줄이려고 힘쓰고 있는 거야."

크레아빌이 말했다. "나로서는 죄가 즐거우므로 죄를 범하고 있는 거예요. 나는 그것을 자연을 섬기는 방법의 하나로 생각하고 있고, 내가 죽으면 아무것도 남지 않으므로 이승에서 내가 어떻게 행동하건 아무 상관이 없다고 믿기 때문이죠."

영화의 극치 쥘리에트

　잠깐 내 이야기를 할까 한다. 나의 기괴하기 짝이 없는 방탕의 결과라고도 할 수 있는 지나친 사치에 대해서 특별히 상세하게 말하면 여러분은 내 여동생이 정숙하려고 했으므로 빠지게 된 불행한 상태와 나의 사치스런 상태를 신중하게 비교할 수 있게 될 것이다. 그리고 이 비교에서 여러분의 철학이 제각기 여러 가지 결론을 암시해줄 것이다.
　내 집의 살림살이는 매우 호화롭고 사치스러운 것이었다. 그 점은 여러분도 내가 연인을 위해 베푼 요란한 잔치를 보면 쉽게 이해하리라 생각한다. 하지만 쾌락을 위한 다양한 출자를 별도로 쳐도 나에게는 아직 파리에 호화로운 저택이 한 채, 소오의 도시에 좋은 토지가 한 곳, 바리에르 브랑슈에 호화로운 저택이 한 채, 그 밖에 여자들 12명과 몸종이 4명, 낭독자가 1명, 마차를 수행하는 사내 3명과 말 10필, 훌륭한 체격을 지녔기 때문에 선발된 하인 4명과 대저택에 필요한 부속물 일체와 그리고 나 한 사람의 식사비만으로도 1년에 2백만 이상의 돈을 탕진하고 있었다.
　그러면 나의 생활에 대해서 들려주겠다.
　매일 10시에 일어나면 11시까지는 아주 친한 친구밖에 만나지 않고 오후 1시까지 곁에서 시중을 드는 여자 모두를 모아 아침 몸단장을 했다. 1시부터는 나에게 여러 가지 일을 진정하기 위해 오는 사람이라든가, 파리에 있는 장관 등을 위해 가끔 특별한 모임이 이뤄졌다. 2시에는 별채로 갔는데 별채에서는 수완이 좋은 여자 뚜쟁이가 매일 4명의 사내와 4명의 여자를 나를 위해 찾아내 데려다놓았으므로 나는 그들과 함께 마음껏 즐길 수가 있었다. 어떤 남녀를 상대로 하고 있었는지를 여러분이 알기 위해서는 그 별채로 끌려온 사람들이 적어도 25루이, 어쩌면 그 배나 되는 금액에 매수된 사람들뿐이었음을 알면 충분하리라. 그러므로 내가 그들과 함께 얼마나 즐겁게, 얼마나 오묘한 생각을 하고 있었는지는 상상에 맡기겠다. 나는 한 번만이 아니라 여러 번 명문가의 부인이나 딸들과 만났다. 그리고 이 별채에서 매우 유쾌하고 흥미진진한 쾌락을 맛보았다고 말할 수 있다. 4시에는 집으로 돌아가 언제나 3, 4명의 친구들과 함께 저녁을 먹었다. 아아, 식사에 대한 것을 잊었다. 파리의 어떤 집에서도 도저히 이만큼 호화롭고 멋진, 그리고 풍부한 식사는 볼 수 없을 것이다. 이만큼 대단한 진미는 어디에도 없을 것이다. 아시는 바와 같이 극단적인 나의 폭음폭식이 이 식사의 내용을 여러분에게 상상토록 해줄 것으로 생각한다. 나는 이 보잘것없는 악덕에서 나의 가장 커다란 쾌락의 하나를 발견하고 있었다. 식사의 방탕이 없으면 다른 어떤 방탕도 맛볼 수 없다고 믿고 있었다. 식후에는 연극을 보러 가는 습관이 있었으므로 장관과 만나는 날엔 그곳에서 만났다.

생퐁 씨와 함께한 지 불과 2년 남짓한데 나의 의상이나, 보석이나, 저금, 가구 따위는 어림잡아 4백만 이상이고 그 밖의 것은 도저히 말할 수 없다. 그 가운데 2백만은 현금이고 손금고에 넣어두고 있는데 나는 가끔 크레아빌을 본떠 그 손금고 앞에 가서는 "내가 가장 좋아하는 악행을 뜻대로 할 수 있는 자금이 이곳에 있다"고 말하는 즐거운 생각으로 흥분하곤 했다. 오오, 여러분 그것은 정말로 감미로운 생각이었다! 얼마나 엄청난 절정의 물이 나를 적셨는지 모른다! 새로운 옷이나 새로운 보석이 필요하다고 생각하면 계속해서 3회 이상 같은 모습의 나를 보는 것이 싫었던 생퐁이 바로 사주었다. 그렇지만 그 대가로서 그가 나에게 요구하는 것은 단지 자기타락과 외도와 방탕삼매, 그리고 일상의 호화로운 놀이를 계획함에 있어서 세심한 주의, 그뿐이었다. 그러므로 나는 내 취미를 만족시키면서 이 취미를 더욱 즐길 생각을 하고 온갖 기괴한 관능의 유희에 빠져들면서 더욱 이 관능에 취할 방법을 생각하고 있었다.

그건 그렇더라도 이 정도의 안락한 생활이 나를 어떤 정신상태로 안정하게 했을까? 이것은 굳이 말하지 않아도 여러분은 틀림없이 잘 알 것이다. 매일처럼 빠져 있었던 더할 나위 없는 자기타락은 영혼의 탄력성을 몹시 둔하게 해 나는 유해한 의견을 모든 부분에서 받아들여 설사 비참한 자에게 다시 살아날 생각을 갖게 하기 위한 것이라도 재산의 한 푼조차 베풀 생각을 꿈에도 갖지 않았을 정도였다. 마침 그때 심한 생활난이 나의 영지에 덮쳐 주민 모두는 궁핍의 나락으로 빠져들고 무서운 소동과 몸을 망친 처녀들, 버려진 아이들, 자살 따위가 자주 일어났다. 그래서 주민들은 나에게 자비심을 베풀도록 호소해왔는데 나는 귀를 기울이지 않고 정원 조성을 위한 많은 경비지출을 구실로 쌀쌀하게 거절했다. 정원의 샛길 여기저기에 비너스, 사포 등의 조각상을 만들고 있어 도저히 베풀 여유가 없다고 했다. 그런데도 사람들은 어떻게든 나의 감수성에 호소하려고 온갖 비참한 몰골을 나의 냉정한 눈앞에 드러내 보였다. 눈물에 젖은 아이어머니, 벌거숭이 아이, 굶주림 때문에 해골처럼 마른 사내…… 그러나 어느 것도 나를 감동시키지 못했으며 나의 혼에서 평소의 평형감각을 잃게 한 것도 없었다. 사람들은 나에게서 거절밖에 얻지 못했다.

그런데 이때 나는 나의 감각을 음미해보자 평소 스승으로부터 가르침을 받고 있었던 것처럼 한심한 연민의 감정 대신에 내가 불행한 자들을 매정하게 거절했다는 나쁜 의식이 낳게 된 것과 같은 어떤 확실한 충격을 느끼고 있음을 깨달았다. 그리고 그 충격은 내 신경 속을 불같이 흘러 마치 내가 속박을 끊거나 편견을 이겨낼 때마다 느끼는 바와 같은 어떤 흥분을 불러일으켰다. 그래서 나는 이때부터 평소 익혀온 원리를 실행에 옮기는 것이 얼마나 쾌락이 될 수 있는지를 알게 되었다. 그리고 내가 받고 있었던 것과 같은 교육으로 키워지고 완성된 혼이 운명에 의해 야기된 불행한 광경에 맞닥뜨려 이처럼 완전한 관능의 흥분을 느낄 수 있게 되자 이번에는 나 자신의 손으로 만들어낸 불행한 광경이 이 향락을 더욱 증진시킨다는 것도 알게 되었다.

다 아는 바와 같이 내 상상력은 언제나 먼 곳을 향해 나아간다. 내가 얼마나 감미롭고 상상도 미치지 못하는 일을 생각하고 있었는지 도저히 모를 것이다. 이치는 아주 간단했다. 즉 나는 불행한 인간을 행복한 상태이게 하기를 단지 거부했을 뿐이고 그럴수록 쾌락을 느꼈으므로 만일 나 자신이 이 불행의 최초 원인이었다면 어떤 쾌락을 느꼈을까? 선을 거절하는 것만으로도 즐거운 것이라면 악을 만들어내는 것은 얼마나 대단한 쾌락일까? 아무튼 이런 식으로 생각한 것이다. 나는 이 사상을, 정신의 쾌락에 육체가 불타는 그 위험한 순간에 내 것으로 했다.

범죄친구 모임

드디어 내가 크레아빌이 속해 있는 모임에 들어가는 날이다. 그것은 '범죄친구 모임'으로 불리고 있었다. 아침 일찍 크레아빌이 전해준 모임의 규칙은 꽤 흥미로웠으므로 아래에 인용해 보이기로 한다.

범죄친구의 회칙
본 모임은 세간에서 일반적인 관용에 따라 '범죄'라는 단어를 쓰고는 있는데 대체로 이 단어가 뜻하는 것과 같은 어떤 종류의 행동도 목적으로 하지 않음을 선언한다.
본 회는 인간이 자유로운 존재가 아니라 자연의 법칙에 얽매인 존재이며, 인간은 모두 이 제1법칙의 노예임을 충분히 이해하고 있는 것이라면 모든 행동을 시인하고 모든 행동을 정당화함과 동시에, 세간의 어리석은 자가 천박하게도 죄로 부르는 그 힘찬 행동에 후회 없이 최대한 몰입할 수 있는 인간이야말로 본 회의 가장 열성적인 신도로 간주한다. 왜냐하면 그런 행동에 몰입할 때에만 자연에 기여하는 것이고 그런 행동은 자연에 의해서 불어넣어지는 것이므로 진정으로 죄가 되는 행동은 어떤 권고이건, 자연의 모든 권고에 몰입하기를 거부하는 인간의 행동임을 확신하기 때문이다. 그러므로 본 회는 회원 모두의 이익을 옹호한다. 본 회는 법률의 침해에 대해서 회원 모두의 지원, 보호, 구제를 약속한다. 또 본 회는 법률에 위반하는 자 모두를 보호하고 본 회를 법률 이상의 권위로 간주한다. 왜냐하면 법률은 인간이 만든 것이지만 본 회는 자연의 자매로서 자연 이외의 어떤 목소리에도 귀를 기울이지 않고 오직 자연의 권고에만 따르기 때문이다.
1. 회원 사이에는 어떠한 차별도 없다. 이것은 인간이 자연 앞에 평등하다는 주장 때문은 아니고(본 회는 그와 같은 사이비철학에 의거한 인간적 나약의 증거에 지나지 않은 민중적 편견과는 아무런 연관도 없다), 온갖 차별

이 본 회의 쾌락에 있어서 걸림돌이 되는 것이고 머지않아 필연적으로 본 회를 혼란하게 하는 것임을 굳게 믿기 때문이다.

2. 본 회에 입회를 희망하는 자는 어떤 종교이건 일체 종교를 포기해야만 한다. 그와 같은 인간의 허망의 대상, 그와 같은 숭배물에 대해서는 뚜렷한 경멸의 증거를 보여주지 않으면 안 된다. 적어도 그와 같은 어리석은 행위로 되돌아간 자는 즉시 제명처분될 것이다.

3. 본 회는 신을 조금도 인정하지 않는다. 입회하려고 하는 자는 무신론의 증거를 보여주어야만 한다. 본 회가 인정하는 유일한 신은 쾌락이다. 본 회는 쾌락을 위해 모든 것을 희생한다. 떠올릴 수 있는 육욕의 일체를 인정하고 쾌락을 일으키게 하는 것 모두를 좋다고 인정한다. 본 회에서는 온갖 향락이 공공연하게 허가되며, 본 회가 찬미하고 장려해 보호하지 않는 향락은 하나도 없다.

4. 본 회는 혼인계약의 모든 것을 파기하고 피의 유대로 모든 것을 뒤섞는다. 본 회의 내부에서 사람은 모두 자기 아내를 즐기듯이 무차별로 이웃의 아내를 즐기고, 타인의 육친을 즐기듯이 내 형제, 내 자매, 내 자식, 내 조카를 즐겨야만 한다. 이 규칙에 조금이라도 저촉하는 자는 단호하게 제명처분을 한다.

5. 남편은 아내를 입회시켜야만 한다. 아버지는 아들 또는 딸을, 오빠는 누이동생을, 숙부는 조카 또는 조카딸을 이하 이에 준해서 입회시키지 않으면 안 된다.

6. 연간경비는 1인당 1만 프랑이므로 적어도 2만 5천 루블 이상의 연수입이 없는 자는 본 회에 들어올 수 없다. 이 회비라면 집세, 사용인의 급료, 별채, 거마, 사무실, 집회 유지비, 식사대, 광열비 일체가 충당된다. 연말에 남는 돈이 있는 경우에는 회계가 이를 회원에게 분배한다. 지출이 수입을 넘어서는 어떤 경우에도 회계의 말을 믿고 추가경비를 낼 의무가 있다.

7. 20명의 미술가 및 작가가 1년에 1천 루블의 회비로 본 회에 맞아들여진다. 본 회는 예술의 옹호를 취지로 하므로 이와 같은 특전을 부여하는 것이다. 본 회는 본 회가 존경할 수밖에 없는 예술가 여러분을 더 많이 적은 회비로 맞아들이는 것을 불가능하게 하는 본 회 내부의 사정을 깊은 유감으로 여기고 있다.

8. 한 가문의 가족처럼 맺어진 본 회의 회원은 온갖 쾌락과 함께 모든 고난까지도 서로 나누어야 한다. 어떤 처지에 있건 회원끼리는 서로 도와야 한다. 그러나 본 회의 외부에 대해서는 과부, 고아, 어떠한 가난한 자에 대해서도 베풀거나 자선, 구제는 절대로 금물이다. 이른바 이러한 자선행위의 혐의가 있는 자는 모두 제명처분한다.

9. 운명의 손에 의해서 역경에 처하게 된 회원의 편의를 위해 3만 루블의 예비금이 언제나 확보되어 있다.

10. 회장은 투표에 의해 선출되고 취임기간은 1개월을 넘지 않는다. 회장은 남녀 양성에서 번갈아 선출되며 1주에 3회 합계 12회의 회의를 주재한다. 회장의 유일한 임무는 회의 규칙을 준수하게 하는 것, 상임위원회를 주재하고 그 위원회에 의해서 의결된 사항을 전달하게 하는 것이다. 회계 및 2명의 서기가 그 위원회를 구성하는데 서기는 회장과 마찬가지로 매월 교체한다.

11. 회의는 언제나 회원 한 사람이 하는 연설에 의해서 막을 연다. 이 연설의 주제는 미풍양속 및 종교에 반하는 것이어야만 한다. 만일 이 연설이 가치가 있는 것으로 인정이 되면 즉시 회의 비용으로 인쇄에 붙여져 기록보관소에 보존된다.

12. 쾌락을 위한 시간 중에는 남성회원도 여성회원도 모두 알몸이다. 무차별로 뒤섞여 향락해야 한다. 누구도 타인의 쾌락을 거절할 수는 없다. 선택된 자는 상대에게 몸을 맡기고 모든 것을 시키는 대로 지시에 따라야 한다. 물론 그 직후에 똑같은 권리를 행사하는 것은 전혀 상관이 없다. 상대의 쾌락을 거부하고 수긍하지 않은 자는 폭력에 의해 쫓겨나게 된다.

13. 본 회의 내부에서는 엉덩이 위에 가해진 매를 제외하고 어떤 잔혹한 정욕도 행사되어서는 안 된다. 잔인한 정욕은 본 회에 소속한 별채에서 그 완전한 발로를 보게 될 것이다. 그러나 회원 사이에서는 외설스럽게 야비함, 불륜, 남색 등과 같은 온당한 쾌락 이외에는 일체 금지되어 있다.

14. 회원 사이에는 최대한의 믿음이 확립되어 있다. 그들은 서로 취미나 약점을 털어놓고 이야기를 즐기고 그들 자신의 쾌락에 도움이 되는 것을 서로 발견하지 않으면 안 된다. 본 회의 비밀을 누설하거나 회원 개개인이 자기 행복으로 여기고 있는 약점이나 변덕을 비난하는 자는 즉시 제명된다.

15. 향락에 쓰는 홀 옆에는 작은 비밀실이 있어 온갖 자기타락의 방탕에 빠지고 싶은 자는 그곳에 혼자서 들어가면 된다. 몇 명이건 원하는 만큼 들어가도 된다. 그곳에는 필요한 것이 모두 갖추어져 있다. 어느 방이나 어린 처녀와 소년이 본 회 회원의 온갖 변덕을 실행에 옮기기 위해 대기하고 있다. 별채의 내부에서만 허용되는 잔혹한 정욕도 이 비밀의 방에서는 특별히 허가된다. 까닭인즉 이들 소년들이 별채의 남녀와 마찬가지로 완전히 귀속한 신분이고 전자와 똑같이 다룰 수 있기 때문이다.

16. 모든 식탁의 방탕이 허가되어 있다. 이에 골몰하고 싶은 자에게는 모든 지원이 주어진다. 만족을 얻기 위한 온갖 가능한 수단이 본 회 내부에서 공급된다.

17. 법률상의 어떤 유죄선고도, 세간의 어떤 멸시도 어떤 불명예의 낙인도 본 회 입회에는 걸림돌이 되지 않는다. 본디 범죄의 원리에 의거해 출발한 본 회가 어찌 범죄에 손을 댄 자를 거부할 수 있겠는가. 사회에서 비난을 받은 자는 본 회에서 위로와 우정을 얻게 될 것이다. 본 회는 그와 같은 자들을 언제나 호의로 맞이하고 존경할 것이다. 세간이 업신여기면 여길수록 본 회는 더욱더 호의를 보낼 것이다. 그와 같은 자들은 입회와 함께 회장으로 추대되고 수업기간을 기다릴 것도 없이 별채 입장이 허가될 것이다.

18. 1년에 4회, 가톨릭교회에서 4대절로 불리는 시기에 총회가 열리고 공개석상에서 고백이 이루어진다. 그때 회원들은 크고 또렷한 목소리로 저마다 행한 모든 일을 고백해야만 한다. 만일 그 사내의 행위가 청렴결백하다면 그는 비난을 받게 될 것이다. 만일 그의 행위가 단정치 못하다면 그는 찬양을 받게 될 것이다. 악과 모독으로 충만한 두려워할 만한 행위를 한 자는 상을 받게 될 것이다. 그러나 이 경우, 그 사내는 반드시 증거를 내놓아야 한다. 상금은 매회 2천 프랑이 한도이며 회비에서 지급한다.

19. 본 회의 소재는 본 회 회원 이외에 어떤 자에게도 알려서는 안 된다. 그곳은 절경의 장소이고 훌륭한 정원이 건물을 둘러싸고 있다. 겨울에는 홀마다 큰 난로가 설치된다. 모임 시간은 오후 5시부터 이튿날 정오까지이다. 정오에는 성찬이 제공되고 그 밖의 시간에는 다과가 제공된다.

20. 본 회에서는 모든 도박이 금지되어 있다. 자연의 뜻에 더욱 적응하기 위한 오락으로 바쁜 본 회는 신성한 자기타락의 정욕에서 멀어진 것에는 전

혀 관심이 없다. 그것만이 인간을 격렬하게 감동시키는 유일한 정욕이기 때문이다.

21. 신입회원은 남녀 모두 1개월간 수업기간을 거쳐야만 한다. 이 기간 중에는 모두 본 회의 명령에 따른다. 이른바 조롱거리와 같은 존재이므로 별채에 들어갈 수도, 어떤 지위에 오를 수도 없다. 어떤 제의를 받아도 이를 거부하는 자는 죽을 죄가 언도된다.

22. 모든 지위는 무기명투표에 의해 선출되고 도당을 꾸미는 것은 엄중하게 금지되어 있다. 임원으로는 회장, 2명의 서기, 검열위원, 2명의 별채관리인, 회계, 주방장, 3, 4명의 작가, 인쇄공, 교정계, 작품검열관 및 입장권열람계가 포함된다.

23. 40세 이상의 남자 및 35세 이상의 여자는 입회할 수 없다. 단, 본 회에서 나이가 든 자는 평생 본 회에 머물 수 있다.

24. 1년간 본 회에 출석하지 않은 회원은 자동적으로 제명된다. 단, 그 공직이나 지위가 결석이 불가피했던 것이 인정된 경우에는 예외이다.

25. 본 회 회원에 의해서 제시된 풍습·종교에 거스르는 행위는 본인이 작품으로서 정리한 것이건 아니건 모두 본 회의 도서실에 등기되고 이 행위를 수행한 자는 제각기 그 가치에 따라서 포상을 받는다.

26. 본 회에서 태어난 아이는 즉시 별채의 수련소로 옮겨지고 남자는 10세, 여자는 7세가 되면 별채의 일원이 된다. 그러나 아이를 낳기 쉬운 체질의 아내 또는 딸은 즉시 제명되어야만 한다. 번식은 본 회의 정신에는 결코 없다. 진정한 도락은 자손의 증식을 혐오하는 것이다. 그러므로 본 회는 이를 억제한다. 여성은 이와 같은 편견의 포로가 된 남성을 고발해야 한다. 교정하기 어렵다고 인정된 자는 곧바로 물러나도록 권고한다.

시간이 되자 우리는 떠났다. 나는 빛의 여신처럼 꾸미고 있었다. 마침 나의 대모 역할을 하는 크레아빌은 화사한 옷차림이었는데 나만큼 젊어 보이지는 않았다. 도중에 크레아빌은 나에게 어떤 회원이 그대에게 도전을 해도 철저히 따라야만 한다, 설사 신입회원으로서 1개월 동안 별채의 즐거움을 맛보지 못해도 애를 태워서는 안 된다고 깨우쳐주었다.

그 집은 파리 시내의 가장 낡고 인구가 적은 한구석에 있었다. 우리는 한 시간쯤 걸은 끝에 드디어 그 집 앞에 닿았다. 큰 나무 숲으로 빽빽하게 둘러싸여 몹시 어둑한 뜰로 마차가 들어서자 내 가슴은 설레기 시작했다. 우리가 들어가자 문은 다시 닫혔다. 마부가 나와 큰 방으로 안내해주었다. 크레아빌은 거기에서 알몸이 되어야만 했는데 나는 의식이 시작된 뒤 옷을 벗기로 되어 있었다. 회장은 실로 호화롭고 휘황한 조명이 비추고 있었다. 우리는 큰 십자가상 위를 발로 밟고 지나가지 않으면 큰 방으로 갈 수가 없었다. 십자가상 위에는 성체인 빵이 흩어져 있고 그 옆에는 성서도 놓여 있었다. 이것도 발로 밟아야만 한다. 나는 아무런 어려움 없이 이것을 해냈다.

그런데 큰 방으로 들어가자 회의를 주재하고 있는 것은 35세의 매우 아름다운 부인, 더구나 그녀는 알몸이고 당당한 머리모양을 하고 있었다. 그녀의 주위에서 책상에 마주앉아 사무를 보고 있는 사내도 역시 알몸이고 두 사내와 한 여자가 회의를 주재하고 있었다. 회장에는 이미 3백 명 이상의 남녀가 저마다 알몸으로 모여 있고, 그들은 서로 매질을 하거나 여성용 자위기구로 희롱을 하거나 뒤로 하거나 하고 있는데 주위는 물을 끼얹은 듯 조용했다. 이와 같은 정황이 필요로 하는 소리 말고는 아무 소리도 들리지 않는다. 몇 사람은 둘이서 또는 혼자서 어슬렁거리고 있다. 또 상대를 관찰하거나 그림 액자 앞에서 난잡하게 5인조를 이루고 있는 사람도 많았다. 많은 테이블이 만들어져 있고 개중에는 8명에서 10명 정도의 사람들이 한 덩어리가 되어 있기도 했다. 사내만이 사내를 상대로 하고 있는 것과 여자만이 여자에게 몸을 맡기고 있는 것, 두 사내 사이에 많은 여자가 있는 것과, 두세 사람의 여자를 많은 사내가 차지하고 있는 것 등, 여러 가지 조합을 볼 수 있다. 대단히 향기가 좋은 향료가 큰 향로에서 타고 있어 피어오르는 그 연기가 나도 모르게 어떤 열락적인 나른한 도취의 기분으로 이끌었다. 주방에서 함께 나오는 사람도 많았다. 이윽고 회장이 일어서더니 잠시 내 말에 주의를 기울여 달라는 뜻을 작은 목소리로 말했다. 그리고 몇 분 뒤에는 내 주위에 사람들이 둘러섰다. 평생 이처럼 많은 사람들에게 몸을 드러내 보인 적은 없다. 제각기 무언가 말을 했는데 그 모두가 칭찬의 말은 아니었다. 곧바로 내 몸에 대해서 나쁜 음모와 계획이 짜여졌다. 내 젊음과 매력이 그들 가운데 어떤 욕망을 불러일으키고 어떤 욕망에 내 몸을 드러내야 한다는 생각이 들자 그것만으로 떨리기 시작했다.

이윽고 회장은 나를 그녀의 맞은편에 있는 단상에 오르게 했다. 그곳은 홀과는 칸막이로 구분이 된 장소이고 회장은 그곳에서 나에게 알몸이 되도록 명했다. 두 사람이 나와 3분도 되기 전에 내 몸에 걸친 옷을 하나도 남김없이 벗겨버리고 말았다. 솔직하게 말해서 두 보조자가 실오라기 하나 걸치지 않은 내 알몸을 회장에 가득 모인 사람들의 시선에 드러내 보이고 단상에서 내려갔을 때 나는 약간 수치심에 사로잡혔다. 하지만 이어서 우레와 같은 박수소리를 들었을 때 나는 이내 타고난 철면피를 되찾고 있었다.

회장이 나에게 한 질문은 다음과 같은 것이었다. 나의 대답과 아울러 전해 주겠다.

"그대는 자기타락이 극도에까지 다다른 난행 속에 영원히 살 것을 약속하겠습니까?"

"맹세코 약속합니다."

"가장 추악한 행위를 포함해 온갖 음탕한 행위가 그대에게는 단순하고 소박하게 보입니까?"

"나의 눈에는 모두가 당연한 일로 보입니다."

"그대는 가벼운 마음으로 그와 같은 추악한 행위를 모두 범한 적이 있습니까?"

"네, 모두 범했습니다."

"그대의 대모가 읽어준 우리 회의 규약 일체에 그대는 조금도 어김없이 따를 수 있다고 확언할 수 있습니까? 그리고 만일 그대가 그 위반자가 되었을 경우 그대는 이 규약에 따라서 죽을 죄에 승복하겠습니까?"

"규약에 포함된 조항은 모두 맹세코 지켜낼 생각입니다."

"그대는 결혼을 했습니까?"

"아니요."

"처녀인가요?"

"아니요."

"뒷문을 뚫린 적이 있습니까?"

"가끔 있습니다."

"구강성교한 적은?"

"가끔 있습니다."

"매질을 당한 적은?"
"몇 번 있습니다."
"이름이 뭐죠?"
"쥘리에트라고 합니다."
"몇 살이죠?"
"18세입니다."
"자위를 한 적이 있나요?"
"가끔 있습니다."
"범죄를 저지른 적은?"
"헤아릴 수 없습니다."
"인간의 생명에 위해를 가한 적은?"
"있습니다."
"앞으로도 계속 삭막하게 살 것을 약속하겠습니까?"
"맹세합니다."
(여기에서 다시 박수소리가 들렸다)
"혈연관계가 있는 자 모두를 본 회에 입회시킬 생각이 있습니까?"
"네."
"모임의 비밀을 절대로 누설하지 않겠다고 약속할 수 있습니까?"
"맹세합니다."
"본 회 회원의 온갖 변덕, 온갖 음란한 장난에 기꺼이 절대복종을 약속합니까?"
"약속합니다."
"사내와 여자 가운데 어느 쪽을 선호합니까?"
"동성을 즐기려면 여자, 그것을 하려면 남자 쪽을 훨씬 좋아합니다."(이 순진한 대답은 그 자리에 있는 모두를 크게 웃겼다)
"그대는 매 맞는 것을 좋아합니까?"
"때리는 것도 맞는 것도 다 좋아합니다."
"여자에게 허용된 두 가지 쾌락 가운데 당신은 정문과 뒷문 가운데 어느 쪽을 더 선호합니까?"
"때에 따라서 나는 앞으로 하는 사람을 잘 끝내게 하지 못할 때가 있는데

뒤로 하는 사람에게는 절대로 그렇게는 시키지 않습니다."(이 대답도 대단한 흥미를 불러일으켰다)

"직접 빠는 쾌락을 어떻게 생각합니까?"
"몹시 좋아합니다."
"빳빳해지는 것은?"
"말로 나타낼 수 없을 정도로 좋아합니다."
"상대를 잘 이끌 수 있습니까?"
"대단히 부드럽게 합니다."
"아이를 낳은 적이 있습니까?"
"한 번도 없습니다."
"낳는 것을 단념하겠다고 약속하겠습니까?"
"가능한 한 그렇게 하겠습니다."
"그러면 자손을 늘리는 것이 싫은가요?"
"생각만으로도 소름이 끼칩니다."
"만일 임신을 하는 일이 있다면 낙태할 용기가 있습니까?"
"물론입니다."
"그대의 대모는 그대가 입회 전에 내야 할 돈을 이곳에 가지고 왔습니까?"
"네."
"당신은 부자입니까?"
"헤아릴 수 없을 정도입니다."
"자선행위를 한 적이 있습니까?"
"몹시 싫어합니다."
"어릴 적부터 어떤 종교에 몰두한 적이 있습니까?"
"없습니다."

그때 곧바로 크레아빌이 서기의 손에 필요한 돈을 건네고 종이 하나를 들고는 큰 소리로 읽으라고 나에게 명했다. 인쇄가 된 그 종잇조각에는 다음과 같은 제목이 붙어 있었다. "범죄친구 모임에 입회가 허용된 부인에게 주는 교서."

내친김에 이 인쇄물을 읽어 보이겠다.

"어떤 환경, 어떤 신분으로 태어나건 여자인 이상 여기에 서명하려는 자는 앞으로 사내의 쾌락을 위해서만 살게 된다. 따라서 그녀 자신의 수입을 위해서도 음욕을 위해서도 이 쾌락을 효과적으로 하기 위한 삶의 방식을 그녀에게 교시해주는 것이야말로 매우 중요하다. 따라서 먼저 우리가 거론하는 것은 결혼한 여자의 상태이다. 그것은 설사 한 번도 결혼한 적이 없는 여자라도 이를테면 정부라든가, 첩의 이름으로 사내와 함께 살고 있는 여자라면 반드시 결혼생활 속에 존재하고 있는 쇠사슬과 똑같은 사슬을 느낀 적이 있을 테고, 다음의 의견 가운데 이 쇠사슬을 벗어나거나 또는 얼마간이라도 참아내기 쉽게 하기 위한 같은 도움말을 발견하기 어렵지는 않을 것이기 때문이다. 미리 말해두는데 이 문장 속에서 쓰이는 사내라는 언어는 연인 또는 첩을 둔 사내와 같은, 한마디로 말해서 여자에 대해서 온갖 권리를 행사하는 인간을 말한다. 그것은 어떤 백만장자라도 여자는 그 육체에서 돈을 끄집어낼 것을 언제나 명심해야 하고, 이것이야말로 자기타락 또는 이기심에 의해서만 가능한 여자의 첫 번째 행동원칙이기 때문이다. 게다가 여자는 자기 마음에 든 사내를 위해 가끔 돈을 지불해야만 하므로 자기 마음에 들지 않는 사내와 잠자리를 함께하는 매음행위에서 언제나 자금을 빼내 자신의 지갑을 두둑하게 해두지 않으면 안 된다. 물론 이와 같은 일의 모든 것은 세간에서의 여자의 처신만을 목표로 하고 있는 것이며, 그녀가 지금 맹세한 본 회의 규약이 사회에서 지켜야 할 처신을 결정하는 것이다.

 1. 돈을 위해서건 쾌락을 위해서건 사내에게 몸을 맡기는 여자가 처신에 필요한 그 무감동을 유지하기 위해 지켜야 할 첫째의 일은 언제나 애정에 움직여지지 않는 마음을 유지하는 일일 것이다. 그것은 쾌락을 위해 몸을 맡기는 여자가 만일 상대에게 반했다면 충분한 만족을 맛볼 수 없기 때문이다. 즉 상대에게 쾌락을 주는 것만을 생각하고 있으면 자기가 맛볼 만족은 자연히 손상되기 때문이다. 또 만일 돈 때문에 몸을 맡기는 여자가 상대를 사랑하고 있으면 틀림없이 과감하게 해내지는 못할 것이다. 그런데 이 경우, 상대로부터 돈을 받아내는 것이야말로 그녀의 유일한 관심사이어야만 한다.

 2. 따라서 모든 형이상학적인 감정을 제외한다면 쾌락을 위해 사내에게 몸을 맡기는 여자는 언제나 가장 활기에 넘치는 자, 가장 훌륭한 음경의 소유자를 택해야 한다. 또 이기심을 위해 몸을 맡기는 여자는 가장 돈을 잘 쓰는

상대를 택해야 한다.

3. 남창으로 불리는 인간은 언제나 멀리해야 한다. 이런 상대는 돈도 없을 뿐만 아니라 대체로 약골이다. 물론 하인이라든가, 무뢰한처럼 신분이 낮은 사내를 상대하는 것이 좋다. 이런 자들의 바지 속이야 말로 정력은 무진장이고, 이런 자들의 정신이야말로 가장 잘 비밀을 유지하는 것이다. 셔츠를 갈아입듯이 잇따라 상대를 바꾸는 것이 좋다. 그렇게 하면 비밀이 샐 염려는 결코 없다.

4. 어떤 사내에게 묶인 여자라도 정조의 감정 따위에는 신경을 쓰지 않는 것이 좋다. 유치한 공상과도 같은 감정은 여자의 몸을 파멸시켜 많은 번뇌를 낳게 하는 것 말고는 아무런 이득도 없다. 또 그것이 어떤 쾌락도 가져다주지 않는 것은 불을 보듯 뻔하다. 도대체 세상에 사내가 하나만 있는 것도 아닌데 왜 여자가 정조를 지켜야만 하는가? 보는 것 듣는 것 모두가 쾌락으로의 유혹이 아닌 것이 없고, 일상의 유혹에 지는 것이 당연할 만큼 매우 약하고 덧없는 섹스가 자기를 설득하는 것 말고는 아무런 악의도 없는 상대에게 맞서다니 우습지 않은가? 게다가 도대체 여자의 정조가 무슨 도움이 된다는 것인가? 만일 상대가 그녀를 진정으로 사랑하고 있다면 상대는 그녀의 약점을 모두 용서하고 그녀가 손에 넣는 쾌락을 자기도 함께 이상적으로 나누어 가지려고 할수록 따뜻한 마음을 표시해야 할 것이다. 또 만일 상대가 그녀를 사랑하고 있지 않다면 매일처럼 자기를 기만하고 있는 사내에 충절을 나타내다니 얼마나 어리석은 일인가? 여자의 부정은 자연의 죄이고 사내의 죄이며 사내의 악의와 기만의 결과인 것이다.

여기에서 문제가 되고 있는 여자는 따라서 어떤 부정(不貞)도 배격해서는 안 된다. 오히려 되도록 모든 기회를 낳게 하고 날마다 이를 늘리는 일에 힘써야 한다.

5. 허위는 여자의 본질적인 성격의 하나다. 시대를 막론하고 허위는 약자의 무기였다. 지배자 앞에 세워진 자가 거짓 없이 어떻게 압제에 잘 맞설 수 있을까? 그러므로 여자는 두려움 없이 이 무기를 이용하는 것이 좋다. 이 무기야말로 압제자의 온갖 침해에 대해서 여자가 그 몸을 지키기 위해 자연에 의해서 주어진 무기이다. 사내는 기만당하는 것을 좋아한다. 상냥한 나쁜 짓은 슬픈 현실보다도 기분 좋은 것이다. 그렇다면 죄를 고백하기보다는 죄

를 숨기는 것이 낫지 않을까?

6. 여자는 결코 자기 자신의 성격을 가져서는 안 된다. 음탕한 쾌락을 위해서건, 욕심을 위해서건 함께 살고 있는 것이 가장 바람직한 사내의 성격을 교묘하게 자기의 것으로 하는 것이 좋다. 그렇지만 이와 같은 유연함이 간통이라든가, 영아살해라든가, 독살이라든가, 도적질이라든가, 살인이라든가, 요컨대 그녀의 정욕을 만족시켜 그녀의 정욕에 봉사해야 할 온갖 범죄에 몰입하는 데 불가결한 에너지를 그녀에게서 빼앗는 일이 있어서는 안 된다. 이와 같은 범죄가 모두 여자에게 있어서 바람직한 것이라면 그녀는 우리의 충고대로 허위와 실체를 숨김으로써 어떤 두려움도 뉘우침도 없이 이에 몰입해야 할 것은 말할 것도 없다. 생각하건대 이러한 범죄는 자연의 손에 의해서 여자의 마음속에 맡겨진 것이고, 교육과 함께 확립된 잘못된 도덕원리만이 그녀들에게 이러한 범죄를 소중히 여기는 것을 가로막고 있는 것이다.

7. 가장 과격한, 가장 참신한, 가장 추악한 자기타락이 이러한 감미로운 일의 기초가 되어야만 한다. 두려워할 필요는 조금도 없다. 만일 여자가 자연의 목소리에 귀를 기울인다면 이와 같은 쾌락으로 향하는 가장 격렬한 경향을 자신들이 자연에게서 받고 있기 때문에 그 결과, 두려움 없이 일상적으로 이 경향에 빠져드는 것이야말로 가장 올바른 길임을 곧바로 알게 될 것이다. 여자는 그것을 하면 할수록 자연에 도움이 되는 것이고 자연을 해치는 것은 오직 그녀들의 금욕뿐이다.

8. …….

9. …….

10. 설사 번식의 항아리로부터 정자를 빗나가게 하는 쾌락의 방법을 최대한으로 활용해 씨의 존재를 의심하자마자 곧바로 이를 없앤다고 해도 여자에게 피임을 강요하는 것은 무리한 이야기일 것이다. 아무튼 임신은 사람의 눈에 띄고 여자의 몸을 모양 없게 하는 등 온갖 견지에서 바람직하지 않은 것이다. 만일 여자가 도리에 어긋난 쾌락을 특히 원하면 그 감미로운 향락은 쾌락과 동시에 더 많은 안전을 그녀에게 보장해준다. 어느 여자라도 한번 이것을 시험해보면 병이 되는 것이 일반적이다. 게다가 사내에게 있어서도 이것이 한층 쾌락이 된다는 생각이 영리한 여자로 하여금 두 번 다시 다른 종류의 쾌락을 택하지 않기 위한 강력한 동기가 되어야 할 것이다.

11. …….

12. 여자는 모든 종교상의 실천을 피해야 한다. 오래도록 발아래 짓밟아야 하는 이 오욕이야말로 여자의 의식을 움츠러들게 하고, 미덕의 상태로 이를 불러들이려는 것이며, 한 번 여기에 물들면 그것을 마지막으로 모든 습관과 모든 쾌락을 완전히 체념할 수밖에 없다. 그리고 이 두려워할 만한 어리석은 행위는 그 때문에 지불해야 할 희생에는 조금도 값어치가 없는 것이다. 옛날이야기에 나오는 개처럼 종교를 추구하는 여자는 현실을 버리고 겉모양에 치중할 것이다. 무신론, 잔혹, 무신심, 자기타락, 소돔, 불륜, 복수심, 피를 흘리는 취미, 위선, 그리고 허위, 이것이야말로 범죄친구 모임에 맞아들여야 할 여자의 성격에 기초가 되어야만 한다. 만일 그녀가 본 회에서 행복을 발견하고자 한다면 그 같은 악덕이야말로 채용해야 할 것이다.

내가 이 도덕원리를 힘차게 다 읽고 이와 같은 악덕이 이미 내 마음속 깊게 확실하게 뿌리내리고 있음을 사람들에게 이해시키자 또다시 우레와 같은 박수소리가 터져나왔고 나는 자랑스럽게 단상에서 내려왔다.

신입회원의 입회라는 갑작스런 사건에 마음을 빼앗기고 있었던 사람들은 다시 조를 짜고 곧 나 자신도 도전을 받게 되었다. 이때부터 저녁식사 때까지 나는 더 이상 크레아빌과 얼굴을 마주칠 일이 없었다. 맨 처음 나에게 다가온 것은 50세쯤 되어 보이는 사내였다.

"자, 이제 이렇게 된 바에는" 하면서 나를 긴 의자 위로 데리고 가더니 말했다. "넌 몸을 파는 여자나 다름없어. 지금 네가 그렇게 말한 이상 이제 피할 수는 없어. 창녀와 다름없는 여자다. 나는 네가 마음에 든다. 너 때문에 그것이 팽팽해졌다."

아름다운 음악의 가락이 들려왔고, 곧 그것이 저녁식사의 신호임을 알게 되었다. 나는 모두와 함께 음탕한 연회장으로 향했다. 작게 다듬어진 떨기나무 숲이 배경으로 그려져 있고 그 밑에 12명분의 그릇을 늘어놓은 테이블이 몇 개 놓여 있었다. 나무들의 작은 가지는 꽃으로 꾸며져 있고 다른 큰 방과 마찬가지로 기교적으로 꾸며진 수많은 불빛이 온화한 빛을 비추고 있었다. 식탁마다 2명의 하인이 배치되어 있고 실로 예의 바르게, 또한 재빠르게 여러 가지로 신경을 써주었다. 저녁식사에는 2백 명밖에 참석하지 않았으며 나머지 회원은 아직 별채에 있었다. 제각기 짝을 고르고 식탁에 자리를 잡았다. 이렇게 해서 무척 호화로운 요리와 매혹적인 음악의 가락을 타고 제각기 커머스의 방종, 키프로스의 방탕에 동시에 빠져드는 것이었다.

별채에서 돌아온 크레아빌이 내 곁으로 왔다. 한눈에 그녀가 어떤 난행 속에 있다가 왔는지 쉽게 알 수 있었다. 반짝이는 눈동자, 활기찬 모습, 가슴 위로 흐트러진 머리카락, 입에서 내뱉는 음란한 또는 난폭한 언어, 모두가 흥분의 여운을 생생하게 전하고 있고 그것이 그녀를 여느 때보다 천배나 아름답게 보여주고 있었다. 나는 이런 그녀에게 키스하지 않을 수 없었다.

"나쁜 사람!" 나는 말했다. "어떤 엄청난 일에 빠졌다 온 거죠!"

"뭐, 그렇게 부러워할 것은 없어요." 그녀는 말했다. "이제 우리 둘이서 해요."

조금 전 내가 상대한 두 소녀와 40세쯤 되어 보이는 두 부인, 20세나 25세쯤의 두 미인, 그리고 6명의 사내가 우리의 식탁에 앉았다.

이 떡기나무 설비 가운데서 매우 잘되어 있었던 것은 연회장의 전경이 바라다보이지 않는 테이블은 하나도 없다는 점이다. 모든 설비에 공통적으로 나타나 있는 일련의 파렴치 정신에 의해서 만찬회장의 방종은 큰 홀에서와 마찬가지로 참석자 전원의 눈길을 피할 수 없는 구조로 되어 있었다.

이와 같은 배치 덕분에 나는 실로 기기묘묘한 사건을 눈으로 똑똑히 볼 수 있었다. 식사 중에 음란한 정신이 어떤 장난을 하게 되는지 보통사람으로선 도저히 상상조차 안 될 것이다. 나도 타락에 대해서는 거의 다 알고 있다고 자부하고 있었는데 그날 밤은 내가 아직 경험 없는 풋내기에 지나지 않음을 절실히 깨닫게 되었다. 아, 이 무슨 외설과 음란, 추태인가. 이 무슨 상식에 벗어난 일인가! 어떤 자는 도중에 식탁에서 벗어나 작은 비밀의 방으로 들어가는 것인데 부름을 받은 자는 이 제의를 거절할 수가 없다. 회원의 희망은 욕망의 대상이 된 인간에게 있어서 거부할 수 없는 지상명령인 것이다. 그리고 상대의 욕망에 복종한 자는 이윽고 이번에는 자기가 상대에게 똑같이 하는 것이다. 그러므로 그곳에는 폭군과 노예밖에 없고 노예는 이윽고 자기 역할이 바뀌게 된다는 희망에 힘을 얻어 신명이 나서 굴종을 감수한다.

회장은 회의장을 내려다볼 수 있는 높은 의자에 앉아 만찬회의 질서를 유지했다. 큰 홀에서와 똑같은 정숙이 이곳을 지배하고 있었다. 대화의 목소리는 매우 낮아 마치 비너스의 사원에 있는 것 같았다. 그러고 보니 비너스의 상이 도금양과 장미의 숲 아래 서 있는 것이 보였다. 마치 비너스의 사원에 모인 신도들이 학자풍과 어리석음의 본보기에 지나지 않은 그 불쾌한 말로 지껄임으로써 의식의 신성을 모독하지 않기를 바라는 것 같은 안배였다.

진귀한 술과 성찬의 요리에 의해서 더욱 장난기가 발동해 식후의 난잡한 소동은 식전의 방종을 훨씬 넘어서고 있었다. 모든 회원이 한 덩어리로 뭉쳐버린 것 같은 순간조차 있었다. 능동이나 수동의 방법으로 하나의 집단에 참여하고 있지 않은 자는 한 사람도 없고 그것을 끝낸 나머지의 탄식과 외침 말고는 이젠 아무 소리도 들리지 않게 되었다. 나도 여러 번 무서운 공격을 견뎌내야만 했다. 나의 손이 닿지 않았던 은밀한 곳은 하나도 없고 내 육체가 더럽혀지지 않은 부위는 한 곳도 없었다. 내 엉덩이도 상처투성이가 되었는데 남의 엉덩이에도 상처를 내주었다. 드디어 날이 밝자 나는 심한 피로에 지친 나머지 침대에 쓰러져 깊은 잠에 빠져들고 말았다.

이윽고 수업기간이 끝나자 비로소 안도의 한숨을 쉴 수가 있었다. 몹시 기다리던 기한이 끝난 것이다. 이제 별채에 자유롭게 드나들 수도 있다. 내 안내역을 맡고 나선 크레아빌이 구석구석까지 모두 보여주었다.

이 별채처럼 멋진 곳은 없다. 소년의 별채도 소녀의 별채도 다 비슷하므로 한쪽을 이야기하면 다른 한쪽도 알 수 있다.

수많은 작은 방으로 둘러싸인 4개의 큰 홀이 이 별채를 이루는 날개면 건축의 내부를 형성하고 있었다. 큰 홀은 본 회장과 마찬가지로 서로 보고 있는 앞에서 즐기고 싶다는 사람들을 위한 방이고 작은 방은 혼자서만 쾌락에 빠지고 싶어하는 사람들을 위한 것이었다. 그 밖의 방은 시간을 때우는 남녀들이 머무는 방이었다. 실내장식은 아취와 세련미로 충만하고 특히 작은 방은 최고로 공을 들여 마치 방탕을 위한 작은 사원과도 같았으며, 그곳에 예배를 드리고 싶다는 생각마저 들게 하는 온갖 것이 하나도 부족하지 않았다. 4명의 할머니가 각 방을 감독하고 있어 들어오는 자들의 손에서 표를 받고 제각기 취향을 물어 곧바로 만족할 수 있도록 준비를 하는 것이다. 그곳에는 또 언제나 한 사람의 외과의와 한 사람의 산파, 두 사람의 매질하는 사람과 한 사람의 사형집행인, 그리고 한 사람의 간수가 기다리고 있었다. 이들의 얼굴만큼 흉측한 사람은 없었다. "이 사람들은 말이에요" 하면서 크레아빌이 말했다. "보통 이런 직업의 사람들이 그런 것처럼 단순히 돈으로 고용되어 있는 것은 아니에요. 이 사람들도 우리와 똑같은 도락자인데 입회할 때 필요한 돈이 없어 이런 역할을 기꺼이 하고 있는 거죠. 그러므로 보다시피 일은 참 잘해요. 몇 사람은 급료를 받고 다른 몇 사람은 회원의 권리를 청원해 허용이 되고 있는 거예요."

이 사람들은 담당부서에 있는 동안 정말이지 꺼림칙한 옷을 입고 있었다. 간수는 띠 둘레에 열쇠꾸러미를 짤랑거리게 하고, 매질을 하는 자는 가죽 채찍과 술이 달린 채찍을 들고, 사형집행인은 그대로 팔을 드러낸 채 입술 밑에 무서운 수염을 기르고, 언제나 허리에 2자루의 장검과 2자루의 단도를 차고 있었다. 이 사내는 크레아빌이 들어오는 것을 보자 일어나 그녀의 입술에 키스를 하려고 하면서 말했다.

"오늘이야말로 날 써줘요, 누님."

"그래, 들어줄게." 크레아빌이 말했다. "오늘은 신입회원을 데리고 왔어. 안심해, 나와 마찬가지로 이 아가씨가 그대의 수완을 충분히 발휘하게 해줄 테니까."

그러자 사내는 조금 전 크레아빌에게 한 것처럼 나에게도 키스를 하고 무엇이건 원하는 대로 해주겠다고 약속을 했다. 나는 그에게 고맙다는 말을 하고 진심으로 키스를 해주었다. 그리고 우리는 계속 둘러보았다.

이 방들은 특수한 정욕의 실현을 위해 쓰이고 있었다. 첫 번째 방은 단순한 취미, 즉 온갖 종류의 수음 및 가능한 교접을 위해 쓰이고 두 번째 방은 매질 및 그 밖의 기발한 정욕을 위해 쓰이고 있었다. 또 세 번째 방은 잔혹한 취미에, 네 번째 방은 살인에 제각기 배당되어 있었다. 하지만 그 하나하나가 똑같이 감금이나, 매질이나, 사형을 필요로 하고 있었으므로 어느 방에나 간수가, 사형집행인이, 매질하는 사람이 있었다. 여자라고 해서 소녀들의 별채에 들어가지 못하는 것은 아니며, 또 사내라고 해서 소년들의 별채에 들어가지 못하는 것은 아니다. 우리가 들어가자 이미 사용 중인 자도 있고 각자의 방에서 부르기를 기다리고 있는 자도 있었다. 크레아빌이 별채의 방을 몇 개 열어 마치 천사처럼 아름다운 여자들을 나에게 보여주었다. 엷은 속옷을 걸치고 머리에 꽃을 꽂은 그녀들은 우리가 방문을 열자 매우 공손하게 우리를 맞아주었다. 나는 16세쯤 되어 보이는 한 사람을 골라 그녀와 놀기로 했다. 그리고 그녀의 유방에 손을 대자 크레아빌이 그렇게 얌전하게 해서는 안 된다고 말하는 것이었다.

"이런 아가씨와 놀 때에는 그런 식으로 행동하는 것이 아니에요." 크레아빌은 말했다. "그런 방법은 지나치게 미적지근해요…… 명령을 해요, 그렇게 하면 이 아가씨들은 무엇이건 그대가 말하는 걸 들어줄 테니까."

내가 곧 태도를 바꾸자 아가씨들은 나의 명령에 맹목적인 복종으로 호응했다. 다른 방도 차례로 가보았다. 어느 방에서나 똑같은 미인들이 똑같이 은근하게, 똑같이 맹목적인 복종을 보여주었다.

"무언가 약간의 일을 하지 않으면 이곳에서 나갈 순 없어요." 크레아빌이 말했다.

그래서 비너스처럼 아름다운 13세 소녀의 방에서 15분 남짓 그녀에게 희롱을 하게 한 끝에 그녀를 최초의 희생자로 택하기로 결정했다. 우리는 매질하는 사람을 불렀고 소녀는 처형실 가운데 한곳으로 끌려갔다. 처형실에서 우리는 이 소녀를 꽈배기처럼 둘둘 말아 피를 흘릴 때까지 때리고 그동안 희생자 앞에서 섹스를 했다.

"엉덩이가 근질근질해요." 크레아빌이 말했다. "기분 좋게 그것을 했을 때에 나는 매를 맞고 싶어 견딜 수 없어요."

"나도 당신과 똑같아요." 내가 대답했다.

"그러면 매질하는 사람 둘을 불러야겠군요."

"넷이서 해요, 오늘 밤이야말로 내 엉덩이가 엉망이 될 정도로 해보고 싶어요."

"기다려요." 크레아빌이 그녀와 친숙한 사내가 들어오는 것을 보고 말했다. "약간 연극을 할 필요가 있어요."

그녀가 이 사내에게 작은 목소리로 속삭이자 사내는 곧바로 나아가 매질하는 사람을 불러들여 우리에게 형의 선고를 내리는 자세를 취했다.

우리는 잡혀서 둘 다 두 손이 묶이고 이 사내가 보고 있는 앞에서 매질을 당했다. 우리가 피투성이가 되자 매질을 하던 두 사람은 커다란 자위기구를 차고 다시 두 번 정도 옥문에 맹렬한 공격을 가했다.

"이제 더는 못 참아요." 우리 둘만 있게 되자 크레아빌이 이렇게 말했다. "흥이 고조되면 나는 잔혹해지죠. 희생자를 골라 제물로 삼아요…… 조금 전 우리에게 열렬하게 키스한 저 18세의 미소년은 어때요? 천사처럼 귀엽고 날 멍하게 해요, 저 애를 고문실로 데리고 가 못살게 지분거리다가 죽일까요?"

"당신은 여자의 별채에서는 그런 내색도 하지 못했으면서."

"그건 그래요, 하지만 나는 사내를 지분거리고 죽이는 것이 좋은걸요. 앞서도 말했지만 나는 여자를 위해 복수를 하는 것이 좋아요. 만일 남자가 여자보다 뛰어난 것이 사실이라면 남자를 죽이는 것보다 자연에 대한 중대한 모욕은 도저히 생각할 수 없지 않을까요?"

"하지만 안타깝게도 그 모욕은 전혀 효과가 없을 것 같아요."

"명석한 통찰이군요. 나는 죄를 만들어주고 싶은데 어딜 가도 죄 같은 것에 부딪는 일은 없고 그 대신 편견에만 부딪치고 있어 완전히 절망이에요. 아아, 언제 나는 정말로 죄를 범할 수 있을까요?"

우리는 어린 사내를 데리고 왔다.

"역시 사형집행인을 불러야 하겠죠?" 내가 친구에게 물었다.

"우리라고 못할 것도 없지 않나요?"

"물론 방법은 많아요."

"그럼 한번 해볼까요?"

홀 옆의 작은 방으로 희생자를 데리고 가자 그곳에는 우리가 기대하고 있었던 고문에 필요한 것들이 모두 갖추어져 있었다. 고문은 길고 처절하기 짝이 없었다. 악귀가 된 크레아빌은 희생자의 피를 마시고 불알 하나를 게걸스럽게 먹었다. 남성의 살해라는 취미에 크레아빌처럼 기울어져 있지 않았던 나는 그녀만큼 격렬한 흥분을 느끼지는 않았는데 만일 이것이 여성을 상대로 한 것이었다면 틀림없이 그와 같은 정도로, 아니 그보다도 더 흥분했을지도 모른다. 우리는 사내의 별채를 나와 다시 여자의 별채로 갔다.

"잠깐 홀에 들러볼까, 틀림없이 기기묘묘한 일이 벌어지고 있을 거예요." 크레아빌이 말했다. "그대가 마음이 내키지 않으면 아무것도 하지 말고 그냥 보기만 해도 되요."

홀에서는 40세쯤 되는 사내(이 사내는 사제였다)가 천장에 머리카락으로 매달린 15세쯤 되어 보이는 매우 예쁜 소녀를 상대로 하고 있었다. 사내가 여자의 몸을 바늘로 쿡쿡 찔렀기 때문에 온몸에서 피를 흘리고 있었다. 사내는 내 엉덩이를 물어뜯고 크레아빌을 뒤에서 했다. 두 번째 사내는 20세쯤 되는 굉장한 미인의 유방과 얼굴에 매질을 하고 있었다. 그는 당신들도 매질을 당하고 싶으냐고 우리에게 묻는 것만으로 만족했다. 세 번째 사내는 다리 하나로 희생자를 매달고 있었다. 이런 식으로 매달린 인간을 바라보는 것만큼 유쾌한 일은 없다. 그녀는 18세쯤이고 참으로 아름다운 육체의 소유자였다. 이런 모양새가 되면 옥문이 크게 벌어지게 되는데 사내는 쇠의 가시가 달린 봉을 그 속에 집어넣고 있었다. 우리를 보자 사내는 매달린 여자의 한쪽 다리를 잡아당겨달라고 크레아빌에게 부탁했다. 이렇게 하면 국부가 더욱더 벌어진다는 것이다…… 순식간에 우리 둘은 희생자가 흘리는 피에 온몸이 젖고 말았다. 네 번째 사내는 60세쯤 되는 늙은 법률가였다. 그는 석쇠에 12세 정도의 아직 어린 소녀를 붙들어 매고 큰 탄불의 화로를 이리저리로 움직여 여자의 몸을 골고루 태우고 있었다. 이 잔인한 사내가 고기를 굽는 즐거움을 만끽하고 있는 동안 가련한 소녀가 얼마나 비통한 비명을 지르고 있었는지 그것은 여러분의 상상에 맡기겠다. 나를 보자 사내는 화로의 불을 더욱 뜨겁게 해 유혹했다. 그래서 내가 엉덩이를 내밀자 사내는 크레아빌의 엉덩이를 철썩하고 때리면서 뒤로 했는데 안타깝게도 어이없게 끝나고 말았다. 이렇게 해서 고문은 멈추고 사내는 일에 걸림돌이 되었다는 듯이 우리에게 투덜거렸다.

　이런 일로 나는 몹시 상기되어 아무래도 살인의 방으로 가지 않으면 마음이 풀리지 않을 것 같았다. 크레아빌도 기꺼이 따라주었다. 여자를 죽이는 일은 좋아하지 않았는데 본디 그녀의 잔인성은 이와 같은 취미를 부추겨주는 것 모두를 무관심하게 받아들일 준비가 되어 있는 것이다.

　20명쯤 되는 소녀들을 줄 세우고 그 가운데서 17세인 가장 아름다운 소녀를 한 사람만 뽑아 나는 예정된 방으로 그녀와 함께 들어갔다.

　소녀는 사내보다도 여자인 내 마음속에 연민의 정이 더 많은 줄 생각했는지 나의 발아래 몸을 던져 자비를 구했다. 천사처럼 아름답고 기품이 넘치는 그녀의 눈물어린 호소는 나만큼 완고하지도 타락하지도 않은 사람의 혼을 향했더라면 틀림없이 효과를 거두었으리라. 하지만 이미 때가 늦은 것이다.

나의 혼을 누그러뜨리려는 그녀의 모든 시도가 도리어 나를 더욱 초조하게만 만들 뿐이었다. 게다가 크레아빌이 보고 있는 앞에서 어떻게 내 마음이 약해질 수 있을까! 두 시간 남짓 어르거나, 두들기거나, 매질을 한 뒤 마지막에는 그녀를 테이블 위에 묶고 내 앞에 웅크린 크레아빌에게 나의 앞문을 간질이게 하면서 소녀의 온몸을 단도로 체처럼 구멍투성이로 만들어버렸다. 평생 이처럼 만족스러웠던 적이 없다. 이제 홀로 돌아갈 힘도 없을 만큼 축 늘어지고 말았다. 그래서 나는 그대로 크레아빌을 집으로 데리고 와 저녁식사를 마치고 함께 잤다. 이 대단한 여자는 조금 전 내가 저지른 행위에 아직도 에너지가 모자라다고 생각했는지 다음과 같은 의견을 곁들여 나를 격려해주었다.

"정말로 쥘리에트, 그대의 의식은 아직도 내가 바라는 것과 같은 경지에는 이르지 않고 있는 것 같아요. 내가 바라는 것은 의식이 두 번 다시 똑바르게 되지 않을 정도로 왜곡된 거죠. 이 경지에 이르기 위해서는 내 방법을 써야 해요. 원한다면 가르쳐줄 수도 있는데 그대에게는 그것을 실행에 옮길 힘이 없는 게 아닐까요? 그 방법이란 우리를 뉘우치게 만드는 일이 도취에 젖어들면서 실행을 마친 다음에는 곧바로 냉정하게 또 실행하라는 거예요. 이런 식으로 기세를 만회한 미덕과 정면으로 충돌해 감각이 평정으로 돌아간 순간, 다시 모습을 드러내려는 미덕과 적극적으로 싸우는 습관이야말로 영원히 미덕을 없애버리는 가장 확실한 수단의 하나인 거죠. 이 비결을 활용해요. 이것이야말로 절대로 틀림없는 비결이에요. 평정의 순간이 후회라는 형태로 그대의 마음에 다시 미덕을 싹트게 하려는 것을 인정했으면 (미덕이 우리 마음을 잡으려는 것은 언제나 이와 같은 위장에 의하므로) 즉시 그대의 마음에 후회의 씨를 뿌리려는 일들을 다시 실행하는 거예요. 이 방법을 2, 3회 이어나가는 동안에 그대는 이제 어떤 후회의 소리에도 귀를 기울이지 않게 되고, 언제나 차분해질 수 있게 돼요. 생각하건대 악이라는 생각에 버팀목이 되고 있는 것은 공허한 환영이므로 이 환영이 사라져버리면 연약한 혼에게 죄를 범하는 것은 어렵지 않게 돼요. 그렇지만 이 비결은 확실해요. 더 정확하게 말하면 그대가 후회를 느끼지 않게 되는 것은 미덕 자체에 따른 거예요. 그대가 미덕의 모습을 보고 있었으므로 악을 저지르는 습관에 사로잡혀 있었던 거죠. 그러므로 악을 더 이상 범하지 않기 위해서는 미덕이 모습을 드러낼 수 없도록 막아버리면 되는 거예요. 오오, 쥘리에트, 믿어줘요, 이 중요한 문제에 대해서 더 이상 좋은 의견을 주기는 어려워요. 하지만 그대도 아는 바와 같이 이 의견이야말로 설사 그대가 악덕에 의해 범하려고 하건 미덕에 의해서 없애려고 하건, 어쨌든 가장 곤란한 상황을 모두 이겨내는 방법을 가르치는 의견이니까요."

나는 친구에게 말했다. "크레아빌, 그대의 의견은 확실히 대단해요. 하지만 나의 혼은 악덕의 길로 너무나 깊이 발을 들여놓았으므로 새삼 그대의 방법을 써서 악덕에 더욱 힘을 보탤 필요는 없다고 생각해요. 믿어줘요, 이기심을 위해서건, 쾌락을 위해서건, 내가 어떤 행위를 범해야만 하건 이제 결코 떨지 않는다는 것을."

"그래요." 크레아빌은 나에게 키스를 하고 말했다. "그 이기심과 쾌락 말고는 어떤 신도 인정해서는 안 돼요."

그리고 잠시 뒤에 크레아빌이 꽤 기묘한 놀이를 제안했다. 마침 그날은 사순절 기간 중이었다.

"기도하러 가요." 그녀는 말하는 것이다.

"농담도 잘하는군요."

"그렇지 않아요. 나 얼마 전부터 엉뚱하고 재미있는 일을 떠올리고 있는데 그대와 함께 꼭 해보고 싶다고 생각했어요. 실은 근처의 카르멜회 수도원에 35세의 미남수도사가 있어 나는 반년 전부터 홀딱 반했어요. 어떻게든 내 것으로 만들어야 직성이 풀릴 것 같아요. 그것도 유쾌한 방법으로 하는 거예요. 먼저 그에게 고해성사를 하러 가 여러 가지로 음란한 짓을 해보여 이 수도사를 얼빠지게 해주는 거예요. 그리고 그의 마음이 움직이면 틀림없이 그쪽에서 우리에게 무슨 말을 꺼낼 거예요. 만일 밀회의 방법을 가르쳐주면 우리는 곧바로 그곳으로 가 이 사내를 시원하게 빨아줘요. 아니, 그것만으로는 참을 수 없어요. 우리 성체를 예배해요. 그리고 성체인 빵을 손수건에 싸서 가지고 오면 그대의 집으로 돌아가 이 더러운 그리스도교의 초라한 상징을 이용해 여러 가지 엄청난 짓을 하면서 놀아요."

그녀의 맨 처음 계획은 아무튼 현실적인 재미가 있을 듯했으나 뒤의 방법은 너무나도 바보 같은 생각이 들어 나는 그것을 친구에게 알려주어야겠다고 생각해 이렇게 말했다.

"잠깐 나 좀 봐요. 우리는 애초부터 신을 믿지 않잖아요. 구태여 그런 어린애 같은, 절대로 아무런 도움도 안 되는 신을 모독하는 행위를 할 필요는 없지 않은가요?"

"그것은 그래요." 그녀는 대답했다. "하지만 나는 이런 일이 좋아요. 생각만으로도 황홀해지죠. 신을 모독하는 이런 행위만큼 신에게로 돌아가려는 온갖 마음의 가능성을 빼앗고 마는 것은 없어요. 한 번 이런 식으로 다루면 더 이상 신의 존재 따위는 절대로 허용할 수 없게 되는 거예요. 게다가 솔직히 말해서 나는 그대가 이와 같은 모든 것에 견딜 수 있을 정도로 확실한 정신을 지니고 있는지 아직 걱정이에요."

"어머나, 크레아빌, 착각도 심해요." 나는 말했다. "나는 그대보다도 더 확실해요. 나의 무신론은 최고예요. 그러므로 나를 확실하게 하기 위해 어린애를 속이는 것과 같은 그런 일을 해야만 한다고 생각한다면 부디 그러지 말아요. 그대의 마음에 든다면 해도 좋지만 그것은 어디까지나 단순한 놀이이고 그대의 사고방식을 강하게 하기 위한 것이라든가, 남을 설득하기 위한 것은 불필요한 이유예요."

"어머, 그렇게 화내지 말아요." 크레아빌은 말했다. "그러면 단순한 기분 전환을 위해 하기로 해요. 그렇게까지 말한다면 그대를 믿기로 하고 내가 방금 말한 것은 모두 취소하겠어요. 그 대신 도락을 위해 이 놀이에 빠지기로 해요, 괜찮죠?"

"참회하는 자리에서 카르멜수도사를 유혹하려는 것은 확실히 꽤 재미있는 일이에요." 나는 대답했다. "하지만 그리스도교도의 숭배물인 밀가루 덩어리를 모독한다는 것은 종이쓰레기를 찢거나 불태우는 것 이상으로 재미있는 행위라고는 도저히 생각할 수 없어요."

"맞아요." 크레아빌이 말했다. "그렇지만 이 종이쓰레기에는 어떤 사상도 결부되어 있지 않은데 성체인 빵이나 십자가에는 유럽의 4분의 3의 인간이 매우 종교적인 사상과 결부되어 있어요. 그러므로 나는 그것들을 모독하길 좋아해요. 나는 여론에 등을 돌리는 것이 몹시 즐거워요. 어릴 적부터 편견을 발아래 짓이기고 물리치는 일이라면 나는 어느새 흥분한답니다."

"알았어요. 그러면 당신 말대로 무엇이든 하겠어요." 나는 대답했다.

"자, 떠나요."

우리는 거기서 마차를 탔다. 우리의 검소한 옷차림은 빈틈없이 생각한 다음에 한 것이었다. 클로드 신부는 우리가 부르자 곧바로 고해실로 왔는데 물론 우리를 두 사람의 독실한 신자로만 생각하고 있는 것 같았다.

먼저 크레아빌부터 시작했으며 내 차례가 올 때쯤에는 이미 이 수도사가 완전히 상기되어 있음을 알 수 있었다.

"오오, 신부님." 나는 말했다. "죄를 용서해주십시오. 이렇게 신부님 앞에 나아가는 것이 저에게는 두렵습니다."

"용기를 내세요. 올바르고 자비로우신 주님이 듣고 계십니다. 도대체 무슨 죄를 지었나요."

"큰 죄입니다. 신부님, 무서운 쾌락 때문에 저는 날마다 죄를 짓고 있습니다. 아직 젊은 몸인데 저는 온갖 흥에 겨워 주님에 대한 기도도 잊고 말았습니다. 주님은 저와 다른 세계로 가버리셨습니다. 오오, 신부님의 주선으로 어떻게든 주님의 곁으로 다시 가야만 합니다. 저의 음탕한 죄는 신부님을 놀라게 할 것입니다. 저에게는 그것을 고백할 용기가 없습니다."

"당신은 결혼을 했습니까?"

"네, 신부님. 그리고 날마다 가장 방종한 행동으로 남편에게 상처를 주고 있답니다."

"연인이나 애인이라도?"

"아닙니다, 모든 남자, 모든 여자를 좋아해 온갖 방탕한 짓을 다 했습니다."

"그러면 다정한 기질이시군요?"

"만족할 줄 모르는 다정함입니다. 신부님, 저를 악덕의 길로 끌어들여 그곳에 빠져들게 한 것도 이 다정한 기질이었습니다. 그것은 이제 집념이 강해서 종교가 저에게 내미는 구원의 손길조차 이 기질을 이기지 못하는 것이 아닐까 걱정될 정도입니다. 솔직하게 말씀을 드려야만 하는데 실제로 신부님과 은밀한 이야기를 하고 있다는 즐거움이 신에 대해 기도하는 마음을 어지럽게 하는군요. 이 거룩한 교회 안에서 주님을 찾으려고 해도 제 눈에 비치는 것은 오직 한 사람의 우월한 남자뿐이어서 주님보다도 이분에게 저는 마음이 끌리고 마는 것입니다."

"아가씨……" 하면서 딱한 수도사는 완전히 당혹스런 표정으로 말했다.

"그렇게 말하시면 나는 정말 곤란합니다…… 곤란해지고 맙니다…… 이 이상은 위대한 참회의 기적만이……."

"아아, 이제 더 이상 뵙지 못할 생각을 하니 저는 괴로워서 죽을 것만 같습니다. 도대체 주님의 의지를 대행하시는 사제께서 이 거룩한 장소를 차지해야 할 유일한 대상으로부터 사람의 마음을 돌아서게 할 정도로 어쩌면 이토록 매력을 지니셨습니까? 신부님 저는 평안함을 얻기는커녕 몸이 애가 탈 정도입니다. 당신의 말씀이 통하는 것은 저의 정신이 아니고 저의 심정입니다. 평정을 얻으려고 해도 제가 그곳에서 발견하는 것은 흥분뿐입니다. 어딘가 다른 장소에서 만났으면 좋겠습니다. 이 무서운 방에서 나오셔서 잠시 주님의 종을 그만두시고 쥘리에트의 연인이 되어주세요."

클로드는 과연 이 수도회의 수도사답게 이미 마음이 끌리고 있었다. 내가 때를 놓치지 않고 힐끗 눈길을 돌려보니 부푼 가슴, 반짝이는 눈, 게다가 몸짓이, 나의 불타는 듯한 모습은 그에게 충분히 이해를 시킨 게 틀림없고 이제는 결심을 할 수밖에 없었다. 수도사는 마음이 이곳에 없다는 듯이 말했다.

"사랑스런 부인, 당신의 친구도 역시 똑같은 사정에서 똑같은 제안을 했소. 당신들은 달콤한 말로 나를 취하게 한 두 인어요. 그만한 매력에 견디는 것은 나에겐 힘에 겨운 일. 자 교회에서 나갑시다. 나는 이 근처에 작은 방을 가지고 있소. 부디 와주오. 당신을 안정시키기 위해 내가 할 수 있는 일이라면 무엇이든 하겠소."

그리고는 고해실에서 나와 크레아빌의 손을 잡고 말했다.

"나를 따라오는 게 좋아요. 사내를 유혹하는 두 분, 나를 시험해보기 위해 당신들을 보낸 것은 지옥의 악마가 틀림없소. 지옥의 악마는 신보다도 강하므로 한 사람의 수도사가 악마에게 놀아나는 것 또한 어쩔 수 없는 일이오."

우리는 밖으로 나왔다. 밤은 이미 이슥했고 클로드는 자기 모습을 잃어버리지 않도록 20걸음의 거리를 두고 따라오도록 우리에게 주의를 주었다. 보지랄 문 쪽으로 가고 있다고 생각했는데 어느 새 우리는 깊은 은신처 안에 다다라 있었다. 거기에서 수도사는 우리에게 비스킷과 리큐르술을 내주었다.

"이봐요, 샛서방" 하면서 내 친구가 말했다. "이젠 답답한 언어사용은 서로 하지 않기로 해요. 우리 둘은 이제 당신과 익숙해진걸요. 둘 다 당신을 좋아해요. 사실, 당신에게 안기고 싶어 애태우고 있었어요. 그래서 계략을 쓴 거예요. 우리 함께 웃어요. 그리고 만족시켜줘요. 밖에 나와 한 것이 생각해보니 6개월 만이군요. 끝내는 데에는 두 시간이에요." 이 타락한 여자는 치마를 걷어올리면서 말했다. "여기에 손님을 맞을 준비가 확실하게 되어 있어요. 자, 봐요. 새장은 새를 넣으려고 해요."

이윽고 침대에 쓰러진 그녀는 보기 좋게 상대의 것을 허공에 빳빳하게 하는 데 성공했다.

훌륭한 그 물건의 전형적인 소유자로서 세상 사람들이 카르멜회 수도사를 증거로 내세우는 것은 당연한 일이다. 클로드의 물건은 당나귀의 그것과 비슷해 둘레가 27센티, 길이는 귀두를 빼고도 39센티였다. 또 이 귀두가 대단해 거의 두 손으로 쥘 수도 없다. 그것은 상상할 수 있는 한 가장 아름답고 가장 붉은 송이버섯이었다. 또 클로드는 3개의 불알을 지니고 있었는데 이것은 조화의 기적에 의해서 자연의 총아에게만 주어지는 선물이었다. 그렇긴 해도 이것은 터질 듯이 부풀어 있었다. 그의 고백에 의하면 1개월 이상 한 방울도 흘리지 않았다는 것이다.

결국 하고 만 크레아빌은 유혈이 낭자한 참상이었다. 나도 똑같이 해보고 싶어 애를 태우고 있었는데 크레아빌이 극구 반대했다.

"무익한 한순간의 쾌락을 위해 평생의 행복을 엉망으로 만드는 것은 어리석은 일이에요. 이 너절한 자는 인간이 아닌 황소예요. 단연코 이 사람을 상대로 할 수 있었던 여자는 이제까지 없었을 거예요."

그러자 이 수도사는 파리가 제아무리 넓다 해도 내 것에 견딜 수 있는 사람은 수도원장의 객기뿐이라고 고백했다.

"그러면 당신은 원장님과 섹스를 하는 건가요?" 크레아빌이 물었다.

"늘 하죠."

"매일 그 같은 방탕한 습관에 빠져 있으면서 입으로는 미사를 하고 참회를 듣고 있군요?"

"그것이 어쨌다는 거요? 가장 신심이 두터운 인간이란 주님에게 봉사하는 인간을 말하는 것이오."

수도사는 우리 사이에 앉아 이야기를 이어나갔다. "당신들은 우리가 당신들 이상으로 종교를 믿고 있는 줄 아나요? 그런데 종교가 상정하는 주님의 자리와 가장 가까운 곳에 있는 우리는 이 종교라는 것이 얼마나 황당한 성격의 것인지 다른 사람들보다도 더 잘 간파하고 있소. 요컨대 종교란 우리가 살아가기 위해 필요한 신성한 옛날이야기라오. 그런데 상인이 가게의 물건을 흠잡으면 말이 안 돼요. 우리는 뚜쟁이가 여자를 팔듯이 면죄부나 신 등을 팔고 있는 것이오. 그러므로 우리도 인간의 여러 가지 욕망에 무감동인, 여러분과 다른 특별한 육체를 지니고 있는 것은 결코 아니오. 어떤 우스꽝스러운 몸짓이나 시시한 애교가 인간의 욕망을 물리칠 갑옷이라도 입힌다는 것인가요? 그런 말도 안 되는 이야기가 어디 있소. 어느 재치 있는 사람이 '정욕은 사제복 밑에서 새로운 힘으로 꿈틀거리고 사제의 마음속에 둥지를 튼다. 그들은 이를 보려고 흉내를 내 실현하고 틈이 날 때마다 되풀이하고 이용한다. 어찌 이를 거스를 수가 있을까'라고 한 말을 되새겨볼 일이오.

진정한 무신론자는 따라서 사제들 가운데 있는 것이오. 부인들, 당신들 속세의 사람은 신의 부재를 의심할 수밖에 없소. 그런데 우리들 이른바 신의 친구로 일컬어지고 있는 인간은 신이 절대로 존재하지 않음을 굳게 믿고 있소. 전 세계의 모든 종교가 몹시 불가사의한 교리라든가 비상식의 원리라든가, 믿기 어려운 기적이라든가, 이성을 혼란하기 위해서만 만들어진 것 같은 놀랄 만한 이야기 따위로 가득 차 있소. 그것들은 모두 신이란 전부 가려진 것이고 신의 존재는 신비로운 것이라고 말하고 있소. 신이 행한 것으로 알려져 있는 행동도 이러한 신의 본질과 마찬가지로 하나같이 이해할 수 없는 것들이오. 만일 신이 존재하고 있었다면 도대체 이 같은 의문의 말로 이야기할 필요가 어디에 있겠소? 신비만을 말하므로 모습을 드러낸다는 것이 도대체 어떤 뜻이 있을까요? 종교가 신비로운 것이 되어 이성에 의해서 믿기 어려운 것이 되면 될수록 애꿎게도 종교는 그 안에서 끊임없이 양식을 발견하는 사람들의 사랑을 받게 되오. 요컨대 종교는 어렵고 복잡해질수록 신성해져요. 즉 이유를 알 수 없는 숨겨진 존재로서의 성격에 적합하게 된다는 뜻이오. 그리고 이와 같은 경향은 단순명쾌하게 진실한 것보다도 오히려 미지인 것, 가공인 것, 불가사의한 것, 믿기 어려운 것, 그리고 무섭기조차 한 것을 기뻐하는 무지한 정신의 특색이오. 진실한 것은 가공의 것일수록 상상력에 큰 충격을 주지는 않아요.

심성이 천한 인간만큼 우리 성직자가 말하는 어리석은 이야기에 기꺼이 귀를 기울이는 자는 없소. 사제라든가 법률가와 같은 자는 종교를 날조해 신비를 가장함으로써 민초의 마음에 들게 봉사하고 있는 것이오. 즉 그들은 이렇게 해서 광신자라든가, 여자라든가, 무지한 자들을 길들이고 있는 것이오. 이런 어리석은 자들은 검증이 불가능한 이론에 쉽게 넘어가는 법이니까요. 단순한 것, 진실한 것을 사랑하는 사람은 극소수밖에 없고 그들의 상상력은 연구와 반성에 의해서 올바르게 조정이 되고 있소. 그러므로 부인들은 안심해요. 신 같은 건 어디에도 없소. 이와 같이 더러운 환영의 존재는 애당초 머리로 생각하는 것이 불가능하오. 얼마나 많은 모순이 거기에 들어 있는지를 조금 검토해보기만 해도 이런 환영을 뒤집기에는 충분하오."

크레아빌이 수도사에게 수도원에는 당신 같은 도락자가 많이 있느냐고 질문을 하자 클로드는 적어도 30명은 된다고 대답을 했다. 크레아빌은 이 말을 듣고 꽤 입맛이 당기는지 수도원으로 놀러갈 수는 없느냐고 물어보았다.

"물론 할 수 있습니다." 수도사는 대답했다. "만일 당신들이 합세해 그것을 하고 싶다면 둘이서 와요. 당신들이 자비를 구할 때까지 거칠게 다루어줄 테니까요."

거기에서 크레아빌이 그 경건하지 못한 놀이는 역시 이런 장소에서 벌어지게 되느냐고 묻자 수도사는 말했다.

"다른 어느 곳보다도 멋지게 내 수도원에서 원하는 대로 해주겠소."

크레아빌이 말했다. "헛걸음을 하면 안 되니까 우리의 희망이 과연 받아들여지는지 원장에게 물어봐줘요. 사정을 잘 설명하고. 우리는 당신의 회답을 기다리고 있겠어요."

그리고 수도사가 나가자 크레아빌이 말했다. "쥘리에트, 그자는 정말 멋지게 당신을 해주었기 때문에 나는 죽이지 않으면 마음이 가라앉지 않을 것 같아요…… 잔혹하기 이를 데 없는 수단으로."

"어머나, 당신은 벌써 그 사람을 죽일 생각을 하고 있나요!"

"그대가 만족을 한 사내에 대해서 안게 되는 혐오의 정은 받은 쾌락의 양에 비례하거든요. 그렇게 좋은 기분으로 끝낸 경우는 한동안 없었죠. 꼭 죽여야만 해요. 두 가지 수단이 내 마음에 떠오르고 있어요. 하나는 원장의 손으로 교회의 지하감옥에 처넣는 방법이죠. 그러기 위해서는 그가 교회에 두기에는 얼마나 위험한 인물인가를 원장에게 깨닫게 하는 것이 좋아요. 실제로 클로드는 우리와 함께 그 짓을 한 인간이니까. 교회의 비밀이 언제 새나가게 될지 모르잖아요. 하지만 이와 같은 수단에 의존하는 한 내가 그에게서 얻는 것은 아무것도 없게 되고 말아요. 그래서 생각해낸 것이 제2의 계획이죠. 나는 그 대단한 것에 주목하고 있어요."

"그렇지만 죽여버릴 사람에게 어떤 계획을 실행할 수 있어요?"

"먼저 우리의 영지에 하루 놀러오도록 권하는 거예요. 그 뒤의 일은 곧 알게 돼…… 오오, 쥘리에트, 그의 그것은 어쩌면 그렇게도 빳빳한지!"

나의 친구가 그 이상 설명하려고 하지 않아 수도사가 돌아오길 기다리는 동안 우리는 그의 집 안을 어지럽히면서 즐겼다.

이윽고 수도사가 돌아와서 말했다. "원장의 정식허가가 났소. 이제 언제라도 원할 때에 올 수 있소."

나는 말했다. "그러면 가까운 시일에 당신의 애무가 너무 좋았기 때문에 다른 수도사는 얼마나 애무를 잘할까 지금부터 기대하겠어요. ……그 전에 클로드, 3일쯤 뒤에 우릴 만나러 오지 않겠어요? 친구와 둘이서 공기가 좋은 시골의 영지로 당신을 초대하겠어요. 즐거운 일을 많이 하자구요. 정력을 쌓아둬요, 다 써버리면 안 돼요."

쥘리에트 아버지 베르놀

수도원에서 축제의 자리가 마련되는 부활절까지 한 달쯤 시간이 남았었는데 이 기간 중에 두 가지 아주 기괴한 사건이 일어났으므로 먼저 그 이야기를 여기에 끼워넣어야 할 것 같다.

두 사건의 시작은 클로드의 비참한 죽음이었다. 가련한 사내는 약속한 날짜에 시골로 찾아왔다. 크레아빌도 물론 그곳에 있었다. 우리는 그를 마음껏 즐겁게 해주고 그의 흥분이 최고에 이르렀을 때를 노려 5명의 여자와 함께 그를 거세시켜버리고 말았다. 크레아빌은 이를 어느 외과의에게 세공을 시켜 이 세상에 둘도 없는 드문 음경을 만들게 했다. 클로드는 무서운 고통 속에 숨이 끊어졌는데 이것이 크레아빌의 음란한 격정을 부채질했으므로 그동안 나는 세 여자와 함께 죽은 사람의 한가운데서 희생자의 두 다리를 이용해 그녀에게 그것을 해주어야 했다.

"어때?" 하면서 몹시 흥분했을 때 나에게 말했다. "이자를 죽여도 아직 무언가 내 손에 남는 것이 있으면 전에 내가 말한 것은 사실인 거죠?"

다음으로 두 번째 사건에 대해 이야기하겠다. 방금 말한 사건이 내 친구의 영혼에 명예를 가져오는 것이었다면 이제부터 이야기하는 사건은 내 영혼에 더욱 큰 명예를 가져오는 것이 아닐까 생각된다.

어느 날 아침, 나는 화장을 하고 있었다. 내 주위에는 기특하게도 한 무리의 추종자들이 기다리고 있었으며 그들은 자신들의 모든 행운을 나에게 기대하고 있는 것처럼 보였다. 하인 한 사람이 와 45세쯤 되는 몹시 비참해 보이는 사내가 잠깐이라도 좋으니까 나와 개인적으로 이야기를 하고 싶다고 애원하고 있다는 뜻을 전했다. 나는 먼저 그런 인간과 만나는 습관이 없다는 것, 또 만일 어떤 도움이라든가, 장관에 대한 주선과 같은 이야기라면 진정서를 내면 할 수 있는 일은 해주겠다고 전하게 했다. 그렇지만 집요한 사내는 물러서지 않았다. 아무튼 호기심에 끌려 나는 결국 평소에 비밀회견을 위해 쓰는 작은 방에 그 사내를 들여보내도록 명했다. 그리고 하인들에게 멀리 가지 않도록 일러두고 이 색다른 인물의 이야기를 들어보자고 생각했다.

"나는 베르놀이라고 합니다, 부인." 사내가 말했다. "이 이름을 들어도 당신은 틀림없이 모르실 것으로 생각합니다. 당신의 어머니는 지금의 당신과 같은 호사한 생활과는 인연이 없었지만 그처럼 타락한 딸로 당신을 낳지는 않았을 텐데……."

나는 이 사내의 말을 막고 말했다. "잠깐만요. 무슨 이야기인지 모르지만 당신의 말투는 전혀 도움을 청하러 온 게 아닌 것 같군요."

"화는 내지 말고, 쥘리에트." 베르놀은 다시 말을 이었다. "내가 도움을 청하러 온 것은 사실일지 모르지만 이런 식으로 당신에게 말할 권리가 있는 것 또한 사실일지도 몰라서."

"어떤 신분의 사람인지 모르지만 기억해두는 게 좋아요, 당신……."

"너야말로 기억해두는 게 좋다. 쥘리에트, 내가 이렇게 너에게 도움을 청하러 오는 것도 너의 체면을 세워주기 위해서라는 것을 알아야 한다. 잠깐 이 편지를 봐줘, 아가씨, 그러면 내가 이 도움을 필요로 할 뿐만 아니라 너에게 그것을 요구할 권리마저 있다는 것을 알게 될 테니까."

"오오, 이게 도대체 어찌 된 일이죠?" 나는 그 편지를 보자마자 이렇게 외쳤다. "어머나, 내 어머니가…… 불의를 저질렀다는 겁니까…… 그것도 당신과?"

"그렇다. 쥘리에트. 나는 너의 아버지다." 베르놀은 말했다. "너를 낳은 것은 바로 나다. 나는 네 어머니의 사촌이었다. 나의 부모님은 그녀와 나를 결혼시킬 생각이었는데 더욱 유리한 혼담이 나왔으므로 그녀는 없던 일이 되고 만 것이다. 그리고 그때 이미 그녀는 너를 임신하고 있었는데 우리는 말을 맞추어 그대의 아버지를 속여 그는 아무것도 모른 채 너의 탄생을 맞이한 것이다…… 너에게 피를 나눈 아버지는 따라서 나 한 사람이다. 그대의 오른쪽 유방 밑에 있는 갈색 점이 내 이야기를 확실하게 입증할 것이다…… 쥘리에트. 너에게 그 점이 있나?"

"네, 있어요."

"그러면 틀림없이 내가 아버지다. 무정하고 쌀쌀한 딸아! 그래도 의심스럽다면 더 주의 깊게 이 편지를 보아라. 그러면 모든 의혹이 풀릴 것이다.

너의 어머니가 죽고…… 아아, 생각만 해도 소름이 끼친다…… 노아르슈인가 하는 악인의 손에 죽었는데 너는 아는지 모르는지 그 악인과 관계를 맺고 있는 것 같은데 만일 우리가 증거만 가지고 있었다면 (유감스럽게도 증거는 없어지고 말았는데) 내일이라도 그 악인은 틀림없이 마차로 온몸을 찢는 형에 처해질 것이다…… 그렇다, 이렇게 너의 어머니가 죽은 뒤부터 온갖 불행이 나에게 덮친 것이다. 나의 재산도 네 어머니의 재산도 모두 빼앗기고 이렇게 18년간 세상 사람들의 동정으로 가까스로 나는 목숨을 이었다. 하지만 이제 나는 너를 찾았다. 쥘리에트, 이제 모든 불행과도 이별이다."

"잠깐만요." 나는 말했다. "나에게는 여동생이 있어요. 나와는 달라서 편견을 이겨내지 못해 이제껏 그녀는 비참한 생활을 하고 있는 것 같은데 그 아이도 당신이 낳았나요?"

"쥐스틴 말인가?"

"네."

"물론 그 아이도 내 딸이다. 네 어머니가 나에게 품고 있었던 애정은 언제나 변함이 없었다. 그래서 나는 그녀와 나누는 즐거움에 매우 행복했다."

내가 이 사건에 기뻐하지도 감동하지도 않았다고 해도 여러분은 별로 이상하게 생각하지는 않을 것이다. 극적인 재회의 장면에 나만큼 냉담해질 수 있는 인간은 없으니까. 태어나서 아버지인 줄로만 믿고 있었던 사람이 죽었을 때에도 눈물 한 방울 흘리지 않았던 나이다. 그런데 내 앞에 불쑥 나타난 사내가 아버지라고 해서 바로 그의 불행에 감동한다면 너무 이상한 일이 아닐까? 게다가 여러분도 알다시피 나는 베푼다는 것에 깊은 혐오감을 안고 있다. 나에게 있어 베푼다는 것은 가장 서투른 돈의 사용법이다. 내 앞에 나타난 사내가 아버지라 하건, 누구라 하건, 아무튼 그를 만족시키기 위해서는 내 재산을 줄이거나 또는 장관에게 부탁하는 수밖에 없다. 그리고 장관도 나와 마찬가지로 이 같은 진정에는 꿈쩍도 않을 것이고, 내가 그런 일로 그를 귀찮게 하기라도 하면 가만히 있지 않을 것이었다. 물론 문제의 사내가 나의 아버지라는 것은 의문의 여지가 없었다. 나는 그 증거를 실제로 보고 있었던 것이다. 그러나 자연의 목소리는 약하다. 가슴에 손을 대고 들어보아도 헛수고였다. 자연의 목소리는 이 육친을 앞에 두고 내 마음에 아무런 감정도 불러일으키지 않았던 것이다.

"당신이 들려준 이야기는" 하면서 나는 단호하게 말했다. "확실히 사실이 겠죠. 하지만 나는 당신의 말을 들어야 할 필요를 전혀 모르겠군요. 당신에게는 딱한 일이지만 나에게는 확고한 신념이 있으므로 당신이 추구하고 있는 것과 같은 동정은 딱 질색이에요. 당신은 내 앞에 아버지라는 자격을 내세웠지만 그런 것은 내가 조금도 원하지 않는 것임을 알려드리고 기꺼이 되돌려주겠어요. 아버지이건 아니건 그런 것은 모두 나와는 전혀 상관이 없는 일이에요. 당신은 도저히 이해하지 못하겠지만 그런 사정이므로 쓸데없는 억지를 부리다 이곳에서 내 하인의 손에 창밖으로 내던져지지 않으려면 일찌감치 내 눈앞에서 사라지도록 충고하겠어요."

그 말이 끝나자마자 나는 일어나 벨을 누르려고 했다. 하지만 베르놀은 내 앞으로 달려와 "배은망덕하구나!" 외치는 것이었다.

"내가 평생 눈물로 사죄한 죄를 새삼 벌한다는 것은 너무 하지 않느냐. 설사 사생아라고 해도 너는 역시 내 핏줄이다. 나에 대한 지원을 끊는 것이 도리냐? 이 가난과 탄식의 호소를 보고도 외면하는 너의 완고한 영혼 속에는 자연이 둔 곳을 잊은 애정이 다시 싹트지는 않느냐?"

그는 내 무릎에 매달려 눈물을 계속 흘리면서 말을 이었다.

"쥘리에트, 너에게는 돈이 남아돈다. 그리고 너의 불행한 아버지가 바라는 것은 별것 아니다. 단지 일용할 양식뿐이다! 네 어머니의 연인의 불행을 덜어다오! 9개월 너를 배 속에 품고 있었던 여자가 오직 사랑했던 한 남자를 부당하게 다루지 말아라! 천벌을 받고 싶지 않다면 불우한 사내의 처지를 좀 봐주렴."

이 가련한 사내가 나에게 한 말에는 처음부터 사람의 심금을 울리는 가락이 넘쳐 있었다. 그러나 감동시키려는 사람의 노력에 대해 마음 순수하게 움직이기보다는 오히려 고집스럽게 되고 마는 영혼이 있다. 이와 같은 영혼은 단단하게 하기 위해 불 속에 넣는 하나의 재목과도 같아서 당연히 다 타버려야 할 불 속에서 더욱 새로운 힘을 얻는 것이다. 베르놀은 내 마음에 동정심을 불러일으키기는커녕 선행의 거부가 낳는 그 음탕한 격정을 솟구치게 하고 있었다. 그것은 악행이 낳는 진정한 격정의 불완전한 모습을 닮았다. 무관심하기만 했던 나의 눈길은 이윽고 쾌락으로 불타오르기 시작했다. 나쁜 짓을 저지른 뒤나, 앞으로 저지르려고 하기 전에 우리의 상상력을 기분 좋게 자극하는 그 음험한 초조감이 내 마음속으로 숨어들었다. 나의 미간은 좁혀지고 호흡은 가빠졌다. 즉 나는 욕정을 몸 안에 느끼기 시작하고 마음이 움직이기 시작했으므로 더욱 완고해진 것이다.

"확실하게 말씀을 드렸을 텐데요." 나는 이 천민에게 말했다. "나는 당신 같은 사람을 지금도, 앞으로도 전혀 생각하지 않을 거예요. 가난한 자에게는 절대 베풀지 않는 것이 내 신조예요. 마지막으로 한마디 더 해두겠는데 토굴 속에서 죽기 싫으면 당장 내 방에서 나가줘요."

광란의 발작이 순간 사내를 사로잡았다. 저주의 말과 애원의 말, 욕설과 고양이 소리를 번갈아 내뱉으면서 바닥에 머리를 부딪쳐 머리에 상처를 냈다. 피가 내 방을 더럽혔다. 이 피도 따지고 보면 내 피로 이어지고 있는 것인데 나는 기뻐서 어찌할 바를 모르고 흐르는 피를 바라보았다. 그리고 몇 분쯤 지난 뒤 벨을 눌러 하인을 부르고 "이 사람의 주소를 물어보라" 말했다. "당장 내 방에서 끌어내라."

명령은 곧바로 실행되어 나는 들뜬 흥분 속에 있었다. 그래서 여자 하인들에게 안겨 흥분을 가라앉혀야만 했는데, 그렇게 되기까지는 두 시간이나 걸렸다. 나와 같은 여자의 혼에 죄악은 얼마나 뚜렷한 효과를 미치는 것일까. 보통사람의 혼에는 혐오를 주어야 할 것이 나의 혼에는 더없는 쾌락이 되고, 잘못된 생각을 지닌 사람에게는 자연을 해치게 되는 일이 나에게는 없어서는 안 될 쾌락을 위한 으뜸가는 수단이 된다. 이것이야말로 자연에 관한 만고불변의 진리이다.

그날 나는 노아르슈와 장관과 셋이서 집에서 식사를 하면서, 베르놀이라는 사내가 오늘 아침 찾아와 내 어머니의 연인일 뿐만 아니라 나를 낳았다고 주장했는데 당신은 그를 아느냐고 노아르슈에게 물어보았다. 그러자 노아르슈는 "알고 있다"고 대답했다. "놈은 당신 아버지의 식객인데 부동산도 가지고 있었지만 그것도 그대 일가의 재산과 함께 나의 재량으로 몰수해버렸어. 그리고 보니 그 베르놀이란 사내는 분명 그대의 어머니와 꽤 사이가 좋았었지. 그녀가 죽었을 때에는 슬퍼하긴 했지만 그래도 그런 놈은 내쫓아버리는 게 좋아."

"맞아요." 장관이 말했다. "쥘리에트의 말 한마디면 나는 오늘 밤이라도 놈을 바스티유 감옥에 처넣겠어요."

노아르슈가 말했다. "아니, 그보다도 놈을 잡아다가 비극의 장면을 연출하게 하는 게 재미있겠죠."

"그래요." 내가 대답했다. "그런 악인은 토굴에 처넣는 것만으로는 모자라요. 그렇지 않아요, 생퐁? 당신은 내 혼이 여러분의 도움으로 어떻게 단련이 되어 있는지 알고 싶지 않은가요? 이 기회에 여러분의 교육이 얼마나 성과를 올렸는지 시험해봐요. 어차피 죄를 범하기로 정한 이상, 가능한 한 재미있게 해요. 당신이 나를 즐기는 동안, 당신의 손으로 그 사내를 죽이는 취향은 어떨지 모르겠네요?"

"오오, 쥘리에트." 이미 샴페인을 꽤 많이 마신 장관이 이렇게 외쳤다. "그거 좋은데! 그 생각을 듣고 나의 물건은 분노로 빳빳해졌어…… 그러면 그대는 할 용기가 있는 거군?"

"당신의 물건에 맹세하겠어요." 나는 생퐁이 이미 바지를 벗고 노골적으로 드러낸 그것에 손을 대고 이렇게 말했다.

"어때 내 말이 맞죠, 생퐁 씨." 노아르슈는 자랑스러운 듯이 말했다. "정말 대단한 여자야!"

"좋은 생각이 있어요." 나는 다시 말했다. "약간 연구를 해 사건의 줄거리를 만들어요. 먼저 내가 베르놀과 화해를 해 좋은 말로 그를 속여 나에게 반하게 만드는 거예요. 틀림없이 걸려들 거예요. 하지만 그것만으로는 안 돼요. 그에게 나를 섹스하게 하지 않으면…… 아무튼 이것도 잘될 거예요. 그리고 그 현장에서 생퐁, 당신이 붙잡는 거예요. 절정에 이르렀을 때를 노려 그에게 덤벼드는 거죠. 내 가슴에 단도를 들이대고 내 죄를 벌하기 위해 내 손으로 그를 죽이도록 명하는 거예요. 이 계획은 크레아빌에게도 말해두어 역할을 하나 맡도록 부탁하면 돼요. 그는 크게 욕을 퍼부을 거예요. 틀림없이 전대미문의 한 막을 볼 수 있을 거예요."

죄의 계획은 악인들을 반드시 기쁘게 하는 법이다. 두 사내는 내 계획에 완전히 흥분하고 말아 이제는 가만히 있을 수 없다는 표정이었다. 그래서 곧바로 밀실의 문이 열리고 3, 4명의 보조원들이 모아져 내 엉덩이는 두 사내에 의해 2배의 공격을 받았다. 이윽고 50만 프랑의 어음이 나에게 건네졌는데 계획이 이루어지는 날에는 그 곱절의 금액을 더 주기로 약속했다.

이 같은 약속을 한 이상, 이제는 마음이 설레어 도저히 뒤로 물러설 수는 없다. 곧바로 시골의 영지로 달려가 베르놀에게 편지를 써 육친의 정이 결국 나의 마음을 열게 한 경위를 알렸다. 분명 시골의 맑은 공기가 파리 공기에 오염되어 있던 마음의 냉혹함을 누그러뜨렸을 거라고 나는 써 보냈다. 대자연의 품에 안겨 있는 나에게 만나러 와주세요. 자연의 입김이 내 마음을 얼마나 부드럽게 했는지 아버지는 곧 아시게 될 거예요……라고 썼다. 베르놀은 아무것도 모르고 찾아왔다. 그를 기만하고 있는 것이 얼마나 즐거웠는지 여러분은 도저히 꿈도 꾸지 못할 것이다. 나는 문자 그대로 도취의 한가운데 있었다. 나의 첫 번째 계획은 내 주변의 호사를 그에게 보여주는 것이었다. 유혹적인 달콤한 언어가 곧 베르놀을 완전히 최고의 기분에 젖게 하고 말았다. 최상의 저녁식사가 끝나자 "정말이지" 하면서 나는 말을 꺼내기 시작했다. "나의 나쁜 마음이 아버지에게 범한 죄를 완전히 씻기 위해서는 내가 어떻게 해야 좋을지 모르겠어요. 확실하게 말씀을 드리고 싶은데 걱정이에요, 베르놀. 나는 말을 아주 조심해야 해요. 아무튼 장관의 친구이자 게다가 상담역이에요. 조금이라도 장관의 비위를 거스르면 순식간에 내 몸은 파멸인 걸요. 하지만 과감하게 말하자면 나는 당신을 보았을 때부터 아버지 같다는 생각이 들지 않았어요. 그보다 천배나 부드러운, 천배나 미묘한 감정이 파멸을 두려워하면서도 신성한 애정이 불타오르고 있는 내 몸에 마음에도 없는 그런 무정한 태도를 취하게 한 거예요…… 베르놀, 나의 어머니를 사랑한 것처럼 나도 사랑해줘요. 둘이서 행복해지기 위해서는 비밀이 새나가게 하지 않는 굳은 마음만 있으면 충분해요. 당신은 그것을 할 수 있나요?"

고지식한 베르놀은 이 말을 듣자 바짝 움츠러들어 당황한 듯이 대답을 했다. "오오, 쥘리에트. 나는 네 마음에 아버지와 딸의 애정을 되살리고 싶다는 생각뿐이다. 그것만이 내가 안고 있는 사랑이야. 내가 믿고 있는 종교와 도의심이 그 밖의 애정을 받아들이는 것을 금하고 있다. 네 어머니와 함께한 부도덕한 삶을 제발 비난하지 말아다오. 나도 그녀도 신께 맹세코 우리가 스스로 택한 인연 이외에 어떤 인연을 맺어도 좋다고는 믿고 있지 않았다. 확실히 우리가 죄의 관계였던 점은 나도 인정한다. 하지만 그것은 자연의 죄이다. 네가 말한 것과 같은 관계는 그녀를 틀림없이 놀라게 할 것이다."

"이 무슨 편견인가요 베르놀." 나는 외치면서 그의 입술에 키스를 할 정도로 다가가 한 손을 그의 허벅지 위에 놓았다. 그러고는 "아아, 내 사랑하는 당신!" 하면서 뜨겁게 말을 이었다. "나의 열의를 매정하게 뿌리치지 말아요. 당신에게서 생명을 받는 영광에 참여한 여자에게 다시 그 생명을 주세요. 사랑의 신으로부터 최초의 생명을 받은 여자를 다시 한 번 신의 손에 인도해주세요. 오오, 당신의 친구, 당신 없이는 이제 살아갈 수 없을 것 같은 생각이 들어요."

그때 우연한 일인 것처럼 풀어헤친 탄력 있는 나의 흰 가슴이, 고뇌하는 듯한 눈길이⋯⋯ 그리고 아버지의 바지 언저리를 방황하고, 이미 반쯤 뻣뻣해진 내 생명의 출처인 기관을 교묘하게 애무하기 시작했다. 내 손이 베르놀의 겁 많은 정욕을 결국 되살아나게 하는 데 성공했다.

"오오, 신이시여." 베르놀은 외쳤다. "이 무슨 집념인가⋯⋯ 어찌 이를 참을 수 있을까? 내가 마지막 숨을 거둘 때까지 사랑해 마지않았던 여인의 살아 있는 환영을 되돌릴 수가 있을까?"

"당신이 사랑한 여자는 여기에 있어요, 베르놀. 당신 안에 확실히 있어요. 확실히 숨쉬고 있어요. 키스를 해 그녀를 되살아나게 해줘요. 봐요, 당신 때문에 이렇게 되고 말았어요." 나는 말하면서 치마를 걷어올리고 긴 의자에 쓰러져 말했다. "이런 잔혹한 상태는 없어요. 그래도 싫다면 싫다고 말해봐요."

유혹에 넘어간 우직한 베르놀은 이렇게 자신의 미덕에 대해 쳐진 함정에 쉽게 빠져들어 애무를 하면서 이윽고 혹독한 타격을 가하고자 음험한 생각을 하고 있는 여자의 품 안에서 도취된 기분에 젖어든 것이다.

사랑에 미치고 사랑의 법칙에 굴복한 베르놀은 그때까지 겨우 지탱해왔던 도덕심과 염치를 여기에서 모두 잊고 자기와 꼭 하룻밤을 지내달라고 애원하는 처지가 되었다.

어차피 내가 사형에 처할 예정인 아버지와 그것을 한다는 생각이 나를 몹시 흥분하게 해 나는 그가 제의하는 모든 것을 승낙했다. 베르놀의 분발은 예상 이상이었다. 7회나 도전을 받은 나는 그때마다 잔혹한 계획에 불타올라 내일이야말로 나의 아버지인 죄와 나를 쾌락에 취하게 한 죄, 이 두 죄를 아울러 지닌 이 사내를 장사지낸다는 감미로운 상상 속에 마음껏 섹스를 했다. 그 와중에 나는 두 사람의 간통이 임신에 의해 소문이 나면 안 된다는 생각에 정액이 지나는 길을 바꾸기 위해 세상에서 가장 아름다운 내 엉덩이를 사내 쪽으로 돌렸다. 그런데 놀라운 것은 미덕의 마음으로 넘친 나의 아버지는 그런 방법과는 전혀 연관이 없었으므로 이 추악한 행위(그는 이런 표현을 썼다)를 실행하는 방법조차 몰랐던 것이다. 그래도 아무튼 조심하는 게 좋겠다는 말을 겨우 받아들여 이 미련한 사내는 3번이나 뒤로 했다. 내일 공연이 될 연극에는 아무래도 그만한 예행연습이 필요했던 것이다. 나는 그때 너무나 격렬한 희열을 느껴 실신할 뻔했다.

이제까지 내가 도저히 실행하지 못해 탄식을 하고 있었던 죄의, 이루 말할 수 없는 매력을 만끽해주어야 할 행복한 이튿날이 드디어 왔다. 이처럼 중대한 모욕을 가하려는 자연이 이처럼 아름답게 보인 적은 일찍이 없었다. 내가 그날처럼 아름답고 싱싱하며 원기에 충만해 있었던 적은 없었다. 이처럼 격렬한 쾌락의 예감이 내 몸 안에 꿈틀거린 적은 없었다. 아침에 일어나자마자 나의 음탕하고 사악한 기분을 몸에 느끼고, 공포의 필요를 통감하며, 바라는 만큼 커다란 공포를 얻을 수 있을는지 몹시 걱정이 되었다. 내가 이제부터 범하려는 것은 하나의 죄라고 나는 생각했다. 확실히 대단히 큰 죄임에는 틀림이 없다. 하지만 단 하나의 죄인 것도 사실이다. 도대체 죄의 한가운데에 살고, 죄를 위해서만 살고, 평생토록 죄만을 사랑하려는 여자에게 단 하나의 죄가 어느 정도일까? 이 같은 생각에 초조해진 나는 오전 내내 불쾌하고 발작적인 변덕으로, 심술궂은 기분으로 있었다. 두 여종에게 화를 벌컥 내 매로 때리거나 여종이 맡고 있었던 한 아이를 일부러 창에서 내던지기도 했다. 아이가 떨어져 죽으면 나는 기뻐서 어찌할 바를 몰랐다. 그날 하루 중에 내가 저지르지 않은 어떤 하찮은 잔혹도, 어떤 하찮은 나쁜 장난도 없었다. 이렇게 해서 결국 저녁식사 시간이 되었다. 나는 전날 밤과 마찬가지로 호화롭게 하도록 지시를 해두었다. 그리고 식사가 끝나자 전날 밤과 마찬가지로 베르놀을 긴 의자로 데리고 와 내 엉덩이를 내밀었다. 나의 억지에 놀라나 어리석은 사내는 그곳에 몸을 담갔다…… 그러자 망설임 없이 크레아빌과 노아르슈와 생퐁이 달려와 베르놀에게 덤벼들어 그를 묶어버리고 말았다.

생퐁이 말했다. "쥘리에트, 나의 신뢰를 이렇게 악용한 그대는 벌로서 이 악귀와 같은 사내와 함께 내가 죽여야만 하는데 그대가 죽음을 면할 방법은 오직 하나밖에 없다. 자, 이 권총을 잡아라. 3발의 총알이 장전되어 있다. 이 악인의 정수리에 쏘는 것이다."

"어머, 무슨 말씀이세요? 이 사람은 나의 아버지라고요."

"비역과 불륜의 죄를 함께 저지른 여자는 또 하나 아버지 살해의 죄를 떠맡는 것이다."

"이런 재판이 어디 있어요!"

"당연한 응보다. 싫다면 즉각 너를 죽여주지."

"그러면 어쩔 수 없어요. 나의 떨리는 손에 권총을 건네주세요…… 아아, 내 사랑하는 아버지!" 나는 외쳤다. "이렇게 당신을 죽이는 처지에 내몰린 저를 부디 용서하세요. 보다시피 저는 곤란한 처지에 있기 때문에!"

"사람도 아니다." 베르놀은 대답했다. "죽일 테면 죽여라. 하지만 이것만은 기억해두는 게 좋다. 이제 나는 네 간계에 속지 않는다."

"다행이군요." 크레아빌이 말했다. "속고 싶지 않다면 속고 있을 필요는 없으니까. 단, 알아두어야 할 것은 당신이 딸의 손에 죽게 된다는 이 틀림없는 진실이야. 그리고 당신의 딸은 아무리 생각해도 중대한 악인인 한 사내를 죽이는 것이므로 크게 나쁜 일을 하는 것도 아니지."

준비가 갖추어졌다. 베르놀은 큰 못으로 바닥에 고정이 된 의자에 묶였다. 그의 머리는 나에게서 10걸음 정도 떨어진 총알이 닿는 범위에 있었다. ……나는 조준을 한 다음 "생퐁, 그대가 신수(腎水)를 흘릴 때까지 기다릴까요?" 물었다.

"아니, 쓸데없는 소리 마! 빨리 죽여. 빵 하는 소리와 동시에 내 정수도 세차게 내뿜을 테니까."

그의 대답을 듣자마자 나는 방아쇠를 당겼다. 총알이 이마를 정확히 뚫고 들어간 베르놀은 그 자리에서 숨이 끊어지고 말았다. 우리는 넷이서 요란하게 외치며 섹스를 했다.

야만인 생퐁은 일어서 사체 옆으로 다가가 뚫어지게 바라보았다. 이것이 그의 가장 큰 즐거움인 것이다. 나를 불러 함께 살피자고 하더니 내가 조금도 흐트러지지 않는 모습을 보이자, 꽤 만족스러워했다. 크레아빌은 악의가 담긴 호기심을 노골적으로 드러내며 불행한 사내의 얼굴 위에 나타난 죽음의 고뇌를 바라보고 있었다.

이렇게 해서 다시 최상의 저녁식사가 제공되고 테이블 다리 밑에는 모두의 희망에 따라 사체를 그대로 두었다. 식사 자리에서 생퐁은 나에게 뜨거운 키스를 하고 말했다.

"쥘리에트, 자 이것이 약속한 것이다. 솔직하게 말해 오늘이야말로 나는 그대를 나에게 걸맞은 여자로 확실하게 믿게 되었어."

"나는 그렇게는 생각하지 않아요." 크레아빌이 말했다. "그녀는 아직 모자란 면이 있어요. 격정에 사로잡히지 않으면 그녀는 죄를 저지르지 못해요. 마음을 부추겨야만 하죠. 그런데 진정한 악인은 어디까지나 냉정하게 죄악에 빠져들어야만 하는 거라고요. 죄의 불길로 정욕의 불길을 타오르게 해야 하는데 내가 보기에 아무래도 그녀는 정욕의 불길로 죄의 불길을 타오르게 하고 있는 것 같아요."

"그 차이는 큰 것이군." 생퐁이 말했다. "그러니까 그녀의 경우 죄는 단순한 소도구에 지나지 않아. 사실은 죄야말로 주요한 목적이어야 하는데."

"크레아빌의 말이 맞아, 귀여운 쥘리에트." 노아르슈가 말했다. "그대에게는 아직 용기가 필요한 것 같아. 그대를 헷갈리게 하는 그 감수성이란 놈을 더 줄이지 않으면 안 돼."

노아르슈는 말을 이었다. "우리의 상상력은 우리를 온갖 극악무도로 끌어들이는데, 이것이야말로 우리 정신의 확실한 증거가 되는 거야. 우리 정신의 격렬함, 그 약동성은 어느 것 앞에서도 멈출 줄 모르지. 넘어야 할 장애물에 맞닥뜨리면 맞닥뜨릴수록 더욱더 환희를 느끼는 거야. 그렇게 말해도 이것은 세간의 어리석은 자들이 생각하고 있는 것처럼 정신타락의 증거 등은 더더욱 아니고 오히려 정신이 단련되어 강해졌다는 확실한 증거라고 말해야 해. 그런데 쥘리에트, 그대는 이제야말로 오늘에 대비하기 위해 훌륭한 교육과 확실한 사상과 어릴 적의 온갖 편견, 온갖 속박의 전면적인 포기를 배웠어. 그렇다면 지금 이미 이토록 훌륭하게 준비되어 있는 그대의 정신이 앞길에 보이는 한계를 모두 쓰러뜨리고 나아가리라는 것은 당연한 예상이 아닐까? 불처럼 격렬한 기질과 늠름한 건강과 육체 밑에서 발산하는 치열한 정열의 불길과 냉정하기 이를 데 없는 마음이 온갖 속박에서 해방된 높은 교양과, 끓어오르는 듯한 정신을 돕기 위해 모두 그대의 몸에 갖추어져 있지. 쥘리에트는 가능한 한 멀리 가리라는 것을 굳게 믿어도 좋아. 아무튼 도중에 멈추어서는 안 돼. 눈을 뒤로 돌린다고 해도 그것은 언제나 반드시 자기가 거쳐온 도정이 부족한 것을 자책하기 위해서지 자기가 거쳐온 도정의 크기에 놀라기 위한 것은 아니야."

"그뿐만이 아니라," 크레아빌이 끼어들어 말했다. "내가 되풀이해 요구하고 싶은 것은 그녀가 음탕한 행위에 열중하기 위해 악행을 하는 것이 아니라 악행을 저지른다는 유일한 쾌락을 위해 악행을 하게 되길 바란다는 거예요. 아무래도 그녀는 아직 거기까지는 이르지 못한 듯해요. 온갖 음탕을 포함하지 않은 악 가운데서 그녀가 현재 음탕 속에 발견하고 있는 것과 같은 완전한 열락을 발견하게 되길 바라요. 즉 악을 행사하기 위해 악 말고는 다른 매개물을 필요로 하지 않게 되는 거죠. 일단 이와 같은 상태에 이르면 이제는 뜻대로 된 것, 그녀는 도락이라는 것의 온갖 자극적인 매력을 바로 느끼게 될 거예요. 아무튼 죄를 저지르기 위해 섹스가 필요하다면 곤란해요. 이런 식으로 행동하는 습관이 붙어버리면 언젠가 정력의 쇠퇴와 함께 그녀는 어떤 극악무도에도 몰두할 수 없게 되기 때문이죠. 반대로 내가 가르치는 방법을 받아들여 쓴다면 언제라도 죄 가운데서 정욕의 불길을 발견할 수가 있어요. 그러면 죄를 범하는 데 섹스를 할 필요 따위는 조금도 없어요. 오히려 죄를 저지름으로써 섹스를 하고 싶다는 욕망에 눈을 뜨게 되죠. 이보다 더 명쾌한 이론은 없을 것으로 생각되는데."

"맞는 말이에요. 크레아빌, 나는 당신의 철학을 충분히 이해할 수 있어요." 나는 말했다. "당신이 믿어주지 않으면 곤란하지만 나는 지금도 당신의 철학을 고스란히 받아들여 따르고 있어요. 거짓이라고 생각한다면 언젠가 당신의 마음에 드는 것과 같은 무언가의 시험으로 그것을 증명해 보일 마음도 있어요. 만일 당신이 조금 전 일어났던 사건에서 좀더 나를 깊이 관찰했더라면 틀림없이 그런 비난은 하지 않았으리라고 생각해요. 나는 현재도 악을 악 자체로서 사랑하고 있어요. 내 쾌락이 불타오르는 것은 악 가운데서뿐이고, 만일 죄악의 묘미가 없다면 나에게는 어떤 열락도 존재하지 않는 거나 다름없어요. 그러므로 이제 당신에게 물어야 할 의견은 단 하나밖에 없어요. 후회라는 감정이 무익한 것임은 나 자신이 어떤 추태에 빠졌다고 해도 조금도 그 타격을 받지 않음으로써 확실히 이해하고 있다고 말할 수가 있는데 수치심에 대해서는 아직 때때로 그것을 느낄 때가 있어요. 죄를 저지른 뒤의 이브처럼 나는 부끄러운 생각이 드는 거예요. 아무래도 나는 당신들 말고는 내가 빠진 극악무도를 아무에게도 알리고 싶지 않은 것 같아요. 후회와 수치심과 같은 두 감정 사이에서 강하게 작용하는 쪽의 감정에는 이미 무감각해졌는데 왜 약한 쪽의 감정을 아직껏 느껴야 하는지 부디 그 점을 설명해주었으면 해요. 수치심과 후회 사이에는 요컨대 어떤 차이가 있는지 모르겠어요."

"그것은 이런 거야." 생퐁이 말했다. "수치심이란 악행을 할 때에 느끼는 고뇌의 결과인데 세속 전반의 의견에 관계가 있는 것이지. 그런데 후회란 것은 우리 자신의 의식에 관계가 있는 거야. 따라서 만일 어느 행위가 우리 의식에 찰과상 하나 입히지 않고 오로지 세간의 관습에만 상처를 준다면 우리는 어떤 후회도 일으키지 않는 이 행위에서 수치심을 느끼는 경우가 있어. 또 만일 어느 행위가 우리 의식에는 혐오를 느끼게 하는데 국가의 법률이나 관습에는 조금도 모순이 안 되는 경우에는 마찬가지로 수치심을 느끼는 일 없이 후회만을 할 때도 있을 수 있지. 이를테면 어느 사내가 알몸으로 큰길을 활보한다고 하면 이 행위에는 별로 후회할 것이 없다고 해도 역시 수치심 때문에 바로 고개를 들지 못할 거야. 또 어느 장군이 싸움터에서 2만 명의 부하를 전사시켰다면 이 행위에는 별로 수치심을 갖게 할 만한 것은 없지만 틀림없이 그는 후회를 느낄 수밖에 없을 테지. 그렇지만 이 두 가지 다루기 힘든 충동은 어느 쪽이나 습관에 의해서 약해지는 법이야. 크레아빌이 그대를 입회시킨 범죄친구 모임이 수치심이라는 이 겁먹은 감정을 그대의 마음에서 곧 없애고 말 거야. 언제나 후안무치를 과시하는 습관이 붙으면 이윽고 이 혼의 약점은 사라지게 될 거야. 그대가 이 약점을 극복하기 위해서는 자신의 극악무도를 과시하고, 때로는 알몸으로 대중 앞에 모습을 드러내며, 옷을 고를 때에는 가장 단정치 못한 차림을 하도록 애써야 해. 그렇게 하면 어느새가 그대는 어떠한 것도 부끄럽게 생각하지 않게 될 거야. 내가 권하는 이 방법에 확실한 정신의 원리가 보태지면 금상첨화, 수치심 따위는 사라지게 되어 있어. 그리고 그대는 일찍이 부끄럽게 여기고 있었던 것을 이제는 쾌락으로 느끼게 될 거야."

이 논의 뒤에는 더욱 중요한 문제가 몇 가지 거론되었다. 생퐁이 나에게 말한 바에 따르면 그의 딸 알렉산드린과 친구 노아르슈와의 결혼은 정식으로 결정이 되어 사위의 동의 아래 어린 처녀는 3개월간 내 집에서 함께 살면서 이윽고 함께 될 사내의 취향에 맞도록 교육을 받게 된 것이다.

생퐁은 말을 이었다. "나와 노아르슈의 부탁인데 어린 처녀의 혼을 당신과 같은 수준으로 만들어주었으면 해…… 부디 세심한 주의를 기울여서 마음껏 의견을 말해주고 본보기를 보여주었으면 해. 만일 그녀가 당신만큼 확실한 여자가 되면 노아르슈도 오래도록 그녀를 떼어놓지는 않겠지. 하지만 만일 그녀가 본성을 숨기고 숙녀 행세를 하면 틀림없이 두 사람 사이는 오래가지 못할 거야. 아무튼 잘해줘, 쥘리에트. 이 교육은 당신을 위해서도 틀림없이 도움이 될 테고, 수고에 대한 보상은 꼭 약속할게."

"말할 나위도 없다고 생각하는데, 이런 교육은 이불 속에서만 가능한 일이에요." 나는 장관에게 말했다.

"나도 그렇게 생각해." 생퐁이 말했다.

"나도 확실히 그렇게 생각해." 노아르슈가 말했다.

"함께 자지 않고 딸의 교육이 가능할까요?" 크레아빌이 물었다.

그러자 노아르슈가 말했다. "그래서 말인데, 쥘리에트는 필요한 만큼 몇 번이고 내 색시와 자도 돼."

그리고 생퐁은 프랑스의 국토를 황폐하게 하는 잔혹한 계획에 대해서 말해주었는데 이것은 장관의 오랜 소망이었다.

"곧 가까운 시일에" 하면서 그는 말문을 열었다. "왕국에는 틀림없이 혁명이 일어나. 혁명의 싹은 지나치게 많은 인구 속에 잉태하는 것이지. 국민은 늘면 늘수록 위험해지고 지식의 빛에 쬐이면 쬐일수록 무시할 수 없게 돼. 노예처럼 굴종하는 것은 무지한 자들뿐이야." 장관은 말을 이었다. "우리는 먼저 모든 무료학교를 폐지할 생각이야. 이런 학교의 교육이 재빠르게 확산되면 화가라든가, 시인이라든가, 철학자 같은 자들이 계속 나와 무교육의 인간들은 자취를 감추게 될 거야. 이래서는 안 돼. 국민들이 재능을 가질 필요가 어디에 있지? 그들에게 재능을 줄 필요가 어디에 있을까? 오히려 그들의 수를 줄이는 게 나아. 프랑스의 인구는 줄일 필요가 있어. 치부에 철퇴를 가하는 것이지. 이 목적을 이루기 위해 먼저 거지를 쫓아내자. 선동가는 이와 같은 계급에서 나오기 마련이니까. 요양원이나 병원도 부숴버리자. 국민을 오만하게 하는 시설은 하나도 남기지 말자. 아시아의 민초가 묶여 있는 사슬보다도 천배나 무거운 사슬로 그들을 묶어 노예처럼 땅에 기어다니게 하면 돼. 온갖 수단을 이용해 반드시 성공시켜 보이겠어."

"하지만 그런 수단으로는 좀처럼 성공하기 어려워요." 크레아빌이 말했다. "단숨에 인구를 줄이기 위해서는 더 신속한 수단을 택할 필요가 있어요. 이를테면 전쟁이라든가, 굶주림이라든가, 페스트 같은."

"첫 번째 수단은 확실히 효과가 있어." 생퐁이 말했다. 머지않아 우리는 전쟁을 시작할 생각이야. 하지만 최후의 수단은 안 돼, 우리가 페스트의 최초 희생자가 되어서는 안 되니까. 굶주림에 대해서는 우리가 곡물을 완전히 사재기해버리면 크게 돈을 벌고 이윽고 민초들도 함께 먹기 시작하게 될 테니까 이 의견은 검토할 여지가 있어. 무엇보다도 재빠르고 확실한 데다가 우리 자신이 돈을 벌 수 있으니 좋은 이야기지……."

아버지와 잠자리를 함께하는 영광에 참여한 날로부터 4개월쯤 지났다. 그때 나는 마침 위험한 날짜에 있었기 때문에 어쩌면 임신이 되지 않았을까 하는 걱정으로 마음을 졸이고 있었다. 이 불길한 예감은 일찌감치 현실로 나타나, 나는 이제 눈을 가리고 앉아 있을 수만은 없게 되었다. 내 결심은 바로 행해져 이름 있는 산부인과 의사를 불러들였다. 그 의사는 자신의 방법에 절대적인 확신을 가지고 있었으며, 가는 바늘을 나의 자궁에 닿을 정도로 교묘하게 집어넣어 태아에게 닿자마자 이를 침으로 찔렀다. 이렇게 해서 두 시간 뒤에 나는 통증도 고통도 없이 무사히 태아를 끄집어냈다.

이러한 치료법은 전혀 위를 해치지 않는다는 점에서 약물치료보다 훨씬 안전하고 무해했으므로 나처럼 미용이나 건강상의 이유로 여자의 배 속에서 생명을 얻어 성숙하자마자 때때로 절망을 가져오는, 그 조직되고 있는 정수의 분자를 희생해도 상관이 없는 정도의 용기가 있는 여성에게는 솔깃한 방법이라고 할 수 있는 것이다. 이렇게 해서 내 아버지의 아이를 화장실에 버리고 나자, 나는 전보다 한층 아름답고 한층 늘씬한 모습을 되찾게 되었다.

그런 어느 날 크레아빌이 찾아와 말했다. "좋은 소식이 있어요. 꽤 기기묘묘한 여자의 거처를 알게 되었어요. 이제부터 함께 찾아가야만 해요. 아무튼 그 여자는 온갖 종류의 독약을 만들어 팔고 있을 뿐만 아니라 사람의 길흉을 점칠 수도 있는 것 같거든요. 물론 때로는 밖으로 샐 때도 있는 듯하지만."

"독약의 처방도 가르쳐주나요?" 내가 물었다.

"50루이를 내면."

"시험을 마친 걸까요?"

"원하면 눈앞에서 시험해준대요."

"마음에 들었어요. 나 꼭 따라가겠어요, 크레아빌. 전부터 여러 가지 독약에 대한 상상을 좋아했거든요."

"그래요, 타인의 생명을 지배한다는 것은 엄청난 일이죠."

"그것은 이미 대단한 쾌락임에는 틀림없어요. 하지만 당신의 이야기를 들은 순간부터 내 신경은 날카로워지고 상상도 못 할 뜨거운 불길이 신경덩어리를 불태우고 있는 생각이 들 정도예요. 내 몸을 만져봐요. 틀림없이 흠뻑 젖어 있을 거예요."

크레아빌은 내 치마를 걷어올리고는 "어머, 질렸어요. 유별나군요! 그래서 나는 좋아해…… 그대는 나의 신이죠……" 하면서 말을 이었다. "그렇지만 확실히 전에 그대에게서 들은 것으로 기억하고 있는데 그대는 생퐁으로부터 가득 채워진 독약상자를 받지 않았나요? 그 상자는 어떻게 됐죠?"

"텅 비고 말았어요. 이제 와서 다시 달라고 할 수도 없고."

"아니 그럼, 다 써버린 거예요?"

"빈 통이죠."

"생퐁의 부탁으로?"

"부탁을 받고 쓴 건 겨우 3분의 1이고 나머지는 내가 썼어요."

"복수를 위해?"

"그것도 있지만 대부분은 음탕 때문이죠."

"멋져요!"

"오오, 크레아빌, 당신은 내가 이 약을 써서 얼마나 극악한 짓을 했는지…… 이 극악한 짓이 나에게 얼마나 쾌락을 느끼게 했는지, 도저히 상상이 안 될 거예요! 주머니 속에 작은 독약상자를 챙기고 감쪽같이 변장을 하고선 산책로에서 거리, 매음굴에 이르기까지 온갖 장소를 휘젓고 다녔어요. 그리고 이 불길한 사탕을 아무런 차별 없이 모든 사람에게 나누어주었죠. 특히 아이를 택할 정도로 나의 사악함은 더욱더 높아졌어요. 그리고 내가 저지른 대죄도 확인해보았죠. 전날에 내가 잔혹한 올가미에 건 사람의 집 앞에 관이 놓아진 것을 보기라도 하면 환희의 불길이 내 혈관을 내달렸죠…… 나는 완전히 열중해버려…… 멈출 수가 없었어요. 틀림없이 자연이 나에게 필요하므로 형언할 수 없는 희열을 준 것이 분명하다고 생각했던 거예요. 세간의 어리석은 자들의 눈에는 그만큼 자연을 해치는 행위로 비쳐졌겠지만."

"그 기분 잘 이해해요." 크레아빌이 말했다. "생퐁이나 노아르슈나 내가 오래전부터 여러 가지로 가르쳐주고 있는걸요. 이제 그대는 그와 같은 것에 관한 자연의 모든 위대한 비밀을 완전히 알고 있어도 좋아요. 그런 기분이 된다는 것은 채찍질을 사랑하는 기분 이상으로 불가사의한 일도 아무것도 아니에요. 요컨대 세련된 쾌락이라는 의미에서는 같은 것이므로. 타인에 의해서 느끼게 된 고통의 충격이 우리 신경덩어리에 하나의 진동을 낳게 해 그것이 필연적으로 우리를 음탕한 기분으로 이끈다는 것이 증명되고 있는 이상, 고통을 낳게 하는 온갖 가능한 수단은 우리에게 있어서 쾌락을 맛보아야 할 온갖 가능한 수단이 되어야 할 것이고, 우리는 최초에 매우 하찮은 악행에 빠져 있어도 이윽고 불경스런 신을 모독하는 행동으로까지 이를 수밖에 없어요. 동기는 같고 단지 여러 결과가 있을 뿐이에요. 포만의 결과라기보다는 오히려 자연법칙의 필연적 결과인 무감동의 고조로 우리는 쿡 찌르는 것과 같은 매우 작은 고통에서 시작해 결국에는 도려내는 단도의 일격에까지 이르는 거죠. 그 밖에도 독의 사용이라는, 남의 의표를 찌르는 것과 같은 즐거움이 있어, 이것은 독특한 유쾌함을 높여주는 거예요. 이 점에서 쥘리에트, 그대는 스승 이상이에요. 나는 머리로 생각하는 것만큼은 어떤 일이 있어도 뒤처지지 않을 생각이지만 아직 거기까지 실행한 적은 없으니까……."

"머리로 생각한 것에서는 뒤처지지 않겠다는 건가요?" 내가 물었다. "아미워요, 도대체 이 이상 어떤 생각을 할 수 있죠?"

"말하자면" 크레아빌이 말을 꺼냈다. "내가 잠들어 있을 때조차 무언가 혼란의 원인이 아닌 때는 한순간도 없고 이 혼란이 전 인류의 타락과 엄연한 착란을 불러일으키는 데까지 퍼져 내가 죽어서 활동을 하지 않게 된 뒤에도 계속 그 효과가 사라지지 않고 남아 있는 것과 같은 그런 무서운, 영원히 효력을 미치는 죄악을 발견하고 싶다는 거예요."

"그런 터무니없는 소원을 이루어주는 것은 선동이나 교사(敎唆), 저술이라든가 감화와 같은 행위에 의해서 이루어지는 이른바 정신적 살인 말고는 없다고 생각해 이 문제에 대해서는 베르몰 백작과 전에 논의한 적이 있어요. 그 사람만큼 활발한 상상력을 지닌 사람은 그다지 없어요. 여기에 그가 쓴 계산서가 있으므로 보여주죠. 죄악의 전염이 얼마나 빨리 이루어지는지. 또한 죄악의 잔학성에 비례해 감각이 고조되는 것이 사실이라면 이렇게 널리 퍼진 죄악이 어떻게 쾌락에 도움이 되는지 그대는 이 계산서를 보고 충분히 알 수 있을 거예요." 내가 대답했다.

그렇게 말하고 나는 전에 베르몰 백작으로부터 받은 종이를 그녀에게 보여주었다. 거기에는 이런 내용이 쓰여 있었다.

이 같은 행위를 하려고 결의한 자에게는 1년 동안 3백 명의 아이를 타락시키는 것도 매우 쉬울 것이다. 따라서 30년 뒤에는 9천 명의 아이를 타락시킬 것이다. 또, 만일 한 사람의 도락자에 의해서 타락이 된 아이들이 당연히 제각기 생각하게 되는 것인데 그 처지에서 똑같이 행동하고 각 세대가 역시 똑같은 행동으로 나아가는 것이라면 30년 뒤에는 타락한 두 세대가 새롭게 탄생할 것이고 이 도락자는 자신이 타락시킨 자, 또는 자신이 준 감화에 의해서 간접적으로 타락시킨 자를 합해서 9백만 명 가까운 인간을 움직인 셈이 될 것이다.

"아, 대단해요!" 크레아빌이 외쳤다. "하지만 채용된 계획은 실행이 되지 않으면."

"물론이에요." 나는 대답을 했다. "해마다 3백 명의 아이를 확실하게 타락시킬 뿐만 아니라 가능하면 그 이상도 타락시키도록 노력해야만 하죠."

"나도 그걸 믿고 의지해요." 크레아빌이 말했다. "만일 10명의 인간이 기운을 합쳐 이 계획을 실행하면 타락의 속도가 페스트나 악성열병의 창궐이 최고조로 진행하는 양상과 똑같아지는 일도 있을 수 있어요."

"사실이에요." 나는 대답했다. "하지만 이런 계획을 시작하려고 할 때에는 성공을 확실히 하기 위해 지금 내가 말한 세 가지 수단을 채용해야만 해요. 즉 교사선동과 감화 그리고 저술이에요."

"모두 위험한 것들뿐이군요." 크레아빌이 말했다.

"그건 그래요." 나는 대답했다. "하지만 마키아벨리가 이렇게 말했어요. 신중하기보다는 오히려 과감한 것이 좋다. 왜냐하면 자연이란 거칠게 다루지 않으면 말을 듣지 않는 여자와 같기 때문이라고요. 또 이 작가는 이렇게도 말했죠. 자연은 냉정한 사람들보다도 오히려 흉포한 사람들에게 잘 따른다는 것은 경험상 잘 알려져 있다고요."

"그대는 베르몰을 멋진 사람이라고 생각하나요?" 크레아빌이 물었다.

"그야 멋진 사람이죠." 나는 대답했다. "그렇게 매력적인 사람은 좀처럼 없어요. 그 이상의 도락자도 없겠지요."

"그럼, 우리의 쇼핑을 기뻐해주겠군요. 가능한 한 비싼 값에 팔아야겠어요."

"당신은 남이 아무리 사랑하고 있는 사내이건, 우리와 어떤 관계에 있는 사내이건, 역시 사내인 이상 사기를 쳐야겠다는 생각인가요?"

"뻔하지 않은가요." 크레아빌이 대답했다. "사내라는 이유 하나 때문에 우리는 그들이 여자와 함께 있을 때 언제나 그렇듯이 그들을 속여야만 해요. 정직한 사내 따위는 한 사람도 없는데 그대는 여자가 사내에 대해서 정직해야 한다고 생각하나요? 사내가 그대의 변덕에 따르고 있는 이상, 그대는 연인의 취미를 즐기고 그의 정신적 육체적 능력을 향락해 그 재능이나 수완을 사랑하는 것이 좋아요. 하지만 사내라는 것이 여자에게 공공연한 적인 이상, 그대가 여성으로서 사내로부터 받은 모욕을 보복할 기회를 결코 잊어선 안 되며, 실제로 그대 자신이 날마다 그와 같은 모욕을 받고 있다는 것을 잠시도 잊어서는 안 돼요. 요컨대 사내이므로 속여야 한다는 거죠…… 그대는 아직 이와 같은 일에 있어서는 믿기 어려울 정도로 어수룩해요. 그대가 사내를 존경한다면 그런 한편으로 사내를 이용하고 기만하는 일에 힘쓰지 않으면 무의미해요. 만일 내가 그대라면 나는 그대의 4배나 더 생퐁에게서 짜내고 있을 거예요. 그 사람은 그대에게 홀딱 반했으니까 매일 수백만의 돈을 긁어내기도 쉽죠."

이와 같은 대화는 모두 우리가 마법사 여자의 집으로 가는 마차 안에서 나눈 것인데 갑자기 마차가 멈추었으므로 우리는 입을 다물어야 했다.

우리가 찾아낸 여자 점쟁이 집은 생자크 거리 변두리에 안마당과 정원 사이에 자리한 작은 별채였다. 수행원이 벨을 누르자 늙은 하녀가 나와 우리가 찾아온 뜻을 물은 뒤 곧바로 천장이 낮은 방으로 우리를 안내하고, 수행원은 마차와 함께 가까이에 있는 선술집에 가서 기다리고 있도록 지시해달라고 우리에게 부탁했다. 그래서 우리는 그대로 따랐다.

15분쯤 지나자 뒤랑이 나왔는데 마흔쯤 되어 보이는 아름다운 부인으로 두드러진 몸의 선, 놀랄 만한 발랄함, 위엄 있는 자태, 로마풍 얼굴 모양,

표정이 풍부한 눈, 기품 있는 언동, 귀족적인 태도 등 모두가 아름다움과 교양과 재치를 말해주고 있었다.

"부인" 하면서 나의 친구가 먼저 입을 열었다. "당신의 가까운 친구 소개로 찾아왔어요…… 실은 우리의 미래를 점치고 싶어서…… 여기, 복채 25루이입니다. 그리고 우리는 미래를 뜻대로 하는 방법까지도 알고 싶고요. 그래서 당신이 조제한 독약들을 완전히 넘겨주었으면 합니다."

크레아빌은 별도로 50루이를 그녀에게 건네고 나서 말을 이었다. "대금은 언제나 이렇다고 알고 왔습니다만, 이것으로 독약의 제조법을 가르쳐주시고 당신이 일을 하는 방과 유독성 식물원을 보여주시는 데에는 충분하지 않을까 생각합니다. 사례는 결코 이것으로만 그칠 생각은 아닙니다만."

"제가 뵙기에" 하면서 뒤랑이 대답했다. "당신들은 두 분 모두 매우 아름다운 귀부인이십니다. 그런데 찾으시는 물건을 드리기 전에는 예비적인 의식에 입회해야만 하는데 그래도 괜찮으시겠습니까?"

"어떤 의식인가요?" 크레아빌이 물었다.

"그것은 말이죠." 마법사 여자가 대답했다. "내 뒤를 따라서 어두운 방으로 들어가야 합니다. 그 방에서 두 분 모두 알몸이 되어 나한테 매를 맞아야만 합니다."

"심하게 맞는 건가요?"

"피를 흘릴 정도죠…… 그래요. 피가 나올 정도예요. 이 예비행위를 자진해서 수행해주시지 않으면 아무런 약속도 할 수 없습니다. 미래를 알기 위해서는 사전에 당신들의 피, 매질에 의해 흘리는 피가 필요하거든요."

"들어가죠." 나는 크레아빌에게 말했다. "이제 와서 물리칠 방법은 없어요."

우리가 들어간 방은 매우 기묘한 방이었으므로 상세하게 말할 수밖에 없다. 램프가 단 하나뿐이었는데도 그곳에 있는 물건들은 세세하게 설명할 수 있을 정도로 확실하게 분간할 수 있었다. 방은 사방으로 2칸이었고 까맣게 칠해져 있었다. 오른쪽 부분에는 증류기, 화로, 그 밖에 화학기구가 어지럽게 놓여 있었으며, 왼쪽에는 병이 잔뜩 들어 있는 수납장과 책 따위가 3, 4개의 테이블 위에 놓여 있었다. 맞은편에는 검은 커튼이 이제부터 이야기하는 작은 별실과의 사이를 구분하고, 중앙에 검은 비로드가 달린 나무기둥 하나가 서 있었는데 그 기둥 둘레에 뒤랑 부인은 우리 둘을 마주보는 형태로 묶었다.

"자." 집행자가 우리에게 말했다. "원하시는 제조법을 성공적으로 손에 넣기 위해 약간 따끔한 맛을 볼 결심이 섰나요?"

"어서, 무엇이든 해주세요. 부인." 우리는 이렇게 대답했다. "각오는 이미 되어 있어요."

그 말이 끝나자 뒤랑은 우리 두 사람 입에 뜨겁게 키스를 하고 두 사람의 엉덩이를 손으로 쓰다듬은 다음 우리의 눈을 눈가리개로 가렸다. 한동안 조용하다가 이윽고 누군가가 소리 없이 우리 뒤로 다가오는 것 같았는데 각각 50회쯤 번갈아 심한 매질을 당했다. 쓰인 매는 나뭇가지였는데 아직 단단한 생나무인 데다 무서운 힘이 보태졌으므로 평소에 이런 쾌락에 익숙한 나도 크레아빌도 순식간에 피투성이가 되고 말았다. 그동안 아무도 말 한마디 꺼내지 않고 우리도 굳이 아픔을 호소하지는 않았다. 엉덩이를 어루만지는 손이 있었는데 뒤랑 부인의 손은 분명 아니었던 것 같다. ……이윽고 다시 공격이 시작되었고, 이번에는 나뭇가지가 아니라 우리의 무감각해진 엉덩이로도 그것이 날카로운 가죽 술이 달린 채찍임은 쉽게 알 수 있었다. 그 증거로 내 허벅지도 종아리도 넘쳐흐르는 피로 순식간에 젖어버린 것을 느꼈기 때문이다. 얼마 있다가 이상하게도 음경과 혀의 접촉이 느껴지고 의식은 멈추었다. 그런데 눈가리개가 벗겨지자 그곳에는 작은 접시를 손에 든 뒤랑 부인 말고는 아무도 보이질 않았다. 부인은 우리 엉덩이 밑에 작은 접시를 대고 조심스레 그 안에 피를 받고 있었던 것이다. 우리를 묶은 줄을 풀고 물과 초로 엉덩이를 씻은 다음 아프냐고 물었다.

"심하지는 않아요." 우리는 대답했다. "아직 할 일이 더 있나요?"

"네." 뒤랑이 대답했다. "이번에는 섹스를 해주어야 해요. 이것을 하지 않으면 어떤 예언도 해줄 수 없으니까요."

그렇게 말하자 마법사는 우리 두 사람을 긴 의자 위에 눕히고 앞서 이야기한 커튼 너머로 머리만 내밀도록 했다. 즉 우리의 머리만은 이미 다른 방에 있었던 것이다. 이렇게 해서 가슴 위에 밧줄이 걸리자 우리는 이제 일어설 수도 없는가 하면 커튼 너머에서 우리와 교접을 하는 인간을 볼 수도 없게 되고 말았다.

나는 이 교묘한 수법을 깨닫자 바로 말을 꺼냈다. "부인, 우리와 그것을 하는 사내는 안심할 수 있는 사람이겠죠?"

"걱정 마세요." 뒤랑이 말했다. "당신들을 상대하는 것은 사내가 아니라 신이에요."

"농담 말아요, 부인." 크레아빌이 말했다. "신 같은 게 어디에 있어요? 설사 있다고 해도 신이 하는 일은 완전에 가까우니까 아마도 여자 따위는 상대하지 않고 자신의 객기로 되기를 바라실 거예요."

"입을 다물어요." 뒤랑이 말했다. "상대 따위에 신경 쓰지 말고 오직 자신의 감각에만 몰두하고 있으면 돼요. 한마디라도 더 하는 날엔 모두 끝장이에요."

"그럼 아무 말도 하지 않겠어요." 나는 대답했다. "하지만 생각해보세요. 우리는 매독에 걸리는 것도, 아이를 갖는 것도 싫어요."

"신을 상대로 하는 이상, 그런 걱정은 전혀 불필요해요." 뒤랑 부인이 다시 말했다. "다시 한 번 말하는데 입을 다물어줘요. 이제 나는 대답을 하지 않겠어요."

우리는 가구 하나 없는 텅 빈 방으로 옮겨졌다. 긴 의자에 눕힌 채 위로 올려졌으므로 꽤 높은 곳에 온 것 같은 생각이 든 것이다. 하지만 여전히 커튼이 우리의 머리와 몸을 구분하고 있었다. 뒤랑도 똑같은 상태로 우리 곁에 있었다. 이 방에는 13, 4세쯤 되는 두 소녀가 팔걸이의자에 묶여 있었는데 그 태도나 창백한 얼굴색으로 보아 그녀들이 극도의 빈곤 속에 태어난 처지임을 쉽게 알 수 있었다. 그 옆의 요람 안에는 9개월쯤 된 두 사내아이가 잠들어 있었다. 방에는 큰 테이블이 있고 테이블 위에는 약국에서 약을 싸서 두는 것과 같은 상자가 많이 쌓여 있었다. 또한 이 방에서도 우리가 다른 방에서 본 것과 같은 엄청난 수의 저장병을 볼 수 있었다.

"여기서 이야기해요." 뒤랑이 말하면서 우리의 줄을 풀어주었다. 그러고는 크레아빌의 피가 든 잔을 뚫어지게 보고 말했다. "크레아빌 씨. 당신의 이름은 묻지 않아도 알아요…… 아무튼 크레아빌 씨, 당신은 앞으로 5년밖에 살지 못해요. 현재와 같은 방탕에 빠지지만 않았어도 앞으로 60년은 더 살 수 있었는데. 당신의 운세는 건강의 쇠퇴에 따라서 높아져요. 그리고 큰곰자리의 별이 천칭자리를 지나려고 하는 날, 당신은 봄의 꽃을 아쉬워하게 될 거예요."

"도저히 믿을 수 없는데요." 크레아빌이 말했다.

"내가 말한 것을 잘 기억해둬요." 뒤랑이 말했다. "틀림없이 내가 한 말이 정확했다는 것을 알 날이 올 거예요. 이번에는 당신 차례군요, 쥘리에트…… 어디선가 그대 이름은 누군가에게 들었는데…… 아무튼 쥘리에트, 그대는 꿈의 계시를 받아요. 한 천사가 나타나 무언가 불가해한 진리를 당신에게 밝혀줄 거예요. 하지만 내가 예언할 수 있는 것은 악덕이 끝나는 곳에 불행이 닥친다는 겁니다."

여기까지 말하자 짙은 연기가 자욱하게 방 안에 피어오르고 뒤랑 부인은 가사상태에 빠져 비명을 지르거나 기괴한 경련의 발작을 보이거나 했다. 그 동안 그녀의 아름다운 육체는 알몸인 것처럼 보였다. 그러나 연기가 깨끗이 사라지자 그녀는 의식을 되찾았다. 이 연기는 용연향과 유황냄새를 방 안에 남겼다. 우리가 돌려받은 옷을 다 입고 나자 뒤랑 부인은 어떤 독약이 필요하냐고 물었다.

"당신의 예언이 마음에 걸려 견딜 수 없어요." 크레아빌이 말했다. "본 대로 말한 것일 뿐, 내 눈도 때로는 맞지 않을 때가 있어요."

"그렇게 생각하고 마음 놓겠어요." 크레아빌이 말했다. "그 밖에는 어찌할 도리가 없으니까…… 이를테면 앞으로 8일밖에 못 산다고 해도 상관없어요. 그 8일간을 죄악으로 열심히 더럽히면 되죠. 자, 그러면 당신이 가지고 있는 독약을 모두 보여줘요. 그리고 저 저장병과 뜰의 이상한 식물을 둘러보게 해줘요. 그리고 그런 것들의 특질을 설명해줘요. 마음에 든 것이 있으면 골라둘 테니 나중에 값을 계산해줘요."

"이제 25루이를 받지 않으면 나머지는 따로 계산하게 되어 있어요. 만일 실험을 원한다면 언제라도 보여드리겠어요. 저곳에 있는 아가씨들은 여러분의 뜻대로 할 수 있어요. 만일 불충분하다면 한 사람당 50루이로 사내건 여자건 원하는 수만큼 데려오겠어요." 마법사가 이렇게 말했다.

"좋아요, 부인." 나는 뒤랑 부인의 목에 매달리면서 말했다. "정말, 당신은 대단한 여자예요. 당신도 우리가 마음에 들었겠죠."

한편 마술사는 흑단(黑檀)의 막대를 들고 선반 위에 진열한 저장병을 하나씩 내려놓자 최음제와 미약(媚藥), 통경제(通經劑), 그리고 음심해독용(淫心解毒用) 연고 등의 설명을 하기 시작했다. 우리는 최음제를 다량 사기로 결정한 것 말고도 칸타리스와 작은 병에 든 등선주 몇 병을 골랐는데 이 마지막 영약은 좀처럼 구하기 힘든 진품이고 놀랄 만한 효험이 있다고 해 뒤랑은 한 병에 10루이를 내게 했다.

"이 작은 병도 2, 3병 계산에 넣어주세요." 크레아빌은 말했다. "마시게 해보니까 재미있는 사람들이 많이 있더군요."

"이제 독약 쪽으로 옮겨볼까요." 뒤랑은 말했다. "인류의 번식을 위해 일하는 것도 때로는 중요하지만 번식의 흐름을 끊어버리는 것은 더욱 재미있는 일이니까."

"그 두 가지 행위를 함께 논하는 건 어떨까 생각해요." 나는 말했다. "전자는 추악하고 후자는 신성해요. 우리가 이 미약을 산 것도 번식 같은 것에 공헌하기 위해서가 아니라 우리의 음탕한 쾌락을 배로 늘리려는 마음 때문이에요. 그리고 독약을 사려는 것도 그 끔찍한 번식의 결실을 파괴하는 것이 더없는 즐거움이기 때문이죠."

"키스해줘요." 뒤랑이 말했다. "그렇게 말하는 부인이야말로 정말 마음에 들어요. 우리는 서로를 알게 될수록 뜻이 통하는군요."

엄청난 수량의 독약이 종류에 따라서 깔끔하게 분류 정리되어 있었다. 뒤랑은 우리에게 목록을 주고, 특히 그 가운데 녹색 두꺼비 가루라는 항목을 주의해서 보라고 재촉했다. 이 독약의 효능은, 그녀가 설명하는 바에 따르면 대단한 것이어서 우리는 완전히 상상력에 자극을 받아 곧바로 실험을 해보고 싶다고 뒤랑을 졸랐다.

"어려운 일은 아니에요." 그녀는 말했다. "데리고 온 두 처녀 가운데서 한 사람을 골라요."

우리가 마음에 든 처녀를 고르자 뒤랑은 만일 당신들만 이의가 없다면 이 처녀를 한 사내에게 맡겨 그 일을 시키고, 그사이에 독살해보는 것도 하나의 흥밋거리가 아니겠느냐고 제안을 했다. 과연 입맛이 당기는 줄거리였으므로 우리는 무조건 찬성을 했다. 뒤랑이 벨을 누르자 50쯤 되어 보이는 깡마르고 창백한 키 큰 사내가 단정하지 못한 모습으로 나타났다. "저 사내예요." 나는 작은 목소리로 친구에게 속삭였다. "앞서 우릴 즐겁게 해준 사내라고

요."

"그런 것 같아요." 크레아빌이 말했다.

"아르자몰." 뒤랑이 그에게 말했다. "이 부인이 독약으로 저 처녀의 육체를 해체시키는 동안 그대는 저 처녀의 처녀막을 파괴해줘요. 어때요, 할 수 있겠어요?"

"맡겨주십시오." 아르자몰이 말했다. "안 될 리가 없습니다."

내가 뒤랑에게 물었다. "부인, 이 사람은 누구예요?"

"나이 든 공기(空氣)의 정령이에요." 뒤랑이 대답했다. "말 한마디로 이 사내를 없애버리는 것도 가능해요. 해볼까요?"

"네." 나는 말했다.

뒤랑이 도저히 알아들을 수 없는 무서운 주문을 두 마디 외우자 이미 그곳에는 사내의 그림자도 없고 한 줄기 연기만이 피어오르고 있을 뿐이었다. "다시 한 번 공기의 정령을 불러보세요." 크레아빌이 말했다.

그래서 다시 똑같은 주문을 외우자 순식간에 구름을 타고 사내가 나타났다. 그러나 이번에는 공기의 정령이 흥분해 처녀에게 덤벼드는 것이었다. 불가사의한 정력에 넘친 사내이고 2분쯤 되는 사이에 처녀막을 파괴하는 행위를 해 온 방 안에 피가 흐르게 했다. 크레아빌이 재빠르게 수프 속의 녹색 금거북의 가루를 마시게 한 것은 이때였다. 갑자기 보기에도 비참한 경련이 처녀를 엄습하고 그녀는 공기의 정령에게 정복된 채 단말마의 비명을 남기고 불과 6분 만에 숨을 거두었다. 이때, 공기의 정령이 쾌락의 절정에서 내뱉은 엄청난 외침을 듣고 우리는 앞서의 상대가 역시 그였음을 비로소 확인했다.

우리가 식물원을 모두 둘러본 뒤에 다시 집 안으로 들어가자 뒤랑이 말했다. "이 요람 속에서 잠들어 있는 두 아이가 이제부터 당신들을 위해 만들어주려는 독약의 재료가 되는 거예요. 내가 발명한 가장 귀중한, 가장 효능이 있는 독이에요. 괜찮다면 만드는 법을 직접 보여드릴까요?"

"더 바랄 나위가 없죠." 우리는 대답했다.

"그렇게 말할 줄 알았어요." 뒤랑이 말했다. "당신들이 물질의 파괴라는 것을 화학적 작용의 하나쯤으로만 생각하는 철학적 정신을 지닌 여성이라는 것은 이미 나도 알고 있으니까요. 세간의 어리석은 자들은 이와 같은 행위

속에 죄를 인정하는데 당신들은 이른바 죄보다도 결과에 대한 흥미가 큰 거죠…… 자, 그러면 일을 시작하겠어요."

그렇게 말하고 나서 뒤랑은 요람 속에 잠들어 있었던 아이를 하나씩 붙잡아 천장에 거꾸로 매달고 매질을 했다. 그리고 아이들의 입에 거품이 가득 차자 소중한 듯이 걷어내 이 거품이야말로 자기가 만드는 독약 가운데서 가장 효능이 좋은 것이라고 장담해 우리에게 그것을 100루이에 팔았다. 아이들은 가련하게도 숨이 끊어져 있었는데 뒤랑은 그들을 매단 채 별로 신경을 쓰는 것 같지도 않았다. 냉정한 범죄야말로 즐거운 것이다! 환희와 함께 범죄에 빠지기 위해서는 냉정해야만 하는 것이다!

뒤랑의 몸짓 하나하나를 눈여겨보고 있었던 크레아빌이 감동한 듯이 말했다. "당신이라는 사람은 정말로 무서운 비밀을 지니고 있군요."

"그것도 한두 가지가 아니죠." 뒤랑이 말했다. "나는 인간의 생명을 손아귀에 쥐고 있어요. 페스트를 널리 퍼뜨리는 것도, 강에 독을 푸는 것도, 전염병을 돌게 하는 것도 시골의 공기를 혼탁하게 해버리는 것도, 집들이나 포도밭, 과수원을 황폐하게 만드는 것도 가능해요. 그리고 가축의 고기에 독이 있게 하는 것도, 집들을 불태워버리는 것도, 꽃향기를 맡는 사람이나 편지를 뜯는 사람을 곧바로 죽여버릴 수도 있어요. 요컨대 나는 독약을 쓰는 데 있어서 동서고금에 견줄 자가 없는 여자예요. 누구도 나와 겨룰 수는 없어요."

"하지만 부인, 그렇게 자연이란 것을 잘 아는 당신이 왜 신의 존재 따위를 인정하는 거죠? 앞서 우리가 우리를 상대하는 사내는 누구냐고 묻자 당신은 신이라고 대답을 했잖아요." 내가 물었다.

"하지만 과연 음경보다 힘찬 존재가 있을까요?" 뒤랑은 대답했다.

"아아, 그런 대답을 나는 무엇보다도 좋아해요…… 그러면 솔직하게 물어보겠는데 당신은 신을 믿는 것은 아니군요?"

"여러분" 하면서 뒤랑이 우리에게 말했다. "인간은 자연을 연구해 자연의 비밀을 빼앗고 자연의 에너지를 알면 알수록 신의 존재가 불필요함을 굳게 믿는 거예요. 이 신이라는 우상의 숭배만큼 온갖 환경 가운데서 가장 추악하고 우스꽝스러우며 위험해 경멸해야 할 것은 없어요. 하찮게 꾸며낸 이 이야기는 본디 공포나 희망에서 생겨난 것이고 인간 광기의 가장 극단적인 결과예요. 다시 한 번 말하지만 자연이란 것에 창조자를 가정하는 것은 자연을 잘못 보는 거예요. 자연을 지배하는 어떤 힘을 인정하는 것은, 이 자연에 본디 갖추어진 힘이 나타내는 모든 효과를 외면하는 거죠. 그러므로 어리석은 자나 사기꾼 이외에 신의 존재를 인정하거나 믿거나 하는 사람은 어디에도 없어요. 인간이 생각해낸 이른바 신이란 결국 온갖 존재, 온갖 소유, 온갖 능력을 모은 것에 지나지 않아요. 즉 그것은 어디까지나 내재적인 원인이고, 자연의 힘 모두를 총괄한 것과 다름없죠. 그런 이유로 인간은 이 환영의 존재의 성질을 착각해 착하다거나, 악의가 있다거나, 질투심이 많다거나, 복수하길 좋아한다는 둥 여러 가지로 단정해버려 그 결과 신이 벌한다든지 신이 선행의 보상을 준다고 여러 가지로 떠올리는 것인데, 사실 신이란 자연 자체일 뿐 자연에 있어서는 모든 것에 무관심해요. 자연이 낳는 모든 존재가 자연의 눈에는 무차별인 거예요. 어떤 존재를 낳는 것에 다른 존재를 낳는 것보다 힘이 더 드는 것도 아니고, 인간을 파괴하는 것보다 소를 파괴하는 것이 더 어려운 것도 아니죠."

"그러면 혼에 관한 당신의 이론은 어떤 건가요, 부인?" 크레아빌이 물었다. "당신의 철학은 내 생각과 너무나 비슷해 꼭 분석해주었으면 해요."

곧 뒤랑이 대답했다. "신의 이론과 마찬가지로 혼에 관한 나의 이론도 역시 유물론이에요. 솔직하게 말하는데, 많은 철학자의 명상을 열심히 읽은 결과 나는 결국 인간의 혼이란 것이 단지 기관의 차이에 의해서 그곳에 어느 정도의 변화가 있다고는 하지만 본질적으로는 모든 동물의 혼과 완전히 같은 것이고 태양 안에 기원이 있는 무한히 미세한 물질, 즉 에테르성 유체의 일부분에 해당한다는 것을 믿기에 이르렀어요. 그러니까 이 혼은 어떤 사람의 혼과도 같은 것인데 우주 안에 있는 가장 순수한 불인 것이고, 이 불은 그 자체로는 결코 불타는 일이 없지만 그 둥지인 우리 신경의 공동 속으로 들어가면 우리 육체기관에 매우 격렬한 충동을 줌으로써 우리는 온갖 감성, 온갖 생각을 지닐 수 있게 되는 거예요. 이 효과는 전기작용의 하나이고, 우리는 아직 그것을 분석에 의해서 충분히 다 알고 있지는 않지만 확실히 그 밖의 것은 아니에요. 동물의 경우와 마찬가지로 인간이 죽으면 이 불은 퍼져나가 언제나 우주에 존재하며 활동을 계속하는 한 덩어리의 같은 물질 속에 흡수돼요. 그리고 이 불을 잃은 육체가 썩어 다양한 형태로 다시 조직이 되면 이 불의 다른 부분이 또다시 그곳에 둥지를 틀어 생명의 입김을 불어넣지요. 생각해봐요. 혼이란 것을 이런 식으로 해석하는 인간에게 지옥이라든가, 천국 같은 우스꽝스런 관념이 얼마나 바보 같은 것으로 비칠지……."

"이것 보세요." 크레아빌이 말했다. "당신이 그렇게 솔직하게 의견을 말해주기 때문에 우리도 그만 솔직하게 당신의 의견을 받아들이게 돼요. 그러니까 여기에서 또 하나 솔직하게 앞서 우리를 상대한 그 신이란 사내가 어떤 자인지 정체를 말해주면 어떻겠어요? 자연의 비밀을 설명해준 당신이 왜 당신 집의 비밀을 밝히는 것을 두려워하는 거죠?"

"그것은 말이죠," 하면서 뒤랑이 대답했다. "자연의 비밀은 모든 사람의 것이지만 내 집의 비밀은 나만의 것이기 때문이에요. 내 마음에 따라서 이 비밀을 남에게 털어놓을 수도, 숨겨둘 수도 있어요. 그런데 내 기분상 당신들에게는 말하고 싶지 않아요. 아무리 집요하게 캐물어도, 비록 금화더미로 나를 파묻는다고 해도 당신은 내 집에서 티끌 하나도 가지고 돌아갈 수는 없을 거예요."

그녀의 이야기를 듣고 내가 말했다. "그렇다면 부인이 숨겨두고 싶다는 문제는 더 이상 따져 묻지 않겠어요. 단지 부인이 대답할 수 있는 문제에만 질문을 한정하겠어요. 부인 집에서 타락 행위가 이루어지고 있는 것은 이미 우리가 겪어보았으니 말인데 만일 우리가 주문을 한다면 당신은 어떤 종류의 타락을 보여줄 수 있나요? 아무튼 우리 자신이 몹시 그걸 좋아해서 말이죠."

"어떤 터무니없는 주문이라도 가능해요." 뒤랑은 이같이 대답했다. "이곳에서 당신들의 즐거움이 될 수 없는 단 하나의 정욕도, 단 하나의 변덕도, 단 한 사람의 인간도, 단 하나의 외도도 없어요. 당신들이 하고 싶은 것을 두세 시간 전에 나에게 한마디 해주면 어떤 형편없는, 어떤 도리에 어긋난, 어떤 무서운 일이라도 반드시 실행하게 해줄 것을 약속해요. 그뿐만 아니라 사내건 여자건 그 취미나 정욕이 궁금한 사람이 있다면 이곳에서 그런 사람들의 추태를 보여드리겠어요. 당신들은 상대가 눈치 채지 못하도록 엷은 커튼 너머로 살피기만 하면 돼요. 이 집은 모두 나의 것이고, 사람들은 어느 곳에서나 아무에게도 보이지 않게 찾아올 수 있으며, 장소도 떨어져 있는 데다가 경비도 엄중하고, 게다가 한마디로 말해서 비밀에 붙여져 있어 이곳에서는 안전과 쾌락의 두 가지가 보장되고 있죠. 그러므로 명령만 내리면 무엇이든 이루어져요. 모든 인간, 모든 국민, 모든 성, 모든 나이, 모든 정욕, 모든 방탕, 모든 죄…… 요컨대 이곳에서는 모든 일이 당신의 명령을 기다리고 있어요. 당신들은 돈의 씀씀이가 너무나 깨끗해요. 내 집에서는 돈만 있으면 무엇이든 할 수 있어요."

"하지만 당신은 돈이 그다지 필요하지 않을 듯싶은데요, 부인. 당신은 큰 부자니까요."

"그건 그래요." 뒤랑 부인은 말했다. "그렇지만 나는 여러 가지 도락이 있어요. 번 돈은 거의 다 써버리므로 당신들이 떠올리는 정도의 부자는 절대 아니에요…… 네, 그래요, 부인. 이곳에서는 비밀과 기분전환이 중심이라서, 당신들은 여기서 5, 6명의 인간을 죽였지만 원한다면 앞으로 5백 명이라도 더 죽일 수가 있어요. 자, 그러면 어떤 실험을 새롭게 해보고 싶은 거죠? 사내아이건, 여자아이건, 어른이건, 어린애건, 노인이건, 마음대로 골라잡아요. 말만 해요, 소원을 들어드릴 테니까."

"나는요" 하면서 크레아빌이 말했다. "15세의 사내아이 둘을 당신이 독으로 괴롭히고 있는 동안 뻘겋게 달군 쇠막대기로 뒤로 하고 싶어요. 그리고 이미 충분히 독이 돈 두 미남이 나를 뒤에서 해주길 원해요."

"한 사람당 100루이." 뒤랑이 말했다. "만족시켜드리겠어요."

"나에게는 어린 처녀를 두 사람만 줘요." 내가 말했다. "이쪽은 사내를 상대하는 것을 좋아하지만 나는 여자를 상대로 하는 것만을 좋아해요. 나도 똑같이 쇠막대기로 해보고 싶어요. 그리고 공기의 정령이 뻘겋게 달군 강철 막대기로 그녀들을 해치는 동안 나 자신도 매를 맞고 싶어요."

"처녀는 1인당 50루이예요." 뒤랑이 말했다.

우리가 돈을 내자 10분도 채 안 되어 모든 준비가 갖추어졌다.

내 손에 맡겨진 어린 여자만큼 가련한 처녀는 없었으며 공기의 정령이 그녀에게 저지른 일만큼 잔인한 것은 없었다. 불행한 희생자들이 우리 품 안에서 숨을 거두자 우리 두 사람의 흥분은 이루 말로 나타낼 수 없을 정도였다. 공기의 정령과 희생자의 유해가 눈앞에서 사라진 뒤에도 우리의 마음은 조금도 가라앉지 않았다. 바커스 신의 제녀(祭女)처럼 머리를 풀어헤친 크레아빌은 욕정이 끓어오른 나머지 입에서 거품을 내뿜고, 나는 나대로 도무지 가라앉지 않았다. 그러면 무언가 다른 음탕에 빠져보면 어떻겠느냐고 뒤랑이 권해주었다. 그리고 당신들만 내켜 한다면 놀이의 장면을 남들이 보게 하자고 제안했다.

"그러면 우리 손에 한 사람씩 희생자를 맡겨줘요." 우리는 대답했다. "들여다보는 사람들을 반드시 만족시켜줄 테니까."

알몸으로 줄에 묶인 귀여운 여자애가 내 앞으로 끌려왔다. 친구 앞에는 산 제물처럼 된 한 사내가 꿇어 앉혀졌다. 우리는 마의 다발과 가시가 돋친 매를 써서 그들을 때리기 시작했다. 그러자 그때까지 나오지 않고 있었던 뒤랑이 다시 나타나 우리의 방문을 두들기고 말했다. "다들 당신들을 보고 있어요. 그 증거로 체벌을 오래 해달라는 요청이 들어왔어요. 이쪽으로 엉덩이를 돌리고 하도록 해요. 당신들의 엉덩이가 보고 싶다는군요. 이것으로는 엉덩이를 비평할 수 없거든요."

"저쪽으로 가서 만족시켜주겠다고 전해줘요." 크레아빌이 대답했다.

그런 다음 잔혹한 크레아빌은 젊은 사내의 배를 갈라 심장을 도려내고 아직 뜨거운 심장을 자기 옥문에 밀어넣고는 혼자서 섹스를 시작했다.

"아, 젠장!" 황홀해진 크레아빌이 외쳤다. "아이의 심장으로 섹스를 하고 싶다는 생각을 나는 백년이나 전부터 했었거든. 어떻게 내가 기를 쓰고 있는지 잘 봐."

불행한 희생자의 사체 위에 포개져 그녀는 심장을 쓰면서도 죽은 자의 입을 여전히 빨고 있었다.

"통째로 내 안에 넣어버리고 싶어." 그녀가 말했다.

끄집어내기 편하도록 심장에 가는 끈을 연결해 그녀는 그것을 자기 안에 넣고 말았다.

"아아, 정말 좋아." 크레아빌은 숨을 헐떡이면서 말했다. "쥘리에트, 당신도 해봐요, 이렇게 커다란 즐거움은 이 세상에 둘도 없어."

"내가 아는 사내에게도 그런 취미가 있었어요. 그 사람은 아직 움직이고 있는 심장에 구멍을 뚫어 그곳에 자기의 것을 찔러넣고 섹스를 하더군요." 나는 대답을 했다.

"그것은 유쾌했을 거예요." 크레아빌이 말했다. "하지만 내가 하고 있는 것만큼 대단하진 않을 거예요. 만져봐요, 쥘리에트, 소원이니까."

나처럼 상상력이 풍부한 사람은 무엇이건 본보기만 있으면 곧바로 따라

하고 싶어진다. 본보기에 의해서 힘이 나고, 용기를 얻게 되며, 흥분이 되는 것이다. 바로 나는 희생자의 배를 갈라 움직이고 있는 심장을 꺼내 내 안에 넣어보았다. 그렇지만 나의 그것은 크레아빌의 그것만큼 넓지는 않았으므로 뜻대로 들어가지 않는다.

"자르면 돼요." 크레아빌이 내가 고심하고 있는 모습을 보고 말했다.

"일부분이라도 들어가면 충분해요."

크레아빌이 하라는 대로 나도 연구를 해 둘로 자른 심장을 화심 안에 밀어 넣었다. 그녀가 말한대로 이토록 좋은 음경은 더는 없었다. 이처럼 따뜻하고 이처럼 탄력 있는 음경은 이 세상에 둘도 없었다…… 게다가 정신까지도 이 잔인한 행위에 의해서 얼마나 열광했을까. 그렇다, 확실히 크레아빌의 착상은 대단한 묘안이었다.

총애의 실종 및 롤상주

2년의 세월이 꿈처럼 지나갔는데 그동안 나의 신변에는 이렇다 할 변화도 없었다. 나의 사치와 방탕은 점점 심해져 자연 그대로의 단순한 쾌락으로는 이제 즐겁지 않았을 뿐만 아니라 우연한 장난기로 마음을 만족시킬 때에도 그곳에는 무언가 이상한 것, 죄악 같은 것이 들어 있지 않으면 절대로 감동을 불러일으킬 수 없게 되었다. 이와 같은 쇠약의 상태야말로 미덕이 최후의 몸부림을 치는 것인지도 모른다. 우리의 피로가 미덕의 소리로 맹위를 떨쳐야 할 쇠약상태로 우리를 빠뜨리는 것인지, 아니면 자연의 변덕으로 우리가 죄악에 질려 그 반대의 짓을 해보고 싶다는 생각을 하게 되는 것인지, 아무튼 이와 같은 때야말로 모습을 감추고 있었던 편견이 다시 모습을 드러내는 것이다. 그리고 일단 악덕의 길로 치달은 사람이 이와 같은 편견에 졌을 때야말로 그것은 비참한 것이다. 세상에 잘못을 뉘우치는 마음만큼 기분 나쁜 것은 없다. 앞으로 이야기하려는 사건이 이것을 여러분에게 이해시켜주리라 생각한다.

내가 막 22살이 되었을 때 생퐁이 꺼림칙한 계획 하나를 나에게 알려주었다. 프랑스의 인구를 줄인다는 생각에 여전히 사로잡혀 있는 생퐁은 놀랄 만한 규모의 곡물 매점으로 국민의 3분의 2를 굶겨 죽일 생각을 한 것이다. 그리고 이 계획의 실행에 내가 커다란 역할을 맡을 수밖에 없게 된 것이다. 아무리 타락해 있었다고 해도 솔직히 말해서 이 발상에 소름이 끼쳤다. 꺼림칙한 마음의 나약함, 그 때문에 나는 얼마나 심한 꼴을 당했는지 모른다. 나는 왜 이 나약함을 이겨내지 못했을까! 생퐁은 내 마음을 알아차리자 한마디도 하지 않고 돌아가버렸다. 그날 밤은 시간이 늦었으므로 나는 곧 잠자리에 들었으나 한동안 잠을 이루지 못했다. 무서운 꿈이 내 감각을 혼란하게 하고, 꿈속에서 나는 무서운 사내가 횃불을 들고 내 집과 가재도구에 불을 지르는 것을 보았다. 불바다 속에서 젊은 여자가 나에게 팔을 내밀어 나를 구하려

했는데 이 여자도 불길에 휩싸여 죽고 말았다. 퍼뜩 잠에서 깨어나자 곧바로 마법사의 예언이 뇌리에 스쳤다. 악덕이 끝나는 곳에 불행이 닥쳐올 것이라고 마법사는 말했던 것이다. 아아, 신이여, 나는 이제 안 된다. 나는 일순간 일망정 악인이길 그만두었으므로…… 내 몸에 덮쳐온 공포에 나는 떨었다. 이제 불행이 나를 삼키려 하고 있다. 그것은 확실했다…… 꿈속에서 내가 본 여자는 여동생이었던 것이다. 미덕의 삶을 살려 했으므로 나와 사이가 틀어진 가엾은 쥐스틴이었던 것이다. 그녀가 내 앞에 나타났다는 것은 내 마음에 악덕이 약해졌다는 뜻이다. 이 무슨 숙명적인 예언일까? 나는 여전히 침대에 누운 채 이 무서운 생각에 풀이 죽어 있었다. 그러자 본 적도 없는 사내가 예고도 없이 불쑥 나타나 한 통의 편지를 나에게 건네고는 달아나듯이 돌아갔다. 편지에서 나는 노아르슈의 필적을 알아보았다. 펼쳐보자 "그대의 몸은 파멸이다"라고, 씌어 있었다.

"내가 가르친 여자가 혼의 약점을 드러내리라고는 생각지도 못했다…… 이제까지 그렇게나 훌륭하게 해내던 여자가…… 이제 와서 너의 우유부단을 속죄하려고 해봤자 그것은 헛수고다. 장관은 이제 결코 그대의 어리광을 받아주지는 않을 것이다. 마음의 나약함이 그대의 목숨을 빼앗을 것이다. 이렇게 된 이상, 편지를 받는 대로 한시라도 빨리 파리를 떠나는 것이 좋다. 가져갈 수 있을 만큼 돈을 가지고 가는 것은 괜찮지만 그 밖의 것에는 미련을 갖지 마라. 생퐁이 선심을 써 그대에게 준 전 재산도 이제는 없는 것으로 생각하는 것이 좋다. 믿음을 저버렸을 때 그가 어떻게 격노하는지는 그대도 잘 알 것이다. 그러므로 일찌감치 달아나는 것이 좋다. 그리고 이것은 누구에게도 말하지 마라. 그대의 목숨이 걸린 일이다. 내가 그대에게 준 1만 리브르의 연금은 종전대로 수취증서만 보이면 어디엘 가도 받을 수 있을 것이다. 어서 숨는 것이 좋다. 친구에게도 알려서는 안 된다."

벼락을 맞아도 이처럼 심한 충격은 없을 것이다. 하지만 나는 생퐁을 진실로 두려워하고 있었으므로 곧바로 결심을 해야만 했다. 서둘러 일어났으나 생퐁의 공증인 집에 맡겨둔 재산과 저금을 찾기 위해 갈 수도 없었다. 주머니에 있는 5백 루이, 이것만이 나에게 남은 돈의 전부였다. 이를 꼼꼼히 챙겨넣고 바로 어제까지만 해도 그토록 호사스런 삶으로 지냈던 내 집을 뒤로 한 채 혼자서 마차에도 타지 않고 떠났다. 눈물이 글썽해진 눈으로 익숙해진 내 집을 마지막으로 돌아보지 않을 수 없었다. 크레아빌을 만나고 싶은 마음은 굴뚝같았지만 아무도 만나지 말라고 엄하게 타일렀으므로 그것도 할 수 없었다. 어쩌면 나를 배신한 것이 그녀일지도 모른다. 그녀가 내 지위를 가로채려고 한 것이 아닐까? ……아아, 불행이란 사람에게 그릇된 의심을 품게 하는구나. 하필이면 나는 나의 가장 좋은 친구를 이렇게 의심하기까지 했다. (이윽고 그것이 나의 비뚤어진 마음에 지나지 않았던 것을 여러분도 이해하게 될 것이다.) 자, 이제는 용기를 내자, 나는 마음속으로 생각했다. 이제 나밖에 믿을 것은 없다. 나는 아직 젊다. 인생을 새롭게 출발하자. 객기의 과오는 좋은 교훈이었다…… 아아, 이것이 나빴던 것이다! 나는 감쪽같이 미덕에 기만을 당하고 만 것이다.

생퐁의 복수의 손에서 한시라도 빨리 벗어나고 싶다는 마음 말고는 아무런 목적도 방법도 없이 나는 눈에 띄는 대로 승합마차에 몸을 맡겼는데, 그것은 앙주르행 마차였고 곧 이 도시에 닿고 말았다. 이 미지의 도시에서 나는 집을 빌리자 모험을 해볼 결심을 했다. 곧 나의 집은 지방명사가 모이는 곳이 되고 연인들이 많이 모여들었는데 나는 정숙한 여자로 행세를 하고 있었으므로 나에게 다가오는 남성들은 내가 재산이 있는 사내만 좋아하는 줄 알게 되었다. 그 가운데 가장 부자인 롤상주 백작이 나에게 푹 빠졌다. 40쯤 되는 나이에 훌륭한 용모의 소유자였고 많은 경쟁자보다도 예의 바른 몸가짐은 나에게 정당한 관계를 바라고 있는 것처럼 보였다. 내가 그의 말을 들으려는 낌새를 보이자, 백작은 기다렸다는 듯이 자신의 생각을 털어놓았다. 이제까지 혼자 살면서 5만 리브르의 연금을 받고 있었던 그는 가족이 한 사람도 없으므로 전혀 모르는 친족에게 재산을 넘겨주기보다는 만일 내가 아내로 걸맞다면 나와 결혼을 해, 나를 유산상속인으로 하는 것이 자기로서는 바람직한 일이라고 했다. 그리고 내가 아내가 되기 전에 일단 이제까지 어떻게 살았는지 숨김없이 말해달라, 그렇게 하면 2만 리브르의 연금도 약속해 주겠다고 친절하게 말했다. 이런 좋은 조건을 제의 받은 나로서는 곧바로 승낙을 할 수밖에 없었다. 그래서 나는 백작에게 나의 신상이야기를 모조리 털어놓아야 했는데 과감하게 사실대로 말해버리고 말았다. 롤상주 백작은 내 이야기를 다 듣자 다음과 같이 말을 이었다.

"쥘리에트, 당신이 지금 나에게 털어놓은 것은 모두 바람직한 솔직함의 표출입니다. 그 정도로 정직하게 털어놓을 수 있는 사람은 미덕 이외에는 아무것도 모르는 사람보다도 오히려 이제까지 결코 죄를 범한 적이 없는 사람에 가까운 것입니다. 즉 후자는 자신이 어떻게 처신을 하면 좋은지를 알고 있는데 전자는 언제 어느 때 자기가 모르는 일을 해보려는 생각을 하게 될지 모르는 것입니다. 부인, 부디 내가 말하는 것에 잠시 귀를 기울여주기 바랍니다. 당신의 뉘우침이 나에게는 참으로 고맙고, 나는 어떻게든 당신을 미혹에서 벗어나게 하고 싶습니다. 내가 당신에게 해주고 싶은 것은 설교 따위가 아닙니다. 나는 당신에게 진리를 알리고 싶군요. 이 진리가 이제까지 당신에게는 정욕의 눈가리개로 가려져 있었습니다. 그러나 당신이 마음을 비우고 귀를 기울이려고 하면 진리는 언제나 당신의 마음속에서 발견될 것입니다.

오오, 쥘리에트, 미풍양속이 무익한 것이라고 당신에게 가르친 사람은 당신 앞에 가장 잔혹한 덫을 놓은 것입니다. 나아가 미덕은 불필요하고 종교는 옛날이야기에 지나지 않는다고 덧붙인 사람은 차라리 당신을 단숨에 죽여버리는 것이 좋았을지도 모릅니다. 후자의 경우 당신이 느끼는 고통은 순간에 지나지 않는데, 전자인 경우 당신은 평생에 걸쳐서 고난과 불행에 맞닥뜨려야만 하기 때문입니다. 언어의 잘못된 해석이 당신을 이와 같은 잘못된 길로 내딛게 하고 만 것입니다. 그러므로 당신이 경멸하라는 가르침을 받은 이 미덕을 올바르게 분석하는 것을 알아야 합니다. 곧 세간에서 미덕으로 불리고 있는 것은 우리가 우리의 동포에게 해야 할 의무를 언제나 충실하게 수행하려는 의지를 말하는 것입니다. 그래서 당신에게 하나 물어보려고 하는데 도대체 우리를 구속하는 사회의 굴레를 모두 깨는 것에 행복의 목표를 두고 있는 사람은 분별력이 없는 사람이 아닐까요? 그런 사람은 자신이 전 인류를 불행 속에 빠뜨리고 말았을 때 비로소 자기 혼자 행복해졌다고 믿고 기뻐할까요? 자기 혼자서 모든 의지에 거슬러 전체의 의지를 자기 혼자의 부정한 의지에 굴복시켰으니 자신을 강대하고도 대담하기 이를 데 없다고 믿을까요? 또 만일 타인이 모두 그와 똑같다면 어떻게 이 사내는 모든 타인의 정욕을 자기 정욕에 복종시키길 기대할 수 있을까요?

아아, 쥘리에트, 신학은 악덕의 인간에게 있어서만 하나의 학문일 수 있는 것입니다. 미덕을 사랑하는 사람에게 있어서 그것은 자연의 소리에 지나지 않습니다. 신을 사랑하고 신에게 봉사하려고 한결같이 힘쓰는 사람에게 신의 위로가 옛날이야기에 지나지 않는다면 그것은 얼마나 통탄할 일입니까. 그렇습니다. 우주는 무한히 힘차고, 무한히 교묘한, 하나의 원인을 나타내는 인격을 지녔습니다. 그리고 우연이란 부도덕한 사람들에게 의지가 되는 슬프고 덧없는 방편이고, 이유가 없는 필연적 원인의 변덕스러운 일치에 지나지 않으며, 이것은 아무것도 낳지 못합니다.

한 번 신을 인정한 이상, 이 신에 대해서 마땅히 가져야 할 숭배의 마음을 어찌 거부할 수가 있겠습니까? 이 세상에서 가장 숭고한 것이 우리가 존경할 만한 것이 아닐 리가 있겠습니까? 우리의 온갖 즐거움의 원인인 그분이 우리에게 감사를 요구할 권리가 당연히 있지 않겠습니까? 이제 여기까지 오면 내 설명도 훨씬 하기 쉬워집니다. 다시 말해 지상의 온갖 종교 가운데 가장 도리에 맞는 종교에 당신은 몸을 바치면 된다는 것입니다…… 아아, 쥘리에트, 만일 당신이 미덕을 사랑한다면 머지않아 당신은 당신 종교의 신성한 창조자의 예지까지도 사랑하게 될 것입니다. 잠시 이 종교의 특징인 숭고한 도덕에 당신의 눈길을 돌려보기 바랍니다. 그야말로 가장 순수하고 아름다운 도덕을 역설한, 고대에서 오직 한 사람의 철학자가 아닐까요? 다른 모든 철학자의 도덕에는 반드시 이기심과 야심이 드러나 있지만 그리스도의 도덕만은 인류애 이외에 어떤 목적도 지니고 있지 않은 것입니다. 플라톤도, 소크라테스도, 공자도, 마호메트도, 모두 명성과 신도를 기대했는데 겸허한 예수는 오직 죽음만을 보고 있었던 것입니다. 그의 죽음 자체가 본보기인 것입니다."

나는 이 분별 있는 사내의 이야기를 들으면서 마음속으로 생각을 했다. 이 사람이야말로 뒤랑 부인이 말한 천사가 틀림없다. 이해하지 못하는 미덕의 언어를 나에게 알리기 위해 오는 천사란 틀림없이 이 사람이다. 나는 어느새 나도 모르게 이 새로운 연인의 손을 잡고 있었는데 상대는 눈물을 흘리면서 나를 품 안에 꼭 껴안는 것이었다.

"아니에요, 당신." 내가 말했다. "나는 당신이 제공해주는 행복에 걸맞은 여자라고는 생각지 않아요…… 너무나 죄 많은 행위를 지나치게 했으므로 이젠 뒤로 물러서려고 해도 물러설 수가 없답니다."

"아아, 당신은 힘이 센 신과 이 신에게서 비롯되는 미덕이란 것을 아직 잘 모르고 있어요. 올바른 신의 가슴은 뉘우치는 마음을 향해 언제나 열려 있습니다. 기도하세요, 쥘리에트. 열심히 기도하세요. 그렇게 하면 신의 은총은 당신의 것이 됩니다. 내가 당신에게 요구하고 있는 것은 불필요한 정해진 문구도 아니고 미신적인 행위도 아닙니다. 신앙입니다. 미덕입니다. 온갖 처신을 한데 모은 것입니다. 그것만이 현세에서 앞으로 살아가야 할 긴 세월을 당신에게 보장해줍니다. 내가 이런 것을 당신에게 바라는 까닭도 당신의 행복을 위해서입니다. 당신의 악덕만 사랑했던 사람은 요컨대 그들의 악덕이 그곳에서 더한층 매력을 발견하고 있었으므로 이와 같은 충고를 당신에게 할 생각조차 하지 않았습니다. 굳이 이와 같은 충고를 당신에게 할 수 있는 사람은, 따라서 당신의 진정한 친구뿐입니다. 그러니 쥘리에트, 당신을 행복하게 해주고 싶은 나의 열렬한 희망으로 이렇게 말하는 것을 부디 용서해주기 바랍니다!"

솔직히 말해서 롤상주 씨의 순수한 설교는 나를 전혀 이해시키지 못했다. 나의 이성은 참으로 빠른 진보를 이루고 있었으므로 새삼 편견의 소리, 미신의 소리에 귀를 기울일 여지도 없었던 것이다. 게다가 딱한 롤상주는 무슨 논리를 펴고 있었을까. 인간의 행복을 미덕의 필요 위에 설정하는 등, 적어도 내 눈에는 광기 이외에 아무것도 아니었다. 한순간이라도 미덕의 소리에 귀를 기울이는 마음의 약함이 있었으므로 나 같은 사람이 그렇게 불행한 꼴을 당한 것이 아니었을까. 롤상주가 자기 논리에서 궤변에 의해 끄집어낸 결론이 나와 같은 정도로 확실한 정신의 소유자를 비록 일순간이나마 흥분하게 한다는 것은 도저히 말도 안 된다. 그의 논리에 따르면 미덕이 필요할 때 종교도 필요하다는 것이다. 그리고 거기에서 편견과 거짓을 축적해온 그는 내 악덕의 지도를 맡은 사람의 훈시가 그 밑바탕을 찔리면 순식간에 깨져버리는 것이라고 결론을 지었다.

아무튼, 하면서 나는 마음속으로 생각했다. 미덕은 필요하기는커녕 해롭기만 하고 이로움이 전혀 없다. 나 자신이 미덕에 의해서 쓰라림을 겪었기 때문이다. 미덕 위에 세워진 종교의 이야기는 미덕과 마찬가지로 오로지 부조리한 환영일 수밖에 없는 것이다. 자연의 유일한 법칙은 이기주의이다. 그런데 미덕은 타인의 행복을 위해 자기 버릇을 희생함으로써 성립하는 것이므로 이기주의와 모순이 된다. 롤상주가 말하는 것처럼 만일 미덕이 신의 존재를 증명하는 것이라면 자연의 가장 큰 적인 이 미덕 위에 세워진 신이란 도대체 무엇일까? 오오 롤상주, 당신이 쌓아올린 모든 논리는 자연히 무너지는 것이다. 당신은 사상누각을 세운 것이다. 미덕은 인간에게 유익한 것은 더더욱 아니고 당신이 미덕 위에 마련한 신은 온갖 환영 가운데서 가장 부조리한 것이다. 자연에 의해서 만들어진 인간은 자연으로부터 받는 감화에만 따라야 한다. 만일 인간이 그 존재에서 온갖 편견의 목소리를 없애버리면 신의 필요도, 미덕의 필요도 없어지고 말 것이다. ……그렇지만 나는 속마음을 거짓으로 꾸며야만 했다. 운명이 나를 궁지에 몰아넣은 이 비참한 상태에서는 그것이 필요했다. 넉넉한 생활로 돌아가기 위해서는 롤상주와의 결혼이 반드시 필요했던 것이다. 어떻게든 이 부자를 확실하게 붙잡지 않으면 안 된다. 기만과 허위가 나의 첫째 무기여야 한다. 여자로서의 약점이 무엇보다 그것을 필요로 하고 있었던 것이다. 그리고 나의 특수한 도덕은 그 위에 내 인생을 쌓아올리도록 되어 있었다.

오래전부터 나는 이와 같은 상황에서도 쉽사리 남을 속일 수 있을 정도로 거짓을 잘했었다. 나는 롤상주의 의견에 굴복한 척하고 집에 많은 사람을 맞아들이는 습관을 없앴다. 언제 와도 나 혼자밖에 없었으며, 이윽고 나는 성당 미사에 나갈 정도로 롤상주가 말하는 혼의 뉘우침에 두드러진 진보를 보였으므로 그는 쉽게 내 술수에 빠져 2만 리브르의 연금을 인정하고, 나는 앙주르 시에 도착한 지 6개월 뒤에 결국 그와 정식 결혼을 했다. 나는 이 지방에서 꽤 인기가 있었으며 악한 행적을 알고 있는 자는 한 사람도 없었으므로 롤상주 씨와의 부부금슬은 일반적으로 평이 좋아 나는 곧 이 도시의 양갓집 마님 신분이 되었다. 위선으로 나는 마음의 평안을 되찾고 죄의 두려움은 없어졌다.

롤상주 씨와의 부부생활의 즐거움에 대해서는 이야기할 것이 아무것도 없다. 이 사랑스런 사내는 그 정신과 마찬가지로 단순한 쾌락밖에 알지 못했다. 철학과 마찬가지로 음탕에 있어서도 전혀 모르고 내가 아내로서 산 2년간, 이 가련한 사내는 단 한 번도 그 방면에서의 탐구욕조차 일으키지 않았다. 이윽고 나는 이 무미건조한 삶에 뼈저리게 싫증이 나 이 도시에서 무언가 기분전환을 할 거리를 찾게 되었다. 사내건 여자건 단지 상상력을 부추겨주기만 하면 무엇이건 좋았다. 그러나 내 희망은 좀처럼 이루어지지 않았다. 시골의 엄격한 교육과, 도덕심의 견고함, 적은 인구, 낮은 생활 수준이 모두 나의 계획을 어렵게 하고 나의 쾌락에 지장을 가져온 것이다. 남편의 옛 여자친구의 딸이고 16세쯤 되는 꽤 예쁜 애가 내 첫 번째 먹잇감이 되었다. 캐롤린은 나의 부도덕한 이론에 홀딱 넘어가 곧 내 욕망에 굴복했다. 그러나 단지 미인일 뿐 아무런 쓸모도 없는 캐롤린 같은 처녀에게 나처럼 상상력에 의해서만 흥분하는 여자가 언제까지나 감정이 북받쳐 있을까? 풋내기 처녀에게는 상상력이란 것이 전혀 없었다. 나는 곧 그녀를 버리고 제2, 제3의 처녀로 상대를 바꾸었다. 제각기 평범한 아름다움은 있었으나 어찌하랴, 머리가 굳어 있고 장난기라고는 털끝만치도 없는 것이다. 오오, 크레아빌, 당신이 있다면 나는 얼마나 행복할까! 말해보았자 어쩔 수 없는 일인데 어릴 적부터 취미나 습관에 의해서 악덕을 사랑해온 사람이 아니면, 도저히 타락한 행위의 끊임없는 실행 속에 커다란 행복을 확실하게 잡기가 어려운 것이다. 미덕의 따분한 길만을 걸어온 사람은 그런 행복을 결코 만날 수가 없는 것이다.

나는 사내아이에게도 손을 대보았다. 하지만 이제는 거의 즐길 수가 없었다. 바로 10명 째를 찾고 있던 어느 날 남편과 함께 진지하게 미사에 참례하고 있는데 미사를 집전하고 있는 사제가 아무래도 옛날에 범죄친구 모임에서 은근히 통한 적이 잇는 샤벨 신부 같은 생각이 들었다. 미사가 이렇게 지루하게 생각된 적은 없다. 겨우 식이 끝나 롤상주 씨가 나가려고 하자 나는 아직 무언가 기도할 것이 있다는 듯이 그곳에 남았다.

방금 미사를 집전한 사제를 불러달라고 말하자 그는 곧 왔는데 확실히 샤벨 신부 그 사람이었다!

우리가 곧 인기척이 없는 성당 안으로 들어가자 상냥한 사제는 몇 번이고 다시 만나게 되어 기쁘다고 말한 다음 자기는 이 교구에서 많이 벌고 있을 뿐 전력을 숨기지 않을 수 없는데 정책상 이런 서투른 연극을 하고 있으므로 당신까지 속일 생각은 털끝만큼도 없다, 나의 사고방식도 습관도 전과 같고 만일 원한다면 언제든지 그 증거를 보여줄 수 있다고 말했다. 나도 내 신상 이야기를 들려주었다. 샤벨은 이 도시로 온 지 아직 8일밖에 지나지 않아 내가 어떤 처지에 있는지 모르고 있었는데 빨리 옛 정을 나누고 싶다고 계속 유혹했다.

나는 말했다. "신부님, 구태여 멀리 갈 필요도 없어요. 여기서 날 즐기세요. 교회는 잠겨 있을 테고 이 제단이 우리의 침대가 되어줄 거예요. 한시라도 빨리 쾌락으로 날 치유해주세요. 쾌락을 잃은 뒤부터 날마다 나는 울고 지냈어요. 이 꺼림칙한 도시에 온 뒤부터 내가 몸을 맡긴 사람들 가운데 누구 하나 내 엉덩이에 그것을 하려는 사람이 없었어요. 나는 이와 같은 방법만 좋아하므로 그 밖에 어떤 쾌락도 이 방법의 전주이거나 덤으로만 생각하거든요."

"그러면 그 방법으로 합시다." 샤벨 신부는 나의 배를 제단으로 밀어붙이며 말했다. 그러고는 내 엉덩이를 뚫어지게 바라보고 "아아, 쥘리에트!" 외쳤다. "언제 보아도 그대의 엉덩이는 멋져요! 완전히 비너스의 엉덩이 바로 그거예요……."

악의 습관을 끊는 것이 잔혹하다면 그만큼 이 습관을 다시 되찾는 것은 즐거운 것이다. 마음에도 없이 금욕해야만 했던 때부터, 나는 격렬한 욕망에 몹시 굶주리고 있었다. 그 부분에 찌릿찌릿한 감각조차 느끼는 형편이어서 어쩔 수 없이 기구로 달래는 것 말고는 방법이 없었다. 샤벨에 의해서 나는 되살아난 것 같았다. 그는 자기가 더할 나위 없는 만족을 준 것을 알자 시간을 늘려 3번이나 계속했다.

"이보다 좋은 즐거움은 없다는 것을 알아야 해요, 쥘리에트." 샤벨이 일어나면서 말했다.

"오오, 신부님, 당신은 누구에게 그런 말을 하고 있는 거죠? 나보다 열성적인 젊은 신자를 당신은 죽을 때까지 만나지 못할 거예요! 우리에게는 이렇게 하는 것이 절대로 필요해요."

"그래요, 절대로 필요해요, 쥘리에트. 그러니 그대는 나를 만난 것을 이중으로 기뻐해야 돼요."

"왜요?"

"나에게는 친구가 있으니까요."

"친구의 연적으로 날 뽑아주시는 건가요?"

"그쪽이 그대가 택한 남편보다 훨씬 그대의 취향에 맞을 거요."

"오오, 당신은 날 제대로 평가하시는군요. 몸가짐이 올바른 여자 노릇을 하는 것만큼 이 세상에서 한심한 일은 없어요. 바보가 아니라면 도저히 이와 같은 자격에 만족할 수 없어요. 정숙한 여자란 요컨대 모든 편견을 이겨낼 정도의 힘이 없고 무지라든가 체질의 결함 같은 것에 의해서 산송장처럼 되고 만 바보를 말하는 것이고 이른바 장애인과 같은 거예요. 여자는 음욕의 기계이며 음욕을 위해 태어난 존재예요. 그러므로 이를 거부하는 여자는 경멸을 받고 시들해지는 수밖에 없어요."

그러면 이야기를 본 줄거리로 되돌리자. 롤상주 씨와의 결혼 뒤, 11개월 만에 나는 두 사람의 첫날밤의 결정인 예쁜 여자아기를 낳았는데 이것은 정책상 내가 꼭 낳아야겠다고 생각했던 것이다. 즉 나와 결혼한 사내의 재산을 아내인 내가 상속을 받기 위해서는 아이가 없어서는 안 되었던 것이다…… 그렇긴 한데 과연 나의 진실한 남편의 아이였는지 아닌지는…… 호기심이 많은 여러분도 틀림없이 이 점이 알고 싶었으리라. 좋다, 그렇다면 라 폴리냐크 부인도 이 같은 무례한 질문을 받았을 때 남편에게 했다는 말을 인용해 대답을 대신하겠다.

"오오, 당신 장미의 꽃다발을 만진 자가 자기를 찌른 장미는 이 장미라고 확실하게 말할 수 있을까?"

그러면 이런 때 남편은 어떻게 했을까? 물론 롤상주는 모든 사정을 그대로 받아들여 아무것도 거부하지 않았다. 그에게는 아버지로서의 명예와 의무가 있었다. 나의 인색에 그 이상 무엇이 필요했을까? 남편은 아이에게 마리안이라는 이름을 지어주었는데 태어난 지 1년이 되었을 쯤, 그 무렵 24세가 된 그녀의 어머니는 진지하게 생각한 끝에 프랑스를 떠날 결심을 하고 있었다.

오래전부터 나는 익명의 편지를 몇 통 받고 있었는데 그 편지에 의하면 여전히 위세를 부리고 있는 생퐁이 나의 경솔한 언행을 두려워해 나를 감옥에 넣어두지 않은 것을 뉘우치고 여러 방면으로 손을 써 나의 행방을 찾고 있다는 것이었다. 설사 이름이 바뀌어도, 신분이 바뀌어도 그것으로 안전하다고 할 수는 없으므로 나는 생퐁의 증오를 벗어나기 위해 알프스산맥을 넘을 각오를 한 것이다. 그러나 그러려면 우리 부부의 인연을 끊어버려야만 한다. 남편의 지배 아래에 있는 몸으로 이 같은 계획을 실행할 수 있을까? 하지만 그런 속박에는 그다지 신경을 쓰지 않고 나는 가능한 한 은밀하고 안전하게 남편의 생명을 빼앗을 방법에만 골몰했다. 이미 이와 같은 일은 이따금 저지르고 있었으므로 내 눈에는 그것이 그다지 큰 죄로 비치지도 않았다. 죄의 계획을 머리에 떠올리고는 혼자서 자위를 즐기고 얻은 쾌락으로 실행에 대한 결의를 더욱더 굳혔다. 뒤랑의 집에서 산 여러 독약이 6상자 남아 있었다. 내가 친애하는 남편에게 '로열'로 불리는 독약을 마시게 한 것은 그의 인격에 대한 존경과, 이 독약을 먹은 뒤 죽을 때까지 걸리는 시간이 매우 길어 그사이에 내가 현장을 떠날 수 있기 때문이었다.

롤상주 씨의 죽음만큼 숭고한 것은 없었다. 죽을 때까지 이 사람은 실로 고상한 것을 말하거나 행하고 있었다. 그의 방은 온갖 기적이 이루어지는 교회당으로 갑자기 바뀌었다. 나를 향해 따분한 충고나 설교를 되풀이하고, 딸을 부탁한다고 애원을 하며, 3, 4명의 참회 청문수도사의 팔에 안겨 하늘에 올랐다. 사실 이런 상황이 이틀만 이어졌어도 나는 남편을 내버려두고 놀이에 가버렸을지도 모른다.

임종을 앞둔 사람에게 해야 할 배려는 여러 가지가 있는데 이것은 나로선 이해하기 어려운 사회적 의무의 하나이다. 살아 있는 인간으로부터 가능한 한 효용을 끄집어내는 것은 당연한 일이지만 자연이 병으로 이 인간을 괴롭히고, 그를 자연으로 돌아가게 하려는 것을 일단 알았으면 이제 우리는 자연의 법칙에 거스르면서까지 불필요한 간섭을 해서는 안 된다. 죽을 사람은 죽게 해야 하고, 오히려 자연의 의도를 도와야 한다. 요컨대 환자는 내버려두면 되는 것이다. 마음이 편안해지는 것을 머리맡에 놔두고 나머지는 치워버리면 되는 것이다. 건강한 인간이 자연의 법칙을 무시하면서까지 일부러 환자의 방으로 오염된 공기를 마시러 가고 결국에는 자신도 병에 걸리는 지경에 빠지다니, 이는 완전히 자연을 거스르는 일이고 죄스러운 이야기이다. 나로선 자연의 걸음을 무리하게 역행시키려고 하는 것만큼 죄스러운 일은 없다. 언제나 이 원칙에 따라서 행동하고 있는 나는 환자에 대해서 어떤 배려를 표시한 적도, 마음을 편안하게 하는 말을 해준 적도 없다고 여러분을 향해 단언할 수가 있다. 하지만 내가 이 같은 생각을 할 수밖에 없는 것은 내 성격의 냉혹함 때문이라는 등의 말을 해서는 안 된다. 이와 같은 사고방식은 나의 정신에서만 생겨나는 것이고, 내 정신은 이론상으로는 전혀 잘못이 없는 것이다.

이탈리아 여행

천하제일의 청렴결백한 남편이 죽자 나는 크게 기뻐하고 상복을 입었다. 미망인이 상복을 입었을 때만큼 요염한 것은 없다. 첫날부터 나는 이 옷차림으로 샤벨 신부의 친구들과 놀아났다. 하지만 이런 상복보다도 더욱 즐거웠던 것은 연 수입 5만 리브르로 예상된 4개의 토지이며, 남편의 금고 속에서 찾아낸 10만 프랑의 현금과 함께 그것이 고스란히 내 손에 들어온 것이다. 이만한 돈이 내 주머니에 굴러들어왔으므로 이제 이탈리아 여행을 하기에는 충분하다고 생각했다.

게다가 뜻하지 않은 행운이 있었다. 언제나 죄악의 편인 운명의 신이 가장 충실한 죄악의 신봉자인 나에게 다시 은혜를 베풀어준 것이다.

뜻하지 않은 행운이란 이를 두고 한 말인데, 오랫동안 이탈리아에서 생활한 샤벨 신부가 나를 위해 아주 편리한 추천장을 써준 것이다. 게다가 내 딸을 맡아주고 가능한 한 보살펴주겠다고 약속해주었다. 물론 나에게 이익이 되도록 보살피는 것일 뿐, 엄마와 딸의 애정 같은 보살핌은 아니다. 그 같은 사랑은 느껴본 적이 없고 내 신념과는 아무런 연관도 없는 것이기 때문이다. 나는 나의 놀이상대로서 제필이란 이름의 미남 하인과 오거스틴이라는 이름의 태양처럼 아름다운 18세의 심부름꾼만 택했다. 우리는 불룩해진 돈 자루를 싣고 마차에 올라 도중에 아무 데도 들리지 않고 최초의 목적지로 정한 토리노까지 달렸다.

이탈리아의 시원하고 자유로운 공기를 마시자 나는 속으로 이렇게 외치고 있었다. 아아, 기쁘다! 이제야말로 나는 온 세상의 호사가들이 그리워하는 땅에 와 있는 것이다. 이곳이 네로와 메살리나가 태어난 나라이다. 어쩌면 이 죄악과 음탕의 원조들과 같은 땅을 밟음으로써 나 또한 아그리파의 패륜아들의 대죄와 클라우디우스의 요부의 탈선을 모두 흉내 낼 수 있을지도 모른다…… 그 같은 생각을 하자 밤에도 잠을 이루지 못하고 투숙한 영국 호텔에서, 도착한 그날 밤 유혹한 아름다운 젊은 하녀의 팔에 안겨 밤을 지냈다.

이탈리아를 통틀어 토리노만큼 고지식하고 지루하기 짝이 없는 도시는 없다. 궁정인은 인사가 서투르고 도시인은 음울한 데다 민중은 신앙심이 두텁고 미신으로 뭉쳐 있다. 놀려고 해도 도무지 놀 장소도 마땅치가 않다. 나는 제대로 마음이 들뜬 여자의 생활을 할 생각으로 출발한 것이다. 그리고 토리노에서 사전연습을 할 작정이었다. 내 계획은 유명한 창녀로서 여러 나라를 떠돌며 이르는 곳마다 이름을 팔아 나의 매력이 짜낸 보수에 의해서 더욱더 재산을 불려 이것을 나 자신의 도락을 위해 보람 있게 쓰자는 것이었다. 젊음과 정력에 넘친 사내가 아니면 도저히 나의 쾌락을 만족시켜줄 수는 없으므로……

디아나라는 뚜쟁이의 안내로 사르데냐 왕을 만났는데 꽤나 도락자인 이 왕은 손수 상대에게 관장을 시키고는 그 모습을 보고 즐기는 유별난 취미의 소유자였다. 그리고 이 실험의 대가로 2천 제키의 금화를 준다는 이야기였다. 왕도 보통 인간과 마찬가지로 뒤로 하는지 알고 싶어 나는 망설이지 않고 이 제의를 받아들였다. 왕은 제 발로 나의 약제사라는 천한 역할로 몸을 낮추고는 매우 즐거운 듯이 난잡하게 했다. 그리고 나에게 초콜릿을 반쯤 주기에 그것을 감사하게 받고 우리는 둘이서 정치이야기를 나누었다.

그날 밤 한껏 차려입은 사람들이 모여 있는 연회에 따라갔더니 그곳은 도박장이었고 두 부류의 사람들이 참가하고 있었다. 한쪽은 사기꾼 조이고 다른 한쪽은 오리의 조이다. 토리노에서는 사기도박이 습관이 되어 있어 여자에게 다가가는 사내는 도박으로 사기를 쳐 여자를 속여 넘겨야만 자기의 것으로 할 수 있다는 사실을 알게 되었다.

"꽤 재미있는 관습이군요." 나는 이 사실을 가르쳐준 어느 여도박사에게 말했다. 그러자 "당연한 거죠"라고 그녀가 대답했다. "도박이란 본디 거래니까요. 어떤 계략을 쓰건 상관없어요. 상인이 당신의 눈을 속이기 위해 창구에 널빤지를 댔다고 해서 당신은 이 상인에게 시비를 걸 수 있나요? 벌기 위한 방법이라면 그게 무엇이건 다 넘어간답니다, 부인."

여기에서 나는 도르발의 도적질에 관한 금언을 떠올려보았는데, 이 경우 그의 금언을 적용해도 전혀 지장은 없을 것 같았다. 그래서 그녀에게 남의 재물을 훔치는 방법에 있어서 한층 숙달하려면 어떻게 하면 좋겠느냐고 물어보았다.

"코치가 있어요." 그녀는 대답했다. "원한다면 내일부터라도 코치 한 사람을 댁으로 보내드릴까요?"

나는 꼭 그렇게 해달라고 말했다. 코치가 오자 8일에 걸쳐서 트럼프의 달인이 되기 위한 기술을 친절하게 가르쳐주었으므로 나는 토리노에 온 뒤 3개월 만에 2천 루이를 벌 수 있었다. 한편 수업료를 내야 할 때가 되자 이 사내는 나에게 섹스를 요구했다. 그것이 이탈리아식인지는 모르겠는데 나로서도 그편이 더욱 고마웠으므로 사내의 건강에 대해서 충분히 다짐을 받은 다음(그만한 용의주도함이 이 나라에서는 필요했던 것이다), 배신을 업으로 삼는 사내에게 그가 원하는 방법으로 즐기게 해주었다.

이 도박 선생의 이름은 스브리가니였는데 매력 있는 생김새와 꽤 훌륭한 물건과 힘과 건강으로 충만한 나이의 소유자였다. 기껏해야 30세쯤인데 타락의 정신과 상당한 학식, 특히 수단을 가리지 않고 타인의 재물을 빼앗는 천재적인 수완을 지니고 있었다. 이런 사내야말로 함께 여행을 하기엔 안성맞춤의 인물일 것 같아서 그에게 이야기했더니 그도 기꺼이 받아들였다.

이탈리아에서는 어떤 이유이건 사내가 창녀를 데리고 걸어도 결코 빈축을 사는 일은 없다. 그것은 이탈리아의 사내가 모두 창녀를 사려고 하기 때문이다. 살 사람이 나타나면 동행하는 사내는 형제이건, 남편이건, 아버지이건 순순히 물러서는 것이 상례이다. 손님이 만족하면 동행하는 사내는 다시 나타나 단란한 자리에 가담하거나 하는데 만일 손님이 새로운 욕망이라도 일으키면 서둘러 옷장 안으로 몸을 숨긴다. 이런 식으로 그들은 이럭저럭 먹고 살았다. 시원스런 이탈리아의 사내는 이와 같은 약속을 기꺼이 받아들인 것이다. 나는 이 아름다운 나라의 언어에 능통했으므로 쉽게 그 나라 사람이 되어 스브리가니에게는 내 남편 역할을 맡기고 즉시 피렌체를 향해 떠났다.

아스티에서 파르마공국을 지나 볼로냐에 닿았는데 이 도시 여자들은 어찌나 아름답던지 이를 충분히 즐기지 못하고 지나칠 수는 없었다. 내가 금화를 듬뿍 주자 스브리가니는 나의 음욕을 만족시키기 위해 아는 미망인에게 소개해주었는데 그녀도 나와 마찬가지로 동성을 몹시 좋아했다. 이 매력적인 여성은 36세인데 비너스처럼 아름답고 볼로냐에 전해져 내려오는 온갖 자위의 비법을 다 알고 있었다. 8일 동안 나는 150명 이상의 여자와 자위를 했는데 그녀들은 모두 누구에게도 뒤지지 않을 미인들이었다.

마지막으로 도시 근교에 있는 수도원에 꼬박 1주일을 지내러 갔는데 이곳은 나의 안내자인 미망인이 가끔 구경을 간다는 곳이었다. 아아, 여러분, 이 성역에서 우리가 빠진, 꿈도 꿀 수 없는 음탕의 다양함은 아레티노의 펜으로도 틀림없이 다 묘사하지 못했을 것이다. 수습수녀와 50명의 기숙생들을 모두 합한 120명의 여자들이 우리의 손에서 손으로 돌려졌다. 태어나서 이처럼 많은 여자와 자위를 한 적은 없다. 볼로냐의 수녀는 유럽의 어느 여자보다도 조개 맞추기 기술에 뛰어났다. 혀의 놀림이 빠른 것, 손가락 움직임의 나긋나긋함, 그것은 놀랍기만 할 뿐이고 그녀들은 몸의 어느 부분도 그냥 놔두지 않는 것이다…… 대단한 여인들! 나는 당신들의 매력과 열락적인 감각을 불러일으키는 데 뛰어난 그 절묘한 기교를 영원히 잊을 수 없으리라. 여러분의 교묘한 재주는 영원히 나의 기억에서 떠나지 않을 것이다. 그리고 앞으로 나에게 있어서 가장 음탕한 순간은 당신들 밑에서 맛본 이 쾌락을 떠올리는 순간이기도 할 것이다.

여자들은 한결같이 아름답고 탄력이 있어서 한 사람을 골라내기가 거의 불가능했다. 몇 번인가 상대를 정하려고 해보았는데 너무나 많은 미인의 수에 눈이 쏠리고 말아 차라리 모든 여자에게 경의를 표하는 것 말고는 도리가 없다고 생각될 정도였다. 그래서 나는 전체가 굴비처럼 줄줄이 엮이는 방법을 생각해냈다. 넓은 방 안에서 모두가 둥글게 원을 만들어 100명쯤이 하나로 이어지는 것이다. 처녀성을 존중하기 위해 나이가 어린 처녀는 젊은 혈기로 통하는 것도 허용이 된다. 9명 째마다 대왕으로 불리는 나이가 많은 여자가 있고 이 여자만이 말을 할 권한을 지닌다. 그녀들은 호령을 하여 한꺼번에 절정에 이르게 하거나 위치의 이동을 명하는 등 이 기묘한 대향연의 모든 질서를 주재하고 있는 것이었다.

연일 이어지는 환락에 지쳐 있었을망정 자기타락의 방탕이라는 것은 육체가 지치면 그만큼 상상력을 심하게 부추기는 것이므로 나는 더욱 새로운 여러 가지 방탕에 몸을 던졌다. 그리고 마음껏 즐기지 못했던 것을 뉘우치고 그것을 내 상상력의 부족 탓으로 돌렸다. 죄 가운데서 모든 것을 즐기지 못했다는 회한이, 미덕에서 멀어짐으로써 약한 혼이 느끼는 회한보다도 훨씬 큰 것임을 사무치게 느낀 것은 이때였다.

나의 육체적 정신적 상태가 이 정도였을 때 우리는 마침 아펜니노산맥을 가로지르고 있었다. 이탈리아를 둘로 나누는 이 커다란 산맥이야말로 호기심이 왕성한 여행자에게는 가장 흥미로운 것이었다. 이르는 곳마다 시시각각으로 펼쳐지는 그림과도 같은 풍경은 무어라고 나타내야 좋을지 모르겠다. 한편으로는 광활한 롬바르디아의 평원이 있고 다른 한편으로는 아드리아해가 멀리 바라다보였다. 우리는 망원경을 가지고 있었으므로 50리 이상의 거리를 내다볼 수가 있었다.

화산을 보러갈 생각으로 우리는 피에트라 마라에서 식사를 했다. 나는 자연의 변덕이라는 것에 매우 흥미가 있었으며 또 자연이 우리 눈에 날마다 보여주는 무질서, 변덕, 두려워할 만한 큰 악을 무엇보다도 좋아했으므로 식사가 끝나자 곧바로 이 현상을 볼 수 있는 불에 탄, 메마른 작은 들판 쪽으로 걷기 시작했다. 화산 주변 토지는 모래가 많고 황폐해 자갈뿐이었다. 나아갈수록 심한 열기가 느껴지고 화구에서 내뿜는 구리와 석탄 냄새가 코를 찔렀다. 마지막으로 불꽃이 보이기 시작했는데 뜻하지 않게 갑자기 쏟아진 비로 말미암아 불길은 더욱 타올랐다. 이 화구는 주위가 90 내지 100미터는 되는 것 같았다. 주위의 토지를 파헤치거나 하면 찌든 봉 밑에서 순식간에 솟구치는 것이다.

나는 나와 함께 이 이상한 현상을 살피고 있었던 스브리가니에게 말했다. "마치 엉덩이에 매질을 당해 불타오르는 나의 상상력 같아요."

화구 중심부의 굳어진 흙은 불에 타 까맣고 주변부 흙은 점토 같은데 화산과 똑같은 냄새가 났다. 화구에서 내뿜는 불길은 엄청나게 뜨거워서 그곳에 던져진 물질은 무엇이건 순식간에 녹아버렸다. 불길의 빛은 에탄올에서 일어나는 것과 같은 보랏빛이었다.

피에트라 마라의 오른쪽에는 또 다른 화산이 보였는데 그것은 사람이 불을 붙이면 비로소 불타오르는 화산이었다. 우리는 그곳에서 실험을 해보았는데 이 실험만큼 재미있는 것은 없다. 초를 써서 들판 한가운데에 불을 질렀다. 하지만 나처럼 대단한 상상력을 타고난 사람에게는 이런 실험은 독이 된다. 여러분도 아시겠지만 땅 위에 놓은 촛불이 땅바닥을 태우는 것보다 빠르게 땅속에서 내뿜는 불길이 내 정신을 불타오르게 하니까.

"오오 당신!" 나는 스브리가니에게 말했다. "이쪽으로 와요, 당신, 네로의 맹세를 새롭게 했어요. 전에도 말했지만 그 잔인무도한 사내가 태어난 나라의 분위기에 끌려 나는 그의 취미를 바로 내 것으로 삼을 결심을 했죠."

비가 내리자 제2의 산의 화구는 순식간에 빗물로 가득 차 끓어오르면서 물의 양을 늘리는데, 빗물의 냉기는 전혀 변함이 없다. 오오, 자연이여, 이 무슨 변덕인가…… 그대는 인간에게 본보기를 보여주겠다는 것인가?

피렌체 시가를 둘러싼 모든 화산이 어느 날 갑자기 이 도시에 무서운 재해를 가져올지도 모른다. 내가 지금 보고 있는 지각의 대격동이 이 우려를 정당화하는 확실한 증거이다.

문득 어떤 유추가 내 마음에 번득였다. 어쩌면, 하고 나는 생각을 했다. 소돔과 고모라로 불리고 있는 고대의 도시가 불탔다는 것도 우리는 그것을 기적이라는 등의 말로 이 도시 주민의 본디 악덕에 벌을 주는 방편이라고들 하지만 어쩌면 이 도시가 이런 곳에 위치해 있었으므로 그렇게 불타버리고 만 것이 아닐까? 이 도시가 자리 잡고 있었던 사해(死海)의 주변은 사실 사라지지 않는 화산지대가 아니었을까? 그렇다, 확실히 이곳과 비슷한 지대였음이 틀림없다. 그렇긴 해도 실제로 내 눈앞에서 이런 간단한 방법으로 불이 활활 타오르고 있는데 왜 사람들은 고집스레 초현실적인 현상을 믿으려고 하는 것인가?"

또 하나 내 마음에 번득인 것은 기후풍토의 영향이라는 생각이었다. 피렌체에서도, 나폴리에서도, 또는 에트나산 주변에서도, 베수비오산 주변에서도 소돔과 고모라에서와 마찬가지로 남색이 대단히 애호되고 있는 것을 알았을 때, 나는 인간 호기심의 변덕이 자연의 변덕을 본뜬다는 것, 자연이 타락해 있는 지역에서는 어디나 자연의 아들인 인간도 타락해 있음을 쉽게 이해할 수가 있었다.

이런 생각을 하고 있으면 나는 마치 행복한 아라비아의 도시로 날아간 것 같은 생각이 들었다. 이곳은 옛날에 소돔의 도시였구나, 나는 마음속으로 생각했다. 자, 도시주민의 풍속에 경의를 표하자…… 그리고 화구 가장자리로 가서 스브리가니에게 엉덩이를 내밀고, 곁에 있었던 오거스틴과 제필에게도 우리와 똑같이 하게 했다. 그런 다음 상대를 바꾸어 스브리가니에게 나의 시녀를 섹스하게 하고 나는 하인의 먹잇감이 되었다. 그동안 오거스틴과 나는 마주보고 서로 간질였다.

그때 갑자기 숲에서 무서운 소리가 들려왔다.

"아, 너무 좋아!" 외침이 있었다. "제발 그대로 계속해줘. 방해가 아니라 나는 당신들과 함께 즐기고 싶으니까."

그렇게 말하며 우리에게로 다가온 것은 반은 사람 반은 말인 괴물로, 태어나서 한 번도 본 적이 없는 커다란 얼굴을 드러냈다. 이 인물은 키가 220센티였으며, 험상궂은 얼굴은 갈색이고 드넓은 수염이 있어 처음 보았을 때 우리는 순간 지옥의 악마와 마주친 것이 아닌가 생각했을 정도였다. 우리가 물끄러미 바라보자 사내는 의아하다는 듯이 말했다. "뭐야! 설마 아펜니노의 은둔자를 모르는 것인가?"

"알게 뭐람?" 스브리가니가 대답했다. "당신처럼 무서운 짐승의 이야기 따위는 들은 적이 없다."

"그런가?" 괴물은 말했다. "그러면 네 사람 모두 날 따라오도록. 더욱더 놀랄 만한 것을 보여주지. 앞서 즐기는 것을 보니 아무래도 당신들은 내가 보여주려는 것을 돌아보고 나와 함께 그런 모든 것을 즐길 자격이 있는 것 같아."

스브리가니가 말했다. "거인, 우리는 색다른 것을 몹시 좋아해서 구경을 시켜준다면 무엇이든지 하겠어. 하지만 당신은 대단한 힘이 있는 것 같은데, 설마 그 힘으로 우리를 꼼짝 못하게 하거나 그런 일은 없겠지?"

"걱정 말아. 내 친구가 되기에 걸맞다고 생각한 인간에게는 해를 끼치지 않으니까." 이 수상한 인물은 말했다. "만일 그렇지 않으면 위험한 꼴을 당하게 되겠지만. 아무튼 걱정 말고 따라와."

우리는 이 뜻밖의 사건이 어떻게 전개될지 궁금해 따라온 안내인들에게 숙소에 돌아가 기다리라고 한 다음 단단히 각오하고 곧바로 거인의 뒤를 따라 걷기 시작했다.

"싫증을 내거나 따분하게 여기면 안 돼." 거인이 말했다. "길은 먼데 아직 해가 질 때까지는 일곱 시간이나 남아 있어. 밤의 장막이 만물을 뒤덮기 전엔 목적지에 닿을 거야."
 이윽고 모두 입을 다물었다. 나는 걸으면서 길의 상태나 가까운 곳의 경치를 살필 여유가 있었다.

아펜니노의 은둔자 민스키

피에트라 마라의 화산지대를 벗어나 우리는 한 시간 남짓 오른쪽에 위치한 높은 산에 올랐다. 이 산의 꼭대기에서 내려다보니 방금 우리가 걸어온 길이 2천 길 이상이나 되는 깊은 골짜기였다. 이 일대는 무성한 밀림으로 가려져 있어 우리는 길을 더듬어가는 것이 고작이었다. 깎아지른 듯한 고갯길을 세 시간 가까이 내려가자 드넓은 늪가에 이르렀다. 연못 한가운데에 섬이 있고 성채 같은 것이 보였는데 이것이 거인의 거처였다. 성을 둘러싼 높은 벽이 치솟아 있어서 지붕밖에 보이지 않는 것이다. 걷기 시작한 지 여섯 시간이 지났는데도 집이 한 채도 보이지 않고 한 사람도 눈앞에 나타나지 않았다. 베니스의 곤돌라 같은 작고 검은 배가 늪가에서 우리를 기다리고 있었다. 늪가에 와서 비로소 우리는 무섭도록 울창한 산속 분지에 왔음을 알게 되었다. 바라다보이는 것은 여기저기 모두 산으로 둘러싸여 있고 산꼭대기나 산허리에는 소나무, 낙엽송, 사철나무 따위가 무성했다. 이보다 더 황량하고 음산한 풍경은 그 어디에도 없었다. 마치 세상의 끝에 온 것 같은 생각이 들었다.

우리가 작은 배에 오르자 거인이 혼자서 배를 저었다. 나루터에서 성까지는 1킬로미터나 떨어져 있었다. 성을 둘러싼 성벽 아래까지 오자 벽에 붙여진 철문이 있었다. 그리고 철문 앞에는 너비가 3미터나 되는 수로가 있고 도개교(跳開橋)가 걸려 있는데 다리는 우리가 다 건너자 순식간에 접히고 말았다. 이윽고 제2의 성벽이 나타나고 다시 철문을 빠져나가자 우리는 밀림 속에 와 있었다. 빈틈없이 숲이 우거져 도저히 그 안으로 들어갈 수 있을 것 같지도 않다. 사실 하나의 산울타리처럼 된 이 밀림은 굽이굽이 이어지는 하나의 길 말고는 어디에도 샛길은 없었다. 이 숲 속에 마지막 성벽이 있었는데 그것은 두께가 3미터나 되었다. 거인은 자기만이 움직일 수 있는 커다란 돌을 들어올려 꾸불꾸불한 계단으로 우리를 불러들이고는 다시 돌뚜껑을 덮었다. 이렇게 해서 우리는 땅속을 지나 어둠 속을 계속 걸어 드디어 성안의 지하실 한가운데에 오자 다시 앞선 것과 비슷한 돌뚜껑이 덮인 굴을 통해 땅위로 나올 수가 있었다. 그곳은 벽 전체가 해골로 뒤덮인 천장이 낮은 방이고 의자도 모두 죽은 사람의 뼈로 되어 있었다. 우리가 어쩔 수 없이 앉게 된 것은 머리뼈로 된 의자였다. 잔혹한 외침이 머리 위에서 들려오는 것 같았는데 이윽고 이 방의 천장에 거인의 희생자들이 신음하고 있는 토굴이 있음을 알았다. 우리가 앉자 거인이 말했다.

"자, 이제 그대들은 나의 포로가 된 것이다. 삶건 태우건 내 마음이다. 하지만 무서워할 건 조금도 없다. 내가 앞서 본 그대들의 행위는 나의 사고방식과 완전히 같아서 그대들이야말로 내 은신처에서 쾌락을 함께하기에 걸맞은 자들이다. 내 말을 듣기 바란다. 저녁식사 전에 말해둘 것이 있다. 내가 이야기하는 동안에 식사준비가 될 것이다.

나는 볼가강이 내려다보이는 작은 도시에서 태어난 러시아인이다. 이름은 민스키라고 한다. 아버지는 엄청난 재산을 나에게 남기고 죽었다. 자연이 나에게 준 육체적 능력과 기호도 이 재산에 걸맞은 거대한 것이었다. 그래서 나와 같은 자가 태어난 도시처럼 짜증이 나는 시골에서 따분하게 세월을 보내는 것은 재미가 없다고 생각해 많은 여행을 했다. 나의 욕망이 미치는 곳, 세계 전체도 좁게 생각되었다. 세계에는 끝이 있는데 나에게는 그것이 마음에 안 든다. 태어날 때부터 도락자이고, 종교를 싫어하며, 방탕한 자이고, 피를 보길 좋아하며, 잔인한 기질이 있는 나는 오로지 인간의 악덕을 알기 위해 세계를 돌아다니며 악덕을 갈고닦다 보니 악행의 습관에 빠진 것이다. 먼저 중국에서 시작해 몽골 및 달탄지방에 이르러 아시아 전체를 두루 다녔다. 그리고 캄차카반도를 거슬러 올라가 베링해협을 건너 아메리카로 들어갔다. 그리고 나는 이 광대한 영토에 사는 문명인, 야만인들을 찾아 전자의 죄와 후자의 악덕 및 잔학성을 고스란히 배웠다. 그러나 내가 이 취미를 유럽으로 가지고 돌아오자 너무나 위험하다면서 스페인에서는 화형의 죄, 프랑스에서는 수레로 찢는 형의 죄, 영국에서는 교수형의 죄, 이탈리아에서는 박살의 죄가 제각기 선고되었다. 하지만 나의 엄청난 부가 그때마다 내 몸을 지켜주었다.

이윽고 아프리카로 건너갔는데 거기서 나는 여러분이 한심스럽게도 타락으로 부르고 있는 것이 실은 인간의 자연스런 상태에 지나지 않으며 오히려 인간이 뿌리를 내리게 한 땅의 영향 이상의 것이 아님을 알게 되었다. 이 훌륭한 태양의 아들들은 내가 그들의 여자에 대한 야만적인 대우를 비난하려고 하자 코웃음을 치고 이렇게 대답을 한 것이다. 본디 여자란 자연이 우리 사내에게 필요한 쾌락을 만족시키기 위해 준 가축이 아닌가? 가금류 사육장의 암탉 이상으로 그녀들이 우리의 존경을 받아야 한다는 어떤 권리라도 있다는 것인가? 가축과 여자에게서 인정할 수 있는 유일한 차이는 가축이 온순한 성격에 의해서 무언가의 의미로 우리의 관용을 받을 만한 데 반해 여자는 속임수, 악의, 배신, 부실과 같은 영원히 뿌리 뽑히지 않는 성질로 말미암아 가혹과 난폭한 취급밖에 받을 수 없다는 점이 아닐까? 여자는 분명 사내의 욕구를 만족시킬 수가 있다. 그러나 만족시켰다고 해서 소나 당나귀처럼 부려먹거나 또는 죽여서 그 고기를 먹는 최상의 이용가치가 여자에게 있을까? 아무튼 이것이 사려분별이 있는 사람들의 의견이었다.

  요컨대 나는 이 아프리카 땅에서 기질적으로 사악한, 본능적으로 잔혹한, 취미적으로 사나운 인간이란 것을 관찰했다. 이 성격은 내 마음에 드는 것이어서 나는 오히려 그것을 자연에 가깝다고 생각한다. 아메리카인의 단순한 거칠음, 유럽인의 교활, 아시아인의 후안무치한 유약함에 비하면 이쪽이 훨씬 낫다. 나는 미국인과 함께 사냥을 해 많은 인간을 죽이고, 유럽인과 함께 술을 마시고 거짓을 말했으며, 아시아인과 함께 많은 음탕한 일에 빠진 뒤 마지막으로 이 아프리카인과 함께 인간의 고기를 먹었다. 그리고 이 취미를 나는 이제껏 버리지 않고 있다. 그대들의 눈앞에 있는 인간의 잔해도 내가 먹고 남긴 뼈이다. 나는 인육만을 먹으며 살고 있다. 앞으로 여러분에게도 맛있는 음식을 대접할 테니까 부디 배불리 먹고 음미하기 바란다. 저녁식사용으로 잡은 것은 어제 내가 데리고 논 15세의 소년인데 틀림없이 맛이 좋을 것이다.

  10년간 여행을 하고 돌아온 뒤, 나는 태어난 고향으로 돌아가 그곳을 돌아보았다. 고향에는 어머니와 여동생이 살고 있었다. 나는 이 두 여자의 친족 상속인이었는데 다시 러시아 땅에 뿌리를 내리고 싶지 않았으므로 이 두 사람의 상속재산을 내 앞으로 돌려놓는 것이야말로 나의 욕심에 걸맞은 일이라 판단했다. 그래서 나는 단 하루 만에 두 여자를 능욕하고 죽여버렸다.

나의 어머니는 아직 젊고 나처럼 몸집이 컸다. 여동생은 180센티밖에 안 되었는데 두 사람 모두 러시아제국에서 보기 힘든 미인이었다.

이 유산에서 내 손에 들어올 것을 모아보니 해마다 2백만이나 써도 된다는 계산이 나왔으므로 나는 이탈리아로 다시 건너가 그곳에 머물러 살 생각을 했던 것이다. 그러나 나는 어차피 살 바에는 무언가 색다르고 황량한, 신비스런 장소, 내 상상력의 음험한 변덕을 모두 만족시킬 수 있는 그런 곳에서 살고 싶었다. 이 변덕이란 것이 아무래도 무시할 수 없는 것이다. 여러분도 함께 며칠간 살아보면 알게 되리라 생각하는데, 내가 진심으로 아쉽게 생각하는 단 하나의 자기타락도 없고, 내 마음을 즐겁게 하지 않는 단 하나의 대죄도 이 세상에는 없는 것과 마찬가지다. 만일 내가 저지른 죄가 그만큼 크지 않았다면 그것은 기회가 없었기 때문이다. 나는 단 하나의 기회도 놓치지 않았다고 자신 있게 말할 수 있다.

나는 두 별채(할렘)를 가지고 있다. 첫 번째 별채에는 5세에서 20세까지의 여자가 200명 수용되어 있고 나는 그녀들을 몇 번이고 음탕의 도구로 이용한 나머지 그녀들의 살이 충분히 썩어 부드러워졌을 때를 노려 식탁에 올리는 것이다. 제2의 별채에는 20세에서 30세까지의 여자가 200명 있다. 이 여자들을 내가 어떻게 다루는지를 언젠가 보여주겠다. 50명의 하인과 하녀가 이 꽤 많은 인원을 음탕의 대상으로 삼기 위해 고용되어 있다. 또 나는 이와 같은 대상을 모으기 위해 세계의 주요 대도시에 100명의 알선업자를 내보내고 있다. 그런 이유로 여기에는 언제나 믿기 어려울 정도로 사람들이 자주 오가는데 내 섬에 몰래 들어오려면 앞서 여러분이 걸어온 길 하나밖에 없으니 놀랍지 않은가. 그 음산한 샛길을 지나 많은 사람이 드나들고 있다니 믿기 어렵지 않은가.

이와 같은 모든 것을 나는 비밀의 베일로 은폐하고 있으며 이 베일은 결코 벗겨지는 일이 없다. 그것은 어떤 작은 걱정도 없다는 뜻이다. 이 땅은 토스카나 대공국에 소속해 있어 이 지역 사람은 내 행위를 다 알고 있으나 내가 뿌리는 돈의 위력이 모든 일에 있어서 나의 안전을 보장해준다.

그러면 자기소개의 마지막으로 나라는 인간에 대해서 약간의 해설을 덧붙이겠다. 나는 올해 45세, 나의 음탕한 능력은 매일 10회쯤 하지 않으면 잠을 이루지 못할 정도이다. 내가 매일 먹는 막대한 인육의 양이 정액의 양을 늘리고 정액을 짙게 하는 데 크게 도움이 되고 있는 것은 의심의 여지가 없다. 누가 이 식이요법을 시험해보기 바란다. 순식간에 그 사내의 음욕 능력은 3배로 늘고 그 밖에 좋은 영양분에 의해서 힘과 건강과 성성함이 회복되는 것을 고스란히 알게 될 것이다. 내가 이 고기를 얼마나 좋아하는지에 대해서는 말이 필요 없다. 말보다도 증거, 한 번이라도 맛보면 더 이상 다른 것은 먹지 않게 되고 만다. 짐승의 고기이건 생선이건 인육에 견줄 수 있는 것은 하나도 없다. 처음에는 조금 거부감을 느끼는데 그것을 이겨내고 일단 먹어보면 절대로 질리지 않는다. 그런데 우리는 함께 일을 벌일 생각이므로 내가 고조일 때의 놀랄 만한 징후에 대해서 미리 한마디 해두는 것이 좋겠다. 처음엔 엄청난 절규가 시작되고 고조에 이르기까지 그침 없이 이어진다. 그와 동시에 내뿜는 정액의 물기둥은 천장에까지 세차게 내뿜어지고 가끔 15회 내지 20회 분출된다. 쾌락의 도수는 전혀 나를 피로하게 하지 않으며 맨 처음 할 때와 똑같이 10회 째에도 나의 사정은 격렬하고 다음 날 피로를 느끼는 일 따위는 없다. 방사하는 기관이 어떤가 먼저 보라."

그는 이렇게 말하고 자신의 물건을 완전히 드러냈는데 그것은 길이 54센티 둘레 48센티의 곰치 같은 몸통에 모자처럼 퍼진 선홍색의 버섯을 씌운, 자못 커다란 것이었다. "어때, 잘 봐두라고. 걷고 있으나 자고 있으나 언제나 이 정도이니."

"어머나, 대단해요." 나는 이 도구를 보고 외쳤다. "그러면 당신은 농락한 수와 같은 수의 남녀를 죽이고 있군요?"

"그런 셈이지." 러시아 태생의 거인은 말했다. "섹스를 한 상대를 계속 먹어치우기 때문에 나는 도살업자를 고용할 필요가 없지. 아무튼 내가 말하는 것을 이해하려면 엄청난 철학적 정신이 필요할 거야…… 나는 자연이 요구하는 파괴에 협력하기 위해 자연의 입에서 토해낸 하나의 괴물인 것이다. 인류라는 종족 가운데서 오직 하나의 존재인 것이다. 오오, 그렇다, 나는 세간의 인간들이 나에게 퍼붓는 욕설과 잡소리를 모두 알고 있다. 그러나 나는 누구 한 사람 타인을 필요로 하지 않을 만큼 힘차고, 고독 가운데서 진정으로 즐기며, 모든 인간을 혐오하고, 나에 대한 인간들의 비난공격을 업신여길 정도로 지혜에 뛰어나며, 온갖 제례를 부서뜨리고, 온갖 종교를 비웃으며, 온갖 신을 위안으로 삼을 정도로 학식이 뛰어나고, 모든 정부에 침을 뱉으며, 모든 속박, 온갖 예속, 온갖 도덕원리를 뛰어넘을 만큼 오만불손한 인간이므로 넓지 않은 나의 영지 가운데서도 충분히 행복할 수 있는 것이다. 나는 내 영지에서 온갖 군주의 권력을 행사하고, 온갖 전제주의의 쾌락을 맛보며, 어떤 인간도 두려워하지 않고 만족스럽게 살고 있다. 이곳에 찾아오는 자는 거의 없다. 때마침 산책 도중에 여러분처럼 현인으로 생각되는 인간을 만났으므로 한동안 내 집에서 쾌락을 함께하려고 이렇게 초대한 것이다. 여러분이야말로 내가 맞아들인 유일한 인간이다. 좀처럼 그와 같은 인간은 만나지 못했으니까. 나는 자연의 혜택으로 왕성한 체력이 부여되어 있으므로 아주 멀리까지 갈 때가 있다. 하루에 40 내지 50킬로쯤은 거뜬히 걷는다.

탈취, 절도, 방화, 살인, 요컨대 내 눈에 죄악으로 비치는 것은 모두 실행한다. 자연이 나에게 온갖 죄악의 취미와 능력을 주었고 또 내가 열렬히 애호하지 않는 죄악은 하나도 없으니까."

"법도(法度) 쪽은 어떻습니까?"

"그와 같은 것은 이 나라에서 없는 거나 마찬가지다. 그래서 내가 이 나라에 자리를 잡은 것이 아닌가. 돈만 있으면 무엇이건 좋아하는 일을 할 수가 있다. 나는 많은 돈을 뿌리고 있다."

구릿빛 피부에 몹시 추한 두 사내 노예가 나타나 저녁식사 준비가 되었음을 알렸다. 노예들은 주인 앞에 무릎을 꿇고 주인의 불알과 항문에 경건하게 키스를 했다. 그리고 우리는 다른 방으로 갔다.

"여러분을 위해 특별히 준비한 것은 아무것도 없다." 거인이 말했다. "지구의 모든 왕후가 내 집에 왔다고 해도 나는 내 습관을 바꿀 생각은 없다."

아무튼 우리가 안내를 받은 방의 상황은 약간 설명할 필요가 있을 것 같다.

"여러분의 눈앞에 있는 가구는" 하면서 이 집 주인이 말했다. "살아 있다. 살짝 신호를 하면 바로 움직이기 시작하지."

민스키가 신호를 하자 테이블은 슬슬 움직이기 시작하고 방의 구석으로 갔는가 하면 또 한가운데로 돌아왔다. 5개의 의자도 테이블 주위에 나란히 있었다. 2개의 촛대가 천장에서 늘어뜨려져 테이블의 한가운데를 비추고 있었다.

"이 장치는 단순해." 덩치 큰 사내가 우리에게 이들 가구의 구조를 가까이에서 살피게 하면서 설명을 했다. "보다시피 이 테이블도 촛대도, 이 팔걸이

의자도, 잘 줄지어선 한 무리의 아가씨들로 되어 있다. 요리접시도 이들 아가씨들의 허리 위에 따끈따끈하게 김이 피어오르면서 실리게 될 것이다. 식탁을 비추는 촛불은 그녀들의 옥문 위에 꽂혀 있다. 나의 엉덩이도 여러분의 엉덩이와 마찬가지로 이 의자에 앉으면 이 아가씨들의 예쁜 얼굴과 흰 유방 위를 내리누르게 되는 셈이다. 그러므로 부인들은 치마를 걷어올리고 신사는 바지를 벗어라. 성서의 말대로 육신 위에서 육신이 쉴 수 있도록."

나는 러시아인에게 말했다. "민스키, 이 아가씨들의 역할은 꽤 힘든 일이군요. 특히 당신이 오랫동안 식사를 할 때에는"

"서투르게 하면 몇 사람은 찌부러지고 말 때가 있지." 민스키는 말했다. "하지만 찌부러지면 바로 다른 걸로 바꾸면 되기 때문에 구태여 내가 신경을 쓸 일은 없어."

20세에서 25세까지 12명의 아가씨가 알몸으로 요리를 날라와 살아 있는 테이블 위에 내려놓았다. 접시는 은으로 되어 있고 매우 뜨거워 테이블을 이루고 있는 여자들의 엉덩이와 유방을 지글지글 태워, 바다의 잔물결과도 같은 매우 재미있는 경련과 같은 움직임이 그녀들의 육체를 가늘게 떨게 하는 것이었다. 스무 가지 이상의 요리와 불고기 접시가 식탁에 나란히 놓였다. 그리고 살며시 신호를 보내자 4인 1조의 아가씨들로 만들어진 사이드테이블이 다가오고 그 위에는 온갖 종류의 술이 있었다.

주인이 말을 꺼냈다. "여러분, 아까도 말했지만 여기에서는 인간의 고기만 먹게 되어 있다. 인간의 고기가 아닌 것은 하나도 없다." 그러자 스브리가니가 말했다. "어떤 음식을 먹어보지도 않고 싫어하는 것은 경우가 아닙니다. 그것은 습관의 결여가 낳은 것일 뿐입니다. 모든 고기가 인간을 기르기 위해 만들어져 있고, 그 때문에 자연에 의해서 우리 앞에 제공되고 있는 것입니다. 인간을 먹는 것은 영계를 먹는 것 이상으로 이상한 일도 아무것도 아닙니다."

이렇게 말하면서 나의 남편인 스브리가니는 잘 요리된 고기 덩어리에 포크를 찔러 자기 접시에 2근쯤 담더니 맛있게 먹어치웠다. 나도 스브리가니를 보고 따라했다. 민스키는 많이 권했다. 아무튼 그의 식욕은 그 정욕과 엇비슷했으므로 순식간에 12접시쯤을 먹어치웠다.

샴페인을 곁들인 요리가 나올 때에 민스키는 이미 30병째의 부르고뉴에 손을 대고 있었다. 식사 뒤에는 아레아티코주, 파레르노주, 그 밖에 귀한 이탈리아술을 들이켰다.

이렇게 해서 30병 이상의 새로운 포도주가 이 식인귀(食人鬼)의 배를 더욱 채우자 벌써부터 육체적 정신적 여러 가지 방탕에 완전히 취해버린 민스키는 이쯤해서 한 번 놀아보고 싶다고 말하는 것이다.

"여러분 네 사람을 상대로 하는 것은 그만두겠다. 죽여버릴지도 모르니까. 그 대신 적어도 나의 쾌락을 거들어주었으면 해…… 내가 즐기는 것을 차분하게 확인하는 게 좋겠군. 여러분도 다분히 그것으로 흥분할 정도로 만만치 않은 자들이니까. 자, 누구를 상대로 하면 좋을까?"

이같이 말하고 민스키가 내 가슴 언저리를 엉큼한 눈으로 들여다보고 나에게 생각이 있는 듯한 눈치를 보여 내가 말했다.

"그렇다면 내 눈앞에서 7명의 여자애를 해봐요."

민스키가 신호를 하자 아이가 나타났다.

매우 세심한 연구가 종합된 한 대의 기계를 이 도락자의 능욕을 위해 쓰게 되었다. 그것은 하나의 쇠로 된 접사다리와 같은 대이고 희생자는 등 또는 배 부분만으로 몸 전체를 지탱하는 것이었다. 4개의 십자가 모양 가지가 바닥으로 향해 뻗어 있고, 희생자의 손발이 그 가지에 묶이게 되어 등을 아래로 묶으면 옥문이, 배를 아래로 묶으면 항문이 제각기 가능한 한 크게 벌어져 희생집행자의 눈앞에 제공되는 것이다. 이 야만인이 산 제물로 삼으려는 어린 여자애만큼 가련한 것은 없고 능욕자와 희생자 사이의 엄청난 불균형만큼 재미있는 것은 없었다.

이윽고 우리가 완전히 지쳐버려 더 이상 그를 상대할 수 없게 되고 만 것을 인정하자 민스키는 노예에게 우리를 호화로운 좁고 긴 방으로 안내했다. 그곳에는 거울을 붙인 벽 4개가 마주보게 되어 있고 우리가 쉴 수 있는 침대도 만들어져 있었다. 우리와 같은 수의 여자애들이 우리 주위에서 벌레를 쫓거나 향로를 피우는 역할을 맡고 있었다.

이튿날 아침, 우리가 잠을 깬 것은 꽤 늦은 시각이었다. 밤샘을 한 여자들이 욕실로 데려가주었으므로 우리는 그녀들의 도움으로 완전히 상쾌한 기분이 되었다. 그러고 나서 그녀들은 우리를 화장실로 데려가더니 들어본 적도 없는 기분 좋은 방법으로 우리에게 배변을 시켜주었다. 그녀들은 장미 향유에 손가락을 적셔 항문에 집어넣어 손가락에 묻는 배설물을 조용히 빼주었는데 그 방법이 실로 놀랄 정도로 교묘해 조금도 아프지 않았으며 편안하게 그 처치를 즐길 수가 있는 것이다. 그것이 끝나자 여자들은 국부를 혀로 깨끗이 청소해주었는데 그것 또한 비길 데 없이 절묘했다.

11시에 민스키로부터 침실로 와도 좋다는 전갈을 받았다. 그곳으로 가니 그의 침실은 무척 넓고 음란한 10개 조의 군상을 그린 벽화가 있었으며 그 구성은 춘화도(春畵圖)로서 틀림없이 이제껏 어디에서도 볼 수 없는 것이었다.

방 안쪽에는 거울로 두른 넓은 붙박이 침실이 있고 16개의 검은 대리석 원기둥으로 꾸며져 있었는데 원기둥에는 각각 어린 처녀가 한 사람씩 뒤쪽으로 묶여 있었다. 주인의 침대 머리맡에 늘어뜨린 초인종의 끈과 같은 2개의 끈을 조작함으로써 그에게로 향해진 여자들의 엉덩이 위에 여러 가지 모진 고통을 가할 수 있게 되어 있고, 다시 한 번 줄을 당기지 않으면 고통은 언제까지나 이어지는 것이었다. 이 16명의 처녀들과는 별도로 6명의 소녀와 12명의 소년이 집행자 및 수형자로서 옆방에서 기다리고 있었는데 그들은 밤중에 주인의 쾌락에 봉사하는 것이었다. 두 노파가 주인이 잠잘 때 감시의 역할을 맡고 있었다.

우리가 다가가자 민스키는 성난 자신의 물건을 보이고 무서운 냉소를 띠면서 원한다면 기둥에 묶인 16명의 처녀에게 한 번에 상처를 주는 방법을 보여주겠다고 했다. 그래서 내가 빨리 그 이상한 기계를 움직여 보여달라고 조르자 그는 그 불길한 줄을 잡아당겼으므로 16명의 가련한 여자들은 한 번에 비명을 지르며 저마다 다른 상처를 입었다. 어떤 자는 자상, 화상, 구타자국, 또 어떤 자는 찢어진 상처, 절상, 꼬집힘, 찰과상을 입었는데 모두 강한 힘에 의한 상처이고 피를 많이 흘렸다.

"더 힘을 주어도 좋은데." 민스키가 말했다. "때로는 더 힘을 줄 때도 있다. 나의 고환상태에 따라서지. 그러나 이 이상 힘을 주면 순식간에 16명의 닳아빠진 애들이 내 눈앞에서 죽어버리게 된다. 내 욕망의 변덕으로 동시에 16명을 살해할 수 있다는 생각을 안고 잠드는 것은 참으로 유쾌한 일이야."

"민스키." 나는 주인에게 말했다. "당신은 많은 여자들을 소유하고 있으므로 그녀들을 좀 희생시켰다고 해서 별일은 없을 거예요. 소원인데 그 재미있을 것 같은 희생의 장면을 보여주었으면 해요."

"알았소." 민스키는 대답했다. "하지만 나는 줄을 당기면서 일을 치르고 싶군. 당신의 동료인 아가씨를 나에게 뒤에서 하도록 해줄 수 없을까. 그녀의 엉덩이는 매우 마음에 들어. 내가 그녀와 하고 있는 동안에 여러분은 16명의 여자가 죽는 것을 보도록 해."

"16명은커녕 17명이 죽게 될 거예요." 오거스틴이 볼멘소리로 제발 이런 괴물에게 자길 데려가지 말아달라고 애원을 하는 것이었다. "이런 인간을 내가 상대할 수 있다고 생각하나요?"

"훌륭하게 해낼 거야." 민스키가 말했다.

그리고 여자들에게 지시해 그녀의 옷을 벗기게 하고 곧 마음에 드는 자세로 앉히게 한 뒤 말을 이었다. "두려워하지 마라. 이제까지 한 여자도 반항을 한 적이 없다. 그대보다 훨씬 어린 여자를 나는 날마다 상대하고 있으니까."

러시아인의 눈을 보자 우리가 반대를 하면 할수록 그가 안절부절못하는 것은 다 알고 있었으므로 나는 굳이 곤혹스러운 표정을 짓지 않았다. 그러자 민스키가 작은 목소리로 나에게 말했다. "내게 맡겨. 조금 전에도 말했는데 이 아가씨는 내 마음을 자극해. 그녀의 엉덩이를 보고 있으면 나는 참을 수가 없어. 만일 내가 그녀를 죽이거나 병신으로 만들어버리거나 하면 훨씬 더 아름다운 아가씨 둘을 그녀 대신에 당신에게 줄게."

민스키는 이와 같은 잔학행위에 익숙해져 있었으므로 일은 순식간에 끝나고 말았다. 허리를 두 번 비틀자 그의 물건은 순식간에 그녀의 속 깊숙이 들어가고 말아 이제 우리에게는 보이지 않게 되었다. 그동안 거인은 거리낌 없이 크게 웃고 있었는데 가련한 오거스틴은 정신을 잃었고 사타구니는 벌겋게 물들었다. ……식인의 악마가 큰 소리로 떠들어대면서 장치가 된 줄을 당기자 열여섯 가지의 다양한 방법으로 묶인 16명의 처녀가 목숨을 잃었다. 외마디 비명과 함께 단번에 숨이 끊어지고 만 것이다. 어떤 사람은 단도에 찔리고, 어떤 사람은 질식했으며, 또 어떤 사람은 총에 맞았다. 요컨대 한 사람도 같은 방법으로 공격을 당하지 않는데 모두 동시에 숨이 끊어져 있었던 것이다.

"오거스틴이 말한대로 된 것 같군." 민스키는 물건을 잡아 빼면서 냉담하게 말했다. "그녀는 자기가 17명째의 희생자가 될 거라고 말했는데 바로 그대로 되었지."

살펴보자 불행한 그녀는 목이 졸리고 단도로 10군데나 찔려 있었다. 의심할 것도 없이 악인은 우리가 알 수 없는 어떤 방법으로 그녀에게 이런 꼴을 당하게 했던 것이다.

"여자에게 그것을 하면서 목을 조르는 것처럼 즐거운 일은 없다." 무서운 도락자가 끈적한 투로 말했다. "그러나 나쁘게는 생각하지 마. 약속한 대로 더 예쁜 여자 둘을 줄 테니까…… 어차피 그녀는 이런 꼴을 당하게 되어 있었다. 그녀의 훌륭한 엉덩이는 내 이성을 미치게 했으니까. 나의 욕망은 언제나 상대에게 사형선고를 내린다."

두 노파가 나타나 불행한 내 친구의 유해를 방 한가운데로 던졌다. 기둥에 묶인 처녀 16명의 유해도 함께 모아졌다. 민스키는 한동안 이 많은 유해를 바라보고 하나씩 손으로 만져보거나, 엉덩이와 유방을 물어보거나 한 뒤 그 가운데 셋을 요리하도록 지시했는데 그 가운데에는 우리가 조금 전에 잃은 불행한 친구도 섞여 있었다.

"점심식사용으로 이것을 요리하라." 거인이 말했다. "준비가 될 때까지 나는 쥘리에트와 잠시 마주 앉아 있고 싶다."

우리는 다른 방으로 안내되었다. 성찬인 점심 말고도 과일과 과자, 우유, 뜨거운 음료를 반나체의 귀여운 처녀들이 날라다주었는데 그들은 접시를 늘어놓으면서도 발랄하게 움직이거나 음란한 몸짓을 해보이거나 했다. 두 사내와 나는 많이 먹고 마셨다. 그러나 민스키에게는 더 감칠맛 나는 요리가 나왔고, 처녀의 피를 섞은 8개 내지 10개의 장조림과 고환을 썬 요리 두 접시가 그의 배를 겨우 채워주었다. 18병의 그리스 포도주가 이들 요리를 그의 배 속으로 흘려보내는 것이다. 게다가 그는 아무런 이유도 없이 트집을 잡아, 술을 따라주던 12명의 어린아이들을 그들이 피 흘릴 때까지 매질했다. 개중에 혼자 저항하는 자가 있으면 그는 그 두 팔을 볏짚처럼 꺾고 다른 두 사람을 단도를 찔러 죽이고도 태연했던 것이다. 이어 우리는 성의 구경을 시작했다.

우리가 가장 먼저 안내된 방에는 20에서 35세까지의 여자가 2백 명이나 수용되어 있었다. 우리가 모습을 보이자 바로 두 사형집행인이 갑자기 한 여자를 붙잡아 우리가 보는 앞에서 목을 졸라 죽였는데 이것은 격식 그대로의 습관이라는 것이다. 민스키가 목 졸려 죽은 여자 사체에 다가가 엉덩이를 손으로 쓰다듬거나 물어뜯거나 하고 있는 동안에 여자들은 모두 6줄로 가지런히 늘어섰다. 우리는 그 한 사람 한 사람을 잘 보기 위해 줄 사이를 지나거나 줄을 따라서 걷거나 했다. 여자들은 육체의 매력적인 부분을 거의 가리지 않고 있었다. 간단한 천을 한 장 걸치고 있어서 유방도, 엉덩이도 다 보였다. 하지만 옥문만큼은 보이지 않게 되어 있었다. 민스키의 세련된 취향이 그것을 바라기 때문이고 도락의 비법을 다 알고 있는 그의 눈에는 일찍이 자기가 분향을 한 적이 없는 사원 따위는 보이지 않아도 좋은 것이었다.

이 방 옆에는 더욱 좁은 방이 있고 침대가 25개나 놓여 있었다. 식인귀의 난동으로 상처를 입거나 병에 걸린 한 여자가 그곳에 눕혀져 있는 것이다.

"병세가 악화되면" 하면서 민스키가 이 방의 창 하나를 열어젖히고 말했다. "저쪽으로 던져버린다."

그 창 밑 안뜰에 곰과 사자, 호랑이, 표범이 우글거리고 있는 것을 보았을 때의 나의 놀라움은 이루 말할 수 없었다.

나는 이 무서운 장소를 바라다보면서 말했다. "아닌 게 아니라 저런 무서운 의사의 손에 걸리면 어떤 병이건 순식간에 처리하고 말겠군요."

"그렇지, 이곳에 들어오면 1분도 안 걸리고 낫고 말지. 나쁜 질병의 유행도 막을 수 있는 것이다. 병으로 비쩍 마른 여자나 부패한 여자가 음욕의 즐거움에 무슨 도움이 되겠는가? 이 방법을 쓰면 첫째, 비용을 줄일 수 있다. 당신도 당연하다고 생각할 것이다. 쥘리에트, 아무튼 병에 걸린 여자에게는 돈을 들일 가치도 없으니까. 물론 다른 별채에서도 똑같은 규칙이 적용되고 있지."

민스키는 환자를 둘러보고는 그 가운데서 약간 병세가 무거워 보이는 6명을 골라내 사정없이 침대에서 끌어내리더니, 우리가 보는 앞에서 맹수들이 있는 안뜰로 던져버렸다. 여자들은 3분도 채 되기 전에 맹수에게 잡아먹히고 말았다.

"이것이야말로 나의 상상력을 가장 부추기는 고문 가운데 하나지." 민스키가 작은 목소리로 나에게 말했다.

"나도 같은 기분이에요." 나는 탐욕스레 이 광경을 눈으로 좇으면서 그의 손을 내 몸에 닿게 하고 말을 이었다. "자, 내 몸에 손을 대봐요. 이제 알겠죠? 나도 똑같이 열광하고 있는 것을……."

나의 몸은 젖어 있었다.

민스키는 내가 다시 한 번 보고 싶어하는 것을 알아차리고 또다시 침대 사이를 둘러보고 이번에는 단순한 부상뿐이고, 그것도 이젠 거의 나은 상태의 아가씨들을 데려오게 했다. 그녀들은 자신의 운명을 알고 벌벌 떨고 있었다. 우리는 가능한 한 길게 잔혹을 즐기고 싶었으므로 아가씨들에게 얼마 있다가 자기들을 먹게 될 맹수를 바라다보게 했다. 그동안 민스키는 아가씨들의 엉덩이를 할퀴고, 나는 유방을 비틀었다. 그 뒤에 아가씨들은 던져지고 거인과 나는 그녀들이 잡아먹히고 있는 동안 서로를 애무했다.

그 밖에 많은 방을 둘러보았는데 모든 방마다 더욱더 잔혹한 장면이 연출되고 있었고 그 와중에 내 마음에 든 제필은 이 괴물의 비위를 거스르게 해 결국 목숨을 잃고 말았다.

결국 스브리가니와 나, 단둘이서만 남게 되었으며 우리는 한방으로 물러갔다.

둘이서 있게 되자 내가 먼저 말을 꺼냈다. "좀, 상의할 일이 있는데…… 악덕과 공포의 영역으로 숨어든 것은 좋지만 이곳에서 어떻게 빠져나가죠? 다행히 식인귀는 나를 믿고 있는 것 같기는 한데 그래도 언제까지나 이렇게 우물쭈물하고 있어도 될 만큼 안전하다고는 말할 수 없어요. 그자를 죽일 방법은 얼마든지 있고 죽여버리면 그의 재산을 빼앗아 달아나는 것은 쉬워요. 그렇지만 그 사내는 인류에게 너무나 해롭고, 세계에서 없애버리기에는 너무나도 우리와 비슷한 사상의 소유자죠. 그러므로 그 악인을 없애버리면 법률의 역할을 수행하는 것이 되고 인류를 위해 일한 셈이 될 거예요. 그런데 나는 인류를 위해 이런 일을 할 정도로 미덕을 애호하는 인간은 아니에요. 즉 나로 말하자면 범죄의 필요 때문에 그 사내를 살려두고 싶다는 거죠. 죄의 신봉자를 죽이는 것은 죄의 친구인 인간이 할 짓이 아니에요. 물론 그 사내에게서 훔치는 것은 당연히 해야 해요. 그는 우리보다 부자이고 평등의 원리는 언제나 우리 도덕의 기초이니까. 문제는 달아나는 거예요. 그는 틀림없이 위안삼아 그리고 우리의 뼈를 핥는 쾌락을 위해 우리를 죽이려고 할 거예요. 그러므로 어떻게든 해야만 해요. 단 그를 살려둔 채로요. 나는 독약을 지니고 있어요. 이것을 한 봉지 마시게 해 그를 잠들게 한 다음 금은보화를 훔쳐내 가장 아름다운 아가씨 둘을 데리고 달아나요."

처음에 스브리가니는 내 계획에 꺼리는 기색을 보였다. 그런 큰 덩치에 나팔꽃이 과연 효과를 나타낼까. 더 강한 독이어야 확실한 효과를 바랄 수 있지 않을까. 나의 생각은 언뜻 그럴 듯했는데 확실성이란 점에서 보면 꽤 모호한 것이었다. 즉 스브리가니에 의하면 저 덩치가 살아 있는 한 절대 안전하다고는 말할 수 없는 것이다. 하지만 나 정도의 악인은 가능한 한 결코 죽이지 않겠다는 결의가 단호해 절대로 양보할 수 없었다. 그래서 결국 내일 낮에 거인을 잠들게 하고 죽었다는 정보를 흘려 그의 재산을 빼앗는 데 부하들의 방해가 없도록 하고, 완전히 일이 끝난 뒤 곧바로 달아나는 쪽으로 의견이 모아졌다.

계획은 감쪽같이 맞아떨어졌다. 민스키는 수면제를 넣은 초콜릿을 마시기가 무섭게 정신을 잃고 혼수상태에 빠져버렸으므로 우리는 그가 죽었다는 것을 굳이 이해시킬 필요조차 없었다. 집필하는 사내가 맨 먼저 우리에게로 와 거인을 대신해 주인이 되어달라고 부탁을 하는 형편이었다. 우리는 알았다는 듯이 보물고를 열게 하고 가장 값비싼 것이 들어 있는 자루를 10명의 사내에게 짊어지게 했다. 그런 다음 여자들이 있는 별채에 들러 엘리스와 레이몬드라는 프랑스 태생의 미인 두 사람을, 동반자로 정했다. 그리고 민스키의 집사에게 곧 다시 오겠다고 말하고 마차를 준비하게 했다. 물론 우리는 주인의 뒤를 이을 생각이지만 이런 화려한 소유물은 산에서 옮겨놓아야 한다, 그리고 이런 무서운 성채에서 곰과 함께 사는 것은 이제 그만 하자고 타일렀다. 사내는 크게 기뻐하며 무엇이건 네, 네 하면서 말을 잘 들었으므로 아마도 민스키가 눈을 떠 우리가 달아난 것을 알면 틀림없이 심한 벌을 받게 될 것이다.

훔친 재물을 마차에 싣고 여자들과 함께 마차에 오르자 우리는 짐을 운반한 사내에게 충분한 품삯을 주고 그대들도 우리처럼 일찌감치 달아나는 것이 좋을 거라고 말해주었다. 그들도 틀림없이 그렇게 하겠다고 약속을 하고 헤어졌다. 우리는 그날 안으로 피렌체에 닿아 그곳에 머물게 되었는데 우리가 시작한 첫 번째 일은 훔쳐온 재물과 여자들을 편안한 기분으로 음미하는 것이었다. 확실히 이 여자들 정도의 미인은 그리 흔치 않았다.

여자들의 도움을 받아 재물을 헤아려본 결과 현금으로 6백만, 귀금속, 은기 및 이탈리아 어음으로 4백만이나 있었다. 아아, 나의 눈은 몇 번이나 이 보물을 보고 즐겼는지 모른다. 악행으로 얻은 돈을 헤아리는 것처럼 감미로운 것은 없다. 일을 마치자 우리는 잠자리에 들고 나는 새롭게 얻은 두 여자의 팔에 안겨 오랫동안 맛보지 못했던 도취의 밤을 보냈다.

제2부

피렌체의 레오폴드 대공

 아펜니노산맥의 기슭에 자리 잡은 피렌체는 아르노강이 가운데를 가르고 있어 이곳 토스카나 공국의 수도 중심부는 센강에 의해 둘로 나뉜 파리의 중심부와 얼마간 닮은 구석이 있다. 그렇지만 이 도시는 방금 내가 비교한 도시처럼 크지도 않거니와 인구도 조밀하지 않다. 궁전 건축에 쓰인 갈색 돌은 보는 사람에게 꽤나 불쾌하고 음산한 느낌을 준다. 만약 내가 교회를 좋아하는 사람이었더라면 여러분에게 분명 이런저런 이야기를 할 수도 있었겠지만, 종교에 관한 것이라면 딱 질색인 나로선 이런 교회 건물의 문짝 하나에 대해서도 말하기가 쉽지 않다. 그렇지만 레오폴드 대공의 굉장한 미술전시실에는 도착한 이튿날 일찌감치 구경을 나섰다. 수많은 걸작들을 접하면서 내가 얼마나 뜨거운 희열을 느꼈는지는 말로 설명하기가 쉽지 않다. 나는 예술을 좋아한다. 예술은 나를 열광케 한다. 자연은 너무나 아름다워서 인간은 자연을 흉내 낸 거라면 뭐든 좋아하지 않고는 배겨낼 수 없다…… 아아, 자연을 사랑하고 본뜨는 사람들이란 입에 침이 마르도록 칭찬을 해도 지나치지 않으리라. 자연으로부터 그 비밀스런 것들을 빼앗는 유일한 방법은 자연을 끊임없이 연구하는 것이다. 인간이 모든 편견을 물리칠 수 있는 길은 자연의 가장 깊은 곳까지 탐구하는 것뿐이다. 나는 재능 있는 여자를 무척 좋아한다. 예쁘장한 생김새는 상대를 매혹시킬 따름이지만, 재능은 그 매혹을 흔들림 없게 한다. 그러므로 자만심이 강한 여성은 전자보다 후자를 훨씬 귀하게 여긴다.
 예상했던 대로 나의 안내인은 메디치가의 코시모 1세가 기괴한 취미에 한창 탐닉하던 시절에 발견했다는, 그 유명한 화랑의 일부를 이루고 있는 방으로 안내하여 내 주의를 끄는 것을 잊지 않았다. 저명한 바사리가 이 방에서 천장 벽화를 그리고 있는데 코시모가 딸을 데리고 들어온 것이다. 그는 친딸에게 홀딱 반해 있었다. 화가가 천장에서 일하고 있는 줄도 모른 채, 이 패륜

한 귀족은 누가 보아도 뻔한 몸짓으로 자기 정열의 대상을 애무하기 시작했다. 옆에 놓인 기다란 의자를 이용하여 그 행위는 화가의 턱밑에서 여봐란 듯이 자행되었다. 이 광경을 본 뒤로 바사리는 피렌체에서 행방을 감추었다. 이런 비밀을 알았으니 어떤 잔혹한 방법으로 입막음을 당할지 모르거니와 여차하면 다시는 말을 하지 못하는 상태에 빠질지도 모른다고 판단한 것이다. 그도 그럴 것이, 어쨌든 그는 마키아벨리즘이 한창 위세를 떨치던 시절에 도시 중심지에서 살고 있었으니까. 이 학설의 잔혹한 영향으로부터 몸을 피하는 것이 상책이었다.

이 방에서 티치아노의 유명한 베누스상이 있는 방으로 갔는데, 이 숭고한 그림을 물끄러미 쳐다보고 있으려니 나의 감각은 페르디난도의 봉납물을 보았을 때보다 훨씬 세차게 흔들렸다. 자연의 아름다움은 영혼의 공감을 부추기지만, 종교의 아둔함은 이것을 전율케 하는 것 같았다.

티치아노의 베누스는 금발 미인으로 이 세상에 둘도 없는 아름다운 눈동자와 금발치고는 조금 지나치게 도드라진 이목구비를 지니고 있는데, 자연이 색을 조화롭게 섞는 것과 마찬가지로 너무 강렬한 그 매력을 얼마간 완화시켰어야 하지 않을까 싶다. 그녀는 새하얀 침대 위에 누워서 한쪽 손으로 꽃을 만지작거리고, 다른 손으로는 앙증맞은 가슴을 살짝 가리고 있다. 그 모습이 말할 수 없이 쾌락적이어서, 이 숭고한 그림은 어느 부분으로 눈을 돌리건 결코 질리는 법이 없었다. 스브리가니는 이 베누스가 나의 새 친구 레이몬드와 매우 닮았음을 발견했는데 그의 말이 딱 들어맞았다. 우리가 그 이야기를 그녀에게 했더니 이 아름다운 친구는 순진하게 얼굴을 붉혔다. 그렇지만 내가 그녀의 장미 입술에 불붙은 듯한 키스를 퍼붓자 그녀도 마침내 스브리가니의 말에 내 기분이 얼마나 좋았는지를 이해하는 듯했다.

다음 방은 우상의 방이라고 불리는 곳으로서 티치아노와 파울로 베로네제, 귀도 레니 등의 걸작이 많이 걸려 있었다. 그리고 널찍한 그 방에는 기묘한 설치물이 있었다. 몇 구의 시신이 안치된 석관이 하나 있어 죽는 순간부터 개체가 완전히 없어질 때까지 살덩이가 썩어가는 각 단계를 차례대로 볼 수 있게 해놓은 것이다. 기분이 오싹해지는 시신은 채색된 밀랍이었지만 어찌나 생생하던지 실물에 버금가는 느낌을 주었다. 꽤나 강렬한 인상을 받았으므로 이 걸작을 한참 바라보고 있자니 문득 코를 만져보고 싶은 생각이 들었다.

나의 잔인한 상상력은 이 광경을 무척이나 즐기고 있었던 것이다. 이런 나의 잔인성이 많은 사람들에게 얼마나 참혹한 육체적 변화를 입히게 되었는지! ……생각만 해도 가슴 설레는 것을 보니 나란 인간은 이런 죄악에 잘도 발을 내딛는 천부적 성향을 타고난 모양이다.

그리 멀지 않은 곳에 석관 하나가 더 있었고 역시 부패한 시신이 있었는데, 특별히 흥미를 끈 것은 시신 한 구를 끌어안은 채 알몸으로 죽어 있는 남자가 있다는 점이었다. 이 사내는 끌어안은 시신을 석관 속으로 던져넣을 생각으로 왔다가 악취와 광경에 압도되어 그 자리에서 기절한 채로 죽어버린 모양이었다. 그렇기에 이 군상이 오싹한 박진감을 띠고 있는 것이다.

내 눈길은 거기서 남녀추니의 상이 있는 곳으로 향했다. 알다시피 기형적인 것이라면 사족을 못 쓰던 로마인들은 음란한 연회석상에 이런 인물을 즐겨 불러냈다. 물론 이 남녀추니는 음탕함에서는 부동의 명성을 지닌 인물의 하나이다. 조각가가 다리를 꼬게 만듦으로써 두 가지 성기를 지닌 이 인물의 특징적인 부위를 가리려 한 것은 섭섭하기 짝이 없는 일이다. 침대 위에 누워서 세상에서 가장 아름다운 엉덩이, 쾌락적인 엉덩이를 여봐란 듯 내보이고 있다. 스브리가니는 이 엉덩이에 홀려 눈을 떼지 못하면서 자기도 언젠가 이런 인물과 즐긴 적이 있는데 그보다 더 달콤한 쾌락은 없었다고 잘라 말했다.

남녀추니 상의 바로 옆에 〈누이동생을 애무하는 칼리굴라〉 군상이 있었다. 자부심 강한 세계의 이 지배자들은 악덕을 감추기는커녕 도리어 예술로써 그것을 영원히 남긴 것이다. 역시 같은 방에 유명한 남근신(神)의 초상이 있는데 그 그림 위에는 신앙을 이유로 자기 음핵을 문지르고 있는 어린 소녀들의 모습이 있었다. 그렇지만 이 남근은 너무 굵어서 기적이 일어난다 해도 삽입은 절대 불가능할 게 틀림없다.

이어서 우리는 갖가지 정조대를 보았다. 내가 2명의 친구에게 너희가 난잡한 짓을 하면 이런 걸 씌우겠다고 으르대자 사랑스런 엘리스는 당신에 대한 애정이 이토록 넘쳐흐르니 그런 도구 따위 없어도 금욕을 지켜내기란 누워서 떡 먹기라고 자신 있게 말하여 나를 안심시켰다.

그리고 나서 우리는 가장 아름답고 더없이 진귀한 단도 컬렉션을 관람했다. 그 가운데 몇몇은 독이 발라져 있었다. 이탈리아인만큼 살인을 세련되게 해치운 사람들도 없으리라. 그러므로 잔인하고 음험하기 짝이 없는 방법을 통한 그런 행위에 도움이 될 만한 것들 모두가 그들 손에 갖추어져 있는 것은 너무나 당연한 일이다.

피렌체는 공기가 어찌나 나쁜지 특히 가을이 유독 심하다. 이런 계절에는 아펜니노산맥의 독기에 노출된 빵을 한 조각만 먹어도 중독되어 죽는다. 돌연사나 뇌졸중이 이 시기에 자주 일어난다. 그러나 우리가 머문 것은 초봄이었으므로 그런 위험 없이 여름을 맞이할 수가 있었다. 우리는 여관에선 이틀만 묵고, 3일째 되는 날부터 스브리가니의 주선으로 빌린 아르노강가의 멋진 집에서 묵었다. 나는 여전히 그의 아내였고, 두 하녀는 그의 여동생이라고 해두었다. 이렇게 거처가 정해지자 토리노와 지금까지 지나온 이탈리아의 여러 도시에 머무르던 때와 마찬가지로 어느새 지인들에게서 여러 가지 초대장이 날아오기 시작했다.

하지만 너무 서두르지 않고 조용히 기다리면 머잖아 대공의 비밀연회에 참석해달라는 초대장이 올 거라고 스브리가니의 친구 하나가 알려주었으므로 우리는 보름 동안 수많은 초대를 거절해야 했다.

어느덧 대공이 보낸 밀사가 찾아왔다. 레오폴드 대공은 날마다 벌어지는 비밀연회에 우리 셋을 부를 생각인 것 같은데 우리가 받아들인다면 1천 제키의 금화를 줄 거라고 했다.

밀사는 말했다. "어느 군주나 다 마찬가지겠지만 레오폴드 대공의 취미는 몹시 제멋대로인 데다 꽤나 잔인하답니다. 하지만 여러분이 대공의 음욕 대상이 되는 건 아닙니다. 그저 조금 상대해주시면 됩니다."

"대공께서 원하신다면 뭐든 해야죠." 내가 대답했다. "하지만 1천 제키로는 곤란해요. 저나 동생도 그것의 3배는 받아야 하는데 그래도 괜찮다면 다시 한 번 와주세요."

호색한인 레오폴드는 어느새 우리를 훔쳐보고 있었던 터라 추가로 요구한 2천 제키를 아끼느라 이쯤의 향락을 날릴 사내는 아니었다. 자기 아내와 가난뱅이, 가솔들에겐 지독하게 짠 사람이었지만 어머니가 유명한 오스트리아 출신인 만큼 자기 쾌락을 위해선 그 무엇도 아끼는 법이 없었다. 이튿날 사람이 왔고, 우리는 피렌체로 오는 길에 지나온 아펜니노 산속의 '버섯궁전'으로 안내되었다.

이곳은 시원하고 조용한 데다 음탕하기까지 하여 유흥장소에 필요한 모든 조건이 갖추어져 있었다. 우리가 나타나자 대공은 저녁식사를 마치고 나왔는데 그의 곁에는 연회 사회자이자 상담역인 신부(神父) 하나만이 따르고 있었다.

"아름다운 분들이여." 국왕은 우리에게 말했다. "여러분만 좋다면 오늘 나의 욕구에 봉사할 젊은이들 속에 여러분도 끼워주고 싶소만."

"레오폴드 님," 나는 언제나처럼 특징 있고 기품 넘치는 투로 대답했다. "저와 동생은 기꺼이 당신의 변덕에 복종하여 당신의 욕망을 만족시켜드릴 생각이에요. 그런데 미리 말씀드립니다만, 만약 당신이 세상의 다른 왕들과 마찬가지로 위험한 충동에 빠지기 쉬운 분이라면 우리는 어떠한 위험도 없다는 확신이 들 때까진 문 안으로 결코 발을 들여놓지 않을 작정이니 그리 아시기 바랍니다."

"우리의 희생자는 저기에 있소." 대공이 말했다. "당신들은 무녀(巫女)일 뿐이오…… 나와 신부가 바칠 제물은 아니오만……."

"그럼 들어가지요."

나는 같이 온 여자들에게 말했다. "왕이란 자가 제아무리 악랄하다 해도 때로는 그의 말을 믿어도 될 거야. 특히 확실한 복수의 수단을 몸에 지니고 있을 때라면 말야……."

나는 그렇게 말하고 이탈리아에 온 뒤로 몸에서 뗀 적이 없는 단도를 슬쩍 보여주었다. 그러자 레오폴드가 내 어깨에 손을 얹으며 말했다. "아니! 당신은 왕을 해칠 작정인가?"

"물론이죠." 나는 건방지게 대답했다. "저희 쪽에서 해를 가할 생각은 없어요. 하지만 만약 당신이 제게 한 약속을 잊는다면 이걸로 당신 앞에 있는 건 프랑스 여자란 사실을 일깨워드리죠……." 이 말과 함께 단도를 다시 보여주었다.

"그리고 제 말 잘 들으세요. 당신은 신성을 그르치지 않는 국왕이실 생각인가본데 바보짓 작작 하시죠. 당신을 창조하신 하느님이 당신에게 당신 나라의 최하층 인간과 특별히 다른 목숨을 주신 건 아닙니다. 때문에 제게 당신은 그런 최하층 인간 이상으로 존경해야 할 사람이 아니에요. 저는 평등 사상을 열렬히 믿고 받드는 사람이거든요. 여느 인간보다 뛰어난 인간이 이 땅 위에 존재한다는 얘기 따윈 절대로 믿지 않아요. 애초부터 미덕이란 걸 믿지 않으니까 미덕이 인간 사이에 격차를 둔다고는 절대로 생각하지 않거든요."

"그래도 난 왕이오."

"어리석군요! 그런 호칭이 뭐라는 거죠? 제가 볼 때 왕이란 호칭 따윈 아무 가치도 없어요! 당신이 지금의 지위에 있게 된 건 우연한 결과가 아닌가요? 그 지위를 얻기 위해 당신이 뭘 했다는 거죠? 1대 왕처럼 용기나 재능으로 그걸 손에 넣었다면 그야 얼마쯤 존경을 바랄 수도 있겠죠. 하지만 단순히 상속을 통해 국왕이 된 사람은 동정을 요구할 권리밖에 없어요."

"그렇지만 부모를 죽이는 건 죄가 되잖소."

"허튼 소리 마세요. 구두장이를 죽이는 거나 왕을 죽이는 거나 다 똑같은 죄악이에요. 파리나 모기를 죽이는 것과 마찬가지로요. 둘 다 똑같은 자연의 산물이니까요. 분명히 해두는 게 좋겠군요, 레오폴드 님. 개체로서 당신의 존재가치는 우리 생물의 공통된 어머니인 자연의 눈으로 볼 때 원숭이 이상으로 가치 있는 존재가 아니랍니다. 자연은 원숭이보다 인간에게 더 많은 애정을 쏟지는 않으니까요."

"나는 이 여자의 솔직함이 마음에 드는군." 대공은 신부에게 말했다.

"저도 마음에 듭니다, 대공전하." 신부가 대답했다. "하지만 이렇게나 자아가 강한 여자가 과연 대공전하의 쾌락에 고분고분 따라줄지 조금 걱정스럽습니다."

"그건 지나친 군걱정이에요, 신부님." 내가 대답했다. "사교계에선 콧대 높은 솔직함을, 침실에선 부드러운 순종을 보여드리는 게 바로 사랑스런 프랑스 창녀의 역할이죠. 즉, 이게 바로 제 소임이에요. 하지만 비록 제가 침실에서 당신의 노예가 된다 해도 그건 당신의 정욕에 대해서만 노예가 되었을 뿐, 당신의 국왕이란 신분의 노예가 된 것은 전혀 아니란 걸 기억해주세요. 전 정욕을 존경한답니다. 당신처럼 말예요, 레오폴드 님, 저도 정욕이 있거든요. 하지만 저는 신분에 대한 경의에는 완강히 반대해요. 당신은 인간으로서 제 모든 걸 얻어갈 수 있지만, 왕으로선 어떤 것도 얻지 못할 거예요. 이 점을 미리 충고해두겠어요. 그럼 슬슬 시작할까요?"

우리는 궁 안으로 들어갔다.

레오폴드가 우리를 데려간 환락적인 방에는 전혀 뜻밖의 인물이 기다리고 있었다. 열대여섯쯤 되는 소녀 넷이 있었는데 죄다 배가 어찌나 빵빵한지 곧 터질 것만 같았다.

"세상에, 이런 사람들하고 대체 뭘 하려는 거죠?" 나는 대공에게 물었다.

"곧 알게 될 거요." 대공이 대답했다. "난 이 소녀들의 배 속에 든 아기의 아버지요. 태내의 아기를 파괴하는 희열을 만끽하기 위해 아기를 배게 한 것이지. 내 아이를 밴 여자를 유산시키는 것보다 커다란 만족이란 내겐 없거든. 나의 정액은 번식력이 무척이나 왕성하므로 나는 날마다 한 여자를 임신케 한 다음 내 아이를 없앰으로써 세상에 다시없는 쾌락을 내게로 되돌리는 거요."

"뭐라고요!" 나는 오스트리아 사람에게 말했다. "별 희한한 색정도 다 있군요. 그럼 있는 힘껏 봉사하죠…… 어떻게 하면 되나요?"

"보면 알 거요." 레오폴드는 말했다. "먼저 이 여자들에게 어떤 운명이 자기들을 기다리고 있는지부터 알려줍시다."

그는 지금까지 내 귓가에 대고 소곤소곤 하던 말을 멈추고 4명의 소녀들에게 천천히 다가가 자기의 계획을 말했다. 여러분, 이토록 음험한 사망선고가 그녀들을 어떠한 절망에 빠뜨렸는지 상상해보시라. 2명은 기절했고, 다른 2명은 도살장으로 끌려가는 송아지처럼 울부짖기 시작했다. 그러나 잔인하기 짝이 없는 레오폴드는 곧장 신부에게 명령하여 그녀들의 옷을 홀딱 벗겼다.

"부인?" 그는 우리를 향해 말했다. "부인들도 이 아이들처럼 옷을 다 벗어주지 않겠소? 나는 여자가 홀랑 벗었을 때가 아니면 즐길 생각이 들지 않는단 말이오. 그리고 아마도 여러분은 실오라기 하나 걸치지 않은 상태를 누가 본다 해도 전혀 부끄럽지 않을 정도로 훌륭한 몸매를 지녔을 테니까."

우리가 그의 말에 따랐으므로 레오폴드의 앞에는 어느덧 알몸이 된 여자 일곱이 나란히 서게 되었다.

이 환락꾼의 첫 번째 헌납물이 우리 앞에 바쳐졌다. 우리를 샅샅이 살피며 비교하고, 멀리서 보고 또 가까이서 보던 끝에 그는 4명의 임부에게서 한 사람씩 번갈아 자극을 받은 뒤, 우리 셋의 그것 사이에 손가락을 넣음으로써 처음 1막을 끝냈다. 레오폴드는 분비액을 좋아했으므로 적어도 3, 4번씩 자기 입에 그것이 넘쳐흐를 때까지 우리를 결코 놔주지 않았다. 그가 이렇게 우리 앞쪽을 자극하는 사이 신부가 우리의 뒤쪽을 어떻게 하고 있었는지 우리는 양쪽을 동시에 자극당하는 바람에 성스런 술을 아낌없이 따라내었다.

"참으로 좋소." 레오폴드가 우리에게 말했다. "그럼 이번엔 더 재미난 걸 해볼까요? 여기 뜨겁게 달군 4개의 도장이 있는데." 그는 계속했다. "이 인두에는 각각 이 임부들의 유죄선고문이 새겨져 있소. 그녀들의 눈을 가린 다음 제 손으로 인두를 하나씩 고르게 할 거요."

계획은 곧바로 실행되었다. 눈이 가려진 여자가 인두를 고르자 레오폴드는 시뻘겋게 달군 그것을 그녀들의 배에 찍었다. 이 가공할 소인(燒印)의 결과, 다음과 같은 네 가지 선고문이 새겨졌다. 가장 어린 14살짜리 소녀의 배에는 "채찍에 맞아 유산할 것", 다음의 같은 또래 소녀의 배에는 "음료에 의해 유산할 것", 세 번째 15살 소녀의 배에는 "발로 밟혀 유산할 것", 네 번째 16살쯤 된 소녀의 배에는 "배를 갈라 아기를 들어낼 것"이라고 저마다 다른 판결문이 씌어 있었다.

의식이 끝나고 눈가리개를 벗겨주자, 불쌍한 그녀들은 자기들의 배에 새겨진 선고문을 서로 읽을 수가 있었다. 그러자 레오폴드는 그녀들을 맞은편 긴 의자 앞에 나란히 세운 다음 나를 소파 위에 눕히고는 그녀들의 선고문이 찍힌 팽팽한 배를 쳐다보고 즐기면서 나의 그곳을 애무했다. 그사이 엘리스는 대공을 채찍질했고, 신부는 레이몬드의 유방 위에서 자위하고 있었다.

"레오폴드 님." 나는 흥건히 젖은 채로 말했다. "제발 부탁이니 저를 임신시키지는 말아주세요. 불행히 당신 때문에 아기라도 뱄다가는 저도 저 아이들처럼 유산해야 할 처지에 놓일지도 모르잖아요."

"그야 당연히 있을 수 있는 일이지." 대공이 나를 흘깃 쳐다보며 말했다. "하지만 안심해도 되오. 나는 그렇게 쉽게는 하지 않으니까."

그 말과 동시에 그는 내게서 떠나 벌써 15분 전부터 그를 연신 채찍질하던 엘리스의 처녀성을 망가뜨렸고, 이어 레이몬드에게 곧장 올라탔다. 나는 신부의 요구를 들어주고 있었는데 신부는 이윽고 나를 떠나 엘리스를 붙잡았다. 이 두 환락자의 물건만큼 딱딱하게 부풀어오른 것은 아마 온 세상을 뒤져도 견줄 것이 없으리라.

"이제 슬슬 그걸 써볼까?" 신부가 우리에게 말했다.

그는 꽤 오래전부터 내 엉덩이를 쓰다듬고 어루만지고 있었으므로 어서 빨리 빠져나가고 싶은 생각만 들었다. 하지만 레오폴드가 말했다. "아니, 아직이야. 그 전에 제물 하나를 죽여야겠어."

채찍에 맞아서 유산해야 한다는 선고를 받은 어린 소녀가 순식간에 대공의 손에 붙들렸다. 대공은 먼저 회초리를, 다음엔 쇠구슬이 달린 가죽채찍을 손에 들고는 30여 분쯤 엄청난 힘으로 그녀의 엉덩이를 후려쳤으므로 어느새 그녀의 엉덩이는 피투성이가 되고 말았다. 이어 제물은 세워진 채로 손은 위로, 발은 바닥에 꽁꽁 묶였다. 대공이 소의 음경으로 만든 채찍으로 그녀의 배 위를 세차게 때리기 시작하자 이윽고 태아가 밖으로 비어져나오기 시작했다. 산모가 비명을 지르자 태아의 머리가 나타났다. 대공은 그것을 손수 잡아 꺼내더니 시뻘겋게 타오르는 숯불 속으로 던져넣고는 다시 산모에게로 돌아왔다.

"그쯤 하고 음순을 빼내지 않겠습니까, 대공전하?" 신부가 말했다. "전하 양물의 잔뜩 부푼 혈관, 전하의 입에 머금은 거품, 전하의 눈에서 발하는 광채, 모든 것이 음순의 필요성을 노래하고 있습니다. 정액을 잃을 염려는 하실 필요가 없습니다. 저희가 힘쓰면 전하는 이내 다시 잔뜩 곤두설 것입니다. 저희는 다른 제물을 죽이면 됩니다."

"아냐, 됐어." 대공은 내게 키스하면서 말했다. 그는 이 음탕한 장면이 이어지는 내내 나를 만지고 있었던 것이다.

"나는 어제 꽤나 잃었으므로 오늘은 두 번 이상 가면 견디지 못할 거야. 정력을 잃기 전에 제물들을 죄다 해치우고 싶군."

그러자 두 번째 소녀가 붙들려 왔다.

그녀의 배에 찍힌 판결문은 "음료에 의해 유산할 것"이었다. 끔찍한 음료는 바로 옆에 있었다. 어린 소녀는 도무지 말을 듣지 않았다. 그러자 난폭한 성직자가 한 손으로 그녀의 머리끄덩이를 잡고, 다른 한 손으로 칼을 잡더니 그녀의 입을 억지로 벌리게 했다. 나는 물약을 삼키게 하는 노릇을 하라는 명령을 받았다. 대공은 연신 엘리스의 자극을 받으면서, 그러는 사이에도 나의 엉덩이와 제물의 엉덩이를 애무하고 있었다…… 이를 어쩌나, 독의 효과는 끔찍했다! 이런 것인 줄은 전혀 짐작도 못했다. 해로운 독이 소녀의 태내에 닿자마자 그녀는 끔찍한 비명을 지르면서 몸을 뒤틀더니 데굴데굴 구르기 시작했다. 이어 태아가 나오자 이번엔 신부가 그것을 끄집어냈다. 레오폴드는 몹시 흥분했고, 레이몬드가 연신 빨고 있는 동안 줄곧 나와 엘리스를 더듬었으므로 이제 다음 실험은 불가능할 줄 알았다. 나는 그가 끝내려는 줄 알았다. 하지만 그는 직전에 몸을 뺐다.

세 번째 소녀는 바닥에 뉘인 채로 묶였다. 그녀는 발로 짓밟혀서 그 열매를 잃어야 하는 것이다. 레이몬드가 무릎을 꿇고 제물의 몸을 두 다리 사이에 끼우고는 유방으로 대공의 그것을 자극하는 사이, 양쪽에서 나와 엘리스의 부축을 받은 대공이 가련한 소녀의 배 위를 세차게 짓밟아 그녀는 순식간에 태아를 밖으로 내놓았다. 태아는 성별을 확인할 새도 없이 먼저와 마찬가지로 숯불 속으로 내던져졌고, 반죽음 상태의 산모는 순식간에 목숨을 잃고 말았다. 마지막 여자는 가장 예쁘고, 또 가장 불쌍했다. 어쨌든 배 속의 태아를 잃어야 하는 운명인 것이다. 그것이 어떤 고통인지 잠깐 상상해보시기를!

"이 아인 쉽게 끝내지 않겠소." 레오폴드는 우리에게 말했다. "그녀의 무지막지한 고통에 내 마지막 클라이맥스가 걸려 있거든. 어쨌든 이 아인 내가 즐길 적에 4명 가운데 가장 커다란 쾌감을 안겨주었소. 내가 이 아이의 처녀성을 빼앗은 날 아마도 임신을 한 모양이오."

그녀는 십자가에 누워 있었는데, 한가운데 부분이 불룩 솟아 있었으므로 배만 불쑥 튀어나온 형국이었다. 팔다리는 꽁꽁 묶였고, 위아래를 천으로 덮었으므로 이제 보이는 것은 아기가 들어 있는 둥글게 부푼 살덩이뿐이었다. 수술을 맡은 것은 신부였다. 레오폴드는 아까부터 나를 애무하면서 오른손으로 엘리스의 엉덩이를, 왼손으로 레이몬드의 그곳을 자극하고 있었다. 음험한 신부가 제물의 배를 넷으로 갈라 태아를 꺼내면서 산모의 살점을 구멍 속으로 던져넣는 사이, 위대한 메디치가의 후계자요, 유명한 프랑스 으뜸가는 창녀의 형제인 대공은 나의 항문에 정액의 물줄기를 쏟아부으며 무뢰한처럼 저급한 말을 쏟아내었다.

"이봐들." 대공이 그것을 꺼내면서 말했다. "당신들이 바라는 대로 저마다 3천 제키의 금화를 줄 테니까 이 비밀은 꼭 지켜줘야겠소."

"틀림없이 지키겠어요." 내가 대답했다. "하지만 조건이 하나 있어요."

"그럴 수 있다고 보나?"

"그렇고말고요…… 당신의 범죄는 내가 그걸 내뱉는 순간 곧장 목숨을 잃을 성질의 것이니까요."

"이런 여자들에게 휘둘리시면 안 됩니다, 전하." 신부가 끼어들었다. "이런 여자들한텐 절대로 아무것도 보여주지 말든지, 아니면 보여준 뒤에 죽여 버려야 합니다. 이들의 말을 들어주었다간 제가 수도 없이 말씀드린 것처럼 전하께서는 파멸하거나 몰락하게 됩니다. 이런 천한 여자들에게 비밀을 보여주고 청을 들어주다니 말이나 됩니까?"

"조용히 하세요." 나는 대답했다. "그런 말은 당신이나 당신의 상전이 늘 데리고 노는 여자들에게나 어울리는 말이에요. 우리 같은 신분의 여자들에게 할 말은 아니죠."

이어 나는 대공에게 말했다.

"저는 당신과 얼추 비슷한 수준의 부자랍니다. 그러니 제가 몸을 파는 것도 취미 때문이지 돈 욕심 때문은 아니에요. 이런 말싸움은 그만하죠! 대공은 우리를 필요로 하고, 우리는 대공을 필요로 하고 있는 거라고요. 그러니 서로 돕는 관계가 균형이 맞지 않을까요? 레오폴드 님, 만약 우리가 피렌체에 머무는 사이 당신께서 천하제일의 사면장을 한 장 주신다면 저흰 당신의 비밀을 반드시 지키도록 맹세하겠어요. 당신의 나라에서 무엇을 하건 우리가 추궁을 당하는 일은 결코 없으리라고 지금 여기서 약속해주세요."

"그런 협박을 늘어놓았댔자 내가 달아날 구석은 얼마든지 있소." 레오폴드는 말했다.

"특별히 당신들의 피로 내 손을 더럽히지 않아도 이 나라엔 파리에 버금갈 정도로 마음에 들지 않는 자의 입막음을 할 만한 감옥이 얼마든지 있다는 걸 알려주기란 식은 죽 먹기지. 하지만 분명 나와 거의 비슷한 수준의 환락자인 부인들을 상대로 이런 방법을 쓰는 건 나로서도 재미가 없소. 그러니 소원대로 당신과 당신 남편을 위해 천하제일의 사면장을 주지. 앞으로 6개월간 유효한 거요. 여섯 달이 지나면 내 땅을 떠나도록. 이건 명령이오."

바라던 것 모두를 이미 손에 넣었으니 더는 말대꾸를 할 필요가 없겠다고 나는 판단했다. 그래서 레오폴드에게 작별인사를 하고 약속했던 돈과 정식 사면장을 받아든 우리는 대공 앞에서 물러났다.

대공과 맺은 협정 이야기를 듣더니 스브리가니는 이렇게 말했다.

"그 천하제일의 사면장을 잘 활용해서 피렌체를 떠나기 전에 못해도 3백만쯤의 돈을 벌어야겠어요. 도무지 마음에 들지 않는 건 이 나라 놈들이 천박한 데다 가난뱅이란 겁니다. 그러니 우린 놈들이 자진하여 내놓을 마음이 없는 것을 억지로 빼앗아야 한다는 것이죠. 어딜 가든 6개월의 유예는 있으니까 만족스런 수확을 하기엔 충분해요."

도니 부인

    스브리가니는 우리의 계획을 되도록 멋지게 실현시키기 위해 거처를 도박장으로 만들기보단 이름 높은 방탕의 장소로 광고하는 편이 낫겠다고 판단했다. 지칠 줄 모르는 수전노 근성이 우리를 움직이게 하고 있었다. 그도 그럴 것이 또다시 범죄의 길로 나아가지 않아도 살아갈 길은 우리에게 충분히 있었으니까.
    먼저 널리 통지문을 보내 우리집에 오면 언제든지 남자들은 아름다운 평민계급 여자뿐만 아니라 상류귀족 아가씨도 얻을 수 있다고 선전했다. 또한 유부녀도 우리집에 오면 마찬가지로 그녀들의 비밀스런 즐거움을 위해 사내와 젊은 아가씨를 얼마든지 얻을 수 있다고 알렸다. 그리고 우리는 가장 쾌적한 분위기의 가구가 딸린 방과 가장 호화스런 식사 등을 마련해두었으므로 이윽고 이 집에는 장안의 사람들로 바글바글 끓기 시작했다. 집의 기본적인 구성원은 우리 4명이었지만, 갑작스런 변덕이나 기분에 따라 더욱 달콤한 쾌락을 언제든지 제공해줄 수 있는 사람들이 남녀 두루 준비되어 있었다. 그 비용은 모두가 터무니없이 비쌌지만 서비스는 몹시 만족스러웠다. 소매치기 기술을 지닌 두 하녀가 꽤나 솜씨를 발휘했으므로 지갑이나 보석이 늘 없어졌지만, 하소연해봤자 소용없었다. 무엇보다 천하제일의 사면권한이 모든 범죄로부터 빼내주었으므로, 어쩌다 우리의 행위를 고발하는 자가 있어도 우리는 꿈쩍도 하지 않았다.
    그렇지만 악랄한 수단으로 남에게 쾌락을 알선하면서도 여러분이 쉽게 상상하다시피 내가 나 자신의 음탕한 욕구를 잊지 않았음은 말할 것도 없다. 건장한 사내와 고귀한 귀부인들 가운데서 마음껏 선택할 수 있는 위치에 있었던 내가 맨 먼저 마음에 드는 상대를 나를 위해 골라두는 건 당연하다고 여러분은 생각하리라. 하지만 이탈리아인의 물건은 변변치가 못하다. 게다가 그들은 대체로 언제나 병에 걸려 있었으므로 나는 오로지 사포를 애용했다. 도니 백작부인은 그 무렵 피렌체 으뜸가는 미인에다 부자였으며 세련되고 술을 즐기는 여자였는데, 그녀가 나에게 돈을 바치고 있다는 사실은 공공연히 알려져 있었다. 그리고 거기엔 다 이유가 있었다. 도니 부인은 35살 난 미망인으로서 그림처럼 아름다웠고 재능과 매력이 넘쳤다. 쾌락과 이익이라는 끈으로 묶인 우리는 둘이서 가장 변태적이고 음탕하며 방탕한 짓을 했다. 나는 백작부인에게 갖가지 잔혹성을 부림으로써 자신의 쾌락을 한층 고무시키는 기술을 전수해주었다. 나의 가르침을 받은 이 음탕한 여자는 어느새 나와 거의 같은 수준의 악녀가 되어 있었다.

언젠가 백작부인이 내게 할 말이 있다기에 저녁식사 초대를 받아 그녀의 집으로 갔다. 사치의 극에 달한 고기와 술로 몸을 따뜻하게 데운 뒤, 우리는 문을 닫고 들어가 따스한 이불 속으로 파고들었다. 그 인공적인 배치와 호사스러움은 가장 세련된 음탕함을 추구하기 위해 만들어진 장소이기라도 한 것 같았다.

"있잖아, 쥘리에트." 백작부인은 내 가슴속으로 뛰어들어선 이렇게 말했다.

"당신의 나쁜 교육 때문에 내가 어떤 생각을 품게 되었는지 털어놓으려면 아무래도 이런 어두운 곳에 와야만 했어. 어쩌면 지금까지 이토록 흉악한 범죄는 아무도 생각해낸 적이 없을 거야. 무서운 거거든…… 하지만 난 이 범죄 계획에 탐닉하면서 그걸 저지르는 상상을 하면 극도의 쾌감을 느껴…… 아, 내 사랑하는 사람! 이 나쁜 짓을 당신한테 어떤 식으로 털어놓아야 좋을지 모르겠네. 분방한 상상력은 우리를 어디로 데려가며, 미덕을 팽개치고 양심에 무감각해지며 악덕을 즐기고 질리지도 않는 음욕을 실행하는 건 우리같이 나약하고 덧없는 인간을 어디로 데려가는 걸까? ……쥘리에트, 당신은 내 어머니와 딸을 알지?"

"응, 알아."

"어머니는 분명 쉰의 나이인데도 아직 여인의 색깔과 향기를 조금도 잃지 않았어. 물론 나를 끔찍이 아끼지. 그리고 딸인 아글라에는 16살로 눈에 넣어도 아프지 않을 만큼 사랑하지만 지난 2년 동안이나 나는 그 아이하고 날마다 즐기고 있어. 옛날에 우리 엄마가 그랬던 것처럼 말이야…… 그래서 쥘리에트, 이 두 여자를 나는……."

"아유, 답답해. 빨랑 말해."

"그러니까 나는 나한테 더할 나위 없이 소중한 이 두 여자의 핏속에 푹 잠기고 싶어…… 욕조 속에 나하고 당신하고 둘이 엉켜 누워서 쾌감을 느껴보고 싶단 말이야…… 말하자면 이 창녀들의 피에 잠겨 온몸이 끈적해져서는 그 속에서 헤엄쳐보고 싶다는 것이지…… 지금 내가 증오하고 있는 이 두 여자가 이런 식으로 내 눈앞에서 숨이 끊어지는 모습을 보고 싶어…… 그리고 그녀들의 마지막 날숨으로 뜨거워지면 다음엔 우리 둘이서 같은 욕조 속으로 들어가 시체 위건 핏속이건 상관없이 우리의 마지막 쾌락을 멋지게 완성시켜보고 싶어."

도니 부인은 이 고백을 하는 내내 혼자서 자위를 하고 있었는데 말을 마침과 동시에 기절하고 말았다. 나도 이 말을 듣자 이상하게 흥분이 되어서 도니 부인의 의식을 되찾게 하느라 엄청 고생해야 했다.

그녀는 눈을 뜨더니 내게 키스하면서 말했다. "쥘리에트, 내가 너무 무서운 이야기를 했지? 하지만 당신은 이 무서운 이야기가 나를 어떤 상태에 이르게 했는지 봤잖아. 그게 내 감각에 끼친 비범한 효과를 이해했을 거야. 나는 내가 한 말에 후회는커녕 어서 빨리 이 생각을 실천에 옮기고 싶은 마음뿐이야. 이 더러운 짓은 내일 실천에 옮길 필요가 있어."

"멋진 친구야." 나는 이 매력적인 여인에게 말했다. "당신이 아무런 경계도 하지 않고 모든 계획을 고백해주어서 기뻐. 당신의 생각을 비난하기는커녕 나는 그것에 어떤 기교와 변화를 주었으면 해. 즐거운 일에는 언제나 그런 변화가 따라야 한다고 생각하거든. 당신은 어떤 방법으로 희생자의 피를 쏟아내고 싶은 거야? 중요한 것은 당신의 쾌락을 완전무결하게 하기 위해 가장 잔인한 고문으로 피를 흘리게 해야 하지 않을까?"

"아아!" 백작부인은 힘주어 대답했다. "물론 그건 이미 생각해둔 게 있고, 준비도 철저히 해놓았어. 난 말이야, 그 고문이 길고 처참한 것이었으면 해. 희생자들의 욕지거리를 들으면서 열 시간 내내 황홀하고 싶거든. 희생자들의 비명과 눈물을 즐기면서 둘이서 저마다 20번은 더 극치감을 느끼고 싶거든. 아, 쥘리에트."

그녀는 잔뜩 신이 나서 자기 몸에 하던 것과 똑같이 내 몸에 하면서 이렇게 이었다.

"내가 당신한테 털어놓은 것은 모두 당신이 가르쳐준 결과야. 그 가차 없는 진리 덕분에 나는 얼마나 용기를 얻었는지 몰라! ……들어봐, 쥘리에트, 이런 음험한 꿈을 당신한테 털어놓았으니 다른 한 가지 비밀도 털어놓아야 할 것 같아. 그리고 나한텐 매우 중대한 어떤 문제에 당신의 도움을 청해야 겠어. 아글라에는 죽은 남편의 딸이야. 바로 이 사실이 내가 그녀를 미워하는 이유야. 그 아이의 아버지도 나는 싫었어. 만약 그가 내 소원대로 자연사하지 않았더라면 나는 무슨 수를 써서라도 내 꿈을 만족시켰을 거야…… 이런 기분, 알지? 그런데 나한텐 딸이 하나 더 있어. 전에 내가 뜨겁게 사랑했던 남자와의 사이에서 생긴 아이야. 퐁탕주라는 이름에 올해 13살이 되었어. 파리 근교의 샤이오에서 살고 있는데 나는 이 딸에게 만족스런 미래를 약속해주고 싶어. 그래서 말인데, 쥘리에트.”

도니 부인은 나에게 두툼한 지폐다발을 건네며 말을 이었다.

“여기 50만 프랑이 있는데 이건 내 법정상속인에게서 받은 돈이야. 당신이 파리로 돌아가거든 이 돈을 내 딸의 명의로 예금해주었으면 해. 그리고 딸을 당신이 거두어서 적당한 사람하고 결혼시켜서 행복하게 해주면 좋겠어. 하지만 그건 모두 당신의 순수한 호의에서 나온 것이라고 여기게 해야 해. 그렇지 않으면 내 비밀이 탄로날 테니까 말이야. 그리고 나의 법정상속인이 소송이라도 했다간 모든 게 물거품으로 돌아가게 되거든. 나는 당신을 믿어. 너무나 사랑하는 쥘리에트, 그러니까 부디 나의 추악한 짓과 선행을 둘 다 도와줘. 이 돈에서 5만 프랑쯤은 남으니까 그건 당신이 가져. 제발 부탁이니까 내가 아까 죽음을 선고한 두 사람의 형 집행자 노릇하고, 당신에게 맡긴 사랑스런 딸의 보호자 노릇 둘 다 잘해주겠다고 약속해. 오, 나의 친구, 내가 당신을 얼마나 믿고 있는지 잘 알지? 환락을 즐기는 사람끼리는 서로 상처를 입히지 않는 법이라고 당신은 수도 없이 말했어. 설마 당신이 이 돈을 빼돌리거나 하지는 않겠지? ……어서 뭐라고 대답 좀 해봐.”

백작부인의 선행을 돕는 것보다 범죄에 가담하는 편이 훨씬 재미있을 것 같았다. 나는 이미 그녀의 두 가지 제안에 어떻게 처신해야 할지 마음먹었지만, 전혀 내색하지 않고 둘 다 받아들이겠다고 약속했다. 그리고 백작부인에게 키스하며 이렇게 말했다.

“부인, 틀림없이 당신 소원대로 될 거야. 1년 안에 당신의 사랑하는 퐁탕주는 당신이 기대하는 미래를 누릴 수 있을 거야. 하지만 지금 우리의 유일한 관심사는 죄의 계획을 실현하는 것이야. 내 영혼이 범죄에 몰두하고 있을 때 미덕이란 것이 얼마나 찬물을 끼얹는 존재인지 당신은 모르겠어?"

"아, 쥘리에트." 도니 부인은 말했다. 당신은 나의 선행을 비난하는 거지?"

"아니, 그렇지 않아." 나는 허둥지둥 대답했다. "나도 나름대로 급한 이유가 있거든. 비난할 마음은 애당초 없어. 하지만 너무나 동떨어진 두 가지 목적을 한데 묶는 건 좀 그런 것 같아."

"아, 그래서 그런 거였어?" 백작부인은 대답했다. 그럼 지금은 한 가지 문제만 생각할까? 아까 내 몸에 비상한 효과를 끼쳤던 그 문제를 말이야. 당신은 나에게 세부적인 점까지 약속해주었어. 쥘리에트, 사실은 나도 속으로 이모저모 자세한 계획을 갖고 있어. 우리의 생각을 서로 나눠볼까? 우리의 상상력이 일치하는지 어떤지 확인하고 싶어."

"그럼 먼저," 내가 말했다. "장소는 시골로 옮겨야 해. 잔혹한 음탕행위는 시골에서 하는 게 제일이거든. 적당히 조용한 환경은 시골이 아니고선 절대로 불가능해. 그리고 이런 일을 하려면 얼마간 음탕하고 세세한 쾌락을 몇 가지 덧붙여야 하지…… 아글라에는 처녀야?"

"물론이지."

"그렇다면 그녀의 처녀성은 살인의 제단에 바쳐야만 해. 그녀의 어머니와 할머니가 희생집행자에게 그녀를 넘기는 거야. 그런 다음……."

"그리고 고문은 되도록 무시무시한 것으로!" 백작부인이 느닷없이 끼어들었다.

"그야 물론이지. 하지만 지금부터 계획을 다듬어놓기는 너무 일러. 그때의 정황이 묘안을 떠올리게 해줄 거야. 말할 것도 없이 음탕한 묘안을 말이지."

그날 밤의 나머지 시간은 세련된 사포 분위기를 떠올리게 하는 온갖 음탕행위로 채웠다. 우리는 서로 키스를 하고, 빨고, 삼키기도 했다. 둘이서 음경모형을 차고 서로를 격렬하게 자극했다. 그런 다음 백작부인의 별장이 있는 플라트에서 며칠을 지내기로 약속하고, 즐거운 계획의 실행은 8일 뒤로 늦추기로 했다.

도니 부인은 6개월의 여행을 핑계로 어머니와 딸을 교묘하게 이곳 시골로 데려오는 데 성공했다. 이 여섯 달의 여행 동안에 어머니와 딸은 병으로 죽은 것으로 처리할 예정이었다. 나는 스브리가니와 내가 손발처럼 부리는 2명의 하인을 데려와야 했다. 그리하여 정해진 날에 플라트에 모인 사람은 모두 8명이었다. 도니 부인과 나, 스브리가니와 하인 둘, 부인의 어머니와 딸, 그리고 오랫동안 부인의 난잡한 행동을 도와온 노파다.

그때까지 아글라에를 몰랐던 나는 여기서 처음으로 큰 관심을 갖고 그녀를 살필 수가 있었다. 이 소녀만한 미인은 세상에 다시없을 것이다. 그 자태에는 애교와 품위가 넘쳐흐르고, 피부는 믿기 어려울 만큼 곱고 희며, 그 크고 푸른 눈은 반짝반짝 빛나기 위해 열려 있고, 이는 또 어찌나 예쁘던지, 그리고 금발은 더없이 아름다웠다. 더구나 이 모든 특징이 어떠한 기교도 없이 풍요롭게 숨 쉬고 있는 것이다. 아글라에는 미의 여신으로 태어났다기보단 차라리 여신의 애무를 받았다고 하는 편이 나았다. 이런 말을 아무리 늘어놓아봤자 여러분은 내가 이 아가씨에게서 어떤 인상을 받았는지 도저히 꿈도 꾸지 못할 것이다. 지금까지 어떤 여자도, 그것도 아주 오랜만에 이토록 세찬 자극으로 나를 뒤흔든 적이 없었다.

문득 한 가지 생각이 머리를 스쳤다. 그렇다, 희생자를 바꿔치자. 백작부인이 나한테 부탁한 딸에 대한 신탁 유증이야말로 그녀의 사형판결 아닌가? 만일 내가 이 돈을 빼돌릴 마음을 정말로 먹는다면, 이 돈을 내게 맡긴 여자의 목숨부터 즉각 없애야 하는 것 아닌가? 나는 죄를 짓기 위해 여기에 왔다. 딸의 목숨을 빼앗는 죄는 내 쾌락을 만족시킬 따름이지만 어머니의 목숨을 끊는 죄는 나의 정욕을 불타오르게 할 뿐만 아니라 돈 욕심까지도 충분히 만족시켜줄 것이다. 나는 번거로운 계산을 할 필요도 없이 50만 프랑을 가질 수 있을 뿐 아니라 내 뜻대로 할 수 있는 2명의 예쁜 아가씨와, 또 이미 질릴 만큼 오랫동안 즐겨온 여자의 목숨을 빼앗는 매우 세련된 악행까지도 저지를 수가 있다. 나이 든 어머니에 대해선 설령 어떠한 사태가 일어난다 해도 별반 성가시지 않으리라. 하다못해 사정이 달라질 때까지만이라도 이 아름답고 매력적인 아가씨만큼은 너그럽게 봐줘도 괜찮으리라. 어쨌든 나는 아직 이 여자를 충분히 즐기지 않았으니까…… 이런 생각을 내가 남편에게 알리자 남편도 무척 기뻐했다. 우리는 곧바로 하녀에게 명하여 우리의 재산을 가지고 로마로 달아나게 했고, 거기서 머잖아 우리와 만나기로 약속해두었다. 이 두 하녀는 엘리스나 레이몬드 못지않게 나를 잘 알기 때문에 우리의 계획은 한 치의 실수 없이 정확히 실행에 옮겨졌다.

같은 날, 나는 도니 부인을 설득하여 일을 안전하고 확실하게 해치우려면 아무래도 그녀의 집을 말끔히 정리하고, 그녀가 지닌 금은보화를 몽땅 시골로 옮겨두어야 한다, 만약 계획을 실행할 즈음 어떤 착오라도 일어났을 때 그렇게 해두지 않았다간 자금부족으로 곤경에 처하리라고 말해주었다. 조심해서 나쁠 것 없으니 도니 부인은 나의 이런 제안을 모두 받아들였을 뿐만 아니라, 그녀 친구들 모두에게 자기는 이제부터 시실리 섬에 가니까 여섯 달 동안은 보지 못하리라고 말해두었다. 그리고 그녀 곁에는 아까 말했던 노파 1명만 남겼을 뿐, 선견지명이라곤 요만큼도 없는 아둔한 여자는 우리에게 자기 운명을 몽땅 내맡겼던 것이다…… 그녀의 파멸을 위해 장치된 올가미에 당사자가 이토록 멋지게 걸려들 줄은 생각지도 못했다. 이튿날부터 모든 계획이 궤도에 올랐다. 백작부인은 60만 프랑의 수표와 2백만의 주권, 3천 제키의 현금을 지니고 우리에게 왔다. 자기편이라곤 나이 든 노파 단 한 사람뿐이다. 반면에 우린 스브리가니 말고도 건장한 하인이 둘이나 있다.

이렇게 준비가 끝나자 나는 어머니의 범죄 계획을 배신하고, 딸에게 똑같은 죄를 저지르게 하겠다는 계획이 어찌나 즐겁던지 끝내 견디지 못하고 백작부인에게 죄의 실행을 다음 금요일까지 미루고, 일을 시작하기 전에 사나흘쯤 조용한 시간을 보내지 않겠느냐고 제안했다.

"금요일까지 책략을 좀더 다듬기로 해. 저 사랑스런 아글라에하고도 만나자마자 헤어져야 하다니, 적어도 실행 전에 이틀이나 사흘만이라도 그녀하고 함께 자게 해줘." 나는 부인에게 말했다.

백작부인은 나의 속내를 알아채기는커녕 완전히 눈뜬장님이었다. 엄청난 범죄 계획에 몰두해 있는 사람이 반드시 빠지게 되는 것이 바로 이런 착오다. 그들은 모두 자기 정욕에 눈이 멀어서 그것 말고는 아무것도 보지 못하고, 자기의 공범자가 그 행위에 똑같은 이해(利害)나 쾌락을 갖고 있다고 확신하므로 자기가 열중하고 있는 행위에 대해 다른 사람이 냉담해지거나, 떠나가는 것을 전혀 깨닫지 못하는 것이다. 도니 부인은 내 의견을 모두 받아들였다. 아글라에는 자기 침대로 나를 맞아들이라는 명령을 받았다. 그래서 나는 그날 밤부터 이 특권을 이용했다. 아, 여러분, 그녀의 육체는 어찌나 훌륭하던지! 내 말은 흥분한 결과도 아니려니와 미사여구도 아니다. 정말로 결코 부풀린 것이 아니다. 그야말로 아글라에의 육체는 내가 대공의 미술관에서 보았던 베누스상, 그 숭고한 베누스상을 만들기 위해 그리스 으뜸가는 미녀에게서조차 충분한 아름다움을 발견하지 못한 조각가가 기꺼이 모델이 되어달라고 부탁했을 그런 아름다움이었음을 여러분에게 자신 있게 말할 수 있다.

 지금껏 나는 단 한 번도 이토록 우아하고 동글동글한 육체의 선, 이보다 더 쾌락적인 균형잡힌 자태, 이토록 욕구를 자극하는 하나하나의 부분을 본 적이 없다. 그녀의 사랑스럽고 작은 음문만큼 좁은 것은 없으며, 그녀의 매력 넘치는 작은 엉덩이만큼 살집이 좋은 것이 없고, 그녀의 젖가슴만큼이나 촉촉하고 완벽한 것은 본 적이 없다. 지금 냉정한 머리로 잘라 말할 수 있지만, 아글라에야말로 내가 일생 동안 보아온 여성 가운데 가장 훌륭한 여성이었다. 그녀의 모든 매력이 낱낱이 드러나자마자 나는 그것을 곧장 하나씩 탐닉하듯 애무하기 시작했다. 한 곳에서 다른 곳으로 재빨리 애무의 손을 옮겨갔는데, 옮겨가고 나면 언제나 아직도 충분히 애무하지 못한 것 같은 느낌이 드는 것이었다. 호색의 기질을 타고난 작은 악동 소녀는 이윽고 내 팔 안에서 기절할 듯 좋아하고 있었다. 음탕하고 분방한 어머니의 유전자를 받은 그녀는 사포처럼 능숙하게 나를 자극했다. 하지만 나의 익숙한 권태, 가쁜 숨소리, 경련, 근육의 수축, 고조되었을 때의 발작, 한숨, 욕지거리 등 육체의 모든 격렬한 징후와, 나의 입놀림, 키스, 접촉, 음탕한 묘사 등 모든 세련된 타락의 특징에는 그녀도 꽤나 놀랐는지 자기 엄마도 이것엔 한참 미치지 못한다고 끝내 내게 고백했다. 이리하여 우리는 할 수 있는 모든 방법으로 저마다 5, 6번이나 극치에 이르렀고, 서로 키스하거나 육체의 온갖 부분을 빨고 깨물고, 꼬집고, 채찍으로 치며, 요컨대 온갖 난잡하고 음탕하며 추악하고 방탕한 일탈을 몽땅 실천했다. 그렇게 달콤한 시간을 실컷 보낸 끝에 나는 다음과 같은 이야기를 이 사랑스런 여성에게 해주었다.

 "아가씨." 나는 말했다. "당신이 얼마나 반듯한 도덕을 지니고 있는지 나는 몰라. 물론 백작부인은 당신에게 쾌락의 가르침을 주어 당신의 영혼을 갈고닦는 일에 열심일지도 모르지. 하지만 그게 어떻든 내가 지금부터 당신한테 하는 말은 매우 중요한 일이므로 단 1분도 감출 수가 없어. 당신 어머니는 모든 여자 가운데서 가장 음험하고 비열하며 죄가 많은 사람이야. 당신을 죽이려고 몰래 계획을 세우고 있거든. 당신이 어떻게든 막지 않으면 내일은 틀림없이 어머니한테 목숨을 빼앗기게 될 거야."

"세상에, 당신 지금 무슨 말을 하는 거죠?" 아글라에는 떨면서 말했다.

"사실이야, 아가씨. 그녀는 무서운 사람이야. 하긴 내가 당신과 이러고 있는 것도 다 그녀 덕분이긴 하지만."

"그러고 보니 알 것도 같아요. 엄마는 얼마 전부터 나한테 쌀쌀해져서는 무척이나 차갑게 대했거든요……."

"어떻게 대했다는 거지?"

아글라에는 어머니가 쾌락을 즐길 때면 매우 잔인해져서는 괴롭히거나 때리고, 채찍으로 치고 폭언을 일삼는다고 고백했다. 도니 부인이 딸과 즐기는 쾌락의 절정에서 얼마나 방자하고 착란에 빠져 있는지 몹시도 궁금해진 나는 이 아가씨가 어머니가 요구하는 음란한 행동의 격렬함에 심한 혐오를 느끼고 있음을 알았다. 온갖 음탕한 짓에 혈안이 되어 있던 이 호색하기 짝이 없는 어머니는 자기 입으로 딸의 똥을 받아서 그것을 삼키는 쾌락이 아니면 이젠 어떠한 쾌락도 느끼지 못하는 수준에 이르렀던 것이다.

"이봐, 아가씨." 나는 그녀에게 말했다. "어머니한테 친절하게 대하는 것도 좋지만 거기엔 절도가 있어야 해. 당신이 시키는 대로 다 하니까 점점 더 심해지는 거라고. 이젠 그럴 때가 아니야. 어머니한테 그걸 알게 해주어야 해."

"하지만 어떻게 하면 달아날 수 있을까요?"

"까짓 도망이야 어려울 것 없지. 난 어머니의 공격을 피하라고 권하는 게 아니야, 아글라에. 당신이 먼저 공격하라는 뜻이야."

나는 여기서 나의 하찮은 악행을 진심으로 기뻐했다. 왜냐하면 처음엔 오로지 성도착증 악녀의 정욕에 봉사한 것이지만, 이번에는 날 때부터 착한 아가씨를 유혹하여 끝내 어머니를 살해할 결심을 하게 만들었기 때문이다. 어떠한 공을 세우든, 어느 경우에나 죄가 된다는 데는 다름이 없다. 게다가 나는 엄청난 쾌감을 느끼면서 친구를 배신하는 것이기도 하다.

마음씨 곱고 다감한 아글라에는 충격을 견디지 못했다. 이 무시무시한 제안에 가련한 소녀는 흐느껴 울다가 내 가슴속으로 몸을 던졌다.

"착한 아기지?" 나는 따뜻하게 말을 이었다. "울고 있을 때가 아니야. 결심을 해야 해. 너에게 도니 부인은 이제 후회 없이 죽여 없애야만 하는 평범한 한 여자에 지나지 않아. 악행을 일삼는 사람의 목숨을 빼앗는 것은 우리에겐 인간성에 기초한 훌륭한 행위거든. 너한테 생명을 주었다가 이번엔 그것을 빼앗으려는 증오스런 여자인데 그 사람에게 감사하는 마음을 가져야 할 이유는 없지 않니? 속아넘어가선 안 돼, 아글라에. 그런 괴물만도 못한 여자한테 넌 공포와 원한을 느껴야 마땅해. 그런 모욕을 계속 참고 있다간 넌 영원히 멸시당하는 여자가 되고 말아. 게다가 너 자신이 편안히 있을 수 있겠어? 만약 오늘 네가 어머니를 죽이지 않는다면 내일 어머니가 너를 죽이게 될 거야. 한 치 앞을 못 보는 아가씨로군. 그렇게 죄 많은 여자의 피를 보는 게 부끄러워? 그런 성도착증 악녀하고 너 사이에 아직도 어떤 인연의 끈이 남아 있다고 생각하니?"

"당신은 엄마의 친구가 아닌가요?"

"전엔 그랬지. 하지만 그녀는 내가 세상에서 가장 사랑하는 사람을 죽이려 하고 있어. 그런 사람과 친구일 수 있겠니?"

"당신도 엄마하고 똑같은 취미와 기호를 가진 사람 아닌가요?"

"그야 그렇지. 하지만 나는 그녀처럼 악행을 숭배하지도 않거니와 피에 굶주린 암늑대도 아니야. 나는 잔인한 건 싫어. 동포를 사랑하기도 하고, 살인 따윈 생각만 해도 오싹해. 제발 정신 차려, 아글라에. 아무 짝에도 쓸모없는 비교 같은 건 그만둬. 그건 너의 명예를 더럽히는 일일 뿐더러, 귀중한 시간만 허비하는 꼴이야. 지금 우리에게 필요한 것은 말이 아니라 행동이야."

"그럼 나더러 엄마를 칼로 찌르라는 건가요?"

"너한테 나쁜 짓을 저지르려는 사람을 엄마라고 생각할 필요는 없어. 그런 여자는 이 땅에서 쫓아버려야만 해. 독을 품은 한 마리 짐승에 지나지 않으니까."

나는 이렇게 말하고 다시 그녀를 꼭 끌어안고 음욕의 불길로 회한의 정을 억누르려고 시도했다. 이 방법이 멋지게 효력을 발휘해 아글라에는 유혹에 넘어가 모든 것을 약속했다. 나의 악랄한 말주변에 넘어간 소녀는 복수의 쾌락에서 난잡한 자극마저 느끼기 시작하는 것 같았다. 어머니를 죽인다는 상상이 엄청난 쾌감을 준 것이다. 나는 일어났다.

"여보." 스브리가니에게 말했다. "이젠 희생자를 잡기만 하면 돼요. 남자들을 데려와서 빨리 그녀들을 묶어버립시다."

먼저 할머니를 잡아다가 성 안의 굴 속에 가두었고, 도니 부인이 그 뒤를 따랐다. 무슨 일인지 몰라 어리둥절해하는 그녀는 깜짝 놀란 것 같았다. 아글라에도 곁에 있었다.

"넌 인간도 아니야!" 나는 백작부인에게 말했다. "이렇게 된 것도 다 자업자득이라 여기고 포기하는 게 좋을 거야."

"배신자! ……이 계획은 당신하고 내가 공모한 게 아니었어?"

"한 방 먹인 거지. 당신의 비밀을 알아내기 위해 악인인 척했을 뿐이야. 일이 이렇게 되었으니 더는 연극을 할 필요가 없지……."

밤이 되자 나는 두 희생자를, 도니 부인이 자기의 악행을 위해 준비했던 널따란 방으로 데려오게 했다. 나의 격려를 받아 완전히 결심을 굳힌 아글라에는 이 광경에 흥분하고 있었다. 할머니를 보고도 어머니를 보았을 때와 마찬가지로 그녀는 흔들리지 않았다. 할머니가 백작부인을 부추겨 악행을 꾸몄다고, 나는 소녀를 교묘하게 속였던 것이다. ……고문이 시작되었다.

백작부인의 계획대로 일을 진행했다. 하지만 그녀는 집행인이 아니라 수형자다. 나와 아글라에가 욕조 바닥에 누워 둘이서 한참 즐기는 사이, 스브리가니가 두 희생자의 피를 우리에게 쏟아부어주었다. 스브리가니는 수천 군데를 찔러 피가 흥건하게 흐르게 했다. 여기서 아글라에의 명예를 위해 한 마디 해야겠는데, 그녀의 용기와 결의는 단 한순간도 물러섬이 없었다. 쾌락에서 황홀경으로 옮겨가 형이 끝날 때까지 그녀의 흥은 결코 식지 않았다. 고문을 길게 늘리기 위해 스브리가니가 생각해낸 묘안은 도저히 떠올릴 수 없는 것이었다. 그는 마지막으로 희생자들을 덮치면서 일을 마무리했다. 두 사람은 스브리가니의 밑에서 기절했다.

그가 일을 마치자 나는 잔인한 남편을 향해 말했다. "이걸로 이 집은 우리 것이군요. 서둘러 여기를 나가야 해요. 단 한순간도 헛되이 쓰면 안 돼요."

이어 아글라에를 향해 말했다. "우리 악행의 목적이 무엇이었는지 이제 알겠지? 어머니의 친구로서 나는 그녀의 재산을 나눠 갖고 싶었어. 일이 이렇게 되었으니 재산은 내 것이야. 하지만 네가 내 가슴에 지핀 정욕의 불길은 아직도 전혀 사그라지지 않았어. 엘리스하고 레이몬드를 알지? 그녀들하고 동료가 되도록 해. 그녀들처럼 아주 하찮은 필요, 아주 잠깐의 변덕 때문에 매음을 하거나 속이거나, 훔치고 유혹하는 온갖 범죄를 저질러야만 해. 그게 싫다면 우리에게서 버림을 받고 가난뱅이가 되어야겠지. 자, 어떻게 할 테야? 선택해."

"아, 나의 소중한 친구여, 나는 당신과 영원히 함께하고 싶어요." 그녀는 눈물을 흘리며 소리쳤다. 나로 하여금 그런 행동을 하게 만든 것은 어쩔 수 없는 사정이 아니라 내 마음이에요. 난 온통 당신 거라고요."

아직도 흥분이 가시지 않은 스브리가니는 이런 우수와 탄식을 보고 욕정을 일으켰다. 그의 눈빛과 물건을 보고 나는 그가 다시 광란의 장을 열고 싶어한다고 짐작했는데 과연 그랬다.

"제기랄," 그가 내게 말했다. "나는 방금 저지른 죄를 뉘우치고 있어요. 백작부인 살해를 충분히 감당하려면 그 딸을 능욕해야만 하죠. 그녀를 내게 맡기지 않겠어요, 쥘리에트?"

나의 대답을 기다릴 새도 없이 이미 딱딱하게 긴장해 있는 쾌락자는 갑자기 소녀를 붙잡고는 앞문을 열어버렸다. 여린 옥문에서 흐른 피로 그녀의 살이 새빨갛게 물들자 이탈리아인은 몸을 휙 뒤집더니 3번쯤 허리를 뒤트는가 싶더니 이번엔 줄질을 거듭하면서 말했다.

"쥘리에트, 이제 어쩌죠? 이 어린 소녀의 맏물만 남겨놓았더라면 우린 상당한 돈벌이를 할 수 있었을 거요. 그런데 이렇게 따먹어버렸으니 이제 매음에 어떤 이용가치가 있죠? 이 아인 애당초 수완도 없지만 지혜도 없어요. 이제 내 말을 듣도록 해요, 쥘리에트. 이런 가족 따윈 이제 흥미 없어요. 이 아이를 죽임으로써 얼마만큼 자극적인 장면이 펼쳐질까! 흐흐, 이런 제기랄! 지금 곧바로 해치우고 싶은 내 마음을 알겠소?"

있는 그대로 말하건대 여러분, 그때 나의 잔인성은 다른 모든 배려를 뛰어넘고 있었다. 스브리가니의 의견은 나를 매료시켰다. 그는 그걸 이미 꿰뚫어보고 있었다. 그리하여, 아글라에의 사형선고는 곧장 정액에 의해 서명되었다.

"너도 가족의 뒤를 따라야겠다." 나는 아글라에에게 체념하도록 타일렀다. "너를 죽여야겠다는 생각에 우리 모두 흥분해 있거든. 우리처럼 극악한 자들에겐 자신의 정욕 말고는 지켜야 할 약속 따윈 없어."
 애원과 눈물이 있었지만 우리는 그녀를 하인들의 손에 넘겼다. 그 무뢰한들이 온갖 변태적인 욕망으로 그녀를 가지고 노는 사이 스브리가니는 음탕함을 더욱 자극하기 위해 갖가지 행동으로 내 몸을 뜨겁게 했다. 하인들은 이윽고 쾌락에서 난폭함으로 옮겨갔고, 가차 없는 욕지거리를 퍼부으면서 방금 자기들이 향을 태우며 몽롱함에 빠졌던 상대를 모욕에서 협박으로, 협박에서 구타로 숨도 쉬지 못할 정도로 몰아갔다. 내가 직접 손을 댈 여지는 전혀 없었다. 아글라에는 그 작은 손을 내 쪽으로 뻗으며 거듭 애원했지만 이제 나는 귓등으로도 듣지 않았다. 둘이서 즐긴 은밀한 쾌락을 그녀는 끊임없이 내게 상기시키며, 그때의 기분을 다시 느껴달라고 애원하는 것 같았지만 나는 줄곧 모른 체하고 있었다. 아글라에의 운명에 연민을 느끼기는커녕 나는 그사이 나를 애무하고 있던 스브리가니 때문에 믿지 못할 정도의 쾌감에 빠져 이 불쌍한 소녀의 고발자인 동시에 사형집행인의 위치에 서 있었다.
 "채찍으로 치는 게 좋겠어." 나는 하인들에게 말했다. "나를 그토록 즐겁게 해주었던 이 작고 귀여운 엉덩이를 피투성이로 만들도록 해."
 그녀는 작은 의자 위에 엎드린 상태에서 가죽끈으로 단단히 묶였다. 머리는 쇠로 된 목틀에 의해 위로 올려져 있었으므로 나는 스브리가니에게 엉덩이를 내민 상태에서 그녀의 입술을 키스로 덮을 수가 있었다. 스브리가니는 나의 뒤에서 그 짓을 하면서 노파에게서 채찍질을 당하고 있었다. 내가 두 손으로 하인들의 물건을 어떻게 해주었더니 그들은 저마다 채찍을 들고 희생자의 엉덩이를 사정없이 때리기 시작했다. 나는 그 모습을 보면서 2번이나 극치를 맛보았다. 이로써 이 가련한 장밋빛 엉덩이는 상처투성이가 되었고, 비단처럼 고왔던 살결이 갈라져 타박상 흉터밖엔 볼 수 없게 되자 나는 그녀의 아름다운 머리칼을 천장의 촛대에 묶었다. 이어 그녀의 두 다리에 밧줄을 묶고 양쪽에서 잡아당겨 고정시킨 상태에서 내가 직접 채찍을 들고 그녀 몸의 가장 민감한 부분, 주로 옥문의 내부에 매서운 난타를 가했다.
 내가 이렇게 때리는 동안 이 불쌍한 소녀가 보여준 경련의 동작만큼 재미난 것은 세상에 없었다. 앞문의 구타를 피하려고 그녀는 뒤로 물러서는가 싶었다가 다음엔 뒷문의 구타를 피하기 위해 앞으로 내몰려야만 했다. 게다가 머리칼이 묶여 있었으므로 그때마다 통증을 느껴야 했다. 이 소녀의 경련을

도니 부인 359

보면서 나는 몇 번이나 극치감에 달했다. 그사이 매우 절묘한 생각이 나의 열광을 완성시키기 위해 떠올랐다. 그녀는 스브리가니가 좋아하는 여자였으므로 곧바로 처형시켜야 했다. 우리는 백작부인과 그 어머니의 시신을 파내어 상반신만 보이도록 구덩이 속에 놓았다. 이어 그녀들의 눈앞에 아글라에를 놓고 가슴까지 흙을 덮어 이 끔찍한 광경을 보게 해놓고 천천히 숨통을 끊어주었다. 노파는 총알 하나로 해치워 버렸다.

그런 뒤 스브리가니와 두 하인, 그리고 나는 어마어마한 돈을 싸들고 서둘러 그리스도 국가의 수도 로마로 들어갔다. 그곳엔 우리가 피렌체에서 짠 계획대로 두 하녀가 나머지 재산을 들고 우리가 도착하길 기다리고 있었다.

로마로 들어가자 나도 모르게 소리쳤다. "아아, 스브리가니! 드디어 우리는 이 멋진 세계의 수도에 온 거예요! 고색창연한 로마와 신생 로마 사이의 기묘한 대조를 확인해보는 게 너무나 즐거워요! 베로나와 베누스의 제단 위에 있는 베드로와 마리아의 상을 떠올려보면 얼마나 놀랍고, 얼마나 실망스러울까요? 이보다 더 내 상상력을 자극하는 공상은 없어요. 이 사람들은 미신 때문에 완전한 바보가 되어 있거든요."

나는 새로운 로마 사람의 얼굴 위에서 옛날 온 세상을 지배했던 어떤 특징을 찾아내려 애쓰면서 자꾸 지껄여댔다.

"종교 가운데 가장 비천하고 가장 불쾌한 종교가 너희를 이렇게까지 타락시킨 거라고! 가토나 브루투스 같은 사람들이 삼라만상의 숭배 대상으로 자신 있게 후세에 남긴 그 당당한 유물들을 율리우스 가문과 보르자 집안 사람들이 뻔뻔스럽게 발로 짓밟은 것을 그 옛 영웅들이 보았더라면 그들은 뭐라고 말할까?"

보르게스 부인

로마에 도착한 나는 이 도시에서 피렌체에서와는 전혀 다른 역할을 해야 한다는 생각이 들었다. 대공에게 부탁하여 백작부인의 칭호를 얻은 나는 대공에게서 소개장을 몇 통 받아 그것을 대대적으로 이용했다. 나의 첫 번째 작업은 재산을 투자하는 것이었다. 민스키 산의 성채에서 훔쳐낸 막대한 재산과, 도니 부인의 신탁유증 50만 프랑에 내가 지니고 있던 재산을 합치자 모두 80만 리브르의 연금이 내 주머니로 굴러들어왔다. 이만한 재산이 있으면 나는 이탈리아에서 가장 기세등등한 귀족 가문하고도 맞설 수가 있다. 엘리스와 레이몬드는 나의 티타임 친구, 스브리가니는 내 남편이라기보다는 나를 숭배하는 신사라고 해두는 편이 당장은 나를 위해 유리하겠다고 판단했다.

그 시절 내 나이 겨우 25살, 하지만 용모나 자태에선 아직 손톱만큼도 흠 잡을 데가 없었다. 나의 미모는 쇠퇴하기는커녕 보통 이 나이에는 바랄 수도 없는 완숙함과 정력을 지니고 있었으므로 만약 이때까지의 내가 단지 사랑스런 여인이었다면 앞으로는 명실 공히 미인이라 해도 지장 없을 만한 여인이 되었다고, 자화자찬이 아니라 분명 그렇게 말할 수가 있다. 내 섬세한 몸매는 여전히 완벽했으며, 내 유방은 여전히 촉촉하고 동그란 데다 훌륭하게 솟아 있었다. 팽팽하게 올라 있는 하얀 나의 엉덩이에는 그동안 수없이 해온 음란한 짓의 흔적이 조금도 남아 있지 않았다. 항문은 약간 넓어졌다고 할 수 있겠지만, 아름다운 홍갈색에 털이 하나도 없어 저도 모르게 그곳에 혀를 들이밀고 싶어지는 생김새였다. 옥문도 매우 좁다고는 할 수 없지만, 화장과 향유와 기교로 순결무구한 장밋빛 광채를 더해놓았다.

혈기에 대해서 말하자면, 그것은 나이를 먹을수록 힘을 더해 활력이 남아 돌아 언제나 나의 명령에 따를 상태가 되어 있었다. 일단 발동하면 결코 지칠 줄 몰랐다. 그런데도 그 혈기를 더욱 확실하게 타오르게 하기 위해 나는 술이나 리큐르를 사용하는 습관을 들이기 시작했다. 때문에 일단 나의 상념에 불이 붙으면 어떠한 극단적인 방탕으로든지 나를 몰고갔다. 또 나는 아편이나 마술사 뒷랑 집에서 지시받은 최음제 같은 것도 쓰고 있었다. 이탈리아에선 최음제가 매우 활발하게 거래되고 있다. 이런 방법으로 음욕을 자극하는 것을 특별히 두려워할 필요는 없다. 기교는 늘 자연 상태보다 도움이 된다. 다만 이런 방법을 단 한 번이라도 시도했다간 그 결과 평생 계속해야만 하는 상황이 생기는 건 어쩔 수 없다.

로마에 도착한 뒤 두 여자가 내 앞에 나타났다. 한 여인은 보르게스 공작부인이다. 그녀의 눈빛에서 나하고 친밀한 관계를 맺고 싶어하는 마음을 읽는 데는 이틀도 걸리지 않았다. 생기발랄한 30살인 그녀는 도발적인 생김새에 지혜와 재능, 음탕함, 표정이 풍부한 눈, 훌륭한 자태, 빼어나게 아름다운 머리칼, 상상력, 은근함 같은 것을 나에게 모두 보여주었다.

다른 한 여인은 그리요 공작부인으로, 좀더 신중하고 젊고 아름다우며, 보다 소극적이고 삼가는 태도에 여왕 같은 기품을 보여주었다. 상상력은 그다지 풍부하지 않지만 사랑과 미덕과 감수성은 끝없이 풍부한 것 같았다. 이 두 여자에게 홀딱 반한 내가 한편으로 가슴속에 세찬 불길을 당기고, 다른 한편으로 깊이 감추어진 감정을 부추긴 것은 매우 자연스런 흐름이었다.

알고 지낸 지 8일쯤 되자 먼저 보르게스 공작부인이 로마 근교의 작은 별장에서 여는 저녁모임에 초대를 했다.

"우린 단둘뿐이군요."

그녀가 말했다.

"백작부인, 처음 만난 순간부터 나는 당신이 매우 멋진 사람이라고 생각했어요. 꼭 친하게 지내고 싶어요."

여러분도 쉽게 짐작했겠지만 이런 말로 시작되는 교제에 의식 따윈 애당초 설 자리가 없기 마련이다. 그날은 날씨가 매우 더웠다. 쾌적하고 시원한 물소리가 들리는 온갖 자연의 매력과 인공적인 것들을 모아놓은 작은 폭포로 둘러싸인, 장미와 재스민으로 꾸며진 작은 방에서 사랑스런 다섯 아가씨들의 시중을 받으면서 즐거운 식사를 마치자 공작부인은 나를 이끌고 시원한 포플러나무 그늘 아래에 있는 작은 별채로 데려갔다. 별채 안은 둥근 방이었고, 빙 둘러 긴 의자가 놓여 있었다. 의자에는 모두 폭신폭신한 쿠션이 놓여 있다. 벽에 걸린 여러 가지 모양과 빛깔의 거울이 이 작은 방을 이탈리아에서 가장 아름다운 베누스 신전으로 만들고 있었다. 어린 소녀들이 향긋한 냄새가 나는 기름을 녹인 수많은 등에 불을 붙이더니 이내 물러갔다.

"있잖아요 우리, 이제 서로를 처녀적 이름으로 부르기로 해요." 공작부인이 말했다. "결혼의 속박을 떠올리게 하는 건 질색이거든. 나의 처녀시절 이름은 올랑프야. 이제부턴 이 이름으로만 불러줘. 나도 앞으론 쥘리에트라고 부를 테니까. 괜찮지? 나의 천사!"

말을 마치자 이내 뜨거운 키스로 내 입술을 내리눌렀다.

"사랑하는 올랑프." 나는 이 매력적인 여성을 꼭 끌어안고 말했다. "당신이 하는 말이라면 나는 뭐든 찬성이야. 자연으로부터 이러한 아름다움을 받은 당신이 모든 사람의 마음에 권력을 휘두르는 건 당연해. 당신의 타는 듯한 눈빛을 보면 누구든지 단박에 황홀해지고 말 거야."

"당신은 정말 멋진 사람이야, 쥘리에트. 키스해줘. 몇 번이고, 더. 더." 올랑프는 소파 위에 누워서 말했다. "아, 나의 사랑하는 친구여. 이제부터 우리 둘이서 많은 것들을 할 수 있을 것 같아…… 하지만 당신한테 마음속을 온통 털어놓는 건 좀 걱정스러워. 왜냐하면 나는 정말 문란한 여자니까. 오해는 말아줘. 당신을 뜨겁게 사랑하는 건 사실이야. 하지만 당신 때문에 불타고 있는 건 애정이 아니야. 방탕에 애정이 있다고는 생각지 않으니까. 나는 음욕밖엔 인정하지 않거든."

"이럴 수가!" 나는 소리쳤다. "우린 그토록 멀리 떨어져 있었는데 매우 닮은 영혼을 지니고 태어났구나!"

"뭐라고, 쥘리에트?" 올랑프가 힘주어 대답했다. "당신도 자유분방한 여자였어? 그렇다면 서로 사랑하지 않아도 그걸 할 수 있겠네. 부끄럼도 신중함도 몽땅 내던지고 서로 즐길 수 있어. 쾌락 속에 제3자를 불러들일 수도 있지…… 아, 사랑스런 사람, 당신을 먹어버리고 싶어. 몇 번이고 키스해줄게. 우린 둘 다 포만과 방자한 습관, 끝 모르는 사치 속에서 살고 있어. 어떤 것도 거부하지 않는 버릇이 있으므로 모든 것에 식상해 있는 거야. 이러한 영혼의 무감동이 어떤 것인지 세상의 바보들은 도저히 이해하지 못할 거야."

올랑프는 이렇게 말하면서 나의 옷을 벗기고 자기도 옷을 벗었다. 둘은 알몸이 되어 이내 서로를 얼싸안았다. 올람프의 첫 번째 몸짓은 나의 무릎 사이에 얼굴을 묻고 내 허벅지를 좌우로 힘껏 벌린 뒤 엉덩이 밑으로 양손을 감고는 나의 옥문 속으로 되도록 깊게 혀를 집어넣는 것이었다. 나는 아까부터 이미 흥분해 있었으므로 이 호색한 여자는 어느새 목적을 이루었다. 그녀는 나의 물을 마셨다. 이어 우리는 방에 깔려 있는 쿠션 위에 서로 반대 방향으로 누워서, 내가 그녀의 다리를 끌어안고 있는 힘껏 그곳을 애무하는 사이, 그녀도 똑같은 행동을 나에게 해주었다. 우리는 이로써 5, 6번 절정에 이르렀다.

"이것만으론 부족해." 올람프가 말했다. "둘이서만 만족한다는 건 무리야. 아까 식사 시중을 들던 아이들을 부를까? 그 아이들은 모두 미인인 데다 나이가 가장 많은 아이가 이제 겨우 17살이고, 어린 아이는 14살이야. 그 아이들하고 즐기지 않는 날은 단 하루도 없어. 당신, 그 아이들이 마음에 들어?"

"물론이지. 나도 당신과 마찬가지로 그런 건 뭐든지 다 좋아하거든. 쾌락에는 여러 가지 덤이 붙어야 좋은 법이지."

"하지만 그렇게 다양한 효과를 기대할 수 있을지 모르겠네." 올람프는 당황한 표정으로 말했다. "외도의 즐거움은 조금도 모른 채 바보처럼 앞문으로만 할 생각을 하는 조신하기 짝이 없는, 고상하고 겁 많은 여자들보다 따분한 건 없거든."

공작부인이 벨을 누르자 손놀림이 능숙한 5명의 소녀들이 알몸으로 우리 앞에 나타났다. 그녀들의 생김새는 참으로 사랑스럽고, 그녀들의 육체는 더 없이 신선하며 균형 잡혀 있었다. 그녀들이 올람프 주위를 둘러쌌을 때, 나는 순간 베누스의 주위에 떠 있는 세 여신을 보는 것 같았다.

"쥘리에트," 공작부인이 말했다. "내가 당신 앞에서 몸을 숙일게. 그리고 이 아이들이 당신 주위를 감쌀 거야. 가장 나긋하게 간질이면서 가장 난잡한 자태로 그녀들은 분명 당신의 물이 잔뜩 흐르게 해줄 거야. 나는 당신이 극치에 이르는 걸 보고 싶어. 그게 내가 바라는 전부야. 미인이 도취되어 있는 모습을 보는 즐거움은 정말 각별하거든. 나는 그 사이에 자위를 하겠어. 나의 상상으로 여행을 떠나는 것이지. 분명 생각지도 않던 먼 곳으로 데려가줄 거야."

이 제안은 나의 음욕을 너무나도 활활 타오르게 했으므로 도저히 거부할 수가 없었다. 올람프가 여자들을 배치하기로 했다. 그녀들 가운데 하나는 내 머리 위로 몸을 숙여 예쁘고 사랑스런 옥문을 나로 하여금 핥게 했다. 나는 검정 비단을 깔아놓은 가죽 해먹에 누워 두 번째 처녀의 얼굴 위로 엉덩이를 놓았다. 그녀는 나의 항문을 핥는 역할이었다. 내 몸 위에 누운 세 번째 처녀는 나의 앞문을 애무하는 역할이었다. 나도 두 손을 써서 그녀들을 애무했다. 이 광경을 탐닉하듯 바라보고 있던 올람프는 손에 비단끈을 한 가닥 쥐고 부드럽게 움직이고 있었는데 이 비단끈은 내가 누워 있는 해먹과 연결되어 있어서 그녀가 끈을 잡아당기거나 느슨하게 할 때마다 혀의 운동이 느려졌다가 빨라졌다가 했고, 말로 설명할 수 없는 이 운동에 의해 쾌감의 양이 믿어지지 않을 만큼 높아졌다. 평생 이만한 쾌감을 느낀 적은 없었던 것 같다. 하지만 그때 올람프가 나를 위해 준비해놓았던 쾌락의 증가법을 나는 아직 알지 못했다. 그렇다, 그 무렵 정체를 알 수 없는 쾌락의 소리가 어디선지 모르게 나의 귀에 들려왔던 것이다. 코란의 환상을 생생하게 보는 느낌으로 나는 마호메트교의 천국에 가 있는 것 같았다. 거기서 천국의 미녀들에게 둘러싸여서 그녀들의 애무를 받고 있는 나는 가장 달콤한 음란과 쾌락의 극치에 줄곧 몸을 담그고 있는 게 아닐까 싶었다. 올람프가 내 몸에 가한 운동은 그렇게 온통 율동적인 것이었으므로 이제는 나의 존재 전체가 내 음욕의 깊은 감각에 의해서만 지배당하고 있는 것 같았다.

이러한 도취에 빠져 한 시간이 지나자 이번엔 올람프가 5명의 처녀들에게 둘러싸여서 해먹에 몸을 뉘었다. 자꾸자꾸 변화하는 절묘한 음악에 몸을 맡긴 채, 나는 한 시간이 넘도록 이 쾌락적인 기계 위에 누운 그녀를 들이마셨다. 잠깐 휴식시간을 가진 뒤, 우리는 놀이 방법을 바꾸었다. ……올람프가 음악가들을 방 안으로 들여도 되겠느냐고 물었다.

"좋고말고." 나는 대답했다. "내가 도취된 상태에 있는 순간을 온 세상 사람들에게 보여주고 싶어."

"아, 신나는 제안이야." 올람프는 내 입에 뜨거운 키스를 퍼부으며 말했다. "당신은 구제불능이로군. 그래서 내가 좋아하는 거야. 모든 여자가 그래주면 좋으련만. 자기 쾌락을 위해 모든 것을 바치지 않는 여자라니, 얼마나 어리석어! 모든 섹스, 모든 나이, 모든 살아 있는 것에게 끊임없이 몸을 파는 습관을 갖지 않은…… 베누스 이외의 신들을 숭배하는 여자라니…… 그 얼마나 아둔하냔 말이야. 아, 쥘리에트, 내 마음속에서 가장 신성한 규율은 매음주의야. 나는 절정의 물을 흘리기 위해서만 살아가고 있어. 그것 말고는 어떠한 필요도 어떠한 쾌락도 나는 몰라. 나는 몸을 팔고 싶어. 그것도 푼돈에 몸을 팔고 싶어. 이런 상상은 말도 못할 정도로 내 머릿속을 활활 타오르게 해. 도저히 구제불능인 환락가와 함께 눕고 싶어. 그들을 움직이고 일으키기 위해 온갖 수단을 다 써보고 싶어. 그리고 그들의 희생자가 되는 거야. 그들이 아무리 방자한 짓을 내 몸에 한다 해도 나는 모든 것을…… 그 어떤 고통까지도…… 견딜 수 있을 것 같아."

"쥘리에트, 돈을 받고 몸을 팔자. 그것에 흠씬 빠지는 거야. 우리 몸 전체를 매음생활에 바치자…… 아, 나의 천사여, 나는 제정신이 아니야. 간질병 걸린 말처럼 찌르는 창끝 아래 우리 몸을 던지자. 우리의 파멸을 향해 돌진하는 거야. 나의 파멸은 불을 보듯 뻔해. 그건 너무나 확실하지…… 하지만 그게 어쨌다는 거지? 나는 내 착란 덕분에 얻은 명성과 칭호를 보면 울화가 치밀어. 이 착란이 지구 전체에 미쳐야 해. 그리고 나는 인류의 마지막 한 사람으로서 이 착란에 대한 탐닉이 불러들인 운명에 끌려가고 싶다는 생각마저 들어. 내가 이 운명을 두려워하는 것 같아? 천만에, 어림없어. 사태가 어떤 지경에 이르든 나는 아무런 두려움 없이 이 운명을 향해 돌진할 거야. 단두대조차 내겐 쾌락의 옥좌에 지나지 않고, 죽는 것도 전혀 두렵지 않아. 그리고 내 커다란 죄의 희생자로서 죽는 쾌락, 언젠가 온 세상을 공포에 몰아넣을 쾌락은 생각만 해도 미칠 것 같아. 나라는 인간은 이렇다는 거야, 쥘리에트. 쾌락 덕분에 이런 식으로 생각하게 되었지. 이렇게 살다가 죽고 싶어. 당신 앞에서 맹세해도 좋아. 나는 당신이 너무 좋아서 사실을 털어놓지 않고는 배길 수 없었거든.

왕창 말해버릴까? 사실 나는 이제 곧 무시무시한 방탕으로 뛰어들 것 같은 예감이 들어. 모든 편견이 내 눈에서 사라지고, 모든 속박이 내 앞에서 끊어졌거든. 말하자면 눈가리개가 벗겨졌으므로 나는 가장 큰 죄악으로 빠져들 결심을 해야 한다는 것이지. 나는 심연을 보면서 황홀감에 취해 그곳으로 뛰어들겠지. 여자들에게 자기 행복을 희생시키는 방법을 가르치면서, 그 희생의 대가가 땡전 한 푼 처려주지 않는 어리석은 꿈같은 명예란 것을 나는 실컷 짓밟아주겠어. 명예란 세간의 의견이며, 그걸로 행복해지는 건 세상 일반이지 우리가 아니야. 모름지기 세상은 우리 인간의 어떤 부분에도 의존하지 않아. 이 여론이란 것을 경멸할 수 있을 만큼 똑똑해져야 하고, 또 상실을 통해서만 우리를 행복으로 이끄는 이 어리석은 감정을 뿌리 뽑을 수 있을 정도로 지혜로워야 해. 그렇게 되어야 비로소 명예라는 것이 보편적인 경멸의 대상이 되고, 사람들은 명예라는 슬픈 왕관을 쓰지 않아도 충분히 행복하게 살 수 있다는 것을 알게 되겠지.

오, 나의 방탕함과 죄악의 동반자여, 이런 쓸데없는 명예는 모든 편견 가운데서도 가장 비천한 것으로 경멸해야 마땅해. 변덕과 향락이야말로 명예가 주는 모든 응분의 쾌락보다 천배는 더 낫기 때문이야. 아아! 당신도 내 말을 언젠가 이해할 날이 올 거야. 쾌락이 이 환상을 몰아낼 때, 그 가치가 얼마나 커지는지를 말이야. 그리고 당신도 나처럼 이 환상을 보다 완전하게 경멸하는 단계에 이를수록 그만큼 많은 향락을 얻게 될 거야."

"당신 멋져." 나는 격한 흥분의 순간에 태양처럼 아름답게 보이는 올람프에게 이렇게 대답했다.

"당신이 내게 보여준 그 재능과 결의라면 어차피 당신은 엄청난 극단까지 달려갈 수 있을 거야. 하지만 당신이 내가 기대하는 수준까지 와 있는지는 아직 잘 모르겠어. 분명 당신은 음탕함의 모든 착란에 대해 알고 있어. 하지만 음탕함에서 생기는 모든 착란을 당신이 아는 것 같지는 않아. 나는 당신보다 나이는 어리지만 훨씬 더 방탕한 삶에 뛰어든 덕분에 경험으로 치면 당신보다 한참 우위에 있을지도 모르거든. 그래, 맞아 분명 그럴 거야. 올람프, 당신은 음탕의 죄가 사람을 어디까지 이끌고 가는지 아직 모를 거야. 그래서 이 엄청난 범죄가 어떤 공포를 일으킬 수 있는지 전혀 짐작도 못할걸?"

"공포라고 했어?" 보르게스 부인이 바짝 다가앉으며 끼어들었다. "아, 참! 그러고 보니 그 이야길 당신한테 아직 하지 않았네. 나는 첫 번째 남편을 독살했어. 두 번째 남편도 언젠가 똑같은 운명을 겪게 되겠지."

"아아, 기뻐." 나는 올람프를 끌어안으며 외쳤다. "그거야말로 내가 바라던 거야. 하지만 그 범죄는 계획된 범죄, 필요한 나쁜 짓이야. 내가 당신한테 바라는 것은 동기 없는 범죄야. 죄란 것은 본디 목적 없이 저지를수록 즐거운 것 아니겠어? 그런데 죄를 짓는 데 무슨 핑계 같은 게 필요해? 죄란 것이 본디 포함하고 있는 짜릿한 자극만으로도 우리의 정욕을 부추기기엔 충분하지 않겠어? 당신, 그래서 나는 당신이 온 세상의 모든 감각을 하나도 남김없이 느끼게 되길 바라. 당신처럼 머리가 좋은 사람이 낯선 쾌락의 존재를 알고 나면 얼마나 부끄러워할지 너무나 뻔해. 이 땅 위에선 제아무리 기상천외한 일이라도 일상적으로 벌어지지 않는 것이라곤 하나도 없고, 자연법칙에 모순되는 것도 결코 없단 것을 믿어야 해. 자연은 우리에게 악을 저지르게 할 필요가 있을 때 말고는 절대 나쁜 욕망을 불어넣지 않기 때문이지……."

"잠깐만, 그걸 좀더 설명해줘, 쥘리에트." 올람프는 입맛이 당기는지 이렇게 말했다.

"남편을 살해했을 때 당신의 영혼은 어떤 감정에 불타고 있었지?"

"복수…… 혐오…… 따분함…… 그리고 속박을 끊어버리고 싶다는 세찬 욕망……."

"외설적인 욕망은 느끼지 않았어?"

"생각해본 적도 없어. 그런 느낌은 전혀 없었는걸."

"그렇담 다음에 그런 비슷한 죄를 저지를 때는 반드시 그 생각을 하도록 해. 죄의 불길이 음욕으로 활활 타오르게 되거든. 그 두 가지 정욕을 이어보면 그게 어떤 효과를 나타내는지 대번에 알게 돼."

"으음, 쥘리에트, 당신의 말만 들어도 벌써 그런 효과가 생생하게 느껴져. 당신은 단 한 마디로 몇 천 가지 상상을 불러일으켜주었어…… 아아! 나는 지금껏 어린애였어. 아무것도 몰랐지만, 당신의 말을 듣고 이제 알게 됐어……."

그래서 나는 보르게스 부인에게 잔혹함과 음탕함의 결합으로 도락가가 어떤 것을 이끌어낼 수 있는지를 깡그리 설명해주었다. 그리고 이 문제에 대해 여러분도 이미 아는 그런 온갖 학설을 자세히 얘기해주었다. 그녀는 이해력이 아주 좋았고, 그런 음탕한 잔학행위 몇 가지를 둘이서 실천에 옮길 때까지는 서로 떨어지지 말자고 굳게 약속까지 했다.

로마의 대향연

"내일 낮에 우리집으로 놀러 오지 않겠어?" 올람프가 불쑥 말을 꺼냈다. "시내의 병원과 요양원을 몽땅 불태우면 10만 에퀴의 돈을 주겠다는 사람을 소개해줄게. 그것을 실행에 옮기겠다는 사람도 놀러 올 거야."

"방금 뭐라고 했어?" 나는 물었다. "아유 그런 무서운 생각도 다 해?"

"물론이야, 쥘리에트. 당신의 죄악은 가정을 파괴하는 수준에 머물러 있지만, 나는 적어도 그 죄악을 한 도시의 인간을 반쯤 없애는 데까지 넓히고 싶거든. 로마를 불태운 네로처럼 나는 발코니에서 하프를 켜면서 내 고향 로마를 집어삼키는 불꽃을 바라보는 게 소원이야."

"올람프, 당신 어느새 거물급 악당이 되었구나!"

"아직은 당신의 발끝에도 미치지 못해. 그리요 부인 일가를 몽땅 죽인 그 오싹한 광경은 누가 뭐라 하건 당신의 머리에서 나온 생각이야. 나로선 그런 일은 도저히 생각해내지 못할걸?"

약속을 모른 체할 수가 없어 이튿날 올람프의 집에 가자 그녀는 나에게 연회에 온 사람들을 하나씩 소개하면서 이렇게 말했다.

"저기 계신 두 어르신 가운데 나이 든 분은 기지 각하인데 저분의 친척들이 오랫동안 로마교황청의 성직을 차지하고 계시지. 지금은 로마경찰청의 우두머리로서 전에 내가 말했던 방화계획에 무척 관심이 많아서 내가 그걸 실행에 옮기면 10만 에퀴를 주겠대. 그리고 이쪽에 계신 분은 브라티아니 백작이야. 유럽에서 으뜸가는 물리학자로서 방화를 실행해주실 분이지. (이어 내 귀에 가까이 대고) 두 사람 다 내 친구니까 저 사람들이 요구하는 건 모두 들어주었으면 해, 쥘리에트."

"다른 사람도 아닌 당신이 부탁하는 건데, 뭐든지 그렇게 할게." 나는 대답했다.

백작부인은 주위 사람들을 엄중히 물리쳐 우리가 마음껏 대화할 수 있는 분위기를 만들었다.

"오늘 식사에 초대한 사람은 프랑스에서 가장 이름 높은 악녀예요. 그녀는 이곳 로마에 와서 날마다 우리에게 범죄의 본보기를 보여주고 있답니다. 그러니 여러분 이 여자 앞에서는 무슨 말을 해도 괜찮아요." 올랑프가 말했다.

"그렇겠지요, 부인." 경찰청 장관이 말했다. "여러분은 범죄를 매우 당연한 행위로 여기고 계실 테니까 말입니다. 그런데 나는 요양원을 도시에서 가장 위험하기 짝이 없는 것으로 보고 있어요. 요양원이야말로 시민의 에너지를 빨아들이고, 게으름을 부추겨 기운 빠지게 하는 곳이오. 한마디로 말해서 어느 모로 보나 해롭단 것이죠. 가난뱅이는 국가로선 쳐내야 할 가지가 아니겠소? 그건 나무를 시들게 하고, 양분을 빨아들이는 데다 아무 짝에도 쓸모가 없단 말이오. 농부는 그런 가지가 있을 때 어떻게 합니까? 과감하게, 즉각 썽둥 잘라내지 않소? 따라서 정치가도 이럴 때는 농부처럼 행동하는 게 마땅하오. 자연의 근본법칙 가운데 하나는 이 세상에 무가치한 것이 하나도 없다는 것이오.

거지는 늘 해로운 존재임을 잊어선 안 됩니다. 먼저 거지는 쓸모 있는 사람들의 이익을 갉아먹죠. 그것만으로도 국가로선 하나의 악덕이오. 그뿐만 아니라 여러분의 동냥을 받지 못하게 되면 거지는 이윽고 그 자신에게도 위험한 존재가 될 거요. 따라서 나는 여러분이 이런 불행한 인간들에게 자선을 베푸느니 차라리 그들을 송두리째 뿌리 뽑는 게 훨씬 낫다고 생각하오. 그들을 없애버리는 것, 터놓고 말하자면 해로운 동물을 멸종시키듯이 그들을 모조리 죽일 필요가 있다는 거요. 그러므로 나는 보르게스 백작부인의 의도를 충분히 이해하며, 병원과 요양원을 파괴하는 일에 로마 금화로 10만 에퀴의 장려금을 내겠다는 것이오.

나는 병원이 있던 자리에 외관은 병원하고 비슷하지만 내부는 여행자를 위한 널따란 건물을 지을 생각이오. 이건 어느 모로 보나 불합리한 일이 아니지 않소? 나는 거기서 숙박비를 받아서 챙길 거요. 연간 10만 에퀴는 너끈히 벌 수 있겠죠. 따라서 내가 보르게스 부인을 위해 내놓는 돈은 그곳의 1년치 수입에 지나지 않소. 백작부인의 말로는 브라티아니 백작이라는 갸륵한 인물이 당장에라도 로마에서 그런 병원들을 싹 없애 나의 계획대로 새 건물을 짓게 해준다는데, 덕분에 병원이 사라지면 목적을 잃은 그 땅을 나도 대대적으로 이용할 수 있게 되는 거죠……."

"로마엔 그런 병원이 28군데나 있소." 기지 각하가 말했다. "그리고 1천8백 명이나 되는 가난한 처녀들이 있는 수용소가 9군데나 되오. 나는 그것들 역시 처분 대상에 넣고 있소. 그런 건물들은 한꺼번에 불태워 없애야만 하오. 그러면 3만 또는 4만의 게으름뱅이들이 사라지겠죠.

첫째, 국가의 이익을 위해…… 둘째, 이 사건으로 10만 에퀴의 돈을 금고에 넣게 될 올람프의 쾌락을 위해…… 그리고 세 번째는 나 자신의 행복을 위해서요. 이 계획이 성공을 거두는 날엔 나는 로마 제일의 부유한 성직자가 될 테니 말이오."

그러자 브라티아니가 말했다. "이야기를 듣고 보니 계획의 실행자인 나는 빈껍데기뿐인 제비를 뽑은 것 같구려. 당신이 손에 넣게 될 막대한 이익 가운데 단 한 푼도 내게 줄 마음이 없어 보이니 말이오."

올람프가 말했다. "기지 각하께선 우리 둘이서 장려금을 나누면 된다고 생각하신답니다. 하지만 그건 좀 이상하네요. 나 혼자 다 가져도 모자랄 텐데, 백작님도 똑같은 금액을 따로 받으셔야 하지 않나요? 혹시 기지 님, 우리를 제쳐놓고 달리 공범자를 찾고 계신 건 아니죠?"

"무슨 그런 말을." 기지 각하가 말했다. "이렇게 중대한 계획을 앞두고 싸우다니 당치 않소. 싸움은 실패의 근원이오. 서로에게 상처를 줄 뿐이죠. 나는 백작에게도 보르게스 부인이 받는 것과 똑같은 금액을 내놓겠소."

기지 각하는 나를 가리키며 말을 이었다. "그리고 이 사랑스런 부인께도 10만 프랑의 경품을 드리겠소. 올람프의 친구라면 틀림없이 그녀와 마음이 통할 테니 그것만으로도 우리의 공범자 대우를 받을 자격이 충분히 되오."

"그거 굉장한데요." 백작부인이 말했다. "그녀의 솜씨는 내가 보증해요. 돈 얘긴 이제 그만 하기로 해요." 보르게스 부인이 계속했다. "두 친구분의 사례금에 대해선 나도 불만 없어요. 이젠 성공하기만 기원하면 돼요."

"내가 맡은 이상 그 점은 걱정 없소." 브라티아니가 말했다. "하나도 남김없이 모조리 없애는 방법을 쓸 테니까요."

"브라티아니, 작전은 확실한가요?" 올람프가 물었다. "밉살맞은 구원자가 나타나서 우리의 계획을 망치는 건 아닐까요? 나는 자선을 혐오하는 만큼 자선의 위력에 대해서도 잘 알아요. 아휴, 신나는 범죄가 그 자선행위 때문

로마의 대향연 371

에 얼마나 헛일이 되었는지 모른답니다!"

"쓸데없는 걱정이오." 브라티아니 백작이 대답했다. "로마 한가운데에 있는 작은 산 위에서 거사를 벌일 작정이오. 37개의 병원 옥상에 설치한, 눈에 보이지 않는 37개의 폭탄이 내가 장치한 비법에 의해 아무도 눈치 채지 못하게 저절로 발화하도록 되어 있소. 폭약이 터져나오기까지는 어느 정도 시간이 걸리므로 사람들이 불을 끄려 할 때는 이미 불길이 걷잡을 수 없이 번지게 될 거요."

"그럼 당신은 그 무시무시한 방법으로 도시 전체를 태울 수도 있나요?" 올람프가 다시 물었다.

"물론이오." 물리학자가 대답했다. "내가 쓰는 폭탄만으로도 도시의 반이 날아가버릴지도 모르오."

"요양원은 로마의 빈민가에 있소. 그곳 언저리는 거의 전멸하겠군요." 기지가 말했다.

"그런 생각이 여러분의 결심을 가로막는단 건가요?" 올람프가 물었다.

"당치도 않소, 부인." 무서운 계획의 두 주모자가 동시에 대답했다.

"각하의 결심은 무척 단호하신 것 같아요." 나는 보르게스 부인에게 말했다.

"분명 심사숙고하셨을 거예요. 하지만 이분들에겐 앞으로 저지르려는 죄악 따윈 그다지 대수로운 게 아닌가 봐요?"

"우리 계획에 죄악 같은 건 없소." 기지가 대답했다. "우리의 도덕적인 오류는 모두 선악에 대한 그 어처구니없는 관념에서 유래하는 것이오. 만약 우리가 인간의 모든 행위의 무차별성을 믿고, 우리가 정의라고 하는 행위도 자연의 눈으로 보면 전혀 정의가 아니며, 또한 부정(不正)이라고 일컫는 행위 역시 자연이 볼 때는 가장 완전한 이성과 공정성에 따른 처치란 것을 믿는다면 우린 잘못된 판단을 하는 일이 훨씬 줄어들 거요. 하지만 어릴 때부터 주입된 편견은 우리의 판단을 그르치게 하고, 이 편견에 귀를 기울이는 나약함을 지닌 한 우리는 언제나 오류에서 벗어나지 못하게 되죠. 이성의 불길은 우리가 더는 이성의 빛을 이용하지 못하게 되어야 비로소 우리를 비춰주는 법이니까요. 무지가 일으키는 온갖 어리석은 행동의 원인을 발견하는 것은 어리석은 행동을 수도 없이 거듭한 끝에나 가능하오.

정부의 법률은 대부분 우리에게 정의와 정의가 아닌 것을 구별하는 나침

반으로 널리 쓰이고 있소. 우리는 이런 표현을 씁니다. '법률은 이러저러한 행위를 금한다, 따라서 그 행위는 옳지 못한 행위다'라고. 하지만 이런 사고 방식보다 엉터리인 것은 어디에도 없을 거요. 왜냐하면 법률이란 전체의 이익에 맞춰져 있으니까 말이오. 그런데 개인적 이익만큼 전체의 이익과 모순되는 것은 없으며, 동시에 개인적 이익 이상으로 정의로운 것은 없소. 그러니 모든 개인적 이익을 전체의 이익을 위해 희생하게 하는 법률은 어느 모로 보나 정의라고 할 수 없지 않소? 하지만 이 말에 반대하는 사람이 있을지도 모르죠. 인간은 사회생활을 원하는 존재이므로 개인적 행복의 일부분을 공공 행복을 위해 희생해야 한다고 말이오.

좋소, 하지만 이런 계약을 만들었으면 적어도 희생한 만큼만은 확실하게 되돌려받을 수 있어야 의미가 있지 않겠소? 그런데 인간은 법률을 인정하면서도 자기가 만든 계약으로부터 무엇 하나 되받아내지 않고 있단 말이오. 그 증거로 여러분은 이 계약을 만족스레 여기기보단 무거운 짐짝으로 여기고 있어요. 법률이 계약을 보장하는 경우보다 계약을 가로막고 그르치는 경우가 천배는 더 많소. 때문에 법률 따윈 애초부터 인정할 게 못 되거나, 아니면 지금보다 훨씬 너그럽게 만드는 것이 옳소.

법률은 편견을 뿌리 뽑지 못하도록 막을 뿐만 아니라, 우리를 수치스런 오류의 올가미에 영원히 동여매는 데에나 도움이 되어왔죠. 인간이 갖가지 오류를 너무나 쉽게 이겨내는 것을 볼 때, 법률이란 인간이 인간에게 부과한 제한일 뿐이오. 그런데도 이 보조적인 제한이 뭔가에 도움이 될 수 있다는 소릴 믿을 수 있겠소? 틀림없이 그건 죄인에 대한 벌칙이기는 하오. 하지만 난 거기서 잔혹성을 발견할 수는 있어도 인간을 착하게 한다는 점은 손톱만큼도 찾아낼 수가 없소이다. 내 생각에 법률이 사실상 제구실을 하는 건 이 점뿐인 듯하오. 벌칙 따윈 마음만 먹으면 얼마든지 피할 수 있소. 이런 확신이 있으므로 모든 걸 극복한 인간은 마침내 용기가 고무되는 것이오. 흠! 이쯤에서 우리도 먼저 곰곰 생각해보는 게 좋을 거요. 법률이란 무익하고 위험할 뿐만 아니라 그것의 유일한 목적은 범죄를 증식시키는 것, 또는 그것이 요구하는 비밀에 따라 범죄를 안전하게 수행케 할 따름이란 것을 말이오. 만약 법률과 종교가 없었더라면 오늘날 인류의 지식이 얼마나 찬란하고 위해했을지 우린 도저히 짐작도 못할걸요? 이 수치스런 속박이 얼마나 진보를

로마의 대향연 373

더디게 했는지는 이루 다 설명할 수 없소. 우리가 법률에 신세를 지고 있다면 바로 이런 것이오.

어떤 사람은 정욕을 세차게 비난하고 그것을 법률로 속박하려 하죠. 그렇지만 이 둘을 비교해보시오. 그리고 정욕과 법률 가운데 어느 것이 인간을 더 행복하게 했는지 생각해봐요. 엘베시우스가 말한 것처럼 정신에 있어서의 정욕이란 육체의 운동과도 같은 거요. 발명이나 예술의 걸작이 탄생하는 것도 이런 격렬한 정욕의 하사품일 뿐이니까 말이오. 아울러 엘베시우스는, 정욕이 정신의 결실 많은 배아(胚芽), 위대한 행위의 강력한 원동력이라고 말하죠. 세찬 정욕에 휩쓸리지 않는 인간은 범인(凡人)에 지나지 않소. 위대한 인간을 탄생시킬 수 있는 건 위대한 정욕뿐이오. 인간은 정열을 잃거나, 정열적이기를 멈추는 순간 쓸모없는 존재가 되고 말아요. 이 사실을 확인하고 나서, 정욕을 가로막는 법률이 얼마나 위험한 것인지를 여러분이 생각해보았으면 하오. 여러분이 한 나라를 골라 가장 무질서한 시대와 법률이 가장 엄격했던 시대를 비교해보면, 위대한 행위가 세상을 찬란하게 밝힌 시대는 오히려 법률이 침묵하던 때였음을 쉽게 알게 될 거요. 법률이 폭력을 휘두르기 시작하면 위험한 독이 인간의 모든 영혼을 마비시키게 되죠. 악덕이 눈에 띄지 않게 되는 것과 마찬가지로 미덕도 자취를 감춘다는 거요. 영혼의 활기는 무뎌지고 마침내 혁명이 싹트게 되지요."

"그렇다면 국가 통치에 법률이 필요치 않다는 말씀인가요?" 올람프가 느닷없이 말을 가로막았다.

"필요 없고말고. 난 말이오, 인간이 자연 상태로 돌아가야 어리석은 법률의 굴레 아래서보다 훨씬 행복하다고 주장하는 바요. 인간은 자기 힘과 권력의 어떠한 것도 끝까지 포기해선 안 된다고 생각하오. 스스로를 심판하는 데 법률은 털끝만큼도 필요치 않소. 자연은 인간이 스스로를 재판하는 데에 필요한 본능과 에너지를 인간에게 이미 부여했으니까 말이오. 인간이 자기를 위해서 하는 재판은 법률의 무기력한 수단에 기대할 수 있는 것보다 훨씬 재빠르고 능동적이오. 왜냐하면 이러한 정의로운 행위에서 그는 오로지 자기 자신의 이익과 자기가 받은 침해만 생각하기 때문이지요. 반면에 백성의 법률은 이 법률의 입안에 협력한 사법관의 이익의 결과에 지나지 않소."

"하지만 법률이 없으면 당신은 압박을 당할걸요?"

"압박할 권리만 있다면야 압박당하는 것 따윈 문제가 되지 않소. 나는 도저히 당해낼 수 없는 법률에 압박당하느니 차라리 내가 반격을 가할 수 있는 주위 사람에게 압박을 당하는 편이 훨씬 낫다고 보오. 내 주위 사람의 정욕이 아무리 무섭다 한들 법률의 옳지 못함만큼 무섭지는 않겠죠. 그들의 정욕은 나의 정욕으로 견제할 수 있지만 법률의 부당함은 어떤 것으로도 막거나 구속할 수 없기 때문이오. 인간의 모든 결점은 자연의 일부이므로 자연법칙보다 뛰어난 법률은 있을 수 없소. 따라서 자연에서 유래하는 것을 금지하고 억압하는 일은 그 누구에게도 허용되지 않아요.

그런데 자연은 법률을 전혀 만들어내지 않았고, 모든 인간의 마음에 단 한 가지만 새겼을 뿐이오. 그게 뭐냐면 다른 사람에게 어떠한 희생을 치르게 하건 우리는 자신의 만족을 추구하고, 자신의 정욕에 대한 것은 그 무엇도 거부해선 안 된다는 게요. 그러므로 여러분도 비록 그 결과가 어떠하든 이 보편적 법칙의 충동을 억압하는 일은 꿈도 꾸어선 안 되오. 여러분에겐 이 충동을 막을 권리가 없소. 그런 일은 이 충동이 손상시킬 타인에게 맡기면 되오. 그 타인도 손상을 입으면 분명 상대방의 충동을 억압하려 하겠지만 말이죠. 화해의 필요가 법률의 필요를 낳았다고 믿는 인간은 매우 중대한 착각에 빠져 있는 거요. 인간은 고립에서 집단생활로 옮겨가도 별다른 법률의 필요성을 느끼지 않았소. 보편적인 정의의 칼 같은 것은 깡패나 다름없소. 본디 이 칼은 모든 인간에게 있는 것이니까 말이오."

"하지만 모두가 이 칼을 적절하게 쓴다는 보장은 없잖아요? 그런 경우에는 불공평이 보편화될 거라고요."

"어림없는 일이오. 피에르의 부정에 대해 폴이 곧바로 복수할 수 있음을 알고 있다면 피에르는 결코 폴에 대해 옳지 못한 게 아니오. 하지만 피에르가 법률만 걱정하면 된다는 걸 알고 법망을 빠져나가 법률을 따돌릴 경우엔 옳지 못한 게 되겠죠. 나는 또한 다음 사항을 인정하는 바요. 즉 법률이 없으면 범죄의 양은 부쩍 늘어나고, 세상은 시시각각 가공할 범죄를 뿜어내는 화산과도 같아지겠죠. 하지만 이런 영원한 침해상태에서 부적절함은 훨씬 줄어들어 법률의 지배 아래서보다도 성가신 일이 많이 사라지게 될 거요. 왜냐하면 법률은 자칫 무고한 사람을 해칠 수 있으므로, 범죄의 결과로 생겨난 대량의 희생자에다, 법률이 옳지 못한 결과로 생겨난 희생자를 또 덧붙여야 하기 때문이오. 무질서의 지배 아래선 이와 같은 희생자의 수가 분명 줄어들 거요. 물론 범죄에 의한 희생자는 여전히 남을 테지만. 하지만 옳지 못한 법률로 희생된 사람이 자취를 감추게 되오. 압박받은 인간은 복수할 권리를 가지지만 그는 자기를 압박한 사람만을 벌하려 할 게 틀림없기 때문이오."

"그래도 자기 마음대로 행동하는 상태로 이어지는 무질서는 어딘가 잔혹한 전제주의의 느낌이 드는군요……."

"그것도 잘못이오. 전제주의로 이끄는 것은 법률의 남용이오. 전제군주란 법률을 만드는 자, 법률로 말하는 자, 또는 자기 이익을 위해 법률을 이용하는 자를 말하오. 전제군주에게서 이러한 법률남용의 수단을 빼앗으면 폭군 따윈 사라지게 되는 거요. 그 잔학성을 휘두르기 위해 법률이란 방패를 쓰지 않는 폭군이란 세상에 단 한 명도 없소. 저마다 자기가 입은 손해에 대해 복수할 수 있는 인간의 권리가 모든 이에게 똑같이 주어져 있는 나라에선 전제군주가 고개를 쳐들 여지가 절대로 없소. 왜냐하면 군주는 자기가 없애려던 상대에게 곧장 죽임을 당할 게 뻔하기 때문이지요. 그러므로 폭군이 태어나는 것은 무질서의 상태에서가 아니오. 폭군은 법률의 그늘 아래서만 고개를 들고, 법률에 의해서만 권위를 지니니까요. 따라서 법률의 지배는 악덕이오. 법률의 지배는 무질서보다 못해요. 세상의 정부들이 헌법을 고치려 할 때, 스스로 무질서에 빠지는 걸 피하지 못하는 것이 가장 뚜렷한 증거요.

옛 법률을 폐기하려면 법률이 없는 혁명체제를 수립해야만 해요. 그리고 이 체제에서 마지막으로 새로운 법률이 태어나는데, 이 제2의 국가는 먼젓번 국가에서 파생된 것이므로 아무래도 처음 상태만큼 순수할 수는 없소. 제2의 양호한 상태(국가의 헌법)에 이르려면 처음의 양호한 상태(무질서)에 손을 대야만 하므로 어쩔 수 없이 순수성이 사라지게 되죠. 자연 상태의 인간만큼 순수한 건 없소. 자연을 떠나면 인간은 순식간에 타락하게 되어 있으니까요. 때문에 나는 여러분에게 강력히 주장하건대 법률로 인간을 선량하게 하겠다는 따위의 생각은 그만두는 게 좋소. 법률에 따르는 한, 인간은 점점 더 교활해지고 악랄해질 뿐, 선량해지는 일 따윈 결코 없으니까……."

"그렇다고 죄가 이 땅에서 좋을 건 없죠. 법률이 많아지면 그만큼 죄는 줄어들지 않겠어요?"

"그것 또한 어리석은 생각이오. 죄의 숫자를 늘리는 건 법률의 숫자니까.

이러저러한 행위가 죄가 되는 짓이라고 생각하는 건 옳지 않아요. 그리고 그런 행위를 금지하는 게 법률이라면 그런 법률은 단 하나라도 만들어선 안 되오. 그래야 비로소 죄의 숫자가 확실하게 줄어들 게 틀림없소.

어쨌거나 당신이 말한 첫머리 부분을 다시 살펴봅시다. 죄가 이 땅에 화가 된다고 말했지요? 그건 궤변이오! 올바른 의미에서 지상에 화가 된다고 할 수 있는 게 있다면 그건 지구에 사는 모든 인간을 파멸시킬 만한 것이어야 하오. 과연 죄가 그런 효과를 나타내는지 알아볼까요? 그런 행위가 일어났을 경우에 우리 눈에는 두 부류의 인간 모습이 비칩니다. 바로 죄를 저지르는 자와 그 죄의 희생자가 되는 사람이오. 따라서 거기엔 행복한 인간과 불행한 인간이 함께 나타나게 돼요. 때문에 죄가 세상의 재앙은 아닙니다. 이 땅에 사는 사람의 반을 불행하게 하고, 나머지 반을 행복하게 하는 것을 어찌 나쁘다 할 수 있겠소? 죄란 자연이 자기 의도를 완성하기 위해 이용하는 수단이자 자기 활동을 유지하는 데 필요한 평형을 지키기 위한 수단일 뿐이오. 이 설명만으로도 죄를 벌하는 게 인간의 권한이 아님을 알기엔 충분하지 않소? 즉 인류에 관계된 모든 권한은 자연에 있으며, 우리는 그러한 권한을 단 하나도 갖고 있지 않아요. 달리 보아, 죄가 정욕의 결과라 해도 내가 앞에서 말한 것처럼 죄야말로 위대한 행위의 유일한 원동력으로 보아야 하므로, 여러분은 이 원동력을 녹슬게 하는 미덕보다는 여러분의 국가에 활력을 주는 죄를 선택할 필요가 있소.

그걸 알았으면 여러분은 이제 죄에 대해 엄격한 태도를 취해선 안 되오. 오히려 죄를 장려하고, 미덕 따윈 망각 속에 처넣는 게 옳소. 여러분이 미덕에 대해 품고 있는 경멸의 감정이 그것을 영원히 암흑 속에 묻어버릴 것이오. 다만 여기서 주의할 점이 있는데, 바로 위대한 행위와 미덕을 혼동해선 안 된다는 거요. 많은 경우에 미덕은 위대한 행위의 발끝에도 미치지 못하며, 또한 대체로 위대한 행위는 죄와 일치하오. 그러므로 위대한 행위는 대부분 반드시 필요한 것이지만 미덕은 결코 그렇지가 않소. 가족에게 둘러싸인 성실하고 의리 있는 가장으로서의 브루투스는 한낱 평범한 인간일 뿐이지만, 시저를 살해한 브루투스는 범죄자이자 위대한 행위의 실현자였소. 전자는 결코 역사에 알려지지 않았지만, 후자는 그를 역사 속의 영웅으로 만들었지요."

"당신의 주장에 따르면 가장 사악한 죄를 저지를 때조차도 인간은 완전한 평정심을 가질 수 있단 말씀이네요?"

"침착함을 잃는 건 미덕 속에 사는 자들이오. 왜냐하면 미덕은 자연과 모순된 상태이기 때문이오…… 그리고 인간의 수없이 많은 악에 의해서만 자연은 그 에너지를 보존하고, 끊임없이 다시 태어나고 존재할 수 있기 때문이죠. 그러므로 우리가 할 수 있는 최선의 일은, 우리를 위해 인간의 모든 죄악을 미덕으로 삼고, 인간의 미덕을 몽땅 악덕으로 여겨 배척하는 것이오."

"물론 내가 15살 때부터 일을 해온 것도 그러한 목적 때문이었소. 나는 늘 거기서 행복을 발견해왔다고 장담할 수가 있어요." 브라티아니가 말했다.

"그럼, 당신은" 올람프가 기지를 향해 말했다. "그런 도덕을 지녔으니 틀림없이 매우 격렬한 정욕을 가지고 있겠군요? 40살이면 정욕이 가장 맹렬하게 불타오르는 나이예요. 암요, 그렇고말고요. 당신은 무시무시한 일들을 많이 해온 사람이 분명해요."

"그야 로마 경찰의 우두머리니까 나쁜 짓을 할 기회야 얼마든지 있겠지요." 브라티아니가 말했다.

"맞소." 기지가 말했다. "난 분명 나쁜 짓을 할 수 있는 위치에 있어요. 그리고 그보다 더 확실한 것은 내가 나쁜 짓에 탐닉할 수 있는 수단을 절대로 놓지 않는다는 점이오."

"옳지 못한 행동이나 법에 어긋나는 일을 잔뜩 하면서 무고한 사람을 희생시키기 위해 법의 여신 테미스의 칼을 이용하고 있죠?" 보르게스 부인이 물었다.

"당신이 말한 것을 실행할 때 나는 나의 도덕원리에 따르는 거요. 그런 만큼 나는 되도록 깔끔하고 훌륭하게 해내고 싶소. 미덕은 이 세상에 위험한 존재라고 줄곧 믿으면서 미덕을 신봉하는 사람들을 없애는 것이 뭐가 잘못이라는 거죠? 반대로 악덕이 이 세상에 매우 쓸모 있다고 확신해, 악덕을 공공연히 부르짖는 사람들이 법망을 빠져나가게 돕는 것이 과연 잘못이겠소? 불공평한 사람이란 소릴 들은들 그런 건 나한테 전혀 문제가 되지 않소. 내 행동이 나의 도덕원리와 일치하기만 하면 난 늘 평온할 수 있으니까요. 나는 원리에 따라 행동하기 전에 먼저 원리를 분석하곤 하오. 그런 다음에 그 원리 위에 내 행동을 짜맞추어 나가죠. 그러니 온 세상이 나의 행위를 비난해봤자 그게 무에 대수겠소? 내 행위를 이러니저러니 말할 수 있는 사람은 나뿐이지 않소?"

"그것이야말로 진정한 철학이군요." 브라티아니가 말했다.

"나는 나의 도덕원리를 기지처럼 자세히 생각해본 적은 없었소. 하지만 분명히 말할 수 있는 건 그것이 나의 도덕원리하고도 딱 들어맞으며, 나 스스로도 가끔 이것을 실천에 옮긴다는 점이오."

"각하." 올람프가 로마 경찰장관에게 말했다. "당신은 잔인하기 짝이 없는 교수형을 수도 없이 실행하여 세간의 비난을 받아왔죠? 소문을 듣자니 당신은 무고한 많은 사람들을 교수형에 처했고, 더구나 형을 집행하는 시간을 오래 끌어 무려 마흔여섯 시간 내내 그곳에서 누군가가 죽어 있게 한 적도 있다고 하던데요?"

"그 소문에 대해선 내가 설명하죠." 브라티아니가 말했다. "그러한 사형은 이 악인의 쾌락에 없어선 안 되는 것이오. 형 집행을 보고 있으면 부쩍 활기가 돌고, 죄수가 죽는 걸 보고 있노라면 쾌감을 느끼거든요."

"이봐요, 백작" 기지가 말했다. "이런 자리에서 내 취미를 얘기할 필요는 없잖소? 나의 약점을 부인들 앞에서 폭로해달라고 부탁한 기억은 없는데요."

"하지만 백작님의 폭로는 우리에겐 더없는 기쁨이에요." 내가 뜨거운 목소리로 말했다. "당신은 올람프를 위해 그런 쾌락을 준비해주실 생각이시죠? 그럼 나도 솔직히 말씀드리겠는데 나를 위해서도 하나 마련해주세요."

"기지 님이 우리 앞에서 보여주실 마음이 있으시다면 문제가 없겠지요." 올람프가 말했다.

"내가 싫다고 할 것 같소?" 이 도락가가 응수했다. "이 집엔 데리고 놀 만한 하인이 있소?"

"그런 거라면 어려움 없이 조달할 수 있어요."

"아, 그렇소? 하지만 그런 것들이 필요한 자격을 제대로 갖추고나 있는지 모르겠군요."

"자격이라면 어떤 거죠?"

"첫째, 불행해야 하오." 기지가 말했다. "그리고 연고가 없는 자여야 하고, 최고판사에게 순종해야죠."

"아휴, 참, 그런 자격을 두루 갖춘 사람이 어디 있겠어요?" 올람프가 말했다.

"있고말고." 경찰장관이 대답했다. "나의 감옥엔 그런 것들이 득실득실하오. 나는 15분 안에 여러분이 희망하는 쾌락에 안성맞춤인 인간 하나를 이리로 데려오게 할 수 있소."

"어떤 사람인데요?" 올람프가 물었다.

"18살 난 처녀요. 베누스처럼 아름답고, 임신 8개월이죠."

"임신한 여자라고요?" 나도 모르게 되물었다. "그런 몸에 대고 위험한 고문을 하겠다는 건가요?"

"그게 어쨌다는 거요? 잘못 하면 죽겠죠. 하지만 나는 그런 건 전혀 신경 쓰지 않소. 그런 여자를 어떻게 하는 것이 나에게는 참을 수 없는 기쁨이오. 일석이조의 쾌락이니까, 말하자면 어미 소와 송아지인 셈이죠."

"그런데 그 여잔 확실히 연고가 없나요?" 내가 물었다.

"두 달쯤 전에 좀 즐겨볼까 하고 내가 그녀를 감옥에 잡아다 넣었소. 그녀의 어머니는 그녀에게 도둑 혐의를 두고 있었죠. 그런데 그 도둑질은 그녀를 잡아오기 위해 내가 손을 쓴 거요. 계략은 뜻대로 이루어져 불쌍한 코르넬리는 덫에 걸렸고, 나는 그녀의 생명을 지배하게 되었다오. 당신의 말만 떨어지면 나는 그녀를 교수대 위에서 춤추게 하겠소. 어떤 예능인보다 훨씬 춤을 잘 출 테니까 말이오. 나의 자비심 덕분에 처형을 면하게 되었다고 그녀가 믿게 만들겠소. 그런 뒤 바보들이 죄라고 부르는 것에 온몸을 푹 담금으로써 하나의 빛나는 행위의 성과를 즐기는 거요."

"틀림없이 대성공을 거둘 거예요." 나는 말했다. "하지만 그녀의 어머니를 살려두었잖아요? 그녀가 모든 걸 알아채지 않을까요? 그렇게 되면 우리는 어떻게 되나요? 어머니도 딸의 공범자로 만드는 게 가장 쉬운 방법일 것 같아요. 어머니 절도의 공범자인데 딸에게 죄를 뒤집어씌우려 했다고 말이에요."

"분명 그 집엔 아직도 피붙이가 몇 명쯤 더 있을 거요." 백작이 말했다.

"그건 맞는 말이에요." 올람프가 말했다. "20명쯤은 더 있을 거예요. 기지님의 안전을 위해선 그들 모두를 피의 축제에 제물로 삼아야 해요."

"어이구, 다들 피에 굶주린 사람들이로군요." 경찰장관이 대답했다. "자기의 사악한 음욕과 관계된 것을 마치 나에게 베푸는 친절이기나 한 듯이 행동하는 건 솔직히 말해서 사양하겠소. 좋소, 뭐 어쨌든 여러분을 만족시켜드려야 하겠죠. 코르넬리에게는 어머니 말고도 남동생이 하나 있소. 나는 그들 셋 모두를 여러분 눈앞에서 죽여 보일 것을 약속하오. 백작이 나의 즐거움이라고 표현했던 그 형벌 방법으로 말이오."

"그게 바로 우리가 바라던 거예요." 올람프가 말했다. "이렇게 격렬한 쾌락에 과감히 몸을 맡길 때는 그 쾌락이 충분히 나타나게 해야 해요. 도중에 멈추는 것만큼 재미없는 건 없다고요. 에이, 제기랄!" 음탕하고 자유분방한 그녀는 옷 위로 자기 옥문을 문지르며 말했다. "아, 신나요! 시작하기도 전에 벌써 황홀해지는군요……."

필요한 명령을 내리기 위해 기지가 곧바로 나갔다. 올람프의 침실 옆에 닿은 사이프러스나무로 둘러싸인 작은 정원이 처형장으로 선정되었다. 우리는 거기서 처형이 시작될 때까지 저마다 사전연습을 했다. 기지와 올람프는 이미 정을 통한 사이였지만, 브라티아니는 아직 올람프와 접촉한 적이 없고, 나는 그들 모두와 처음 만나는 것이었다. 그래서 백작부인이 착수금을 교섭해주었는데, 이런 쾌락자를 상대로 한 교섭이 절대 어려울 리 없었다.

올람프는 마침내 내게 다가와 내 옷을 완전히 벗기더니 두 남자친구에게 나를 넘겼다. 그들은 어느새 내 몸에 달려들었지만, 그 방법은 순전히 이탈리아식이었다. 그들의 애무 대상은 오로지 나의 엉덩이였다. 둘 다 그곳에 키스하고, 핥고 깨물면서 전혀 지칠 줄 모른다. 내가 여자라는 생각조차 하지 않는 것 같았다. 첫 번째 애무가 끝나자 겨우 광기가 가라앉았다. 나와 마찬가지로 실오라기 하나 걸치지 않은 올람프에게는 브라티아니가 다가갔고, 나는 나대로 기지에게 붙잡혔다. 나의 엉덩이 위에 얼굴을 바짝 붙이고, 비겁한 쾌락자가 이렇게 말하는 것이었다.

"좀 참고 기다려주기 바라오, 사랑스런 부인. 오랜 쾌락생활 덕분에 감각이 무뎌진 나는 빳빳하게 일어서려면 여러 가지 기교가 필요하거든요. 나는 더디기 때문에 당신이 참지 못하게 될지도 모르겠소. 어쩌면 극치감에까지 이르지 못할 수도 있어요. 하지만 할 수 있는 건 다 해주길 바라오. 남자에게 쾌락을 주는 힘이야말로 여자가 스스로 갖추어야 할 유일한 무기니까……."

호색한은 내 엉덩이를 계속 만끽하면서 있는 힘껏 몸을 뒤흔들었다. 그러더니 브라티아니와 즐기고 있는 올람프를 향해 말했다. "부인, 이런 식으로 나를 위해 힘을 쓰는 건 아무래도 재미가 없군요. 보아하니 백작도 마찬가지인가 본데 젊은 아가씨나 소년 몇을 오라 해서 우리의 물건을 어떻게 해보라고 해주지 않겠소?"

올람프가 벨을 누르자 이내 15살 난 처녀 둘이 나타났다. 색을 밝히는 그녀는 이런 용도로 쓸 아가씨들을 늘 대기시켜놓고 있었던 것이다.

"오, 이거 괜찮은걸요." 경찰장관이 말했다. "빨랑 이리 와서 일을 하라고 그녀들에게 설명해주시게……."

그녀들이 곧장 말에 따랐으므로 기지는 그녀들의 손에 처량 맞고 물렁물렁한 물건을 내맡겼다. 나의 엉덩이는 여전히 그의 입놀림 대상이었다. ……브라티아니는 그런대로 자기 앞에 무릎을 꿇은 어린 시녀의 애무를 받으면서 어느새 올람프의 옥문으로 돌아가 있었다. 이 모습이 기지를 결심하게 한 것 같았다. 내 다리를 벌리더니 반쯤 부풀어오른 물건을 그곳에 대고 삽입을 쉽게 하기 위해 손수 채찍질을 하기 시작한 것이다. ……이 무슨 꼴인가! 이건 나의 매력에 대한 모욕이 아닌가! 그런데도 여전히 충분히 단단해지지 않고 다시 튀어오른다. 채찍을 휘두르고 있는 아이는 아직 어린 소녀였다.

"좀더 세차게 쳤더라면 이런 일은 없었을 것 아닌가!" 그가 소리쳤다.

그 말과 동시에 힘껏 따귀를 때리자 소녀는 두어 걸음쯤 뒤로 떠밀려갔다.

그러자 올람프가 큰 소리로 말했다. "너무 약하시네요, 각하. 그런 계집은 아무래도 상관없으니까 피투성이가 되게 하세요. 이 아이들이 제대로 하지 못할 때는 늘 그런 식으로 하죠."

"그렇지."

기지는 곧장 소녀를 붙잡았다.

그리고 이 야만스런 사내가 엄청난 힘으로 50번도 넘게 후려치자 처녀의 엉덩이는 점점 붉은 피로 어지럽혀지고 말았다. 바로 그때, 그가 채찍 끝으로 내 엉덩이를 간질이고 있는 걸 알았다.

"때려주세요, 기지 님!" 내가 말했다. "망설이실 것 없어요. 분명 그렇게 하시리라고 예상하고 있었어요. 나는 채찍 정도는 아무렇지도 않으니까 마음껏 때려주세요."

기지는 대답하지 않고 채찍질을 시작했다. 그것은 매우 인정사정없는 것이었으므로 가까스로 생기를 되찾은 유약한 물건은 마침내 나의 그것을 파낼 정도의 상태가 되었다. 그래서 나는 급히 자세를 바꿔 그가 삽입하게 해주었다.

"끝까지 가실 건가요?" 아까부터 올람프를 데리고 놀고 있는 브라티아니가 물었다.

"아니, 아니오." 기지가 대답했다.

"우린 큰일을 앞두고 있지 않소. 이번엔 그냥 솜씨를 시험한 거요. 끝까지 가는 건 코르넬리 일가를 고문할 때 하도록 합시다."

이렇게 절차가 정해지자 두 쾌락자는 도중에 내팽개쳐진 우리의 기분 따윈 전혀 신경쓰지 않고 부랴부랴 탈 것을 버리고 식탁에 앉았다. 식사 자리에서 거나하게 취한 기지가 아까 자기에게 매를 맞지 않은 처녀를 식탁 위에 엎드리게 하고 그 엉덩이 살을 구워 먹자고 제안했다. 그것은 곧바로 실행되었고, 천천히 생살이 구워진 불쌍한 처녀는 엄청난 비명을 질러댔다. 그런데도 그들은 아무렇지 않게 피가 흥건한 둔부 위를 기운차게 포크로 찔러서는 우적우적 먹어치우는 것이었다.

"젖가슴으로도 똑같이 해보는 것도 재미있겠군요." 브라티아니가 말했다.

"나는 그동안에 펄펄 끓는 물로 그녀의 엉덩이에 관장을 하겠소." 기지가 대답했다.

"그럼 난 초산을 옥문에 부어야겠어요." 올람프는 여전히 흥분이 가라앉지 않은 모습이었다.

"내가 없으면 안 되겠죠?" 나도 올람프를 거들었다.

"다른 괜찮은 의견이 있으면 모르지만 나는 이 소녀의 사랑스런 얼굴살을 구워서 먹고 싶어. 그리고 포크로 쿡쿡 찌르면서 그녀의 눈을 짓뭉개고, 그 다음 테이블 한가운데서 몸을 꼬치로 꿰는 거야."

모두의 생각은 하나씩 실행되었다. 우리는 이 사랑스런 처녀가 숨이 끊어질 듯한 고통과 마비, 경련에 몸을 맡기는 것을 똑똑히 구경하면서 게걸스레 먹고 마셨다.

식사가 끝나자 보르게스 부인이 물었다. "우리집 저녁식사가 어땠나요?"

"아주 좋았어요." 우리는 이구동성으로 대답했다.

실제로 그것은 아주 훌륭하고 사치스러우며 세련된 요리였다.

"그럼 이걸 마셔요." 그녀가 말했다.

그것은 리큐르술로서 우리는 마시자마자 방금 먹은 것을 모조리 토해냈고, 3분도 채 지나지 않아 식탁에 앉기 전과 똑같은 식욕을 느끼게 되었다. 이어 두 번째 식사가 준비되었고, 우리는 다시 잔뜩 배부르게 먹었다.

"그럼 이번엔 다른 리큐르를 마실까요?" 올람프가 말했다. "마시고 다들 화장실로 가는 거예요."

이 의식이 채 끝나기도 전에 다시 새로운 식욕이 용솟음쳤다. 세 번째 식사에는 아까보다 훨씬 영양분이 많고 즙이 풍부한 요리가 나왔으므로 우리는 또다시 아귀아귀 먹기 시작했다.

"식사 중에 포도주는 나오지 않아요." 올람프가 말했다. "아레아티코로 시작해 마지막에는 팔레르노 포도주로 가겠어요. 그리고 작은 접시가 나올 때쯤부터 온갖 리큐르를 마시기로 해요."

"그건 그렇고, 아까 그 처녀는?"

"어이구, 메스꺼워라! 아직도 살아 있소." 기지가 말했다.

"다른 여자로 바꾸겠어요." 올람프가 말했다. "이런 아이 살아 있으나 죽으나 상관없어요. 빨리 묻어버리는 게 좋죠."

그리하여 모든 준비가 끝나자 항문이 꼬치에 꿰어진 두 번째 아가씨가 우리의 세 번째 저녁 식탁에 제공되었다. 이런 진수성찬을 몇 번씩이나 받은 것은 처음이므로 나는 도저히 먹지 못할 줄 알았는데 사실은 전혀 달랐다. 아무렇지 않았다. 자극적인 리큐르술이 위장의 기운을 북돋은 것이다. 실컷 먹은 접시가 모두 180그릇은 넉넉히 되었는데도 우리는 어느 누구도 과식을 했다는 느낌이 들지 않았다. 세 번째 식사가 끝났는데도 여전히 두 번째 처녀가 살아 있었으므로 도저히 참지 못한 두 쾌락자는 온갖 창피를 주어 그녀를 욕보였다. 음탕한 욕구와 술로 거품을 물 지경이 되어 그들은 불행한 처녀의 몸 구석구석에 온갖 짓을 다 했는데, 사실은 나도 꽤 도왔다. 브라티아니는 그녀의 몸에 2, 3차례 물리학 실험을 했다. 마지막 실험은 인공적으로 벼락을 만들어 한순간에 그녀를 가루로 만들려는 것이었다. 이리하여 그녀는 잔혹한 최후를 맞았다. 그녀가 숨을 거두자 코르넬리 일가가 왔고, 우리는 어느새 새로운 잔학성의 욕망에 눈을 떴다.

코르넬리가 절세미인임은 말할 나위도 없었지만, 그 불행한 35살 어머니 또한 더없이 예쁜 생김새에 훌륭한 허리선을 지니고 있었다. 코르넬리의 동생 레오나르도는 겨우 15살쯤 되었을까, 이 아이 역시 미모를 타고나서 전혀 흠잡을 데가 없었다.

브라티아니는 느닷없이 그를 꼭 안고는 외쳤다. "야, 이거 정말 보기 드문 미소년이로군."

그러나 매를 맞아서 위축되고 슬픈 표정이 이 불행한 가족을 뒤덮고 있었으므로 우리는 그 상태로 한동안 쳐다보고만 있었다. 악당이 착한 사람을 괴롭히는 그런 비참한 장면을 언제까지나 보고 있는 것이야말로 죄를 짓는 사람에겐 다시없는 즐거움인 것이다.

"당신의 눈이 반짝이고 있군." 올람프가 내게 말했다.

"당연하지." 나는 대답했다. "이런 모습을 보고 아무렇지 않은 사람이 있다면 어지간히 감각이 무딘 거지."

"나도 그래." 올람프가 말했다. "이토록 즐거운 일은 처음이야. 신기하리만큼 기분 좋게 바라본 것도 처음이라니까."

그때 경찰장관이 엄격한 투로 말했다. "어이, 죄인들. 이제 그만하면 죄가 얼마나 깊은지 알겠지? 어떠냐?"

"우리에게 무슨 죄가 있나요?" 어머니가 말했다. "딸에게 죄가 있을까 하고 잠깐 의심하긴 했지만 당신의 처사로 모든 걸 알게 됐어요. 이렇게 된 바엔 나도 각오가 되어 있습니다."

"좋아, 이제 곧 알게 해주지……."

우리는 처형할 준비가 모두 끝난 작은 정원으로 서둘러 그들을 데리고 나갔다. 기지가 죄를 신문하는 동안 나는 그를 자극해주었다. 그런데도 기지는 신문을 어찌나 능숙하게 해내는지 상상도 못할 정도였다. 어느새 올가미를 만들어서는 쉽게 뒤집어씌우고, 유들유들한 말로 끽소리도 나오지 못하게 상대의 말문을 막는 것이었다. 아무리 정색을 하고 정직하게 변호하려 애쓴들 도저히 감당하지 못하리라. 기지는 셋의 유죄를 인정하고 곧바로 판결을 내렸다. 올람프가 어느새 어머니를 붙잡았고, 내가 딸을 잡았으며, 백작과 경찰장관은 소년에게 달려갔다.

대향연의 마지막을 장식할 처형이 있기 전에 몇 가지 고문이 이루어졌다.

올랑프는 코르넬리의 배를 채찍으로 쳤고, 브라티아니와 장관은 레오나르도의 귀여운 엉덩이를 승마용 채찍으로 마구 때렸으며, 나는 그 어머니의 아름다운 유방을 있는 힘껏 괴롭혔다. 끝으로 3명을 각각 밧줄에 매달아 15번이나 계속하여 허공에서 공중제비를 시켰으므로, 마침내는 폐가 망가지고, 가슴이 꺾이고, 혈관이 찢어지는 상태가 되었다. 정확히 10번째 공중제비를 할 때, 브라티아니가 무심결에 밧줄을 놓치는 바람에 소년은 위에서 아래로 떨어져 올랑프를 애무하고 있던 기지의 허벅지에 정확히 부딪쳤다.

이 광경을 보고 다들 깜짝 놀랐다. 내가 두려웠던 점은 아무도 그 자리에서 멈추려 하지 않는다는 것이었다. 다들 제정신임이 뻔한데도 어느 한 사람도 이쯤에서 놓아주려는 생각은 하지도 않았다. 계속해서 밧줄을 잡아당겨 마침내 숨이 끊어질 때까지 멈추지 않았다. 악인이 명성과 재력을 동원하여 불행한 빈민을 상대로 압도적인 위세를 부릴 때면 늘 죄 있는 사람이 죄 없는 사람을 가지고 노는 결과로 끝나는 것이다.

무시무시한 계획은 이튿날 실행되었다. 올랑프와 나는 전망 좋은 테라스 위에서 자위를 하면서 점점 번져가는 불길을 구경했다. 37개의 병원이 불타 없어졌고, 20만 명이 넘는 사람들이 죽었다.

나는 이 근사한 광경에 푹 빠져서 올랑프에게 말했다. "아, 정말 멋져! 이런 극악무도한 짓을 즐기는 건 너무나 근사한 일이야!"

요상하고 야릇하기만 한 자연이여, 이런 죄가 당신을 모독한다는 게 사실이라면 당신은 어찌 이런 죄로 나를 즐겁게 하시나이까? 아, 얄미운 이여, 당신은 분명 나를 속이고 있어요. 옛날 내가 더러운 신의 환상에 속았던 것처럼. 우리는 신에게 지배당하지 않은 것과 마찬가지로 당신에게도 지배당하고 있지 않답니다. 결과에 원인은 아무 짝에도 쓸모없는 법이지요. 우리 인간은 모두 주체할 수 없는 어리석고 맹목적인 힘에 따라 움직이므로 식물의 우매한 구조와 조금도 다를 바가 없답니다. 이런 불가사의한 힘이야말로 이 땅에 있는 모든 존재의 운동을 설명함과 동시에 모든 인간과 동물의 행동의 기원을 증명하는 것이에요.

불길은 여드레 동안 계속 타올랐다. 그 사이 친구들은 한 차례도 찾아오지 않다가 9일째 되는 날 드디어 나타났다. 경찰장관이었다.

"완전히 끝났소. 교황도 몹시 기뻐하고 있죠. 내가 틈을 두지 않고 요구를 내놓았더니 그 자리에서 받아들이더군요. 이것으로 나의 돈벌이 계획은 순조롭게 흘러가고, 당신의 보수도 줄 수 있게 되었소. 그런데 말이오, 올람프" 기지가 말을 이었다. "그 빈민수용소의 화재만큼은 꼭 보여주고 싶었소. 당신의 자비심 깊은 영혼이 얼마나 요동을 쳤을지 꼭 보고 싶었으니까 말이오. 그 어린 처녀가 알몸뚱이로 머리를 풀어헤치고 발버둥을 치며 뛰쳐나왔거든요. 뒤에선 불길이 혓바닥을 내밀며 쫓아오고 앞에서는 무뢰한들이 기다리고 있었죠. 이놈들은 내가 모아두었는데 처녀들을 구조한다는 핑계 아래 불길 속으로 그녀들을 가차 없이 밀어넣었죠. 다만 특별히 곱상하게 생긴 아이만큼은 다음에 내 향락의 노리개로 삼기 위해 따로 골라두긴 했소. 나머지 아이들은 모조리 불구덩이 속으로 처넣었죠. 아아, 올람프, 그 광경을 당신이 보았더라면 기쁜 나머지 숨이 멎을 정도로 좋아 죽었을 거요."

"나쁜 사람." 보르게스 부인이 말했다. "대체 몇 명쯤 살려놓았죠?"

"글쎄, 한 2백 명쯤 되려나?" 각하가 대답했다. "내 저택 한 채에 죄다 가두어놓았소. 몇 명씩 데리고 나와서 시골집에 나누어놓을 거요. 그중에 예쁜 아이들을 20명쯤 당신에게 주겠소. 약속하오. 이건 답례요."

그는 이렇게 말하며 나를 가리켰다. "이런 멋진 귀부인을 나에게 이따금 소개시켜주면 된다오."

"당신의 철학을 그토록 잔뜩 늘어놓고선 아직도 그런 생각을 하고 있다니 놀랍군요."

올람프가 말하자 장관이 대답했다.

"솔직히 말해서 내 감각은 나의 물건과 함께 즐길 만한 형편하고는 너무나 동떨어져 있소. 상대 여자가 나의 향락을 함께 즐기는 모습을 보이기만 해도 이미 그 여잔 내게서 증오와 경멸밖엔 받지 못하오. 나를 위해 몸을 바치는 상대에게 나는 증오와 경멸을 둘 다 느끼는 경우도 자주 있소. 그리고 이런 식으로 증오하거나 경멸함으로써 내 쾌락은 점점 더 높아지죠. 요컨대 이런 일의 모든 원인은 고마움에 대한 나의 사고방식에 있는 것 같소. 여자가 남자에게 감사받는 것을 당연한 일처럼 여기는 게 나는 너무나 좋소. 그건 나 자신이 여자 앞에 몸을 던지는 일이니까 말이오.

그래서 나는 여자에겐 절대복종과, 내가 용변이 마려울 때 화장실에 앉는 것과 마찬가지로 무감각밖에는 요구하지 않소. 두 육체의 결합이 두 영혼의 결합을 낳는다는 따위의 생각을 난 결코 믿지 않으니까요. 육체의 결합을 경멸하고 혐오하는 이유는 인정하지만 애정 따윈 손톱만큼도 인정하지 않소. 애당초 사랑보다 막연한 것은 세상에 없으니까요. 이것만큼 향락을 미적지근하게 만드는 게 없거니와 내 마음에서 이보다 더 멀리 떨어져 있는 것도 없소. 그렇지만 부인, 이건 아부하려고 하는 말이 아니오만," 장관이 내 손을 잡고 계속했다. "당신처럼 재기가 넘치는 여성은 이런 생각의 경계 바깥에 있는 사람이오. 향락철학을 오롯이 지닌 사람이라면 누구든지 당신 같은 부인에게 경의를 나타내겠죠. 그러므로 이런 사람들의 마음에 들 생각만 하면 된다고 나는 감히 당신에게 말하는 바요."

나는 전혀 관심이 없었지만 줄줄이 늘어놓는 이런 추종을 한참 듣다가 우리는 보다 진지한 일을 시작했다. 기지가 다시 한 번 나의 엉덩이를 보고 싶다는 말을 꺼낸 것이다. 그래서 브라티아니와 올람프, 기지와 나는 백작부인의 쾌락을 위한 비밀의 방으로 들어가서 새로운 추행에 탐닉했다. 그러나 이것은 말로 설명하기엔 얼굴이 달아오른다. 신들린 여인 보르게스는 세상의 온갖 기이하고 변태적인 취미와 사악한 기호를 지니고 있었다. 시중 드는 노파가 우리 앞에 데려온 음탕한 노리개는 거세된 남자, 남녀추니, 난쟁이, 80살 노파, 칠면조 수컷, 원숭이, 엄청나게 큰 개, 암 산양, 그리고 4살 난 노파의 손자였다.

한 줄로 죽 늘어선 그들을 흘깃 보자마자 나도 모르게 비명을 지르고 말았다. "아, 너무해! 얼마나 거칠고 사나울까!"

"아무리 거칠고 사나워도 곧 그게 당연한 일이 될 거요." 브라티아니가 말했다. "무아지경을 겪다 보면 아무래도 응축된 것이 필요해지는 법이오. 당연한 것만으론 만족하지 못하므로 다음엔 매우 색다른 걸 원하거든요. 그래서 음탕함의 마지막 단계는 죄악이 되는 거요. 쥘리에트, 이런 기묘한 것들을 보고 당신은 어떻게 할 셈인지 떠올릴 수 있으시오? 백작부인과 기지, 그리고 나와 함께 근사한 쾌락을 얻는 건 틀림없다고 내 미리 말해두겠소만."

"물론 나도 끼워주실 거죠?" 나는 말했다. "미리 말씀드리지만 방탕함과 억지 강요에 있어선 나도 누구 못지않거든요."

말을 마칠 새도 없이 잘 훈련된 큼지막한 개가 내 치마 속으로 들어와 코를 킁킁대며 냄새를 맡기 시작했다.

"저런! 루시폴이 벌써 작업을 시작했네." 올람프가 깔깔거리며 말했다. "쥘리에트, 옷을 벗어. 그리고 당신의 사랑스런 그곳을 저 당당한 짐승의 부드러운 애무에게 맡겨요. 틀림없이 만족시켜줄 테니까……."

나는 시키는 대로 했다…… 매일같이 쾌락을 탐닉하면서 놀라운 일들을 찾아다니던 나지만 역시 이것엔 상당한 반발을 느꼈다. 방의 한가운데서 나는 개처럼 네 발로 엎드리게 되었다. 개는 내 주위를 킁킁대고 돌아다니며 혀를 내밀어 핥다가 나의 허리 위로 올라타 마침내 나를 절정에 이르게 하더니 꽃잎 속으로 정액을 쏟아넣었다. 그러나 그때 전혀 뜻밖의 일이 일어났다. 개의 그것이 행위 중에 너무나 커져서 극심한 고통 없이는 빠지지 않게 되고 만 것이다. 그사이 개는 다시 시작할 기세였다. 그게 너무나 이르다고 사람들은 판단했다. 두 번째 사정 뒤에 그것이 겨우 줄어들었으므로 개는 마침내 내게서 떨어져나갔다.

"여러분, 보시오." 기지가 말했다. "루시폴은 나한테도 쥘리에트처럼 해줄 생각인가 보오. 날 때부터 지독한 호색한인 이 사랑스런 동물은 맛난 것이라면 사족을 못 쓰거든요. 부인의 향기 나는 그곳을 어떻게 한 것과 똑같은 즐거움을 나의 그것에도 부어넣어줄 모양이오. 그런데 나는 부인처럼 평온하게 가만히 있는 건 싫소. 루시폴에게 솥을 빌려주면서 저 암 산양을 어떻게 해주겠소."

이보다 기괴한 향락의 모습을 나는 일찍이 본 적이 없었다. 기지는 정액을 아끼는 사내였으므로 경계선을 넘지는 않았지만, 이 말할 수 없이 기괴한 행위에 커다란 기쁨을 느끼는 것 같았다.

"우리도 좀 봐줘요." 브라티아니가 말했다. "진귀한 광경을 보여주겠소."

보았더니 그는 거세된 사내에게 애무를 받으면서 칠면조에게 작업을 걸고 있다. 올람프가 그에게로 엉덩이를 내밀어 칠면조의 목을 허벅지 사이에 끼우고 있었다. 그리고 물리학자가 극치에 이른 순간 그녀는 칠면조의 목을 자르는 것이었다.

"이거야말로 다시없는 즐거움이오." 물리학자가 말했다. "절정의 순간을 놓치지 않고 칠면조의 목을 자르면 그것의 물건이 바짝 쪼그라들어서 그 쾌감이 상상도 못할 정도요."

로마의 대향연

"난 해본 적은 없지만 그 방법은 너무나 노골적인 것 같군요. 그러니 나는 다른 방법을 시도하겠소, 쥘리에트." 기지가 말했다. "이 아이에게 내가 그걸 하는 동안 당신의 허벅지로 꽉 죄어주시오. 이윽고 내 입에서 욕지거리가 터져나오고 고조의 순간이 다가오면 바로 그때 당신이 이 아이의 목을 치는 거요. 알겠소?"

"그건 괜찮지만 쥘리에트에게도 즐거움을 주셔야잖아요. 그녀의 입 밑에 남녀추니를 눕게 하면 어떨까요? 그렇게 하면 그녀는 동시에 두 가지 성을 애무할 수가 있어요. 남자의 상징과 여성적 존재의 그것을 번갈아 가며 할 수 있잖아요." 올람프가 끼어들었다.

"기다리시오." 브라티아니가 소리쳤다. "그 남녀추니를 내가 데리고 놀 수 있도록 자세를 잡을 수 있을 거요. 그런 다음 나는 거세된 남자에게서 그것을 받으면서 내 코끝으로 노파의 엉덩이를 핥고 싶소. 노파는 내 얼굴 위에 똥을 눌 거요."

"그것도 재밌겠네요!" 올람프가 말했다.

"부인," 브라티아니가 대답했다. "이런 건 모두 설명이 가능하오. 원인을 해명하지 못하는 취미나 성향은 이 세상에 단 하나도 없으니까요."

"다같이 하나로 이어지겠다면 나는 원숭이의 그것에 대고 하겠소. 소년의 허리 위에는 난쟁이를 타고 오르게 해 내 코끝에 엉덩이를 내밀게 해야겠군요." 기지가 말했다.

"이거 걸작이 탄생하겠군요." 올람프가 신이 나서 말했다. "그럼 역할이 없는 것은 루시폴과 암 산양, 그리고 나뿐이네요."

"다들 하나가 되는 건 문제도 아니오." 기지가 말했다. "암 산양과 당신은 내 곁으로 오면 되오. 나는 이따금 그릇을 바꿔가며 하도록 하지. 내가 당신의 그것을 쓰지 않을 때는 루시폴이 당신에게 할 수 있어. 그렇지만 나는 소년의 그것으로 극치감에 이르고 싶소. 내가 황홀해지는 것을 보고 쥘리에트가 소년의 목을 자르는 순간에……"

이리하여 모두 9명과 4마리의 조합이 만들어졌다. 이보다 더 해괴망측한 난봉의 그림은 본 적이 없으리라. 그런데도 우리는 다들 신이 났다. 어린아이의 목은 딱 좋은 순간에 잘랐다. 그리하여 우리는 엮은 것을 풀고 흩어졌고, 방금 맛본 신성하기 짝이 없는 쾌락을 저마다 극구 찬미했다.

그날의 나머지 시간도 거의 비슷한 방탕 속에서 보냈다. 원숭이나 개, 남녀추니, 거세된 남자 등...... 그리고 두 이탈리아인과 올랑프에게 흠씬 서비스를 받았다. 더할 나위 없이 자극적인 향락의 열 시간을 보낸 끝에 나는 이 참신하기 그지없는 대향연으로부터 가까스로 풀려났다.

훌륭한 식사가 축제의 마지막을 장식했고, 그리스풍 처형이 집행되었다. 우리가 데리고 즐긴 짐승들은 한 마리도 남김없이 산 제물이 되었다. 노파도 묶여서 장작더미 위로 올려져 동물들과 함께 구워졌다. 남은 인간은 거세된 남자와 남녀추니뿐이었다.

교황 비오 6세

이 도시에 와서 알게 된 추기경 베르니스와 아르바니가 나를 로마교황에게 소개해주겠다고 하기에 전부터 고대했건만 아무런 소식도 없이 다섯 달이나 지나고 말았다. 그런데 보르게스 부인 집에서 있었던 대향연으로부터 5, 6일쯤 지나자 마침내 베르니스에게서 거창하고 정중한 편지가 한 통 도착했다. 내일 일찍 자기 집으로 오면 교황 성하를 만나게 해주겠다는 전갈이었다. 교황도 꽤 오래전부터 나를 만나고 싶어했지만 사정이 여의치 않았다는 것이었다. 또한 편지에는 화장은 야하지 않고 되도록 품위 있게, 그리고 향수는 절대 쓰지 말라는 당부가 있었다.

추기경의 편지는 이랬다. "브라스키(비오 6세의 이름)는 앙리 4세처럼 모든 것이 본디의 냄새 그대로를 지닌 상태를 좋아하오. 기교를 싫어하고, 자연 상태를 사랑합니다. 그러므로 알현 전에는 세척기 같은 것도 쓰지 않는 게 좋소."

이 점을 단단히 머리에 넣고 나는 이튿날 아침 10시 전에 준비를 완전히 끝내고 베르니스의 저택으로 떠났다. 비오가 우리를 기다리고 있는 곳은 바티칸 궁전이었다. 베르니스는 나를 교황에게 소개하면서 말했다.

"성하! 이 사람이 기다리시던 프랑스 여성입니다. 성하께서 허락하신 알현의 영광에 그녀는 몹시 감격해 있으며, 성하의 명령이라면 무엇이든 시키는 대로 봉사할 생각이라고 합니다."

"그 호의가 무위로 끝나지 않게 해야겠군." 브라스키는 말했다. "하지만 음탕함에 빠지기 전에 잠깐 그녀와 단둘이 즐기고 싶군…… 자넨 나가봐, 추기경. 시녀들에게 전하도록, 오늘은 천하의 누가 와도 면회사절이라고 말이야."

베르니스가 물러나자 교황은 내 손을 잡고 넓은 건물 안을 안내하더니 이윽고 인적이 없는 작은 방에 이르렀다. 그곳엔 검소하고 어스레한 종교적 색채 아래로 어딘가 방탕하고 호사스런 색조가 섞여 있어서 의심할 것도 없이 이것이야말로 교황의 취미를 가장 기쁘게 해주는 상태임을 알 수 있었다. 그곳엔 모든 것이 무차별적으로 뒤섞여 있었다. 무아지경에서 노는 성녀 테레지아 상 가까이에 섹스를 하고 있는 메살리나의 초상이 있고, 그리스도상 밑에는 레다의 그림이 있었다.

"여기서 천천히 쉬게." 브라스키는 말했다. "여기에 오면 나는 신분의 차이를 잊지. 당신처럼 사랑스런 악인에게는 기꺼이 미덕 가까이에 자리 잡도록 허락해야겠지?"

"거만한 노인네 같으니." 나는 나이 든 독재자를 향해 말했다. "당신은 늘 사람들을 속이고 계시므로 알게 모르게 자기 자신도 속이고 있어요. 당신은 악덕에 몸을 맡기기 위해 나를 이리로 부르셨잖아요? 그런데도 미덕이라니 대체 그런 게 어디 있다는 거죠?"

"나 같은 사람은 결코 악덕에 휘둘리는 법이 없거든, 아가씨." 교황이 대답했다. "신의 제자들의 후계자인 나는 영원한 미덕의 수호를 받고 있단 말이야. 설령 인간의 실수를 잠깐 선택한다 해도 애당초 나는 인간이 아니니까."

이 말을 듣자 나는 더 이상 참지 못하고 폭발해버렸다.

"로마교황님!" 나는 호되게 꾸짖었다. "나 같은 철학자를 앞에 놓고 그런 건방진 행동은 그만두시죠. 알겠어요? 지금부터 당신과 함께 교황의 권력과 특권을 분석해드릴 테니 잘 들으세요."

그렇게 말하고 다음과 같이 이었다.

"갈릴라이아에서 만들어진 종교는 청빈과 평등, 부의 증오를 기초로 했었죠. 이 신성한 가르침의 근본원리는 요컨대 부자가 신의 나라에 들어가기란 낙타가 바늘구멍을 지나기보다 어렵다는 것이었어요. 부자는 재물이 많다는 이유만으로 지옥으로 떨어지는 것이 정해져 있었죠. 그래서 이 종교의 첫 제자들에겐 어떠한 저축이나 저장도 절대로 못 하게 되어 있었어요. 그들의 지도자인 그리스도가 분명 이렇게 말했죠. '사람의 자식으로 태어나는 것은 일을 당하기 위해서가 아니라 오히려 일을 하기 위해서이다…… 너희 가운데에는 우두머리도 종도 없으며…… 위대하다고 여기는 자는 너희의 관리가 되고, 우두머리라고 생각하는 자는 모든 이의 종이 되리라'고요. 이 종교의 첫 사도들은 저마다 이마에 땀을 흘리며 먹고살기 위한 돈벌이를 했어요. 맞죠, 브라스키 씨?"

"그래, 맞아."

"좋아요, 그럼 묻겠는데 이 최초의 제도와 지금 당신이 이탈리아에서 누리는 엄청난 부 사이에는 대체 무슨 관계가 있을까요? 당신이 이토록 많은 재산을 가지고 있는 건 복음서 덕분인가요, 아니면 당신의 선임자들의 사기 행각 때문인가요? 천박한 사람이군요! 당신은, 당신들이 아직도 속일 수 있다고 생각하시는 건가요?"

"무신론적 말씨는 그렇다 쳐도 성 베드로의 후손을 업신여기는 건 참을 수 없어."

"당신이 후손이라니 거짓말 말아요. 애초 성 베드로는 로마 땅엔 한 발짝도 들인 적이 없다고요. 교회의 요람시대에 신부 따윈 한 사람도 없었어요. 2세기 끝무렵에 이르러 교회는 겨우 세상에 알려졌고, 마침내 어떤 믿음을 얻게 된 것 아닌가요? 바빌로니아에서 저술을 하던 베드로가 동시에 로마에도 있을 순 없죠. 그런데도 당신은 어떻게 그와 반대되는 주장을 할 수가 있어요?

로마와 바빌로니아가 똑같은 장소라고 주장하면서, 당신은 여전히 비판에서 벗어날 수 있다고 생각하시나요? 어리석은 사람이군요! 이제 당신의 말 따윈 아무도 믿지 않아요. 당신은 경멸당하고 있어요. 애당초 베드로라는 사람하고 당신이 요만큼이라도 닮은 구석이 있나요? 당신의 선임자는 우리가 아는 바에 따르면 가난한 사람들에게 도를 설파하고, 그 자신도 가난한 사람이 아니었나요? 그렇다면 그의 처지는, 자신은 말도 못할 가난 속에서 살았건만 그 후계자들은 사치에 빠져 있는, 국가의 건설자들하고 비슷하지 않나요?

베드로의 후계자들이 돈을 벌기도 잃기도 한 것은 나도 알아요. 그렇지만 역시 3천만 내지 4천만의 신자를 당신을 위해 이 땅에 남겨줄 정도로 신앙의 힘이 컸던 것도 사실이에요. 하지만 마침내 철학의 커다란 불길이 그들의 눈을 비출 날도 머지않았다고 생각지 않으세요? 1천2, 3백 킬로나 떨어진 곳에 있는 1명의 지배자에게 몸과 마음을 몽땅 바치는 것을 이윽고 동의하지 않는 순간이 오지 않을까요? 당신의 권고만 좇아서 생각하고 판단하고 행동하고 당신께 헌금을 바친다는 조건 속에서만 재산을 유지하고, 또 당신의 허락이 없으면 좋아하는 사람과 결혼도 못하는 것을 그들이 더는 참지 못하는 상태가 오지는 않을까요? 아무렴, 그렇고말고요. 그들의 잘못이 언제까지나 이어질 리는 없어요. 하지만 전엔 이 웃기는 권력이 꽤 오랫동안 이어진 것을 나는 알고 있어요. 당신은 신들보다 더 높은 존재였어요. 왜냐하면 신들은 단지 권력을 자유롭게 쓸 수 있다는 평판을 얻었을 뿐인데 당신은 실제로 이 권력을 자유롭게 휘두르고 있으니까요. 거듭 말하지만 브라스키 씨, 그런 건 이윽고 없어지고 사라질 거예요. 실제로 헛된 신앙이 단순하기 짝이 없는 사물을 얼마나 부자연스럽게 왜곡하는지를 안다면 우리는 놀라움을 금할 수 없다고요! 그럴 때, 우리는 민중의 무분별함과, 민중을 속이는 사람들의 놀라운 뻔뻔스러움 가운데 어느 쪽을 보고 감탄해야 할지 모른답니다. 당신의 방탕한 행동들이 세상 사람들 앞에, 온 천하에 드러나도 사람들이 예전처럼 당신을 존경할까요? 그래도 몇몇 신자가 여전히 당신 주위에 남을까요?

  교황의 세력을 굳건히 하고, 그들로 하여금 갖가지 권리를 제 것으로 만들기 위해 꿈도 꾸지 못할 뻔뻔함을 발휘하게 하는 원인으로는 군주와 민중의 무지밖에 생각할 수 없어요. 그런데 교황의 이러한 권리는 그들의 종교정신에 어긋날 뿐더러 이성에는 불쾌하고, 정치에는 해로운 하찮은 것입니다. 신앙의 힘을 아는 사람도 그 성공에는 놀랄 게 틀림없어요. 아둔한 영혼일수록 신앙에 물들기 쉬운 법이지요. 게다가 어떤 정치적 동기가 신앙의 확대를 지지했어요. 로마제국의 퇴폐기에 돈이 드는 변방의 전쟁에서 죽어간 군대의 장관들은 당신들을 무시할 수 없었지요. 당신들이 민중의 마음을 쥐고 있단 것을 그들이 알았기 때문이에요. 당신들의 목적이 무엇인지도 모르고 그들은 로마제국을 파멸로, 제대로 알지도 못한 채 이끌어갔지요. 야만족들은 무지한 탓에 황제의 정치방침을 있는 그대로 받아들였어요. 이리하여 당신들은 차츰 유럽의 일부 국민의 지배자가 된 것이지요.

  학문은 당신들의 강력한 옹호자인 수도사들의 손에 오랫동안 보관되어 있었어요. 세상을 지식의 빛으로 비추려 시도한 사람은 아무도 없었습니다. 사람들은 이해할 수 없는 것에 복종했지요. 세상을 누비는 전사들은 당신들을 분석하기보단 숭배하는 편이 쉽다고 판단했어요. 15세기에 이르러 세상이 바뀌었습니다. 철학의 서광이 미신의 몰락을 예고했어요. 구름이 걷히고 사람들은 당신들을 두려워하지 않고 똑바로 쳐다보게 되었지요. 그러자 사람들은 당신들과 당신들의 종교를 사기꾼과 야바위로밖에 인정하지 않았어요. 사제들의 지배를 받는 몇몇 나라는 여전히 당신들에게 충성을 보이지요. 하지만 언젠가 이성의 커다란 불길이 그들을 위해서도 타오를 것입니다.

오, 브라스키 씨, 당신의 역할은 끝났어요! 당신들의 미신적 지배의 대들보를 영원히 쓰러뜨릴 심각한 혁명을 되도록 빨리 오게 하려면 당신 선임자들의 내력을 한차례 둘러보기만 해도 충분해요. 내가 한 가지만 대충 묘사해볼까요, 브라스키 씨? 내 지식을 약간만 동원하면 당신도 아시게 될 거예요. 프랑스 여자는 이 점에 대해 교양이 이토록 높으므로 나의 자랑스러운 국가 프랑스가 당신의 꼴사나운 멍에를 잡고 뒤흔들 날도 머지않았단 것을요.

좋든 싫든 그리스도 기원 초기에 우리 눈에 띄는 건 무엇일까요? 투쟁, 소요, 폭동, 살육입니다. 요컨대 권력의 자리를 차지하려는 악인의 탐욕과 야심의 결과일 뿐이지요. 그때부터 이미 추잡한 교회의 거만하기 짝이 없는 주교들은 로마에서 수레를 타고 돌아다녔어요. 이미 사치와 음탕함이 그들의 몸에 젖어 있었던 것이지요. 붉은 빛깔의 옷이 벌써 그들의 몸을 감싸고 있었어요. 그 무렵 당신들에게 쏟아진 비난이 어떤 것이었는지를 설명하기 위해 내가 인용하고자 하는 것은, 당신들 적대자의 말이 아니라 당신 편에 있는 사람들의 말입니다. 게다가 그들은 당신들 교회의 사제이기도 하지요. 히에로니무스와 바실리우스의 말을 들어보세요. '나는 로마에 가서 자비와 미덕의 말을 들려주고자 했다. 그런데 교황을 둘러싸고 있는 바리새인들이 나를 박해했다. 때문에 나는 로마궁전을 떠나 예수의 동굴로 다시 돌아왔다.' 분개한 당신들의 동반자가 교황의 모습을 이런 식으로 묘사하고 있습니다. 또한 히에로니무스는 몹시 격한 투로 당신들의 수많은 추문을 비난하지 않았던가요? 당신들의 방탕함과 사기, 부자에게서 돈을 빼앗기 위한 간교한 계책, 특히 당신들이 데리고 놀고 기만했던 로마 귀부인들의 한숨은 수많은 추문을 일으켰어요. 로마황제의 포고문을 보여드릴까요? 발렌티니아누스와 발렌스, 그라티아누스 같은 황제들이 얼마나 힘을 기울여 당신들의 탐욕과 방탕, 야심 따위를 금지하고 억누르려 애를 썼는지 알고 있습니다. 그건 그렇고, 이번엔 몇몇 로마 교황의 내력을 아주 대략적으로 열거해볼까요? 브라스키 씨, 이걸 보면 아무도 더 이상 당신의 성스러움과 올바름을 믿을 수 없게 될 거예요.

리베리오는 두려움과 나약함 때문에 교회 전체를 이단인 아리우스파에 끌려다니게 했습니다.

그레고리오는 무지야말로 신앙을 쉽게 전파하는 유일한 수단이라는 그의 주장에 기초하여 학문과 예술을 추방하고, 브람힐트 여왕에게 아첨을 할 정도로 파렴치하기 짝이 없었어요.

스테파노 6세는 전임자인 포르모소를 배덕자로 여기고 있었으므로 그의 시신에 처벌을 내리는 잔인하고 우스꽝스런 짓을 저지르기도 했습니다.

세르지오는 온갖 방탕에 빠져 줄곧 창녀들의 말에 놀아나곤 했지요.

그 매춘부들 가운데 한 사람의 아들인 요한 11세도 어머니 마로지아와의 상습적인 근친상간에 빠져 지냈어요.

요한 11세는 우상숭배를 즐기는 마술사로서 신의 전당을 세상에서 가장 부끄러운 수준의 방탕함에 이용했습니다.

보니파시오 7세는 하루빨리 교황의 자리에 앉고 싶은 나머지 베네딕토 6세를 암살하고 그 뒤를 이었습니다.

인노첸시오 4세는 자기들의 교만과 아집이 일으킨, 교황파 대 황제파의 언제 끝날지도 모르는 전쟁 속에서 프리드리히 황제를 독살했어요.

야심이 가득한 폭군 첼레스티노 3세는 자기 앞에 엎드린 하인리히 6세의 머리에 발로 왕관을 씌워주었다가 그 왕관을 다시 발로 참으로써 교황에게 경의를 나타내지 않은 자가 어떤 취급을 당하는지를 황제에게 똑똑히 알려주었어요.

베네딕토 12세는 유명한 페트라르카의 누이를 돈으로 사서 자기 정부로 삼으려 했어요.

알렉산데르 6세는 그 이름을 입에 담기만 해도 그의 횡포에 대해 어떤 관념을 가진 사람들의 분노와 혐오를 불러일으키기에 충분했습니다. 성실함과 명예, 선의, 연민, 신앙의 어느 한 가지도 없는 악인으로서 그 음란함과 잔학성, 독살 취미는 스에토니우스가 우리에게 전해주는 티베리우스나 네로, 칼리굴라의 이야기를 훨씬 뛰어넘지요. 요컨대 한낱 도락가로서 자기 딸 루크레치아와 동침하거나, 알몸의 창녀 50명을 네 발로 기어서 돌아다니게 하고는 갖가지 자태를 쳐다보며 상상력을 북돋우곤 했지요.

바오로 5세는 12살 소녀를 강간하고 살해한 한 사제를 베니스 시장이 벌하려 했다는 이유만으로 이 도시에 전쟁을 걸었습니다.

아일랜드 학살의 협력자인 우르바노 8세는 15만 명의 개신교도를 이곳에서 살해했어요.

당신의 선임자들은 요컨대 이런 사람들이었죠. 그러니 이런 한 종파의 거만하고 타락한 우두머리들에게 우리가 혐오감을 느끼는 것은 너무나 당연하지 않나요? 아, 오늘날까지 혼란과 가난, 불행만을 불러온 이 교황이란 이름의 우상에 대해 민중이 한시라도 빨리 눈을 떴으면 좋겠어요! 이러한 악인들이 몇 세기 동안 만들어낸 무시무시한 결과에 지구상의 모든 사람이 전율하고, 그들의 후계자를 어서 빨리 옥좌에서 몰아내 이 어리석고 야만적이며 피를 보기를 좋아하는 불결한 종교를 짓뭉개주면 얼마나 좋을까요?"

매우 주의 깊게 듣고 있던 비오 6세는 내가 말을 마치자 몹시 놀란 표정으로 나를 쳐다보았다.

"브라스키 씨." 나는 말했다. "당신은 내가 보인 학식의 깊이에 깜짝 놀라셨죠? 하지만 우리나라에선 아무리 어린아이라도 이런 사상을 통해 자라난답니다. 몇 세기 뒤엔 이미 자취를 감출 거예요. 그러니 당신도 각오를 다져두어야 할 겁니다. 늙다리 독재자님. 당신의 십자가를 부러뜨리고, 성체인 빵을 불에 던지고, 성상과 성작을 발로 짓밟으세요. 그리고 국민을 교황에 대한 충성 맹세로부터 풀어준 뒤, 다음엔 당신이 빠져 있는 허물로부터 스스로를 해방시키세요. 당신이 폐허 속에 묻히고 싶지 않다면 내가 하는 말을 믿고 당신의 옥좌에서 내려오는 게 좋아요. 억지로 옥좌를 빼앗기느니 차라리 스스로 강자에게 자리를 내어주는 게 훨씬 현명하답니다.

이 세상은 여론이 모든 일을 결정해요. 당신에 대한 여론도 바뀌었고, 오랜 미신에 관한 여론도 바뀌었어요. 그러니 당신도 그에 발맞추어 변해야 해요. 커다란 칼날이 휘둘려지는 동안엔 가만히 충격을 기다리기보다는 머리를 움직여 충격을 피하는 쪽이 현명하겠지요? 당신은 살아가기에 충분한 것들을 지니고 있으니까 다시 로마시민으로 돌아가면 되는 거예요. 그 음산한 옷가지를 훌훌 벗어던지고, 제자들은 내보내고, 수도원을 해방하고, 수도사들에겐 결혼의 자유를 주어 1백 세대의 종을 파묻어버리는 안타까운 일이 없도록 해야 해요. 만일 그렇게 된다면 유럽 전체가 뒤바뀌어 당신에게 복종할 거예요. 당신의 이름은 기억의 전당 기둥에 영원히 새겨지겠지요. 하지만 그러려면 교황이라는 비참한 명예를 버리고 철학자가 된다는, 훨씬 가치 있는 명예를 선택해야 할 것입니다."

"쥘리에트." 브라스키가 말했다. "당신이 재기 넘치는 여자란 소리는 익히 들어 알고 있었지만 이 정도일 줄은 몰랐군. 그만한 사상적 소양은 여자로선 매우 드문 일이야. 당신 앞에서 시치미를 떼고 있어봐야 아무 소용이 없단 것을 나는 절실히 깨달았어. 나는 미련 없이 가면을 팽개치겠어. 이제 당신 앞에 있는 사내는 어떠한 대가를 치르더라도 당신과 즐기기를 원하는 한 사람에 지나지 않아."

"잠깐만 기다려요, 늙다리 원숭이 씨." 나는 대답했다. "나는 여기에 무녀 노릇을 하기 위해 온 것이 아니에요. 어쨌든 당신 궁전의 가장 깊숙한 방까지 이끌려 왔으니 내가 당신에게 맞설 마음 따윈 털끝만큼도 없단 것을 믿어주시리라 생각해요. 하지만 이제부터 내가 요구하는 네 가지 사항에 동의해주지 않는다면 당신은 나에게서 사랑스런 한 여인, 당신의 취향을 제대로 이해하고 당신의 마음에 들도록 나서서 일을 진행하는 정열적인 여자를 발견하기는커녕 기껏해야 차가운 목석인형밖에 찾아내지 못할 거예요.

먼저 믿음의 증표로서 당신의 가장 비밀스런 방의 열쇠를 나에게 내어줄 것을 요구합니다. 나는 모든 곳을 보고 싶거든요. 단 한 군데라도 내가 들어가지 못하는 방이 있는 건 싫어요.

두 번째 소원은 살인에 대한 철학적 토론이에요. 나 자신도 가끔 이 행위를 저질러 왔습니다만 과연 이 행위를 어떻게 보아야 할지 너무나 알고 싶어요. 분명 당신의 말씀이 나의 생각을 영원히 결정하겠지요. 물론 그것은 당신의 생각이 절대로 옳다고 믿어서가 아니라 당신이 쌓아온 연구를 믿기 때문이랍니다. 나를 철학적인 여자로 인정하셨으니 설마 엉터리 말씀을 하진 않을 테니까요.

세 번째 조건은 당신이 그리스도교의 신성한 의식에 대해 품고 있는 깊은 경멸의 감정을 나에게 증명해 보이기 위해 성 베드로의 제단 위에서 나를 즐겁게 해줘야 해요. 먼저 당신의 교회당을 담당하는 사제에게 남자아이의 엉덩이 위에서 미사를 집전하게 하세요. 그런 다음 이 추잡스런 의식에 바친

성체의 빵을 당신의 물건으로 나의 그곳에 밀어넣는 거예요. 나는 이런 터무니없는 행위를 수도 없이 해왔지만, 당신이 해주는 것을 보면 완전히 가버릴 것 같아요. 이렇게 해주지 않으면 당신은 내 몸에 손끝 하나 대지 못할 거예요.

네 번째 조건은, 당신이 5, 6일 안에 아르바니와 베르니스, 그리고 내 친구인 보르게스 부인 등을 불러서 성대한 저녁모임을 열어주는 거예요. 그곳에서 당신은 당신의 선임자들이 결코 자랑할 수 없을 음란함과 방탕의 일대 향연을 펼칠 수가 있을 겁니다. 나는 이 향연이 알렉산데르 6세가 딸 루크레치아에게 열어준 향연보다도 천배나 더 추악한 것이면 좋겠어요."

"그것 참 색다른 조건이로군." 브라스키가 말했다.

"나를 당신 것으로 만들고 싶으시다면 반드시 모든 조항을 받아들이셔야 해요."

"하지만 당신은 이 자리에서 내 뜻대로 해야만 할걸? 내 명령이 한마디만 떨어지면……."

"당신이 폭군인 데다 악한이란 건 잘 알고 있어요. 그렇지 않으면 지금의 지위를 차지하실 수가 없잖아요? 하지만 나 또한 당신 못지않게 나쁜 여자이기 때문에 당신이 나를 존경하고 사랑하는 게 아닌가요? 여자의 정신이 얼마만큼 죄악에 지배되고, 얼마나 죄악으로 가득 차 있는지를 알게 되는 건 당신에겐 엄청난 희열일 거예요. 그런 뜻에서 당신은 나를 사랑하고, 나는 당신에게 만족하는 거니까……."

"오오, 쥘리에트." 비오 6세는 나를 안고 외쳤다. "당신은 매우 드문 여자로군. 당신의 당당한 기세에 나는 두 손 들고 당신의 노예가 되겠어. 당신의 재기로 보아 나는 매우 자극적인 쾌락을 기대해도 좋겠군.

자, 이게 나의 열쇠야…… 어느 방이든지 들어가도 좋아…… 모든 걸 당신에게 맡기지. 당신에게서 사랑의 증표를 받는다면 당신이 알고 싶어하는 철학적 토론도 반드시 열어주겠어. 연회도 기대해도 좋아. 그 자리에서 당신이 요구하는 신을 모독하는 행위도 할 수 있어. 당신과 마찬가지로 나도 그런 종교적 의식에 특별한 믿음을 두고 있진 않거든. 다만 당신도 알다시피 약자를 속이기 위해선 그렇게 할 수밖에 없단 말이야. 꼭 길거리에서 가짜 약을 파는 야바위꾼 같은 거지. 팔기 위해선 믿는 척해야잖아?"

"이것으로 당신이 악한이란 걸 충분히 알았어요." 나는 브라스키의 말을 가로막고 말했다. "당신이 성실한 사람이라면 인간을 속이기보단 인간을 계발하는 일을 사랑할 게 뻔하니까요. 사람들의 눈에 가리개를 씌우기보단 눈가리개를 없애줄 생각을 할 게 분명하고요."

"하지만 말야, 그런 짓을 했다간 난 굶어죽고 말 거야!"

"당신이 살아야 할 필요가 있다는 거예요? 당신이 먹고살기 위해서 5천만 사람들이 착각에 빠져 있는 게 반드시 필요하단 건가요?"

"그렇고말고. 왜냐하면 나에겐 나의 생존이 전부이고, 5천만의 인간은 없는 것과 같기 때문이야…… 자연의 으뜸 법칙은 자기보존으로서 자기가 아닌 다른 사람은 누구든지 희생시켜도 아무 상관없기 때문이지."

"정체를 드러내는군요, 교황 성하. 내 생각하고 어쩜 그리 딱 들어맞을까요. 악수해요. 우린 둘 다 똑같은 악인이에요. 앞으론 우리 둘 사이에 아무것도 감추지 않기로 해요."

"좋아." 교황은 대답했다. "우린 쾌락만을 생각하자고."

"그렇다면 먼저 당신의 약속 하나를 지켜주세요. 이 궁전의 모든 열쇠 안내인을 임명해주세요. 구석구석 다니며 죄다 보고 싶어요." 내가 말했다.

"내가 직접 안내인이 되어주지." 브라스키는 대답했다. 둘이서 걷기 시작하자 그가 설명을 했다.

"이 호화스럽고 웅장한 궁전은 네로가 초기 그리스도교도를 화형시킨 불로 정원을 밝히며 즐겼다는 그 유명한 궁전 터에 세워진 거야. 네로는 정원 곳곳에 화형대를 설치하고 등불 대신에 그걸 썼다더군."

"아유, 당신!" 나는 대답했다. "너무나 근사한 광경이에요. 나도 그 시절에 살아서 구경했더라면 좋았을 텐데. 당신의 더러운 종교에 정나미가 떨어진 내 속이 얼마나 후련했을까요."

"잊지 말았으면 좋겠군, 장난꾸러기 아가씨." 교황이 말했다. "당신 앞에 있는 사람은 그 종교의 우두머리란 말야……."

"하지만 당신도 나처럼 종교를 혐오하잖아요?" 내가 물었다. "종교란 것에 어림쳐서 값을 매기고, 종교에서 끌어내는 이익에 평가의 기준을 놓고 있잖아요. 그렇고말고요! 만약 당신이 마음대로 움직일 수 있는 처지였다면 당신 역시 네로와 똑같이 당신을 부유하게 만들 이 종교의 적을 몽땅 죽이지

교황 비오 6세 401

않겠어요?"

"그건 그래, 쥘리에트. 불관용이야말로 교회의 첫 번째 원칙이니까. 극단적인 엄격주의가 없었으면 교회 따위 병들어서 오래전에 사라졌을 거야. 계율이 도움이 되지 않을 때는 칼을 휘둘러야만 하지."

"아유, 브라스키 씨, 당신 못 말리는 폭군이군요?"

"임금이 전제주의 없이 지배할 수 있을 것 같나? 권력은 여론 속에나 있는 거야. 여론이 달라지면 군주도 멸망해. 따라서 여론을 확고하게 하는 유일한 수단은 인민을 공포에 떨게 만들어, 눈에 착각의 가리개를 씌우는 거야. 소인배가 거인이 되면 곤란하거든."

"브라스키 씨, 인민은 이미 눈을 떴어요. 모든 폭군이 이제 곧 사라질 거예요. 그리고 그들이 손에 쥐고 있는 왕홀과 그들이 내리는 쇠로 된 올무도 모조리 자유의 제단 앞에서 산산이 부서질 거라고요. 마치 커다란 삼나무가 매서운 북풍에 흔들려 부러지는 것처럼요. 이미 오래전부터 전제주의가 인민의 권리를 낮추고 있어요. 인민은 권리를 되찾아야만 해요. 세계적인 혁명이 유럽 전체를 달구지 않으면 안 된다고요. 종교나 왕권 같은 쓸데없는 것들이 두 번 다시 나타나지 못하도록 묻어버리고, 그 대신에 브루투스의 정력과 카토의 미덕이 바로 자리 잡아야 한다니까요."

이런 말을 나누면서 우리는 여전히 걷고 있었다.

"궁전 전체를 돌아보는 건 꽤 힘들어." 브라스키가 말했다. "방이 무려 4천422개에, 안뜰이 22개인 데다가 널따란 정원이 몇 개나 있거든. 먼저 여기서부터 볼까?"

교황은 성 베드로 교회당의 현관 위에 있는 화랑으로 나를 데려갔다.

"나는 여기서 온 세계에 축복을 내리거나 여러 나라의 왕들을 파문하기도 하지. 그리고 인민이 왕들에게 지고 있는 충성 맹세로부터 그들을 해방시켜주기도 하고."

"얕은 수작을 부리는 야바위꾼!" 내가 힘주어 대답했다. "국가의 어리석음 위에 세워진 당신의 연극무대는 이미 흔들리고 있어요. 이윽고 철학이 그것을 단숨에 뒤집어버릴걸요?"

우리는 거기서 유명한 화랑으로 발을 옮겼다. 유럽의 어떠한 방도, 루브르 미술관의 화랑조차도 이토록 길지는 않다. 이렇게나 아름다운 그림을 잔뜩 소장하고 있는 방 역시 어디에도 없다. 이 근사한 방에서 가장 동떨어진 곳에 자리한 '3개의 열쇠를 쥔 성 베드로'상을 뚫어져라 쳐다보면서 나는 말했다.

"교황님, 이것도 당신의 오만함을 기념하는 것이죠?"

"끝없는 권력의 상징이지." 교황이 대답했다.

"그레고리오 7세와 보니파시오 8세가 이 권력을 거리낌 없이 자기 것인 양 했지."

"성하." 나는 나이 든 신부를 향해 말했다. "이 상징을 다른 걸로 바꾸면 어떨까요? 문지기의 손에 채찍을 쥐어주는 거예요. 그리고 그 채찍 아래 당신의 주름투성이 엉덩이를 놓으면 어때요? 그렇게 하면 당신에겐 예언의 재주가 생기는 거예요."

이어 우리는 T자형으로 만들어진 도서관으로 들어갔다. 이 도서관에는 서가가 엄청나게 많았지만 책은 아주 조금밖에 없었다.

"여기선 모든 게 허울뿐이네요." 내가 말했다. "서가의 반이 닫혀 있는 것은 속이 비어 있는 걸 들키지 않기 위해서죠? 남을 속이는 것이 모든 일에서 당신의 신조로군요."

이러한 뮤즈들의 은둔처에서 내가 흥미 깊게 바라본 것은 테렌티우스의 사본이었다. 희극배우가 쓰는 가면이 각 장의 첫머리에 그려져 있었다. 그리고 역시 흥미를 느끼며 찾아낸 것은 헨리 8세가 딸 앤 불린에게 쓴 친필 편지였다. 그는 이 딸에게 홀딱 반했기 때문에 교황의 반대를 무릅쓰고 결혼했던 것이다. 영국종교개혁의 기념비적인 사건이었다 _(앤 불린이 헨리 8세의 딸이라는 것은 사드의 진기한 주장이다).

우리는 그곳에서 정원을 가로질렀다. 정원에는 아름다운 오렌지 나무들과 상쾌한 향기를 내뿜는 우거진 도금양, 시원스런 폭포 등이 있었다.

"지금부터 가려는 궁전 맞은편의 건물은 음탕한 욕구를 달래줄 애완물인 남녀가 한데 갇혀 있는 건물이야. 약속한 저녁식사 때는 그들도 보여주지." 교황이 말했다.

"아! 브라스키 씨." 나는 미치도록 기뻐서 말했다. "그럼 당신은 노리개로 삼는 자들을 감옥에서 사육하고 있단 거로군요…… 틀림없이 날마다 가혹한 짓을 하고 있을 테지요…… 채찍으로 때리거나 하면서 말이에요."

"나이가 들면 아무래도 그래야 마음이 가라앉는단 말야." 브라스키는 솔직하게 말했다. "내 나이쯤 되면 그게 가장 즐거운 쾌락이지. 뭐니 뭐니 해도 그보다 나은 건 없거든."

"채찍질을 좋아하신다면 당신은 잔혹한 분이에요. 도락자에게 채찍질은 잔학성을 드러내는 일일 뿐이니까요. 따라서 도락자가 그래야 안정을 찾는 것은 그 잔학성에 어떤 발로를 부여하기 때문이죠. 만약 그가 좀더 용기 있는 사람이라면 틀림없이 다른 행동을 하게 되었을 거예요."

"분명 나에겐 용기가 있어." 교황이 재미있다는 듯 대답했다. "때때로 그런 용기를 보일 때가 있지, 쥘리에트. 당신도 곧 알게 될 거야······."

"그런데 아직 당신의 보물창고를 보지 못했어요. 금은을 잔뜩 갖고 계시죠? 당신의 엄청난 욕심은 잘 알고 있어요. 나도 욕심이 많거든요. 금보다 좋은 건 이 세상에 하나도 없어요. 단 한 순간이라도 좋으니 당신과 함께 그 금더미 속에 묻히고 싶어요." 나는 말했다.

"금은을 감춰놓는 곳은 바로 저기야."

교황은 어두운 복도를 지나 작은 쇠로 된 문으로 다가가 문을 열고는 말했다. "교황청의 모든 소유물이 이곳에 있지."

그는 말하면서 작은 아치모양의 방으로 나를 데려갔다. 방 한가운데에는 이탈리아 금화는 물론이고 프랑스 금화만 적어도 5, 6천만이 감춰져 있었다.

"나는 버는 것보다 쓰는 게 많지." 교황이 말했다. "이 보물창고를 처음 지은 사람은 식스투스 5세야. 그리스도교도의 무지를 이용했지."

나는 말했다. "당신의 왕관을 이어받을 사람이 나온다면야 모르지만 만약 당신을 끝으로 단절된다면 금을 감춰두는 건 어리석은 짓이에요. 당신처럼 하면 몽땅 써버리는 데는 꽤 오래 걸릴 거예요. 친구에게 주거나 쾌락의 기회를 늘려 어떻게든 몽땅 써버리자고요. 그러는 게 정복자에게 모조리 빼앗기는 것보다야 훨씬 낫죠. 왜냐하면 당신은 이제 곧 굴복해야 하니까요.

교황님, 내가 예언하건대, 마침내 군주제의 속박으로부터 풀려나 자유로워진 국민이 틀림없이 당신의 지위를 강제로 빼앗을 거예요. 그리고 감히 말하지만 당신은 로마교회의 마지막 교황이 될 겁니다. 그건 그렇고 여기서 얼마나 갖고 나갈 수 있을까요?"

"글쎄, 1천 제키쯤?"

"인색한 늙은이로군요." 나는 대답했다. "여기 저울이 있어요. 내 호주머니가 가득 찼을 때 나의 무게를 재어주세요. 내 몸무게의 3배는 갖고 나갈 참이니까요. 나 같은 여자의 가치를 그렇게 낮게 매기다니 참으로 당신답군요."

나는 말을 계속하면서 호주머니에 금화를 집어넣기 시작했다.

"그런 계산은 하지 말자고." 브라스키가 말했다. "불가능한 계산이야. 여기, 1만 제키의 수표를 주지. 이걸 갖고 나의 재무관에게 가도록 해."

"그런 시원스런 모습을 보여도 별로 기쁘지 않아요. 왜냐하면 나는 미인보다 돈이 중요하거든요. 전혀 고맙지 않은걸요……."

그 방을 나설 때 나는 미리 작정한 대로 밀랍으로 열쇠구멍의 모양을 본떴다. 브라스키는 아무것도 눈치 채지 못했고, 우리는 처음 갔던 작은 방으로 다시 돌아왔다.

이윽고 교황이 말했다. "쥘리에트, 약속한 조건은 아직 한 가지밖에 지키지 않았지만 이걸로 내 마음을 잘 이해했겠지? 이번엔 당신이 나에게 친절을 보일 차례야."

말이 채 끝나기도 전에 호색한은 내 치마의 끈을 풀어버렸다.

"하지만 나머지 조건은 어떻게 되는 거죠?" 내가 물었다.

"첫 번째 조항을 완수했으니 나머지 조항도 당연히 실행할 거야, 쥘리에트……."

그렇게 말하더니 이 늙은 방탕아는 어느새 내 몸을 마음껏 주무르고 있었다. 내가 소파 위에 몸을 굽히고 있는 사이 바닥에 무릎을 꿇은 이 양아치는 그곳을 흥미진진한 표정으로 요모조모 뚫어져라 들여다보는 것이었다.

그러더니 외쳤다. "요거 참 신기한걸. 아르바니가 침이 마르도록 칭송을 하긴 했지만 이토록 일품일 줄은 몰랐어……."

아까와는 달리 교황의 키스가 열기를 더했다. 그 혓바닥이 내 안으로 뚫고 들어왔고, 그 손이 내 몸의 유약한 부분으로 밀고 들어오는 것을 나는 분명히 보았다. 나는 교황의 물건이 보고 싶어 참을 수가 없었다. 휘 둘러보았지만 아무것도 보이지 않았다.

"잠깐 기다려봐요." 내가 말했다. "좀더 편안한 자세를 취해야겠어요. 결코 실례가 되는 행동은 하지 않으면서 당신의 일을 수월하게 해드릴게요."

그의 몸을 소파 위에 눕히고 얼굴 가까이에 내 엉덩이를 들이대고 몸을 숙인 다음, 그의 물건을 애무해주면서 놀고 있는 다른 손으로 그의 항문 근처를 돌면서 연신 그곳을 간질여주었다. 이런 여러 가지 배려가 교황의 몸을 자세히 살펴볼 수 있게 했으므로, 여기서 아주 잘 묘사해낼 수 있을 것 같다.

브라스키는 살집이 좋고, 엉덩이는 둥글며, 살이 쪼그라들기는 했지만, 채찍질 습관으로 인해 단단한 못이 배겨 있었으므로 바늘로 찌르기가 상어 가죽보다 어려울 성싶었다. 항문은 놀랄 만큼 넓었다. 하루에 25회 내지 30회 정도 드나들지 않으면 도저히 이런 식으로 넓어질 리가 없다. 그의 물건은 일단 일을 끝내고 나면 아름답지 않을 것도 없지만, 팽팽히 긴장하면 길이 24센티, 둘레 18센티는 족히 되었다. 그것이 성을 내자마자 교황의 정열은 곧바로 힘차게 표현되었다. 내 엉덩이 위에 얼굴을 착 붙이고 있었으므로 먼저 이로 세게 깨물고, 다음엔 손톱으로 할퀴는 것이었다. 그것이 고작 장난이라면 나도 이러쿵저러쿵 하지 않겠지만, 교황이 무아지경의 상태였으므로 나는 돌아보며 단호하게 말했다.

"브라스키 씨, 나는 당신의 공범자가 되겠다는 약속은 했지만 제물이 되겠다는 말을 한 기억은 없어요."

"돈을 줄게. 끝난 뒤에." 교황이 대답했다. "난 그 두 가지 노릇이 어떤 차이가 있는지 도무지 모르겠더군…… 그렇다면 좋아! 똥을 줘, 쥘리에트…… 그렇게 하면 내 기분이 가라앉을 것 같아. 나는 똥을 무척 좋아하거든. 만약 네가 누어준다면 결과는 확실해……."

그래서 다시 앞을 향하고 그가 원하는 대로 해주었다. 교황의 물건은 당장에라도 끝장을 보는 게 아닐까 싶을 정도로 단단해져 있었다.

"자, 그럼 이리 와." 방탕자가 말했다. "너에게 그걸 해야겠어……."

"하지 않는 게 좋을걸요." 나는 말했다. 완전히 가버릴 거예요. 우리의 밤의 향연이 있을 때까지 남겨두도록 해요."

"걱정할 필요 없어." 교황이 나의 엉덩이를 누르며 말했다. "나는 정액을 잃지 않고 때로는 3, 40명에게 극치감을 줄 수도 있거든…… 자 이리 와, 너에게 꼭 그걸 해야만 하겠어."

그렇게까지 말하는데 꼭 반대할 이유도 없어서 나는 엉덩이를 내어주었다. 브라스키는 곧장 시작했다. 고통과 쾌락이 엇갈린 기묘한 압박감, 교황의 물건을 나의 그것에 담고 있다는 감정에서 오는 정신적 자극이 마침내 나를 쾌락으로 향하게 하고, 극치에 이르게 했다. 사내는 그것을 깨닫자 나를 꼭 끌어안더니 키스하고 뒤흔들어댔다. 하지만 그런 감정을 노련하게 제어할 줄 아는 도락자는 결코 끝장을 내지 않고 단지 자극하는 것에만 머물렀다.

15분쯤 지나자 내게서 떨어지면서 말했다. "넌 정말 훌륭한 여자야. 지금까지 이런 아름다운 엉덩이에 그걸 해본 적은 없어. 식사할까? 나는 이제 성 베드로의 제단 위에서 네가 바라는 광경이 이루어지도록 명령해두겠어. 이 궁전의 복도는 교회로 이어지거든. 식사가 끝나면 그리로 옮기자구."

브라스키는 나와 마주앉아서 식사를 했다. 식사하는 동안에도 여러 차례 돌발적인 행동을 했다. 브라스키처럼 음란하고 희롱을 좋아하는 인간은 세상에 드물 것이다. 온갖 음탕한 기교를 이토록 많이 터득하고 있는 사내는 없으리라.

나는 이따금 그가 먹고 싶어하는 것을 내 입으로 씹어서 먹여주어야만 했다. 내 침으로 이겨서 입에서 입으로 옮겨 먹이는 것이다. 내가 입을 헹군 술을 그는 마시려 했다. 그런가 하면 나의 항문을 닦아 그 물까지 마시는 것이었다. 어쩌다 똥이 섞이기라도 하면 몹시 기뻐했다.

나는 질색하고 소리쳤다. "아유, 브라스키 씨. 이렇게 지저분한 짓을 하는 당신을 보면 당신한테 속고 있는 신자들이 대체 뭐라고 하겠어요?"

"내가 그자들을 경멸하는 것처럼 놈들도 나를 경멸하겠지. 자존심에 상처를 입어 어쩔 수 없이 자기들의 어리석음을 인정할 거야. 하지만 그런 건 아무래도 상관없어. 속일 수 있는 만큼 속이겠어. 혼돈의 시기는 언젠가 끝나게 돼 있어. 그때까진 열심히 즐기면 돼."

"네, 아무렴 그렇고말고요." 나는 이렇게 외치고 있었다. "인간들을 속이자고요. 그거야말로 그들에 대한 가장 큰 봉사니까요…… 그렇죠, 브라스키 씨? 우리 이제 성당으로 가서 인간 몇을 죽일까요?"

"물론이지." 교황은 대답했다. "연회를 유쾌하게 만들기 위해선 피를 흘려야만 해. 티베리우스 황제의 옥좌에 앉아서 나는 그의 음탕함을 흉내 내겠어. 쾌락의 한숨이 죽음의 신음소리와 엇갈리는 때만큼 기분 좋은 건 없거든."

"그런 난행을 자주 즐기나요?"

"즐기지 않는 날은 거의 하루도 없어. 오, 쥘리에트! 내가 피로 범벅이 되지 않는 날은 단 하루도 없을 거야."

우리는 교회 안으로 들어갔다.

커다란 칸막이로 성 베드로의 제단을 격리해놓는데, 그 제단은 가로세로 30여 미터는 되는 널따란 공간 한가운데에 자리 잡고 있었다. 칸막이를 닫으면 제단은 교회 내의 다른 장소와 연락이 완전히 끊기게 된다. 진열대에 늘어선 20명의 소년소녀가 이 당당한 제단의 여기저기에 색을 더하고 있었다. 계단과 진열대 사이의 네 귀퉁이에는 각각 그리스풍의 산 제물용 작은 제단이 있었다. 첫 번째 제단 가까이에는 15살 난 소녀가 1명, 두 번째 제단 가까이에는 20살 남짓한 임신부가 1명, 세 번째 가까이에는 14살 소년이 1명, 네 번째에는 태양처럼 아름다운 18살짜리 청년이 각각 자리잡고 있었다. 사제 3명이 제단 앞에서 희생물을 바칠 준비를 하고 있고, 알몸의 성가대 어린이 여섯이 조수 노릇을 할 준비를 하고 있었다. 2명은 이미 제단 위에 누워 엉덩이로 성단 돌을 대신하고 있었다.

브라스키와 나는 높이 30미터의 제단 위에 놓인 긴 의자에 누워 있었는데, 그 단 위로 가려면 매우 호화스런 터키 카펫이 깔린 계단을 올라야 했다. 그곳엔 20명 남짓한 사람들이 있었다. 모두 알몸으로 계단 위에 앉은 7, 8세의 잘생긴 어린애 6명이 매우 간단한 신호 하나로 교황의 명령을 실행하도록 되어 있었다.

남자들은 저마다 그림처럼 아름다웠으며 우아한 옷을 입고 있었는데, 여자들의 옷은 그보다 훨씬 훌륭하여 자세히 묘사하지 않을 수가 없다. 그녀들은 허리 위로는 옷감을 아무렇게나 늘어뜨려 두른 얇은 실크 슈미즈를 입고 있었으며, 허리 아래는 고스란히 드러내고 있었다. 둥근 주름 깃으로 목 주위를 장식했고, 방금 말한 얇은 실크 튜닉은 폭이 넓은 빨강 리본으로 허리께에 매어져 있지만 허리 아래로는 어딜 보나 그대로 노출된 채였다. 이 속옷 위로 파랑 윗옷을 입고 있는데 그것도 뒤쪽으로 잔뜩 치켜올라 있어서 앞에서 보면 도무지 어딜 감싸고 있는 것 같지가 않다. 간소한 장미관(冠)을 어깨 위에까지 늘어뜨려 곱슬곱슬한 머리칼을 장식하고 있다. 이 노골적인 의상이 나에겐 매우 세련되게 보였으므로 나도 곧 옷을 갈아입었다. 그사이 의식이 시작되었다.

교황이 욕망을 몸속에 품자마자 진열대 계단에 앉아 있는 6명의 조수들이 즉각 그를 만족시키기 위해 달려왔다. 3명의 처녀가 필요했다. 교황은 처녀 1명의 얼굴 위로 허리를 숙이고 항문을 애무하도록 명령했다. 두 번째 처녀는 그의 물건을, 세 번째 처녀는 음낭을 가볍게 애무했다. 그사이 나의 엉덩이가 교황의 키스 대상이 되었다. 미사가 거행되었고, 내 욕망이 교황의 욕망과 마찬가지로 신속하게 실현되도록 하라는 명령이 내려졌다.

성체 빵이 축성을 받자마자 이내 시종이 빵을 들고 단 위로 와서 교황의 귀두 위에 아슬아슬하게 올려놓았다. 그러자 교황이 빵을 올려놓은 채로 내 몸에 들어왔다. 6명의 소녀와 6명의 잘생긴 소년이 그때 저마다 자기 물건과 엉덩이를 교황 앞에 내놓았다. 나는 나대로 한 잘생긴 청년 아래서 애무를 받고 있었는데, 그 청년은 다른 소녀의 애무를 받고 있었다. 이러한 음욕의 격투에 우리는 참을 수 없었다. 브라스키의 한숨과, 몸의 떨림, 욕지거리가 그의 희열을 알리는 동시에 나의 희열도 부추겼다. 둘 다 쾌락으로 신음하면서 극치에 이르렀다.

교황과 관계를 하면서 예수 그리스도의 육체를 항문 속에 밀어넣고 있다니, 아, 여러분, 이 얼마나 멋진 쾌락인가! 이런 쾌락을 맛본 것은 태어나서 처음인 것 같았다. 우리는 기진맥진하여 우리를 둘러싸고 있는 음탕함의 신성한 위로자들 사이에 누워 있었다. 이로써 희생의 의식은 끝을 알렸다.

대도(大盜) 블리자 테스타

로마를 떠난 우리, 즉 스브리가니와 하녀 2명과 나는 훌륭한 베를린 마차에 타고 여행을 계속했다. 마부가 넷 딸려 있었지만, 날이 저물 무렵 마침 나폴리로부터 4, 5킬로미터쯤 떨어진 곳에 있는, 교회국가의 국경 근처인 폰디와 가에타 사이에 우리가 도착했을 때, 저마다 총을 든 사나이 10명이 말을 타고 나타나 말했다.

"수고가 많소만 잠깐 큰길에서 벗어나 우리의 우두머리 블리자 테스타에게 들러주지 않겠소?"

그들의 말로는 블리자 테스타라는 사내는 가에타 시 외곽의 해안에 성을 한 채 갖고 있으며, 그곳에서 조용히 은둔생활을 하는 자로서 이 지방을 지나가는 여행자가 한마디 인사도 없이 자기 집 근처를 지나는 것을 가만히 보아 넘기지 않는다는 것이었다. 우리는 이 말이 뜻하는 바를 곧바로 알아차렸다. 그리고 적과 아군의 힘을 비교한 결과, 얌전히 시키는 대로 따르는 게 가장 현명한 길이라고 판단했다.

"여러분!" 스브리가니가 소두목을 향해 말했다. "옛말에 악한끼리는 서로 해치지 않는 법이라 했소. 여러분이 특정한 방법으로 생업에 종사하고 있다면, 우리 또한 다른 방법으로 생업에 종사하고 있소. 즉 우리의 사업도 여러분과 마찬가지로 남을 속이는 거요."

"그런 얘긴 두목에게 가서 하시오." 소두목이 말했다. "나는 다만 명령에 따를 뿐이오. 어물쩍거리다간 목이 달아날 거요. 자, 어서 출발하시지."

도둑들은 소두목의 명령에 가타부타 말도 없이 우리의 네 마부를 각각 자기들의 말 뒤에 매어버렸으므로 대꾸할 처지도 아니었다. 우리는 출발했다. 소두목이 우리의 마차에 타고, 네 부하가 마차를 몰았다. 이런 식으로 다섯 시간쯤 걷는 동안 소두목은 블리자 테스타가 이탈리아에서 가장 유명한 도둑 두목이라고 가르쳐주었다.

"두목은 말이오." 그는 말했다. "1천2백 명이 넘는 부하들을 거느리고 있소. 우리 별동대로 말하자면 한때는 교회국가의 모든 영토에서 트리엔트의 산악지대까지, 또 어떤 때에는 칼라브리아 반도의 끝까지 일을 하러 간 적이 있소. 블리자 테스타의 재산은 어마어마하지요. 작년에 두목은 파리로 여행을 갔다가 근사한 미인하고 결혼했소. 지금은 여자 몸으로 전체를 쥐락펴락하고 있는데 정말 굉장한 미인이오."

"이봐요." 나는 산적에게 말했다. "고작 도둑 집단 하나 휘두르는 게 그토록 힘든 일이라고는 생각할 수 없군요."

"그렇게 생각하시오?" 소두목이 대답했다. "안주인이 하는 일이란 남들이 생각하는 것처럼 쉽지만은 않소. 포로의 목을 치는 게 그녀의 소임이오. 감히 말하지만 그녀는 매우 훌륭하게 해내고 있소. 당신도 혹시 죽게 된다면 그녀의 손에 죽을 거요."

"아휴, 이 사람 좀 봐!" 나는 말했다. "그럼 당신이 무리 전체를 쥐락펴락하고 있다고 말한 건 그런 뜻이었군요…… 당신은 말을 아주 부드럽게 하는 사람이군요, 소두목님…… 그럼 두목은 지금 집에 없나요? 우리에게 볼일이 있다는 건 그 부인인가요?"

"두 분 다 계시오." 소두목이 대답했다. "블리자 테스타는 얼마 전에 북칼라브리아 원정에서 돌아왔소. 이 원정으로 부하가 몇 명 죽긴 했지만 돈을 무척 벌었지. 그래서 이때부터 우리의 급료가 3분의 1쯤 올랐소. 우리 두목은 정말이지 유능하다오…… 공명정대하고! 우린 늘 두목의 주머니 사정에 따라 급료를 받고 있소. 두목이 이런 식으로 돈을 벌면 언젠가 우리의 급료도 하루에 10온스까지 오를 거요.

이제 다 왔소. 밤이어서 이 호화롭고 웅장한 저택을 여러분에게 멀리서부터 보여주지 못하는 게 유감이오. 이 주변은 바닷가요. 성채 주위는 길이 나쁘기 때문에 여기서 마차에서 내려야 하오. 보다시피 여기서부턴 벼랑길을 올라야 하죠. 이 길은 겨우 말 한 마리밖엔 지나가지 못하니까 말이오."

우리는 도둑들의 말 위에 올라타고 한 시간 반쯤 간 끝에 태어나 한 번도 본 적이 없을 만큼 높은 산속에 도착했다. 그러자 도개교가 내려왔고, 우리는 총을 든 병사들이 서 있는 성벽 몇 개를 가로질러 마침내 산채 안에 이르렀다. 이토록 견고한 산채는 본 적이 없었다. 이런 요새라면 아주 오랜 농성에도 견딜 수 있을 게 분명했다.

도착한 시간이 한밤중이었으므로 두목과 그의 아내는 자다가 일어났다. 블리자 테스타가 서둘러 우리를 보려고 나왔는데, 6척 거구의 장부로서 정력이 넘치는 나이에, 생김새는 더없이 가혹하고 천박함을 드러내고 있었다. 마부들은 간단히 취조했으면서 우리에게는 꽤 오래 걸렸다. 거칠고 폭력적인 관찰 방식은 우리 모두를 무서워 떨게 했다. 그가 소두목에게 낮은 목소리로 속삭이자 사내들은 즉각 이끌려 나갔고, 나와 하녀들은 흙집 속에 갇히고 말았다. 손으로 더듬으니 짚더미가 조금 잡혔으므로 그 위에 누워보았지만, 너무 무서운 나머지 휴식을 느끼기보단 내 몸의 불행한 처지가 한탄스러울 뿐이었다.

그때 얼마나 무서운 생각들이 나의 영혼을 어지럽게 했으랴! 지나간 향락의 기억이 지금의 내 처지에 더욱 어두운 그림자를 드리울 뿐이었다. 눈앞의 상황을 생각할수록 불길한 추측들만 마구 날뛰었다. 이렇게 우리는 과거에 위협받고, 현재에 갈가리 찢기며, 미래를 생각하고 두려움에 떠는 이러한 가혹한 역경을 맞닥뜨려 피가 얼어붙는 것만 같았다. 레이몬드가 나를 종교에 귀의하게 하려 한 것은 이때였다.

"그런 망상은 내다버려." 나는 말했다. "평생토록 종교를 경멸해온 내가 설령 어떠한 어려움에 처한들 순순히 되돌아가는 일은 없어! 종교심을 불러일으키는 것은 후회의 감정뿐이야. 하지만 나는 내 한평생의 어떠한 행위에 대해서도 후회 따윈 추호도 느끼지 않아. 할 수만 있다면 앞으로도 온갖 죄악을 모조리 저질러보고 싶어. 따라서 내가 탄식하는 것은 이 능력의 상실이지 능력을 소유하고 있는 상태가 불러들인 결과가 아니야.

아, 레이몬드, 너는 아직도 나 같은 사람의 영혼에 있는 악덕의 지배력이란 걸 모르는구나! 죄악으로 만들어지고, 죄악에서 자양분을 얻는 이 악덕의 위력은 죄악을 먹음으로써만 존재해. 설령 내 목에 칼날이 들어와도 나는 더욱더 죄악을 저지르고 싶어할걸? 비록 죽는다 해도 내 시체가 파내져 나의 영혼이 죽은 사람들 사이를 돌아다니면서 그들에게 죄악의 정신을 불어넣길 바라겠어…… 두려워해선 안 돼! 우린 어쨌든 악인의 손아귀에 붙들려 있으니까. 틀림없이 신이 우릴 지켜주실 거야. 만약 우리가 정의라고 부르는 가공할 여신에게 잡혀 있다면 더 무서워해도 되겠지. 전제주의와 아둔함의 딸인 정의의 여신에 붙들려 있는 거라면 나는 벌써 오래전에 너희에게 작별을 고했을 거야. 하지만 악인에게 붙들린 거라면 조금도 무서울 것 없어. 우리가 사랑하는 죄악의 신자들은 같은 무리의 인간에게 경의를 표하지, 결코 해치지 않는 법이거든. 만약 필요하다면 그들의 무리가 되면 돼. 아까 말한 여자하고 아직 만난 적도 없지만, 나는 벌써 그녀가 좋아졌어. 틀림없이 우리도 그녀의 마음에 들 거라고 생각해. 셋이서 사랑의 상대가 되어주자고. 그리고 그녀가 허락해준다면 그녀와 함께 살인을 하는 거야. 하지만 그녀는 우리를 죽이진 않아.

……이리로 가까이 와, 레이몬드. 내 곁으로 오렴, 엘리스. 여기선 이제 사랑을 하는 것 말고는 아무런 즐거움도 없으니까 실컷 즐기자고."

나의 자극을 받아 두 방탕한 여자는 황홀경에 빠지고 말았다. 자연은 장밋빛 사치 속에서도, 어두운 불행 속에서도 우리에게 똑같이 도움이 되어준다. 이렇게 즐거웠던 적은 없었다. 그러나 정열과 광기가 식은 뒤엔 참담했다.

"우리 목을 칠 거야." 나는 친구들에게 말했다. "더는 꿈이나 꾸고 있을 때가 아니야. 이것이 바로 우리를 기다리고 있는 유일한 운명이니까. 내가 두려운 것은 죽는 게 아니야. 이 세상에서 몇 년쯤 더 살다가 죽는 것보다 지금 여기서 죽는 게 불행하다고 여길 만큼 난 바보가 아니거든. 내가 무서워하는 건 죽음이 아니라 고통이야. 저 악당들은 틀림없이 우리를 괴롭힐 거야. 우리가 다른 사람들을 고문하고 즐긴 것처럼 저들도 우리를 고문하며 즐기겠지. 두목은 극악인의 관상이야. 무시무시한 콧수염을 기르고 있잖아. 그 부인도 틀림없이 남편 못지않게 잔혹한 사람일 거야. ……아까는 괜찮았는데 지금은 너무나 무서워……."

"부인." 엘리스가 말했다. "제 마음 깊은 곳에서 어떠한 희망의 싹이 움트기 시작했는지 모르겠지만, 부인의 도덕원리만 믿으면 마음이 편안해질 것 같아요. 부인은 죄악이 승리하고 미덕이 치욕을 당하는 것이 자연의 영원한 섭리라고 말씀하셨지요? 그 변함없는 자연의 이치에 저는 크게 기대하고 있어요. 아, 사랑하는 부인, 우린 틀림없이 살아날 거예요."

"그 점에 대한 나의 생각은 그리 단순하지가 않아." 나는 하녀들에게 말했다. "죄악의 총량이 미덕의 총량을 넘어선다는 걸 의심할 수 없듯이 인간의 이기주의가 정욕의 결과라고 한다면 거의 모든 정욕이 죄악의 경향을 띤다고 할 수 있어. 그런데 죄악의 관심사는 미덕을 욕보이는 거야. 따라서 인생의 거의 모든 상황에서 나는 미덕에 걸기보단 차라리 죄악에 모든 걸 걸지."

"하지만 부인." 레이몬드가 말했다. "저 사람들에 비하면 우리는 오히려 착한 사람이고, 저 사람들이야말로 악당이에요. 그러니 우리는 저 사람들에게 지고 말 거예요."

"우리는 일반적인 형편을 얘기하는 거야." 나는 대답했다. "네 말은 특수한 경우야. 유일한 예외 때문에 자연이 그 의지를 꺾는다고 볼 수는 없어."

우리가 이런 문제를 놓고 옥신각신하는 사이 두목보다 훨씬 험상궂게 생긴 간수가 나타나 우리에게 누에콩 접시를 가져다주었다. 그러고는 걸걸한 목소리로 말했다.

"이걸 감사히 먹도록. 더 이상은 아무것도 갖다주지 않을 거니까."

"뭐라고요?" 내가 급히 되물었다. "그럼 우릴 굶겨죽일 셈인가요?"

"아니, 아마도 내일 처치할 거야. 하지만 내일까지 너희 배 속에 똥을 만들어놓기 위해 돈을 쓸 필요는 없다는 게 부인의 의견이셔."

"네에! 그럼 우린 대체 어떤 방법으로 죽게 되나요?"

"그건 부인의 마음에 달렸지. 두목께서 그분께 모두 맡기셨거든. 하고 싶은 건 뭐든지 하시겠지. 하지만 너흰 여자니까 남자들만큼 잔인하게 죽이진 않을 거야. 블리자 테스타 부인은 오직 남자에게만 잔인성을 드러내시거든. 실컷 즐긴 뒤에 마지막으로 싫증이 나면 피의 축제를 올릴 거야……."

"그런데도 두목은 질투하지 않나요?"

"전혀. 두목도 여자를 상대로 똑같이 하니까. 자기가 즐긴 뒤에 부인에게 주지. 그러면 부인이 사형을 선고한 뒤에 손수 형을 집행하는 일도 자주 있어. 어차피 두목은 이런 쾌락엔 신물이 나서 오직 부인에게 사형집행을 맡기고 있거든."

"그럼 두목은 거의 죽이지 않는다는 거네요?"

"일주일에 6명 이상은 죽이지 않아…… 예전에 수도 없이 죽였기 때문에 이젠 싫증이 나셨거든. 게다가 부인이 살인을 몹시 즐긴다는 걸 알고 부인에게 몽땅 맡겼기 때문에 그 역할도 물려주었지. 잘 있게!"

간수가 돌아가려 했다.

"이젠 가야 해. 너희 말고도 먹을 것을 갖다줘야 할 사람들이 있거든. 여기선 숨 돌릴 틈이 없지. 하느님 덕분에 집은 언제나 만원이야. 이 집엔 상상도 못할 정도로 많은 포로들이 있거든……."

"저기, 간수양반." 내가 말했다. "혹시 우리 물건이 어떻게 되었는지 알아요?"

"창고에 처넣었지…… 안심해. 이제 다신 못 볼 거야. 하지만 없어지는 일은 없어. 잘 지키고 있으니까."

말이 끝나자 간수가 나갔다.

천장에 10센티쯤 되는 창문이 나 있고, 거기서 새어들어오는 빛이 감옥을 희미하게 밝히고 있었다. 간수가 나가자 우리는 또다시 우리의 처지를 고민했다.

"그것 봐." 나는 불쌍한 엘리스에게 말했다. "네 꿈은 보란 듯이 빗나갔어."

"아직 몰라요." 태평한 아가씨가 대답했다. "세상에 포기해도 되는 일이란 없어요. 일단 먹어요. 소심한 생각일랑 말고."

서글픈 식사가 채 끝나기도 전에 간수가 돌아와서 느닷없이 말했다. "회의실로 오라는 전갈이야. 내일까지 가슴 졸이며 기다릴 것도 없어. 처형은 오늘이니까."

회의실로 들어가자 방 한쪽에 체구가 큰 여자가 앉아서 가까이 오라는 신호를 했다. 그녀는 쓰던 것을 멈추고 우리 쪽을 올려다보며 무언가를 물으려 했는데…… 아, 여러분, 나의 놀라움을 무슨 말로 표현해야 좋을지! 나를 신문하려 했던 이 여자, 이탈리아 첫째가는 도둑의 부인이 바로 그 크레아빌이었던 것이다…… 보고 싶던 크레아빌과 설마 이런 곳에서 만나게 되다니! 더는 참지 못하고 나는 그녀의 품으로 뛰어들었다.

"이게 어찌 된 일이야!" 크레아빌이 소리쳤다. "이게 무슨 일이람, 쥘리에트? 당신이었어? 아, 나의 가장 친한 친구! 키스하자꾸나. 죄수가 당신이 아니었더라면 오늘 하루는 상복을 입는 날이지만, 당신인 줄 알았으니 무슨 일이 있어도 축제를 열고 즐겨야겠지?"

나는 너무나 큰 충격을 받은 나머지 비틀거리며 정신을 잃었고, 다시 제정신으로 돌아오기가 쉽지 않았다. 겨우 눈을 뜨니 훌륭한 침대에 누워 있고, 옆에는 하녀들과 크레아빌이 있었다. 그녀들은 앞다투어 내 기분을 즐겁게 해주고 보살펴주려 했다.

"당신을 이제야 겨우 만났네." 옛 친구가 뼈에 사무치듯 말했다.

"난 얼마나 행복한지 몰라. 남편에겐 벌써 얘기했어. 당신의 남편과 재산도 모두 돌려줄게. 내 소원은 그저 며칠을 함께 보내는 것뿐이야. 우리의 생활 모습은 특별히 놀랄 것도 없지? 당신 머릿속은 내가 잘 아는걸. 당신 같은 사람이 파렴치한 생활방식에 눈살을 찌푸리는 건 생각할 수도 없어. 옛날부터 둘이서 무척 잘 놀았잖아?"

"아아, 크레아빌." 나는 신음했다. "당신의 친구는 언제나 한결같아. 나이가 들고, 생각이 많아진 만큼 발전을 이루었으니 당신한테 보다 잘 어울리는 여자가 되었을걸? 당신이 어떠한 악행의 장면을 보여줄지 기대하고 있겠어…… 전엔 나 자신의 파멸을 상상하고 고민도 했지만 이젠 그런 쓸데없는 생각은 어디론가 사라지고 말았어. 믿어줘. 당신의 친구는 이제 미덕을 부끄러움으로밖에 여기지 않아. 그런데 당신, 당신은 그 뒤로 어떻게 지냈어? 어떤 행운의 별이 이런 곳에서, 나를 친구에게 이끈 것일까?"

"그동안의 일에 대해선 차츰 이야기하기로 하고 먼저 좀 쉬도록 해. 하필이면 당신을 감옥 같은 데 들어가게 해서 정말 미안해. 이제 남편이 올 거야. 당신도 틀림없어 좋아할 거라고 생각해. ……아아, 쥘리에트, 자연의 의지에 감사해야겠어. 당신도 보다시피 자연은 언제나 악인이 승리하게 하거든. 만약 당신이 미덕을 사랑하는 여자의 집으로 흘러들어갔다가 악인임이 밝혀지면 아마 당신은 파멸했을 거야. 하지만 우리가 운 좋게 당신하고 닮았기 때문에 당신은 살아난 거야." 크레아빌이 말했다.

그녀와 이런 이야기를 나누고 있는데 블리자 테스타가 들어왔다. 상황이 바뀐 때문인지, 아니면 내가 평정심을 되찾아 다른 시각으로 보게 된 때문인지 모르지만 이 도둑이 더는 그리 험악한 인물로 보이지 않았다. 잘 살펴보니 아주 미남인 것 같았다. 실제로 그는 미남이었다.

나는 친구에게 말했다. "정말이지 당신과 딱 어울리는 남편이야."

"잘 봐." 크레아빌이 말했다. "우린 부부의 인연으로만 맺어져 있는 게 아니야, 무슨 소린지 알겠어?"

"그리고 보니 둘이 꼭 닮았네."

"맞아, 쥘리에트. 이이가 나의 오빠야. 사정이 있어서 뿔뿔이 흩어져 살다가 작년에 이이가 파리로 여행을 왔을 때 결혼한 거야. 결혼을 통해 마침내 우리 사랑의 고리는 단단해졌지. 이제 다시는 헤어지지 않을 거야."

"절대로 헤어지지 않아." 두목이 말했다. "사랑스런 쥘리에트의 손을 잡고 다시 한 번 맹세해도 좋아. 우리 두 사람의 취미와 성향이 이토록 정확히 일치하는데 헤어지다니 그런 말이 어딨겠어?"

나는 크레아빌에게 말했다. "당신에겐 악인의 소질이 있으니까 불륜과 죄악 한가운데서 사는 게 좋을 거야. 깨끗이 손을 씻는 건 당신한텐 무리야. 나와 마찬가지로 로마에서 돌아오면 모든 죄상이 당신을 위협할 게 틀림없고, 죄를 씻을 수 없다는 생각이 죄 속으로 더욱 빠져드는 것을 어렵게 할지도 모르고……."

"아유, 쥘리에트." 친구가 말했다. "설교는 식사가 끝난 뒤에 해." 그녀는 옆방 문을 시원스레 열더니 말했다. "이것 봐, 여기에 당신의 재산과 당신의 마부, 당신의 스브리가니가 있어. 모두 한집안 식구가 되는 거야. 파리로 돌아가면 모두에게 알려줘. 죄악과 방탕의 한가운데서도 고운 우정은 엄연히 존재한다는 것을 말야."

성대한 식사가 우리를 기다리고 있었다. 스브리가니와 하녀들도 우리와 함께 식탁에 앉았고, 하인은 이 집 급사를 돕고 있었다. 다른 한 가족도 마찬가지였다.

저녁 8시에 식사가 끝나고 자리에서 일어났을 때, 블리자 테스타는 벌써부터 거나하게 취해 있었다. 그의 아내도 예전과는 달리 어느 정도 취한 것 같았다. 식사를 마치고 우리가 아름답고 널찍한 방으로 자리를 옮기자 크레아빌이 곧바로 바커스의 포도에 베누스의 도금양을 연결시키지 않겠느냐고 제안했다. 그녀는 스브리가니를 긴 의자 위로 데려갔다.

"이 호색한은 팽팽히 긴장해 있네." 크레아빌이 말했다. "오빠, 쥘리에트의 치마를 걷어봐요. 그녀의 향갑은 틀림없이 오빠의 마음에 들 거예요……."

"아유, 이를 어쩐담!" 나도 꽤 취해 있었으므로 크게 소리쳤다. "살인을 저지르는 산적에게 무슨 일 당하겠네……."

말을 끝낼 새도 없이 나는 두목의 손에 소파 위로 휙 끌려갔고, 팔뚝보다 굵은 그의 물건이 항문을 찌르고 있었다.

"예쁜 아가씨!" 도락자가 말했다. "미안하지만 잠깐 준비의식을 거쳐도 될까? 그걸 하지 않으면 아무리 긴장해 있어도 나는 극치까지 가질 않아. 이 아름다운 엉덩이를 피투성이로 만들어야 해. 하지만 안심해도 돼. 거의 느끼지 못할 정도니까."

그는 곧장 쇠가시가 달린 매를 들더니 나의 엉덩이를 12번쯤 세차게 매질했다. 2분쯤 지나자 피투성이가 되었지만 아무런 통증도 느껴지지 않았다.

"자, 이제 됐어." 두목이 말했다. "비로소 나의 허리께가 넘실넘실 차오르기 시작했어. 당신의 그곳에 내뿜은 정액은 아마도 이 의식을 거치지 않으면 결코 얻지 못할 정도로 짙을 거야."

"괜찮으니까 계속해서 때려요, 오빠." 크레아빌이 스브리가니의 애무를 받으면서 소리쳤다. "그녀의 엉덩이는 잘 단련되어 있어요. 우린 서로를 자주 때리곤 했죠……."

그러나 블리자 테스타의 커다란 물건은 어느새 나의 깊숙한 곳에 이르러 있었고, 나는 뿌리까지 뽑혀나가는 것 같았다. 다들 우리 흉내를 냈다. 크레아빌은 늘 그랬듯이 상대에게 엉덩이만 내어준 채였다. 그사이 레이몬드는 그녀의 클리토리스를 애무하면서 내가 엘리스에게 받은 것과 똑같은 서비스를 그녀에게 열정적으로 해주고 있었다.

오, 여러분, 이 도둑 두목은 얼마나 기교가 넘치던지! 처음 눈에 띈 장소만이 그가 좋아하는 곳이라고 생각하면 큰 착각이다. 그는 이쪽저쪽으로 옮겨 다녔다. 이렇게 둘로 나누어 사용함으로써 나는 쉴 새 없이 극치에 다다르게 되었다.

"어때 쥘리에트?" 그가 몸을 빼고 커다란 물건을 내 유방에 대며 말했다. "내 착란의 모든 원인이 바로 이 물건이야. 나를 갖가지 방탕으로 몰고 가는 이 훌륭한 물건으로부터 내가 받는 것은 쾌락이라는 보물이지. 동생과 닮아서 나도 죄악 때문에 힘을 얻지. 어떤 공포를 만들어내거나 실행하지 않으면 나의 정액은 결코 분출되지 않아."

"그렇다면 그 공포스런 것을 실행해요. 우리는 모두 똑같은 욕망으로 치닫고 있고, 여기선 그 어떤 짓도 할 수가 있잖아요. 우리 정액에 피를 섞자고요. 여기엔 가지고 놀 인간들이 없나요?" 나는 대답했다.

"아유, 넉살도 좋아!" 크레아빌이 말했다. "어쩜 옛날하고 하나도 안 변했어…… 자, 그럼 오빠, 이 사랑스런 부인을 만족시켜줍시다. 오늘 아침에 잡아온 그 로마 미인을 피의 축제에 올리도록 해요."

"좋지. 누가 가서 그 여잘 데려와. 쥘리에트가 얼마나 기뻐할지 기대가 되는군. 그 여잘 처형하면서 우리는 다 함께 극치에 이르는 거야……."

로마 미인이 끌려왔다. 아, 여러분! 내 눈앞에 나타난 여인이 누구였을까? 보르게스 부인…… 그 굉장하던 보르게스 부인이 아닌가! 그녀는 나와 헤어진 뒤 도저히 견디지 못하고 내 뒤를 쫓아온 것이었다. 그러다 어젯밤에 내가 붙들린 것처럼 블리자 테스타의 부하들에게 그녀도 체포되었던 것이다.

"크레아빌." 나는 소리쳤다. "이 여잔 노리개가 아니야. 공범자로 삼아야 해. 당신과 헤어진 뒤 이 사람이 내 마음속에서 당신을 대신하고 있었어. 그러니 좋아해줘. 응? ……우리에게 걸맞은 악녀니까."

그러자 올람프는 내게 키스하고, 크레아빌을 애무하고, 블리자 테스타에게 성심을 다했다.

카르멜 수도승처럼 잔뜩 긴장한 두목이 말했다. "어리둥절하군! 이토록 복잡한 우연의 장난에 내 머릿속은 온통 미인으로 불타올라 이제 다른 건 아무래도 상관없게 됐어. 빨리 어울려보자고. 나머진 되어가는 대로 맡겨두고."

올람프가 내 역할을 대신했다. 누가 보아도 아름다운 그녀의 엉덩이는 큰 찬사를 받았다. 나하고 할 때와 똑같은 방법으로 블리자 테스타는 이 엉덩이를 피로 얼룩지게 하더니 곧장 작업에 들어갔다. 나는 하녀들의 손을 빌려서 자극을 받았고, 크레아빌은 여전히 스브리가니에게 애무를 받고 있었다. 당장은 자극물이 없어도 우리의 욕망은 끊임없이 불타올랐다.

블리자 테스타는 여성 다섯을 널따란 소파에 엎드리게 해놓고, 스브리가니와 둘이서 번갈아가며 들락날락했다. 한 사람이 앞문을 애무하면, 다른 한 사람이 뒷문을 어떻게 하는 식이다. 이로써 마지막으로 스브리가니는 크레아빌의 그곳에, 블리자 테스타는 올람프의 그곳에 저마다 사정을 했다.

방탕하기 짝이 없는 유희가 끝나자 예의 바른 행동이 이어졌다. 나와 똑같이 막 감옥에서 나온 보르게스 부인에게 기운을 차리게 해줄 필요가 있었으므로 그녀를 위해 식사가 나왔다. 그 뒤 우리는 침대에 누웠다. 파리의 멋쟁이와 이탈리아 대도(大盜)의 만남은 몹시 흥미로운 이야깃거리였으므로 이

튼날 아침식사를 마친 뒤 우리는 다 함께 두목에게 매달려서 그 이야기를 꼭 해달라고 졸라댔다.

"알았어, 알았다니까." 블리자 테스타는 말했다. "다른 사람 앞에서라면 이런 파렴치한 이야긴 도저히 하지 못하겠지만, 당신들처럼 사리를 아는 사람들에게라면 나도 말할 값어치가 있지. 다 털어놓겠어."

블리자 테스타의 소년시절

우리 둘은 그 유명한 보르샹가(家)에서 태어났다. 예부터 부와 도락, 그리고 공금횡령으로 온 세상에 이름을 날리던 가문이었다. 아버진 마흔이 다 되어 보르샹가보다 훨씬 부자에다 20살 난 처녀였던 나의 어머니와 결혼했다. 결혼 첫해에 내가 태어났고, 동생 가브리엘은 6년 뒤에야 겨우 태어났다. 그러므로 우리 둘은 6살 터울의 남매인 것이다.

몹시 덥던 어느 날, 가족들은 평소대로 아버지의 친구 부부와 함께 한방에 모여 있었는데, 갑자기 옷을 반쯤 벗은 아버지가 방에서 나오더니 우리 남매에게 방으로 들어오라고 하는 것이었다. 우리는 팡피르라고 하는 젊은 여가정교사와 함께 방으로 들어갔다. 그때 우리가 얼마나 놀랐을지는 상상에 맡기겠다. 아버지의 친구 부르발은 내 어머니 위에 있고, 바로 뒤에 부르발의 아내가 내 아버지 밑에 있었던 것이다.

"이러한 자연의 섭리를 주의 깊게 살펴둬요." 젊은 팡피르가 우리에게 말했다.

"부모님은 두 사람의 교육을 위해 그 음탕한 비의를 전수해주려 하시니 이것을 충분히 유익하게 섭취해야 해요. 이 두 쌍을 잘 살펴봐요. 저마다 자연의 쾌락을 즐기고 있음을 알 수 있지요? 두 사람도 흉내를 내보도록 해요……."

우리는 처음엔 바보처럼 머뭇머뭇 바라보고만 있었다. 나이도 어린 아이가 이런 광경을 보았으니 그럴 만도 했다. 이윽고 보다 세찬 호기심이 일었고, 우리는 가까이 다가가서 보았다. 그랬더니 이 네 연기자의 역할에 미묘한 차이가 있음을 알 수 있었다. 두 남자는 몽롱하게 즐기고 있는데, 두 여자는 자기 몸을 내어줄 뿐 둘 다 마지못해 하는 표정이었다. 가정교사가 손가락으로 가리키며, 설명하고, 각각의 이름을 가르쳐주면서 잘 기억해두라고 했다.

"두 사람도 앞으로 이렇게 하게 될 테니까요."

그리고 그녀의 설명은 더욱 자세해졌다. 그때 장면은 잠깐 멈추었으나 열기가 식기는커녕 점점 더 매력을 내뿜었다. 아버지는 흥분한 얼굴로 부르발 부인의 엉덩이를 떠나(왜냐하면 이 신사들은 오직 엉덩이만 이용하고 있었기 때문이다) 우리를 붙잡고 곁으로 가까이 오게 하더니 자기의 물건을 만지게 하고, 손으로 그것을 애무하는 방법도 가르쳐주었다. 우리가 웃으며 따라하자 부르발은 여전히 어머니에게 그 행동을 하면서 우리의 모습을 지켜보고 있었다.

그때 아버지가 말했다. "부르발, 아이들을 도와서 우리하고 똑같은 상태가 되게 해. 이론과 더불어 실제훈련도 조금은 해야 하지 않겠어?"

우리는 곧장 알몸이 되었다. 그랬더니 부르발이 쾌락의 상대를 중간에 팽개치고 나의 아버지와 하나가 되어 우리를 흠씬 애무하고 빨아댔다. 가정교사에게도 둘이 경쟁하듯 키스하고 몸을 만지는 것이었다.

"무슨 짓이에요!" 부르발 부인이 소리쳤다. "자기 아이한테 그게 무슨 짓이에요!"

"조용히 하시오, 부인!" 부르발 씨가 따끔하게 말했다.

"구시렁대지 말고 하늘로부터 받은 여자의 굴종이나 감내하고 있으면 돼. 너흰 남자의 자유를 위해 존재할 뿐, 남자에게 설교하기 위해 존재하는 게 아니라고."

그렇게 말하더니 두 쾌락자는 어머니의 걱정 따윈 전혀 상관 않는다는 얼굴로 여전히 치근거리며 침착하게 자기들이 하던 일을 계속하는 것이었다.

며칠 뒤 아버지가 나를 자기 방으로 불렀다.

"애야, 지금은 너만이 내 쾌락의 유일한 대상이란다. 나는 너를 뜨겁게 사랑하고 있어. 이젠 네가 아닌 다른 사람을 어떻게 해볼 마음이 전혀 없어. 네 동생은 수도원으로 보내버리자. 물론 그 아이도 매우 아름답지. 나는 그녀에게서 많은 쾌락을 받았어. 하지만 어차피 그애는 여자야. 내가 볼 때는 그것이 가장 큰 결함이지. 게다가 나는 네가 그애와 쾌락을 느끼리라고 생각하면 질투가 나서 미칠 지경이야. 나는 너만 내 곁에 남겨두고 싶구나. 넌 어머니의 방으로 옮기거라. 어머닌 너에게 양보할 거야. 그리고 우린 매일 밤 함께 자자꾸나. 나는 너의 귀여운 그곳에 정액을 붓고 너는 나의 그곳에 사정을 하거라…… 둘이서 쾌락에 흠뻑 빠지자꾸나. 날마다 하던 모임은 이제 그만두자꾸나. 부르발도 자기 딸에게 반해 있으니 내가 너하고 함께하는 짓을 그는 딸하고 할 거야. 그렇다고 나하고 부르발이 교우관계를 끊은 건 아니야. 하지만 지금은 서로의 쾌락에 너무나 집착해 있으므로 이 쾌락을 주고받을 마음이 전혀 없단 뜻이야."

내가 대답했다. "하지만 아버지, 어머닌 이 계획을 싫어하시지 않나요?"

아버지는 말했다. "아들아, 이제부터 내가 하는 말을 잘 들어라. 넌 머리가 좋으니까 이해할 거다. 너를 낳은 그 여자야말로 내가 이 세상의 그 무엇보다 훨씬 혐오하는 인간이란다. 나하고 그녀를 잇는 결혼의 끈이 그녀를 천배나 더 미운 존재로 만든 이유란다. 부르발도 자기 아내에 대해 같은 생각일 거야. 그러니 너도 보았다시피 우리가 그녀들을 쓰는 건 오로지 혐오와 불만의 결과일 뿐이야. 그런 식으로 그녀들에게 몸을 팔게 하는 것은 우리가 그녀들을 즐기기 위해서라기보단 그녀들을 비천하게 만들기 위해서란다. 우리는 증오와 잔인한 음욕으로 그녀들을 상처주며 즐기고 있지. 이런 기분은 언젠가 너도 알게 될 게다. 요컨대 그것의 목표는 상대에게 가한 초조감으로 말미암아 우리가 말로 할 수 없는 쾌락을 느끼는 것이기는 하지만 말야."

나는 분별력 있게 질문했다. "그럼 아버지, 아버지가 저한테 싫증이 났을 때는 마찬가지로 저를 괴롭힐 건가요?"

"그런 말도 안 되는 일이 있겠니?" 아버지가 대답했다. "우리를 잇고 있는 것은 습관도 법률도 아니라 비슷한 취미, 취향의 일치…… 즉 애정 때문이야. 그리고 이 결합은 인간사회에선 죄라고 불리는 것으로, 인간은 결코 죄에 싫증을 내는 법이 없지."

그때엔 더 이상 알 도리도 없어서 나는 아버지의 말을 모두 믿었고, 그때부터 마치 아버지의 정부처럼 완전히 아버지와 한 몸이 되어 지냈다. 매일 밤을 아버지 곁에서 보내고, 같은 침대에서 자는 일도 자주 있었다. 그리고 둘이서 기진맥진 녹초가 될 때까지 관계를 했다.

동생은 이따금 집으로 돌아왔지만 언제나 매몰찬 대접을 받았다. 아버지와 달리 나는 그녀와 함께 있을 때마다 늘 세찬 정욕을 느꼈고 기회만 있으면 사랑을 나누었다.

"아버진 나를 사랑하지 않아." 가브리엘이 말했다. "오빠만 좋아해……

그래도 괜찮아, 아버지하고 행복하게 살아. 하지만 나를 잊지는 마……."
나는 가브리엘에게 키스하며 영원히 그녀를 사랑할 것이라고 맹세했다.
꽤 오래전부터 나는 어머니가 아버지의 방에서 나올 때면 언제나 눈가를 훔치거나 깊은 한숨을 쉬는 것을 알고 있었다. 그 슬픔의 원인이 너무나 궁금해서 나는 아버지의 방과 내 침실 사이의 벽에 구멍을 뚫고, 두 사람이 한 방에 있을 때 잽싸게 훔쳐볼 생각이었다. 거기서 나는 무서운 광경을 보았다. 아버지는 그녀에 대한 미움을 가혹한 고문으로 드러내고 있었던 것이다. 아버지의 흉악한 음욕이 이 불행한 희생자에게 가했던 고문은 꿈도 꾸지 못할 만큼 무서운 것이었다. 때려서 기절시킨 뒤에 바르게 뉘어놓고 발로 짓밟았다. 또 어떤 때는 채찍으로 피투성이가 되게 하거나, 난생처음 보는 못생긴 사내에게 몸을 팔게 하는 것이었다.
내가 19살 되던 해에 아버지는 속내를 몽땅 털어놓았다.
"이제 그 지긋지긋한 여자는 도저히 더는 참을 수가 없구나. 어떻게든 그 성가신 것을 없애버려야겠다…… 그것도 아주 무시무시한 고문으로 말야. 어떠냐, 나를 도와주지 않겠느냐?" 아버지는 말했다.
"배를 넷으로 갈라버리는 게 가장 좋겠어요." 나의 대답이었다.
"불에 달군 쇠꼬챙이로 배를 꿰어서 빙빙 돌려 심장도 내장도 시커멓게 태우고, 뭉근한 불로 조금씩 죽이는 거예요……."
"멋진데?" 아버지는 말했다.
"넌 마치 천사 같구나……."
이러한 추행으로 죄 많은 일생에 첫 발을 내디뎠는데, 나는 그 일을 멋지게 해냈다. 아버지와 나는 쾌락으로 숨이 넘어갈 듯한 상태에서 이 악행을 저질렀다. 내가 어머니를 죽이는 동안 극악무도한 악당은 나의 물건을 자극하고 있었다.
따라서 나는 불행히도 속고 있었던 것이다! 나는 이 죄에 가담하면서 나 자신의 파멸을 향해 움직이고 있었다. 아버지가 나에게 어머니의 목숨을 끊게 한 것은 오로지 아버지의 재혼을 위해서였던 것이다. 그렇지만 아버지는 당신의 계획을 교묘히 감추고 있었기에 나는 1년이 지나도록 그 사실을 알아채지 못했다. 이 음모를 안 순간 나는 동생에게 곧바로 털어놓았다.
"그는 우릴 쫓아낼 거야." 나는 말했다.

"전부터 그럴 거라고 짐작하고 있었어." 가브리엘이 대답했다. "아, 오빠가 아버지의 성격을 그토록 모르는 걸 보고 나는 어서 눈뜨기를 바랄 정도였어. 우리가 손을 쓰지 않으면 우린 둘 다 파멸이야. 오빠의 생각도 나처럼 확고한 거야? 나와 같이 움직여주겠어? 그럼 이 가루약을 봐. 수도원의 친구한테서 받은 건데 그 친구도 나하고 똑같은 처지여서 부모의 더러운 속박으로부터 벗어나기 위해 이 가루약을 썼다고 했어. 오빠가 할 마음이 없다면 내가 할게. 이건 오래전부터 내 마음에 저절로 생겨난 생각이야. 따라서 자연이 일러준 생각이니 옳은 일이라고 믿어. 하지만 오빠, 오빠는 무서워?"

"아니야. 그 가루약을 나한테 넘겨. 내일이면 우리를 속이려 한 녀석의 위장에 이 가루약이 들어가 있을 거야."

"에이, 오빠만 즐기려 하다니 너무해. 우리 함께할까? 내일 보르샹가로 식사를 하러 갈 거야. 오빠는 봉지의 반만 가져가도록 해. 실패하지 않도록 오빠는 포도주에 그 분량을 쏟아넣고, 나는 수프에 나의 분량을 실수 없이 넣겠어. 사흘만 지나면 우리 손에 재산이 굴러들어올 거야."

보르샹은 마치 쥐가 쥐덫에 걸리듯 너무나 쉽게 우리가 쳐놓은 올가미 속으로 떨어져, 후식이 나올 때는 이미 죽어 있었다. 사람들은 이 슬픈 죽음을 뇌졸중 탓으로 돌렸고, 곧 모든 것을 기억에서 지워버렸다.

21살이 되자 나는 성년인증서를 받았고, 동시에 동생의 후견인이 되었다. 동생은 절차가 완전히 끝나자 프랑스에서 가장 어마어마한 지참금을 지닌 처녀가 되었다. 나는 그녀를 위해 그녀 못지않은 부자 배필을 찾아주었지만, 그녀는 아이를 하나 낳고 재산을 확보하자 그 사내를 곧바로 내쫓아버렸다.

그러나 자질구레한 일에 시간을 쏟는 일은 그만두기로 했다. 동생이 안정되자 나는 내 재산관리를 그녀에게 맡기고, 참을 수 없는 세상편력의 열망을 그녀에게 알렸다. 무려 백만쯤 되는 돈을 유럽에서 가장 유명한 은행업자 앞으로 발행한 수표로 바꾼 뒤 나는 사랑스런 가브리엘을 꼭 끌어안고 말했다.

"사랑해. 하지만 지금은 헤어져야 해. 우리는 둘 다 위대한 일을 하기 위해 태어난 사람들이야. 지식과 견문을 더욱 넓히자꾸나. 다시 만났을 때는 절대 헤어지지 말자. 하늘은 우리를 서로 돕게 하기 위해 만드셨어. 하늘의 뜻을 저버려선 안 된다. 나를 사랑해줘, 가브리엘. 나도 너를 영원히 사랑할 테니까."

네덜란드 왕비 소피

북유럽 궁정에 호기심이 일었으므로 내가 발길을 돌린 것도 그쪽이었다. 맨 처음 찾아간 곳은 헤이그 궁정이다. 그곳의 왕이 프러시아 왕의 조카 소피와 결혼한 것은 아주 최근의 일이었다. 그 매력적인 왕비를 보는 순간 나는 그녀를 반드시 내 것으로 만들겠다고 마음먹었고, 실제로 그녀에게 내 마음을 보여주기도 전에 그녀의 몸을 만졌던 것이다.

프러시아의 소피는 18살, 이 세상에서 볼 수 있는 가장 예쁜 몸매와 사랑스런 얼굴의 소유자였지만, 그 난잡한 행동이 몹시도 격렬하고 방탕함으로 널리 알려진 탓에 이젠 돈이나 주어야 남자를 만날 수 있는 처지였다. 나는 이 점을 재빨리 알아채고 나를 대대적으로 팔았다. 솔직히 말하면 나는 쾌락을 돈으로 사고 싶었지만 젊음과 정력이 넘치던 나로선 노잣돈을 귀부인에게서 얻어내는 일쯤은 문제도 아니었으므로 나의 정당한 가치를 알아주는 부인이 아니면 결코 사랑의 증표를 베풀어주지 않겠다고 남몰래 다짐하고 있었던 것이다. 그래서 나는 왕비와 한 달 가까이 권커니 잣거니 하던 끝에 그녀를 똑바로 바라보고 이렇게 말했다.

"부인, 제가 당신을 위해 얼마나 정력을 아껴왔는지는 너무나 잘 아시리라 생각합니다. 보시다시피 나만큼 정력이 유난히 센 사내는 거의 없거니와, 나만큼 훌륭한 도구를 지닌 사내도 없습니다. 그런데 부인, 요즘 이런 것은 돈을 내지 않으면 살 수 없답니다."

"아, 그 말을 들으니 안심이 되는군." 왕비는 말했다. "당신이 나를 어떻게 하는 것보다 내가 당신을 주무르는 편이 훨씬 즐겁거든. 여기 있네."

그녀는 금화가 가득 든 주머니를 내게 건네면서 말했다. "이제 됐어? 이제부턴 내가 당신을 장난스런 기분에 따라 마음 내키는대로 복종하게 만들 수 있는 거야."

"잘 알겠습니다." 나는 대답했다. "돈에 얽매인 처지이니 뭐든 당신 뜻대로 하십시오."

"그럼 오늘 밤에 내 별장으로 와." 소피는 말했다. "당신 혼자서 와야 해. 걱정 할 건 하나도 없어."

마지막 말이 왠지 거슬리기는 했지만 나는 일단 가보기로 마음먹었다. 그녀에 대해 샅샅이 알고 싶기도 했고, 돈을 더 많이 긁어낼 속셈이었기 때문이다.

그래서 약속한 시간에, 약속한 곳으로 나는 혼자서 가보았다. 노파가 말도 없이 나를 어딘가 수상쩍어 보이는 방으로 데려갔는데, 그 방에는 19살 난 빼어난 미모의 아가씨가 나를 기다리고 있었다.

"왕비님은 곧 오실 거예요." 아가씨가 매우 상냥한 목소리로 말했다. "그 전에 당신이 이제부터 여기서 보시게 될 모든 비밀스런 일들에 대해 결코 밖으로 누설하지 않겠다는 약속을 받아두라는 왕비님의 명령이 있었습니다."

"나를 그리 경솔한 사내로 보십니까?" 나는 되물었다. "왕비님이 그러한 의심을 품고 계시다니 정말 뜻밖이군요."

"하지만 만약 당신에게 불만이 있다면 어떻게 하죠? 만약 당신이 여기서 노리개 노릇을 해야 한다면요?"

"노리개 노릇을 영광으로 생각할 겁니다, 부인. 그렇더라도 역시 영원히 입 밖에 내지 않고 무덤까지 가지고 가겠소."

"제가 절대복종해야 하는 처지가 아니라면 그 대답만으로 더 이상 아무 말도 하지 않겠지만 어쨌든 서약을 하시기 전엔……."

그래서 나는 서약을 했다.

"한마디만 더 말씀드리겠습니다만 만약 불행히도 당신이 이 약속을 지키지 않으실 경우, 매우 재빠르게 잔인한 사형이 내려질 것입니다."

"그런 협박은 하지 않아도 좋소, 부인. 내가 당신의 말을 어떻게 이해했는지를 보면 그런 말이 전혀 쓸모가 없음을 알게 될 거요……."

이 말을 듣더니 엠마는 안으로 들어가서 15분쯤 나에게 돌이켜 생각할 시간을 주었다. 이윽고 소피와 함께 다시 나타난 두 사람이 매우 단정치 못한 차림새를 하고 있는 것으로 보아 지금까지 서로 애무를 하고 있었던 게 분명했다.

"슬슬 해볼까?" 소피가 말했다. "이런 사내에게 얌전을 떨 필요는 없어.

우린 값을 치렀으니까 마음대로 할 수 있어. 실컷 즐기면 되는 거야……."
엠마가 곁으로 와서 옷을 벗도록 재촉했다. 내가 망설이자 그녀는 말했다.
"당신 앞에는 우리밖에 없잖아요? 당신은 여자 2명이 무서운가요?"
그녀는 나를 도와서 옷이며 양말까지 몽땅 벗기더니 좁고 긴 의자를 내 옆으로 가져다놓고, 손과 무릎으로 바닥을 짚고 몸을 의자 위에 엎드리게 했다. 그러자 용수철이 뽕 하고 튀어나와서 순식간에 나의 손발이 고정되어 조금이라도 움직이면 옆구리와 아랫배에 날카로운 칼날 3개가 으스스하게 닿는 상황이 되고 말았다. 내가 이런 꼴이 되자 갑자기 여자들의 새된 웃음소리가 터져나왔는데, 마지막으로 내가 전율을 느낀 것은 그 두 여자가 기다란 쇠채찍을 들고 나를 호되게 후려치기 시작했을 때였다.
"엠마, 이리와." 소피가 말했다. "착하지? 이리 와서 이 남자 옆에서 나한테 키스해줘. 이 남자의 코앞에서 애무를 하여 그가 고통스러워하는 동안에 둘이서 쾌감을 느끼는 거야……."
닳고 단 여자가 벨을 울리자 태양처럼 아름다운 15살짜리 처녀 2명이 나와서 여주인의 명령을 받고 알몸이 되었다. 이리하여 내 눈앞의 바닥에선 여자들 넷이 추악하기 짝이 없는 음탕함을 탐닉하고 있었으며, 그러는 사이 거의 한 시간이 흘러갔다. 이따금 그녀들 가운데 하나가 나를 자극하기 위해 다가왔다. 사방에서 육체의 그 미묘한 부분을 흘깃흘깃 보여주며 내가 무의식중에 도발당하는 것을 보고는 깔깔대며 달아나는 것이었다.
여러분도 쉽게 상상하다시피 소피가 그 자리의 주역을 맡고 있었다. 모든 것이 그녀를 중심으로 움직였다. 여자들은 오직 소피를 위해서 움직이고 있는 것이었다. 사실 나는 젊은 여자가 이토록 풍부한 기교와 음란한 수단을 자유자재로 구사하는 것을 보고 놀라움을 금할 수 없었다. 그녀의 정열이 동성을 좋아하는 거의 모든 여성의 정열과 마찬가지로 클리토리스를 서로 핥는 것을 보는 건 흥미로웠다. 그렇지만 소피는 그것만으론 만족하지 않고 음경 모양의 자위기구를 써서 여자들로 하여금 앞과 뒤를 자극하게 했다.
이리하여 그녀의 기분이 매우 고조되자 말했다. "그럼 이 양아치를 데리고 놀다가 죽여줄까?"
새로 준비된 채찍이 다시 허공으로 솟았고, 소피가 먼저 있는 힘껏 50번쯤 마구 때렸다. 심술궂은 그녀가 잔혹행위를 하면서 얼마만큼 냉정함을 지켰는지는 상상하고도 남는다. 그녀는 10번쯤 칠 때마다 내 얼굴에 나타난 고민의 표정을 확인하러 기쁘게 다가오는 것이었다. 그 뒤엔 나의 코앞에 자리를 잡더니 세 여자들에게 조금 전에 자신이 했던 것과 똑같이 있는 힘껏 내 몸을 채찍질하라고 명령했고, 자기는 그동안 직접 손장난을 했다. 이리하여 내가 2백 번쯤이나 채찍을 맞고 나자 그녀는 이렇게 말했다.

"잠깐 기다려. 내가 이 사람 밑으로 들어가서 네가 때리는 동안 빨아주어야겠어. 그리고 너희 가운데 하나는 나의 클리토리스에 직접 닿게 하고, 다른 한 명은 내 손이 닿을 만한 곳에 자리를 잡도록 해."

모든 일이 빈틈없이 실행되었다. 나는 솔직히 말해서 채찍으로 우악스럽게 자극을 받은 데다 소피의 입놀림으로 말할 수 없이 기분이 고조되어 있었으므로 그녀의 입속으로 정액을 내뿜기까지 3분도 채 걸리지 않았다. 소피는 그것을 모조리 삼키더니 곧장 몸을 빼냈다.

"엠마, 이 사람 꽤 사랑스러운걸. 지금 내 입에 사정을 했어. 이번엔 내가 섹스를 해주어야겠지?"

그렇게 말하더니 그녀는 남자 성기모양의 자위기구를 차고 나의 항문을 자극했는데, 그사이 자신의 그곳에도 똑같은 것을 맞아들이고 있었다. 이윽고 그녀는 기진맥진했다.

"사슬을 풀어주도록 해. 이리 와서 나한테 키스해줘, 보르샹. 지금 내가 당신을 위해 해준 여러 가지 배려와 즐거운 일들을 이번엔 당신이 나를 위해 해줘야 해. 나의 사랑스런 도련님." 메살리나가 말했다. "이런 식으로 하는 건 모두 당신이 어린애 같은 내숭을 떨었기 때문이야. 지금까지 셀 수 없을 만큼 그것을 했지만, 당신은 꼭 벽창호처럼 나의 앞문을 어떻게 하는 것으로 만족하고, 단 한 번도 여자의 그곳을 바라는 표정조차 보이지 않았어! 그래도 되는 거야?"

"부인, 그걸 바라는 마음은 너무나 크지만, 타고난 겁쟁이라서 말로 하지 못했을 뿐입니다."

"어쩔 수 없군. 그렇다면…… 부끄럼 같은 한심한 감정은 당신 정도의 나이일 때 손보지 않으면 못 고쳐. 어쨌거나 그런 아둔한 생각은 바로 고치도록 해. 어때? 이번엔 나의 앞문보다 뒷문이 더 마음에 들지 않을까? (그렇게 말하고 그녀는 엉덩이를 보였다.) 아이, 좀 봐줘. 이 엉덩이가 얼마나 멋진지! 당신을 원하고 있어. 이 엉덩이는…… 채찍으로 때려줘, 보르샹…… 엠마, 이 사람의 물건을 잡아서 나의 항문에 넣어."

나의 키스는 매우 아름다운 엉덩이를 향해 마침내 뜨겁게 불타올랐다. 엠마의 손을 빌려서 그녀의 사랑스런 그곳으로 들어간 나의 물건은 쌓인 실책을 만회하려 열심인 내 마음을 소피에게 충분히 전달해주었을 것이다.

그때 왕비가 말했다. "잠깐, 기다려. 이번엔 내가 당신의 노예가 될 차례야. 조금 전까지 당신이 들어가 있던 무자비한 기계 속에 이번엔 내가 들어가겠어. 이번엔 내가 당신의 노리개가 되는 거야. 마음대로 가지고 놀아. 터키의 국왕폐하. 나의 온몸을 채찍으로 때려줘. (그렇게 말하고 기계로 들어가더니) 적당히 하면 안 돼. 부탁이야. 나의 음탕함과 잔혹함을 둘 다 벌해달란 말야……."

"이런 화냥년!" 나는 되도록 더러운 욕지거리를 했다. "그럼 채찍으로 벌을 주지."

"그게 좋아." 그녀가 말했다. "내 엉덩이를 만져봐. 그것이 얼마나 채찍을 원하고 있는지 잘 알 수 있을 거야……."

"그럼 한 번 봐주지."

나는 먼저 채찍을 엉덩이에 갖다댔다가 천천히 들어올려 세차게 후려쳤다. 그 순간, 아름다운 엠마가 무릎을 꿇고 나를 빨았으며, 두 처녀는 나의 예민한 곳을 자극했다.

소피의 엉덩이가 피범벅이 되자 잔뜩 긴장한 나의 물건은 야만스런 힘으로 그녀를 위로해주었다. 그랬더니 그녀가 비명을 지르는 것이었다.

"에잇, 제기랄! 채찍질을 당한 직후에 그걸 하는 건 정말 좋아. 이 두 가지 쾌락만큼 서로 잘 어울리는 게 또 있을까?"

그때 엠마가 여주인 곁으로 가서 애무와 키스를 해주고, 자기도 자위를 했다. 우리 셋은 그렇게 쾌락의 바다를 헤엄치고 돌아다녔던 것이다.

북유럽 비밀결사

런던에서 내 뒤를 쫓아온 엠마를 만나 둘은 손을 잡고 스웨덴으로 건너갔다. 스웨덴으로 와보니 다른 모든 왕국과 마찬가지로 이 나라의 수도도 강력한 두 당파에 휘둘려 세차게 요동치고 있었다. 궁정에 불만을 품은 한 당파는 궁정의 권력 탈취를 열망했고, 구스타프 3세의 권력은 무슨 일이 있어도 왕권의 전제주의를 유지하려고 갖은 수를 다 쓰고 있는 것 같았다. 궁정과 뜻이 맞는 사람들이 제2의 당파를 만들었던 것이다. 첫 번째 당파는 원로원과 군대의 불평분자들로 이루어져 있었다. 새로운 지배의 요구는 이들 불평분자에게 더없이 좋은 기회로 보였다. 확립된 권력보다 신생 권력 쪽의 발걸음이 훨씬 확고했다. 원로원도 그것을 알기 때문에 오랫동안 빼앗으려 애써온 온갖 권리를 유지하기 위해 모든 것을 아낌없이 내놓았다. 원로원의 감시는 매서웠다. 왕의 편지를 의회에서 뜯어보게 하고는 제멋대로 답장을 쓰거나, 감히 멋대로 해석하기까지 했다. 이러한 고관대작들의 세력은 차츰 무시할 수 없을 만큼 커졌으므로 구스타프는 왕국의 관직을 자기 마음대로 움직이는 것도 불가능할 정도였다.

스웨덴의 정세가 이런 상황이었을 때 나는 우연히 소개장을 들고 원로원 의원 스테노의 집을 찾아갔다. 이 사내는 말하자면 원로원당의 중심 인물이다. 나는 이 젊은 정치가와 그의 아내에게 최대의 존경과, 감히 말하자면 열렬한 호의가 어린 환영을 받았다. 첫날부터 그들은 내가 아내와 함께 오지 않은 것에 불평을 늘어놓았다. 그리고 내일은 저녁식사에 초대할 테니까 반드시 부부동반으로 와달라고 했고, 내가 그것을 수락할 때까지 결코 물러서지 않았다.

나의 아내 노릇을 하고 있던 엠마는 많은 사람들에게서 사랑받는 소질을 갖고 있었으므로 그 집에서도 기분 좋게 받아들여졌다. 그녀와 원로원 의원의 사랑스러운 아내 사이에는 어느새 깊은 우정이 싹텄다.

27살 난 젊은 스웨덴 사람이 이 나라의 귀족 가운데 가장 인기 있고 가장 부유하며 가장 총명한 인물로 통하는 것은 틀림없었지만, 그의 부인인 에르네스틴 또한 북유럽 여러 국가에 견줄 사람이 없을 만큼 절세미인이었다는 점도 과장이 아니라고 잘라 말할 수 있다. 그녀는 19살로 아름다운 금발 머리와 당당한 자태, 귀여운 검은 눈동자에 부드럽고 섬세한 용모를 지니고 있었는데, 이런 타고난 매력이 이 천사 같은 여성의 아름다움을 더욱 빛나게 했다. 게다가 이런 축복만으로는 성이 차지 않는다는 듯 화려한 재치와 의지가 강한 성격, 자신만만한 철학적 정신까지 그녀는 두루 갖추고 있었다.

우리가 네 번째로 만났을 때 스테노는 나에게 당신이 가져온 다른 소개장은 누구에게서 받은 것이냐고 물었다. 그래서 내가 몇 통의 소개장을 내어놓자 스테노는 표지에서 궁정인의 이름을 발견하고 말했다.

"사랑하는 프랑스인이여, 그대가 이런 편지를 가지고 있다면 우리와 만나는 즐거움은 포기해야 할 것 같소. 우리의 집과 그대가 앞으로 방문하게 될 집은 크나큰 이해관계에 얽혀 서로 대립하고 있기 때문이오. 우리의 동료와 친구, 가족은 모두 궁정의 전제주의에는 철저하게 적대적이므로 적어도 이러한 전제주의에 봉사하고자 하는 자와는 절대로 만나지 않소."

"아, 그러시오?" 나는 말했다. "그대의 생각은 내 생각과 매우 비슷하오. 나도 왕이나 폭정은 몹시 혐오하니까. 그런 놈들에게 백성을 지배할 권리가 도대체 어디에 있다는 거요? 한 인간이 국가 권력에 손쉽게 매혹되고 속을 수 있다면 모든 현명한 사람에게 이 권력을 혐오하게 하는 것 또한 쉬운 일 아니겠소?

용감한 원로원 의원 여러분은 국왕 구스타프가 아버지를 본받아 백성에게서 빼앗으려 하는 자유를 한시라도 빨리 스웨덴 백성에게 돌려주어야만 하오. 그렇게 하면 귀국의 젊은 왕자가 권력을 키우기 위해 현재 꾀하고 있는 모든 노력은 과거 아돌프가 시도했던 노력과 마찬가지로 순식간에 물거품으로 돌아갈 것이오.

그러므로 내가 스웨덴에 머무는 동안 그대의 당파 이외엔 결코 가까이 하지 않겠다는 다짐을 믿어주길 바라며 구스타프의 친구 앞으로 쓴 이 편지를 여기서 깨끗이 태워버리겠소. 그리고 내가 이 도시에서 만날 친구를 고르는 일은 모두 그대의 지시에 따르겠소만, 그대의 생각은 어떠신지?"

나의 열변에 스테노는 감격하여 나를 포옹했다. 젊은 부인도 이 대화를 듣고 있었는데 나처럼 철두철미한 남자를 자기 편으로 맞게 된 기쁨을 아무런 숨김없이 나타내었다.

"보르샹." 스테노가 말했다. "그대가 솔직하게 마음을 털어놓아주었으니 나도 더는 그대를 의심하지 않겠소. 그렇다면 그대에겐 우리의 이익을 열렬히 감싸고, 성실한 친구 또는 음모가의 굳은 계약을 통해 우리 당에 가담해줄 뜻이 있으시오?"

"원로원 의원이여." 나는 열기에 차서 대답했다. "만약 그대가 내게 폭군 타도에 쓸 칼을 준다면 나는 이 땅 위에서 마지막 폭군이 사라지는 날까지 그대와 함께 단호히 싸울 뜻이 있음을 지금 이 자리에서 맹세해도 좋소."

나는 네덜란드 왕비와 있었던 일을 이야기하고, 폭정과 폭정을 휘두르는 사람들을 내가 얼마나 증오하는지를 증명해 보였다.

그러자 스테노는 말했다. "친구여, 그대의 부인도 그대와 같은 생각인가?"

"그녀가 그토록 총애를 받던 네덜란드 왕비의 궁정을 떠난 것은 역시 나와 생각이 같기 때문이 아니겠소? 그러하건만 그대는 무엇을 의심하는 것이오?" 나는 대답했다.

"좋소." 스테노는 말했다. "그럼 내일 저녁에 친구들과 저녁모임이 있으니 부인과 함께 꼭 참석해주시오. 깜짝 놀랄 만한 것을 보여드리겠소."

내가 회담 경과를 엠마에게 전하자 그녀는 말했다.

"그 사람들하고 관계를 맺기 전에 그들이 우리를 어디로 이끌 것인지를 먼저 생각해야만 해요. 애초에 당신이 소피의 이익을 섬길 것을 거절한 이유도 당파심 때문이라기보단 정치적 사건에 연루되는 것을 피하기 위해서가 아니었나요?"

"아니오, 그렇지 않소. 그건 당신이 잘못 생각한 거요." 나는 대답했다. "그 뒤로 곰곰 생각해보았는데 내가 네덜란드 왕비의 제안을 거절한 까닭은 어릴 적부터 품고 있던 전제주의에 대한 뿌리 깊은 혐오 말고는 생각할 수 없소. 만약 그게 아닌 다른 생각이 있었다면 나는 아마도 모든 제안을 받아들였을 거요……."

"하지만, 여보." 엠마는 말했다. "당신 생각은 어딘가 모순이라는 느낌이

들어요. 당신 자신은 폭군이면서 폭정은 싫어하는군요. 전제주의는 당신의 취미, 당신의 마음, 당신의 상상력 속에 또렷하게 나타나 있는데도 당신은 전제주의에 화를 내고 있어요. 이런 모순을 설명해보세요. 그렇지 않으면 당신의 생각에 따를 수 없어요."

"엠마." 나는 말했다. "당신의 날카로운 통찰력에는 두 손 두 발 다 들었소. 그러니 이제부터 내 말을 잘 들으시오. 본디 스웨덴 원로원이 왕에게 항거하여 무기를 들 준비를 한 것은 결코 폭정에 대한 증오 때문이 아니오. 왕에게서 전제주의를 빼앗아 되찾으려는 욕망 때문이오. 그러므로 일단 권력이 그들의 손안으로 돌아오면 원로원이 전제주의를 증오하기는커녕 도리어 자기들의 행복을 완성하기 위해 그것을 이용하리란 점은 불을 보듯 뻔하오. 확실한 근거가 있으니까 그렇게 믿는 거요. 스테노의 제안을 받아들임으로써 나는 그와 똑같은 역할을 맡게 되오. 즉 그와 마찬가지로 왕권을 타도하는 게 아니라 나를 위해 왕권을 이용하려는 것이오. 만약 이 결사가 그것이 아닌 다른 생각을 품고 있음이 밝혀진다면 나는 그 순간 결사를 탈퇴하겠소.

그러니 엠마, 더는 나의 모순을 파고들지 말아주오. 원로원 사람들도 전제주의를 위해 폭정에 항거하고 싸우는 것이니까. 왕위는 모든 사람이 원하는 자리이며, 사람들이 혐오하는 것은 왕위가 아니라 왕위에 앉은 사람이니까. 나는 내가 이 넓은 세상에서 한몫을 해낼 재능을 지녔다는 생각이 드오. 여기서 성공하려면 편견도 미덕도 필요치 않소. 뻔뻔한 정신과 타락한 영혼, 강한 의지만 있으면 충분하오. 나는 그런 것들을 모두 갖추고 있소. 운명의 신이 손짓하고 있는데 어떻게 받아들이지 않을 수가 있겠소?

내일은 화장을 곱게 하도록 하시오. 거만하고 창부(娼婦)다운 늠름한 태도를 잃지 말아야 하오. 분명 이런 것들이 스테노의 집에서 필요로 하는 자격일 거요. 내 친구는 이런 자격들을 마음에 들어하겠지. 그런 것들을 잔뜩 과시하는 게 좋소. 당신은 그런 자질을 충분히 갖추었으니까 하나도 걱정할 것 없소."

우리는 약속한 시간에 맞추어 출발했다. 우리가 집 안으로 들어가자 곧장 하인 하나가 나와서 이제 손님이 다 오셨으니 더 이상 아무도 들이지 말라고 주의를 주었다.

넓은 저택의 뜰 한쪽에 별채 하나가 있는데, 모임은 그곳에서 열리고 있었다. 울창한 나무들이 건물 주위를 둘러싸고 있어서 마치 이곳 별채는 침묵의 신을 위해 세워진 사원 같았다. 하인은 우리를 안내하지 않고 단지 그곳을 손으로 가리키기만 했으므로 우리는 그곳까지 안내인 없이 가야만 했다. 안으로 들어서자 다음과 같은 사람들이 모여서 우리를 기다리고 있었다.

스테노와 그의 부인과는 이미 구면이었으므로 그들이 일어나서 우리를 맞이하며 6명의 친구들을 소개했다. 그 여섯 사람을 살펴보자면, 남자는 셋 다 원로원 의원이고, 여자는 모두 그들의 아내였다.

가장 나이가 많은 사람은 50살은 되어 보였는데 에릭손이라는 이름에, 위엄 있고 귀족적인 용모를 지녔는데 눈매가 어딘지 모르게 잔인한 데가 있었으며 말투는 매우 퉁명스러웠다. 그의 아내 이름은 프레데곤도이며, 35살에 사랑스럽다기보단 늠름하다는 표현이 딱 들어맞는 어딘가 남자다운 생김새였는데, 범접하기 어려운 기품이 있어서 미인이라 부르기에 매우 걸맞았다.

두 번째 남자는 나이 40세에, 볼프라는 이름의 생기가 넘치고 눈에서 코로 이어지는 선이 깎아낸 듯한 인물이었는데, 그 얼굴에는 악의가 가득 차 있었다. 그의 아내 아멜리는 23살쯤 되어 보이는데 남자를 밝히는 생김새와 귀여운 자태, 촉촉한 입술과 장난기 어린 눈매에 매우 아름다운 피부를 자랑하고 있었다. 이만큼 넘치는 재기와 풍부한 상상력을 두루 갖춘 여자가 없으며, 또 이토록 음란하고 분방하며 감성이 뛰어난 여자는 없었다. 아멜리에게는 나도 넘어갔다.

세 번째 원로원 의원은 브라헤라는 이름에 잘해야 서른 줄이었고, 깡말라 피골이 상접한 몸에 음험한 눈초리, 게다가 모든 일이 건성이었는데, 일행 가운데 누구보다도 완고하고 뻔뻔스러우며 포악했다. 그의 아내 우를리크는 스톡홀름에서 손꼽히는 미인이었지만, 동시에 매우 심술 사납고 간교에 능하여 원로원에 깊은 열정을 갖고 있었는데 그것을 자기를 위해 이용하려는 것 같았다. 깜박 잊었는데 그녀는 남편보다 2살 아래였다.

문이 다시 열리자 스테노가 말했다.

"여러분, 나는 이 프랑스 신사와 그 부인이 우리와 잘 어울리는 인물이라고 판단했기에 오늘 이 자리에 초대했습니다. 따라서 여러분도 그들을 반갑게 맞아주실 것을 진심으로 바라는 바입니다."

브라헤가 친근하면서도 자못 위엄 있는 태도로 나에게 말을 걸었다.

"이보시오, 스테노가 저런 말로 보증한다니 당신을 믿어도 될 것 같구려. 하지만 분명히 말하건대 앞으로 당신에게 던질 몇 가지 질문에 그대가 공개 석상에서 대답해준다면 우리의 믿음은 한층 뿌리 깊어질 것이오……

당신이 왕의 전제주의를 혐오하는 이유는 무엇이오?"

"질투와 야심, 상처 받은 자존심, 지배당하는 자의 자포자기, 스스로 다른 사람을 학대하고자 하는 욕망 때문이오."

"백성의 행복은 당신의 목적과 아무 관계도 없소?"

"나는 나 자신의 행복만을 생각하오."

"그럼 당신의 정치적인 견해에 있어서 정욕은 어떠한 역할을 하죠?"

"가장 큰 역할을 담당하오. 나는 정치가라 불리는 인간이 자기 쾌락의 완전한 만족이 아닌 다른 진정한 소망을 가질 수 있다고는 절대 생각지 않소. 정치적인 계획이나 의도, 정치가끼리의 결사, 법으로 확립된 조세제도에 이르기까지 모든 것이 정치가 개인의 행복에 기여하는 것이오. 백성의 행복 따윈 정치가의 마음속에 끼어들 여지조차 없소. 어리석은 백성이 자기들을 위해 해준다고 믿는 것도 결국은 정치가 개인이 강대해지고 부유해지기 위한 것일 뿐이오."

"그럼 만약 당신이 강자 또는 부자라면 당신은 이 행복을 당신 자신의 쾌락과 행복을 위해서만 쓰겠소?"

"그것이야말로 내가 인정하는 유일한 신이자 내 영혼의 유일한 기쁨일 것이오."

"당신은 종교를 어떻게 생각하죠?"

"종교는 압제의 원동력이며, 전제군주가 왕위를 지키려 할 때 반드시 이용해야 하는 도구요. 미신의 빛은 언제나 전제주의의 여명이고, 폭군은 종교에 의해 청결해진 칼로 백성을 속이니까."

"그럼 당신도 종교를 이용할 속셈이오?"

"물론이오. 인간을 지배하려면 신의 입을 빌려 말해야만 하오. 그렇게 하면 인간은 복종하거든. 당신이 우레를 손에 들고 사람들을 두려워 떨게 하면 당신은 순식간에 그들의 부와 목숨을 손에 넣을 수 있소. 요컨대 백성이 느끼는 모든 불행이 정치제도의 잘못이 아니라 그들 자신의 불신심의 탓이라고 믿게 만들면 되는 것이오. 이렇게 하여 백성들을 환영의 발아래 굴복시키고 나면 그들은 머잖아 당신의 야심과 긍지와 방탕의 디딤대가 될 것이오."

"그럼 당신은 신을 믿지 않소?"

"이성이 있다면 그런 거짓투성이를 믿을 자가 단 한 사람이라도 있겠소? 물론 끊임없이 달라지는 자연에겐 근원적인 운동의 힘이란 것이 필요할 지도 모르오. 하지만 신처럼 가증스럽고 엉터리투성이인 것을 맨 처음 세상에 내놓은 사기꾼은 그 벌로서 신 때문에 죽어간 모든 불행한 사람의 영혼이 씌어 살아서 고통을 당해야 한다고 생각하오."

"죄악이라 불리는 행위를 당신은 어떻게 생각하죠?"

"죄악이란 인간이 저항할수록 어처구니없는 꼴을 당하는 자연의 권고이며, 정치가가 자기 행복을 굳히기 위해 이용할 수 있는 가장 확실한 수단이며, 모든 정부를 움직이게 하는 힘이고, 자연의 유일한 법칙이오."

"당신은 모든 죄악을 저질렀소?"

"내가 저지르지 않은 죄악이란 한 가지도 없으며, 앞으로도 저지를 용의가 얼마든지 있소."

여기서 브라헤는 성당기사단의 역사에 대해 짤막하게 설명을 했다. 성당기사단의 마지막 지도자인 자크 드 몰레가 프랑스 국왕 필립 르 벨 때문에 부당하게도 무시무시한 고문을 당하다 죽은 것은 국왕이 기사단의 막대한 재산을 몰수할 속셈이었기 때문이었다.

브라헤는 열띤 투로 해설을 마치자 내게 말했다. "우리는 몰레가 바스티유 감옥에서 직접 창설한 '북유럽 비밀결사'의 우두머리오. 만약 우리가 당신을 받아들인다면 지금부터 당신 앞에서 희생의식을 치를 것인데 당신은 그 의식에 따라 우리의 위대한 지도자에 대한 복수를 맹세해주어야 하며, 또한 여기 있는 서약서의 조항을 지켜야만 하오…… 자, 큰 소리로 읽으시오."

"서약." 나는 읽기 시작했다. "나는 지상의 모든 왕을 모조리 없앨 것이다. 가톨릭교와 교황에 대해 영원히 투쟁할 것이다. 백성에게 자유의 복음을 설파할 것이다. 이로써 세계공화국 건설을 약속할 것이다."

다 읽자 요란한 소리가 울려퍼지며 별채가 심하게 흔들렸다. 바닥의 뚜껑이 열리더니 희생으로 바쳐질 인간이 나왔던 것이다. 두 손으로 받쳐든 단검을 내 앞에 내밀었다. 16살쯤 된 알몸의 미청년이다. 나는 단검을 받아들고 순식간에 희생자의 심장을 겨누어 찔렀다. 브라헤가 금으로 된 성배를 들어

뚝뚝 떨어지는 피를 받아서 맨 먼저 나에게 마시게 하고 이어 사람들에게 순서대로 내밀었다. 이로써 그들은 모두 마셨는데, 마실 때 "배신하느니 차라리 죽으리라"는 말을 야만스런 투로 내뱉는 것이었다.

뚜껑이 다시 닫히고 희생자가 실려나가자 브라헤가 질문을 시작했다. "이로써 당신이 우리에게 걸맞은 인물임을 잘 알았소. 당신에게도 우리의 결의가 얼마나 굳으며, 우리의 아내들까지도 얼마나 단호한 각오를 지녔는지 알았을 거요. 방금 당신이 저지른 죄악 말인데, 당신은 이러한 죄악을 스스로의 쾌락을 위해 이용하고도 태연할 수 있소?"

"죄악은 쾌락을 증대시키고, 전기처럼 예민하게 만들지요. 나는 언제나 죄악을 음란한 즐거움의 핵심으로 여겨왔소. 죄악이 상상력에 미치는 효과는 가늠할 수 없을 만큼 크며, 정신의 타락이 음욕의 불꽃을 태워 올리지 못한다면 음욕은 아무것도 아니게 되오."

"육체적인 쾌락의 제약을 당신은 인정하시오?"

"그런 건 생각해본 적도 없소."

"모든 섹스, 나이, 신분, 혈연관계, 요컨대 인간의 이러한 여러 가지 향락 수단이 당신에게는 아무런 차이가 없소?"

"전혀 차이가 없소."

"그래도 뭔가 당신에게 특별히 즐거운 쾌락이 있을 게 아니오?"

"있기는 하죠. 내가 가장 좋아하는 쾌락이라면 세상의 바보들이 도착(倒錯)이라든가 부도덕, 아둔함, 파렴치라고 일컫는 그런 쾌락이오. 법률이나 사회에 위반하는 그런 해로운 쾌락이죠. 즉 내가 즐기는 쾌락은 그러한 것들이며, 나는 죽을 때까지 이것들을 아끼고 사랑할 것이오."

"동지여." 브라헤가 말했다. "이리 와서 앉으시오. 우리는 당신에게 입회를 허가하는 바오."

내가 자리에 앉자 그가 말했다.

"한 가지 더 확인할 것이 있소." 브라헤는 계속했다. "당신 부인도 당신과 의견이 똑같소?"

"그녀를 두고 맹세해도 좋소." 나는 대답했다.

"그럼 내 설명을 들으시오." 원로원 의원이 다시 말했다. "여기 있는 우리는 모두 '북유럽 비밀결사'의 핵심위원이며, 이 결사는 스톡홀름에서 막강한 힘을 갖고 있소. 그렇지만 단순한 평회원은 우리의 행동과 비밀, 습관을 모른 채 단지 우리를 믿고 따를 뿐이오. 내가 앞으로 당신에게 다짐해두고 싶은 것은 따라서 다음 두 가지요. 바로 우리의 습관과 목적에 대해서지.

그 목적이란 말할 것도 없이 스웨덴 왕위를 뒤엎는 것이오. 물론 온 세계의 모든 왕위, 특히 부르봉 왕가가 군림하고 있는 왕좌를 무너뜨려야 하지만, 그런 일은 다른 나라의 동지가 하겠죠. 우리는 우리나라의 일만 생각하면 되오. 그리하여 일단 권력을 빼앗고 나면 우리의 폭정은 세상 어느 나라의 폭정에도 절대 뒤지지 않으며, 우리가 백성의 눈에 씌우는 가리개는 어느 전제군주의 그것보다 두터울 것이오. 우리는 백성들을 완전한 무지몽매에 몰아넣음으로써 우리에게 굴종시킬 거요. 피의 강물이 쉼없이 흐를 테죠. 그렇게 되면 동지도 우리의 잔학성에 무릎 꿇은 노예에 지나지 않으며, 최고 권력은 오직 우리에게만 집중될 것이오. 모든 자유를 속박하고, 출판과 신앙과 사상의 자유마저도 엄중히 강압적으로 금지할 것이오. 백성을 끌고 갈 필요가 있으므로 혹시라도 백성을 계몽한다든지 예속의 사슬이 느슨해지는 일은 경계해야 하오.

하지만 보르샹, 당신이 이 권력을 나눠 갖는 건 불가능하오. 당신은 외국인이니까 이 권력으로부터 배제될 거요. 하지만 우리는 군대와 도적떼의 지휘권을 당신에게 주겠소. 우리의 권력을 굳히려면 먼저 도적떼가 살인과 약탈로 스웨덴 전체를 들쑤시고 다닐 필요가 있으니까 말이오. 언젠가 때가 되면 당신은 이 역할을 충실히 이행할 것을 우리 앞에서 맹세할 수 있겠소?"

"약속하겠소. 틀림없이 완벽하게 해내어 보이겠소이다."

"그럼 앞으로 남은 건 우리 습관에 대한 문제뿐이로군요. 동지여, 우리의 습관은 퇴폐해 있소. 방금 얘기한 정치적인 맹세를 빼고 우리를 결속시킬 최초의 정신적인 맹세는 우리가 우리의 아내, 누이, 어머니 그리고 자식들을 우리 동지들 사이에서 서로 매음케 하는 것이오. 우리는 그 사람들을 무차별적으로, 서로가 보는 앞에서 엉망진창으로 뒤엉켜 즐기게 하고 있소. 소돔의 도시에서 하느님이 벌했다고 하는 그 방법을 우리는 특히 좋아하오. 우리의 향연에는 남녀 제물이 제공되고, 우리의 불규칙한 욕망은 모두 그들을 상대로 쏟아내죠. 당신 아내도 당신과 마찬가지로 이러한 부도덕한 행위들을 저지를 각오가 되어 있소?"

"맹세하겠어요." 엠마가 말했다.

"그뿐만이 아니오." 브라헤가 계속했다. "가장 무시무시한 행동이 우리의 즐거움이오. 우리가 몸을 바쳐 즐기지 않는 방탕함이란 이 세상에 하나도 없소. 우리는 때때로 물건을 훔치고, 길 한가운데에서 살인을 하며, 우물이나 강물에 독을 풀고, 불을 지르며, 식량 부족을 일으키거나 가축에게 전염병을 퍼뜨리는 등의 무서운 일도 저지르오. 그것은 우리가 즐기기 위해서라기보다는 지금의 정부 밑에 있는 백성들을 피폐하게 하고, 우리가 준비한 혁명을 열망하는 분위기를 만들기 위해서라고 하는 편이 옳겠지. 당신은 이런 짓을 불쾌하게 여긴다거나 뉘우치는 일 없이 우리와 함께 실행에 옮기겠소?"

"당신이 방금 후회라고 말한 그 감정과 나는 영원히 인연이 없소. 설령 내 손으로 온 우주를 무너뜨린다 해도 눈물 따위는 한 방울도 흘리지 않을 것이오……."

그렇게 말하자 모든 회원들이 몹시 기뻐하며 내 앞으로 다가왔다. 그들은 나에게 엉덩이를 내놓으라고 명령했다. 남녀 회원이 한 사람씩 다가와서 내 엉덩이에 키스하고, 나의 그곳에 혀를 집어넣었다. 엠마는 치맛자락을 허리께까지 말아 올려 리본으로 어깨 언저리에 고정시킨 채로 나와 똑같은 대우를 받았다. 그녀의 엉덩이는 몹시 아름다웠지만 감탄의 말은 한마디도 나오지 않았다. 그런 말은 이 모임의 규칙에 따라 엄격히 금지되어 있었기 때문이다. 나도 그 점은 미리 통고받았다. 사회자 역할을 맡고 있던 브라헤가 말했다.

"모두 옷을 벗지 않겠소? 그리고 옆방으로 옮깁시다."

순식간에 옷을 벗고, 우리는 터키식 긴 의자와 쿠션, 푹신한 소파들이 늘어서 있는 넓은 방으로 옮겼다. 화형대 위에 있는 자크 드 몰레의 조각상이 방 한가운데에 있었다.

사회자가 나에게 말했다. "그를 위해 우리는 복수해야만 하오. 하지만 그 행복한 순간이 올 때까지 쾌락의 바다를 마음껏 헤엄치지 않겠소?"

아련한 열기가 이 쾌적한 방에 가득 차 있고 비단으로 덮인 빛의 다발이 신비로운 색채를 만들며 주위를 비추고 있었다. 순식간에 모든 회원이 엉망으로 뒤엉켜 교합했다. 나는 사랑스런 아멜리에게 덤벼들었다. 그녀의 눈이 나를 뜨겁게 일으켰고, 나의 그것은 이 여자를 상대할 때만큼 근사하게 팽팽해진 적이 없었다. 그녀도 나에게 호감이 있었는지 내 팔이 꼭 끌어안기도 전에 제 발로 먼저 내게 뛰어들었다. 그녀의 매력은 말로선 도저히 나타낼 길이 없다. 묘사가 좀처럼 불가능할 정도로 나는 홀딱 빠져 있었던 것이다. 어찌 됐건 이토록 신선한 입술과 아름다운 엉덩이는 세상 어디에도 없으리라. 아멜리는 내가 좋아하는 곳을 너무나 잘 알고 있어서 스스로 몸을 굽혀 내 앞에 내어놓았다. 취미와 경험에 따라 나는 그녀가 이 장소에선 격렬한 쾌감을 느끼지만 다른 곳에선 전혀 만족하고 기뻐하지 않으리란 것을 바로 깨달았다. 그렇지만 아직 다른 세 여자와 그 남편들이 있음을 떠올리고 나는 아멜리의 훌륭한 엉덩이에 사정하는 것은 참았다. 그리고 엠마를 애무하고 있는 스테노에게 덤벼들었다. 원로원 의원은 행복에 겨워하며 부랴부랴 아름다운 엉덩이를 내 앞에 내밀었지만 나는 이내 그를 떠나서 그의 아내인 에르네스틴에게로 옮겨가 오랫동안 서로 문질렀다. 그사이 프레데곤도가 나를 애무했다. 에르네스틴이 그 향락에 번민과 세련된 배려를 보였다면 프레데곤도는 열광과 쾌감을 아낌없이 보였다고나 할까?

다음에 나는 그녀의 남편에게로 갔다. 50살 난 에릭손은 나의 물건 밑에서 마치 커다란 비둘기 밑에 깔린 가녀린 비둘기처럼 바들바들 떨었다. 이 호색한은 너무나 기교에 능했으므로 나는 어느새 극치에 이르러 사정을 하고 말았다. 그렇지만 브라헤가 나를 불러서 끈질기게 애무하여 어느새 정력을 회복시켜주었다. 그래서 이 남자와 열띤 애무를 했는데 그 기쁨이란 지금껏 맛보았던 다른 모든 쾌락을 한순간에 잊게 만들 정도였다. 15분 가까이 그렇게 한 다음 그를 떠나서 우를리크와 그것을 하고 있는 볼프에게로 갔다. 그런 뒤 다시 우를리크의 미묘한 엉덩이로 물건을 옮겼다가 나는 또다시 정액을 잃고 말았다. 아, 이 마지막 여자는 어찌나 색을 밝히던지! 얼마나 음란하고 매력적이던지! 쾌락이 자극을 더욱 증가시켜 쾌락의 무한성을 발휘하게 하는 온갖 손재주가 이 메살리나에 의해 깡그리 실행되었던 것이다. 나의 물건이 사정을 하자마자 그녀는 어느새 이것을 손으로 쥐고 다시 생기를 되찾도록 수단과 방법을 가리지 않았다. 그리고 이것을 앞문에 넣으려 했는데, 나의 허락을 받지는 못했다. 모임의 신성한 규칙의 신봉자였으므로 만일 그녀가 계속 끈질기게 유혹했더라면 모두에게 고발하여 그녀를 궁지에 빠뜨렸을지도 모른다. 우를리크는 자포자기했다가 나의 물건을 다시 그곳에 넣자 엄청나게 날뛰어대며 정액을 온 방 안에 흩뿌리는 지경에 이르렀다.

이렇게 내가 방 안의 모든 사람의 그곳을 어루만지는 사이 엠마도 환영을 받았으므로 그녀가 쓰지 않은 방법이 한 가지도 없었을 정도였다.

8일이 흘렀지만 그사이 새로운 친구들의 소문은 하나도 들려오지 않았다. 그런데 9일째 되던 아침에 스테노가 느닷없이 찾아와서 말했다.

"우리는 오늘 밤 일을 하러 나설 것이오. 여자들은 가지 않지만 당신도 같이 가겠소?"

"무얼 하러 가는 거요?" 나는 물었다.

"닥치는 대로 악행을 저지르고 다니는 거요. 훔치기도 하고 약탈도, 살인도 하오. 불도 지르는데 한마디로 잔인한 일들을 잔뜩 저지르는 것이오. 어떻소? 찬성이오?"

"물론이오."

"그럼 오늘 저녁 8시에 교외에 있는 브라헤의 집으로 오시오. 그곳에 모여서 떠나니까."

최고의 저녁식사가 우리를 기다리고 있었다. 결사의 친위대에서 뽑은 병사 25명이 성심을 다해 우리의 그곳을 애무하여 출정에 필요한 정력을 북돋워주었다. 우리는 저마다 40번이나 사정을 했다. 이렇게 연속적으로 사정한 적은 처음이다. 이 준비행위를 마치자 우리는 모두 불처럼 거침없이 일어났고, 우리의 기세는 신의 가슴에까지 단검을 찔러넣을 수 있을 것 같았다. 만약 신이 있다면 말이다.

10명의 건장한 병사를 이끌고 우리는 미치광이처럼 거리를 마구 망가뜨리기 시작했고, 맞닥뜨리는 사람 모두를 무참히 때려눕혔다. 희생자가 물건을 도둑맞고 살해될 때마다 우리는 그자들을 바닷속으로 던져넣었다. 붙잡힌 자들은 고문을 받아야 했으며, 우리는 그들을 즐긴 뒤에 피의 축제를 열었다. 빈민굴에도 쳐들어가 불안과 고뇌의 씨앗을 뿌린 뒤 그곳을 헤집고 다녔다. 한마디로 우리가 저지르지 않은 악행은 한 가지도 없었다. 경관에게도 공격을 가해 그들이 뿔뿔이 흩어져 달아나게 했다. 그리하여 이튿날 우리가 잔인함과 극악무도함을 원없이 만끽하고 집으로 돌아온 것은 아침 햇빛이 우리의 미치광이 짓의 잔해를 비추기 시작할 즈음이었다.

우리는 이 사건을 신문에 싣는 것을 잊지 않았다. 정부의 무규율은 이러한 엄청난 결과를 부르며, 이대로 왕제를 존속시키려 한다면 사람들의 재산이 안전하지 않을 뿐더러 제대로 베개를 베고 누워 잘 수도 없으리라고 널리 퍼뜨렸다. 민중은 이것을 믿고 혁명을 뜨겁게 원했다. 민중은 언제나 이런 식으로 속아 넘어가며, 선동가의 악의적 평계 또는 희생이 되고 만다. 언제나 약하고 어리석은 것이 민중이므로 한쪽에선 국왕, 다른 한쪽에선 공화국이라는 미끼에 쉽사리 걸려들어 두 체제의 선동가들이 늘 군침을 흘리며 접근하는데, 아무리 좋아 보이는 협상이라도 그것이 선동가들의 이기심과 정욕으로 날조된 환영에 지나지 않음은 말할 필요도 없다.

어쨌든 시기는 무르익고 체제변화에 대한 열망이 높아져, 모였다 하면 언제나 그 이야기가 나왔다. 그러나 나는 정치적 요령이 다른 사람들보다 한 수 위였으므로 그들이 어렵사리 쌓아올린 혁명의 대사업이 자칫 무너질 운명임을 미리 알고 있었다. 그들보다 냉정했던 나는 많은 사람들을 만나 보았다. 왕당파에 연줄이 닿는 사람들도 많이 만났는데 그 사람들은 모두 원로원당의 이번 혁명은 반드시 실패할 것이라고 나에게 단언하는 것이었다. 내가 타고난 이기주의와 죄악의 원리에 따라 깃발의 색깔을 단숨에 바꿔 칠하고, 피도 눈물도 없이 당을 배신하겠다고 다짐한 것은 이때였다. 나는 원로원당이 틀림없이 질 것이라고 예상했다. 한쪽이 옳고 다른 한쪽이 나쁘다는 생각은 하지도 않았다. 단지 강한 쪽에 붙어야겠다고 생각했으며, 그래서 실제로 강한 쪽에 붙었을 뿐이다.

만약 원로원당이 승리하리라고 믿었다면 나는 틀림없이 원로원당에 남았으리라. 그것은 원로원당이 옳아서가 아니라 (그들이 나쁜 사람들임은 익히 알고 있다) 단지 그들이 강하기 때문이다. 그러나 실제로는 그들이 약하다는 것을 알았으므로 나는 배신했다. 그런 행동은 비겁하다고 말할 사람이 있을지도 모르겠다. 좋다, 분명 비겁하다. 그렇지만 내 행복과 안전이 나의 배신에 걸려 있는데 그런 것이 무슨 소용이랴! 인간은 오로지 자기 행복을 추구하기 위해 이 세상에 태어나지 않았는가! 어떠한 충고나 편견이 그를 막아서고 그의 앞길을 가로막아도 그에게 그것들은 땡전 한 푼의 가치도 없다. 왜냐하면 한 인간을 행복하게 하는 것은 다른 사람의 평가가 아니라 그 자신의 의견뿐이기 때문이다. 설령 잘해내기 위해 어떠한 길을 선택한다 해도 스스로 생각하는 습관을 버리면 인간은 무슨 일에서건 절대 자기 행복을 추구하지 못할 것이다.

나는 구스타프에게 은밀히 알현을 요청하여 허락을 얻었다. 그리고 그 자리에서 모든 것을 털어놓고 왕권 전복을 맹세한 사람들의 명단을 밝혔다. 나는 구스타프에게 스톡홀름을 절대로 떠나지 말고 이 사건을 미연에 막도록 권고하며, 만약 나의 권고가 제대로 들어맞는다면 그 대가로 백만을 달라, 만약 어긋난다면 영원히 감옥생활을 할 각오가 되어 있노라고 큰소리를 쳤다.

그리하여 왕국의 경계망 전체는 사전에 봉쇄되었다. 혁명 발발이 예정되어 있던 날, 아침 일찍 말을 타고 나선 구스타프는 민중을 제압하고, 음모가들을 체포하고, 군대를 자기 편으로 만들고, 무기고를 점령하여 피 한 방울 흘리지 않고 진압해버렸다. 내가 기대했던 것은 이런 것은 아니었다. 나의 배신으로 얼마만큼 피비린내 나는 사건이 줄지어 일어날까 하는 기대에 가슴 설레며 나는 아침부터 거리를 서성이며 옛 동료들의 목이 달아나는 광경을 상상하고 있었던 것이다. 구스타프란 놈 덕분에 모든 일이 헛수고가 되고 말았다. 이렇게 될 바엔 차라리 원로원당에 충실하다가 그들과 함께 왕국 곳곳을 피로 물들이며 돌아다니는 편이 훨씬 신났을 텐데. 나는 몹시도 애석해했다. 계산을 잘못한 것이었다. 스웨덴 왕은 지독한 폭군이라고 들었으므로 어렵게 마음먹고 폭정을 쉽게 펼칠 수 있는 수단을 제공해주었건만 이럴 수는 없다. 그는 그저 사람 좋은 얼간이였을 뿐이다. 나는 이 아둔한 왕을 얼마나 증오했는지 모른다!

너무나 짜증이 나서 나는 만나는 사람마다 이렇게 말해주었다.

"당신네 나라의 왕은 어차피 할 바에 시체의 산을 쌓아서라도 왕권을 지켰어야 했는데 그럴 기회를 뻔히 보고도 눈앞에서 놓치고 말았소. 이제는 오래는 못갈 거요. 처참하게 죽을 게 뻔하오."

하지만 이런 얼뜨기 왕에게 약속을 떠올리게 해줄 필요는 없었다. 구스타프는 나를 궁전으로 먼저 불러서 약속한 백만금을 내주더니 곧바로 이 나라를 떠나라고 요구했다.

그는 말했다. "나에게 필요하니까 약속한 돈을 주겠지만 난 배신자를 경멸해. 볼일이 끝났으니 내 곁을 떠나는 게 좋겠지?"

저런 녀석이 나를 경멸하건 존경하건 그게 뭐 어쨌다는 것이냐고 나는 궁전을 나오면서 속으로 생각했다. 돈만 받으면 나도 더는 미련이 없다. 내 성격을 아무리 비난해봤자 녀석이 내 털끝 하나라도 건드릴 수 있으랴! 나는 배신이 즐겁다. 어디 다른 흥미로운 일이 없을까……

이런 생각을 하면서 나는 스테노의 집으로 달려가 말했다.

"아내가 우리를 배신했소! 정말 발칙한 계집이오. 나도 지금 막 자초지종을 알았소만 그녀는 아마도 뇌물을 쓴 모양이오. 날 위해 스웨덴 추방령을 받아왔는데 물론 나는 명령에 따르겠지만, 떠나기 전에 그녀를 처벌하고자 하오. 사태는 모두 마무리되었으니 오늘 밤에 우리가 모인들 안 될 일은 없으리라 보오. 해치우지 않겠소? 부탁이오. 그 간교한 여자를 처치하고 싶소."

스테노는 승낙했다. 나는 엠마를 모임에 데려갔으나 무엇 때문에 모이는지는 알리지 않았다. 도착해 보니 남녀 모두 내가 고발한 여자에 대해 격분하고 있었고, 가장 잔인한 형벌을 내리기로 만장일치를 보았다. 엠마는 생각지도 못했던 탄핵에 당황하여 비난의 화살을 나에게 돌리려 했지만 아무도 귀를 기울이지 않았다. 그리하여 내 손에 맡겨진 불행한 여자는 처형을 위해 그곳에 세워진 화형대 주위에서 음란한 행위가 거듭 펼쳐지는 사이, 산 채로 살가죽이 벗겨졌고, 내가 조금씩 거죽을 벗기고 있는 바로 옆에선 떨어져나온 육체의 부분들이 지글지글 불에 태워졌다. 그사이 나의 네 친구는 저마다 소년 하나씩을 채찍으로 치면서 자기들은 아내에게 채찍질을 당하고 있었다. 아내들은 채찍으로 때리면서 젊은 여자들에게 애무를 받고 있었다. 나도 평생 이토록 기분 좋은 사정을 해본 적이 없다. 처형이 끝나자 다들 교합했다. 볼프의 아내 아멜리가 내 곁으로 온 것은 바로 그때였다.

"난 당신의 강철 같은 그곳이 너무나 좋아요." 그녀가 말했다. "전부터 이런 여자는 당신한테 어울리지 않는다고 생각했죠. 당신한텐 내가 훨씬 잘 어울려요, 보르샹. 하지만 내 말을 들으면 당신은 아마 깜짝 놀랄걸요? 아이, 약속해줘요. 언젠가 나를 당신 손으로 죽여주겠다고 말이에요. 이런 꿈같은 이야길 하면 몹시 놀라겠지만 난 내 뜨거운 마음을 감출 수가 없어요. 남편은 나를 너무나 사랑하고 아끼기 때문에 쓸모가 없죠. 15살 때부터 나는 쾌락자의 잔인한 정욕의 제물이 되어 죽는 생각만 하며 흥분했는걸요. 물론 당장 내일 죽고 싶다는 얘기는 아니에요. 그 정도로 터무니없지는 않아요. 하지만 어차피 죽을 바엔 이런 식으로 죽고 싶어요. 숨을 거두면서 나 자신이 죄악의 원인이 된다니 생각만 해도 머릿속이 하얘지죠. 당신이 내 기분을 만족시켜주겠다고 약속하면 나는 당신과 함께 내일 스톡홀름을 떠나겠어요."

이런 진기한 제안을 받고 난들 어찌 감격하지 않을 수 있으랴! 나는 그녀의 기분을 만족시켜주겠노라고 그 자리에서 약속했다. 모든 준비가 끝나자 그녀는 그날 안으로 줄행랑을 쳤고, 우리는 아무에게도 들키지 않고 도시를 빠져나왔다.

카타리나 여제

 아멜리와 나는 의견이 일치하여 상트페테르부르크로 향했다. 그녀가 결혼하자고 해서 나는 승낙했고, 이 도시에서 가장 아름답고 호화로운 저택을 빌렸다. 그러자 어느새 상류사교계 인사들이 앞다투어 나의 아내에게 교제를 요청해왔다. 러시아 사람들은 사치와 호사를 좋아했는데 모든 일에서 프랑스식을 존중했으므로 프랑스 귀족이 사교계에 화려하게 나타났다는 소리에 경쟁하듯 그들의 흉내를 내려고 혈안이 되었다. 카타리나 여제의 신하가 나를 여제에게 소개하겠다고 얘기했으므로 선천적으로 모험을 즐기는 나는 군말 없이 제안을 받아들였다.
 카타리나는 마음에 드는 상대하고 곧장 친해지는 성격이므로 나에게 프랑스에 대해 이런저런 것들을 자세히 묻고 나의 대답에 만족했는지 나를 가끔 옥좌 곁에 머무르게 해주었다. 이렇게 2년의 세월이 흘러갔는데 그사이 아멜리와 나는 이 아름다운 도시가 제공하는 갖가지 방탕에 흠뻑 취해 있었다. 마침내 여제의 편지가 도착했고, 나와 내밀히 만나고 싶다는 그녀의 마음을 전해왔다. 편지에는 날이 저물면 도시에서 몇 킬로 떨어진 시골에 있는 여제의 별궁으로 나를 초대하겠노라고 씌어 있었다. 생각지도 못했던 행운을 아멜리에게 알리자 그녀는 나를 못 가게 하려고 할 수 있는 모든 수단을 썼지만 결국은 나의 출발을 슬프게 지켜보았.
 우리가 단둘이 있게 되자 여제는 말을 꺼냈다.
 "나는 당신이 어떤 사람인지 조사해보았고 모든 걸 다 알고 있답니다. 스웨덴에서 당신이 무슨 짓을 했는지도 알아요. 하지만 누가 뭐라 하건 나는 당신의 행위가 훌륭하다고 생각해요. 어쨌든 왕당이 가장 좋다고 믿어야만 합니다. 왕당에 가담하고 왕당에 충성을 바치면 결코 뉘우치는 일은 없을 거예요. 인기를 얻기 위한 가면을 쓰고 구스타프는 왕의 권력을 굳히려 했어요. 그래서 당신은 구스타프의 의도를 꺾으려는 음모를 폭로하여 그를 이롭게 해주었지요. 그건 훌륭한 일이라고 생각해요. 당신은 나이도 딱 좋고, 용모도 수려하고, 재주도 있어서 모든 것이 나의 흥미를 끄는군요. 그래서 만약 내 계획을 도와준다면 많은 사례를 할 생각이오……."

"폐하." 나는 이미 마흔에 이르렀다고는 하지만 여전히 당당한 이 여성의 매력에 깊이 감탄하여 말했다. "폐하의 마음을 만족시켜드릴 수 있다는 행복만으로도 제가 할 수 있는 봉공에 대한 대가는 충분하다고 생각합니다. 미리 맹세하겠습니다만 폐하의 하명이야말로 저의 영원하고 유일한 기쁨이자 의무가 될 것입니다."

카타리나가 나에게 손을 내밀었으므로 나는 감격하여 입을 맞추었다. 어깨에 걸친 것이 흘러내리며 매우 아름다운 가슴이 눈에 확 들어왔다. 카타리나는 그것을 감추며 자기가 야윈 탓이라고 말했지만, 마치 내가 흘깃 본 것보다 훌륭하고 촉촉한 것이 감춰져 있기라도 한 듯한 말투였다. 내가 찬탄을 금하지 못하는 것을 보자 여제는 스스로 자기 몸에 대해 말하면서 방금 당신이 우연히 본 것은 그녀 매력의 아주 작은 부분일 뿐이라고 잘라 말했다.

뭐라고 해야 좋을지, 여러분, 나는 그날 안으로 여제를 내 것으로 삼아버렸다. 내 몸을 매우 흡족해했으므로 나는 곧바로 여제의 수청을 드는 영광을 입은 것이다. 카타리나만큼 아름다운 여자는 드물다. 이토록 아름다운 피부, 이렇게나 형태가 잘 잡힌 육체는 어디에도 없다. 그녀의 기질을 조금 알았다고 느꼈을 때, 나는 지금까지 그녀의 총애를 받은 남자가 매우 많다는 것에 전혀 놀라지 않았다. 카타리나는 온갖 향락을 내게 요구했다. 내가 그 가운데 어느 한 가지도 거부하지 않았음은 상상하신 대로다. 특히 그녀의 엉덩이는 내가 평생 보아온 것 중 가장 아름다웠고, 감미로운 쾌락을 한껏 맛보게 해주었다.

그녀는 말했다. "이런 하찮은 외도는 러시아에선 습관이 되어 있어요. 금지할 생각은 추호도 없어요. 극단적인 인구과잉이 러시아 귀족들의 부를 이루고, 귀족들의 권력이 내 권력을 제한하고 있거든요. 나는 귀족의 권력을 약화할 수단이라면 무엇이든지 이용해야만 해요. 이용하면서 즐기는 거죠. 나는 악덕과 악덕을 행하는 자를 무척 좋아해요. 악덕을 퍼뜨리는 것이 나의 소원이죠. 모든 군주가 나처럼 행동해야 한다는 것을 증명하기란 너무나 쉬워요. 내 엉덩이를 마음에 들어하다니 무척 기쁘군요, 보르샹…… (이 말을 들으면서 나는 그녀의 엉덩이에 키스하고 있었다) 언제든지 즐기고 싶을 때는 도움이 되어줄게요……."

나는 그것을 자주 애용했다. 그러나 여제는 첫 교합 때는 아직 신중을 기하며 속 깊은 곳까지 드러내지는 않았다. 일주일 뒤에 두 번째 교합이 있었고, 그때에도 마찬가지였다. 그러나 세 번째 되던 날 카타리나가 말했다.

"오늘은 당신이 내 계획을 공유할 만큼 믿을 수 있는 사람이란 걸 알았어요. 하지만 그 계획을 말하기 전에 당신이 희생을 치러주어야만 해요. 그런 다음에 당신과 협정을 맺고 싶군요…… 보르샹, 당신이 늘 데리고 다니는 아름다운 스웨덴 여자는 누구죠?"

"아내입니다."

"아내든 뭐든 그런 여자가 언제까지나 살아 있는 건 참을 수 없어요……."

"그렇다면 당신이 쥐고 계신 물건이 당신의 그곳에 사형선고를 서명하는 것쯤은 일도 아니랍니다."

"말 잘했어요." 카타리나는 자기 안으로 밀어넣으며 말했다. "하지만 나는 잔인해요. 그 여자 때문에 몹시 질투가 나요. 그 여자가 나에게 안겨준 고통과 맞먹는 고문을 가할 생각이라면 내일 내가 보는 앞에서 불에 달군 집게로 집어주어야 해요. 15분씩 고문 방법을 달리하여 목을 매달거나, 수레바퀴 사이에 끼운다든지 온갖 방법을 써야겠어요. 그때마다 나의 수하인 사형집행인이 그녀를 능욕하는 거죠. 마지막 숨을 토해내기 전에 나는 그녀를 구운 흙속에 묻어버리겠어요. 그리고 그런 조치가 이루어지는 동안 당신의 태도를 빠짐없이 보고 있을 거예요. 당신이 용기를 보인다면 비밀을 털어놓겠지만 당신이 두려워 떤다면 비밀은 가르쳐줄 수 없어요."

아멜리가 제아무리 미인이라 한들 사실상 2년 동안이나 즐긴 참이라 나의 욕망은 어지간히 가라앉아 있었다. 게다가 그녀는 매우 상냥하고 애정이 깊어서 내가 처음 기대했던 잔인한 정신은 별로 없었다. 쾌락자의 손에 죽고 싶다던 그녀의 소원도 깊이 생각해보면 세련된 애정표현의 하나일 뿐, 그녀는 정말로 그런 식으로 죽고 싶다고는 꿈에도 생각지 않았을 것이다. 게다가 그녀는 내가 여자에게 바라는 순종적인 성질이 전혀 없었다. 나를 입으로 애무하기를 몹시 싫어했다. 엉덩이로 말하자면 확실히 매력적이기는 했다. 하지만 2년 동안이나 함께한 여자의 엉덩이가 여전히 매력적일 수 있을까? 그런 이유로 나는 죽음에 대한 아내의 오랜 숙원을 풀어주겠다는 카타리나의 제안을 받아들였다.

이튿날, 아멜리는 도시에서 가장 멀리 떨어진 여제의 별장으로 초대되었다.

모든 일을 자기 뜻대로 밀어붙이는 데에 익숙해 있던 여제가 이때 얼마나 기뻐했는지, 그 모습이 신기하다기보다는 바보 같았다. 그녀는 애처로운 스웨덴 여자를 매몰차고 가혹하게 대했으며, 가장 비열한 서비스를 강요했다. 그렇게 가장 괴로운 초조감에 빠뜨리더니 사형집행인의 손에 그녀를 넘겨주고, 자기가 보는 앞에서 직접 생각해낸 온갖 고문을 내리는 것이었다. 고문하는 사이사이 나에게 명령하여 이 가련한 희생자와 관계하게 했다. 사형집행인이 그녀를 괴롭히는 동안 나는 여제의 명령에 따라 그들을 채찍질해야 했다. 그때, 내가 절정에 이른 것을 보고 여제는 크게 만족하여 나를 자기 상대로 삼기에 걸맞은 사내로 인정하는 것 같았다. 나의 불쌍한 아내는 열두 시간에 걸친 격렬한 고문 끝에 숨을 거두었다. 카타리나는 20번 이상이나 극치에 이르렀고, 손수 사형집행인 노릇을 하기도 했다. 이리하여 여제의 계획을 밝히는 날은 일주일 뒤로 미뤄졌다.

이때까지 나는 교외의 별장에서만 여제를 만났는데 이번에 처음으로 그 유명한 동궁(冬宮) 안으로 초대를 받는 영광을 입었다.

여제는 말했다. "요전에 당신의 행동을 보고 당신의 강인한 성격을 의심할 여지가 없어졌어요. 덕분에 나도 어린 시절부터의 편견을 깡그리 버리고 세상의 바보들이 죄악이라 일컫는 것에 대해 당신이 어떻게 생각하는지를 알 수 있었지요. 그런데 이런 생각이 한낱 개인에게 도움이 된다면 군주나 정치가에겐 더욱더 그것이 필요하지 않겠어요? 고립된 인간이라면 자신의 사회적 행복의 기초를 튼튼히 하기 위해 평생 기껏해야 1, 2번 죄악을 저지르면 충분하죠. 자기 욕망을 거스르는 인간의 숫자도 아주 적으므로 그런 놈들을 무찌르기 위해 무기를 들어야 하는 경우도 드물어요.

하지만 우리 같은 사람들은 어쨌든 우리를 속일 생각만 하는 추종자라든지 우리를 몰아내려 호시탐탐 노리는 강력한 적들에게 늘 둘러싸여서 살아가므로 죄악을 써야만 하는 경우도 자주 생기죠. 왕의 권리를 내놓지 않으려면 자는 동안에도 채찍을 쥐고 있어야만 해요. 유명한 표트르 대제는 지금껏 노예의 처지밖엔 모르고, 노예 신분을 감수하던 백성을 해방함으로써 러시아를 위해 크게 공헌했다고 생각했지만, 자기 평판만을 마음속에 두었지 왕위를 이어받을 사람들에 대해선 전혀 생각해주지 않았으므로 자기 행동이 백성을 행복하게 하기는커녕 왕좌를 더럽히는 행위였다는 것조차도 전혀 몰랐어요.

　실제로 그 대개혁으로 백성이 조금이라도 이득을 보았을까요? 국가의 영토가 넓어지건 좁아지건 고양이 낯짝만 한 땅밖엔 지니지 못한 백성에게 그게 대체 무슨 소용이랍니까? 엄청난 비용을 들여 땅 위에 기술이나 과학시설을 세운다 해도 백성은 단지 식물이 자라는 것만을 바라지 않을까요? 겉으론 자유롭지만 내실은 속박이 더 심해졌는데 백성이 어떻게 행복할 수 있죠? 그러므로 터놓고 말하자면 표트르 대제는 러시아를 망가뜨린 사람이에요. 그리고 반대로 러시아를 옛 구속 상태로 되돌린 사람이야말로 러시아의 해방자가 될 거예요. 러시아인이 어설프게나마 분별 있는 백성이 된다면 여러 가지 모자란 점을 찾아내겠지만, 줄곧 억압을 당하면 육체적 필요보다 멀리까지는 눈이 미치지 않을 것입니다.

　이 두 상태 가운데 어느 쪽이 인간에게 행복한 상태일까요? 갑자기 눈가리개가 벗겨져 온갖 결핍이 눈에 들어오게 된 상태와, 무지몽매하여 아무것도 모르는 상태 중에요. 이만한 증거가 마련되어 있는데도 전제주의가 백성의 행복에 유리하다는 주장을 부정하고, 백성의 완전한 독립을 찬양하는 용기 있는 자가 있을까요? 이 점을 당신도 나와 마찬가지로 부정하지 못한다면 내가 앞으로 러시아를 과거로 되돌려서 표트르 이전의 미숙한 상태로 만들려는 모든 계획에 설마하니 반대하진 않겠죠? 표트르 이전엔 바실리예비치(이반 4세)의 정치방식이 내 취향에 맞아요. 그의 폭정이 나에겐 본보기가 되죠. 소문에 따르면 바실리예비치는 마구잡이로 죄인을 만들어선 학살하고, 그의 아내와 딸들을 강간하고, 손수 그들을 불구자로 만든 끝에 목을 매달거나 태워 죽였다고 해요. 자기 아들을 암살하게 하고, 노브고로드의 폭동을 평정했을 때는 3천 명을 볼가 강에 던져넣어 벌했다는군요. 그는 러시아의 네로였어요.

　그래서 나도 러시아의 테오도라나 메살리나가 될까 해요. 왕위를 굳건히 하기 위해서라면 제아무리 무시무시한 행동도 마다하지 않겠어요. 맨 먼저 단행해야 할 일은 아들의 목숨을 끊는 것입니다. 이 정치적인 대죄를 저지르기 위해, 보르샹, 나는 당신을 지목했어요. 러시아인 가운데에서 고르자니 어쩌면 왕자 편일지도 모르고, 그렇게 되면 내 지시에 따르기는커녕 배신자가 되기 십상이죠. 전에도 어떤 러시아인에게 남편을 살해하라고 맡겼다가 배신을 당하여 소송까지 간 적이 있어요. 이제 그런 어처구니없는 일을 겪는 건 질색이에요. 이런 원대한 계획은 절대로 같은 나라 사람에게 맡겨선 안 되죠. 자기 나라의 왕자이므로 뭐랄까 어떤 이상한 애착심이 남아 있어서 그것이 일을 그르치게 되거든요. 편견을 떨쳐내지 않으면 죄악 따윈 제대로 실행할 수 없어요. 하지만 당신이라면 조금도 걱정할 필요 없어요. 자, 이게 독약입니다. 이것을 사용해요…… 어때요, 보르샹? 맡아주겠어요?”

나는 몹시도 과격한 기질의 소유자인 부인을 향해 이렇게 대답했다.

“만약 제가 범죄에 취미를 붙이고 태어난 인간이 아니었더라면, 언제나 범죄를 저지르는 인간이 아니었더라면 당신이 제안한 계획은 저의 자존심을 적잖이 만족시켰을지도 모릅니다. 하지만 저 자신도 열렬히 지지하는 폭정의 존속을 위해 어수룩한 왕자 하나를 이 세상에서 없앤다는 상상만으로도 방금 당신이 말씀하신 계획을 기꺼이 받아들이고도 남음입니다. 부디 기대해주십시오. 명령을 따르겠나이다.”

“그러한 진심어린 복종이 나와 당신을 영원히 맺어주어 헤어지는 일이 없을 거예요.” 카타리나는 나를 꼭 안고 말했다. “내일은 세상의 온갖 쾌락으로 당신의 오관을 흠뻑 취하게 하겠어요. 내가 즐기는 모습도 보여주고, 당신의 그런 모습도 보고 싶어요. 그리고 가장 자극적인 음탕함에 취한 상태에서 그 독약을 당신에게 넘기겠어요. 내가 낳은 아들이 틀림없지만 살려둘 가치도 없는 그런 하찮은 자식의 목숨은 곧바로 끊어버려야 해요.”

회견 장소는 전에 갔던 시골의 별궁이었다. 여제가 나를 맞아들인 곳은 마치 마법의 방처럼 퀴퀴하게 느껴질 만큼 따뜻한 공기가 사계의 꽃들을 활짝 피워놓고 있었다. 방 둘레에 마호가니 의자가 나란히 있고, 화분들이 그 사이에 놓여 있다. 위쪽에 거울이 붙어 있는 터키식 소파는 매우 푹신하게 부풀어 있어서 무척 쾌락적인 기분을 자아낸다. 그러나 맞은편 구석을 보니 몹시 음산하고 처참한 광경이 펼쳐져 있었다. 20살쯤의 미청년 4명이 사슬에 묶여서 카타리나의 변덕스런 정욕의 먹이가 될 준비를 하고 있었던 것이다.

"이 사람들에겐 마지막 즐거움이 될 거예요." 여제가 말했다. "처음엔 보통의 즐거움으로 우리의 오관을 자극해가다가 마지막 흥분을 위해 저 사람들을 쓰도록 해요. 아니면 당신은 여자를 죽이는 게 더 좋은가요?"

"어느 쪽이든 상관없습니다." 나는 대답했다. "빨리 시작하시지요. 살인을 저지르게 되면 그게 어떤 인간이든 제 감각은 언제나 불타오르니까 말입니다."

"아, 보르샹, 이 세상에서 즐거운 일은 정말이지 딱 이것뿐이라니까요. 자연을 거스른다는 건 얼마나 유쾌한 일인지!"

"살인은 자연을 거스르는 일이 결코 아닙니다!"

"그야 그렇지만 살인은 법률을 어기는 거잖아요. 나를 이토록 열중하게 하는 생각은 없어요."

"법률을 만든 사람이 아니면 법률을 짓밟는 일은 불가능할지도 모르죠. 그런데 폐하는 저 네 미남자를 이미 실컷 즐기셨습니까?"

"그렇지 않다면야 족쇄로 묶어놨겠어요?"

"저자들은 자기 목숨이 어떻게 될지 알고 있나요?"

"아뇨, 아직은. 이제 곧 쓸 단계가 되면 선고를 내리기로 하죠. 당신의 물건이 나의 그곳에 들어와 있는 동안에 내가 판결을 내리겠어요."

"선고뿐만 아니라 처형까지 손수 하심이 어떠신지……."

"아유! 정말 나쁜 사람이군요. 감탄했어요." 카타리나가 내게 말했다.

우리가 하고자 하는 난잡한 행동의 대상들이 차례차례 나타났다. 열대여섯 남짓한 처녀가 6명으로, 하나같이 매우 보기 드문 미인이다. 180센티쯤 되는 사내가 6명, 이들은 정말이지 손으로 쥘 수조차도 없을 정도로 굵은 물건을 지니고 있다.

"내 앞에 세워요." 카타리나가 말했다. "내가 즐기는 모습을 보도록 해요. 손을 대면 안 돼요. 마음이 내키면 손장난은 해도 되지만 방해하진 말아요. 가장 음란한 내 모습을 당신에게 보임으로써 근사한 쾌락을 맛보고 싶거든요. 나는 이런 파렴치한 쾌락이 마음에 쏙 들어요. 벌써 머릿속이 멍해지는군요."

나는 그녀의 말대로 보고만 있었다.

조금 지나자 여제가 말했다. "이제 됐어요. 이번엔 더 중요한 걸 할까요?"

그리하여 희생자들이 들어왔는데 그중 하나가 여제의 아들과 꼭 닮은 것을 보고 나는 어찌나 놀랐는지 모른다. 순간 진짜 아들이 아닐까 생각했을 정도였다. 놀란 내 얼굴을 보고 카타리나가 말했다.

"내가 뭘 할 셈인지 알아요?"

"제 짧은 생각으로 헤아리건대 어쩌면 당신은 이 사람을 써서 그와 똑 닮은 사람에게 예정해둔 독약을 실험하려는 게 아닙니까?"

"맞아요." 카타리나가 대답했다. "내가 아들의 숨이 넘어가는 모습을 보고 즐길 수는 없으니까요. 그나마 아들하고 닮은 자가 죽는 모습을 보면서 그 모습을 떠올려보고 싶어서예요. 착각하기는 쉽거든요. 당신도 실컷 즐기세요."

"당신은 멋진 여자입니다." 나는 소리치고 말았다. "당신이 세계의 여왕이고, 내가 그 국무총리였으면 좋았을 텐데요!"

"그랬으면 나쁜 짓을 실컷 할 수 있었을 텐데, 그렇지요?" 여제는 대답했다. "나쁜 짓을 하고 또 해도 희생자는 점점 더 늘어나기만 할 테니까 말이죠……."

손을 대기 전에 카타리나는 4명의 희생자에게 애무를 받았다. 나는 그사이 그들의 항문에 삽입을 하고, 다른 12명의 남자들은 우리 근처에서 외설적이고 난잡한 광경을 펼치면서 우리에게 채찍질을 하거나 자극하곤 했다.

"맨 처음에 우리를 애무한 사내 여섯이 나의 평소 사형집행인이에요." 여제가 말했다. "그들은 이제부터 이 네 희생자를 상대로 작업을 할 거예요. 여자들 가운데에서 누구 마음에 드는 사람이 있나요? 당신 마음대로 해도 좋아요. 마음에 드는 여자가 있으면 말해봐요. 다른 아이들은 물리쳐버립시다. 아무에게도 방해받지 않고 차분한 마음으로 고문을 즐기기 위해서 말이에요."

나는 사랑스런 여자들 가운데에서 2명에게 특히 끌렸으므로 그 둘을 제물로 삼기로 했다. 그리하여 우리는 모두 14명이 되었다. 사형집행인 여섯과, 같은 수의 제물, 그리고 여제와 나였다.

무대에 오른 첫 번째 제물은 카타리나의 아들의 살아 있는 초상이었다. 내 손으로 불길한 음료를 내밀었다. 효과는 30분 뒤에 나타날 예정이었다. 그

30분 동안 우리는 둘이서 쉴 틈도 없이 이 소년을 데리고 놀았다. 마침내 고통이 나타나기 시작했다. 말할 수 없이 처참한 고통과 함께 소년은 처음의 고통이 시작된 지 10분 만에 바로 죽고 말았다. 이어 그녀는 다른 남자들을 묶고는 찌르거나 자극하기도 했다. 그사이 사형집행인들은 (그녀의 명령으로 나도 그중 하나가 되어 있었다) 이 남자들의 몸을 토막내고 있었다.

나 혼자서 처형하기로 되어 있던 두 처녀도 남자들과 마찬가지로 처참한 고문에서 벗어날 수 없었다. 아니 오히려 세련된 잔혹이란 점에서 나는 여제가 보인 것보다 더한 잔인성을 행사했다. 한 여자의 옥문 안에 구슬핀을 넣어놓고, 그 여자에게 들어갔던 것이다. 나의 물건이 요동칠 때마다 바늘 끝이 온몸을 쑤셨으므로 여자는 새된 비명을 질렀다. 카타리나도 이토록 절묘한 고문은 생각해내지 못했다며 몹시 감탄한 것 같았다.

시체를 정리한 뒤, 나는 카타리나와 마주앉아서 식사를 했다. 둘 다 알몸이었다. 여제는 나에게 완전히 반해서 나의 강인함을 입이 마르도록 칭찬하고, 내가 그녀의 아들을 죽이면 궁중에서 으뜸 가는 요직에 앉히겠다고 약속했다. 독약을 받은 나는 내일 당장 일을 시작하겠다고 약속했다. 두 번 더 카타리나와 관계를 나눈 다음 우리는 헤어졌다.

나는 전부터 어린 왕자와 가깝게 사귀고 있었다. 카타리나가 일부러 그렇게 꾸몄던 것이다. 그녀는 내가 그 젊은이와 비역을 하는 것까지 바랐는데, 내가 그녀에게 전할 그 젊은 육체에 대한 세밀한 보고를 듣고 자신의 음탕한 욕구를 자극하기 위해서였다. 일이 순조롭게 돌아가자 카타리나는 어느 날 어둠 속에 숨어서 우리가 섹스하는 것을 훔쳐보기도 했다. 이런 관계가 계획 실행에 필요한 수단을 쉽게 했다.

어느 아침, 언제나처럼 왕자는 나의 집에 가벼운 마음으로 불려왔는데, 나는 그 자리에서 일을 결행했던 것이다. 그렇지만 전부터 어머니의 그러한 음모에 익숙해 있던 젊은 왕자는 자기 집 밖에서 식사할 때는 위에 아주 적은 통증이라도 느끼면 반드시 해독제를 마셨다. 그래서 우리의 극악한 계획은 물거품이 되었다. 카타리나는 이내 내가 기가 꺾인 탓이라며 심한 욕지거리를 하더니 내가 궁전을 나오자 체포해버렸다.

알다시피 국사범은 모두 시베리아로 보내지는 것이 정해진 운명이다. 재산을 몰수당하고 부동산은 차압당하여 공포의 땅으로 호송되자 다른 죄수들과 함께 벌로서 한 달에 12필의 짐승 가죽을 감옥장관에게 보내라는 언도를 받았고, 명령을 지키지 않으면 피가 날 때까지 채찍으로 맞았다. 음침하고 처참한 학교 같은 곳이지만 나는 이 고문을 내 건강을 위해 반드시 필요한, 격렬한 내면의 욕구처럼 느꼈으므로 날마다 기꺼이 채찍질을 당했다.

시베리아에서

시베리아에 도착하여 내가 살게 된 집은 15년 동안 복역하다가 얼마 전에 죽은 남자가 줄곧 살던 오두막이었다. 방이 3개 있고, 벽에는 격자무늬 채광창이 있다. 전나무로 지은 집에 생선뼈를 깐 바닥은 상아처럼 반짝반짝 빛이 났다. 오두막 앞에는 매우 아름다운 나무들이 즐비했다. 들짐승의 침입을 막기 위해 웅덩이를 파놓았고, 웅덩이 주위에는 커다란 배와 십자로 엮은 나무 울타리가 빙 둘러져 있다. 이 울타리에는 뾰족한 꼬챙이가 빈틈없이 꽂혀 있어서 일단 문을 잠그면 마치 견고한 산채 안에 있는 것처럼 안전했다. 오두막 안에는 죽은 남자가 남긴 굳은 빵과 소금에 절인 순록고기, 벌꿀주 몇 병이 눈에 띄었다. 이런 초라한 오두막에 살면서 나는 사냥을 하고 돌아올 때마다 귀족들의 부정과 운명의 잔인성을 슬퍼해야 했다. 암담한 이곳 유배지에서 무려 10년을 보냈지만 친구라고는 불행한 몇몇 죄수들뿐이었다.

죄수 가운데 헝가리 출신의 자유분방하고 무절제한 테르고비치라는 이름의 사나이가 있었는데 그나마 그 사람하고 죽이 맞았다. 적어도 죄악을 논할 수 있는 상대는 이 사람뿐으로, 다른 자들은 완전히 들짐승처럼 죄악을 저지르기만 할 뿐이었다. 테르고비치만은 인과응보를 믿었으므로 신에게 자비를 구걸하지 않고 날마다 욕지거리를 하거나 신을 모독하는 말을 토해내며 분풀이를 했다. 갖가지 죄를 다 저질렀는데도 그 강철 같은 마음에는 어떠한 뉘우침의 감정도 끼어들지 못했으며, 지금의 처지에서 그가 단 한 가지 유감으로 여기는 것은 자기의 뜻과 반대로 욕망을 억눌러야만 하는 점이었다. 테르고비치도 나와 마찬가지로 서른 줄이었는데 생김새가 매우 남자다웠다. 둘은 믿음의 증거로서 먼저 서로의 항문을 빌려주었다.

그리하여 그곳으로 섹스를 하고 나자 헝가리인이 말했다. "내가 이런 걸 하는 이유는 가까이에 여자가 없어서가 아니야. 그냥 좋아서 할 따름이지. 나는 남자는 좋아하지만 여자는 질색이야. 설령 이곳에 몇 백만의 여자가 있다 해도 나는 손가락 하나 건드리지 않을걸."

나는 친구에게 물었다. "이렇게 척박한 땅에도 우리가 소돔의 쾌락을 즐기도록 동료가 되어줄 만한 사람들이 조금은 있겠지?"

"있고말고." 테르고비치는 대답했다. "여기서 멀지 않은 곳에 보르도밀이라는 폴란드 사람이 살고 있어. 56살인데 빼어난 미남자에 지독한 남색가야. 18년 전쯤에 이 살풍경한 땅에 왔는데 나에게 홀딱 반했거든. 자네를 보면 매우 좋아할 거야. 보르샹, 우리 셋이서 힘을 모아 이 기분 나쁜 땅을 탈출하지 않겠나?"

우리는 그날 안으로 서둘러 폴란드인을 만나러 갔다. 그는 거기서 50베르스타(러시아의 옛 거리단위로 1베르스타=1.067킬로미터)쯤 되는 곳에 살고 있었다. 시베리아에선 이런 거리도 이웃에 속한다. 보르도밀은 러시아에서 중죄를 저지르고 쫓겨난 인물인데 확실히 뛰어난 미남에다 놀랄 만큼 잔인한 생김새를 지녔다. 첫인상이 나쁘고, 사람을 싫어하는 표정이 얼굴 전체에 또렷이 드러나 있다. 그런데도 그가 특별한 눈길로 나를 본 것은 테르고비치가 미리 말해두었기 때문임이 분명했다.

식사를 마치자 우리는 셋 다 자연스레 바지에 손이 갔다. 보르도밀의 물건은 당당했는데, 그의 엉덩이는 내가 평생 본 것 가운데 가장 단단했다.

테르고비치가 말했다. "이 사람은 말이지 날마다 채찍으로 맞기 위해서 짐승가죽을 단 한 번도 가져간 적이 없어."

"당연하지" 폴란드인이 말했다. "세상에 그보다 큰 즐거움이 어디 있다고. 자네들이 때리고 싶다면 내 엉덩이를 대주지."

테르고비치와 내가 채찍을 들고 꼬박 한 시간 동안 폴란드인의 엉덩이를 계속해서 쳤지만, 흥분한 것처럼 보이지도 않았다. 마지막에 남색가는 겨우 흥분하여 내 엉덩이를 붙잡더니 커다란 남근을 적시지도 않고 들이밀었다. 눈 깜짝할 사이에 나는 당하고 말았다. 그사이 테르고비치가 그의 항문에 섹스를 했다.

혹독한 추위였지만 오두막 안은 램프의 기름연기가 자욱했으므로 우리는 집 밖의 눈 위에서 놀았다. 무지막지한 물건 때문에 나는 아파서 어쩔 줄 몰랐지만, 보르도밀은 인정사정없이 계속해서 해댔다. 나의 엉덩이를 떠나면 다음엔 테르고비치에게 그렇게 했다. 둘을 상대로 두 시간 가까이 애썼지만 절정까지는 가지 못했다. 그가 테르고비치를 한창 애무하는 사이 나는 그에게 하고 있었는데 이 남자만큼 감각이 무디지는 않았으므로 곧 사정하고 말았다.

폴란드인은 절정에 이르는 일 없이 그것을 빼내더니 말했다. "분하지만 나는 이 즐거움을 참아야만 해. 그렇지 않으면 혼자서 즐기거나. 어쨌거나 피를 보지 않고 섹스할 수는 없거든. 인간을 죽일 순 없으니까 나는 동물을 죽여서 그 피를 뒤집어쓰고 참는 거야. 하지만 맹렬한 정욕을 느낄 때는 이런 미적지근한 수단으론 몹시 고통스러워……."

"아아!" 테르고비치가 말했다. "그 의견엔 나도 대찬성이야. 이도저도 아닌 상태로 두는 건 아무리 생각해도 좋지 않아……."

"하지만 죽일 만한 사람을 찾을 수 있을까?" 내가 두 친구에게 말했다.

"죄수들이 있잖아."

"같은 운명에 놓인 사람에 대한 동정은 없는 거야?"

"동정이라고?" 폴란드인이 말했다. "욕망을 꺾는 그런 감정이 냉혹한 인간의 마음에 떠오를 수 있다고 보는가? 죄악이 나의 유일한 즐거움인데 동정 같은 그런 따분하고 바보 같고 하찮은 감정에 얽매여 있겠느냔 말이야. 기억해둬. 내 영혼은 그런 감정과는 인연이 없고, 또 그런 감정을 단 한순간이라도 믿는 바보들을 나는 경멸해. 피 흘리는 욕망이라는 놈은 모든 욕망 가운데서도 가장 어쩔 수 없는 욕망으로서 이것엔 어떤 속박도 없어. 이렇게 말하는 나부터도 할아버지를 살해하고, 부모를 죽이고, 아내를 죽이고, 자식들을 죽였지만 후회 따윈 털끝만큼도 모르거든. 아주 조금 용기가 있고 편견만 버리면 인간은 누구든지 편안하게 제멋대로 할 수 있게 되지. 습관이 인간을 만드는 거야. 마음에 드는 습관에 순응하는 것보다 쉬운 일은 없어. 처음의 혐오감만 이겨내면 나머진 혈기의 문제야. 잠깐 동안 자네들의 음경을 쥐고 공포를 느낄 정도의 공상에 익숙해져봐. 머잖아 그 공상을 사랑하게 될 거야. 온갖 죄악에 친숙해지기 위해 내가 해온 방법이란 이런 것이지. 죄악을 바라기는 했지만 처음엔 죄악에 떨었지. 그러다 나는 죄악을 상상하면서 손장난을 하다가 마침내 이렇게 냉정하게, 언제든지 죄악에 빠져 그것을 즐길 수 있게 된 거야.

무슨 일에서건 걱정하다 보면 대수롭지 않은 죄악도 제대로 해내지 못하는 법이야. 이상하게도 나는 어릴 적부터 내가 아닌 남을 위해 애쓰며 살아야 한다는 말을 들으며 자라왔지. 그래서 존경하는 타인에게 이루어진 모든 침해가 내 눈에는 말로 다 못할 엄청난 죄처럼 보였어. 하지만 이런 침해도 사실은 자연에서 흔히 일어나는 일에 불과하며, 나는 타인보다 나 자신을 선택하고, 내 쾌락을 위해 남을 괴롭히지 않고선 자연법칙을 보다 잘 만족시킬 수가 없었지.

만약 내가 자연의 모든 산물과 같으며, 그것들보다 가치 있는 존재가 아니란 게 진실이라면 우리 인간만이 자연과는 다른 법칙에 따라 움직이고 있다고 믿을 이유가 대체 어디에 있지? 식물이나 동물이 동정심을 알까? 사회적 의무나 이웃사랑에 대해 알겠느냐고? 자연 속에 이기주의의 법칙 말고 어떤 최고의 법칙이 있느냔 말이야. 이러한 것에 관한 모든 커다란 불행은 인간의 법률이 무지 또는 편견의 결과로서 생겨난 것이기 때문이야. 법률을 만든 인간은 자신의 하찮은 동기, 인색한 목적, 나아가 이해관계 같은 것밖에 고려하지 않았어. 한 나라의 법률을 만드는 자는 그 나라의 국민 가운데서 선출되어선 결코 안 돼. 이렇게 뽑힌 법률가는 자기가 그 나라에 퍼뜨려도 안전하다고 믿는 어리석은 일들만 법률로서 국민에게 건네기 때문이야. 그런 제도에 걸맞은 위대한 성격 따위 있을 턱이 없어. 그런데 자연이 인간의 마음에 새겨놓은 모든 것과 완전하게 모순되는 이 법률에 인간은 대체 어떠한 존경심을 가져야 하지?"

"키스해주게, 친구여."

나는 이 사랑스런 인물의 생각과 내 생각이 너무나 닮아서 몹시 기쁜 나머지 나도 모르게 이렇게 말했다.

"자네가 지금 말한 것은 아주 오래전부터 내 머릿속에도 있었어. 적어도 자네하고 비슷할 정도로 꿈쩍 않는 한 영혼을 여기서 자네에게 선물로 바치겠네……."

"나는 자네들만큼 발전해 있지 않아." 헝가리인이 말했다. "나는 여동생과 조카, 그리고 여기 있는 보르도밀과 함께 동료들을 몇 명 죽인 일밖엔 없어. 하지만 몸이 근질근질하고 좀이 쑤시는군. 죄를 지을 기회가, 할 수 있다면 매일이라도 내 앞에 제공되면 좋겠다고 진심으로 바라고 있어."

"여러분." 나는 말했다. "이렇게 서로 똑 닮은 동지들이 뿔뿔이 흩어져 있어서야 되겠는가? 모두가 죄수의 처지인 지금, 우리는 서로 힘을 모아 부정한 인간들이 씌운 강철 올가미를 깨부숴야 해!"

"맹세하네. 우리 모두 자네가 말한 대로 따르겠어." 보르도밀이 소리쳤다.

"나도." 테르고비치가 말했다.

"좋아!" 나는 대답했다. "그럼 이제부터 이 기분 나쁜 땅의 국경을 향해 가세. 국경에는 총과 칼이 우릴 기다리고 있을지도 모르지만 그게 무슨 대수인가? 그런 건 밟고 넘어서 감세. 그리하여 일단 자유의 몸이 되고 나면 다른 사람들의 생명과 재산을 실컷 빼앗아서 우리를 이런 곳에 처넣은 그 잔인한 창녀 때문에 입은 손해를 되돌려주지 않겠나?"

보드카 몇 병이 우리의 맹세를 더욱 굳게 했다. 우리가 다시 한 차례 서로의 항문에 섹스를 하고 있으려니 15살 남짓한 소년이 보르도밀을 찾아와서 짐승가죽이 좀 있으면 아버지한테 빌려주지 않겠느냐, 곧 돌려주마고 부탁하는 것이었다.

"이 아이는 누군가?" 나는 친구에게 물어보았다.

"러시아 대귀족의 아들이야." 보르도밀이 대답했다. "카타리나의 심기를 건드리는 바람에 우리와 마찬가지로 유형을 당했지. 여기서 1백 베르스타 떨어진 곳에서 아버지와 둘이서 살고 있어……"

그는 내 귀에 입을 바짝 대고 말했다. "이 아이의 아버지가 자초지종을 알려면 꽤 멀리까지 와야 할 테니까 어때? 자네들만 괜찮다면 다같이 이 아이를 데리고 즐겨볼까?"

"그거 좋군."

말이 채 끝나기도 전에 나는 소년을 내 쪽으로 와락 끌어당겨 바지를 무릎까지 끌어내렸다.

"데리고 논 다음엔 먹어치우세. 이런 어린아이의 살은 우리가 여기서 매일 먹는 빈약한 담비 고기보다 맛이 훨씬 좋을 테니까 말야."

두 친구가 아이를 억누르고 있는 사이 맨 먼저 내가 했다. 다음엔 테르고비치의 차례였다. 보르도밀은 물건이 아주 크기 때문에 맨 마지막으로 밀려났다. 모두 일을 치르고 난 뒤 처음부터 다시 시작했다. 머지않아 어린아이에게 싫증이 나자 우리는 그를 산 채로 구워서 꼬치에 꿰어 군침을 삼켜가며 먹어치웠다.

"이렇게 맛좋은 고기를 소홀히 해선 안 되지." 헝가리인이 말했다. "무슨 벌을 받으려고. 이런 풍미, 이렇게 부드러운 맛은 세상에 없을 거야. 야만인이 이 고기를 가장 진귀하고 소중히 여기는 것도 당연해."

"이것 또한 유럽적 불합리의 하나야. 살인죄란 것을 만들었으면 고기를 먹는 습관도 금지했어야지. 거만하기 짝이 없는 정신으로 돼지를 도살하여 먹는 것엔 어떠한 죄악도 인정하지 않는 인간들이 똑같은 방법으로 인간을 죽이는 일은 가장 큰 악이라고 믿거든. 이게 내가 진저리나게 혐오하는 문명이란 것의 불길한 모습이야. 인간이란 마치 미치광이 일족 같아. 업신여기고 내다버려 마땅한 부류지." 보르도밀이 말했다.

진수성찬이 끝나자 우리는 셋 다 폴란드인의 집에서 잤다. 그리고 이튿날 새벽에 몸에 무기를 지니고 떠났다. 도적질과 살인 말고는 어떠한 거래도 절대 하지 말 것, 이기주의와 자기 이익 말고는 어떠한 것에도 절대 봉사하지 말 것, 이것이 우리 3명의 굳은 결의였다.

가는 길은 꽤 험난했지만 우리의 첫 번째 계획은 중국 국경에 이르는 것이었다. 러시아 국내와 여제의 지배 아래 있는 다른 인접지역은 피하는 편이 나았다. 그런 땅을 돌아다니다간 어김없이 잡히고 말 터였다. 하지만 그 머나먼 길에 두려움을 느끼며 우리는 사막을 지나 카스피해 연안에 이르렀고, 다시 몇 달 걸려서 아스트라칸에 도착했다.

거기서 다시 가는 곳마다 마주치는 자가 있으면 모조리 죽이거나 재물을 빼앗고, 능욕하고 겁탈해가면서 피와 전리품으로 주머니를 두둑이 채워 우리는 티프리스에 닿았다.

아주 오래전부터 우리는 어디 좀 고상하고 고요한 도시에 가고 싶다고 생각했다. 그런 곳에 가면 그리 큰 소동을 일으키지 않아도 보다 음탕하고 쾌적하며 보다 편리한 방법으로 얼마든지 욕망을 채울 수 있기 때문이다. 그 점에서 그루지야 주민의 가벼운 엉덩이와 아름다움은 우리가 기대했던 것 모두를 약속해준 셈이었다.

티프리스는 그루지야를 가로질러 흐르는 쿨 강가의 작은 산기슭에 위치한 도시이다. 도시에는 꽤 훌륭한 궁전이 있었다. ……티프리스의 주요 거래품은 여자이다. 여자는 시장의 소처럼 아시아나 콘스탄티노플의 후궁으로 보내기 위해 공공연히 매매되었다. 누구든지 천막 속의 여자들을 보러 들어가서 손으로 만져가며 조사할 수가 있다. 막 젖을 뗀 듯한 어린아이에서부터 열대여섯까지의 소녀를 마음대로 고를 수 있다.

테르고비치는 태어날 때부터 농락술이 뛰어난 사나이였으므로 재빨리 이 도시의 대귀족이 사는 집을 찾아가서 그 집에서 함께 살게 해준다는 보증을 받아냈다. 귀족은 꽤 이름 있는 자산가로 매우 아름다운 세 딸과, 아들 셋을 두고 있었다. 과거 세계 여러 곳을 여행했다는 말에 테르고비치는 분명히 스웨덴에서 뵌 적이 있다고 적당히 둘러대어 손쉽게 그의 신임을 받아냈다. 우리가 이토록 환대를 받은 적은 전에 없었거니와 그러한 환대를 베풀어준 친절한 인물에게 이렇게 진저리나도록 그 친절의 앙갚음을 해준 적도 없었다.

우리는 먼저 어린아이들을 유혹하는 것부터 시작했다. 이리하여 보름쯤 지나자 아들과 딸을 번갈아가며 실컷 데리고 놀 수 있었다. 더 이상 데리고 놀 것이 없어지자 이번엔 무엇을 하면 좋겠느냐고 보르도밀이 물었다.

"저 호인의 재산을 훔치세." 내가 말했다. "놈의 금은보화는 틀림없이 자식들의 엉덩이와 맞먹는 가치가 있을 것 같으니 말이야."

"훔친 다음엔 뭘 하지?" 테르고비치가 말했다.

"그야 뻔하잖아?" 내가 대답했다. "놈들을 죽이는 걸세. 이 집엔 하인이 많지 않아. 우리는 뭐든지 마음대로 할 수 있을 만큼 힘이 있어. 그 귀여운 아이들을 죽일 생각만 해도 벌써부터 내 물건이 바짝 서는군."

"하지만 우리에겐 의리가 있어." 보르도밀이 말했다.

"그 미덕은 요컨대 우리에게 친절을 베푼 상대에게 은혜를 갚아야 한다는 것이겠지? 하지만 이자는 우리에게 여러 번 말했어. 선량한 그리스도교도로서 자기는 곧장 천국에 가리란 것을 굳게 믿는다고 말야. 그렇다면 그자는 이런 세상에 있으니 차라리 천국에 가 있는 편이 천배나 행복하지 않겠나?" 내가 말했다.

"그야 그렇지."

"그러니까 그자의 기분을 만족시켜주어야 해!" 내가 외쳤다.

"그래." 보르도밀이 말했다.

"하지만 잔혹한 방법을 쓰지 않으면 그자들을 죽여봤자 무슨 소용이 있겠나? 필요할 때마다 훔치거나 죽이는 건 이제 질렸어. 이쯤에서 악의에 따라, 취미로 살인을 해보고 싶군. 온 세상 사람들이 우리가 저지른 죄를 알고 전율하지 않을까…… 인류가 우리하고 똑같은 종이란 것을 부끄러워하면 좋겠어. 그리고 이 죄를 세상에 증명하기 위해 기념비가 세워지고, 우리 손으로 그 기념비에 우리의 이름을 새겨넣으면 얼마나 좋을까."

"흐음, 무슨 소린지 알겠어. 우리도 찬성이야. 그런데 요컨대 어떻게 하잔 거지?"

"놈에게 자식의 살을 굽게 하는 거야. 그런 다음 우리하고 함께 먹게 하는 거지. 우리는 그사이 놈을 강간해주자. 다 먹었으면 남은 고기를 놈의 몸 주위에 꿰매어 이 집 창고에 묶어두는 거야. 아무 때나 좋을 때 멋대로 죽이면 되는 거고."

우리 모두 이 음모에 찬성했다. 하지만 재수 없게도 경계를 게을리한 탓에 이 집의 딸이 모든 것을 엿듣고 말았다. 그녀는 우리의 노리개가 되어 너무나 가혹한 취급을 받은 탓에 이미 절름발이가 되어 있었다. 게다가 보르도밀의 커다란 물건이 그녀의 국부를 찢어놓았으므로 며칠 전부터 우리는 하찮은 선물 같은 것으로 겨우 그녀의 비위를 맞춰놓은 참이었다. 이야기를 들은 그녀는 두려움에 질려서 참지 못하고 아버지에게 모조리 일러바쳤다. 아버지는 사정을 듣고 재빨리 자기 집으로 주둔부대를 불렀고, 주둔부대는 경찰의 명령에 따라 우리를 감시하게 되었다. 하지만 신은 언제나 악의 편이고, 미덕 따윈 악의 발밑에 놓이기 마련이다. 예부터 모든 일이 그렇게 되도록 정해져 있었다.

주인이 우리에게 이유도 말하지 않고 집으로 불러들인 주둔군 병사 4명은 우리와 마찬가지로 카타리나의 족쇄를 풀고 달아난 시베리아 죄수임이 곧 밝혀졌다. 그렇다면 그들이 그루지야의 그리스도교도보다 우리 편이 되기를 기뻐하는 것은 너무나 당연했다. 따라서 딱한 사나이는 자기 집 안으로 적을 불러들인 꼴이었다. 6명의 자식을 데리고 놀다가 이익은 똑같이 나누겠다고 유혹하자 그들은 크게 기뻐했다.

우리는 서둘러 일을 벌이기 시작했다. 먼저 불쌍한 귀족을 살롱 기둥에 묶고, 그 엉덩이에 5백 번이나 채찍질을 한 다음, 그의 눈앞에서 자식들이 희롱당하는 모습을 구경시켜주었다. 이어 여섯 아이들을 그의 주위에 묶어놓고 온 방 안이 피바다가 될 때까지 엉덩이를 채찍으로 후려쳤다. 다음엔 아이들을 눕혀놓고 다리를 높게 들어올린 다음 가죽 채찍으로 몸의 앞부분을 닥치는 대로 때려서 상처투성이가 되게 했다. 그런 다음 아버지가 직접 자식들을 희롱하게 하려 했지만, 우리가 아무리 강요해도 도무지 듣지 않았으므로 에라 모르겠다, 그의 물건을 잘라내 아버지에게, 아직도 실룩거리는 살, 자기가 손수 만든 살을 먹게 했다.

거기까진 괜찮았는데 이때 뜻밖에도 낯선 여신이 우리의 머리 위로 횃불을 휘두르며 나타났다. 네 병사 가운데 태양처럼 아름다운 러시아인 젊은이를 보고 보르도밀도 나도 어느새 물건이 단단해지고 만 것이다. 내가 젊은 병사의 바지를 잡고 놓지 않자 보르도밀은 갖은 핑계를 대어가며 자기 것으로 만들려 했다. 마침내 내가 항문삽입을 하고 나자 그 순간 보르도밀이 단검을 들고 다가오는 것이 보였다. 순간 나도 단검을 뺐고, 나의 정액이 들어가 있는 병사의 엉덩이를 떼어놓지도 않은 채 다가오는 보르도밀의 왼쪽 옆구리를 푹 찔러 피가 솟구치는 가운데 그를 기절시켜버렸다.

마찬가지로 병사를 상대하고 있던 테르고비치가 말했다. "대단하군. 섹스를 하면서 적을 찌른다. 매우 남자다운 행위야. 보르샹, 나는 솔직히 말해서 자네가 이놈을 죽인다 해도 전혀 불만이 없어. 어차피 이놈은 우리를 짓밟을 뻔뻔스런 녀석이니까."

나는 마지막 일격을 가함과 동시에 사정을 했다. 살인은 극치감을 방해하기는커녕 도리어 그것을 촉진시켰다. 나는 파이프에 불을 붙이며 테르고비치에게 이렇게 말했다.

"이봐, 친구. 나도 꽤 오래전부터 이놈에게서 우리의 단결을 위협하는 징후를 느끼지 않았더라면 결코 이런 식으로 죽이진 않았을 거야. 뭐, 어쩔 수 없지. 이렇게 되었으니 우리 둘은 끝까지 사이좋게 해나가자고. 이런 놈이 없어도 우린 딱히 불편할 게 없으니까."

그리하여 일을 마치고 예정된 계획을 모두 실행했다. 우리가 빼앗은 재산은 액수가 상당했다. 병사들은 저마다 돈을 받고 싱글벙글 하며 돌아갔다. 하지만 나는 아까의 젊은이와 헤어지고 싶지 않았다. 카르손도 나를 따라오겠다고 했다. 그래서 노새 두 마리에게 짐을 싣고, 우리 셋은 훌륭한 말을 타고 흑해를 따라 나아가 마침내 콘스탄티노플에 닿았다.

이탈리아에 머물러 살고 싶었던 나는 곧바로 빈 땅이 없는지 수소문해보았다. 그리하여 지금 여러분이 있는 이 땅을 찾아내 자리를 잡은 것이다. 그러나 아무리 부자가 되었어도 산적행위에서 손을 씻을 수가 없었다. 이 사업은 꽤 매력이 있는 데다 나의 기질에 너무나 잘 맞았으므로 다른 사업 같은 건 도저히 할 마음이 들지 않았던 것이다.

 도적질과 살인은 내 인생에서 가장 필요하고 빠질 수 없는 것이 되었다. 내가 날마다 즐기고 있는 이 감미로운 쾌락을 빼앗는다면 아마도 나는 살아가지 못할 것이다. 일찍이 봉건시대의 대제후가 그의 영지에서 했던 것처럼 나도 이 땅에서 나의 명예로운 직업을 영위하고 있다. 변변치 못하나마 군대도 지니고 있다. 카르손은 나의 부하다. 여러분을 붙잡은 사람이 바로 카르손이다. 내가 파리로 여행을 가 있는 동안 내 지위를 대행했던 것도 그다. 나는 동생을 만나고 싶어 참지 못하고 파리로 찾아 나섰던 것이다.

 크레아빌은 파리에서 위세가 높고 막대한 재산도 지니고 있었지만 그것을 모두 버리고 나와 운명을 함께하기를 망설이지 않았다. 내 직업을 기뻐하고, 그로써 자기도 타고난 잔인한 정욕을 만족시키게 되었다. 그녀가 이 정욕에 얼마나 시달렸는지는 여러분이 이미 아는 바이다. 나는 파리에서 석 달 동안 그녀를 기다렸다가 둘이서 함께 이 죄악과 추행의 소굴로 다시 돌아왔다.

 남매의 유대를 부부의 인연으로 더욱 굳건히 다지기 위해 우리는 돌아오는 길에 리옹에서 결혼식을 올렸다. 따라서 현재 우리는 어떤 상황도 둘의 관계를 깨뜨릴 수 없을 만큼 굳게 맺어져 있는 것이다. 서로가 저주스런 성격의 소유자임엔 틀림이 없지만 여러분처럼 솔직한 마음을 지닌 친구라면 언제든지 크게 기뻐하며 우리집으로 맞아들이는 것을 즐거운 의무로 여기는 바이다.

나폴리 순례

그 뒤로 우리는 며칠 동안 보르샹의 집에서 즐겁게 지냈는데, 언제까지나 그렇게 놀면서 지낼 수도 없는 노릇이어서 큰마음 먹고 떠나기로 했다.

그러자 보르샹이 말했다. "처음 예정으론 나도 여러분과 함께 나폴리로 갈 생각이었기 때문에 그날을 손꼽아 기다렸습니다만 가까운 시일 내에 이 사업에서 발을 뺄 생각을 하던 참이라 저로서도 사업을 정리할 필요가 있군요. 하지만 동생만은 여러분과 함께 아름다운 도시 나폴리로 갈 수 있을 것입니다. 여기 80만 프랑이 있으니 여비로 쓰십시오.

도착하면 근사한 저택을 빌리고, 여러분 셋은 자매라고 해두세요. 어딘가 닮은 데가 있으니까 걱정 없어요. 다들 믿을 겁니다. 여러분이 즐거움에 빠져 있는 동안 스브리가니가 모든 일을 빈틈없이 처리할 것입니다. 엘리스와 레이몬드는 여러분의 놀이친구로 해두면 되겠죠. 될 수 있으면 나도 만나러 가겠어요. 세 사람 다 실컷 노는 건 괜찮지만 놀더라도 부디 나를 잊진 말아요."

우리는 출발했다. 사실대로 말하자면 나는 카르손에게 미련이 있었다. 크레아빌의 오빠 집에 머무는 동안 나는 근사한 물건을 지닌 이 미청년에게서 감미로운 기분을 수도 없이 느끼고 있었으므로 헤어지자니 마음이 몹시 쓰라렸다. 딱히 사랑한 건 아니다. 애정 따윈 난 끌어들인 적도 쓴 적도 없기 때문이다. 단지 감미로운 기분을 느꼈다는 것만이 중요하다. 카르손만큼 이 분야에서 기교가 뛰어난 사람은 없었다. 그리고 이 미청년에게 몹시 열을 올리고 있는 보르샹의 비위를 건드려선 큰일이므로 우리는 몰래 즐겨야만 했고, 그것이 또한 무엇과도 바꿀 수 없는 자극이 되었다. 우리는 마지막 이별할 때, 둘 다 기쁨을 만끽했다.

나폴리에 도착하자 먼저 키아시아 강변에 호화로운 저택을 빌려 두목이 말한 대로 세 자매라는 이름으로 심부름꾼을 잔뜩 채용했다. 그리고 한 달

동안 스페인계 혼혈인 이 나라 사람들의 풍속을 낱낱이 연구했다. 이 나라의 정부와 정치적인 문제와 예술 등도 연구하고, 다른 유럽 나라와의 관계도 조사했다. 이런 사전조사를 마친 뒤에 우리는 비로소 사교계를 드나들 자신을 얻었다. 멋쟁이 여자로서 우리의 평판이 높아지자 마침내 왕이 만나고 싶어 한다는 전갈이 왔다.

하지만 왕의 심술 사나운 부인이 질투의 눈길로 우리를 빤히 노려보았다. 루이 16세 왕비의 동생인 이 거만한 왕비도 오스트리아 왕족이 다 그렇듯 엄청난 야심가였으므로 남편의 애정을 붙잡아두려 하기보다는 자기 왕국을 지배하는 일에 열심이었다. 남편 페르디난도는 단순 무식하고 얼뜨기여서…… 아내를 무조건 믿고 있었지만 사실은 이 여자야말로 적의 스파이였다. 마리 앙투아네트처럼 그녀도 나폴리 왕국을 몹시 황폐하게 만들면서 자기 가족인 합스부르크 왕가의 이익을 위해서만 움직이고 있었던 것이다.

왕을 알현하고 며칠 뒤에 내 앞으로 편지가 한 통 도착했는데 뜯어보니 틀림없이 왕이 보낸 것으로서 대강 다음과 같이 씌어 있었다.

"옛날 주노와 팔라스, 베누스라는 세 여신이 양치기 파리스의 심판을 받았소. 파리스의 재판 결과 여신 베누스에게 사과가 주어졌소. 그 베누스는 당신이오. 내일 포르티치로 사과를 받으러 오시오. 나는 그곳에 혼자 있을 것이오. 거절은 몹시 슬픈 일이오. 무슨 일이 있어도 와주시오. 기다리겠소."

이렇게 자기중심적이고 단도직입적인 편지에는 답장을 할 수밖에 없었다. 꼭 가겠다고, 나는 심부름꾼에게 약속했다. 심부름꾼이 가고 나자 이 기쁜 소식을 알리기 위해 친구들에게 달려갔다. 우리 세 사람은 서로 어떤 하찮은 질투도 느끼지 않았고, 인간적인 어리석은 감정은 모조리 몰아내기로 했으므로 왕의 이런 편지도 웃으며 이야깃거리로 삼을 수가 있었다.

"잘해." 두 사람은 나를 격려해주었다. 그래서 나는 사과를 받은 베누스 여신처럼 아름답게 꾸미고 6두 마차에 타고서 곧장 왕궁으로 달려갔다. 왕궁은 유명한 헤르쿨라네움의 폐허 위에 세워져 있었다. 성 안 가장 깊숙한 방으로 안내를 받아 가보니 침대에서 국왕이 단정치 못하게 뒹굴고 있었다.

내 모습을 확인하자 왕은 서툴기 짝이 없는 프랑스어로 말했다. "너만 뽑혀서 분명 질투의 대상이 되었겠군?"

"아뇨, 천만에요." 나는 대답했다. "우리 자매는 자기가 뽑히지 않았다고 특별히 흔들리거나 하지 않았어요. 저도 제가 뽑혔다고 해서 특별하게 여기지는 않아요. 당신은 무슨 대단한 명예라도 주었다고 여기시는 모양이지만……."

"이런 이상한 말은 처음 듣겠군."

"네, 저도 국왕의 마음에 들려면 늘 국왕이 기뻐할 만한 말만 하면 된다는 것쯤은 잘 알아요. 하지만 왕도 딱히 보통사람하고 다른 곳은 전혀 없으니까 저는 당신과 이야기할 때에도 사실만을 말할 생각입니다."

"그 사실이 비위에 거슬리는 말이라도 말인가?"

"비위를 건드리는 말을 하면 왜 안 되죠? 보통사람하고 달리 왕은 있는 그대로의 사실을 듣지 않아도 된다고 생각할 이유가 어디에 있다는 거예요? 보통사람이었다면 분명 알고 싶어하지 않을까요?"

"그건 그들이 진실을 두려워하기 때문이야."

"그게 아니라 사물을 똑바로 보는 눈이 있어서 인간을 지배하려는 무익한 자부심을 갖고 있지 않기 때문이겠죠. 보통사람은 진실을 두려워하기보단 그것을 사랑한답니다."

"하지만 부인, 그런 연설은……."

"들어본 적이 없다고 하실 거죠? 페르디난도 씨, 다 알고 있어요. 당신은 내가 국왕의 눈에 들었다는 이유로 황송하고 감격하여 무릎을 꿇고 문안을 올릴 게 틀림없다고 생각했었죠? 천만에요. 우리나라의 여성은 모두 자존심이 강하므로 그런 습관을 도저히 참지 못해요. 페르디난도 씨, 내가 당신의 부름에 응한 것은 제가 자매들보다 말주변이 좀 있기에 당신이 맞닥뜨리고 있는 진실한 이해관계에 대하여 여러 가지로 설명해드릴 수 있으리라고 판단했기 때문이에요. 그러니 평범한 여자에게나 기대할 수 있는, 쓸데없는 자존심의 만족 따윈 잠깐 포기하시고 당신, 그리고 당신의 왕국에 대해 자세히 알고 있는 한 여자의 말에 진지하게 귀를 기울여주시기 바랍니다. 당신 주위의 사람들로선 곧 죽어도 할 수 없는 말들을 이제부터 들려드릴 테니까요……."

눈을 껌벅이고 있는 아둔한 왕을 향해 나는 정치 이야기와 세계정세, 나폴리왕국이 처해 있는 난처한 상황 등에 대해 한바탕 자세히 말해주었다.

왕의 성에서 돌아왔더니 스브리가니가 부상을 입고 누워 있었다. 커피점에서 그가 세상 돌아가는 이야기를 하고 있는데 한 프랑스인이 우리에 대해 안다고 말하며 악의적으로 험담을 하더라는 것이었다. 그건 맞는 말이다. 우리는 매춘부 취급을 받아도 불평할 처지는 아닐지 모르지만, 스브리가니로선 그냥 지나칠 수가 없어 변명하느라 애를 쓰다가 칼로 배를 2번 찔렸다는 것이다. 갸륵하기는 하지만 어처구니없는 이야기이다.

그렇지만 며칠 지나자 스브리가니는 빠른 속도로 회복되었다.

크레아빌이 나에게 와서 말했다. "방금 그와 즐기고 오는 길이야. 그런 상태라면 건강은 거의 다 회복되었다고 보아도 돼. 아주 딴딴하던걸. 나는 아직도 그의 정액으로 흠뻑 젖어 있을 정도야. 그런데 좀 물어볼 게 있는데…… 너 혹시 정말로 그 남잘 사랑하는 거야?"

"나를 위해서 여러 가지로 애써준 남자야."

"네가 돈을 냈으니까 의무를 다한 거겠지. 네 영혼은 그 감사의 원리에 빠져들기 시작한 게 아닐까?"

"아니야, 당치 않아."

"나로선 그딴 남자 질색이야. 스브리가니 따윈 믿을 수 있는 남자가 못 돼. 언젠가는 우리 돈을 훔쳐서 도망칠 게 뻔해."

"말은 그렇게 하지만 사실은 그 사람한테 질린 거지? 이미 꽤 즐겼잖아. 당신이란 여자는 향갑(香匣)에 정액을 잔뜩 부어주고 나면 어느새 그 사람한테 질리는 성미니까."

"그 사람은 나의 뒷문에만 그걸 해. 여기 내 엉덩이를 좀 봐. 아까 받은 정액이 아직도 뚝뚝 떨어지고 있잖아."

"바보. 그래서 뭘 어쩌겠다는 거야?"

"그를 처치해버리자는 거야."

"우리를 위해 결투까지 해준 사람을 죽인다고?"

"그래서 더 밉상이야. 그 남자의 행위는 아둔함의 증거가 아니냐고."

"다시 한 번 묻겠는데 요컨대 어떻게 하자는 거야?"

"내일 마지막 약을 먹인 뒤에 다음 날 묻어버리자."

"뒤랑의 집에서 산 독약을 아직도 갖고 있구나?"

"아직 잔뜩 있어. 그걸 스브리가니에게 먹이고 싶어."

"아유, 크레아빌, 당신이란 사람은 여전해. 예나 지금이나 변함없이 대악당이야. 하지만 올람프가 뭐라고 할까?"

"그야 당연히 좋아하겠지. 하지만 죄를 저지를 때, 남이 어떻게 생각할지 따윈 난 크게 신경 쓰지 않아. 나를 어떻게 생각하건 아무래도 상관없잖아?"

나는 결국 찬성했다. 죄악을 저지르자는데 어떻게 거절할 수 있단 말인가? 죄악의 낙인을 찍는 건 무슨 일이건 나에게는 귀중하므로 도저히 거절할 수가 없다. 이 이탈리아인이 나의 시중을 들어준 것은 필요해서라기보단 애정 때문이었다. 크레아빌은 그 남자가 해오던 일쯤은 대신해줄 사람이 사교계에 널렸다고 주장했다. 요컨대 스브리가니는 이제 없어도 되는 인간이 된 것이다. 나도 그 점은 인정했다. 올람프도 찬성했다. 그래서 이튿날 스브리가니는 크레아빌이 준 독을 마신 끝에 지옥의 악귀들이 있는 곳으로 가서 여자의 몸속에 사는 악마는 시인이나 사제들이 묘사하는 지옥의 악마보다 천배나 더 무시무시하다는 것을 뼈저리게 느껴야 했다.

작업을 마친 뒤에 우리는 나폴리 근교를 거닐었다. 유럽 어디와 비교해도 이 도시 주변만큼 풍광이 아름답고 장엄한 곳은 없다. 롬바르디아 평원의 졸린 듯한, 단조롭고 고즈넉한 아름다움과는 한참 다르다. 여기서는 모든 것이 불타오르고 있다. 언제든 죄악의 소동을 일으키려고 잔뜩 벼르고 있는 듯한 자연의 무질서, 화산의 솟구치는 연기가 우리 영혼을 혼란에 빠뜨려 세상의 그 어떤 위대한 행위도, 아무리 파란만장한 정욕의 행위도 가능하게 만드는 것이다.

이 지역은 우리와 비슷하다고 나는 친구에게 말했다. 그리고 그 단조롭기 짝이 없는 피에몬테 평야의 쓸쓸한 풍경은 덕망 높은 선인이라 불리는 사람들과 닮지 않았는가? 근사한 이 땅을 자세히 살펴보았더니 옛날에는 틀림없이 화산지대였음을 알았다. 혼란의 표시가 남아 있지 않은 곳은 한 군데도 없다. 기묘한 자연이란 놈은 때로는 혹독한 앙갚음을 했다. 그런데도 우리 인간이 자연을 흉내내서는 안 된다니 그 얼마나 터무니없는 논리인가! 우리의 발밑에 입을 벌리고 있는 유황구멍이 방금 내가 한 말의 뚜렷한 증거가 아니고 무엇이겠는가.

눈앞에 펼쳐진 변화무쌍한 그림 같은 풍경을 즐기면서 우리는 포추올리에 다다랐다. 거기서 작고 아름다운 니세트 섬이 보였는데, 브루투스가 카이사르를 죽이고 숨어 있었다는 섬이다. 우리가 사랑하는 쾌락을 위해 이 얼마나 근사한 곳인가! 마치 세상 끝에 있는 듯한 기분이었다. 세상의 온갖 이목으로부터 숨어 비밀스런 추행을 마음껏 탐닉할 수 있는 것이다. 침묵과 신비만큼이나 상상력을 거칠게 자극하는 것은 없다. 저 멀리 소렌토와 마사 해안, 나폴리만, 폐허, 아름다운 건조물, 풍요로운 산 등이 보여 아름다운 조망에 다채로운 즐거움을 더해주었다.

포추올리로 식사를 하러 갔는데 이 도시에는 지난날 화려함의 잔재가 전혀 남아 있지 않았다. 그런데도 이 도시의 지리적 위치는 나폴리왕국에서 가장 훌륭한 곳 가운데 하나였다. 단지 그곳에 살고 있는 사람들은 거칠고 막되어 그리 행복해 보이지 않았다. 삶이 너무나 즐거워서 이토록 부끄러움도 모르는 야만스런 인간이 생겨난 모양이다.

우리를 보고 사람들이 무리를 지어 모여들어 여러 곳의 이름난 산물 등을 보여주었다. 10명 남짓한 남자들이 방 안으로 들어오자 올람프는 문을 쾅 닫고는 말했다.

"여러분, 우리는 말이죠, 여러분 가운데서 가장 훌륭한 물건을 지닌 한 사람을 뽑아서 그 사람하고 즐기기로 결정했어요. 어디 보여주세요, 여러분의 물건을. 우리가 고를 테니까."

모두가 이 제안에 동의했으므로 우리는 서둘러 바지를 벗긴 다음 유혹하고 자극을 주었다. 그리하여 쾌락의 명예를 받기에 걸맞은 6명의 사나이가 뽑혔는데, 그중에서도 가장 커다란 도구를 가진 사나이, 낡아빠진 옷을 걸친, 거지 같은 사나이 1명이 마지막으로 우리의 안내역이 될 특권을 받았다. 이 남자의 물건은 길이가 40센티, 둘레 27센티로 이름은 라파엘이었다.

그가 우리를 맨 처음 안내한 곳은 세라피스 성당이었다. 이미 폐허가 되었다고는 하지만 과거의 당당한 건축물을 떠올리게 하기에 충분한 위용을 잃진 않았다. 근처의 고미술을 둘러보았는데, 가는 곳마다 옛 그리스 로마 민족의 찬란했던 취미의 뚜렷한 증거와 마주쳤다. 오늘날 온 세계를 두려워 떨게 만드는 민족이 언젠가는 사라지는 것처럼 그들도 역시 한때 세계의 패권을 잡은 뒤에 멸망한 것이다.

유명한 칼리굴라 다리에서 라파엘은 우리를 크메로 데려갔다. 이 도시의 폐허 근처에는 루클루스의 집터가 있다. 이것을 구경하면서 우리는 이 유명한 인물의 호사스러움에 대해 많은 생각을 했다. 물론 그는 이미 오래전에 병들어 죽고 없지만, 우리도 몇 개월 뒤, 몇 년 뒤에는 그와 마찬가지로 죽어야 하는 것이다. 죽음의 여신이 손에 든 커다란 낫은 아무도 봐주지 않는다. 부자든 가난뱅이든, 선인이든 악인이든 모조리 싹둑 베어버리는 것이다. 그러므로 우리가 아주 잠깐 머무를 뿐인 인생길은 되도록 꽃으로 가득 채워야 한다. 죽음의 여신이 우리의 목숨줄을 만지작거리고 있는 동안엔 행복하고 편안한 나날을 보내도록 명심해야 한다.

다른 날, 우리는 레지나를 지나 폼페이로 갔다. 이 도시도 헤르쿨라네움과 마찬가지로 베수비오 화산 폭발로 매몰된 도시이다. 매우 신기했던 것은, 이 도시가 오랜 옛날 2번이나 매몰된 도시 위에 새롭게 세워졌다는 점이다. 알다시피 베수비오 화산이 이 지방의 모든 민가를 집어삼키고 뿌리를 뽑아버렸건만 인간은 지치지도 않고 몇 번이나 집을 지은 것이다. 그러므로 이 무시무시한 적(敵)만 없었더라면 나폴리 주변 일대는 온 세상에서 가장 살기 좋은 땅일 게 틀림없다.

폼페이에서 살레르노로 가서 그곳의 유명한 감옥에서 묵기로 했다. 감옥은 시내에서 2마일쯤 떨어진 곳에 있는데, 그곳에선 베스폴리라고 하는 사내가 엄청난 권력을 휘두르고 있었다.

베스폴리는 나폴리왕국의 권문 귀족 출신으로 한때는 궁정의 대사제였다. 국왕의 쾌락 상대로 일했고, 그 공으로 자기가 살고 있는 감화원을 마음대로 관리하는 권한을 받았던 것이다. 그는 이 권력을 이용하여 죄많은 정욕을 만족시키기 위해 극도의 독선적 행위를 일삼았다.

아주 잔인한 일들이 일어나고 있으니 한 번 보는 게 어떻겠느냐며, 국왕 페르디난도는 우리에게 흔쾌히 소개장을 써주었다.

베스폴리는 나이가 쉰쯤으로, 위압적이고 잔인해 뵈는 생김새에 키가 크고, 황소 같은 힘을 지닌 사나이였는데, 크게 경의를 표하여 우리를 맞아주었다. 우리가 가져간 소개장을 보더니, 우리가 도착한 시각이 매우 늦었으므로 곧바로 저녁식사와 잠자리를 준비하라고 명령했다. 그리고 이튿날 아침, 베스폴리가 손수 초콜릿을 우리에게 가져다주었고, 우리의 요청을 받아들여

나폴리 순례

감옥을 안내하는 일을 맡아주었다.

　우리가 본 방은 어느 곳이나 극악한 음탕함의 재료가 없는 것 없이 갖춰져 있었기에, 미친 사람들이 갇혀 있는 독방 앞에 왔을 때는 이미 머릿속이 적당히 멍해져 있었다.

　그때까지 초조한 모습만 보이던 베스폴리가 이 방에 다다르자 흥분을 감추지 못했다. 그는 미치광이를 상대로 한 향락이 관능을 가장 자극한다면서 우리한테 자기가 하는 모습을 보지 않겠느냐고 물었다.

　"꼭 보고 싶어요." 우리는 대답했다.

　"하지만 이런 사람들을 상대할 때면 나는 무아지경이 되고 말아서 이상야릇한 방법을 쓰거나 잔인하기 짝이 없는 짓을 하기도 하는데, 그런 걸 보려면 몹시 고통스러울 겁니다." 그는 말했다.

　그러자 크레아빌이 대답했다. "당신의 변덕이 제아무리 무례하더라도 우린 반드시 보고 싶어요. 제발 부탁이니 곁에 아무도 없다고 여기고 맘껏 해주세요. 특히 당신의 취미나 인격을 뚜렷이 알 수 있을 만한 매우 분방한 충동까지도 남김없이 드러내주면 감사하겠어요……."

　베스폴리는 이 말을 듣고 몹시 흥분한 모양이었다. 자위를 하지 않고는 배길 수 없었던 것이다.

　크레아빌이 계속했다. "그리고 우리도 이 미친 사람들을 상대로 즐겨도 괜찮겠죠? 당신의 변덕을 보고 우리도 흥분하여 다 함께 그 흉내를 내고 싶군요. 성격이 포악한 미치광이는 무섭지만, 그렇지 않다면 우리도 당신과 마찬가지로 흠뻑 빠지겠어요, 반드시. 자, 서둘러요. 당신이 뿅 가는 모습을 보고 싶어 미치겠어요."

　미친 사람들의 독방은 커다란 정원을 에워싸고 늘어서 있고, 정원에는 진초록색 종려나무가 우거져 어두컴컴한지라 마치 무덤 같은 느낌이었다. 정원 한가운데에는 한쪽 면에 가시가 잔뜩 박힌 십자가가 있는데, 베스폴리의 악행의 희생자를 그곳에 묶기로 되어 있었다. 4명의 간수가, 황소도 한 방에 때려 죽일 수 있을 것 같은 쇠가 달린 굵은 막대를 들고 우리를 주의 깊게 경호해주었다.

　베스폴리는 간수 앞에서 농지거리를 하는 것에도 익숙했으므로 그들이 보고 있는데도 태연했으며, 우리를 정원 벤치에 앉히더니 간수 중에 2명은 곁에 두고, 나머지 2명에겐 독방 문을 열어 미치광이를 끌어내도록 명령했다. 문이 열리자 이내 키가 크고 헤라클레스 같은 알몸의 미청년이 나타났고, 자유의 몸이 되자마자 갖가지 이상한 행동을 하기 시작했다. 제일 처음 한 일은 우리의 발치에 와서 똥을 누는 것이었다. 베스폴리도 함께 따라와서 이 행동을 물끄러미 바라보았다. 자위를 하거나, 똥을 만지거나, 자기의 물건을 똥에 문지르기도 했다. 이윽고 미치광이와 똑같이 춤추기 시작하며 펄쩍펄쩍 뛰는가 싶더니 방심한 틈을 타 그를 붙잡아 십자가 쪽으로 끌고 가자 간수가 곧바로 십자가에 묶어버렸다. 이렇게 상대가 묶이자 베스폴리는 더욱 신이 나서 엉덩이 앞에 무릎을 꿇고 손가락으로 항문을 벌리고 쓰다듬고 문지르는 것이었다. 이윽고 채찍을 들고 일어나더니 한 시간 가까이 쉬지 않고 때려 귀가 찢어질 것 같은 비명을 지르게 했다. 그리하여 엉덩이가 너덜너덜해지자 쾌락자는 삽입을 하고, 광란의 발작에 흠뻑 취하여 마치 자기가 미쳐버리기라도 한 것처럼 알 수 없는 소리를 지껄이기 시작하는 것이었다.

"아아, 젠장!" 그는 이따금 외쳤다. "미치광이의 그곳은 얼마나 큰 즐거움인가! 나도 미쳤다고. 기분 나쁜 하느님! 미치광이에게 섹스를 하고, 미치광이의 항문에 사정을 해주겠어. 미치광이를 생각하면 나는 흥분된단 말야. 온 세상에서 미치광이만 원한다고……."

그러나 베스폴리는 혼자서만 힘을 쓰는 것이 탐탁지 않았는지 이윽고 그 젊은이를 놓아주었다. 다른 미친 사람을 데려왔는데 그 남자는 자기가 하느님이라고 굳게 믿고 있었다.

"이번엔 하느님과 즐겨볼까요?" 베스폴리는 우리에게 말했다. "잘 보시오. 섹스하기 전에 하느님을 실컷 때려줄 테니까. 자, 이리 와. 이리 오라고. 바보 같은 하느님 놈아…… 엉덩이를 내밀란 말야, 엉덩이를."

이윽고 하느님도 간수의 손으로 십자가에 묶였고, 순식간에 한낱 인간에 의해 엉망진창이 되었다. 엉덩이가 너덜너덜해지자 그는 재빨리 삽입했다. 다음엔 아름다운 18살의 처녀였다. 이 여자는 자기를 마리아라고 믿었는데 그녀 또한 베스폴리에게서 심한 욕지거리를 듣고 피가 흐를 때까지 채찍으로 맞은 뒤 15분이 넘도록 그의 욕정을 받아내야 했다.

크레아빌이 완전히 상기되어 자리에서 벌떡 일어나더니 말했다. "덕분에 완전히 흥분하고 말았어요. 친구들아, 나를 따라 해. 그리고 베스폴리 님,

당신은 간수들에게 명령하여 우리의 옷을 벗기게 해주세요. 우리를 독방 안에 가두고 미치광이라고 생각해요. 우린 미치광이의 흉내를 낼 테니까. 그리고 우리를 가시가 박히지 않은 쪽 십자가에 묶어놓고 당신의 미치광이들로 하여금 채찍으로 치게 하고, 그다음 그들이 우리에게 섹스하게 해줘요……."

멋진 생각이었다. 베스폴리는 실행에 옮겼다. 미치광이 10명이 순식간에 독방에서 뛰쳐나와 우리를 덮쳤다. 어떤 자는 우리를 채찍으로 치고, 어떤 자는 이것을 거부한 탓에 베스폴리에게 죽도록 맞았다. 그렇지만 결국 모두가 우리에게 삽입했고, 베스폴리의 지도 아래 모두가 우리를 극치에 이르게 했다. 간수도, 간수장도 누구랄 것 없이 모두 즐겼다.

"아, 이제 끝까지 가요." 크레아빌이 간수장에게 말했다. "우린 당신이 원하는 걸 뭐든지 해줬어요. 당신의 유별난 취미도 따라 했어요. 그러니 이제 당신이 쾌락의 절정에서 어떤 식으로 행동하는지 보여줄 차례예요."

"잠깐 기다려요." 베스폴리가 말했다. "나를 즐겁게 하는 상대가 한 녀석 더 있소. 그자하고 즐기지 않으면 나는 절대 사정하지 않거든."

간수에게 신호를 보내자 이윽고 80살이 넘은 노인이 끌려 나왔다. 허연 머리칼이 배꼽 밑에까지 늘어져 있다.

베스폴리는 그의 머리칼을 잡고 정원으로 끌고 가더니 말했다. "이리 와, 장. 너의 항문에 내 물건을 넣어줄 테니까 이리 오라고."

노인은 인정사정없이 순식간에 붙들려 묶여 채찍으로 맞았다. 주름투성이의 고색창연한 엉덩이는 매질과 능욕을 당했다.

그러나 베스폴리는 절정의 순간에 물건을 빼고 말했다. "아아! 여러분은 내가 극치에 다다라 사정하는 걸 보고 싶다고 했죠? 하지만 여러분은 그걸 아시오? 나는 이 사람들 하나나 둘쯤 피의 축제에 바치지 않고는 결코 절정에 이르지 않는다는 것을?"

"그거 좋죠." 내가 대답했다. "하지만 어차피 피의 축제에 올릴 거라면 하느님과 마리아를 잊지 말아줘요. 당신이 한 손으로 신을 죽이고, 다른 한 손으로 그의 아내를 죽이는 걸 보면 난 틀림없이 황홀한 기분으로 절정에 이를 거예요."

"그렇다면 나는 그사이 예수 그리스도의 그곳에 재미를 봐야겠군." 베스폴리가 말했다.

그리스도의 역을 맡은 사람도 다 준비되어 있었다. 천국의 가족이 지옥 같은 이곳에 모두 모여 있었다. 간수가 30살의 미청년을 데리고 왔는데, 이 남자는 신의 아들을 자처하고 있었다.

베스폴리가 거침없이 십자가에 매달고 채찍으로 힘껏 후려치자 미청년은 소리쳤다. "용기를 가져라, 선량한 로마인이여. 나는 너희에게 늘 말해왔다. 내가 온 것은 지상의 고통을 거두기 위해서라고. 부디 나를 어루만져주기를. 나는 십자가에서 죽어야 할 운명이다. 하지만 나는 인류를 구할 것이다."

베스폴리는 더 이상 참지 못하고 그리스도에게 항문섹스를 하고, 날카로운 단검을 두 손에 쥐고 성모마리아와 아버지인 신에게 공격을 가할 자세를 잡았다.

그리고 우리를 향해 말했다. "자, 이제 내 주위를 에워싸고 여러분도 엉덩이를 내놓으시오. 이제부터 내가 절정에 이르는 모습을 보여줄 테니까 똑똑히 지켜보도록 해……"

그는 줄질을 하기 시작했다. 신의 아들이 이토록 속 시원히 애무를 받은 적은 한 번도 없을 것이다. 더구나 그의 허리가 쾌감의 충동으로 요동칠 때마다 양 옆에 서 있던 두 사람의 신체의 모든 부분이 순식간에 단검으로 잘려나갔다. 먼저 팔이 잘려나가고, 이어서 겨드랑이 아래쪽이, 어깨가, 옆구리가 사라졌다. 절정의 순간이 다가옴에 따라 야만스런 사내는 차츰 민망한 장소를 선택하고 있었다. 마리아의 유방이 이윽고 피투성이가 되었다.

그는 두 손을 번갈아 움직였으므로 그의 팔은 시계추를 떠올리게 했다. 그가 고르는 신체의 부분을 통해 고조의 순간이 다가왔음을 예측할 수 있었다. 마침내 무시무시한 저주의 말이 광란의 마지막 단계를 알렸다. 그때, 격분한 그가 선택한 것은 제물의 얼굴이었다. 그는 얼굴을 갈기갈기 찢고, 정액의 마지막 한 방울이 분출될 때에는 안구를 파내었다.

이 광경이 우리를 얼마나 감격과 흥분의 도가니로 몰아넣었는지는 이루 설명하기 어렵다. 우리도 이 괴물의 흉내를 내고 싶었다. 제물은 얼마든지 있었다. 셋이서 실컷 살육에 탐닉했다. 쾌락에 취한 크레아빌은 정원 한가운데로 뛰어가 베스폴리를 끌고오더니 말했다. "이리 와서 나도 어떻게 해줘요. 당신하고 닮은 여자의 옥문에 경의를 표하고, 내키지 않겠지만 강간죄를 저질러줘요."

"그건 안 돼요!" 이탈리아인이 말했다.

"제발 부탁이에요……."

우리는 모두 달려들어 베스폴리를 자극하여 일으켜 세운 다음 억지로 크레아빌의 앞문에 삽입하게 했다. 그런데 별 이상한 남자도 다 있다. 아무리 애를 써도 마지막에는 정신병자하고가 아니면 절정에 이르지 못하는 것이다. 올람프와 나의 공격을 받고 그가 마침내 크레아빌의 향갑을 정액으로 적신 것은 미치광이 하나가 그의 얼굴에 똥을 누었을 때였다. 이로써 우리는 이 꺼림칙한 장소를 뒤로했는데, 신선놀음에 도끼자루 썩는 줄 모른다더니 어느새 열세 시간이 훌쩍 지나 있었다.

그 뒤로 며칠 동안 이 죄악과 방탕의 장소에서 머문 뒤 우리는 베스폴리에게 행운을 빌어주고 유명한 페스툼 사원 쪽으로 다시 길을 재촉했다.

페스툼에서 비에트리로 돌아와서 작은 배를 전세 내어 카프리섬으로 건너갔다. 이 근사한 바닷가의 절경을 놓치지 않으려고 일부러 먼 길을 돌아서 갔던 것이다. 세계에서 가장 불가사의한 장소인 고대 에트루리아의 도시 아말피에서 우리는 점심을 먹었다. 거기서 다시 배를 타고 바닷가의 풍광을 즐겁게 감상하면서 캄파넬라 곶까지 바다를 한 바퀴 돌았다. 일찍이 소렌토인이 살았던 아름다운 이곳 일대에는 지금은 미네르바 사원의 폐허만이 남아 있다. 바람이 알맞아서 배는 돛을 펴고 달렸다. 그리하여 두 시간쯤 지나자 우리는 오른쪽으로 3개의 작은 갈리섬을 지나 목적지인 카프리 나루터에 도착했다.

둘레가 10마일쯤 되는 카프리섬은 곳곳이 높은 바위산으로 둘러싸여 있다. 따라서 방금 말한 것처럼 나폴리만에 잇닿은 작은 나루터를 통해서만 상륙할 수가 있다. 섬의 모양은 가장 긴 곳이 4마일, 폭이 가장 넓은 곳이 2마일에 이르는 타원형이다. 두 부분으로 나뉘어 있으며, 각각 고지대 카프리, 저지대 카프리라 불린다. 마치 아펜니노산맥이 이탈리아를 둘로 나누고 있는 것처럼 높다란 산들이 두 지역을 가르고 있는 것이다. 그리고 두 지역의 주민들에게는 바위산을 수직으로 깎아 만든 150개의 계단 말고는 서로 오고 갈 방법이 없었다.

티베리우스 황제가 자기 자신을 위해 음탕한 장소와 궁전 등을 세운 곳은 어느 쪽이냐면, 쾌적하고 살기 좋은 이곳 저지대 카프리였다. 하지만 그 궁전

가운데 하나는 아찔할 정도로 높은 바위 꼭대기에 지은 탓에 그 바위 아래를 지나는 돛단배를 분간하는 것조차도 거의 불가능했다. 이 궁전이 솟아 있는 바위가 그의 가장 자극적인 음탕함을 위한 은신처였다. 지금도 그 잔해가 남아 있는, 바위 꼭대기에 튀어나와 있는 한 탑에서 잔인한 티베리우스 황제는 쾌락을 채우기 위해 데려온 남녀 어린애들을 밖으로 내던졌던 것이다.

"아아, 젠장!" 크레아빌이 말했다. "저렇게 높은 곳에서 음탕한 욕구의 희생자가 공중곡예를 하며 굴러떨어지는 것을 보고 미치도록 쾌감을 느끼지 않을 사람이 어디 있겠어? 안 그래?"

그녀는 나를 껴안고 말했다. "그 티베리우스란 남자는 정말 멋진 사람이었어! 우리도 티베리우스처럼 지금 이 바위 위에서 떨어뜨리기에 적당한 사람을 만날 수 있을까?"

그때였다. 마치 우리의 기분을 아는 듯이 보르게스가 20걸음쯤 떨어진 곳에서 산양을 치고 있던 9살이나 10살쯤 된 어린 여자아이를 가리키는 것이었다.

"아유, 귀여운 토끼네." 크레아빌이 말했다. "천하일품이잖아? 하지만 안내인들을 어떻게 하면 좋지?"

"돌아가게 하면 돼. 우리는 여기서 잠깐 쉬었다 가겠다고 하고."

욕망은 곧장 실천에 옮겼다. 우리만 남게 되자 보르게스가 직접 아이를 부르러 갔다.

"넌 누구니?" 우리는 물었다.

"가난한 집의 아이예요." 소녀는 비굴하게 대답했다. "이 산양이 우리의 전재산이에요. 나하고 산양이 일을 해서 어머니를 부양하죠. 우리가 없으면 오랫동안 아파서 누워 있는 어머니는 내일 당장 돌아가실지도 몰라요."

"아! 그래?" 극악무도한 크레아빌이 곧바로 대답했다. "어쩜, 우린 우연치고는 너무나 큰 복을 받았어…… 이 아이를 산양하고 함께 묶어서 둘 다 떨어뜨리자."

"그거 좋지. 하지만 그 전에 즐겨야지." 내가 말했다. "하다못해 이 아이의 몸이 어떻게 생겼는지 정도는 알아두어도 나쁠 것 없잖아? 척 보기에도 촉촉하고 건강하고, 젊음이 넘치고 광채 나는 매력을 지니고 있잖아. 이걸 즐기지 않으면 바보지."

여러분은 과연 믿을 수 있겠는가? 그렇다. 우리는 뾰족한 돌로 여자아이의 그곳을 문지르고, 주위에 나 있던 가시 돋친 식물로 피가 날 때까지 때린 뒤 아이와 산양을 같이 묶어서 바위 끝에서 굴러떨어뜨렸던 것이다. 이런 잔인한 짓을 감히 했던 것이다. 바위 꼭대기에서 우리 셋은 파도가 소녀와 짐승을 삼키는 것을 보고 몹시 기뻐했다. 왜냐하면 이 살인은 사실 이중살인이었기 때문이다. 우리가 직접 손을 댄 두 개체의 죽음과 동시에 생활수단을 빼앗긴 아이어머니 또한 오늘 저녁에 죽을 것이 틀림없었기 때문이다.

"이래서 난 잔인한 걸 좋아해." 나는 친구에게 말했다. "어차피 할 바엔 이런 식으로 하든지, 아니면 처음부터 시작하지 말아야 해."

"맞아." 크레아빌이 대답했다. "하지만 어미가 어디에 살고 있는지 아이한테 물어볼걸 그랬어. 영양실조로 죽는 모습을 볼 수 있는 절호의 기회인데…… 그걸 보면 얼마나 유쾌할까……."

"지독하긴!" 어지간히 지독한 나도 어처구니가 없어 소리쳤다. "너처럼 죄악을 세련되게 해내는 방법을 아는 사람이 세상에 또 있을까?"

우리는 산책을 계속했다.

나폴리 풍년제

나폴리로 돌아와 2, 3일 지나자 페르디난도 왕에게서 초대장이 왔다. 왕국에서 가장 진귀한 축제를 왕궁 발코니에서 구경하러 오지 않겠느냐는 것이었다. 풍년제라는데, 나도 이 어마어마한 행사에 대해선 여러 번 들은 적이 있었다. 하지만 듣던 것과 보는 것은 엄청난 차이가 있었다.

샬롯과 페르디난도는 침실에서 우리를 기다리고 있었는데, 침실 창밖으로 풍년제가 벌어지는 광장이 내려다보였다. 우리 말고도 그라비네스 공작이라는 50살 난 도락자와, 라 리치아라는 궁정신하가 초대를 받아 와 있었다.

모두에게 초콜릿을 내린 뒤 왕이 말했다. "이곳 축제에 대해 여러분은 아직 모르겠지만 직접 보면 그 야만성에 틀림없이 입이 벌어질 것이오."

"그런 거라면 우린 분명 좋아하게 될 거예요." 내가 대답했다. "프랑스에 있을 때부터 그런 독특한 놀이를 원했어요. 짐승과 싸우는 검투사 등을 보고 싶다고 오랫동안 바랐거든요. 국민의 사기를 이어가려면 피비린내 나는 구경거리가 제격이죠. 그런 걸 좋아하지 않는 국민은 유약해지고 말아요. 옛날, 어리석은 로마황제는 왕관 위에 그리스도교를 모시고 있었던 탓에 원형경기장을 폐쇄해버렸지만, 그 결과 황제의 권위가 무너지고 사제와 수도사, 제후들이 활개를 치게 되었잖아요?"

"나도 똑같은 생각이오." 페르디난도가 말했다. "그래서 머지않아 인간과 동물의 결투, 또는 인간과 인간의 결투도 부활시킬 생각이오. 다행히 그라비네스와 라 리치아가 내 계획을 도와주고 있으니까 틀림없이 잘될 거요."

"천민들의 목숨 따위는 우리의 쾌락에 도움이 될 때 비로소 어떤 가치가 생기는 것 아닌가요? 우리가 이익을 위해 그들을 죽여도 된다면, 쾌락을 위해서 그렇게 해도 당연히 괜찮지 않나요?" 샬롯이 말했다.

"그럼 여러분, 주문을 받겠소. 이 향연의 집행을 엄중하고 가혹하게 하느냐 온건타당하게 하느냐에 따라 사망자 수는 6백 명 이상이 될 수도 있고,

그 이하가 될 수도 있소. 그러므로 이 점에 대해선 부인들이 바라시는 대로 명령을 내려주길 바랍니다." 페르디난도가 우리에게 물었다.

"말하는 것조차 한심스럽군요. 당연히 많이 죽일수록 좋아요." 크레아빌이 대답했다.

"좋소, 알겠소이다." 왕은 말하고 가신에게 작은 소리로 명령을 내렸다.

그러자 즉각 대포소리가 울려퍼졌고, 우리는 무슨 일인가 싶어 발코니로 달려갔다. 광장에 엄청난 수의 사람들이 모여 있는 것이 한눈에 내려다보였다.

시골스러운 장식을 한 커다란 발판 위에 대량의 식료품이 마치 그것 자체로 하나의 장식품인 것처럼 가지런하게 놓여 있었다. 처참하게 못질된 거위, 암탉, 칠면조가 산 채로 매달려서 버둥대는 것을 보고 군중은 흥분하고 있었다. 빵과 절인 생선, 쇠고기 덩어리도 놓여 있었다. 목장을 나타낸 모형 장치에는 양들이 풀을 뜯고 있고, 골판지로 만든 사람이 지키고 있었다. 바다의 파도를 나타낸 무대에는 일반서민용 식료품과 도구 따위를 가득 실은 배가 한 척 있었다. 기교와 야만스런 취미를 잔뜩 드러낸 이런 진수성찬들은 식욕이 일어난 민중에게는 그야말로 좋을 것이 없었다. 마치 식욕과 도둑질에 대한 격렬한 욕망을 부추기기 위해 그곳에 놓여 있는 것 같았다. 축제라기보다 약탈을 위한 학교라고 하는 편이 알맞을 듯했다.

무대 위를 한 바퀴 둘러보자 이내 두 번째 대포소리가 귀를 찢었다. 그 신호와 함께 지금까지 군중을 가로막고 있던 경관들의 피켓라인이 순식간에 열리면서, 사람들이 일제히 발판 주위로 달려들었다. 단 한순간에, 엄청난 속도로 모든 것을 흩트리고, 잡아당기고 빼앗는 데 혈안이 되어 있었다. 그 무시무시한 모습은 마치 들개 떼가 사냥감을 다투는 광경을 떠올리게 했다. 하지만 이런 사태는 반드시 그렇다고 해도 좋을 정도로 비참한 결과를 맞이하기 마련이다. 상대를 밀치고 서로 자기가 빼앗으려 하기 때문이다. 그리고 나폴리에서 이런 다툼은 언제나 칼부림으로 이어졌다. 그렇지만 이때는 페르디난도의 잔혹한 처치에 따라 무대가 가득 찼고, 7, 8백 명이 넘는 사람들이 발판 위로 오르자마자 갑자기 발판이 무너져 4백 명이 넘는 사람들이 깔려 죽는 사태가 벌어졌다.

"아, 너무해!"

비명과 함께 비틀비틀 소파 위로 쓰러진 것은 크레아빌이었다.

"당신, 아무 말도 않고 느닷없이 이런 불의의 일격을 날리다니. 난 쾌감으로 죽을 것 같아요……."

그녀는 라 리치아를 불러서 말했다. "어떻게 좀 해봐요, 네? 더는 참지 못하겠어. 이토록 즐거웠던 적은 난생처음이야……."

우리는 방으로 돌아가서 창과 문을 닫았다. 그리고 이 대악에 희생된 불행한 사람들의 유해 위에서, 말하자면 온갖 즐겁고 음탕한 짓을 했던 것이다.

15살쯤 된 태양처럼 아름다운 소녀 4명이 알몸 위에 주름 잡힌 얇은 옷을 입고 가만히 서서 우리를 기다리고 있었다. 또한 20살에서 30살 남짓한 임신부 4명이 알몸으로 역시 말없이, 고통스러운 듯 방의 한쪽에 서서 우리의 명령만을 기다리고 있었다. 방 안의 긴 소파에는 18살에서 20살쯤 된 듬직한 체구의 청년 4명이 누운 채로 우리를 위협하듯이 물건을 잡고 손장난을 하고 있었다. 그 물건은 어마어마하게 커서 둘레가 36센티, 길이는 54센티나 되며, 태어나 단 한 번도 본 적이 없는 그런 것이었다. 힐끗 보기만 하고도 우리는 넷 다 참지 못할 지경이 되었다.

페르디난도가 말했다. "이 네 임부와 처녀들도 방금 여러분의 눈앞에서 죽어간 천민들 가운데 누군가의 아내고 딸이었소. 물론 놈들은 한심한 짓을 하여 죽었소. 나는 이 여자들 8명을 오늘 아침 일찍 이리로 데려와서 안전한 방에 가두고, 그녀들의 아버지와 남편이 죽는 모습을 창밖으로 구경시켜주었소. 그리고 지금 여러분의 마지막 기분전환을 위해 이 여자들을 여러분의 손에 맡기려 하는데 어떤 짓을 하건 여러분 마음대로 하시오. 저곳에 구멍을 파놓았으니까."

왕은 작은 뜰로 이어진 문을 열었다.

"실컷 고통을 준 뒤에, 이제 그만하면 속이 후련하다는 데까지 왔을 때 저 구멍에 그녀들을 묻어버리면 되오. 저게 이 여자들의 무덤인 셈이지…… 너희도 이리 와. 함께 보도록 해……."

그렇게 말하고 무자비한 사나이는 여자들에게 구멍 속으로 들어가 눕게 하여 크기의 적당함에 만족하고는 이번엔 네 사내에게로 눈을 돌려 매우 자랑스러운 듯이 말했다. "부인들, 누가 뭐라 하건 저렇게 훌륭한 물건을 보신 적은 없을 거요……."

그는 쇠막대보다 단단한 물건을 하나씩 쥐어 보이면서 우리에게도 만지거나 키스하고, 자극하게 했다.

그는 계속 말했다. "이 사내들의 정력도 그들이 지닌 물건과 마찬가지로 몹시 대단하오. 15, 6번의 섹스로 여러분의 기대에 충분히 부응해줄 것이오. 절정에 이를 때마다 10온스 내지 12온스의 정액을 내뿜죠. 내 왕국의 정예라고 할 만한 놈들이오. 넷 다 칼라브리아 지방 출신이오. 유럽의 어느 곳에 가도 이런 물건을 지닌 녀석은 단 1명도 없을 거요. 자, 실컷 즐기시오. 방해할 것은 아무것도 없으니까……

침실 4개가 이 방으로 이어져 있고 어느 방이든 문은 열려 있소. 음탕한 욕구에 도움이 되는 것은 그곳에 모두 갖춰져 있어요. 자, 가서 애무하고 애무 받으시오. 약을 올리고, 몰아붙이고, 괴롭히시오. 방금 본 광경으로 불타오른 머리로 잔혹하고 음탕한 마음을 모조리 채우도록 하시오."

"폐하." 나는 페르디난도에게 말했다. "당신은 상상력을 즐겁게 부추기는 기술이 매우 뛰어나시군요!"

이윽고 옷과 치마와 바지를 몽땅 바닥에 벗어던졌다. 다 함께 하는 놀이를 시작하기 전에 저마다 별실에서 얼마 동안 즐기기를 원하는 것 같았다.

라 리치아는 처녀 하나와 임부 하나, 강건한 청년 하나를 데리고 별실로 들어갔고, 그라비네스는 올람프와 임부 하나를 데리고 틀어박혔으며, 페르디난도는 크레아빌과 건장한 청년 하나, 임부 하나, 소녀 둘을 데려갔다. 나는 샬롯의 지명을 받아 청년 둘과 소녀 하나, 임부 하나와 함께 별실로 물러났다.

침실에서 우리만 있게 되자 나폴리의 여왕은 말했다. "쥘리에트, 당신이 내 마음속에 싹트게 한 감정을 더는 감추지 못하겠어. 나는 당신이 너무 좋아졌거든. 하지만 당신에게 충실할 것을 맹세하기엔 나는 너무나 음탕한 여자야. 알다시피 이런 로맨틱한 감정은 우리 사이에선 아무런 도움도 되지 않거든. 때문에 내가 당신에게 바치는 것은 애정이 아니라 옥문이야…… 당신의 손이 닿을 때마다 체액으로 촉촉해지는 옥문이야.

내가 보건대 당신은 나하고 똑같은 정신, 똑같은 사고방식의 소유자인 것 같더군. 그래서 난 당신들 세 자매 가운데 당신이 제일 좋아. 올람프 따윈 단지 숙녀인 체하는 여자에 지나지 않아. 때로는 흥겨운 체할 때도 있지만, 요컨대 겁쟁이에 심술이 모자란 사람이잖아? 막상 때가 되면 순식간에 변절할 여자야. 크레아빌은 멋진 여자야. 재기 넘치는 건 분명하지만, 우리하고는 취미가 맞지 않아. 남자를 상대로만 잔혹성을 보이거든. 그야 물론 나도 기꺼이 남자를 죽이기는 하지만, 여자의 피는 그 이상으로 나를 즐겁게 해줘. 게다가 크레아빌은 누구에게나 거만하므로 난 자존심이 상해. 당신도 그 여자와 똑같이, 아니 어쩌면 그 여자보다 훨씬 재능이 있을지도 모르는데 그런 거만한 태도는 결코 보이지 않거든. 그게 너무 좋아. 분명 당신은 친구에 비해 상냥할 거야. 뱃속이 검기로 따지면 뒤지지 않겠지만 우의는 훨씬 돈독한 사람이야. 요컨대 당신은 그런 점이 좋아. 이 5만 에퀴의 다이아몬드를 부디 받아줘. 내 마음을 전하기엔 모자랄지도 모르지만."

"샬롯." 나는 보석을 돌려주면서 말했다. "당신 말대로 크레아빌에겐 여러 가지 결점이 있어. 하지만 당신의 우정은 절실히 와 닿았어. 나도 여기서 똑같이 맹세할게. 그래도 분명히 말하지만 나는 심술꾸러기여서 남에게 뭘 받아도 고맙게 여기지 않고, 나 스스로 얻어낸 것이 아니면 만족하지 않아. 물론 당신이 나를 기쁘게 해줄 마음이었다면 이보다 다정한 일은 없다고 생각하지만……."

"어떻게 하면 되지?"

"먼저 당신의 애정을 걸고 맹세해줘. 나한테 반한 그 격렬한 욕망을 절대 아무에게도 말하지 않겠다고……."

"맹세할게."

"그럼 말할게! 난 말야, 당신 남편의 보물을 훔쳐내고 싶어. 그것도 깨끗하게 성공시키기 위해 당신의 손을 빌려서……."

"목소리가 너무 커." 여왕이 말했다. "이 사람들이 들을지도 몰라…… 잠깐만 기다려. 이 사람들을 방 밖으로 내보낼 테니까."

샬롯은 다시 돌아와서 말을 이었다. "이제 마음 놓고 말해도 돼. 내가 준 것을 부디 받아줘. 나에게 당신의 애정을 확신시켜줄 유일한 방법이니까. 오, 쥘리에트! 당신이 나를 믿어준다면 나 또한 당신을 믿어야겠지. 사실은 나도 어떤 큰 악덕을 계획하고 있거든. 나를 위해 힘써주겠어?"

"물론이지. 대체 무슨 일인데 그래?"

"있잖아, 나는 남편을 몹시 증오해!"

"당신의 비위를 그토록 맞춰주는데도?"

"그건 나를 위해 그러는 게 아니야. 그가 나의 음욕을 채워주는 건 그의 호기심과 질투심 때문이야. 그렇게 해서 나의 정욕을 가라앉혀놓으면 다른 욕망도 일으키지 않으리라고 생각하는 것이지. 내가 좋아하는 사람하고 마음껏 뒹구는 것보다 남편이 골라준 사람하고 뒹구는 편이 훨씬 마음이 편한가봐."

"웃기는 농간도 다 있네."

"그런 짓을 하는 사람이야. 스페인계 이탈리아 사람이 할 법한 행동이지. 정말이지 그런 밉상은 세상에 다시없을 거야."

"그래서 뭘 어쩌겠다는 건데?"

"그 비열하고 저급한 놈을 독살하고 내가 섭정을 하고 싶어. 백성은 그 사람보다 나를 좋아하거든. 내 아들들을 따르고 있어. 나는 정치적 권한을 거머쥘 거야. 당신은 나의 고문관 노릇을 해줘. 그렇게 하면 재산도 생겨."

"모처럼의 기회지만 그렇게 할 수는 없어. 고문관이라니 답답해서 싫어. 게다가 나는 내 조국을 뜨겁게 사랑하기 때문에 언젠가는 돌아갈 거야. 물론 도움은 줄게. 당신에겐 수단이 좀 모자란 것 같으니까. 페르디난도는 온갖 독약을 갖고 있지만 당신에겐 감추고 있을 게 틀림없어. 내가 독약을 줄게. 하지만 서로 도움이 필요해, 샬롯. 내가 독약을 줄 테니 당신은 남편의 보물을 반드시 약속해줘야겠어. 그 보물은 얼마만큼 가치가 있을까?"

"못해도 8천만은 될 거야."

"어떤 종류의 돈으로?"

"이 지역 돈도 있고, 피어스톨도 있고, 온스, 제키도 있어."

"그걸 어떻게 하면 좋을까?"

"여기 창문이 있지?" 샬롯은 말하면서 우리가 앉아 있는 곳 가까이의 창문을 손으로 가리켰다. "모레 이 창문 밑에 말을 맨 짐마차를 세워놓도록 해. 나는 열쇠를 훔쳐올게. 이 창에서 닥치는 대로 마차 안으로 던지면 돼."

"보초병은 없어?"

"이쪽엔 없어."

"있잖아," 나는 샬롯에게 말했지만, 그녀를 죽이겠다는 즐거운 음모를 이때 이미 꾸미고 있었다. "당신이 쓸 독약을 준비하려면 바쁘게 뛰어다녀야 해. 그만한 일을 하려면 당신이 한 말을 확신할 수 있어야 하니까 이 계약서에 서명해줘."

나는 곧바로 계약서를 한 통 작성하여 내밀었다.

"여기에 서명해야 비로소 나는 아무 걱정 없이 움직일 수 있고, 또 서로 마음도 놓을 수 있어."

나에 대한 사랑과 남편을 처치해버리고 싶은 억누르기 힘든 욕망에 완전히 눈이 멀어 있던 샬롯은 내가 바라던 대로 서명해주었다. 이것으로도 알 수 있듯이 욕정과 용의주도함은 도저히 양립할 수 없는 법이다. 그녀가 서명한 계약서는 다음과 같은 것이었다.

나는 남편의 보물을 모두 훔쳐내고, 남편을 살해하는 데 쓸 독약을 구해준 여자에게 사례로서 이 보물을 제공한다.

나폴리왕국 왕비 샬롯

"이제 안심이야."

나는 말했다.

"모레 약속한 시각에 반드시 마차를 세워놓겠어. 잘해야 해, 샬롯…… 나도 빈틈없이 해낼 테니까. 그럼 이제 즐겨볼까?"

"아, 당신은 정말 좋은 친구야." 샬롯은 나에게 키스 세례를 퍼부으며 말했다. "당신은 정말 친절해, 난 당신이 너무나 좋아!"

세상에 이렇게 어리석은 여자를 보았나. 친절하다고 수선을 피울 문제가 아니다. 무엇보다 이미 착각이나 하고 있을 때가 아닌 것이다. 우리는 함께 수도 없이 관계를 맺은 사이기 때문에 나는 그녀를 죽이겠다는 생각 없이는 즐거운 기분에 빠질 수가 없었다. 그리고 그녀의 조심성 없는 계약서가 이 계획을 거의 확실하게 만들고 있었던 것이다.

"노리개들을 부르기 전에 우리 둘이서 즐기지 않을래?" 샬롯이 말했다.

내 대답을 기다리지도 않고 그녀는 나를 침대에 쓰러뜨리더니 나의 허벅지 사이에 무릎을 꿇고, 앞문과 뒷문을 동시에 자극하기 시작했다. 여자란 상상력으로 남의 눈을 얼마든지 속일 수 있는 동물인데, 이때 내가 크게 활용한 것도 이 능력이었다. 나는 샬롯에 의해 육체적인 쾌감을 마음껏 느끼면서도 속으로는 그녀를 배신할 생각만 하고 있었다.

이윽고 다들 널찍한 거실에 모여서 매우 호화로운 식사를 했다. 처녀들은 식사 시중을 들고, 임부는 발치에서 뒹굴면서 우리가 마음 내키는 대로 밟거나 차는 것을 고스란히 받고 있었다. 나는 크레아빌 옆에 자리를 잡고 앉아서 방금 세운 사악한 계획을 그녀에게 재빨리 말해주었다. 자세히 이야기하자 그녀는 매우 기뻐했다. 물론 줄거리밖에 말할 여유가 없었지만, 그녀는 나의 속내를 훤히 알아채고 너처럼 악질적이고 영악하고 대담무쌍한 여자는 본 적이 없다며 입에 침이 마르도록 칭찬을 아끼지 않았다.

혀에 착착 감기는 산해진미와 포도주로 완전히 기분이 좋아진 우리는 비틀거리며 다른 방으로 옮겼다. 그곳은 호화롭게 꾸며진 방으로 우리가 이제부터 하게 될 난잡한 행동의 준비도 완벽하게 되어 있었다. 참가자는 페르디난도, 그라비네스, 라 리치아, 크레아빌, 샬롯, 올람프, 그리고 나까지 모두 7명이다. 노리개가 되는 것은 임부 1명, 시중을 들던 처녀 4명, 그리고 우리를 위해 엉덩이로 리큐르술을 따라줄 귀여운 남자아이와 여자아이 8명이다. 아침나절에 우리가 실컷 재미를 본 남자들에게 꿀리지 않을 정도로 골격과 근육이 튼실하고 정력적인 사나이 14명이 주뼛거리면서 들어왔다. 하나같이 알몸에 바들바들 떨면서 우리의 명령을 잠자코 공손하게 기다리고 있었다.

식사가 제법 길어졌으므로 어느새 방에는 불을 켜야 했다. 초록 실크로 덮인 5백 개의 초가 온 방 안에 부드럽고 은은한 빛을 던지고 있었다.

왕이 말했다. "별실에선 둘이 다정한 이야기를 나누었지만 이제부터 하려는 것은 서로를 동지로 볼 때의 놀이라오."

우리는 순서도 뭣도 없이 손에 잡히고 눈에 보이는 대로 달려들어서 자극하고 자극을 받았다. 그러나 무질서한 음탕함 속에는 언제나 잔혹한 정신이 지배하기 마련이므로 한쪽에선 목을 조르는가 하면 다른 한쪽에선 엉덩이에 채찍질을 하고, 오른쪽에선 옥문이 찢기는가 하면 왼쪽에선 임신부가 고통스러워하며, 한쪽에서 신음소리가 들리는가 하면 다른 한쪽에선 무서운 욕지거리가 들려오는 상황이었다. 그렇게 마구 뒤섞인 고통과 쾌락의 한숨소리들이 여기서 들을 수 있는 유일한 소리였다. 그 가운데 한층 강력한 절정의 비명소리가 들려왔다. 그라비네스가 방금 절정에 이른 것이다.

아아! 그가 열광하는 소리를 지르자마자 우리는 그를 에워싸고 있던 무리

한가운데서 처참하게 살해된 임부 하나와, 그녀의 배에서 나온 태아가 피투성이가 되어 나뒹굴고 있는 것을 볼 수 있었다.

"내 방식은 좀 달라." 라 리치아는 배가 잔뜩 부푼 임부 하나를 벽에 단단히 묶게 하더니 말했다. "준비 됐나? 내가 하는 걸 잘 보란 말야."

라 리치아는 쇠가시가 박힌 구두를 신고 좌우로 두 남자에게 부축을 받으면서 벽에 묶인 임부의 배 쪽으로 허리를 꺾으며 있는 힘껏 발길질을 했다. 여자의 배는 터져서 피투성이가 되었고, 그녀는 밧줄 위로 윗몸을 푹 꺾더니 우리 앞에 달이 차지 않은 태아를 쏟아냈다. 때를 놓치지 않은 도락자가 거품이 이는 정액을 태아에게 뿌렸다.

이 장면의 바로 가까이에서 앞문과 뒷문을 애무 받으면서 어린 남자아이의 물건을 가지고 놀던 나도 라 리치아가 절정에 이르는 것을 보자 끝내 참지 못하고 절정에 이르고 말았다. 크레아빌 역시 항문삽입을 받으면서 소년을 채찍질하고 있었는데 그녀도 나를 따라 절정에 이르렀다. 샬롯은 앞문 애무를 받으면서 소년 하나를 애무하고, 두 소녀로 하여금 자기가 보는 앞에서 임부의 배를 채찍으로 때리게 하고 있었다. 페르디난도는 새빨갛게 달군 장도리로 한 소녀를 잘게 조각내면서, 다른 아이에게서 애무를 받고 있었다.

절정에 가까웠다고 생각되자마자 그는 해부칼을 들고 희생자의 유방을 잘라내어 우리 앞에 던졌다. 우리는 대강 이런 식으로 즐겼는데, 이윽고 페르디난도가 다음 방으로 가자고 제안했다. 그 방에는 정교하게 만든 기계가 있었으며, 이번엔 이것을 이용하여 임부들에게 독특한 고문을 가하며 즐기자는 것이었다.

먼저 남아 있던 여자 2명을 붙잡더니 위아래 평행으로 놓인 2장의 철판에 각각 묶어, 배와 배가 정확히 맞닿게 했다. 철판과 철판 사이는 10피트쯤 되었다.

"이게 아주 재밌다오."

왕이 말했으므로 우리는 기계 주위를 둘러쌌다. 페르디난도가 명령하자 기계가 작동하여, 2장의 철판 가운데 하나는 위로 올라가고, 다른 하나는 아래로 내려가기 시작했다. 이렇게 5, 6분이 지나자 이번엔 2장이 맹렬한 기세로 맞부딪쳤으므로 두 여자의 몸은 배 속의 갓난아기와 함께 납작하게 눌려 눈 깜박할 사이에 산산조각 나고 말았다.

여러분도 쉽게 떠올릴 수 있겠지만 그 모습을 보고 우리는 모두 자기도 모르게 정액을 쏟았으며, 이토록 훌륭한 기계를 극구 칭찬하지 않은 사람은 아무도 없었다.

"또 다음 방으로 갑시다." 페르디난도가 말했다. "색다른 즐거움을 계속해서 맛볼 수 있소."

이번에 들어간 방은 매우 컸다. 넓은 무대가 있고, 일곱 가지 서로 다른 고문이 준비되어 있는 것 같았다. 군신 마르스처럼 아름다운 알몸의 집행인 4명이 저마다 고문을 집행할 준비를 갖추고 있었다. 첫 번째는 화형, 두 번째는 채찍, 세 번째가 목매달기, 네 번째는 수레로 찢기, 다섯 번째는 꼬치에 꿰기, 여섯 번째는 목 자르기, 그리고 마지막 일곱 번째가 온 몸을 갈가리 찢는 극형이었다. 우리는 구경을 하기 위해 저마다 넓은 부스를 쓸 수가 있었는데, 부스 안에는 잘생긴 남자아이와 여자아이의 초상이 50장이나 걸려 있었다. 지정된 부스로 들어가자 우리는 저마다 건장한 청년과 소녀와 소년을 1명씩 데리고 가서 형이 집행되는 동안 쾌락의 상대로 삼도록 되어 있었다. 우리를 에워싼 초상화에는 저마다 벨이 달려 있었다.

"50장의 초상화 가운데 아무나 1명을 제물로 고를 수가 있소." 페르디난도가 말했다. "선택한 제물 옆에 매달려 있는 벨의 줄을 잡아당기면 곧바로 그 제물이 나와서 여러분의 쾌락 상대가 되어줄 거요. 다음으로 각 부스에서 무대로 이어지는 계단이 있으니까 여러분의 제물에게 그 계단을 올라가게 하면 되오. 제물에겐 여러분이 가장 마음에 들어하는 고문을 할 것이오.

여러분이 직접 하고 싶다면 그렇게 해도 되고, 집행인에게 맡기고 싶으면 여러분이 선택한 고문을 집행인에게 알려주시오. 그러면 곧장 제물은 집행인에게 붙들려가 여러분이 보는 앞에서 고통을 받게 되오. 다만 여러분의 쾌락에 가치를 더하기 위해 고문은 하나씩 순서대로 진행될 거요. 시간에 얽매여선 안 되오. 서두를 필요는 조금도 없소. 인생에서 가장 효과적으로 쓸 수 있는 시간이란 다른 사람의 인생을 약탈하는 시간이니까."

"정말 멋져요." 크레아빌이 말했다.

"당신처럼 상상력이 풍부한 사람을 난 본 적이 없어요."

"나는 그런 칭찬의 말을 들을 자격이 없소." 나폴리 왕이 대답했다. "이런 기행은 모두 내 조상인 시라쿠사의 폭군들이 즐겨오던 것들이오. 기록보관소에 그 증거가 고스란히 남아 있죠. 나는 그것을 찾아내고 흥분을 억누를 수가 없었소. 그래서 내 친구와 함께 이것을 즐기기로 한 것이오."

그라비네스가 맨 먼저 벨을 울렸다. 그가 고른 것은 태양처럼 아름다운 16살 소년이었다. 그라비네스만이 이 소년을 즐길 권리가 있는 것이다. 소년이 나오자 그는 채찍으로 때리고 소년의 물건을 깨물고, 고환을 짜부라뜨리고, 항문에 섹스를 하다가 마지막으로 불속에 던져넣었다.

"저 아이는 소돔 출신이니까 이런 고문이 어울려." 그라비네스는 말했다.

다음으로 크레아빌이 벨을 울렸다. 예상한 대로 그녀가 고른 상대도 소년이었다. 겨우 18살이 되었을 아도니스처럼 아름다운 소년이다. 음탕한 이 여인은 그를 애무하고 채찍질하고, 그에게 옥문과 항문을 핥게 한 끝에 둘이서 무대로 뛰어가 집행인에게서 항문삽입을 받으면서 순수 소년을 꼬챙이로 꿰었다.

다음은 올람프였다. 그녀가 고른 대상은 13살 소녀였다. 실컷 애무한 끝에 목을 졸라 죽였다.

페르디난도가 다음 차례다. 크레아빌처럼 젊은 남자를 골랐다.

"여자를 고문하는 것도 좋아하지만 동성의 인간을 괴롭히는 것은 더욱 즐겁소." 그는 말했다.

이끌려 나온 젊은이는 헤라클레스 같은 체구에 크피돈처럼 생긴 20살 청년이다. 페르디난도는 직접 애무하고 채찍질한 끝에 청년을 고문대로 데려가서 수레로 찢는 형을 내렸다.

라 리치아가 고른 것은 헤베처럼 아름다운 16살 처녀였다. 온갖 잔인함을 맛보게 한 끝에 산 채로 조각내는 형에 처했다.

샬롯이 벨을 누르자 12살짜리 소녀가 나왔다. 실컷 데리고 논 뒤에 그녀는 두 사내에게서 애무를 받으면서 소녀의 목을 내리쳤다.

내가 부른 것은 18살 난 당당한 미인이었다. 이렇게 아름다운 육체를 본 것은 난생처음이었다. 키스하고, 실컷 장난치고, 몸속을 핥은 뒤 처형대로 데려가서 사형집행인의 도움을 받아 채찍으로 기진맥진할 때까지 때려서 커다란 살덩이를 떼어냈다. 그리고 그녀가 기절하자 그 시신 위에서 사형집행인과 관계를 했다.

이 놀이가 어찌나 재미있던지 도무지 그만둘 생각이 나지 않았다. 그러다 결국 저마다 168명, 모두 합쳐 1천176명을 피의 축제에 올렸는데, 그 내역은 처녀가 6백 명, 남자아이가 576명이었다.

샬롯과 보르게스는 여자만 죽였다. 나는 남자와 여자를 비슷하게 죽였다. 라 리치아도 나와 마찬가지였다. 그러나 크레아빌과 그라비네스, 페르디난도는 남자만 죽였으며, 그것도 대부분은 직접 손을 썼다. 물론 그사이에도 섹스하기를 그친 것은 아니며, 건장한 사내들은 수없이 바뀌었다. 이러한 신성한 쾌락의 도취 속에서 마흔다섯 시간을 보낸 뒤 우리는 왕궁을 떠났다.

헤어질 때, 샬롯에게 나는 작은 소리로 말했다. "당신이 서명한 계약서를 기억하고 있지?"

"당신은?" 샬롯도 작은 소리로 대답했다. "모레의 약속을 잊으면 안 돼. 반드시 착오가 없도록 잘 부탁해."

집으로 돌아오자마자 왕궁에선 냄새만 피우고 마저 설명하지 못하던 것을 크레아빌에게 얘기해주었다.

"멋진 계획인데!" 그녀는 말했다.

"맞아. 하지만 내가 그녀를 어떻게 할 생각인지 알아?"

"아니."

"난 샬롯이란 여자가 아주 못마땅해."

"오오! 키스해줘. 당신…… 나도 그런 여자는 질색이야."

"응, 하지만 내가 싫다고 한 건 조금 달라. 그 여자는 나를 미치도록 사랑하고 있어. 나한테 애무 받을 생각만 하거든. 그런 여자가 나를 좋아한다니 생각만 해도 싫어. 내가 사랑 받고 싶은 건 세상에서 오직 너뿐이야. 알아?"

"쥘리에트, 그런 말을 해주다니 너무나 기뻐!"

"너의 쥘리에트잖아?"

"맞아, 바로 그거야. 착하지…… 그럼 요컨대 샬롯을 어떻게 하겠다는 거지?"

"보물을 손에 넣은 다음 날 이 계약서를 왕에게 보낼 거야. 계약서에는 '나는 남편의 보물을 모두 훔쳐내고, 남편을 살해하는 데 쓸 독약을 구해준 여자에게 사례로서 이 보물을 제공한다'고 쓰여 있거든. 이걸 읽으면 아무리 얼빠진 남편이라도 샬롯을 사형에 처하거나 적어도 감옥에 가두는 정도는 할 거야."

"그렇군. 하지만 샬롯이 공범자의 이름을 밝히지 않을까? 남편의 보물을 우리 손에 넘긴 것을 누설하면 어쩌지?"

"설령 보물을 우리가 갖는다 해도 계약서를 국왕에게 보낸 것이 우리인 줄을 짐작이나 하겠어?"

"짐작할 수 있건 없건 간에 어쨌든 페르디난도는 수사를 할 거야."

"그렇다면 아무도 모르게 보물을 정원에 몽땅 묻어두면 돼. 내가 왕에게 직접 담판을 지으러 가겠어. 만약 도저히 혐의를 벗지 못하게 되면 그제 있었던 풍년제의 잔학행위를 폭로하겠다고 왕을 협박하지 뭐. 페르디난도는 마음이 약하고 바보니까 분명 무서워서 꼬리를 내릴 거야…… 격언에도 '호랑이를 잡으려면 호랑이굴에 들어가라'고 하잖아? 부자가 되려면 위험한 일도 해야 해. 잘만 되면 5, 6천만쯤은 거뜬히 벌 수 있으니까 조금의 희생을 치르는 건 당연하잖아?"

"하지만 잡히면 끝장이야."

"그게 어쨌다는 거야? 목이 매달리는 것 따윈 조금도 두렵지 않아. 교수형으로 죽으면서 절정에 이르는 사람이 있대. 단두대가 무서울 게 뭐야? 만일에 하나 내가 사형 언도를 받는다면 단두대까지 뛰어가겠어…… 침착해, 크레아빌. 우리는 죄악의 편이야. 죄악이 우리를 돕고 있어. 성공은 확실해."

"넌 그 계획을 보르게스한테도 말했어?"

"아니, 난 이제 그 사람 싫어."

"어쩜, 나도 싫어."

"되도록 빨리 성가신 것들을 털어내야 해."

"내일 베수비오화산을 구경가지 않겠어?"

"아, 그거 좋은 생각이야. 그 화산 내부를 그녀의 무덤으로 쓰면 되겠네. 그야말로 훌륭한 죽음이로군."

"우리 둘이서 싫어하니까 미움 받는 쪽은 꼼짝도 못하지."

"평소와 똑같이 식사를 하자."

"아부를 좀 하는 거야."

"나한테 맡겨. 겉으론 부처나 보살이라도 속마음은 야차라는 건 바로 나를 두고 하는 말이니까."

"오늘 밤 섹스를 해줘야 해."

"물론이고말고."

"아, 우린 이제 곧 엄청난 부자가 되는 거야!"

"일을 끝내면 나폴리를 떠나야겠지?"

"이탈리아를 떠나 프랑스로 돌아가자. 땅을 사서 함께 사는 거야. 근사한 쾌락이 우리를 기다리고 있어. 모든 것이 바라던 대로 되는 거야."

"모든 일이 순식간에 우리 뜻대로 되어가는구나. 오, 사랑스런 내 친구여, 돈이 있다는 건 얼마나 행복한 일이야! 돈을 손에 넣기 위해 합법적이든 비합법적이든 온갖 수단을 동원하지 않는 사람은 얼마나 어리석은지!

아, 크레아빌, 도둑질 취미를 즐기지 못하느니 차라리 죽는 게 나을 거야. 훔치는 거야말로 내 삶의 가장 큰 쾌락이고, 내가 살아가는 데 있어서 가장 필요한 것이야. 훔칠 때 나는 보통 여자가 섹스할 때 느끼는 것과 똑같은 쾌감을 느껴. 남자의 물건이나 손가락이 자극을 주는 것처럼, 온갖 악덕행위가 내 안의 쾌락이 사는 사원(寺院)의 신경다발을 자극하지. 악행의 음모를 꾸미는 것만으로도 나는 오싹한 쾌감을 느껴……

여기 이 다이아몬드를 좀 봐, 샬롯이 나한테 주겠다고 한 건데 5만 에퀴의 값어치는 있겠지? 나는 필요 없다고 했어. 공짜로 받은 건 마음에 들지 않지만 훔친 건 진짜로 좋아……."

"그 다이아몬드, 샬롯에게서 훔친 거야?"

"맞아. 도둑질이라는 유일한 쾌락을 위해 그 정열에 몰두하는 사람이 있다고 해도 나에겐 그리 이상한 일이 아니야. 나는 훔치기 위해 삶을 바쳐도 좋아. 이를테면 2백만의 연금이 들어온다 해도 나는 취미 삼아서 계속 훔칠 것을 너에게 약속할게."

"아, 넌 진짜 멋쟁이야!" 크레아빌이 말했다. "우리 둘은 친구가 될 운명이었던 게 분명해…… 그야말로 끊으려야 끊을 수 없는 관계지."

우리는 보르게스와 함께 산해진미의 식사를 하고, 내일은 베수비오화산을 구경하러 가기로 했다. 저녁엔 오페라 관람을 했다. 왕이 우리의 부스로 인사를 하러 왔으므로 관객의 시선이 우리에게로 온통 쏟아졌다.

집으로 돌아온 뒤에는 키프로스 포도주에 절여 구운 고기를 먹고, 섹스하며 놀자고 보르게스에게 제안했다. 그녀가 찬성하자 나와 크레아빌은 태연히, 내일 죽을 운명인 이 여자에게 7, 8번이나 감미로운 기분을 느끼게 해주었고, 우리도 그녀의 도움으로 7, 8회나 절정에 이르렀다. 그리고 그녀를 재운 다음 나와 크레아빌은 남은 밤을 함께 보냈다. 내일이야말로 우정과 믿음의 모든 관념을 배신하는 날이라고 생각하니 너무나 기뻐서 우리는 다시 3, 4번 절정의 쾌감을 맛보았다.

  이런 극악무도를 이해하려면 당연히 우리와 같은 상상력의 소유자여야만 한다. 그것을 모르는 사람은 안타까운 일이지만 커다란 쾌락도 느낄 수가 없다. 감히 단언하건대 그런 사람은 쾌락이 무엇인지를 이해하지 못하는 사람이라고 해야 한다.

베수비오 관광

우리는 날이 새기 전에 일어났다. 악행을 계획할 때는 잠드는 것조차 불가능하다. 악행의 공상이 온 감각을 자극하여 깨우는 것이다. 유일한 공상을, 있을 수 있는 온갖 형태로 되짚고 비틀어 돌려보고, 구석구석까지 남김없이 음미하므로 우리는 죄를 저지르기도 전에 수천 번도 더 즐거운 기분에 빠지게 된다.

6마리 말이 끄는 사륜마차를 타고 우리는 화산 기슭까지 갔다. 기슭에 다다라 우리는 안내인을 찾았다. 안내인은 가죽끈으로 우리를 고정하여 산을 오를 때 몸을 받쳐주었다. 꼭대기까지 오르는 데 두 시간이 걸렸다. 이 등산을 위해 우리는 새 신발을 마련했지만, 산꼭대기에 다다랐을 때는 신발은 닳아서 너덜너덜해져 있었다. 우리는 힘껏 산길을 올랐고, 올람프를 내내 놀려먹었다. 그런데도 이 불쌍한 여자는 우리가 던지는 비아냥 섞인, 바늘처럼 음험한 이중의 의미를 전혀 알아채지 못했다.

이 산 등반이야말로 엄청난 고역이었다. 목까지 재투성이가 되어 4걸음 나아가면 6걸음은 뒤로 물러서야 했으며, 언제 용암에 산 채로 묻히게 될지 몰랐다. 완전히 기진맥진하여 분화구 옆에 다다랐지만 아주 잠깐밖에 쉴 수가 없었다.

격동의 시대엔 나폴리왕국을 뒤흔들었다는 이 화산의 고요한 분화구를 가만히 내려다보며 우리가 매우 기이한 생각에 빠진 것은 바로 이때였다.

"이렇게 조용한 날에도 무슨 위험한 일이 일어날까요?" 우리는 안내인에게 물었다.

"웬걸요." 안내인들이 대답했다. "역청이나 유황, 경석 덩어리가 튀어나오는 경우는 가끔 있지만 폭발하는 일은 거의 없습지요."

"그럼 말이죠." 크레아빌이 말했다. "과자가 든 바구니를 우리에게 주고 당신들은 마을로 돌아가요. 우리는 여기서 하루를 더 보낼 생각이니까. 스케치도 하고, 측량도도 만들면서요."

"그랬다가 만약 무슨 일이 일어나면 어쩝니까?"

"아무 일도 안 일어난다고 하지 않았어요?"

"꼭 그렇다고 할 순 없습지요."

"괜찮아요. 무슨 일이 일어나면 마을을 향해 힘껏 뛰어내려갈 테니까요……."

금화를 서너 닢 손에 쥐어주자 안내인들은 더 이상 귀찮게 하지 않고 우리를 남기고 내려갔다. 그들의 모습이 멀어지자 나와 크레아빌은 마주보았다.

"계략을 짜볼까?" 내가 작은 소리로 말했다.

"안 돼!" 그녀가 대답했다. "힘으로 덮치자……."

순식간에 둘이서 올람프에게 달려들었다.

"이 매춘부! 전부터 네가 몹시 마음에 들지 않았어. 이리로 데려온 것도 성가신 너를 없애기 위해서였어. 저 분화구 속으로 던져줄 테니까 각오해!"

"아, 너흰 친구잖아. 내가 뭘 어쨌다는 거야?"

"아무 짓도 하지 않았어. 단지 밉살맞을 뿐이야. 그것만으로도 충분하지 않아?"

말을 마치기도 전에 그녀의 입에 손수건을 밀어넣어 비명이나 울부짖는 소리를 내지 못하도록 미리 막아버렸다. 이어 크레아빌이 이 일을 위해 가져온 비단 끈으로 그녀의 두 손을 묶었고, 다음엔 내가 두 발을 묶었다. 이리하여 그녀가 완전히 저항하지 못하는 상태가 되자 우리는 그녀의 모습을 보며 잠깐 즐겼다. 눈물이 그녀의 두 눈에서 흘러나와 아름다운 가슴 위로 방울져 떨어졌다. 그녀의 옷을 벗기고 몸의 온갖 부분을 애무하거나 꼬집고 쥐어뜯었다. 아름다운 유방을 비틀고, 예쁜 엉덩이를 채찍으로 치고, 허벅지를 콕콕 찌르고, 음모를 뽑고, 피가 날 때까지 클리토리스를 물어뜯기도 했다.

이런 식으로 두 시간이나 실컷 데리고 논 뒤에 우리는 밧줄을 잡고 그녀의 몸을 들어올려 그대로 분화구 안으로 던져넣었다. 6분이 넘도록 분화구 안에서 그녀의 몸이 이리 부딪쳤다가 저쪽으로 부딪쳐가면서 좁은 비탈을 데굴데굴 굴러떨어지는 소리가 우리의 귀에 또렷이 들려왔다. 그러나 그 소리도 점점 멀어지다가 마침내는 아무 소리도 들리지 않게 되었다.

"이제 끝났어." 크레아빌이 말했다. 그녀는 올람프를 던져넣은 뒤로 줄곧 혼자서 자위를 하고 있었다.
"에잇, 젠장! 이번엔 이 화산 기슭에 누워서 우리 둘이서 크게 한 번 즐겨볼까? 우리는 지금 막 죄를 저질렀잖아. 인간이 극악무도하다고 표현하는 멋진 행위 하나를 말야. 흥! 이 행위가 자연을 모욕하는 거라면 자연은 왜 우리한테 복수하지 않는 거지? 얼마든지 할 수 있을 텐데 말야. 우리 발밑에서 순식간에 분화를 일으키고 용암이 끓어 넘치게 하여 우리를 단숨에 집어삼키면 그만인 것을⋯⋯."
나도 이미 극치의 경계선에 가 있었으므로 도저히 대답을 할 형편이 못 되었다. 그래서 그녀에 대한 보답으로 그녀가 만끽하게 해준 절정의 물을 흠뻑 쏟아냈다. 더 이상 아무런 말도 없이 우리는 서로를 꼭 끌어안고 2마리의 새처럼 타는 듯한 날숨을 어찌나 뿜어댔던지 영혼마저 뒤바뀌는 것 같았다. 어떤 비열한 말과 신을 모독하는 말만이 우리 입에서 흘러나오는 유일한 소리였다. 우리는 자연을 욕하고, 자연의 무능함을 업신여기며 실컷 바보로 만들었다. 이렇게나 악행을 저질러도 아무런 벌도 받지 않았으므로 우리는 더욱 기고만장하여 자연의 어수룩함을 핑계로 점점 더 집요하게 자연을 욕보였던 것이다.
흥분감에서 먼저 깨어난 크레아빌이 말했다. "아하! 이제 알았어, 쥘리에트. 자연은 흔히 말하는 인간의 죄란 것에 대해 노여워하지 않아. 우리를 꿀꺽 집어삼켜서 둘 다 쾌락의 가슴에 안긴 채로 죽게 만들 수도 있었을 텐데 자연은 그렇게 하지 않았잖아?
내 말을 잘 들어봐. 자연의 노여움을 살 수 있을 만한 죄란 이 세상에 단 하나도 없어. 세상의 모든 죄는 자연에 도움이 되고, 모든 죄가 자연에게 이로운 거야. 본디 죄란 것을 우리 마음속에 불어넣은 것이 자연이건만 자연이 죄를 필요로 하지 않는다니 그게 말이나 되는 소리냐고!"
그때, 크레아빌이 말을 마칠 새도 없이 분화구에서 돌멩이들이 튀어나와 우리 주위로 떨어졌다.
"아유, 이를 어째!" 내가 일어날 생각도 하지 않고 말했다. "올람프의 복수일까? 아니면 이 유황과 역청 덩어리는 올람프의 작별인사일지도 몰라. 어느새 지구 바닥 깊은 곳에 도착했음을 우리한테 알리는 걸까?"
"이 현상은 간단명료한 거야." 크레아빌이 대답했다. "무거운 물체가 분화구 안으로 떨어질 때마다 분화구 속에서 계속 끓고 있던 물질이 요동을 치면서 작은 폭발이 일어나는 거라고."

"특별히 우리를 방해할 것 같진 않으니 식사나 하자, 크레아빌. 하지만 네가 방금 설명한 돌멩이비 현상은 어딘가 맞지 않는 구석이 있어. 그건 말야, 올람프가 자기 옷을 돌려달라고 우리한테 애원하는 거야. 틀림없다니까. 그러니까 돌려줘야만 해."

금과 보석을 모조리 떼어낸 뒤 우리는 짐을 한 뭉치 만들어 불행한 친구를 막 집어삼킨 구멍 속으로 던져넣었다. 그 뒤 우리는 점심을 먹었다. 아무 소리도 들리지 않는다. 죄악이 순조롭게 끝나 자연이 만족한 증거일까?

우리는 산을 내려와 산기슭에서 안내인들을 만나자 눈물을 쏟으며 말했다. "무섭고 불행한 일이 일어났어요. 우리 친구가 분화구에 너무 가까이 다가갔다가 그만 눈 깜짝할 사이에 눈앞에서 사라지고 말았어…… 이봐요, 용감한 분들, 어떻게 구해낼 방법이 없을까요?"

"그건 무립니다." 그들은 한결같이 대답했다. "그래서 우리와 함께 있어야 한다고 하지 않았습니까? 그랬으면 그런 일은 절대로 일어나지 않았습죠. 이젠 소용없어요. 다시는 그분을 볼 수 없을 겁니다."

이 무정한 선고를 듣고 우리는 한동안 거짓눈물을 쥐어짜야 했다. 얼마 뒤 우리는 다시 사륜마차를 타고 한 시간 남짓 걸려서 나폴리로 돌아와 있었다.

다음 날 우리는 곧바로 이 불행한 사건을 세상에 알렸다. 페르디난도는 몸소 우리를 찾아와 위로해주었는데, 그는 정말로 우리를 자매라고 믿고 있던 것이다. 그토록 타락한 인간도 우리가 죄악을 저질렀으리라고는 꿈에도 생각 못하는 것 같았다. 그리하여 사건은 끝이 났다. 우리는 서둘러 보르게스 백작부인의 하인들에게 사고증명서를 쥐어주고 로마로 돌려보내면서 3만 프랑에 이르는 현금과 보석이 남아 있는데 어떻게 처분하면 좋을지 지시해달라고 백작부인의 가족에게 편지를 보냈다. 사실은 10만 프랑이 넘게 남아 있었지만, 그것도 여러분이 상상하다시피 우리가 몽땅 후무려놓았다. 그러나 가족의 답장이 도착할 무렵엔 이미 우리는 나폴리에 없었으므로 죽은 친구에게서 가로챈 재산을 마음 편히 즐길 수가 있었다.

올람프, 곧 보르게스 백작부인은 상냥하고 애정이 깊은 여자로서 쾌락에 쉽게 열중하고, 체질적인 쾌락자에 상상력도 풍부했지만, 자기의 쾌락원리를 깊이 추구하는 것만은 절대로 불가능한 성격이었다. 겁이 많고, 편견에서 벗어나지 못하여 아주 작은 불행이 닥치면 이내 변절해버리는 그런 구석이 있었다. 이 유일한 결점 때문에 그녀는 우리처럼 타락한 여자와 어깨를 나란히 할 수 없었던 것이다.

그건 그렇고, 보다 중대한 사건이 우리를 기다리고 있었다. 내일은 샬롯이 남편의 보물을 훔쳐내기로 약속한 날이다. 내일을 위해 나와 크레아빌은 짐가방을 12개쯤 준비하고, 집 정원에 커다란 구덩이를 몰래 파게 하면서 그 밤의 나머지 시간을 바쁘게 보냈다. 구덩이를 판 사람은 총으로 쏘아서 그대로 구덩이에 묻어버렸다.

"공범자는 할 일을 마쳤으면 즉각 없애야 한다." 마키아벨리도 이렇게 말했다.

지정된 창문 밑에 짐가방을 실은 마차를 끌고 가야 할 시간이 마침내 다가왔다. 나와 크레아빌은 남장을 하고 직접 마차를 끌고 갔다. 하인들은 야외로 놀러 가는 줄 알았으므로 특별히 이상한 눈길로 보지도 않았다.

샬롯은 약속을 지켰다. 성공하면 독약을 손에 넣을 수 있다는 생각에 몰두해 있었으므로 모든 일을 차질 없이 준비해놓고 기다리고 있었다. 네 시간 동안 우리는 그녀가 자루를 떨어뜨리면 받아서 짐가방 속에 넣는 작업을 계속했다. 마침내 그녀가 이제 끝이라고 알려주자 우리는 대답했다. "그럼 내일 보자."

그 길로 서둘러 집으로 돌아왔는데, 그런 큰일을 하는 동안 아무도 마주치지 않아 천만다행이었다. 집으로 돌아오자마자 남자 둘의 도움을 받아서 짐가방을 묻었는데 물론 그들도 일이 끝나자마자 짐가방과 함께 구덩이 속에 묻어버렸다.

하루아침에 벼락부자가 된 것이 아무래도 불안하고 초조했으므로 그날 밤은 쾌락을 즐길 생각도 못하고 잠자리에 들었다. 날이 새자 왕궁에 도둑이 들었다는 소문이 온통 퍼져 있었다. 이 좋은 기회를 놓치지 않고 우리는 왕비가 쓴 계약서를 왕에게 보냈다. 물론 보낸 사람이 누군지는 알 수 없는 수수께끼 같은 편지이다.

왕은 편지를 보자마자 불같이 화를 내며 곧바로 아내를 체포해 친위대장에게 넘겼다. 친위대장은 특별명령에 따라 산 테름 성으로 그녀를 연행하여 극비리에 허름한 옷과 간소한 식사만을 제공했다. 그렇게 일주일쯤 왕은 아내를 만나지 않았는데, 그녀가 너무나도 절실하게 만나달라고 하자 결국 아내를 만나러 갔다. 그녀가 모든 것을 털어놓는 바람에 우리의 처지는 매우 위험해졌다. 페르디난도가 펄펄 뛰면서 우리의 저택으로 뛰어왔던 것이다. 그때 우리가 나눈 대화는 매우 흥미진진한 데가 있었으므로 대화체로 이곳에 옮기고자 한다.

페르디난도 : "당신들은 무서운 짓을 저질렀더군. 친구라고 믿었던 당신들에게 혐의를 두는 일이 생길 줄이야……."

크레아빌 : "아니, 그게 무슨 말씀이죠?"

페르디난도 : "왕비가 당신들을 고발했소. 내 보물을 훔쳤다고 하던데……."

크레아빌 : "우리가요?"

페르디난도 : "그렇소."

크레아빌 : "대체 그게 무슨 소리예요?"

페르디난도 : "그녀도 한때는 나를 해치려 했다고 인정했소. 아내의 말에 따르면 당신들은 나를 죽이는 데 쓸 독약을 그녀에게 주겠다고 약속하고 그 대가로 내 보물을 요구했다고 하던데?"

크레아빌 : "그렇게 비싼 값에 샀다는 독약을 그녀 방에서 찾아내셨나요?"

페르디난도 : "아니, 못 보았소."

크레아빌 : "그렇다면 왕비님은 약속한 독약을 받기도 전에 그 어마어마한 금액을 넘기는 데 동의했다는 건데, 전혀 상상이 가질 않네요."

페르디난도 : "그 점은 나도 이상하다고 생각하오."

크레아빌 : "폐하, 그래도 모르시겠어요? 당신의 부인은 악당이라고요. 그것도 매우 어수룩한 악당이죠. 우리가 당신과 사이가 좋은 걸 알고 자작극을 꾸며 우리한테 온통 뒤집어씌우면 자기의 악행도 쉽사리 감춰질 거라고 믿은 거예요. 하지만 그 계략은 미숙하기 짝이 없네요."

페르디난도 : "그럼 누가 이 계약서를 나에게 보냈을까?"

크레아빌 : "그거야 물론 당신의 보물을 훔친 사람들이죠. 하지만 그 사람들은 이미 멀리 갔을 게 틀림없어요. 이제 안전하다고 판단했으니까 이 계약서를 당신한테 보내 사정을 밝힌 거겠죠. 왕비가 우리의 이름을 고자질한 것

도 그 사람들을 멀리 달아나게 하기 위해서가 아닐까요?"

페르디난도 : "하지만 샬롯이 자기를 배신한 놈들을 구해줌으로써 이제 와서 무슨 이익을 얻겠는가?"

크레아빌 : "독약을 갖고 있겠죠. 샬롯은 자기가 독약을 갖고 있다는 걸 당신이 모르길 바라는 거라고요. 그러니까 그녀는 자기가 독약을 갖고 있다는 것을 확실하게 단언하지 못하는 사람들한테 혐의를 씌우려는 거고요. 하지만 그녀는 분명 갖고 있어요. 틀림없다니까요. 당신이 신중하게 일을 처리했으니 망정이지 그렇지 않았으면 틀림없이 비명횡사했을 거예요."

페르디난도 : "그럼 나는 잘한 거로군?"

크레아빌 : "그보다 잘할 수는 없다고 봐요."

페르디난도 : "역시 아내가 범인일까? (여기서 크레아빌이 장난기 섞인 미소를 짓자) 그런 표정을 짓는 걸 보니 역시 그랬군(페르디난도는 미친 듯이 날뛰며 말했다). ……부탁이오, 아는 게 있으면 어서 말해주구려. 당신들 뭔가 알고 있지?"

크레아빌 : "아까도 말씀드린 것처럼 당신 부인은 극악무도한 사람이에요. 전부터 당신을 미워했죠. 그러니까 당신이 할 수 있는 최선의 일은 한시라도 빨리 그녀를 엄중한 법률의 손에 맡기는 거라고 생각해요."

페르디난도 : "으음! 그런데 당신들은 내 재산을 훔쳐간 놈들에 대해 정말 아무것도 모르오?"

쥘리에트와 크레아빌 : "맹세코 말씀드리지만 정말 아무것도 몰라요."

페르디난도 : "그래? 그렇다면 아내는 감옥 속에서 죽게 하면 되겠군…… 굶주림과 고통으로 숨을 거두면 되는 거야…… 하지만 당신들을 의심한 일은 미안하오. 부디 용서하시오. 내가 어리석었소."

크레아빌 : "폐하, 설령 단 한 번이라도 당신이 그런 의심을 한다면 우리는 당신의 나라를 떠날 수밖에 없어요……."

페르디난도 : "아냐, 그건 안 돼. 부디 가지 말아주오. 그 간사한 계집이 사라진 지금 나는 전에 없이 편안한 기분이오. 우리 다시 함께 즐기지 않겠소?"

크레아빌 : "당신은 편안할지 모르지만 우리는 그렇지 못하답니다. 숙녀란 조금이라도 명예가 훼손되면 마음의 상처가 좀처럼 사라지지 않는 법이거든

요."

페르디난도 : "무슨 소리요! 나는 당신들 두 사람을 절대 의심하지 않소. (왕은 우리의 무릎에 매달렸다) 제발 부탁이니 나를 버리고 가지 마오. 당신들은 내 삶에 필요한 사람들이야. 당신들을 잃으면 내가 무슨 재미로 살겠소."

크레아빌 : "당신이 도둑맞은 액수가 대체 얼마나 되는데요?"

페르디난도 : "4천만이야. 내 전재산의 반이지. 그 간사한 계집은 몽땅 내어줄 생각이었지만 전부는 건드리지 못한 것 같아."

"밉살맞은 년!"

나의 이런 갑작스런 격앙은 왕으로선 도저히 꿈도 꾸지 못할 감정에서 비롯된 것이었다. 나는 전재산을 손에 넣지 못했다는 아쉬움 때문에 샬롯에게 욕을 퍼부은 것이다.

"정말 지독한 년이야! 뻔뻔스럽고 간도 크지! 이렇게 훌륭한 남편을 속이다니! 아내의 말이라면 뭐든지 들어주고, 아내의 쾌락을 위해 모든 걸 바쳐온 그런 친절한 남편을 배신하다니! 이렇게 배은망덕한 여잔 세상에 둘도 없을 거예요. 잔인하기 짝이 없는 고문도 그녀를 처벌하기엔 모자랄 정도에요."

이때 엘리스와 레이몬드가 여신처럼 아름답게 차려입고 왕 앞에 초콜릿을 내왔다. 페르디난도는 그녀들을 처음 보았으므로 몹시 놀라서 물었다.

"이토록 아름다운 부인은 대체 누구시오?"

"우리의 친구랍니다." 내가 대답했다.

"어째서 지금껏 소개해주지 않았소?"

"그야 당신의 마음에 들지 어떨지 몰라서 그랬죠."

도락자는 이내 샬롯의 일과 도난사건을 까마득히 잊고 이 아이들을 자기에게 넘겨달라고 애걸했다. 우리로선 바라지도 않던 복이었다. 페르디난도를 위해 서둘러 침실 문이 열렸고, 그는 두 여자와 함께 그곳에 틀어박혀 두 시간 동안이나 그녀들을 혹사한 끝에야 겨우 그곳에서 나왔다.

돌아가는 길에 왕은 말했다. "나의 사랑하는 친구들이여, 부디 나를 버리지 말아주오. 부탁이야. 아까 한 말은 그냥 흘려보내시게. 난 지금 당신들을 청렴결백하다고 믿고 있으니까."

마음 약한 나폴리 국왕이 아닌 다른 사람에 의해 샬롯은 곧 독살당했다. 우리도 그에게 아내를 독살할 결심을 하게 하려고 수차례 권고해보았다. 하지만 그럴 능력도 의지도 없는 사람이 과연 만족스럽고도 남자다운 행동을 할 수나 있겠는가? 결국 그는 아무것도 하지 못했다. 그래서 온 유럽 사람들이 샬롯의 너무나 짧은 감금과 죽음은 알아도 그 이유에 대해서는 아무도 알지 못했다. 우리로선 이런 사건의 결말을 앉아서 기다릴 마음이 추호도 없었으므로 곧바로 떠날 채비를 했다. 4천만이라는 큰 돈을 처리하려니 골머리를 앓아야 했다. 우리는 나폴리 전체를 뒤져 반신상, 모자이크, 고대의 대리석상, 베수비오화산에서 나온 돌 따위를 대량으로 구입해두었으므로 이 짐상자들에 이중바닥을 만들어 그 안에 금화를 넣기로 했다.

이 계획은 대성공이었다. 짐을 싸기 전에 사람을 보내 왕에게 점검해달라고 부탁했지만, 그러지 않아도 된다는 답을 보내와서 우리는 서둘러 짐을 봉인해버렸다. 마차 10대에 짐을 싣고 우리와 하인들은 저마다 다른 사륜마차를 타고 그 뒤를 따랐다. 떠나기 전에 페르디난도에게 작별인사를 하러 갔더니 왕은 아직도 우리에게 미련이 남았는지 붙잡으려고 갖은 애를 쓰다가 결국 포기했는지 왕국을 떠나는 데 필요한 여권을 손수 건네주었다.

뒤랑과의 재회

그날 밤 우리는 카푸아에서 묵었다. 8일 뒤에는 무사히 로마에 닿았다. 로마에 닿자 크레아빌은 나와 함께 파리로 가서 그곳을 종착지로 삼을 생각임을 자기 오빠에게 알렸다. 그리고 오빠에게도 같은 결심을 하게 만들려고 애썼지만 블리자 테스타는 자기 사업에서 결코 손을 떼려 하지 않았고, 설령 아무리 엄청난 부를 거머쥔다 해도 자기는 칼을 들고 죽을 생각이라고 우리에게 분명히 밝혔다.

"그럼 어쩔 수 없지 뭐!" 크레아빌은 나에게 말했다.

"오빠보다 널 택하겠어. 이제 절대로 헤어지고 싶지 않은걸."

나는 친구에게 수없이 키스하고, 나를 택한 것을 결코 후회하지 않으리라고 말해주었다. 하지만 이런 약속을 하면서 나는 우리 둘의 우정에 닥칠 숙명적인 마지막에 대해선 전혀 알지 못했다.

로마에서 앙코나까지 가는 길에는 특별히 재미난 일도 없었지만, 앙코나는 세계 유수의 경관을 자랑하는 곳이었으므로 우리는 한동안 경치를 즐기면서 항구를 거닐기도 했다. 그때, 45살쯤 되어 보이는 덩치 큰 여자가 우리 쪽을 유심히 살피는 것을 느꼈다.

"왠지 어디서 본 것 같은 여자 아니야?"

크레아빌이 말하기에 나도 돌아보았는데 가만히 보다가 깜짝 놀랐다.

"어? 저 여자는 파리의 마법사야…… 뒤랑!"

내 말이 채 끝나기도 전에 이야기의 주인공이 달려와서 우리의 품속으로 정신없이 뛰어들었다.

……5년 전, 자기 목숨이 5년 남았다고 예언한 여자를 다시 만나자 크레아빌은 적잖이 감개무량하여 소리쳤다. "세상에! 어떤 우연이 우리를 이런 곳에서 다시 만나게 했을까요?"

"어찌 됐든 일단 우리집으로 갑시다." 여전히 아름다운 뒤랑이 말했다.

"어차피 우리가 하는 말을 주위 사람들이 알아듣지는 못하겠지만 그렇다고 사람들이 많은 곳에서 말할 건 없잖아요?"

뒤랑은 자기가 살고 있는 여관에서 가장 좋은 방으로 우리를 데려갔다.

"정말 반가워요. 며칠 내로 당신들하고 꼭 닮은 아주 특별한 부인에게 당신들 두 사람을 소개해야겠군요."

"그 귀부인이 누군데요?" 크레아빌이 물었다.

"왕비님의 동생이에요. 나폴리 왕비의 숙모인데 아마 이름은 들어보지 못했을 거예요. 크리스티나 공주라고, 아주 어릴 때부터 음탕한 성향이 어찌나 강했는지 아버지도 두 손 두 발 다 들면서 이래선 어엿한 가문으로 시집보내긴 다 글렀다고 했죠. 나이가 들수록 그녀의 악한 성향은 점점 더 심해져서 아버진 베니스만(灣)의 달마시아 지방에 섬 하나를 사서 그녀에게 주고, 3백만의 연금을 쥐어준 다음 베니스 사람한테 그녀를 보호하라고 했다고 해요. 베니스 사람은 그녀에게 그 섬의 군주라는 직함을 붙여주며 하고 싶은 건 뭐든지 해도 된다는 권한을 주었어요. 16살 때, 이 섬으로 쫓겨난 크리스티나는 지금은 마흔이 되었는데 더할 나위 없이 음탕한 온갖 쾌락에 푹 빠져있죠.

당신들을 깜짝 놀라게 해주고 싶으니까 더는 설명하지 않겠어요. 가겠다고만 하면 배를 타고 베니스만을 가로질러 갈 건데, 배는 언제든지 내가 떠나고 싶을 때 띄울 수 있어요. 언제든지 탈 수 있죠. 어때요? 갈 건가요?"

"빨리 가서 만나고 싶군요." 내가 대답했다. "크레아빌도 설마 싫다고는 하지 않겠죠. 우리의 여행 목적은 여러 나라의 풍속을 연구하고, 진기한 일들을 구경하는 건데 당신이 모처럼 제안해줬건만 우유부단한 마음에서 주뼛거리거나 한다면 여행의 의미가 없잖아요."

"아아! 정말 멋져요. 크리스티나 공주의 섬에선 어떤 즐거움을 맛볼 수 있을까요!" 크레아빌이 말했다.

"그야 알 수 없죠." 뒤랑이 대답했다. "당신만은 말이에요."

"네? 뭐라고요?" 내가 물었다. "그럼 이 사람은 그때까지……."

"아니, 아니에요. 특별히 무슨 뜻이 있어서 한 말은 아니에요." 뒤랑이 대답했다. "어쨌든 이제 곧 깜짝 놀라게 될 거예요."

그녀가 더 이상 설명하고 싶어하지 않았으므로 우리는 그녀의 기분이 언짧지 않도록 이야기를 돌렸다.

이윽고 뒤랑이 하인에게 준비하라고 명령을 했다.

"오랜만에 만났는데. 설마 아무것도 먹지 않고 돌아갈 셈은 아니겠죠? 거절을 당하면 난 몹시 실망할 거예요. 먹고 갈 거죠?" 그녀는 물었다.

우리가 승낙하자 곧바로 산해진미가 나왔다.

식사를 마치고 크레아빌이 말했다. "저기, 뒤랑. 당신은 내일의 즐거움을 약속해주긴 했지만, 오늘의 즐거움에 대해선 아무 말도 하질 않는군요. 그런데 아까 내가 본 바로는 이곳 하인들 가운데 매우 탄탄하고 힘이 좋아 뵈는 젊은이가 서넛 있던데."

"맛을 좀 보겠어요?"

"두 말 하면 입 아프죠. 쥘리에트, 너도 그렇지?"

"아니."

나는 뭔지 모를 강한 힘에 떠밀려서 고개를 가로저었다.

"싫어. 난 남자하고 놀기보단 여기서 술이나 마시면서 뒤랑하고 이야기하는 게 좋아. 그리고 오늘은 기분이 좀 그래. 왠지 그러고 싶은 마음이 전혀 들질 않아."

"그래? 별일도 다 있네. 네가 언제부터 그랬다고."

크레아빌이 말했는데 그 말투에는 뭐랄까, 어떤 불안감이 배어 있었다.

"자, 어서 와." 크레아빌이 계속했다. "앞에서 하는 게 싫으면 뒤에서 하면 되지. 그러니까, 응? 그렇게 하자. 네가 없으면 난 절대로 진정한 즐거움을 맛볼 수 없다는 걸 잘 알면서 그래."

"그렇지만 그래도 싫다면 싫은 거야. 전혀 그럴 기분이 나질 않는걸. 여기서 그냥 수다나 떨고 싶어……."

나는 여전히 나를 지배하고 있는 어떤 예감 같은 것에 흔들려 이렇게 말했다. 크레아빌은 하는 수 없이 제공된 방으로 혼자서 들어갔다. 그때 나는 거울 속에서 크레아빌이 마법사에게 어떤 강한 표정이 담긴 신호를 보내는 것을 똑똑히 보았다. 그 신호는 암묵적으로 이루어진 강한 권고이리라는 확신이 들었다. 문이 닫히자 나와 뒤랑만이 방에 남았다.

단둘이서 있게 되자 뒤랑이 재빨리 말했다. "아아! 쥘리에트! 내 마음을 움직인 당신의 행운의 별에 감사해야 해요. 사랑스런 사람." 그녀는 나에게 키스하면서 계속했다. "당신을 인정머리 없는 인간의 희생자로 만들 수는 없어요…… 암, 그렇고말고. 어느 모로 보나 저런 여자보다 당신이 훨씬 사랑스런 사람인걸요. 모든 이야길 다 해서 당신의 목숨을 반드시 살려내겠어요."

"대체 무슨 소리예요, 부인? 오싹해서 소름이 돋는군요."

"잘 들어요, 쥘리에트. 다만 이 이야기는 절대로 남한테 해선 안 돼요. 당신은 위험천만한 벼랑 끝에 있어요…… 그 달마시아 지방의 섬도, 크리스티나 공주도, 그 항해 이야기도 모조리 당신이 친구라고 그토록 단단히 믿고 있는 여자가 쳐놓은 올가미예요."

"뭐라고요! 내 친구 크레아빌이요?"

"그렇다니까요. 크레아빌은 당신의 목숨을 빼앗으려는 거예요. 당신 재산을 노리고 있죠. 당신들은 서로가 죽으면 자기 재산을 상대방에게 주기로 약속했죠? 크레아빌은 그 서류를 갖고 있다가 당신 재산을 손에 넣으려고 당신을 죽일 생각이라니까요."

"설마! 정말 무서운 여자로군요!" 나는 소스라치게 놀라 소리쳤다.

"이런 이런, 쥘리에트, 진정해요. 아직 할 말이 더 있어요. 내 말이 끝날 때까지 잠자코 있어요. 그녀의 계획으로는 우리가 탄 배가 난파해 우리는 구조되고 당신만 죽기로 되어 있죠…… 당신은 복수해야 해요. 이걸 받아요. 이 안엔 독약이 들어 있죠. 가장 효과가 빠른 거예요. 먹자마자 그녀는 벼락이라도 맞은 것처럼 당신 발밑에 쓰러질 거예요. 이건 내 호의니까 값은 치르지 않아도 돼요. 당신에 대한 넘치는 애정 표현이라고 생각해줘요……."

"정말 친절하기도 하셔라." 나는 목이 메어 말했다. "엄청난 위험을 미리 막아주셨군요! 하지만 이 수수께끼 같은 이야기의 자초지종을 좀 설명해주세요…… 당신은 어떻게 해서 앙코나에 왔으며, 언제 크레아빌을 만났나요?"

"나는 나폴리에서부터 당신들 뒤를 밟고 있었어요. 나폴리에는 독약을 팔러 갔었고요. 그 도시에서 크레아빌을 만났는데 그녀가 나한테 모든 계획을 털어놓았죠. 당신들이 롤레트에 머무는 동안 나는 한발 먼저 이 도시로 와서 당신을 어떻게든 살려야겠다는 생각에 한바탕 연극을 하기로 한 거죠. 당신이 만일 크레아빌의 말을 듣지 않았더라면 그녀는 다른 수단을 썼을 테고,

그랬다면 당신은 틀림없이 죽었을 거예요."

"하지만 크레아빌은 나를 죽일 계획을 세워놓고 어째서 저렇게 오랫동안 기다렸을까요?"

"로마에 있을 때는 아직 당신들이 서류를 작성하지 않았고, 당신 돈도 은행에 들어가 있지 않았기 때문이죠. 로마를 떠나 당신이 롤레트로 온 것을 그녀는 알았던 것이죠. 그래서 그 다음 날 그녀는 모든 계획을 나한테 부탁한 거예요."

"나쁜 년!" 나는 소리쳤다. "그토록 진심으로 사랑했건만, 그렇게나 순수하게 믿고 따랐건만!"

"거짓과 사기로 똘똘 뭉친 여자예요. 저런 여자를 믿을 이유는 하나도 없죠. 가장 안심할 수 있다고 생각할 때야말로 가장 경계해야 할 때예요…… 아, 소리가 나는군요. 곧 돌아올 거예요. 우리가 무슨 얘기를 했는지 궁금하겠죠. 아무 말도 듣지 못한 척해요. 눈치 채지 못하게 말이에요."

과연 크레아빌은 안절부절못하며 서둘러 돌아왔다. 그녀의 말에 따르면 두 남자는 노력한 보람도 없이 맛이 별로였다고 한다. 게다가 평소 하던 대로 사랑스런 쥘리에트하고 함께 즐기지 않았더니 즐거움도 반으로 줄더라는 것이었다.

"네가 애무해주었더라면 훨씬 신명이 났을 텐데." 크레아빌은 말했다.

"그건 오늘 밤 기대해." 나는 가슴속의 거친 감정을 되도록 감추고 대답했다. "하지만 지금은 설령 아도니스 앞이라 해도 그럴 기분이 나질 않는걸."

"그럼 집으로 돌아가자." 크레아빌이 말했다. "무척 피곤해. 오늘 밤은 일찍 잠자리에 들어도 후회는 없을 거야. 안녕, 뒤랑. 그럼 내일 봐요. 참, 배 안에는 음악가하고 먹을거리랑 건장한 사내들을 준비해줘요. 바다 위에서 시간을 때우려면 그게 최고니까요."

우리는 집으로 돌아왔다. 단둘이 있게 되자 크레아빌이 말했다. "뒤랑은 좀 이상한 여자 같아. 게다가 아주 위험한 여자야. 우리의 우정을 대체 뭘로 보고 그런 소릴 하는지! 네가 옷방으로 잠깐 들어간 사이에 글쎄 그 나쁜 여자가 2천 루이에 널 독살하지 않겠느냐고 제안하지 않겠어!"

이런 말을 듣고도 나는 조금도 놀라지 않고 서툰 수작을 부린다고 생각했다. 하지만 나 자신을 억누르고 모든 것을 믿는 척 말했다.

"세상에, 무서워라! 그 여자는 악마야. 그 여자하고 이야기를 하는 동안 왜 그렇게 불안한 느낌이 들었는지 이제 그 이유를 알겠네."

"맞아, 그렇다니까. 그 여잔 네 목숨을 빼앗으려고 꾸미고 있어. 너를 죽이면 기뻐 날뛸 거야."

"아아!" 나는 크레아빌의 얼굴을 똑바로 쳐다보면서 말했다. "그렇다면 아마도 바다 위로 나갔을 때 저 영악한 여자가 그 불길한 일을 저지를 생각이었군……."

"아니야." 크레아빌은 조금도 흔들림 없이 대답했다.

"오늘 밤 저녁식사 때 할 작정이었어. 그래서 널 데리고 일찌감치 물러나 왔던 거야."

"하지만 지금 생각해보면 그 여행은 왠지 불안해. 넌 괜찮다고 생각해?" 나는 말했다.

"아, 그거라면 내가 그녀의 마음을 완전히 바꾸게 했어. 그 여잔 이제 더는 그럴 생각이 없을 거야. 밥이나 먹자."

식사가 나올 때 내 마음은 결정되어 있었다. 뒤랑의 솔직한 고백에 마음이 크게 술렁였던 나는 이미 크레아빌의 말에 속을 리도 없었으므로, 손가락 사이에 감추고 있던 독약을 첫 번째 접시에 살며시 떨어뜨리고 그녀에게 권했다. 크레아빌은 단숨에 먹었고, 비틀거리다가 처참한 비명을 지르며 쓰러졌다.

그녀의 숨이 끊어지는 모습에 바들바들 떨고 있는 하녀들을 향해 나는 말했다. "복수한 거야."

이어 그녀들에게 사건의 전말을 밝혔다.

아, 제기랄. 나는 속으로 부르짖었다. 지금이야말로 복수의 달콤한 매력을 맛보며 무시무시한 일을 해줄 때다. 이 음탕한 여자의 시체 위에서 두 사람씩 섹스를 해주자. 그리고 우리의 우정을 저버리면 어떤 결과를 낳는지 단단히 본때를 보여주리라.

우리는 곧바로 크레아빌의 옷을 벗기고 침대 위에 알몸으로 눕힌 다음, 먼저 내가 그녀를 자극했다. 시체에는 아직 온기가 있었다. 나는 남자 성기모형을 차고 그녀를 가지고 놀았으며, 엘리스의 엉덩이에 키스하면서 레이몬드의 옥문을 애무해주었다. 이 불행한 여자가 아직 살아 있기라도 한 것처럼 나는 그녀에게 말을 걸고, 아직 그녀가 내 말을 이해할 수 있기나 한 듯이 비난과 욕설을 퍼부었다. 이어 채찍을 들고 그녀를 때리거나 항문에 대고 섹스도 했다. 이젠 다시 살아날 가망이 없다고 판단하자 나는 태연스럽게 그녀를 자루 속에 집어넣었다. 전부터 그녀를 미워했던 터라 이런 지긋지긋한 주인을 없애준 것에 고마워하는 그녀의 하인이 밤이 되자 그녀의 시체를 몰래 바다로 버리러 가는 역할을 맡아주었다.

나는 서둘러 로마 은행에 편지를 써서 나와 크레아빌 사이에 맺은 계약에 따라 은행예금은 모두 살아남은 사람의 것이 되므로 수입총액은 앞으로 나에게 넣으라고 알렸다. 그 결과, 두 사람 몫의 재산을 내 명의로 돌렸더니 연간 2백만이 넘는 돈이 들어왔다. 이탈리아에선 살인죄 따윈 아무것도 아니다. 앙코나 재판소에 2백 제키의 돈을 쥐어주었더니 조서마저도 태워 없애주었던 것이다.

이튿날, 뒤랑의 집으로 식사 초대를 받고 가서 나는 아무 설명도 하지 않고 다짜고짜 말했다. "당신은 나를 속이려 했던 거죠? 크레아빌이 다 털어놓았어요. 어젯밤에 나를 독살할 예정이었다더군요…… 그리고 그 제안에 반대한 사람이 크레아빌이고요……."

"지독한 사람이군!" 뒤랑이 솔직한 모습으로 대답했다. "아, 쥘리에트, 당신은 날 믿지 못해요? 나는 사실을 털어놓은 거라고요. 이런 중대한 일로 당신을 속이기엔 난 당신을 너무나 사랑하는 걸. 그야 나도 꽤 악질적인 여자지만 상대를 사랑할 때는 절대로 속이거나 하지 않아요. 그럼 당신은 실행하지 않은 거로군요?"

"그럼요, 크레아빌은 아직 살아 있어요. 내 의견에 따라 우린 이제 곧 떠날 예정이에요. 당신을 배신했으니 더 머물 필요도 없으니까요……."

"아, 쥘리에트, 모처럼 당신을 위해 온힘을 다했건만……."

"그 호의는 헛일로 만들지 않았어요. 이걸 봐요, 뒤랑." 나는 쾌활하게 말했다.

한 손으로 10만 에퀴가 든 지갑을 그녀에게 내밀고, 다른 손으로는 내가 직접 자른 크레아빌의 머리칼을 보여주었다.

"봐요, 이게 당신이 처형한 사람의 머리칼이고, 이건 당신의 따뜻한 우정에 대한 사례예요."

"저리 치워요." 뒤랑이 대답했다. "쥘리에트, 난 말이죠, 당신을 깊이 사랑하고 있어요. 경쟁상대 없이 당신을 사랑할 수 있다는 행복 말고는 내가 한 일에 대해 어떠한 대가도 바라지 않았어요. 솔직히 말하면 크레아빌을 질투하고 있었죠. 하지만 그녀가 당신한테 나쁜 짓을 하지 않았더라면 그녀의 목숨을 정말로 빼앗지는 않았을 텐데. 내 목숨을 잘라내서라도 오래 살게 해주고픈 사람한테 그런 음모를 꾸미다니 나로선 도저히 그녀를 용서할 수가 없었어요. 물론 나는 당신만큼 부자는 아니에요. 하지만 사치스런 생활을 하기에 필요한 만큼은 가졌고, 당신한테 돈 따위 받지 않아도 살아갈 수 있어. 나의 사업수완으로 수입이 떨어지는 일은 결코 없을 테니까. 그러니 내 애정에서 비롯된 봉사에 돈을 내는 일만은 제발 하지 말아줘요."

"우리 앞으론 절대 헤어지지 말아요." 나는 말했다. "당신은 여관을 정리하고 내 집으로 와요. 크레아빌의 하인이 있으니까 그 사람들한테 시중을 들게 하면 돼요. 2, 3일 뒤엔 둘이서 파리로 가요."

이로써 단숨에 결말이 났다. 뒤랑은 가장 충성심 강한 하인 1명만을 남기고 나머지 하인들은 모두 내보낸 다음 크레아빌의 방에서 머무르게 되었다.

나를 바라보는 뒤랑의 눈빛에서 그녀가 목을 빼고 기다리는 것이 자기가 한 일에 대한 대가, 곧 내가 주는 사랑의 표시임을 읽어내기는 너무나 쉬웠다. 나는 그녀의 애를 태우지는 않았다. 온갖 사치를 부린 고급 식사를 마치자 나는 그녀에게 팔을 뻗었다. 그녀가 내 품 안으로 뛰어들었으므로 둘이서 서둘러 내 방으로 갔다. 방에는 모든 준비가 끝나 있었고, 나는 말로는 다 못할 즐거움을 느끼며 누구보다 음탕한 이 여자의 솜씨에 온몸을 맡겼다.

뒤랑은 이미 나이가 쉰이었지만 아직도 색기를 전혀 잃지 않았으며, 정성껏 가꾼 아름다운 자태를 자랑하고 있었다. 입술은 촉촉하고, 피부는 고왔으며, 주름이 조금 있기는 하지만 아름다운 엉덩이에 여전히 팽팽한 유방, 촉촉한 눈망울 등 얼굴 전체에 엄청난 품위가 흐르고, 쾌락의 순간에는 매우 기뻐하는 성미였다. 취미도 아주 독특했다. 크레아빌이나 나나 이런 능력은 결코 타고나질 못했는데, 무슨 조화인지 뒤랑은 일반적인 평범한 쾌락을 절대로 누리지 못했다. 즉 그녀의 옥문은 닫혀 있고, 클리토리스는 손가락처럼 길었는데 이것이 그녀에게 여자에 대한 매우 뜨거운 취향을 북돋우는 것이었다. 이것으로 여자의 그곳에 삽입하거나 항문섹스도 할 수 있었다. 또한 남자를 상대로 하는 것도 가능했다. 항문이 극단적으로 넓어서 그것이 가능했음을 머잖아 이해할 수 있었다.

전희를 위해 내가 그녀의 살갗을 만지자 그녀는 흥분한 나머지 곧 죽을 것처럼 되어서 이렇게 말하는 것이었다.

"옷을 벗자. 제대로 즐기려면 알몸이 최고야. 그리고 너의 아름다운 육체를 다시 보고 싶어서 죽을 지경이야, 쥘리에트. 삼켜버리고 싶을 정도로 반했거든……."

순식간에 모든 옷가지를 벗어던지고, 나의 키스는 타는 듯이 아름다운 그 육체를 훑고 다녔다. 만약 뒤랑이 좀더 젊었더라면 내 쾌락은 이 정도까진 아니었을지도 모른다. 나의 취미와 기호는 마침내 거칠어지기 시작했다. 자연의 가을은 봄보다 훨씬 격렬한 감각을 내 몸에 안겨준 것이었다. 불덩이처럼 뜨거운 그녀의 애무를 온몸에 받으면서 나는 음욕의 극치를 알게 되었다. 그녀의 기교가 어찌나 능수능란하던지 여러분은 도저히 꿈도 꾸지 못하리라. 아, 죄 있는 여자란 얼마나 음탕하며, 육체의 희열에 얼마나 숙련되어 있는가!

남자의 도구에 접촉하려고도 않고, 그곳에서 물을 쏟으면 부끄러워하는 내숭쟁이, 기대만 잔뜩 품게 만드는 새침하고 역겨운 숙녀인 체하는 여자는 부디 이곳에 와서 그녀의 문을 두드리기 바란다. 뒤랑의 가르침을 받고 자신의 어리석고 무능함을 깊이 깨우치는 게 좋으리라.

첫 애무가 일단락되자 뒤랑은 전에 크레아빌과 셋이서 놀던 때보다 훨씬 스스럼이 없어져 자신의 기이한 버릇을 고백하면서 자기 부탁을 꼭 들어달라고 나에게 청하는 것이었다. 그녀의 설명에 따르면 나는 내 앞에 무릎을 꿇은 그녀에게 지독한 욕지거리와 잡소리를 퍼부으면서 그녀의 코를 내 옥문과 항문에 대고 문질러야 한다는 것이었다. 또한 그녀의 얼굴에 소변을 누어야 하고, 그것이 끝나면 다음엔 발과 주먹으로 그녀를 엉망진창으로 후려갈기고, 피가 나올 때까지 채찍으로 그녀를 때려야 했다. 이러한 학대 끝에 그녀가 바닥에 쓰러지면 그녀의 허벅지 사이로 고개를 들이밀고 15분 동안 한 손으로는 그녀의 그곳을 쥐어뜯고, 다른 손으로는 유방을 비벼야 했다. 마침내 그녀가 불타오르기 시작하자 이번엔 그녀로 하여금 클리토리스로 나의 항문에 섹스하게 하고, 그사이 나의 클리토리스도 그녀의 애무를 받아야만 했다.
 모든 순서에 대한 설명을 마치자 이 음탕한 여자는 말했다. "이런 짓을 하게 하다니, 미안해, 쥘리에트. 하지만 그렇고 그런 쾌락에 질리고 나면 반드시 이렇게 되는 법이거든……."
 "35년 동안이나 음탕한 생활을 계속해온 여자에게 그런 변명은 하지 않아도 돼." 나는 대답했다. "어떤 취미든 존경할 만한 것이고, 자연의 섭리인걸 뭐. 우리를 가장 즐겁게 하는 취미가 명실 공히 최상의 취미 아니겠어?"
 일단 일을 시작하고 나자 내가 그녀를 매우 능숙하게 만족시켜주었으므로 그녀는 기쁜 나머지 금방이라도 숨이 끊어질 것 같았다. 뒤랑이 일으키는 쾌락의 발작은 지금껏 어떤 사람에게서도 본 적이 없었다. 남자처럼 정액을 뿜을 뿐만 아니라 사정과 동시에 지독한 욕지거리를 하며 격렬한 경련을 일으켰으므로 간질발작에 빠진 게 아닐까 의심될 정도였다. 나는 마치 남자를 상대할 때처럼 섹스를 받았고, 남자를 상대했을 때와 똑같은 쾌감을 맛보았다.
 "어땠어?" 그녀가 일어나면서 나에게 물었다. "만족해?"
 "아, 뭐라고 해야 좋을까?" 나는 신음했다. "당신은 정말 훌륭해. 음탕함의 스승이야. 당신의 정열은 나를 불타오르게 해. 당신한테 해준 걸 나한테도 해줘."
 "뭐어! 그럼 맞아도 좋단 거야?"
 "응, 괜찮아."
 "주먹으로 맞고, 채찍으로 맞아도?"
 "그럼, 물론이지."
 "얼굴에 오줌을 누는데도?"
 "괜찮아. 빨리 해줘. 미쳐버릴 것만 같으니까."
 뒤랑은 나보다 이런 방식에 익숙했으므로 뛰어난 기술로 재빠르게 움직여 순식간에 그 음탕한 혀놀림으로 나를 황홀경에 닿게 해주었다.
 "정말 대단한 기술이야, 쥘리에트." 그녀가 말했다. "이럴 줄 몰랐는데. 아, 나보다 굉장해."
 "솔직히 말해야 할 것 같네, 뒤랑." 나는 대답했다. "당신은 신기하리만큼 내 머릿속을 멍하게 만들어. 당신 같은 여자와 친해진 것을 나는 자랑스럽게 생각해. 온 세상을 다 뒤져도 우리 두 사람의 결합만큼, 자연 자체보다도 뛰어난 것은 없을 거야. 오, 우리는 이제 얼마나 많은 죄를 저지르고, 얼마나 많은 악행을 거듭해나갈 수 있을까!"

"너는 이제 크레아빌을 아쉬워하지 않는 거야?"

"당신을 손에 넣었는데 어떻게 그런 여자를 아쉬워할 수가 있겠어!"

"연적을 없애기 위해 내가 그런 엉터리 같은 이야기를 꾸몄다고 해도?"

"와아! 그게 사실이라면 얼마나 가혹하고 악랄한 행위야!"

"그런 악랄한 행위를 당할 처지일지도 몰라, 나는……."

"하지만 크레아빌은 당신이 2천 루이에 나를 독살하자고 했다고 말했어."

"그녀가 그런 이야기를 한 건 이미 알고 있었어. 그리고 그녀의 그 고백이 널 이해시키기는커녕 도리어 서툰 올가미로밖엔 보이지 않았으므로 내가 기대했던 대로 그것이 너의 범죄를 앞당기는 결과만 만들어낸 것 또한 알고 있었지."

"그런데 왜 내 손을 택했지? 왜 당신이 직접 하지 않았어?"

"그야 네 손을 빌려 내 연적의 목숨을 끊는 편이 나한텐 훨씬 재미있으니까. 내가 완전한 만족을 얻으려면 너의 솜씨로 일을 처리해주어야만 했거든. 확실히 네 솜씨는 훌륭한 성과를 내주었고."

"아유! 정말 지독한 사람이네, 당신은…… 하지만 크레아빌은 그날 당신 집에서 식사할 때 왠지 안절부절 못하고 있었어. 당신이 마련해준 쾌락도 만족스럽게 즐기지 못한 것 같았고. 마치 당신과 내가 둘이서 이야기하는 것을 두려워하기라도 하는 것 같았어…… 당신한테 무슨 신호를 보냈었지?"

"크레아빌의 그런 불안은 내가 만든 거였어. 그걸 보고 네가 어떤 느낌을 받을지 미리 계산해두었지. 계략은 순조롭게 성공했어. 그녀의 어색한 행동을 보고 넌 곧 그녀를 매우 의심스런 눈길로 보게 되었지. 크레아빌로선 2천 루이에 쥘리에트를 독살하자는 제안을 받은 뒤였으니 이번엔 자기를 독살할 계획을 내가 너한테 내놓지 않았을까 노심초사했던 거야. 그래서 그녀는 나한테 눈짓을 보내거나, 우리가 둘이서 이야기하는 것을 두려워해야만 했던 것이지. 따라서 그 주뼛거리던 몸짓과 말투는 내 계산의 성과였고, 예상했던 대로 너에게 완전한 효과를 냈어. 두 시간 뒤에 넌 일을 마무리 지었으니까."

"뭐라고! 그럼 크레아빌은 잘못이 없었던 거야?"

"맞아, 널 사랑하고 있더군…… 그리고 나도 널 뜨겁게 사랑했으므로 그녀의 존재가 못마땅했던 거야……."

"당신이 이겼군, 악당 씨." 나는 뒤랑의 품으로 몸을 던지며 말했다. "그래, 당신의 완전한 승리야. 당신을 존경해. 만약 이 죄를 다시 저지를 수만 있다면 당신처럼 그걸 할 만한 동기가 없었다 해도 또 해보고 싶을 정도야…… 그런데 당신은 왜 파리에서 나한테 사랑고백을 하지 않았지?"

"크레아빌 앞에선 도저히 할 수가 없었어. 하지만 절대로 널 잊은 건 아니었지, 착한 내 아기. 장사를 하면서 이탈리아의 안젤로까지 널 뒤쫓아갔어. 늘 널 지켜보았지. 네가 드니 부인과 그리요 부인, 보르게스 부인과 이런저런 관계를 맺는 걸 볼 때마다 내 희망은 사라져갔어. 크레아빌과 네가 다시 만난 것을 알았을 때는 절망이 너무 커서 하늘이 무너지는 것 같았지. 결국 나는 로마까지 널 쫓아갔고, 이토록 오랫동안 훼방을 당한 것에 부아가 치밀어서 단숨에 일을 해결하려고 계획을 짠 거야. 그리고 내가 어떤 식으로 성공을 거두었는지는 네가 아는 대로야."

"야릇한 매력을 지닌 사람이군! 당신처럼 거짓말과 술책, 악랄함, 질투심을 끝까지 밀어붙이는 사람은 없을 거야!"

"아무도 나만큼 격렬한 정열과 애정을 갖지 않았기 때문이야. 아무도 나만큼 널 사랑하지 않기 때문이라고."

"하지만 그 애정이 식고 나면 당신은 틀림없이 크레아빌에게 한 것처럼 나에게도 그렇게 하겠지? ……몸을 지킬 겨를이 나한테 있을지 모르겠네?"

"그거라면 다음과 같은 방법으로 널 안심시키고, 아울러 부당한 의심도 지우도록 하자. 두 하녀 가운데 어느 한 사람을 네 곁에 두도록 해. 엘리스와 레이몬드 가운데 한 사람만 고르는 거야. 다른 한 사람은 미리 말해두지만 네 곁에는 둘 수 없어. 어때?"

"그렇다면 난 레이몬드를 남겨두겠어."

"그래?" 뒤랑은 계속했다. "그렇다면 만약 레이몬드가 원인을 알 수 없는 비참한 죽음을 당했을 경우, 네가 나를 고소하면 돼. 또한 너 자신이 우리의 교제가 이어지는 동안에 마찬가지로 불행한 죽음을 맞는 일이 생기면 너를 살해한 범인으로 나를 고발하도록 허가한다는 내용의 문서를 작성해놓고, 그것을 레이몬드더러 늘 갖고 있으라고 하면 돼."

"싫어, 난 그런 예방책 따윈 조금도 필요치 않아. 나는 기꺼이 당신에게 몸을 맡기겠어. 내 목숨을 당신 손에 맡긴다는 건 즐거운 생각이야…… 엘리스도 그렇고 모든 걸 그냥 놔둬. 내 취미를 방해하지 말아줘. 나는 쾌락을 추구하는 사람이야. 결코 얌전한 여자가 되겠다는 약속 따윈 당신한테 하지 않을 거야. 하지만 당신을 영원히 사랑한다는 것만은 당신 앞에서 맹세하겠어."

"난 널 억압할 생각은 털끝만큼도 없어. 억압하긴커녕 나서서 너의 쾌락에 봉사하고, 네 육체의 향락을 위해 뭐든지 해줄 생각이야. 하지만 만약 그곳에 정신적인 것이 조금이라도 끼어들기 시작한다면 나는 단칼에 널 버릴 거야. 너처럼 도덕적으로나 체질적으로 음탕하고 분방한 여자를 내 곁에 붙잡아둘 수 없다는 것쯤은 나도 알아. 바닷물을 둑으로 막는 것과 같은 일이니까. 하지만 너 자신은 늘 네 마음의 지배자일 수 있고, 나 또한 그러길 바라. 즉, 네 마음이 나만의 것이기를 바란다는 뜻이야."

"그 점은 당신 앞에서 굳게 약속할게."

"그래? 그렇다면 우리는 틀림없이 끝없는 쾌락을 맛볼 수가 있어. 도락이란 정신적인 것이 조금도 끼어들지 않을 때 비로소 엄청난 효과를 나타내기 마련이거든. 진심으로 사랑하는 친구는 하나면 충분해. 나머지 인간은 애정 없이 단지 쾌락의 상대로 삼으면 되는 거야. 그리고 줠리에트, 한 가지 충고해두겠는데, 네가 줄줄이 달고 다니는 수많은 하인들은 필요치 않아. 나도 하인의 수를 반으로 줄일 생각이야. 반으로 줄였다고 해서 맛난 음식을 먹지 못하게 되는 것도 아닐 테고, 생활이 불편해지는 것도 아니니까. 겉을 화려하게 꾸밀 필요는 없어. 그리고 나는 내 사업을 계속할 생각인데, 만약 내가 여왕 같은 호사스런 여행을 한다면 두려워서 아무도 약을 사러 오지 못할 거라고 생각해."

"나도 도둑질을 하거나 매음을 하여 나의 취미를 채우고 싶어. 그러려면 이런 식으로 겉치장을 하는 건 아무래도 무리겠지?"

"나를 네 엄마라고 하는 게 좋겠어. 엄마라는 이름으로 너에게 손님을 대어줄게. 엘리스와 레이몬드도 너의 가족이야. 그녀들의 미모도 충분히 상품이 될 수 있어. 이만한 상등품이 모여 있으면 이탈리아에서 돈을 버는 건 문제도 아니야."

"당신의 독약은?"

"물론 되도록 비싼 값에 팔아야지. 내 돈은 단 한 푼도 쓰지 않고 프랑스까지 갖고 돌아갈 거야. 못해도 2백만쯤은 너끈히 벌 수 있어."

"어디를 지나서 갈까?"

"나는 남부에 다시 가보고 싶어. 칼라브리아나 시칠리아의 풍속이 얼마나 난잡한지 넌 잘 모르지, 쥘리에트? 나는 이 지방을 훤히 꿰고 있거든. 둘이서 한바탕 돈벌이에 나서자고. 작년엔 그곳에서 50만 프랑어치 독약을 팔았어. 약의 제조가 순조롭진 않았지만 나쁜 짓을 하려는 인간은 확실히 속이기도 쉽더군. 성공은 의심할 여지가 없다고 큰소리를 땅땅 쳐놓으면 살 사람들은 대부분 믿고 달려들더란 말야…… 오, 쥘리에트, 그곳은 매우 고마운 땅이야!"

"나는 파리로 돌아가고 싶어. 한시라도 빨리 파리로 돌아가서 안정된 생활을 했으면 해. 이렇게 부평초처럼 떠돌아다니는 생활보다 그쪽이 훨씬 더 즐거울 것 같지 않아?"

"그래도 이왕 왔는데 베니스 정도는 보고 가자. 베니스에서 밀라노를 거쳐 리옹으로 가는 거야."

베니스까지의 항해는 매우 즐거웠다. 바다가 잔잔해서 우리는 전혀 피곤한 줄도 모르고 목적지에 다다랐다.

물 위에 떠 있는 드넓은 도시의 경관은 말할 것 없이 웅장하고 화려했다. 언젠가 시인 그레크울이 지적했다시피 음탕한 이 도시를 성스런 은둔처로 삼아 스스로를 벌하려는 광신자들을 화형하는 데 쓸 장작을 바다에 빠뜨려 없앤 것 같았다. 확실히 이 도시 자체가 음탕함의 전당 같았고, 음탕이 이토록 지배력을 떨치는 도시는 이탈리아에서도 그리 많지 않다.

베니스의 공기는 미적지근하고 나른하며, 특히 간조 때는 몸에 좋지 않은데, 그런데도 왠지 쾌락적인 느낌을 자극한다. 간조 때면 부자들은 되도록 날씨가 좋은 시골로 가거나, 부근의 섬으로 옮긴다. 하지만 이렇게 나쁜 공기를 마셔도 이 도시엔 노인이 많았고, 여자들은 다른 도시 여자보다 천천히 늙는 것이었다.

베니스 사람들은 일반적으로 체구가 크고 자태가 뛰어나며, 용모는 쾌활한 데다 재치가 넘친다. 때문에 이 유명한 도시 사람들은 누구에게나 사랑을 받을 자격이 있었다.

베니스에 닿자마자 나는 맨 먼저 새롭게 손에 넣은 돈을 은행에 맡기기로 했다. 전체를 내 것으로 해두고 싶었으므로 나는 뒤랑의 간절한 소원을 물리치고 재산을 나누자고 주장했다. 둘의 몫은 각각 연간 수입 150만 리브르쯤에 이르렀으므로 나는 이미 갖고 있던 금액과 합쳐서 1년에 660만 리브르의 수입을 가진 몸이 되었다. 하지만 베니스에서 이런 거액의 재산을 갖고 있으면 의심을 받을 우려가 있었으므로 우리의 막대한 재산은 모두 미인의 아름다움에 대한 선물이며, 또한 마술과 약초의 효과에 능통한 결과임을 온갖 수단을 동원하여 믿게 만들었다. 그랬더니 우리집에는 쾌락을 열망하는 자나, 마법의 가르침을 바라는 남녀들이 드나들기 시작했다. 그래서 뒤랑은 파리의 집에 있었을 때와 다름없이 실험실과 기계실 따위를 지어야 했다. 그곳에는 함정과 연동장치, 비밀실, 감옥, 남의 눈을 속이는 설비가 모두 갖춰져 있었다. 우리는 나이 든 하녀를 몇 명 고용해 서둘러 이 기계들을 조작하는 법을 가르쳤다.

엘리스와 레이몬드 대신에 알바니아 출신 자매, 릴라와 로자르바를 데리고 이 도시로 왔는데, 그녀들도 우리의 계획에 몸을 아끼지 않고 기꺼이 봉사했다. 그녀들이 처녀였음을 기억하기 바란다. 그 이유와 더불어 그녀들은 미모와 젊음을 두루 지니고 있었으므로 이 작은 몸에 일단 가래가 들어가고 나면 그야말로 막대한 수확을 기대해도 좋았다. 그런데도 나는 그녀들과 하나가 되어, 처음 방탕한 생활로 접어들던 무렵에 파리의 매음굴에서 자주 하던 그 난봉꾼의 일을 다시 할 수밖에 없었다. 물론 나는 아무것도 하지 않아도 살아갈 수 있을 만한 재산이 있었으므로 이것은 순전히 도락행위였다.

많은 손님들이 우리집을 찾아왔는데, 그 가운데 특히 색다른 인물을 소개하고자 한다. 어느 날 베니스에서 으뜸가는 명문가 남자, 코르나로라는 이름의 도락자가 난데없이 찾아왔다.

"내가 탐닉하고 있는 변태적 취미를 고백해야 하겠소만." 그가 나에게 말했다.

"부디 무엇이든 명령만 내려주시지요. 이 집에선 무슨 요구든 절대로 거절하지 않습니다."

"흐음, 그거 괜찮군. 그럼 말하겠는데, 나는 엄마와 이모의 팔에 안긴 7살 난 소년에게 섹스하고 싶어. 먼저 2명의 여자에게 수술용 칼을 갈게 한 다음, 내가 데려온 남자가 그 아이에게 뇌수술을 할 때 잘 갈아놓은 그 수술칼을 썼으면 해. 수술하는 동안 내가 아이에게 섹스를 하는 거야. 수술이 끝난 다음엔 내가 아들의 시체 위에서 어머니에게 섹스를 하지. 그때 남자는 수술칼로 아들의 엉덩이 살을 도려내 철망에 구워서 나하고 두 여자와 당신까지 넷이서 독한 술을 마시면서 먹는 거야."

"아유! 그 무슨 끔찍한 말씀입니까!"

"맞아, 끔찍한 소리지. 하지만 잔인한 짓을 하지 않으면 나는 기분이 나질 않거든. 무서울수록 흥분하지. 격렬한 공포를 일으키지 못하는 때만큼 괴로운 순간은 없어."

코르나로의 요구는 마침내 채워졌다. 외과의사가 왔다. 외과의사 말고도 건장한 청년을 둘 데리고 방에 틀어박히더니 부를 때까지 물러가 있으라고 나에게 명령하는 것이었다. 나는 시키는 대로 물러나왔지만, 무슨 일이 일어나는지 궁금해서 견딜 수가 없었다. 그래서 이럴 때를 위해 만들어놓은 작은 구멍으로 바짝 다가갔다. 그는 여러 가지 일들을 시작했는데, 그때 내가 느낀 쾌락은 도저히 말로 설명할 수가 없다.

두 시간쯤 지나자 그가 나를 불렀다. 방으로 들어갔더니 어린아이는 어머니의 품속에서 울고 있었다. 어머니도 훌쩍이면서 아이에게 뽀뽀를 해대고 있었다. 외과의사와 건장한 두 청년은 술을 마시고, 젊은 이모는 언니가 슬퍼하는 모습을 보고 따라 울고 있다.

"에잇, 제기랄!" 베니스인이 말했다. "이 꼬락서니를 보게. 얼마나 숭고한 장면인가!" 그는 물끄러미 쳐다보다가 다시 말했다. "야! 매춘부, 울지 말란 말이야. 내가 네 아들을 죽이려 하는 게 슬픈 게냐? 하지만 네 배 속에서 나온 이상 너하고 이 녀석은 이미 아무 관계도 아니지 않은가?

자, 시작하지, 쥘리에트, 시작하자고. 내가 작업을 하는 동안 내 눈앞에서 자극해줘. 저기 있는 어린아이 하나는 네 몫이야. 다른 하나는 내가 거두지. 그곳에 물건을 넣지 않고는 나는 아무것도 할 수가 없거든."

내가 이 쾌락자의 변덕에 따라주었더니 그는 어느새 근육이 탄탄한 한 팔로 아이를 안고, 어머니의 등 뒤로 올라타 그대로 찔러대는 것이었다. 그사이 건장한 청년 하나가 그의 항문에 섹스하고, 젊은 이모는 무릎을 꿇고 수술에 쓸 칼을 갈고 있었다. 외과의사는 그녀를 감독하면서 쉴 새 없이 그녀를 채찍으로 때리고 있었다.

나는 코르나로의 코앞에서 자꾸 자극을 받고 있었는데, 코르나로는 때때로 나를 자극하는 남자에게 물건을 빼게 해 그것에 키스하고는 다시 나의 그곳으로 물건을 되돌리라고 명령하는 것이었다. 이렇게 모든 일이 바라던 대로 진행되었고, 이윽고 정액이 넘치기 직전에 이르렀음을 느끼자 그는 외과의사에게 신호를 보냈다. 그러자 외과의사는 이모의 손에게 메스를 빼앗더니 순식간에 세 희생자의 머리를 갈라 뇌수가 사방으로 흩어지게 했다. 베니스인은 당나귀처럼 울부짖으면서 방금 숨이 끊어진 여자의 항문 속에 사정을 했다. 그런데 세 불행한 희생자는 바로 죽지 않고 온 방 안을 뒹굴면서 새된 비명을 질러대는 것이었다. 대체 어떤 맹수가 이런 잔학하기 짝이 없는 짓을 할 수 있겠는가?

코르나로가 내게 말했다. "아아, 이렇게 즐거운 기분을 느낀 건 처음이야. 이제 마지막 희생을 시작해볼까?" 그는 죽은 사람의 머리를 쿡쿡 찌르더니 말했다. "그럼 이자들의 엉덩이 살을 철망에 구워서 먹어보자고."

"나쁜 사람!" 나는 야만인에게 말했다. "이렇게 무서운 짓을 하고도 당신은 전혀 뉘우치지 않나요?"

"아, 쥘리에트, 악한도 나쯤 되면 말야, 미덕에 대한 후회 말고는 어떠한 후회의 감정도 느끼지 않게 돼."

쾌락에 취해서 나는 이 신성한 악한을 가슴에 안고 갖은 수를 써서 조금 전 절정의 결과로 그가 잃은 정력을 회복시켜주려고 애썼다. 육체적인 수단 말고도 무서운 이야기와 난잡한 이야기를 하여 그의 머릿속을 불타오르게 하려고 시도했다. 그러던 중에 그가 나의 엉덩이를 보여달라고 하기에 이제 내 수고가 효과를 내나보다고 생각했다. 하지만 내 엉덩이 앞에 무릎을 꿇고 15분 동안이나 어떻게 해보았음에도 아직은 기세가 오르지 않았다.

"한 번 섹스하면 8일 동안 나를 무력하게 하거든." 그가 말했다. "흥분할 때까지의 긴 시간과, 한 번에 잃는 많은 정액이 나의 원기를 저해하고 잃어버리게 하지. 밥이나 먹자. 맛난 음식을 넣으면 기운도 돌아오겠지. 술이라도 마시면 다시 새로운 죄악을 저지를 수 있을 거야. 그때까지 뭣하다면 내 앞에서 너만이라도 절정에 이르는 게 어때? 네 눈 속에서 욕망이 불꽃을 일으키고 있어서 하는 말이야. 여기서 일단 절정에 이를 필요가 있을 것 같군."

"좋아요." 내가 대답했다. "당신이 잠깐 기다린다면 나도 기다리겠어요. 내가 반한 건 다름 아닌 당신뿐이니까요. 내가 보고 싶은 건 당신의 정액뿐이에요."

"그래?" 코르나로는 말했다. "그런 거라면 우리의 저녁식사를 되도록 음탕하게 하지. 몹시 정신 사납고 난잡하게 하자고. 필요한 걸 다시 말할 건 없겠지. 넌 이미 내 취미를 알 테니까 잘해낼 거야."

준비가 모두 끝나자 바커스 신의 여사제처럼 꾸민 뒤랑이 나타나서 식사를 하라고 알렸다. 우리가 옮겨간 방은 매우 넓었고, 가운데에 있는 식탁에 4인분의 음식 그릇이 마련되어 있었다. 코르나로와 뒤랑, 로렌차라는 이름의 이탈리아 으뜸가는 음탕한 50대 여자와, 네 번째의 회식자가 바로 나였다. 로렌차도 우리와 마찬가지로 인육을 먹을 각오는 이미 되어 있었으므로 눈앞에 인육이 나와도 전혀 흔들리지 않고 아무렇지 않게 먹어치웠다.

피비린내 나는 진수성찬이 차려진 야식만큼 맛있는 것은 없었다. 상상력의 극치에 다다른, 진기하기 짝이 없는 서비스가 식사 앞뒤에 있었다. 하지만 음료가 오래되고 독한 술뿐이었는데 이런 식사에는 그것이 꼭 알맞았다. 귀엽게 생긴 14살 소녀 8명이 그 독한 술을 입안에 머금고 있다가 우리가 살짝 신호하면 곧장 뛰어와서 그 장밋빛 입술에서 목 속으로 타는 듯한 액체를 흘려 넣어주었다. 15살 미소년 8명이 둘씩 짝을 지어 회식자의 의자 뒤에 기대어 공손히 서 있다가 우리가 살며시 신호를 보내면 곧바로 주어진 명령을 실행해주었다. 식탁 네 귀퉁이에는 노파와 흑인여자, 건장한 청년, 미소년, 18살 처녀, 7살 어린아이가 저마다 둘씩 한 조를 이뤄 회식자들의 요구에 응하기 위해 모여 있었다. 우리가 손끝만 살짝 움직여도 그들이 다가와서 무엇이든 원하는 것을 들어주었다.

계단 좌석 맞은편에는 4개의 무대가 있었는데 각 무대 위에선 흑인 2명이 16, 7세의 미소녀를 채찍으로 치고 있었다. 미소녀가 함정에 빠져 사라지면 다시 새로운 소녀가 나타났다. 채찍으로 치는 사람 주위에는 다른 흑인들도 있었는데 저마다 12, 3세의 흑백혼혈 남창들의 항문에 섹스하고 있었다. 식탁 밑에선 15살 난 처녀 4명이 웅크리고 앉아서 코르나로의 물건과 우리의 옥문을 빨아주었다. 천장에서 나오는 커다란 빛다발이 방 전체에 햇빛 같은 휘황찬란함을 흩뿌렸고, 타는 듯한 그 광선은 특수한 장치에 의해 2층 발코니에 늘어선 수많은 어린애들을 향하고 있었으므로 아이들은 살이 타는 듯 뜨거운 나머지 새된 비명을 지르고 있었다. 이 장치에는 코르나로도 크게 놀라 잇달아 감탄사를 내뱉었다. 그는 흥분하여 구석구석 눈을 뒤룩거리며 둘러보다가 마침내 앉더니 이런 음탕한 광경은 처음 본다고 했다.

이윽고 로렌차가 있는 것을 깨닫고 물었다. "그쪽의 귀부인은 누구신지?"
"당신하고 매우 비슷한, 만만치 않은 인물이죠." 뒤랑이 대답했다.
"방탕함으로 따지면 당신 못지않답니다."
"그거 마음에 드는군." 코르나로가 말했다. "하지만 식탁에 앉기 전에 그쪽의 귀부인과 뒤랑은 나한테 엉덩이를 좀 보여주어도 괜찮지 않을까?"
"참, 그도 그렇군요."
그러더니 두 여자는 일어나서 코르나로의 코끝에 엉덩이를 내미는 것이었다.
도락자는 뚫어져라 쳐다보다가 감탄하여 말했다. "흐음! 이거야말로 음탕함의 표지가 새겨진 엉덩이로군. 나는 이런 타락의 흔적을 아주 좋아하거든. 오랜 방탕 생활이 낳은 이런 표시야말로 감칠맛이 있지. 퇴폐한 자연은 어느 모로 보나 정말로 아름답고, 세월이 흐른 양귀비꽃은 풋내나는 장미꽃 따위보다 훨씬 멋지단 말야. 키스해줘, 신성한 엉덩이여!"

그 뒤 모두가 식탁에 앉자 코르나로가 말했다. "쥘리에트, 이 세상에 음욕보다 더 신성한 정열이 있을 수 있다고 생각해?"
"아마 없을걸요? 하지만 음욕도 도를 넘지 않으면 아무것도 아니에요. 도락에 제한을 두는 사람은 쾌락이 무엇인지를 결코 이해하지 못하는 목석이죠."
"도락은 어떤 감각의 착란이므로, 무엇보다도 모든 제한의 완전한 철폐, 모든 편견에 대한 단호한 경멸, 모든 종교의 완전한 전복, 모든 도덕에 대한 뿌리 깊은 혐오를 전제로 해야 해요. 따라서 만약 이 정도의 철학적 정신을 지니지도 못하고, 치열한 욕망과 회한의 정념 사이에서 끊임없이 방황하는 쾌락자는 절대 완전하게는 행복해질 수 없다니까요." 뒤랑이 말했다.

"방금 든 여러 가지 점에 대하여 말하자면 이 남자에겐 비난할 구석이 하나도 없어요. 이분이야말로 모든 편견을 이겨내기에 충분한 정신의 소유자라고 생각해요." 로렌차가 말했다.

"맞는 말이야." 코르나로가 대답했다. "나는 인간세계의 모든 사건에 존경해야 할 만한 것이라곤 하나도 없다고 생각하거든. 왜냐하면 인간이 만들어 낸 것은 모두 이기심이나 편견의 산물에 불과하다고 믿을 이유가 있기 때문이야. 이것에 대해 나보다 더 잘 안다고 단언할 수 있는 사람이 이 세상에 또 있을까? 인간이 종교라든가, 또는 그 결과로 신과 인간의 교감 같은 어리석은 것들에 대한 믿음을 한 번 잃고 나면 모든 것은 인간 자체에서 유래하는 것이 되므로 모든 일을 엄격하게 검토하게 되고, 곧바로 냉담한 경멸을 당하게 돼. 자연이 나더러 이런 엉터리를 발로 짓밟으라고 권고하고 있기 때문이야. 따라서 종교, 도덕, 정치 영역에서 그 어떤 인간도 나보다 지식이 있다고 할 수 없음이 증명되면, 곧 나는 인류와 마찬가지로 현명한 인간일 수밖에 없고, 인류가 나에게 알리는 것은 모두 나의 존경을 받을 가치가 없는 것이 되고 말지.

그 누구에게도 자기가 한 말이나 생각한 것에 강제적으로 나를 복종시킬 권리는 없어. 또 내가 인류의 이 꿈 같은 약속을 설령 아무리 위반한다 해도 나를 비난하거나 벌할 수 있는 사람은 이 땅 위엔 하나도 없어. 만약 누군가가 멋대로 정한 것에 모든 인간이 맹목적으로 복종한다면 우리는 반드시 어떤 착오와 미망의 늪에 떨어지고 말 거야. 대체 여러분은 어떠한 믿을 수 없는 불공평한 기준에 따라 여러분에게서 유래하는 것을 도덕적이라고 부르고, 나에게서 유래한 것을 부도덕이라고 부르기로 결정했지? 과연 어느 쪽에 이성이 있는지를 알기 위해 우리는 누구의 결재를 받아야 하느냔 말이야.

하지만 이 세상에는 의심할 여지없이 위험하고 추악하며 부끄러워해야 마땅한 일들이 존재한다면서 내 의견에 반대하는 사람이 있을지도 몰라. 하지만 나로선 솔직히 말해 그런 행위가 존재한다고는 생각지 않아…… 무엇이든 그것이 자연에 의해 권고된 행위라면, 과거에 어떠한 습관의 기초가 되지 않았던 것이 없으며, 어떤 행위도 그것이 매력을 지니고 있는 한, 그 이유만으로도 정당하고 합법적이라고 인정받지 못할 까닭이 없어. 그러므로 결론을 내리자면 반드시 물리쳐야 할 행위, 즉 모든 국민이 받아들이지 못하는 행위는 단 하나도 없다는 거야.

 하지만 우리는 어느 일정한 지역에서 태어났으므로 그 지역의 습관을 존중해야 한다면서 내 의견에 반대하는 어리석은 자가 있을지도 모르지. 허튼소리 작작 하라고 그래. 우리가 날 때부터 죄를 지녔다고 해서 그 죄를 참고 살아야 한다는 따위의 생각은 멍청하기 짝이 없어. 나는 자연이 만들어낸 인간일 뿐이야. 나의 육체적 경향과 내가 태어난 나라의 법률 사이에 어떤 대립이 있다손 쳐도 이 죄는 자연에만 귀속할 뿐, 내 탓이 절대 아니야.

 그래도 그런 나를 멀리하지 않으면 사회에 해를 끼친다면서 반대하는 사람도 있을 수 있겠지. 가장 저급한 의견이야. 여러분의 하찮은 속박을 버려야 해. 그리고 모든 사람에게 자기가 입은 손해에 대해 복수할 권리를 똑같이 주는 게 옳아. 그렇게 하면 법전 따윈 필요도 없어. 우스꽝스럽게도 형법학자라 불리는 그 젠체하는 학자선생 따위의 보살핌을 받을 필요도 없고. 자기들의 머리로는 도저히 이해하지 못하는 행위를 무능한 저울에 달아서 음미하는 그들은, 자연이 나에게 장밋빛으로 미소 지을 때가 그들에게 음험한 암흑일 뿐이라는 이 필연적 이치를 깨달으려고도 하지 않기 때문이야."

 또 어느 날의 일이다. 나는 베니스공화국의 대법관 제노의 초대를 받아 두 하녀와 함께 브렌타 운하 기슭에 있는 그의 소유지로 갔다. 거기서 강렬하고 자극적인 방탕과 유희에 열을 올려가며 온종일 그곳에서 보냈던 것이다. 완전히 기진맥진하여 사치스런 식사로 기운을 차리려 하는데 바로 그때 태양처럼 아름다운 18세 처녀가 와서 제노에게 줄곧 면담을 요청하는 것이었다.

 "뭐라고! 내 쾌락의 은둔처에까지 들이닥치다니 괘씸한지고! 그리고 대체 지금이 몇 시인지 알고나 있는 거야?"

 "각하." 시중을 드는 여자가 말했다. "아무리 말을 해도 듣질 않네요. 어찌나 죽을힘을 다하는지, 베니스에서부터 여기까지 왔다고 합니다. 너무나 다급한 일이어서 한시도 늦출 수 없었다고 해요."

 "그럼 들여보내." 제노는 말하고 나서 이번엔 나를 향해 목소리를 낮추고 물었다. "어떤가, 쥘리에트? 내 생각이 맞다면 이게 아마도 내 원칙을 실행에 옮길 절호의 기회인지도 몰라."

 문이 열리자 나로선 난생처음 보는 아름다운 처녀가 눈물을 가득 머금고 대법관의 발치로 뛰어와서 슬픔에 잠긴 모습으로 이렇게 외치는 것이었다.

"아, 대법관님! 아버지의 목숨이 달린 일입니다. 아버지는 어제 아무 연관도 없는 음모사건 때문에 체포되었어요. 내일은 단두대에서 목이 잘릴 예정이에요…… 아버지를 구할 수 있는 분은 오직 당신뿐입니다. 부디 사면을 내려주세요. 반드시 피를 흘려야만 한다면, 대법관님, 제발 부탁이니 제 목숨을 거두고 아버지를 살려주십시오."

"사랑스런 아가씨." 제노는 소녀를 일으켜 세우고 자기 옆에 앉히더니 말했다. "넌 귀족 그리마니의 딸 비르지니가 아닌가?"

"그렇사옵니다."

"그렇다면 네가 말한 그 음모사건을 나도 잘 알고 있다. 네가 뭐라 하건 아버진 중죄를 저질렀어."

"그럴 리가 없습니다, 대법관님."

"아니, 맞아. 죄가 있어. 하지만 잘 해결하지 못할 것도 없지…… 쥘리에트, 나하고 함께 저쪽으로 가지…… 어떠냐? 비르지니, 곧바로 널 도와주마. 네 아버지를 구하기 위해 필요한 편지를 지금부터 써주겠다."

"오, 정말 친절하신 분이군요!"

"잠깐 기다려. 고맙단 말을 하기엔 일러. 사면을 내린 건 아니니까."

"네? 그 말씀은……."

"곧 알게 될 거야, 아가씨. 어차피 곧 사정을 알게 되어 있어. 만일 그때가 되어도 기대한 것을 얻지 못한다면 스스로를 탓하는 수밖에 없네."

우리가 사무실로 옮기자 제노가 말했다. "저 아인 정말이지 나를 설레게 한다니까. 베니스 최고의 미인이거든. 무슨 수를 써서라도 내 것으로 만들어야겠어. 하지만 저 아이의 아버지를 구해줄 수는 없어. 그것이 가능하다 해도 내 기분이 결코 허락하질 않거든. 그래서 2통의 편지를 쓸까 해. 하나는 사면을 요청하는 편지이고, 다른 하나는 곧바로 형을 집행하라는 편지야. 그녀에겐 첫 번째 편지를 보낸다고 하고, 사실은 나중의 편지를 보낼 거야. 비르지니는 자기 소원을 들어주었다고 믿고 나에게 모든 것을 허락하겠지? 하지만 그녀가 속은 것을 알면 어떻게 될까…… 오오, 쥘리에트, 나는 오로지 그게 걱정이구먼."

"저 아이를 돌려보낼 필요가 있나요?"

"그럴 필요는 없지."

"그럼 저 아이도 고발하면 되지 않겠어요?"

"하지만 고소해버리면 더는 저 아이를 즐길 수가 없게 돼. 내 손에서 떠나게 되잖아."

"그냥 고소가 아니라 비밀 고소를 하셔야죠. 암흑재판을 열어 밤사이에 처형해버리면 돼요. 어쨌든 저 아이에게는 아버지의 사면을 약속하세요. 그리고 당신의 말대로 이 약속과 반대되는 편지를 보내고, 재빨리 그녀를 즐긴 다음 그녀를 고소하세요. 나하고 두 하녀가 당신을 위해 증인이 되겠어요. 이런 하찮은 악행도 타락한 나의 영혼에는 꽤 매력적이거든요. 기꺼이 도움을 드리겠어요. 저 아가씨는 미인계를 써서 당신을 이용하려 온 거라고 주장하면 돼요. 우리도 똑같이 증언하겠어요. 그녀가 항변을 하려고 있는 말 없는 말을 지껄이면 이쪽에서도 물러서지 않고 똑같이 중상을 하면 돼요. 그녀에게 붙여진 법정변호인은 큰돈을 주어 매수하세요. 심리는 되도록 애매하면서도 재빠르게 해치우고 스물네 시간 안에 그녀를 처치하는 게 바람직해요."

"네 말이 맞아…… 편지는 다 썼어…… 다시 방으로 돌아가자고…… 오, 쥘리에트, 너무나 즐거워! 정말이지 당신처럼 통쾌한 여자는 본 적이 없다니까."

우리는 다시 처녀의 앞에 모습을 드러냈다.

제노는 말했다. "자, 이게 네 아버지의 사면장이다. 읽어봐. 하지만 너도 알다시피 이만한 은혜를 공짜로 베푸는 사람은 아무데도 없을걸?"

"아, 대법관님, 저희의 재산은 몽땅 당신 것입니다. 부디 다 가지세요. 마음껏 처분하셔도 됩니다. 가족들도 이 점에 대해선 다른 의견이 없도록 설득할 테니까요."

"돈 따윈 필요 없어." 제노는 말했다. "내가 바라는 건 더 귀중한 거야. 네가 나를 위해 버려야 하는 것은 말이야, 알겠나, 비르지니? 너의 아름다운 몸이야. 그것만이 내가 요구하는 보답이야. 그게 내 손에 들어오기 전엔 사면장을 든 전령은 결코 떠나지 않을 거야."

"아! 그건 너무 큰 희생이군요! ……오오, 나의 사랑하는 사람이여." 그녀는 가슴에서 연인의 초상을 떼어내며 말했다. "그렇다면 부정(不貞)과 오욕 속에 몸을 맡겨야 하는데…… 아, 대법관님, 아무 잘못도 없는 사람의 목숨을 구하는 행복만으로 당신께서 만족하신다면 그보다 더 감사한 일은 없을 것입니다…….”

"그렇게는 안 되지. 넌 곧바로 결정해야만 해. 아버지의 목숨은 몇 분 뒤엔 돌이킬 수 없게 되니까…….”

그녀가 고민하는 사이 제노는 펄펄 끓기 시작한 기분을 한층 북돋우기 위해 릴라와 함께 방으로 들어갔다. 나는 로자르바에게 신호했다. 로자르바는 이목구비가 깎아놓은 듯한 처녀로 날마다 새로운 세계를 보여주었다. 우리는 둘이서 온갖 악의를 동원하여 어린 아가씨에게 설교를 퍼부었다.

"이봐요, 아가씨.” 로자르바가 먼저 시작했다. “저런 한량을 믿어선 안 돼. 아버지의 목숨과 맞바꿔 너의 행복을 빼앗으려는 남자니까. 나중에 무슨 딴 소리 할지 누가 알겠어? 네 몸을 즐긴 뒤엔 분명 약속을 어길 거야. 그리고 자기 악행을 덮기 위해 아직 꿈틀거리고 있는 아버지의 시신 위에서 너마저 죽일 게 뻔해. 그런 악당이야. 비록 그가 약속을 지킨다 해도 너의 연인이 이 사건을 어떤 눈으로 바라보겠어? 연인은 이런 희생을 절대로 용서하지 않는 법이야. 무슨 짓을 해도 넌 연인의 용서를 받지 못할 거야. 그러니까 네 앞의 덫을 부디 경계하도록 해. 처음 보았을 때부터 나는 이걸 충고하고 싶었어…… 마음이 약해지면 넌 파멸할 거야…….”

로자르바의 일장 연설이 끝나자 이번엔 내가 방금 한 이야기 따윈 전혀 모른다는 투로 그녀를 붙잡고 말을 꺼냈다 “이봐요, 아가씨. 당신 같은 나이엔 사랑과 정조가 그 무엇과도 바꿀 수 없는 중요한 것임을 나도 잘 알아. 하지만 네가 연인을 위해 지키고 있는 광적인 정조관념이 네가 아버지에게 갖는 애정보다 강해서야 되겠어? 제노는 정직한 사람이니까 아마 널 배신하지는 못할 거야. 그리고 그 사람이 바라는 건 너의 사랑이 아니라 너의 육체뿐임을 명심해. 비록 제노에게 육체를 바치더라도 네 연인에게는 여전히 순결한 마음을 지킬 수 있을 거야…….

아, 아름다운 비르지니, 내 말을 믿어줘. 지금 네 처지에선 요구를 거절하면 반드시 죄가 돼. 단 한순간의 듣기 좋은 대답이 아버지의 목숨을 구하는 판국인데 너는 그걸 하지 않고 아버지가 단두대로 끌려가는 걸 차갑게 보기만 할 작정이야? 네가 모든 걸 희생하고 완고하게 정조를 지킨다 한들 너와 네 연인의 양심에 비추어 이런 정절을 과연 용서할 수 있겠어? 너는 인간이 어떤 존재인지를 몰라? 만약 네가 사랑하는 사람이 이런 일을 아무렇지 않게 용서할 수 있는 사람이라면 당신은 그 비열한 사람에 대한 애정 때문에 아버지마저 희생시킨 것을 두고 얼마나 땅을 치며 뉘우치겠느냐고. 아무렴, 아가씨, 다시 한 번 말하겠는데 넌 요구를 거절하면 온전치 못할 거야. 순결은 관습적인 미덕일 뿐이지만 효심은 무엇과도 바꿀 수 없는, 자연으로부터 나온 감정이기 때문이야. 이 귀중한 감정을 억누르면 누구든지 죽을 듯한 고통을 겪게 되어 있어."

자연의 감정이라는 말 한마디에 소심한 처녀가 어떤 혼란에 빠졌는지 여러분은 충분히 짐작하고도 남으리라. 머릿속이 매우 혼란스러웠으므로 도덕 감각도 오락가락하고 있었다.

바로 그때 제노가 돌아왔다. 몹시 흐트러진 모습이었으므로 이제는 불행한 희생자가 도저히 무사하지 못할 것 같았다. 남자의 그것은 몹시 긴장되어 있었으며, 알몸이 된 릴라가 그 긴장된 것을 쥐고 그를 우리 앞으로 데려왔던 것이다.

"어때, 마음을 정했나?" 제노가 우리에게 작은 소리로 속삭였다.

"네, 이미 결심했죠." 내가 대답했다. "아가씨가 워낙 영리하다 보니 처녀의 순결 따위보다 아버지의 목숨이 훨씬 소중하단 것을 아는 듯해요. 당신을 위해 그런 건 언제든지 버릴 각오가 되어 있다고 하더군요."

"아니에요, 거짓말이에요." 불쌍한 처녀가 울면서 소리쳤다. "그렇게 할 바엔 차라리 죽는 게 나아요······."

하지만 나와 하녀가 어느새 그녀를 붙잡아서 대법관의 음란한 눈길 앞에서 싫다고 버티는 것을 무시하고 억지로 옷을 벗겨놓았다.

아! 얼마나 아름다운 육체인가! 그 촉촉함, 그 피부의 빛깔이라니! 꽃의 여신 플로라도 이보다 매력적이진 않으리라. 제노는 아무리 바라보아도 질리지 않았고, 거친 키스를 퍼부을 때마다 더욱 새로운 매력을 발견하는 것 같았다. 특히 그 엉덩이는 탄탄하고 동글동글 살집이 좋으며, 비할 바 없이 아름다웠다! 우리가 그것을 반쯤 열어서 사랑스런 국화꽃 자리를 보여주자 제노는 그 마음에 드는 장소에 혀를 집어넣으며 쾌락 때문에 이내 숨이 끊어질 것만 같았다.

"이 아이가 좋아하는 모습을 보지 않겠어?" 대법관이 말했다. "쥘리에트하고 로자르바는 둘이서 그녀 육체의 관능적인 부분을 자극해줘. 나는 그녀가 보는 앞에서 릴라와 섹스하겠어. 너희 두 사람이 그녀를 불태움에 따라서 그녀의 매력 위를 떠다니는 나의 혀는 마침내 그곳에서 쾌락을 빨아들일 거야……."

이 아름다운 처녀와 놀이하고 싶어서 죽을 것 같았으므로 나는 그의 요청을 기꺼이 받아들였다. 우리 두 사람이 워낙 기교가 좋았으므로 비르지니의 아름다운 눈은 이윽고 음탕의 빛을 띠기 시작했다. 귀엽고 사랑스런 아가씨는 우리의 품 안에서 이내 기절할 것 같았고, 잔뜩 젖어 있었으므로 곧 삽입하기가 쉬워졌다. 바로 그때 릴라가 재빠르게 대법관의 물건을 갖다 대었고, 쾌락자는 일을 시작했다. 하지만 그의 물건이 몽당붓인 데다 비르지니가 매우 젖어 있었으므로 어려움은 조금도 없었다. 그는 편안히 점령했다. 그사이 나는 그녀를 애무하면서 그녀의 몸을 받치고 있었고, 릴라는 비르지니의 유방 위에 타고 앉아서 쾌락자의 입에 그 아름다운 엉덩이를 내밀고 있었으며, 로자르바는 남자에게 채찍질을 하고 있었다.

남자가 무아지경에 이르기 직전에 나는 쾌락의 문 앞에서 그를 제지하고 말해주었다. "정력을 낭비하지 않는 게 좋아요. 아직 2개의 공이 당신의 공격을 기다리고 있다는 걸 떠올리세요. 탄약을 다 써버리면 안 되죠."

"그도 그렇군." 제노는 말하고 몸을 뺐다.

그래서 우리는 다시 가니메데스 이래 자연의 걸작이라 부를 만큼 훌륭한 엉덩이를 제노의 눈앞으로 향하게 했다.

제노는 샅샅이 훑어보더니 말했다. "젠장! 이건 너무 근사하잖아!"

찬사를 늘어놓기도 지겨운지 그는 우리의 도움을 받아서 곧 관문을 돌파했다. 비르지니가 나의 얼굴 위에 올라타고 있는 자세인 것을 이용하여 그녀가 항문섹스를 받고 있는 사이에 나는 그녀의 옥문을 입으로 애무했다. 하녀들은 애무하거나 손가락을 써가며 제노를 위해 대활약을 펼쳤다. 이렇게 쾌락의 준비가 완전히 마련되자 제노는 더 이상 참지 못하고 세상에서 가장 아름다운 향갑 속에 정액을 쏟아부었고, 비르지니 또한 더 이상 참기 힘든지 비명과 격렬한 요동으로 응답했다.

"굉장하군!" 제노가 몸을 빼며 말했다. "아, 쥘리에트, 너하고 즐긴 뒤에 이토록 훌륭한 즐거움을 맛볼 수 있으리라고는 생각지도 못했어…… 나는 아직도 취해 있는 것 같아."

"이제 서둘러 편지를 보내세요."

"물론이야." 악인이 대답했다. "처녀를 손에 넣음으로써 아버지를 사형에 처해야 할 대의명분을 얻었으니까." 그는 작은 소리로 의미 있는 듯 덧붙여 말했다. "하지만 난 그것만으론 만족하지 않아, 쥘리에트. 나는 극악무도로 널 깜짝 놀라게 해주고 싶어. 그리고 이 새로운 계획을 통해 새로운 쾌락을 얻는 데 필요한 힘도 되찾을 생각이야."

"저 아이를 계속 살려둘 생각이에요?"

"그렇단 얘기는 아니지만 편지에 한마디만 덧붙이면 관헌이 이곳 별장까지 그녀를 잡으러 올 거야. 그때까진 나도 다시 할 수 있을 테니까, 마침 관헌이 그녀를 연행하러 왔을 때 나는 아마 아직 그녀의 항문 속에 있을 거야. 뭐 그런 계획이라는 것이지."

"그럼 빨리 해요. 아주 좋은 생각이에요."

추가조항을 덧붙인 편지를 보내자 우리는 다시 쾌락에 탐닉했다. 제노가 비르지니의 엉덩이를 애무하는 것을 보자 그가 이 아름다운 둔부를 보며 속으로 어떤 위험한 생각을 품고 있는지 쉽게 짐작이 갔다. 엉덩이를 실컷 즐긴 뒤에는 반드시 그것에 잔인한 짓을 해보고 싶은 것이 사람 마음인 법이다.

"채찍으로 때리고 싶은 거죠, 당신?" 나는 물었다. "이 사랑스런 엉덩이를 너덜너덜하게 만들고 싶죠? 어때요? 상관없으니까 마음대로 하세요. 내 주머니에 물약이 있는데 이걸 쓰면 흔적 따위 3분 만에 사라지죠. 그러니 그녀가 당한 고통의 증거로서 흔적을 보이라고 해봤자 아무도 그 사실을 믿어주지 않을 테고, 오히려 그녀의 말은 모조리 우리에 대한 중상밖엔 되지 않을 거예요……."

"오오, 쥘리에트! 쥘리에트!" 제노는 미칠 듯이 기뻐하며 소리쳤다. "아무리 말해도 아깝지 않아. 넌 정말 대단한 여자야!"

악인은 이제 정욕의 소리에만 귀를 기울였다. 거칠게 채찍을 쥐더니 우리에게 비르지니를 붙잡으라고 해놓고는 무뢰배처럼 고함을 지르면서 백번도 더 때리는 사이에 세상에 둘도 없이 아름답던 엉덩이가 너덜너덜해지고 말았다. 그런데도 멈추지 않고 여전히 세차게 후려치는 동안, 내가 그를 애무하고, 두 하녀가 그를 채찍으로 때렸다. 이윽고 물건이 긴장하자 그는 미친 사람처럼 처녀에게 달려들었고, 괴성을 지르면서 절정에 이르렀다.

일을 마치고 그는 말했다. "오오! 쥘리에트. 이 경박한 여자를 만약 내 손으로 직접 죽일 수만 있다면 얼마나 즐거울까? 이 아인 정말로 감수성이 풍부하니까 여러 고문에 예민한 반응을 보일 게 틀림없어. 매우 절묘한 장면이 펼쳐질 거야. 아아, 이 아름다운 가슴의 피부를 벗겨주고 싶군. 이 사랑스런 엉덩이를 불에 구워주고 싶어…… 쥘리에트! 쥘리에트! 나는 그녀의 배 위에서 그녀의 심장을 알맞게 구워 그녀의 얼굴 위에서 게걸스레 먹어치우고 싶군."

내가 물약으로 그녀의 엉덩이를 문질러주자 극악인이 말했다. "아냐, 하지 마. 내가 만든 흔적을 그냥 놔둬. 사형을 시키는 날까지 소중하게 남겨두는 게 좋아. 보여주고 싶다면 보여주어도 상관없지만 그럴 용기는 없을 거야. 이건 아주 재미난 생각이야……."

편지의 답장이 올 때까지 우리는 이런 끔찍한 말을 들려주며 불쌍한 처녀를 재미 삼아서 절망의 구렁텅이에 빠뜨렸다.

제노의 불길한 편지는 기분 나쁠 정도로 효력이 있어서 관헌이 그리마니의 딸을 잡으러 왔다.

대법관의 음험한 계략의 결과를 보고 불행한 처녀는 울부짖었다. "너무해요! 나를 배신했군요. 하지만 재판관이 나의 호소를 들어줄 거예요. 이런 가혹한 대우에 반드시 복수해주겠어."

"뭣들 하는 거야? 어서 일을 해야지."

어느새 침착해진 제노가 그녀의 비난을 귓등으로도 듣지 않으며 관헌들에게 명령했다. "이 여잘 연행하도록. 슬픔에 빠진 나머지 머리가 어떻게 된 것 같으니까."

악인은 이어 다음과 같이 말했다.

"죄인들을 조용히 처형하라고 일러두었는데, 잘 처리했겠지?"

경관 하나가 외투 밑에서 피가 뚝뚝 떨어지는 머리 2개를 꺼내보이며 말했다.

"말씀하신 대로 명령에 따랐습니다……."

아버지와 연인의 목을 두 눈으로 직접 본 비르지니는 그 자리에서 까무러

치고 말았다.

"멋진 광경이로군." 제노가 작은 소리로 내게 말했다. "이것 봐, 덕분에 다시 흥분하기 시작했어. 아! 우리 둘이서만 다시 한 번 더러운 짓을 하고 싶군."

"그런 건 재미없어요. 목을 받아놓고 경관들은 돌려보내세요."

"아, 그게 좋겠군…… 이봐, 볼일이 끝났으면 다들 돌아가." 대법관이 말했다. "두 시간 안에 비르지니는 베니스 감옥에 넣도록. 그 목은 놔두고 가. 너흰 가서 일들 보도록 해."

"잠깐 기다려요." 내가 작은 소리로 제노에게 말했다. "목을 가져온 경관은 목을 자른 사람과 같은 사람인가요?"

"그렇지."

"그렇다면 이렇게 하면 재미있을 것 같네요. 그 무서운 경관에게 딸을 욕보이게 하는 거예요. 불쌍한 아버지와 서글픈 연인의 피가 아직 마르지 않은 손으로 말이죠……."

"그거 재미있겠군." 제노가 말했다. "꼭 해봐야겠어. 우물쭈물하다가 기회를 놓쳐선 안 되지."

그래서 경관 하나는 나가고, 다른 경관 하나만 남았다. 제노는 그 경관과 비르지니, 목 2개, 하녀 셋, 그리고 나까지 포함하여 함께 방에 틀어박혔다. 기절해 있는 비르지니의 눈앞에 2개의 목을 나란히 놓아 그녀가 깨어나자마자 그 목이 눈에 띄도록 해놓고 우리는 그녀의 의식을 회복시키려 했다. 그녀를 정신 차리게 하는 것은 경관의 임무였다. 그녀는 감각이 정상으로 돌아오자마자 눈앞에서 아버지와 연인의 목을 확인하고, 자기가 사형집행인의 팔에 안겨 있음을 깨달아야 했다. 경관이 비르지니를 욕보이는 사이 나는 이 비열한 사나이를 자극해주고 있었다.

"저 아이를 데리고 노는 게 좋겠어." 대법관이 경관에게 말했다.

"뭐라고요!"

"잔소리하지 마. 명령이야. 넌 네가 죽인 남자의 딸을 데리고 놀고, 또 네가 죽인 남자의 애인을 데리고 놀아야 해."

이 말을 듣고 비르지니는 벼락을 맞기라도 한 것처럼 의식을 잃고 비틀거리며 내 품으로 다시 쓰러졌다.

뒤랑과의 재회 533

"잠깐 기다려요." 나는 제노에게 말했다. "이번이 당신의 마지막 절정이니까 아쉬울 것 없이 해야 해요. 할 수 있는 온갖 수단을 다 써서 유종의 미를 거두자고요."

그리하여 나의 지도 아래 각각 일정한 자세를 취한 볼썽사나운 한 무리가 만들어졌다. 경관은 비르지니의 몸 밑에 누워서 그녀와 교접하고, 그녀의 엉덩이를 벌려서 제노 앞에 내밀어주는 역할이었다. 제노는 경관의 그곳에 섹스하고 있었다. 비르지니는 경관의 가슴 위에 말 탄 자세로 앉아서 두 손으로 목을 받치고 있었다. 나는 경관에게 옥문을 빨게 하면서 비르지니에게 엉덩이를 내밀고 있었다. 제노는 양손으로 두 하녀의 엉덩이를 애무하면서 한 노파에게서 채찍을 맞고 있었다. 이런 근사한 감각을 오랫동안 참고 있기란 도락자로서 보통 어려운 일이 아니었다. 끝내 그는 사정을 했고, 모두 함께 그의 뒤를 따랐다.

환락이 극에 이른 뒤 우리는 떠났다. 대법관이 손수 비르지니를 왕궁 감옥으로 연행했다. 우리의 진술을 바탕으로 스물네 시간 안에 그녀를 사형에 처하기로 결정되었다. 우리는 이렇게 되기를 기다리고 있었던 것이다. 돈과 계략을 동원하여 제노가 다른 처녀를 데려다 대신 사형을 집행하게 했다. 비르지니가 다시 우리 곁으로 돌아오게 된 것이다. 그러나 이번엔 우리 자신이 그녀의 사형집행인이 되자고 했으므로 결국 그녀는 사라질 운명이었다.

아, 그녀를 사형하는 광경은 얼마나 즐거웠는지 모른다! 나는 8번이나 잇달아 절정에 이르렀다. 내가 이토록 흥분하는 일은 거의 없었다.

파리로 돌아와서

　남녀 가리지 않고 베니스의 모든 쾌락자에게 지지를 받고, 사랑받고, 추종을 받으며 우리는 세상에 다시없는 쾌적하고 호화로우며 돈벌이가 쏠쏠한 생활을 하고 있었는데, 어느 날 뜻하지 않은 재난이 우리 둘의 결합을 망가뜨렸고, 단 하루 만에 사랑하는 뒤랑을 나에게서 빼앗아갔을 뿐만 아니라 베니스에 맡겨놓은 전 재산은 물론이고 여기서 번 돈까지도 몽땅 잃고 말았다.
　운명이 예전에 내 앞에 나타났던 것처럼 뒤랑 앞에도 나타나 그녀를 벌했던 것이다. 지난날 내가 극단적인 죄악 앞에서 두려움을 느끼고 파리를 도망쳐나와야 했던 것을 기억하리라 생각한다. 불쌍한 뒤랑도 그와 똑같은 불행에 빠졌었다. 이 잔인한 두 예에서 보듯이 사람이 한창 죄악을 저지를 때 가장 명심하여 피해야 할 것은 미덕의 방향으로 돌아서거나, 아니면 마지막 장애물을 극복하는 데 필요한 힘을 발휘하기를 꺼리는 두 가지라고 할 수 있다. 우리는 이젠 이 교훈을 뼈저리게 이해하고 있다. 왜냐하면 나의 친구에게 빠져 있던 것도 의지가 아니라 용기였기 때문이다. 그렇다, 그녀가 신세를 망친 것은 실행할 마음이 없어서가 아니라 과감하게 일을 벌일 용기가 없어서였다.
　어느 날 아침, 국가검찰관 셋이 뒤랑에게 출두명령서를 내밀며 연행해갔다. 그녀에게 중대한 비밀을 공개하라고 강력하게 압박한 뒤, 사실은 도시 전체에 고조되고 있는 불온한 움직임을 모조리 없애기 위해 반드시 그녀의 독약의 힘을 빌려야 할 상황이라고 사정을 밝혔다.
　그들은 말했다. "유감스럽소만 사태가 너무나 급박하게 돌아가고 있기 때문에 법률적인 수단을 쓸 때가 아니오. 이렇게 된 바엔 독약을 쓸 수밖에 도리가 없소. 알다시피 3년 전에 당신이 베니스에 머물기 시작한 뒤로 나쁜 행동을 마구 저질러와도 우리는 늘 너그러운 눈길로 보아왔소. 그에 대한 답례의 뜻에서 오늘은 우리를 위해 비밀을 밝혀주거나, 아니면 당신이 독약을 써주기 바라오. 당신은 한 도시에 페스트를 퍼지게 하는 비밀과, 특정한 사람을 이 페스트로부터 예방하는 비밀을 둘 다 알고 있지 않소?"

"아니에요, 몰라요." 뒤랑은 대답했다.

사실 그녀는 이 두 가지 비밀을 다 알고 있었지만, 그것을 실행하기가 두려웠던 것이다.

"그렇다면 좋소." 검찰관은 대답하고, 더 이상 볼 일이 없으니 내보내라는 듯 문을 열게 했다.

뒤랑을 가장 오싹하게 만든 것은 그들이 그만한 극비사항을 흘렸음에도 그녀에게 입단속을 요구하지 않았다는 사실이었다.

뒤랑은 돌아오자마자 내게 말했다. "이제 끝났어."

그녀는 자신이 겪고 온 일을 내게 얘기해주었다. 나는 어서 그곳에 다시 갔다 오라고 재촉했다.

그러나 그녀는 말했다. "마찬가지야. 시키는 대로 한다 해도 역시 목숨은 끝난 거야. 어차피 쥐도 새도 모르게 묻히게 될걸 뭐. 그보다 네가 엮이지 않으려면 조금이라도 빨리 여길 떠나야 해. 내가 돌아와서 널 만난 줄 알면 가만두지 않을 거야."

불행한 여자는 나가면서 말했다. "그럼 안녕, 쥘리에트. 아마 다시는 만나지 못할 거야……"

뒤랑이 나간 지 채 두 시간도 지나지 않아 그쪽에서 호출이 와서 나는 경찰에게 연행되었다. 왕궁에 닿자 거의 다락방 같다시피 깊숙이 들어가 있는 한 넓은 방으로 안내되었다. 경찰이 내 주위를 빙 둘러싸고 있었다. 간이 꽤 큰 나지만 마음이 평온할 리 없었다. 커다란 검정 타프타 천이 방을 둘로 나누고 있었다. 검찰관 둘이 나타나자 경찰은 물러갔다.

"일어나." 검찰관이 말했다. "질문에 똑바로 대답해라. 뒤랑이라는 여자를 알지?"

"네."

"그 여자하고 함께 범죄를 저지른 일이 있나?"

"아뇨."

"그녀가 베니스 정부를 험담하는 걸 들은 일이 있나?"

"단 한 번도 없어요."

"쥘리에트." 다른 검찰관 하나가 싸늘한 목소리로 말했다. "당신의 대답엔 거짓이 있어. 당신에게 묻지 않아도 그쯤은 알아. 당신은 유죄야."

그가 검정 커튼을 획 젖히자 천장에 매달려 있는 여자 시체가 보였다. 나는 움찔하고 순간 고개를 돌렸다.

"이게 너의 공범자다. 베니스 정부는 야바위꾼이나 독살꾼을 이렇게 처벌하지. 당신도 이런 꼴을 당하고 싶지 않으면 스물네 시간 안에 공화국 영토를 떠나는 게 좋을 거야."

나는 그 자리에서 정신을 잃고 쓰러졌다.

깨어나 보니 낯선 여자의 품에 안겨 있었다. 여전히 경찰이 나를 둘러싸고 있었다. 그 길로 쫓겨나다시피 방을 나섰다.

"어서 집으로 돌아가." 경찰대장이 말했다. "공화국의 명령을 충실하고 정확하게 따르는 게 좋아. 재산을 몰수해도 불만 없겠지? 시 당국에 예치한 것뿐만 아니라 가구와 보석도 몽땅 몰수하겠다. 남은 것만 가지고 어서 떠나도록. 내일도 여전히 시내를 어슬렁거렸다간 목숨을 부지하지 못할 줄 알아."

"떠나면 되잖아요." 나는 대답했다. "네, 떠나겠어요. 가고말고요. 아무 잘못도 없는 사람을 처벌하는 그런 나라엔 더 머무르고 싶은 생각도 없어요."

"쉿! 큰 소리 내지 말란 말야. 방금 한 말이 남의 귀에 들어갔다간 넌 왕궁 밖으로 나가지 못해."

"지금 가요." 나는 경관에게 1백 제키의 돈을 쥐어주며 말했다. "잘 알겠어요. 충고 감사드립니다. 그럼 내일은 반드시 이 음침한 물의 도시를 떠나도록 할게요."

나는 서둘러 짐을 꾸렸다. 릴라와 로자르바는 이곳에서 둘 다 잘 나가고 있었으므로 베니스에 남고 싶은 모양이었다. 그래서 나는 그녀들을 남기고 떠나기로 했다. 내가 데려간 사람은 결혼한 뒤로 단 한 번도 내 곁을 떠난 적이 없는 하녀 1명뿐이었다. 이 하녀에 대해 지금까지 여러분에게 한 번도 말하지 않은 것은 그녀가 내 일에 아무런 역할도 하지 않았기 때문이다. 지갑과 현금은 가져가도 된다는 허락을 받았으므로 나는 80만 프랑이 넘는 돈을 지니고 떠났다. 나머지는 모두 몰수당해 공화국 재산이 되고 말았다. 하지만 로마에 투자해놓은 돈이 남아 있어 해마다 5백 만의 수입을 올리고 있었으므로 그나마 위안이 되었다.

그날 밤은 파도바에서 묵고, 그로부터 8일쯤 걸려 리옹에 닿았다. 리옹에서 나는 잠깐 쉬었다. 그동안 어쩔 수 없이 금욕생활을 해왔으므로 섹스의 필요성을 뼈저리게 느끼고 있었다. 욕구를 채우기 위해 나는 주소를 물어물어 어느 유명한 창녀집을 찾아갔다. 그 집에서 15일 동안 남자와 여자를 상대로 하여 그간 굶주렸던 욕망을 마음껏 채웠다.

파리로 돌아가는 것은 나에게 더는 위험스런 일이 아니었다. 옛날 나를 쫓아냈던 생퐁 장관은 이미 오래전에 세상을 떠났기 때문이다. 그래서 나는 파리로 돌아가기로 결심하고 노아르슈에게 그 소식을 알린 뒤 그의 대답을 기다렸다. 노아르슈는 나를 다시 만날 수 있다는 말에 크게 기뻐하며 제자가 진보한 흔적을 보이러 오는 거라면 두 팔 벌려 환영하겠다고 약속했다. 나는 서둘러 샤벨 신부에게 편지를 써서 내가 말한 파리의 가구 딸린 호텔로 딸을 데려오도록 부탁했다. 우리는 거의 동시에 그 호텔에 닿았다.

마리안은 7살이 되어 있었고 몹시 귀여웠다. 하지만 나에게 모정은 전혀 샘솟지 않았다. 오랫동안의 쾌락이 그런 감정을 사라지게 했던 것이다. 쾌락의 결과가 어떤 것인지 이로써 너무나 분명하게 알았다. 쾌락은 인간의 영혼을 매우 강력하게 점령해버려 쾌락이 일으키는 감정 말고는 어떤 감정도 끼어들지 못하게 한다. 어쩌다 쾌락의 뜻에 반하여 어떤 다른 감정이 그곳으로 숨어들 수 있었다 해도 쾌락은 순식간에 그 감정을 타락시키거나, 아니면 그것을 자기에게 이롭도록 변질시킬 수 있다. 나는 마리안에게 뽀뽀해도 음탕한 욕구의 충동 말고는 아무 감정도 일어나지 않았다.

"가르칠 보람이 있는 귀여운 제자로군요." 나는 작은 목소리로 샤벨에게 말했다. "아, 나는 이 아이를, 이 아이의 어머니가 파리에서 저질렀던 실수나 뒤랑이 베니스에서 저질렀던 실수 따위로부터 평생 지켜주고 싶어요. 죄악의 필요를 단단히 느끼게 해주면 이 아이가 결코 길을 잘못 드는 일은 없을 테니까요. 비록 미덕이 그녀의 마음 깊은 곳에 말을 걸어와도 악덕이 그곳에 단단히 뿌리 내리고 있으면 소소한 미덕 따위에 유혹당할 걱정은 없거든요."

마리안의 교육을 책임지고 있던 샤벨은 신이 나서 그녀의 여러 가지 재능을 나에게 이야기해주었다. 마리안은 음악적 재능도 있고 춤도 잘 추며 그림도 곧잘 그리고 이탈리아어에도 능통했다.

"혈기는 어떤가요?" 나는 샤벨에게 물었다.

"아주 좋아요. 조심하지 않으면 요런 말괄량이 아가씨는 금세 손장난을 배우게 되죠." 신부가 대답했다.

"내가 직접 가르칠 테니까 괜찮아요. 때가 되면 내가 가장 먼저 받고 싶군요."

"하지만 때를 기다리지 않으면 몸이 상할 수가 있습니다." 신부가 말했다.

하지만 이런 주의엔 조금도 반응하지 않았다. 내가 없는 동안 여러 번 파리에 왔던 샤벨 신부가 최근의 파리 사정을 자세히 가르쳐주고, 또 로마에 있던 나의 예금을 파리로 옮겨 시내와 교외에 저택을 두 채 마련할 수 있도록 주선해주었다. 그것이 여러분이 잘 알고 있는 나의 저택이다.

이튿날 나는 서둘러 노아르슈를 만나러 갔다. 노아르슈는 아주 기쁜 얼굴로 나를 맞으며 무척 예뻐졌다고 아첨을 했다. 장관이 살아 있는 동안 줄곧 그의 총애를 이용했던 노아르슈는 내가 파리를 떠난 뒤로 재산을 3배나 늘렸고, 지금은 흔들림없는 수상후보에 올랐다.

"쥘리에트." 그가 딱 잘라 말했다. "난 말야, 당신과 함께가 아니면 절대로 높은 지위에 오르지 않을 작정이니까 그리 생각하고 마음을 놓도록 해. 당신은 내가 살아가는 데에 꼭 필요한 여자야. 당신과 함께가 아니면 죄악을 저질러도 재미가 없어. 앞으로 지금까지보다 더 큰 권세를 마음껏 휘두를 수 있다면 얼마나 즐거운 방탕한 생활이 우릴 기다리고 있을지 생각만 해도 짜릿해. 그러니 이 행복을 유쾌하게 이용하려면 아무래도 우리 두 사람이 서로를 이해해야만 하겠지……?"

그러더니 그는 나의 모험담이 듣고 싶다고 했다. 그래서 나는 이야기를 시작했는데 이야기가 정확히 도니 부인의 딸 퐁탕주, 즉 샤이오 수도원에서 자라나 지금쯤 17세가 되었을 퐁탕주와 그녀에게 전해달라고 부탁받은 50만 프랑의 돈 얘기에 이르자 노아르슈는 갑자기 내 말을 가로막더니, 그럼 그 딸을 우리가 장난감으로 갖고 놀고, 50만 프랑은 당신이 가로채는 게 어떻겠냐고 자꾸만 유혹하는 것이었다. 이 문제에 대해 그가 펼친 주장에 나는 완전히 탄복했으므로 여러분에게 그 이야기를 다시 할 수밖에 없다. 미리 말해두지만 그가 나에게 이런 장황한 연설을 한 것은 나에게 망설이는 기색이 있었기 때문이다. 일부러 반대하는 듯한 말을 했더니 그가 그 논리를 하나씩 멋지게 깨뜨려주었다. 바리엘 블랑쉬의 별채에서 저녁을 먹은 밤의 일이었는데, 그럼 먼저 그가 펼친 주장부터 소개해보겠다.

그는 말했다. "어느 한 가지 일을 꼭 해야 할 이유가 두 가지나 있고, 하지 말아야 할 이유가 전혀 없음에도 그 일을 해야 할지 말아야 할지 망설인다는 건 내가 볼 때 터무니없는 일이야. 30살이나 되었으며 머리도 나쁘지 않고, 편견이나 종교심, 신에 대한 관념, 후회의 감정 같은 것과는 이미 무관하고, 가장 큰 죄악을 낱낱이 알아온 인간이 어느 일을 하기만 하면 매우 큰 이득이 날 순간에 그 일을 해야 할지 말아야 할지를 망설인다는 건 나로선 정말이지 해괴하기 짝이 없는 일이야. 그 일을 하는 데 필요한 모든 수단을 쥐고 있을 뿐만 아니라 이미 그보다 더한 일도 자주 저질러 크게 만족을 얻은 경험마저 있는 사람이 다시 실행하면 똑같은 쾌락과, 나아가 지금까지보다 훨씬 더 많은 이익을 얻을 걸 뻔히 알면서 그 실행을 포기한다는 건 좀 더 솔직히 말해 정말이지 기괴하기 그지 없어.

그러니까, 어때? 쥘리에트, 이런 물으나 마나한 일을 가지고 당신이 내 의견을 묻는다면 나는 아무 말 없이 당신을 채찍으로 실컷 때려주겠어. 미리 말해두는데 만약 나흘 만에 일을 실행하지 않으면 나는 당신하고의 모든 관계를 끊고, 당신을 약하고 용기 없으며 아무런 결단도 내리지 못하는 여자라고 생각할 테야. 불우한 고아의 행복을 빼앗으면서까지 돈벌이에 매달리지 않아도 이미 충분히 부자라는 이유로 내 의견에 반대하는 건가? 엉? 그런 거야, 쥘리에트? 당신이 언제 그렇게 부자가 되었지? 그 돈이 당신한텐 있으나마나한 것인 줄은 나도 알아. 하지만 한 가지 묻겠는데, 그 있으나 마나 한 쾌락도, 당신이 얼굴도 모르는 여자아이한테 휙 줘버리는 쓸데없는 쾌락에 비하면 훨씬 바람직한 것 아닌가? 그런 일을 했다간 당신은 마땅히 즐길 수 있는 여자아이마저도 놓치고 말 거야.

다음으로, 그 여자아이의 존재를 검토해볼까? 아무렴, 이건 깊이 파헤쳐볼 필요가 있는 중대한 문제거든. 그 아이가 당신에게 대체 뭐지? 아무것도 아니야. 그녀의 신분은 무엇이지? 한때 당신이 함께 방탕하게 놀았던 여자의 사생아야. 흥! 아주 대단한 명함이로군! 뭐 그야 어쨌든 당신이 한 약속을 지키겠다고 하면 어떻게 될까? 길 가는 아이조차도 당신의 행동을 잘했다고 하지 않을걸? 아마 이렇게 말하겠지. 그녀는 의무를 다했다고 말야. 하지만 반대로 당신이 돈을 가진다면, 아무도 그녀가 위임한 사실을 모를 뿐만 아니라 당신은 그 돈으로 엄청난 쾌락을 얻을 수가 있어. 당신은 이 쓸데없고 하찮은 의무가 좋은 거야? 아니면 이 돈으로 얻을 수 있는 향락을 원하는 거야, 대체 어느 쪽이지? 오, 쥘리에트, 이런데도 뭘 망설이는 거야?

어쨌든 얘길 계속하지. 나는 그 아이를 몰라. 하지만 잘 생각해봐. 그녀의 이마에는 이런 말이 씌어 있지 않을까? ─'내가 지금까지 살아온 것은 당신의 자그마한 쾌락을 만족시켜드리기 위해서예요. 우리를 이어준 운명의 힘을 생각해보시기 바랍니다. 저야말로 자연이 당신 앞에 내놓은 한낱 희생자가 아니겠어요?'─그렇고말고, 그녀의 이마엔 이런 말이 적혀 있을 게 틀림없어. 당신도 보면 대번에 알 거야. 자연이 아니고서야 대체 누가 그런 말을 쓰겠어?

하지만 당신은 그게 친구의 이익을 배신하는 거라면서 내 의견에 반대할지도 모르겠군. 나는 친구와 함께 어리석은 행동을 했을 때는 언제든지 그것을 개선할 생각이야. 여기 두 가지 증명해야 할 문제가 있어. 하나는 당신이 당신 친구의 이익을 조금도 배신하는 게 아니라는 것이고, 다른 하나는 설령 그것에 대해 아무리 우직하고 정직한 마음을 품고 있다 한들 어차피 죽은 사람의 뜻을 배신하는 건데 무슨 잘못이 있느냐는 것이야. 그녀의 단순한 의지는 그 돈이 딸에게 전달되는 거야. 하지만 그 전에 당신이 딸을 데리고 놀면 안 된다는 말은 그녀도 하지 않았어. 그러니까 당신은 당신이 죽은 뒤에 돈을 그녀에게 준다는 생각으로 그 돈을 가지면 되는 거야. 그걸로 당신의 양심은 편해지지. 당신에게 양심을 편하게 할 필요가 있다면 말이지. 당신 친구의 뜻을 배신하는 일이 있다면 그건 이 재산을 제3자에게 남길 때겠지. 하지만 당신이 죽은 뒤에 이 돈을 남길 생각으로 재산을 이용한다면 그녀의 뜻은 완벽하게 이루어지는 거야. 도니 부인은 딸의 생명을 지켜달라고 당신에게 부탁한 적은 없어. 그러니 불행히도 딸이 죽는다면 재산은 당신의 것이 돼. 이 경우에만 그렇게 되는 셈이지. 하지만 도니 부인은 여기 50만 프랑이 있으니 이걸 딸에게 남겨달라고 말했을 뿐이야. 그러니 딸이 당신보다 오래 살아서 당신이 죽은 뒤에 재산을 받기만 하면 고인의 뜻은 이루어지는 것 아니겠나?
 이제 다음 문제로 넘어가지. 그 죽은 사람의 뜻을 배신한다는 건 도대체 뭔가? 이미 세상에 없는 사람의 명령을 존중해야 한다는 게 얼마나 어처구니없는 망상이냔 말이야. 사람은 상대가 살아 있을 때 약속을 어기면 그 사람에게 상처입히는 것이 돼. 이유는 파기당한 사람이 손해를 입고, 약속 위반으로 고통을 당하기 때문이야. 하지만 이 사람 자체가 없어진 상황에선 더 이상 고통이 생길 리가 없잖아? 충격을 받는 게 불가능하므로 충격 따윈 있을 수가 없지. 따라서 죽은 사람을 다치게 하는 건 절대 불가능해. 그러므로 고인의 뜻을 존중한다는 그 한 가지 목적 때문에 당신의 이익을 희생해봤자 유산을 남에게 남기려는 상속인은 바닷물에 돈을 던지는 사람과 마찬가지로 얼빠진 인간이라고 해야겠지. 한쪽은 돈을 잃었고, 다른 한쪽은 이미 살아 있지도 않은 인간의 만족을 위해 자기 행복을 희생했으니 내가 볼 때는 둘 다 똑같아. 이런 식으로 세상에는 딱하고 자비심 깊게도 상속인을 지정하는 풍습이 널리 퍼져 있지. 우린 그걸 폐지할 생각은 없지만 그래도 역시 우스꽝스런 일임엔 틀림없어. 유언 같은 건 애당초 실현될 필요조차 없는 거야. 유언을 받들다니 웃기는 일이야. 죽은 사람을 다시 살리려는 것과 똑같으니까. 그건 모든 자연법칙과 양식에 어긋난다고. 이제 문제가 해결됐어. 당신이 50만 프랑을 가진다 해도 당신 친구의 뜻을 배신하는 게 전혀 아니야. 이걸로 충분히 증명이 된 것 같군.
 그럼 이번엔 당신이 도니 부인에게 가졌던 감정이 어떤 종류의 것이었는지 살펴볼까? 내가 볼 때 그런 건 어디에도 없어. 쾌락이 당신들을 잇고, 죄악이 당신들 사이를 찢었을 뿐이야. 그녀가 살아 있다 해도 당신은 그녀에게 아무런 빚이 없어. 하물며 그녀는 이미 죽었으니 더더욱 거리낄 게 없는 게 당연하지. 만지거나 느낄 수도 없는 인간에 대해 아직도 감정을 갖고 있다는 건 어리석고 웃기는 일이야. 인간의 영혼에는 존경도 동정도, 애정이나 감사도 품을 필요가 없어. 어떤 의미에서건 죽은 사람은 상상력 속으로 끼어들 수 없으니까. 왜냐하면 틈새로 끼어들면 어김없이 불쾌해지거든. 그리고 당신도 알다시피 우리는 원칙적으로 기분 좋은 공상이나 쾌락적인 공상만을 마음속에 들이려고 하지. 그러므로 이런 공상을 길게 늘이려면 그녀를 괴롭히는 것 말고는 방법이 없어. 당신이 그녀의 엄마를 죽인 것도 쾌락 때문이었으니까. 당신이 만일 그 딸을 돌보려 한다면 이 공상은 엉망진창으로 흐트러지고 산산이 부서지게 되겠지. 그러니까 당신이 그녀를 돌보지 않는다고 해서 안 될 일은 하나도 없을 뿐만 아니라 당신이 그녀를 몹시 불행하게 해주는 게 당신의 쾌락엔 필요하기까지 해. 딸을 불행에 빠뜨리는 상상은 전에 당신이 그녀의 엄마에게 했던 잔인한 공상과 정확히 일치할 거야. 이런 모든 상상의 결합으로부터 하나의 완벽한 쾌락의 실체가 태어나는데 만일 반대로 했다간 틀림없이 닭도 달걀도 잃고 말 거야.

 그리고 내가 만일 당신 처지였다면 이 어린 소녀를 노리개로 삼고 재산을 다 빼앗아 불행의 구렁텅이로 빠뜨리려 생각할 거야. 그렇게 해두면 당신은 언제든지 그녀가 괴로워하는 모습을 바라보며 당신의 행복을 키울 수가 있지. 즐기려면 죽이는 것보다 차라리 그쪽이 훨씬 낫겠군. 내가 당신에게 권하는 방법은 훨씬 나은 행복을 가져다줄 거야. 다시 말해 그녀를 살려두면 그녀를 즐김으로써 육체적인 행복과, 그녀의 운명과 당신의 운명을 비교함으로써 지적인 행복 두 가지를 한꺼번에 얻을 수가 있지. 행복이란 현실적인 쾌락에서 생기는 것보다 오히려 이런 비교에서 생기는 법이거든.

 '나는 즐겁긴 한데 나처럼 즐거워하는 놈은 얼마든지 있다'고 씁쓸하게 외치느니 불행한 사람들을 쳐다보며, '나는 너희와 달라. 너희보다 훨씬 행복해'라고 생각하는 쪽이 훨씬 세련되지 않나? 우리로 하여금 쾌락을 느끼게 하는 건 타인으로부터의 박탈이야. 우리와 똑같이 즐거워하는 사람들 사이에선 우린 결코 만족을 얻지 못해. 그러니 행복해지려면 위를 쳐다보지 말고 아래를 보라고 한 말엔 엄청난 진리가 담겨 있는 것이지.

 따라서 우리의 행복을 완성시키는 것이 불행한 자들을 끊임없이 바라보고 그들과 우리를 비교하는 데 있다면 우리의 손으로 살아 있는 인간의 고뇌를 덜어주는 일은 반드시 삼가야 해. 왜냐하면 당신이 도움의 손길을 내밀어 그들을 불행한 처지에서 벗어나게 해주면 이러한 즐거운 비교가 불가능해지고, 따라서 당신의 쾌락 양을 늘리는 일도 불가능해지기 때문이야. 하지만 불행한 사람들의 고통을 덜어주지 않는 것만으로 만족해도 안 돼. 오히려 기회가 있을 때마다 당신 행복의 최대량을 만들어내는, 비교하기에 적합한 이 불행한 계급을 보다 많이 늘릴 생각을 해. 당신이 직접 이런 계급을 하나라도 만들어내면 그만큼 당신의 기쁨은 커지고, 비교할 재료는 점점 더 늘어나게 돼. 그러므로 이 경우에 완전한 쾌락을 얻고 싶다면 당신은 그녀의 재산을 가로채고 그녀를 거지꼴로 만드는 게 좋아. 무엇이든 수를 써서 당신 집 문 앞으로 그녀를 구걸하러 오게 하고, 오거든 매몰차게 거절해버려. 그렇게 하면 하나의 비교가 만들어지고, 당신의 쾌락은 커질 거야. 당신이 만들어낸 불행일수록 비교는 심각해지고 효과가 뛰어날 거야.

이것이 내가 권고하는 의견이야, 쥘리에트. 내가 당신 처지라면 이렇게 할 거라는 얘기야…… 그리고 이 멋진 상상에 나는 날마다 황홀해져서 내가 만들어낸 불행의 정경을 이모저모 상상하겠지…… 너무나 즐거운 나머지 나는 이렇게 소리칠지도 몰라. '자, 이제 그녀는 내 것이다. 나는 죄악을 통해 그녀를 손에 넣었다. 그 재산으로 감미로운 쾌락을 얻으면 그것 또한 죄악이다. 이런 식으로 나는 영원한 죄악의 상태에서 산다. 나에겐 죄에 물들지 않은 쾌락 따윈 하나도 없다'고 말야…… 어때, 쥘리에트? 당신의 상상력이라면 이런 이중삼중의 죄악이 얼마나 신나는 것인지 충분히 알리라 생각하는데?"

말을 마친 노아르슈는 몹시 흥분해 있었다. 내가 돌아온 뒤로 아직 우리는 아무것도 하지 않은 상태였으므로 서둘러 그 자리에서 긴 의자 위로 몸을 던졌다. 나는 그런 어린아이의 운명 따윈 관심도 없으며, 노아르슈에게 그런 말을 한 것은 그 특유의 철학을 펼쳐보일 기회를 제공하기 위해서였다고 털어놓았다. 그리고 설령 그 아이가 아무리 동정심을 불러일으킨다 해도 내 이익이 될 만한 것을 모조리 챙긴 뒤에 반드시 가장 지독한 빈곤상태로 그녀를 몰아넣을 테니 꼭 지켜봐달라고 그에게 다짐했다.

노아르슈는 내 엉덩이에 키스하면서 말했다. "오오! 쥘리에트. 당신이 여행을 하면서 타락했다면 나도 그동안 당신 못지않게 타락했다고. 지금 당신 눈앞에 있는 나는 옛날의 나보다 천배는 더 악독해졌거든. 당신과 헤어진 뒤로 내가 빠져들지 않은 악덕이란 한 가지도 없어. 놀라지 말라구. 생퐁의 죽음도 내가 한 짓이야! 나는 그의 지위를 갈망했지만 그 기대는 물 건너갔어. 하지만 지금 국무총리 직에 올라 있는 자가 죽으면 그 자린 반드시 내가 차지할 거야. 이미 그자를 없애기 위한 올가미를 잔뜩 쳐놓았거든.

내가 몹시 열망하고 있는 이 지위만 얻으면 아둔한 군주의 모든 권력과 왕국의 모든 부가 단숨에 내 손안에 떨어지게 돼. 그렇게 되면 오오! 쥘리에트, 우리는 얼마나 큰 쾌락을 마음껏 누릴 수가 있을까! 나는 모든 순간마다 죄의 낙인이 찍히기를 바라. 당신은 생퐁하고 함께 있을 때처럼 나하고 함께하면 끝내 잘못되는 일이 없을 거야. 우리 손잡고 무한한 쾌락을 누리지 않겠어?"

퐁탕주

샤벨 신부가 필요한 것을 모두 마련해주었으므로 파리로 돌아온 지 8일째 되는 날엔 쾌적한 저택에서 지낼 수 있게 되었다. 여러분이 아는 바대로 그 집이다. 그리고 에손 근교에 꽤 쓸 만한 땅을 사놓았는데 그곳에 지금 여러분이 모여 있는 것이다. 남은 돈으로 이것저것 물건을 산 뒤, 돈을 따져보니 그래도 아직은 연간 4백만의 재산을 마음껏 쓸 수 있었다. 퐁탕주의 50만 프랑은 본가와 별장의 가구를 마련하는 데 썼다. 그것이 얼마나 사치스러운지는 여러분이 지금 보고 계신 바이다. 그리고 다음은 음탕한 욕구를 위한 준비에 들어갔다. 여러분도 알다시피 시내와 시골에 다양한 별채를 지었다. 아름다운 자태와 귀여운 얼굴을 지닌 남자 하인을 30명이나 고용했는데, 특히 물건이 큰 사람을 골랐다. 내가 그들을 어떤 식으로 썼는지는 여러분도 이미 알리라 본다. 또 파리에서 접대부 여섯을 데려와 계약해, 나를 위해서가 아니면 절대로 일을 시키지 못하게 했고, 파리에 있을 때는 매일 3시에 그곳에 가기로 했다. 시골에 있을 때는 그쪽에서 우연히 얻은 진귀한 물건을 보내주었으므로 여러분도 막 도착한 물건들을 자주 볼 수가 있었던 것이다. 어쨌든 이런 모양새였는데, 아마 나만큼 전혀 주눅 들지 않고 인생을 즐길 줄 아는 여자는 그리 흔치 않으리라 본다. 하지만 그런데도 늘 뭔가 모자란 느낌이 들고, 가난뱅이 같다는 생각이 떠나지 않았다. 욕망이 재력보다 천배나 큰 것이다. 만약 돈이 두 배 있었더라면 두 배의 돈을 썼으리라. 재산을 늘리기 위해서라면 어떤 일이든 마다하지 않았을 테고, 나쁜 짓 또한 가리지 않고 해치웠을 것이다.

준비를 모두 끝마치자 서둘러 샤이요로 사람을 보내 퐁탕주 양을 데려오게 했다. 수도원의 기숙사비를 치르고 그녀를 내 밑으로 데려온 것이다. 세상을 다 뒤져도 이 아이만큼 불쌍한 아이는 없을 것이다. 꽃의 여신 플로라를 떠올려보아도 그 아름다움과 매력이 그녀의 발치에도 따라오지 못하리

라. 17세인 도니 양은 풍성한 금발 머리칼이 온몸을 뒤덮고 있고, 눈은 아름다운 다갈색에 생동감이 넘쳤으며, 연모의 정과 육체적 욕구를 모두 한껏 쏟아내고 있었다. 사랑스런 입은 다물고 있을 때도 예쁘지만 살짝 열면 훨씬 아름다웠고, 가지런한 치열은 장미 위에 놓인 진주를 떠올리게 했다. 알몸은 더더욱 말할 것이 없었다. 이 근사한 소녀는 미의 세 여신의 본보기도 될 수 있을 것 같았다. 봉긋하게 솟아오른 작은 언덕, 탱글탱글하여 음욕을 마구 일으키는 허벅지, 또 그 얼마나 아름다운 엉덩이를 가졌는지! 오, 퐁탕주! 이토록 매력이 흘러넘치는 처녀를 보면 과감하고 잔인하며 난잡한 짓을 하여 지금까지 내 쾌락의 상대에게 늘 해온 것처럼 가혹한 운명에 처하게 만들고 싶다는 생각이 파도처럼 밀려왔다.

5살 무렵부터 어머니에게 이야기를 들어왔으며 나에 대해서는 존경과 배려를 보이라는 가르침을 받았으므로 내가 자기를 거두리란 것을 알았을 때는 그 행복을 남몰래 기뻐했다고 한다. 그도 그럴 것이 수도원 밖으로는 한 걸음도 나가본 적이 없었는데, 저택에 와보니 지금까지 꿈에서도 본 적이 없는 사치품, 하인과 하녀의 수, 가구의 고급스런 아름다움 따위에 눈이 휘둥그레져서 자기가 올림포스산에 와 있는지, 신들이 모여 있는 천국에 산 채로 온 것인지 헷갈릴 정도였다고 하니 어쩌면 나도 비너스로 보였는지도 모른다.

퐁탕주가 내 발치로 몸을 던지기에 나는 안아 일으켜서 그 장밋빛 아름다운 입술과, 커다란 두 눈, 수줍음 때문에 붉게 물든 하얀 대리석 같은 볼에 키스해주었다. 가슴에 꼭 안으니 어미비둘기의 둥지에서 꺼낸 새끼비둘기의 그것처럼 그녀의 작은 심장이 나의 유방 언저리에서 세차게 고동치는 소리가 들렸다. 옷차림은 검소했지만 깔끔했고, 귀여운 모자에는 꽃을 장식했으며, 풍성한 금발은 부드럽게 말려 고운 어깨 위에서 물결치고 있다.

퐁탕주는 다정하고 감미로운 목소리로 말했다. "부인, 하느님 덕분에 앞으로의 일생을 부인에게 맡길 수 있게 되어 저는 얼마나 행복한지 모른답니다. 어머니는 돌아가셨다고 하니 이젠 의지할 사람이라곤 부인뿐이에요."

이렇게 말하는 동안에도 눈동자에 옅게 물기가 어리기 시작하는 것을 보자 나도 모르게 웃음이 나왔다.

"그래, 맞아. 네 어머니는 돌아가셨단다. 내 친구였는데 어딘지 이상한 죽음이었어…… 너를 위해 돈을 남기셨단다. 내 말을 잘 들으면 너도 부자가 될 수 있어. 하지만 그건 너 하기에 달렸어. 내가 시키는 것은 무엇이든 고분고분 들을 때의 얘기야."

"저는 부인의 명령이면 무엇이든 따르겠어요."

그녀는 대답하면서 몸을 숙여 내 손에 입을 맞추었다.

그래서 이번엔 나도 약간 깊게 두 번째의 키스를 입술에 해주고, 살며시 가슴을 열어 헤치게 했다. 그녀는 얼굴이 붉어졌지만, 당황하면서도 여전히 슬기롭게, 신중하고 공손한 태도를 무너뜨리지 않았다. 그래서 나는 다시 한 번 그녀를 꼭 안았다. 머리칼이 흐트러져 아름다운 가슴이 고스란히 드러났다.

나는 그녀의 입술을 잡아먹을 듯이 거칠게 빨아들이면서 말했다. "네가 좋아질 것 같아. 하지만 넌 얌전하고, 아직 어리고……."

문득 그녀를 타락시키고 싶다는 생각이 들었다. 미덕이 악덕의 발에 걸려 넘어지는 것만큼 재미난 일은 없다. 벨을 눌러 하녀를 부른 뒤 그 귀여운 소녀 앞에서 내 옷을 벗기게 했다. 그리고 거울 쪽으로 서서 내 몸을 샅샅이 살펴보았다.

"얘, 퐁탕주." 나는 그녀에게 키스하면서 말했다. "내 몸은 정말로 아름답니?"

불쌍한 소녀는 고개를 돌렸고 얼굴이 새빨개졌다. 내 곁에는 고르고 고른, 비너스처럼 아름다운 16살에서 18살 사이의 하녀 넷, 플리네, 라이스, 아스파지, 테오도르가 기다리고 있었다.

"좀더 가까이 가세요, 아가씨." 라이스가 말했다. "모처럼 부인께서 친애의 정을 보이시려 하시는데 고맙게 받아야지 않겠어요?"

눈을 내리깔고 가까이 다가온 그녀의 손을 잡아 거울 앞에 세우고 나는 하녀들에게 말했다.

"아휴, 아직 어린애잖아." 나는 계속했다. "얘, 플리네, 이 아가씨에게 시범을 보여주지 않겠니?"

플리네는 재빨리 긴 소파 위에 나를 앉히고, 자기도 그 곁에 앉아서 가슴 위에 내 머리를 얹고, 나의 클리토리스를 애무하기 시작했다. 그녀만큼 이 행위에 능숙한 여자는 없었다. 몸짓은 기묘하기 짝이 없고, 손가락의 움직임은 음란함의 극치에 이르러 있었다. 애무는 엉덩이로 옮아갔고, 그 혀는 내가 원할 때마다 근사하고 솜씨 좋게 나의 그곳을 핥았다. 키프리스산의 손가락 움직임과, 반대쪽 사원을 입으로 애무하는 혀의 움직임이 야릇하게 서로 어우러지는 것이었다. 플리네가 애무하고 있는 동안 내 가슴 위에 앉은 라이스는 나의 입까지 자기 엉덩이를 내밀어 그 작은 향갑을 나로 하여금 애무하게 했다. 테오도르는 나의 엉덩이를 자극했고, 아름다운 아스파지는 퐁탕주에게 이런 광경을 보여주면서 그녀의 기분을 북돋우려고 애무해주고 있었다.

"친구들하고 이렇게 하면서 논 적이 없어?" 아스파지가 그녀에게 물었다.

"아아! 한 번도 없어요!"

"세상에 그런 일도 다 있니? 수도원에선 애무가 대유행이야. 내가 너 만 했을 때는 수도원의 모든 친구의 치마를 걷어올렸었지." 입으로 하던 행위를 멈추고 나는 말했다. "이리 와서 나에게 키스해줘."

곁으로 온 그녀를 붙잡고 하녀들에게 명령했다. "이 아이의 옷을 벗겨라."

그리하여 잠깐 자세를 풀고 즐거운 기분을 방해하는 기분 나쁜 옷가지를 5명이 벗겼다. 순식간에 방 안의 5명이 모두 나와 똑같이 알몸이 되었다. 오오! 퐁탕주의 그 아름다움이란! 그 새하얀 살결, 아름다운 몸매!

나는 그녀의 작은 향갑이 정확히 나의 입술과 포개질 만한 위치에 오도록 자세를 잡게 하고 말했다. "아스파지, 넌 네 앞으로 나와 있는 엉덩이를 붙잡고 이 아이의 항문을 자극해줘. 플리네, 넌 그녀의 클리토리스를 맡아. 그녀가 내놓는 물이 입안으로 떨어지게 해줘. 테오도르, 넌 내 향갑을 애무하는 거야. 그리고 라이스, 넌 나의 항문을 맡아. 너희 후배니까 모든 기술을 총동원하렴. 난 이 아이에게 흠뻑 빠졌으니까 그녀를 통해 세상에 둘도 없는 쾌감을 느끼고 싶어."

이런 방탕한 장면으로부터 내가 얼마나 쾌락을 얻었는지는 하나하나 말할 필요도 없다. 나는 글자 그대로 무아지경에서 노는 것 같았다. 마침내 어린 퐁탕주도 쾌락에 눈을 뜬 것 같았다. 자기도 모르게 감각의 도취에 맞서지 못하는 것 같았다. 정결이 쾌락에 무릎 꿇고, 처음인 아이까지 절정에 이르게 한 것이다. 오! 첫 정액은 얼마나 감미로운 것이랴! 나는 환희에 들떠서 마셨다.

그리고 하녀들에게 명령했다. "이번엔 반대로 하는 거야. 그녀의 머리가 테오도르의 넓적다리 위로 오게 해. 나는 혀로 그녀의 항문을 자극하겠어. 라이스도 나에게 똑같이 해줘. 두 손으로 나는 그녀의 엉덩이를 애무해줘야지."

또다시 새로운 도취에 빠졌다. 나는 더 이상 참지 못하고 퐁탕주를 꼭 안아 몸 전체를 붙이고 있었다. 그녀의 입술도 거칠게 빨았다. 그사이 하녀들은 내 엉덩이를 채찍으로 때리고, 나의 그곳을 자극하기 위해 엉덩이 아래로 손을 뻗는 등 한마디로 말해서 할 수 있는 온갖 쾌락으로 나를 제정신이 아니게 해주었다. 그래서 나는 적어도 10번은 절정에 이르렀고, 세상에서 가장 아름답고 순결한 처녀의 향갑을 더러운 정액으로 가득 차게 해주었다.

섹스가 끝나자 환상은 사라졌다. 퐁탕주가 제아무리 미인이라도 이제 나는 심술궂고 싸늘한 눈길로만 그녀를 보게 되었다. 상대에게 싫증이 나면 언제나 이런 잔인한 마음이 내 속에서 떠오르는 것이다. 마침내 그녀에 대한 사형 판결이 나의 마음속에 새겨졌다.

"옷을 입혀." 나는 하녀들에게 명령했다.

나도 옷을 입고 둘만 방에 남게 되자 매몰차게 말했다. "이봐, 아가씨. 무심코 자연의 충동에 휩싸여서 잠깐 제정신이 아니었지만 불평하기 없기야. 특별히 네가 좋아서 그렇게 한 건 아니니까 착각하지 마. 난 일반적으로 여자를 좋아하거든. 넌 내 기분을 만족시켜주었어. 그뿐이야. 그건 그렇고 네게 꼭 말해둘 것이 있는데 나는 네 어머니한테서 너의 결혼지참금으로 50만 프랑을 맡아두었어. 어차피 누구에게서건 듣게 될 테니까 미리 말해두는 거야."

"네, 부인. 알고 있습니다."

"아하, 그래? 알고 있었어? 그거 잘됐군. 하지만 네가 모르는 게 있어. 어머니는 사실 노아르슈라는 분에게 그것과 똑같은 액수의 돈을 빌렸단다. 그래서 난 네 어머니가 준 돈을 일단 그분에게 갚았어. 그러니 노아르슈 씨가 그 돈을 그냥 가지실지, 아니면 너에게 다시 주실지 그건 그분 마음에 달렸어. 이미 돈은 그분 거니까. 내일 노아르슈 씨 집으로 데려다줄 테니 그분이 어떤 요구를 하시더라도 거역하지 말고 비위를 맞추도록 해."

"하지만 부인, 제가 배운 도덕과 정결의 교훈은 당신의 충고와 다르군요."

"말대꾸할 시간이 있으면 내가 해준 것들을 깊이 생각하도록 해. 너를 위해서 베푼 수많은 친절을 생각한다면 그런 비난의 말을 감히 할 수 있겠니?"

"그럼 더는 말하지 않겠어요, 부인."

"흥! 하고 싶은 말이 있으면 해도 돼. 너 따위에게 악담을 듣건 칭찬을 듣건 나는 신경도 쓰지 않으니까. 너 같은 아이는 실컷 바보 취급 당하고 경멸당하기 십상인걸."

"네에? 경멸이라고요, 부인! 저는 남에게 경멸당하는 것은 악덕뿐이라고 믿었습니다만."

"악덕은 즐겁지만 미덕은 질색이야. 그리고 나는 즐거움이, 연기처럼 덧없는 것보다 언제나 훨씬 낫다고 생각하거든…… 그런데 너 가만 보니 쫑알쫑알 말이 많은 건방진 아이구나. 너 따위가 어떻게 생각하든 이런 문제를 설명할 수 있을 정도의 머리는 갖고 있지 않아. 그러니 이 논쟁은 여기서 그만두지 않겠니, 아가씨? 사실은 이런 거란다. 나는 너에게 돌려줄 거라곤 아무것도 없어. 맡았던 것은 네 어머니의 채권자에게 모두 건넸으니까. 그리고 이 채권자는 너에게 돈을 돌려주건 자기가 그냥 갖건 자기 마음대로 할 수 있어. 그러니까 만약 네가 이분에게 최대한 경의를 나타내지 않는다면 틀림없이 그 돈은 받지 못할 거라는 걸 명심해."

"그럼 어떻게 해야 하는데요, 부인?"

"아까 내가 너한테 요구했던 그런 거야. 이렇게 말하면 알아들으리라 생각하지만."

"그런 거라면 부인, 그 돈은 노아르슈 씨에게 모두 드리겠어요. 저는 그런 천박한 일을 하러 태어난 여자가 아니니까요. 아까는 부인에 대한 존경과 저의 약하고 어린 마음 때문에 잠깐 제 의무를 잊고 행동했습니다만 지금은 부인의 말씀을 듣고 완전히 눈을 떴고, 제 잘못을 뉘우쳤으니까요……."

이 말을 하는 순간 그 아름다운 눈에서 눈물이 방울져 떨어졌다.

"이거 놀라운데. 싸움을 걸다니 너 이제 보니 웃기는 애구나. 아무도 널 귀하게 여기는 사람이 없건만. 섹스 상대를 한 지린내 나는 창녀 따위에게 일일이 대꾸를 하면 우리 같은 쾌락자가 어떻게 될 것 같으냐?"

창녀라는 말에 그녀는 비통하게 울부짖었다. 머리를 탁자에 찧고, 큰 소리를 지르면서 온 방 안에 눈물을 뿌리고 다니는 것이었다. 솔직히 말해서 나는 방금 내가 음탕한 의식의 제물로 쓴 상대를 이토록 수치스럽게 만들었다는 사실에 몹시 통쾌한 즐거움을 느끼고 있었다. 환상을 깨뜨리는 것은 자존심에 위로가 되는 법이다. 열광이 식었을 때 환상의 우상을 끌어내려 이것을 덮어놓고 경멸해주는 것은 끝없이 기쁘기만 하다. 조금 전까지만 해도 이 작고 아둔한 계집은 도저히 표현할 길 없이 나를 열광시켰으니까.

"잘 듣거라." 나는 말했다. "만약 노아르슈 씨가 지참금을 돌려주지 않는다면 우리집에서 일을 해도 좋아. 마침 주방 하녀가 하나 필요한 참이니까. 접시닦이라도 시켜줄까? ……."

그러자 울음이 더더욱 사나워지며 그대로 숨이 넘어갈 것만 같았다.

"아, 그래?" 나는 계속했다. "이 방법도 마음에 들지 않는구나. 그렇다면 거지가 되거나 매춘을 하는 수밖에 없어…… 그게 좋겠다. 매춘을 하거라. 틀림없이 넌 잘해낼 수 있을 거야. 너 같은 아이가 섹스를 해서 돈을 벌다니 말이 안 되지."

그때 퐁탕주가 미친 듯이 벌떡 일어나서 말했다. "부인, 저는 그런 일은 도저히 할 수 없어요. 이 집에서 나가게 해주세요. 바보 같은 짓을 하고 말았네요. 평생 하느님께 기도하면서 용서를 빌겠어요. 저는 수도원으로 다시 돌아가겠습니다."

"이젠 받아주지 않아. 기숙사비를 내줄 사람이 아무도 없으니까."

"친구가 있어요."

"가난뱅이가 되면 친구도 등을 돌리게 되어 있어."

"그렇다면 일을 하겠습니다."

"아이구, 좀 진정해, 바보 아가씨야, 눈물을 거두고. 오늘 밤엔 하녀들이 너를 보살펴줄 거야. 내일 노아르슈 씨의 저택으로 데려다줄게. 너만 얌전히 굴면 아마 그 사람은 나처럼 완고하지도 심술궂지도 않을 거야."

벨을 눌러 어린 아가씨를 하녀들에게 넘기고 나는 서둘러 마차를 준비하게 하여 노아르슈의 집으로 달려갔다. 일이 어떻게 되어가는지 묻기에 있는 그대로 말했더니 듣기만 하고도 몹시 흥분하는 것이었다.

단단해진 그의 물건을 나에게 보여주며 말했다. "이것 봐. 당신의 괘씸한 이야기를 듣고 이렇게 되었단 말야."

그는 나를 침실로 데려가더니 아주 색다른 쾌락을 함께하지 않겠느냐고 끈질기게 졸라댔다. 그것은 욕망을 가라앉히지 않고 욕망의 효과를 배로 늘리는 방법으로서 욕망의 충족과는 거리가 멀어 노아르슈 같은 쾌락자에겐 어떠한 결혼이나 애정의 유대보다 훨씬 나은 것이었다. 나도 이런 음란하고 외설적인 것은 대환영이었으므로 두 시간쯤 즐거운 시간을 가졌다. 남자들이 나를 마음껏 즐겼던 것과 똑같은 기쁨으로 내 할 일을 마쳤다. 그들의 음욕이 나의 음욕도 불태웠으므로 그들을 만족시킴과 동시에 나도 만족했다. 이렇게 단 한순간도 허투루 쓰지 않고 스물세 시간을 즐긴 뒤에 노아르슈가 대강 다음과 같은 이야기를 꺼냈다.

"사실은 얼마 전부터 아주 엉뚱한 변덕을 부려보고 싶어 죽을 지경이야, 쥘리에트. 당신이 돌아오기만을 목을 빼고 기다렸다니까. 이런 일을 할 수 있는 사람은 이 세상에 당신뿐이거든. 그 변덕이란 이런 거야…… 하루에 결혼을 두 번 해보고 싶어. 아침 10시에 내가 여장을 하고 남자와 결혼한 뒤, 정오에 내가 남자 옷을 입고 여장을 한 미소년과 결혼하는 거지. 그뿐만이 아니야…… 한 여자가 나하고 똑같이 해주었으면 해. 그 역할은 당신이 안성맞춤이야. 즉 내가 여장을 하고 남자와 결혼하는 미사에서 당신은 남장을 하고 손장난을 좋아하는 여자와 결혼하는 거야. 내가 두 번째로 남장을 하고 여자처럼 꾸민 미소년과 결혼하는 자리에서 당신은 여장을 하고 남장한 다른 레즈비언과 결혼한다는, 뭐 이런 걸 해보고 싶단 말이야."

"당신 말대로 매우 독특하군요."

"그렇지. 하지만 네로는 여장을 하고 티게리누스와 결혼하고, 남장을 하고 스포르스와 결혼했어. 나는 단지 하루 동안에 그 두 가지를 다 해보고 싶을 뿐이야. 그리고 당신이 동시에 나하고 똑같이 하는 걸 보고 싶어. 그리고 이 변덕에 맞장구를 쳐줄 사람으로는 우리하고 이미 관계가 있는 사람을 썼으면 해. 이건 아주 참신한 발상으로서 네로도 거기까진 생각하지 못했다고. 먼저 당신하고 관계를 맺은 두 여자 가운데 남장을 하고 당신과 결혼할 여자로는 퐁탕주를 써먹자. 그리고 두 번째 결혼식에서 당신이 남장을 할 때, 여장을 하고 당신과 결혼할 여자로는 당신 딸 마리안을 쓰자고.

나의 남편과 아내가 될 남자는 다음과 같아. 쥘리에트, 당신이 알지 모르겠는데 나한텐 아들이 둘 있어. 아마도 이 사실을 아는 사람은 없을걸? 하나는 18살인데 이 아이가 내 남편이 될 거야. 헤라클레스 같은 미남이지. 다른 한 아이는 12살로 에로스처럼 사랑스러워. 애가 나의 아내가 돼. 둘 다 틀림없는 친아들이야. 하나는 내 첫째부인의 아이고, 다른 하나는 여섯 번째 아내의 아이지. 나한테 아내가 8명인 건 알고 있지?"

"하지만 아이는 이미 죽었다고 이야기하지 않았어요?"

"겉으론 죽은 것으로 되어 있어. 하지만 나의 보살핌 아래 둘 다 브르타뉴 지방 외진 곳에 있는 내 성에서 햇빛을 보지 못한 채 자랐던 거야. 그러다 최근에 창을 단단히 닫은 마차에 태워서 집으로 데려왔어. 시골뜨기 같은 놈들이지. 거의 말도 할 줄 몰라. 하지만 그게 무슨 대수야. 잘만 가르치면 결혼식 정도는 해내겠지. 그것만 끝내면 나머진 내 차지야."

"그런 변덕스런 행동 뒤엔 몹시 난잡한 소동이 준비되어 있겠지요?"

"그럼."

"그렇다면 나의 사랑스런 마리안은 그 엄청난 소동 와중에 죽게 되는 거군요?"

"아니, 그렇지는 않아." 노아르슈는 말했다. "그 아이를 살려두는 게 나의 음란한 쾌락에 필요하거든. 하지만 분명히 말해두는데 그 아이에게 나쁜 짓을 할 생각은 털끝만큼도 없어. 우리가 그 일을 하는 동안 당신 하녀들이 놀아주면 돼. 그뿐이야……"

나는 모든 걸 승낙했다. 노아르슈가 약속을 어떻게 지켰는지 이제부터 이야기하겠다.

퐁탕주에게 이 기묘한 결혼식을 이해시키는 일은 몹시 어려웠다. 악덕의 활보는 미덕을 신봉하는 사람으로선 도저히 이해하지 못하는 법이다. 하지만 이 파렴치한 결혼식의 결말이 결코 그녀의 정결을 상하게 하지 않는다는 나의 신성한 약속에 따라 그녀도 결국 반신반의하면서 모든 것을 받아들였다.

첫 번째 결혼식은 오를레아네 지방에 있는 노아르슈의 호화로운 성채에서 10킬로쯤 떨어진 작은 마을에서 열렸다. 나중에 이 성채에서 요란스런 축제도 벌이기로 되어 있었다. 두 번째 결혼식도 이 성채에 소속된 성당에서 이루어졌다.

이 두 결혼식을 낱낱이 설명하여 여러분을 따분하게 만들 생각은 없다. 다만 결혼식이 예의 바르게 제대로 거행되었다고만 말해두면 충분하리라. 관청에서도, 신 앞에서도 엄숙한 기분은 똑같았다. 반지, 미사, 축복, 지참금 계약, 보증인에 이르기까지 어느 것 하나도 빠짐이 없었다. 세심한 화장이 남녀의 성을 교묘하게 은폐하고, 필요에 맞게 가려주었다.

오후 2시에는, 노아르슈의 계획은 둘 다 만족스럽게 이루어져 있었다. 이로써 그는 두 아들의 남편이자 아내이고, 나는 내 딸의 남편이면서 퐁탕주의 아내가 되었다. 식이 끝나자 성 문이 엄중히 닫혔다. 추위가 매서운 계절이었으므로 우리가 모여 있는 거실에는 붉게 타오르는 석탄불이 자리잡고 있었다. 음란하고 외설적인 소동 중에 아무에게도 방해받지 않도록 엄중한 명령을 내려놓고 우리는 이 호화로운 방에 틀어박혔다. 모두 합쳐 12명으로 다음과 같은 사람들이었다.

먼저 두 주인공은 나와 노아르슈였다. 우리는 방 한가운데의 검정 벨벳 옥좌에 자리를 잡았다. 옥좌 아래에는 측백나무 관을 머리에 쓴 노아르슈의 두 아들이 있었다. 하나는 18살로 이름은 파옹, 다른 하나는 12살에 유포르부라고 했다. 그 옆에는 내 딸 마리안과 퐁탕주, 그리고 결혼보증인이 둘 있었다. 그들은 노아르슈의 비역 상대였다. 사형집행인들은 데뤼와 카르투쉬라는 이름으로 30살 남짓한 사나이였다. 둘 다 식인귀같이 차려입고, 손에는 채찍과 단검을 든 채 우리 옆에 경호하듯이 서 있었다. 또한 옥좌 옆에는 나의 두 하녀인 테오도르와 플리네가 알몸으로 앉아 있었다. 옥좌 발치에는 두 창녀가 역시 알몸으로 주인공의 명령을 기다리고 있었다. 매음굴에서 데려온 여자들로서 아직 18살이 채 안 되었지만, 둘 다 생김새가 예쁘장하여 오늘 무대에서 조연을 맡기로 했다.

나는 사랑스런 마리안이 어떻게 될지를 생각하니 조금 불안해져서 먼저 한 약속은 틀림없느냐고 노아르슈에게 거듭 확인할 수밖에 없었다.

그러자 그는 대답했다. "당신도 알겠지만, 나는 몹시 흥분해 있어. 그도 그럴 것이 해묵은 숙원을 오늘 풀게 되었으니 그 흥분이 아직도 식지 않아서 내 머리는 완전히 미쳐 있다니까. 그러니 당신이 섣불리 아무 때나 약속을 상기시키려 했다간 오히려 나는 신경이 곤두서서 순식간에 모든 것을 산산조각 내버릴 수도 있어. 그러니 그런 건 잊고 그냥 즐기지 않겠어, 쥘리에트? 나도 약속은 아마 지킬 거야. 하지만 만일 약속이 지켜지지 않는다 해도 당신은 음란한 쾌락에 빠진 상태에서 불행에 견딜 만한 능력을 찾아내려 노력하면 돼. 당신은 불행을 두려워하는 모양인데 우리 사이엔 불행 따윈 전혀 대수롭지 않잖아? 어쨌든 우리 같은 쾌락자에겐 어떠한 속박도 없고, 또 존중해야 할 이유가 많으면 많을수록 그에 따라 위반해야 할 이유도 늘어난다는 것을 알아두는 게 좋아. 미덕이 활개를 치면 그만큼 악덕은 불같이 끓어올라 상대를 제압하는 데서 기쁨을 찾는 법이니까."

100개의 초가 주위를 눈부시게 비추면서 마침내 막이 올라갔다.

"카르투쉬, 그리고 데뤼." 노아르슈가 사형집행인들을 불렀다. "나는 너희에게 유명한 대도둑의 이름을 붙여주었는데, 정말이지 너희야말로 그 이름에 걸맞은 강인한 자들이다. 너희 선배들의 위업은 역사의 충실한 펜에 의해 인류의 마지막 연대에까지 전해지겠지만, 너희 또한 존경스러운 죄악의 이익을 위해 모든 악행을 스스로 나서서 저지를 마음의 준비가 되어 있으리라 생각한다. 자, 그럼 측백나무 관을 쓴 4명의 포로를 알몸으로 만들어 미리 명령한 대로 쓸모없는 옷가지를 처분해버려."

명령이 떨어지자 순식간에 4명의 희생자는 알몸이 되었고, 벗겨진 옷가지는 어느새 타오르는 석탄불 속으로 들어가고 말았다.

자기 속옷까지 타들어가는 것을 보고 퐁탕주가 말했다. "이런 볼썽사나운 의식은 대체 뭐죠? 왜 제 옷을 태우는 거예요?"

"이봐, 아가씨." 노아르슈가 꽤 노골적으로 대답했다. "왜냐하면 이제 곧 네 몸을 감쌀 것이라곤 작은 땅덩이밖에 필요치 않을 것이기 때문이야."

"오, 신이시여! 이 무슨 잔인한 판결인가요! 대체 제가 무슨 죄를 지었다는 거죠?"

"이 아이를 내 곁으로 데려오도록." 노아르슈가 명령했다.

라이스가 그를 입으로 애무하고, 창녀 하나가 항문을 자극하고, 내가 말로서 그를 자극해주는 동안 쾌락자는 이 매혹적인 처녀의 입을 자기 입술로 누르고, 싫어하는데도 억지로 15분 동안이나 빨아댔다.

이어 처녀의 엉덩이를 붙잡고 황홀경에 빠져 외쳤다. "오오, 아름다운 엉덩이로군, 쥘리에트! 이 엉덩이에 마구 상처를 내주면 기분이 정말 좋아지겠지?"

이윽고 그의 혀가 사랑스런 항문으로 들어가자 나는 명령에 따라 한 손으로 그녀의 음모를 뽑고, 다른 한 손으로는 부풀어오른 유방을 세차게 할퀴었다. 이어 그는 퐁탕주를 무릎 꿇게 하더니 남자 둘에게 명령하여 그녀로 하여금 자기 엉덩이에 입을 맞추게 했다.

이 엄청난 전희가 이루어지는 사이, 어린 아가씨가 얼마나 수치스럽고 당혹스러웠을지는 이루 설명할 수 없다. 이 수치와 당혹감보다 더한 것이 있다면 그것은 공포의 감정이었으리라. 두려움 때문에 그녀는 자기 뜻을 꺾고 시키는 대로 해야 했다. 정숙하게 자랐고, 수도원에서 선과 덕의 교육만을 받아온 퐁탕주로선 몹시 고통스런 일이었다. 하지만 우리로서는 그녀의 수치심이 어쩔 수 없이 공포의 감정에 밀려나는 모습만큼 재미난 볼거리가 없었다. 때때로 그녀가 거부의 움직임을 보이려 하면 노아르슈가 야멸치게 호통쳤다.

"가만히 있지 못해! 나 같은 남자의 상상력이 어떤 건지 넌 모르지? 아주 하찮은 일에도 상상력은 흐트러지고 방해를 받거든. 상대가 나에게 봉사하길 멈추면 순식간에 흥이 깨지고 말아. 복종이 따르지 않으면 아무리 감미로운 매력도 있으나 마나야……."

이렇게 말하면서도 악인은 처녀의 엉덩이를 애무하고 있었다. 불결하기 짝이 없는 야만인의 손이 천사처럼 아름다운 처녀의 깨끗하고 때 묻지 않은 엉덩이를 거칠게 더듬고 다니는 것이었다.

그러다 그가 외쳤다. "에잇, 제기랄! 이 창녀를 터무니없이 불행하게 만들겠어! 어쨌든 이렇게 예쁜 아이에겐 그에 맞는 학대를 가할 필요가 있단 말야!"

그는 퐁탕주에게 카르투쉬의 물건을 잡게 하고, 악인의 물건이 순진무구한 처녀의 손에 맡겨진 것을 즐거워하면서 그녀로 하여금 물건을 자극해주라고 요구했다. 불쌍한 처녀가 눈물을 흘리며 서툰 손짓으로 혐오스러움을 참으며 시키는 대로 하자 그는 창녀 1명에게 좀더 능숙한 방법을 가르쳐주라고 명령했다. 그러고는 가르침을 받은 처녀에게 감사의 말을 하도록 요구했다.

"언젠가 이 기술이 그녀에게 도움이 되는 날이 올 거야." 노아르슈가 말했다. "내가 그녀를 가난의 구렁텅이에 빠뜨려버리면 그런 것이라도 하는 수밖에 살아갈 길이 없을 테니까……."

이어 그는 두 창녀를 혀로 애무하라고 명령했다. 그리고 자기 물건에 키스하도록 요구하고는 조금이라도 싫어하는 기색을 보이면 따귀를 세차게 후려쳤다.

그가 말했다. "그럼 결혼의 쾌락을 즐기도록 할까? 사랑의 은밀한 즐거움에 빠져드는 거야…… 잠깐 그녀를 떼어놓아야겠는데 내가 다시 부르면 그때야말로 긴장하는 게 좋을 거야."

노아르슈의 남편이자 아들인 파옹 앞으로 라이스와 테오도르가 가서 단숨에 그를 흥분시켜서는 노아르슈의 곁으로 데려왔다. 그러자 노아르슈는 내 위로 몸을 숙이면서 하녀들이 데려온 순진무구한 남편 쪽으로 거침없이 엉덩이를 내밀었다. 내가 밑에서 자극해주자 그는 두 창녀의 그곳을 애무했다.

"늘 하던 의식에 따르도록 하지." 그가 파옹을 데려온 여자들을 향해 말했다. "전에 하던 대로의 순서를 밟지 않으면 이 애송이 남편은 코앞의 꽃을 따지도 못할 거야."

파옹은 무릎을 꿇고 눈앞에 들이밀고 있는 엉덩이에 공손히 예배하고는 조심스럽게 그곳에 입술을 갖다대더니 다시 일어나서 마침내 세찬 충동에 굴복한 것처럼 천천히 친애하는 아버지의 엉덩이 깊숙한 곳까지 들이밀었다. 청년이 노새처럼 격렬하게 움직였으므로 이윽고 노아르슈는 기진맥진하여 비명을 질렀다가 한숨을 쉬곤 하며 비로소 진한 사랑을 받은 젊은 아내인 척 연기하는 것이었다. 이 한숨과 비명이 섞인 과장된 몸짓만큼 재미난 것은 없었다. 청년은 완전히 흥분하여 마침내 아버지의 그곳에 사정을 했다. 이리하여 그가 절정에 이르자 다시 처음 할 때와 똑같은 예배의식을 되풀이한 뒤 청년은 몸을 뺐다. 그러나 노아르슈는 아직도 서 있었고, 성이 차지 않는 듯했다. 그의 그곳은 남자의 물건에 굶주려 있었다. 그래서 다음은 카르투쉬와 데뤼가 그의 항문에 섹스했다. 그사이 그는 라이스와 테오도르의 엉덩이에 키스하고 있었는데, 그런데도 여전히 만족할 수 없다는 것이었다. 그의 아래로 기어들어가서 나는 온 힘을 다해 입으로 애무했다.

이리하여 남자 상대에게 저마다 2번씩 섹스를 받고 그가 말했다. "그럼 이번엔 남편 역할을 해볼까? 아내 역할을 그토록 능숙하게 연기한 내가 어엿한 남자 역할을 제대로 해내지 못할 이유가 없잖아?"

둘째아들 유포르부가 그의 앞으로 끌려나왔다. 세 번째 타격으로 처녀성은 순식간에 사라졌다. 노아르슈는 끝장을 보지 않고 몸을 빼더니 이번엔 서둘러 퐁탕주를 찾았다. 창녀들이 그녀를 데려와 일을 도왔다.

"쥘리에트." 노아르슈가 나에게 말했다. "내가 그녀의 항문에 섹스하는 동안 당신은 이 아이의 옥문을 세게 깨물어줘. 내가 한창 재미를 보는 사이 그녀에게 지옥 같은 고통을 맛보고 해주고 싶어서 그래. 카르투쉬와 데뤼에게 명령하여 그들에게 그녀의 손을 하나씩 붙들고 칼로 손톱을 뜯어내라고 해

……."

 명령이 실행되자 퐁탕주는 몸에 한꺼번에 가해진 엄청난 고통으로 실신했고, 숨이 멎어버릴 듯한 상태가 되어 이젠 자기가 뭐라고 소리치는지조차 알지 못했다. 손가락이 하나씩 입을 벌렸고, 옥문은 깨물려 피투성이가 되었으며, 항문은 커다란 남자의 성기가 드나들어 찢어졌다.
 그러나 그녀의 이러한 육체적 고통은 오싹할 정도의 엄청난 쾌락이었다. 머지않아 더 이상 참기 힘든지 비명과 눈물, 신음소리가 한층 심해지자 노아르슈는 크게 흥분하여 마침내 사정을 했는데, 일을 치르고 성기를 빼며 이렇게 소리쳤다.
 "오오! 쥘리에트. 너무나 훌륭한 엉덩이야! 나는 이보다 훨씬 더 이 불쌍한 아이를 괴롭히고 싶군! 지옥의 악귀가 한 놈씩 내 곁으로 와서 저마다 취향이 다른 고문을 그녀에게 가해주면 좋겠는데!"
 그리하여 처녀 몸의 방향을 바꾸고, 창녀들에게 제압하게 한 뒤, 내가 그녀의 향갑을 벌려 노아르슈의 앞에 내밀자 그는 맹렬하게 그곳에 빠져들었다. 그사이 그녀의 얼굴에 유황연기를 쐬게 하고, 두 귀를 잡아 뜯었다. 처녀성이 망가져 주위가 온통 피범벅이었다. 노아르슈는 더욱더 흥분하여 성기를 빼고 두 사형집행인에게 처녀를 높이 들어올리게 하더니 시뻘겋게 달군 쇠 채찍을 들고 피가 날 때까지 때리며 즐겼다. 때리는 동안 그는 자기도 창녀들에게서 채찍으로 맞고 있었다. 그리고 때때로 내 하녀들의 엉덩이에 입을 맞추었다. 나는 그를 입으로 애무하면서 항문을 자극하고 있었다.
 이렇게 얼마 지나자 노아르슈가 말했다. "기막힌 생각이 났어. 밖은 엄청나게 추우니까 말야……"
 그렇게 말하고 모피 외투를 입더니 우리에게도 입으라고 하고, 알몸인 퐁탕주를 밖으로 내쫓았다. 그러고는 성문 앞에 있는, 꽁꽁 얼어붙은 커다란 샘물 위에 그녀를 세웠다. 카르투슈와 데뤼가 커다란 채찍과 딱총을 들고 샘물가에서 잔뜩 벼르고 있었다. 나는 구경하면서 노아르슈를 자극해주었다. 퐁탕주는 샘물 가장자리를 6바퀴 돌라는 명령을 받았다. 그녀가 기슭으로 다가오자 남자들이 채찍으로 쳐서 밀어냈다. 그녀가 기슭에서 멀어지면 이번엔 딱총을 던져서 그녀의 머리나 발치에서 터지게 했다. 불쌍한 그녀가 연못 가장자리로 다가왔다가 멀어졌다가, 빙빙 돌면서 끊임없이 미끄러져 넘어지고, 얼음 위에 자빠져 거의 다리뼈가 부러질 듯한 몰골을 구경하는 것은 매우 재미있었다.

이윽고 그녀가 큰 사고 없이 6바퀴를 다 돌자 노아르슈가 못마땅한 듯 중얼거렸다. "뭐야, 밉살맞은 계집 같으니, 다치지도 않은 거야?"

그러나 이 말이 입에서 떨어지기가 무섭게 딱총이 한 발 그녀 가슴에 맞아 한쪽 유방이 날아감과 동시에 그녀는 넘어져 팔이 부러지고 말았다.

"호오! 저걸 봐. 이게 바로 내가 기대했던 거야……."

기절한 퐁탕주를 옮겨 치료해 다시 정신이 돌아오게 하고 상처에 붕대를 감아주었다. 그 다음엔 다른 놀이를 시작했다.

노아르슈는 자기 눈앞에서 내가 딸에게 애무 받는 모습을 보고 싶다고 했다. 마리안이 그 명령을 실행에 옮기는 사이, 그는 아이의 귀엽고 작은 엉덩이에 거칠게 입을 맞추며 말했다. "이 엉덩이는 이제 곧 멋지게 자라겠는걸, 쥘리에트. 벌써부터 날 흥분시키는군……."

아직 7살 난 아이였지만 악인은 커다란 성기를 아이 엉덩이에 대어보는 것이었다. 하지만 더 이상은 하지 않고 무슨 생각을 했는지 갑자기 아들인 유포르부를 붙잡아 항문에 섹스하더니, 나를 향해 이 아이의 고환을 뭉개라고 명령하는 것이었다. 그로 말미암아 이 아이는 동시에 앞과 뒤에서 엄청난 고통을 당하게 되었다. 노아르슈는 소년의 예쁜 엉덩이에 몇 번인가 삽입을 시도하다가 성기를 빼내고, 이번엔 사형집행인에게 아이를 채찍으로 치게 했다. 또 다른 남자에게는 아이에게 섹스하게 했다. 나는 그사이 면도날을 들고 소년의 남성 부분을 뿌리부터 몽땅 잘라내야만 했다. 노아르슈는 테오도르의 엉덩이에 정신없이 키스하고 있었다.

"자, 쥘리에트." 그가 말했다. "이번엔 당신이 당할 차례야."

나도 이런 가혹한 광경을 보고 아까부터 그것을 바라고 있던 터였다. 두 식인귀가 나를 붙잡고는 한 사람이 나의 앞문을 자극하고, 다른 한 사람은 항문을 애무했다. 노아르슈는 그들의 항문에 일일이 섹스하면서 창녀들에게서 채찍으로 맞고 있었다.

이윽고 내가 절정에 이르는 것을 보더니 그는 퐁탕주를 붙잡아 사형집행인들에게 넘겨주며 말했다. "실컷 즐겨도 돼. 채찍으로 쳐서 괴롭힌 뒤에는 뭘 해도 좋아……."

허락을 받은 두 악당이 몹시 거칠게 다루었으므로 그녀는 남자들 품 안에서 또다시 정신을 잃었다.

그것을 보고 노아르슈가 말했다. "잠깐 기다려. 내가 다시 재미를 봐야겠어……."

그가 섹스하는 동안 이번엔 새로운 취향의 잔학성으로 그를 놀라게 해줄 마음에 나는 수술칼로 불쌍한 고아의 오른쪽 눈을 파냈다. 노아르슈는 이 엄청난 광경에 더 이상 참지 못했다. 게다가 퐁탕주가 고통스런 나머지 세차게 몸을 움직였으므로 쾌락자는 마침내 그녀의 항문에 사정하고 말았다.

조금 있다가 그가 말했다. "이리로 와, 창녀."

그녀의 팔을 우악스럽게 붙잡고 옆방으로 끌고 가기에 나도 따라가 보았더니 탁자 위에 퐁탕주의 것인 50만 프랑이 금화로 가지런히 놓여 있었다.

노아르슈는 그것을 그녀에게 보이면서 말했다. "이걸 봐. 이게 너의 지참금이야. 아직 한쪽 눈을 남겨놓았으니까 이 금화더미를 볼 수 있겠지? 이걸 보는 순간 살아 있는 동안엔 이걸 가질 수 없다는, 몹시 고통스런 회한이 밀려올 거야. 나는 너를 굶겨 죽일 작정이거든. 자유롭게 놓아주긴 하겠지만 절대로 고소하거나 딴생각을 하지 못할 상태로 만들어줄 거야. 알겠어?"

그는 그녀의 손을 잡고, 거칠게 말을 이었다. "어서 이 금화를 만져봐. 이건 너에게 주지. 하지만 네 것이 되는 건 아니야. 말하자면 이런 식으로 네 손에 마지막 처치를 가해줄 작정이거든. 이렇게 해두면 이제 네 손은 도움이 되지 않을 테니까."

그는 그녀의 두 손을 탁자 위에 묶어놓고, 자기는 섹스를 하면서 나에게 명령하여 그녀의 두 손을 자르게 했다. 피를 멎게 하고 상처에 붕대를 감더니 여전히 섹스하는 상태로 퐁탕주에게 혀를 내밀라고 명령했다. 그 혀를 내가 겨우 붙잡고 역시 혀뿌리에서부터 잘라냈다. 내가 나머지 눈을 파내자 노아르슈는 그제야 사정했다.

희생자에게 싸구려 속옷을 입히게 한 뒤에 그가 말했다. "이제 됐어. 그녀는 앞으로 편지도 쓸 수 없을 테고, 눈도 보이지 않고, 말도 하지 못할 테니 우린 이제 안심해도 돼……."

우리가 그녀를 길거리로 내쫓자 노아르슈는 그녀의 엉덩이에 발길질을 하며 말했다. "이제 어디든지 가서 마음껏 살아라, 괘씸한 년. 네가 그런 꼴로 들짐승의 먹이가 되는 걸 생각하면 너를 죽이는 것보다 훨씬 음욕이 자극된 단 말야…… 어서 가! 할 수만 있다면 너를 괴롭힌 사람을 고소해봐…… 호호."

"하지만 그녀는 아직 말을 들을 수가 있어요." 내가 말했다. "청각은 아직 완전히 남아 있는걸요."

그러자 야만스런 노아르슈는 그녀의 귓구멍에 쇠막대를 집어넣어 마지막 남은 유일한 기관을 단숨에 빼앗아버렸다.

집으로 돌아온 뒤 그는 4명의 여자들에게 말했다. "이것 봐, 매춘부들! 내 기분을 좀 띄워봐. 방금 사정을 했으니까 다시 정력을 회복시켜야만 해. 이 남자들을 자극하여 나에게 섹스할 수 있게 해. 잔인한 행동을 하면 할수록 나는 더 하고 싶어지는 성격이거든."

노아르슈의 주위를 엉덩이와 남자 성기들이 빙 둘러싸고 밀어넣거나 요동을 치거나 자극했다.

이윽고 그가 흥분이 되었는지 말했다. "오오! 쥘리에트. 나는 네 딸을 갖고 싶어졌어……."

그러고는 내가 대답할 짬도 주지 않고 마리안에게 덤벼들더니 곁에 있는 추종자들에게 그녀를 제압하게 하고는 전광석화처럼 재빨리 그녀의 항문에 섹스를 했다. 불쌍한 마리안의 귀를 찢는 비명 소리에 나는 그녀가 받은 무시무시한 능욕을 알았다.

"아니, 대체 무슨 짓이에요, 노아르슈?"

"당신 딸에게 한 거야. 이건 하지 말았어야 했는지도 몰라. 하지만 어차피 장미는 꺾이게 되어 있으니 다른 사람에게 당하는 것보다 당신 친구한테 꺾이는 쪽이 낫잖아?"

항문을 찢어 피투성이로 만든 끝에 그는 한 방울도 잃지 않고 성기를 빼냈다. 그러더니 두 창녀를 맹렬한 눈길로 바라보며 너희 둘 가운데 하나를 피의 축제에 바치겠다고 선언하는 것이었다. 지명된 창녀는 발치에 엎드려 자비를 빌었지만 소용없었다. 그녀는 붙들려서 접사다리 꼭대기에 말 탄 자세로 묶였다. 노아르슈는 사다리에서 조금 떨어진 곳에 앉아서 사다리의 다리에 매어놓은 밧줄 끝을 쥐고 있었다. 테오도르와 라이스는 무릎을 꿇고 그의 성기와 고환과 항문을 자극하고 있었다. 사형집행인들은 그의 눈앞에서 나에게 채찍질을 하고 있었다. 창녀 가운데 나머지 1명은 기둥에 거꾸로 묶인 채 고통스레 자기 운명을 기다리고 있었다. 노아르슈는 밧줄을 잡아당겨서 사다리를 넘어뜨렸다가 다시 일으켜 세우기를 20차례나 되풀이했다. 끝내 제물의 머리가 깨지고, 두 다리가 찢어질 때까지 이 끔찍한 놀이를 그만두려 하지 않았다.

이 놀이가 그를 크게 자극했으므로 다른 창녀도 처형하기로 했다. 눈가리개를 씌운 그녀의 둘레에서 우리는 저마다 원하는 방법으로 그녀에게 상처를 입혔다. 그때, 자신을 다치게 한 사람의 이름을 맞추면 그녀는 풀려나는 것이었다. 하지만 범인의 이름을 맞추기도 전에 그녀는 까무러쳤고, 자기가 흘린 피 속으로 고꾸라지고 말았다. 내 제안에 따라 노아르슈가 명령을 내려 다 죽어가는 두 제물을 난로 속에 매달았다. 뜨거운 불길이 그녀들의 몸을 핥기 시작했고, 마침내 연기가 그녀들의 숨통을 막았다.

잔뜩 쾌락에 취한 노아르슈는 미친 사람처럼 방 안을 어슬렁거리기 시작했다. 아직 남아 있는 5명의 놀잇감이 그의 격정을 더욱 불태우기 위해 눈앞에서 기다리고 있었다. 나의 두 하녀와 내 딸, 그리고 그의 두 아들이다. 그는 5명을 한꺼번에 죽여버리고 싶은 모양이었다.

"빌어먹을 신이란 놈!" 그가 버럭 소리쳤다. "네 흉내를 내어 나쁜 짓을 하려고 하는데 내 힘을 제한하는 건 당치도 않아. 괘씸하다고. 나는 미덕을 위해선 네 능력을 빌릴 생각은 꿈에도 없지만, 나쁜 짓을 위해서라면 너의 모든 능력을 뺏어오고 싶은 심정이야. 너를 본보기 삼아서 나쁜 짓을 하는 거니까. 만일 그럴 생각이 있다면 한순간이라도 좋으니 너의 벼락을 내 손에 맡겨다오. 그 벼락을 써서 인간들을 없애버릴 수 있다면 다음엔 그걸 밉살맞은 네 가슴에 쑤셔넣어, 할 수만 있다면 너의 존재 자체를 송두리째 가루로 만들어 한 번 크게 기분을 내고 싶은데 어때……?"

이 말과 동시에 그는 아들 파옹에게 덤벼들어서 그에게 항문섹스를 했다. 그리고 자기도 섹스를 받으면서 테오도르에게 애무를 받고 있는 나에게 아들의 심장을 파내어 자기 앞에 내놓으라고 명령했다. 무뢰한은 그 심장을 우적우적 먹으면서 사정을 하고 다른 한 아들의 가슴에도 단검을 찔러넣었다.

"봐라, 어떠냐!" 그가 내게 말했다. "쥘리에트, 어때! 이제 만족하나? 피와 추악함에 충분히 젖었나?"

"당신은 정말 무서운 사람이군요. 하지만 나도 당신과 똑같이 했어요."
"하지만 이게 끝이라고 생각하면 큰 오산이야……."
그의 눈이 번쩍 빛을 발하더니 내 딸의 몸으로 다시 그 눈빛이 쏠렸다. 미치광이처럼 발광하는가 싶더니 그는 마리안을 붙잡아 제압하게 해놓고 그녀의 옥문에 다시 섹스를 하고는 소리쳤다. "오오! 저주받을 신이란 놈! 이 어린아인 정말이지 나를 미치게 만드는군! 쥘리에트, 당신은 나를 원망하나? 당신의 추잡스런 남편의 고환으로부터 태어난 이 기분 나쁜 자식에게 당신은 어떤 애정이나 배려를 가질 수 있을 정도로 바보가 되고 말았나? 이 마귀의 자식을 나에게 팔아라, 쥘리에트. 대가는 치르겠어. 나는 이 아이를 사고 싶군. 그리하여 당신하고 둘이서 죄로 손을 더럽히고 싶어. 당신은 자식을 판 죄, 나는 그 대가로 아이를 죽이는 더욱 미묘한 죄지. 오오! 그렇고말고, 그렇고말고, 쥘리에트, 우리 둘이서 당신 딸을 죽이지 않겠나?"

그는 자기 물건을 빼내어 나에게 보여주더니 말했다. "봐, 잘 보라고. 이 저주받은 공상이 내 관능을 얼마나 불태웠는지를…… 자, 당신의 항문에 섹스하게 해줘, 쥘리에트."

기분이 고조되어 있을 때 죄악 같은 건 조금도 두렵지 않다. 죄악의 매력을 즐길 수 있는 건 언제나 정액을 충분히 흘리고 있을 때이다. 노아르슈는 나에게 섹스하더니 당신 딸을 어떻게 해주면 좋겠냐고 또다시 물었다.

"아, 정말 악당이로군요!" 나도 화가 치밀어서 이렇게 소리쳤다. "당신의 교활함은 당해내지 못하겠어요. 죄악과 오욕의 감정 말고는 모든 것이 내 마음속에서 끝내 자취를 감추고 말았어요. 마리안은 당신 마음대로 해요, 악당씨."

나는 발끈하여 소리쳤다. "당신 손에 맡기겠어!"

내 말이 끝나자마자 노아르슈는 성기를 빼더니 단숨에 그 불행한 아이를 붙잡아 알몸인 채로 불 속으로 던져넣었다. 나도 그를 도왔다. 그와 함께 쇠막대를 들고 어린아이가 본능적으로 경련을 일으키며 불 밖으로 뛰쳐나오려는 것을 무참하게 찍어눌렀다. 그사이 우리는 애무를 받거나 섹스하고 있었다. 마리안은 불에 구워져 다 타버리고 말았다. 노아르슈와 나는 그 자리에서 사정했다. 그날 밤의 나머지 시간은 둘이서 꼭 끌어안고 그날의 장면들을 떠올리며 즐겁게 보냈다. 세세한 장면들과 온갖 사건이 효과가 별로 없는 정사에 모자란 부분을 채워주는 것이었다.
"어때?" 노아르슈가 나에게 말했다. "이 세상엔 죄악의 쾌락과 맞먹을 정도의 쾌락이 있을까? 죄악의 쾌락보다 더 자극적이고 감미로운 충동을 우리 육체에 주는 어떤 감정이 존재할 것 같아?"
"글쎄, 있을 것 같지 않네요."
"그렇다면 영원히 죄악 속에서 사는 게 좋아. 그리고 그 밖의 어떠한 원리로든 다시 돌아갈 약한 마음을 가져선 안 돼. 후회의 감정을 비롯하여 약한 마음, 어리석음, 죄의 원리를 버리고 미덕의 원리로 돌아서는 놈은 불행한 놈이야. 왜냐하면 인생의 모든 행동을 패기 없이 두려워하는 녀석은 죄악의 삶을 버리고 미덕의 삶을 살아도 결국은 전보다 행복해진다는 보장이 없거든. 행복은 인간이 믿는 원리의 에너지와 관계되는 것이라 끊임없이 이리저리 헤매는 놈하고는 인연이 없단 말야."
우리는 8일 동안 노아르슈의 소유지에서 지내면서 날마다 새로운 추행에 탐닉했다. 노아르슈의 요구에 따라 나는 유스티니아누스 황제비 테오도라의 기괴하고 변태적인 취미 한 가지를 실험해보았다. 내가 바닥에 누우면 남자 둘이 내 언덕과 옥문 위로 곡식 낱알을 뿌리는 것이다. 그러면 12마리의 큼지막한 거위가 이 낱알을 쪼아 먹으러 와서 이 부위를 부리로 콕콕 찌르는데 엄청난 자극 때문에 나는 이 실험을 마치자 도저히 사정하지 않고는 배길 수가 없었다. 이것을 눈여겨보고 있던 노아르슈가 나를 지역 농부 50명에게 넘겨서 그들과 함께 놀게 한 적도 있었다. 노아르슈는 또한 거위로 하여금 자기 항문을 관통하게 하여 채찍질보다 더욱 강렬한 감각을 발견했다. 나아가 그는 자기 소유지의 시골 가정교사에게 제자를 30명쯤 데려오라고 명령하여 어린아이들을 난잡하게 놀게 하고, 남자아이에게 여자아이의 처녀성을 망가뜨리게 하고, 채찍으로 때리고, 항문에 섹스하게 한 끝에 모조리 독살해버린 적도 있었다.
"이봐요, 당신." 나는 어느 날 노아르슈에게 말했다. "우리가 여기서 하는 일은 생각해보면 아주 단순한 거예요. 뭔가 잠이 확 달아나버릴 만큼 자극적인 게 없을까요? 이 마을 사람들은 우물물 말고는 마실 것이 없죠. 뒤랑에게서 배운 비법을 쓰면 이틀만에 그들을 모조리 독살해버릴 수가 있어요. 온 마을에 대혼란을 일으키는 임무를 나하고 하녀들에게 맡겨주지 않겠어요?"

이런 제안을 하면서 나는 거절당하지 않으려고 노아르슈를 자극해주고 있었다. 쾌락자는 이 제안에 어느새 사정하며 소리쳤다.

"에에잇! 제기랄. 쥘리에트, 당신은 너무나 기발한 상상력을 가졌어. 그럼, 좋고말고. 당신이 원하는 대로 해. 당신 덕분에 흘린 정액으로 허락한다는 서명을 해주지. 자, 어서 해."

나는 그대로 실행했다. 마을 전체의 우물이 오염되어 나흘 동안 주민 1천 5백 명이 매장되었고, 살아남은 자도 참을 수 없는 고통에 시달리며 차라리 죽기를 바라는 아우성마저 들려왔다. 이유는 전염병으로 결말이 났다. 시골 의사의 무지가 우리를 안전한 상황에 놓아 의심조차 받지 않았다. 이렇게 우리는 크게 한바탕 즐긴 뒤 이 땅을 떠났다.

보다시피 여러분, 나는 현재 이런 식으로 행복한 환경에 있다. 그리고 솔직히 말해 나는 죄악을 열렬히 사랑한다. 죄악만이 나의 관능을 자극하므로 나는 인생의 마지막 순간까지 죄악의 원칙을 공언해나갈 작정이다. 모든 종교적인 공포로부터 벗어나 있을 뿐만 아니라 용의주도함과 재력의 도움으로 법망을 자유자재로 뚫을 수 있는데 대체 어떤 신의 권력이나 인간의 권력이 내 욕망을 얽맬 수 있단 말인가! 과거는 나에게 용기를 북돋아주고, 현재는 나를 짜릿한 감각으로 취하게 한다. 그리고 미래 또한 나를 두려워 떨게 하는 경우가 거의 없다. 그러므로 내 인생의 나머지 부분도 어쩌면 내 청춘의 모든 방탕을 훨씬 웃돌게 되지 않을까 예상한다.

자연이 인간을 만든 것은, 인간으로 하여금 지상의 모든 것을 즐기게 하기 위해서였다. 이것이 자연의 철칙이며, 나의 철칙 역시 영원히 이것뿐이다. 희생자들에게는 안됐지만 어쩔 수 없다. 그것도 필요하다. 오묘한 평형 법칙이 없다면 우주만물은 자멸해버렸을 테니까. 자연계가 유지되는 것이 오직 죄악 덕분이라면 미덕에게 빼앗긴 권리를 자연이 되찾는 것도 오직 죄악을 통해서만 가능하다. 그러므로 우리도 자연을 좇아서 실컷 악행에 빠져들면 되는 것이다. 사실은 우리가 자연을 거스르는 것만이 죄라고 할 수 있으며, 이런 죄는 자연이 결코 용서하지 않는다. 오오! 여러분, 우리는 이 원리를 믿고 가야 한다. 인간의 모든 행복의 근원이 이 원리의 실천 속에 있으니까.

쥐스틴의 죽음 및 대단원

 로르상주 부인 쥘리에트는 이것으로 모험담을 끝마쳤다. 이야기를 듣는 동안 마음씨 고운 쥐스틴은 파렴치한 일화들에 수도 없이 쓴 눈물을 흘려야만 했다. 그렇지만 기사와 후작은 눈물 따윈 단 한 방울도 보이지 않았다. 벌건 대낮에 고스란히 노출된 그들의 성기가 그들의 감정의 움직임과는 두드러진 차이가 있음을 증명하고 있었다. 따라서 노아르슈와 샤벨이 이곳 별장으로 돌아왔을 때는 이미 어떤 무서운 계획이 그들 가슴속에 도사리고 있었다. 독자 여러분이 기억하다시피 백작부인 쥘리에트가 기사와 후작 두 사람을 상대로 자기 삶을 이야기하는 사이, 이미 오랫동안 알고 지내면서 쥘리에트의 사정을 잘 알고 있던 노아르슈와 샤벨은 자리를 떠나 며칠 동안 시골로 놀러 가 있었던 것이다.
 쥐스틴의 아름다운 볼을 적신 눈물과, 불행에 대한 충격으로 나타난 애절한 표정, 타고난 머뭇거리는 태도와 얼굴 전체에 퍼져 있는 애처로운 미덕의 표시는 노아르슈와 샤벨의 욕구를 몹시 자극했다. 그들은 무슨 일이 있어도 이 불행한 여자를 음란하고 잔인한 기분풀이 노리개로 삼아야겠다고 다짐했다. 그리하여 두 사람은 쥐스틴과 함께 방에 틀어박혔고, 그사이 로르상주 부인은 후작과 기사와 함께 이 성에 대기하고 있던 수많은 놀잇감들을 이용하여 그 무엇에도 뒤지지 않는 기이하고 변태적인 음행에 탐닉했다.
 그들이 다시 큰 응접실로 모인 것은 저녁 6시 무렵이었다. 쥐스틴의 운명은 그때 이미 결정되어 있었다. 로르상주 부인이 이런 내숭 떠는 여자를 자기 집에 놔두긴 죽어도 싫다고 했으므로 그녀를 집에서 쫓아내거나, 아니면 음란한 놀이의 위로물로 삼은 뒤 죽여버리기로 이미 정한 것이다. 후작도, 샤벨도, 기사도 이런 여자에겐 넌더리가 나 있었으므로 세 사람 다 두 번째 의견을 고집했다. 그런데 그때 노아르슈가 새로운 의견을 내놓았다.
 그는 놀이친구들에게 말을 꺼냈다.

"여러분, 이럴 땐 운명을 시험해보면 크게 도움이 되기도 하죠. 마침 폭풍이 부는 것 같은데 이 처자를 벼락의 손에 맡겨보면 어떻겠소? 만약 그녀가 벼락을 맞고도 죽지 않으면 나는 개과천선할 것을 약속하오."

"그거 재미있군!"

모든 이가 한결같이 소리쳤다.

"그런 생각은 나도 미칠 듯이 좋아."

로르상주 부인이 말했다. "우물쭈물하지 말고 빨리 실행에 옮깁시다."

요란한 천둥 번개와 함께 바람이 불면서 벼락이 구름을 섬뜩하게 뒤흔들고 있었다. 마치 자연이 자기 하는 일에 싫증이 나서 모든 구성요소를 뒤섞어 새로운 형상으로 만들려 기를 쓰고 있는 것 같았다. 쥐스틴은 돈을 한 푼도 받지 못했을 뿐만 아니라 그나마 가지고 있던 것마저 모조리 빼앗기고 성문 밖으로 쫓겨났다. 쥐스틴은 이런 냉담한 처사와 잔혹한 대우에 어찌할 바를 모르고 서글픈 한숨만 내쉬었지만, 그래도 오욕으로 가득 찬 곳으로부터 빠져나온 것에 안도하고 신에게 감사했다. 성의 가로수길을 빠져나와 마침내 큰길로 접어들려는데, 바로 그때 벼락이 내리쳐 그녀의 몸을 꿰뚫어 그 자리에 쓰러져버렸다.

"아, 죽었다!" 그녀의 뒤를 쫓아온 악당들이 신이 나서 외쳤다. "빨리, 빨리! 부인, 이리로 와서 신의 업적을 구경하시오. 신이 미덕의 생애에 어떻게 보답하는지 이리 와서 똑똑히 보는 게 좋소. 저렇게 평생을 미덕에 몸바친 사람이 이런 비참한 운명의 희생자가 되어 죽은 꼴을 보면, 미덕을 사랑한다는 건 도통 쓸데없는 짓 아닌가!"

4명의 쾌락자는 시신을 거두었다. 시신은 몹시 처참한 형상으로 변해 있었지만 도통 악당은 피투성이가 된 여자의 시신에 다시 추한 욕망을 품었던 것이다. 시신에서 옷을 벗겨내고 쥘리에트가 남자들의 욕구를 부채질했다. 벼락은 입으로 들어와서 옥문으로 빠져나가 있었다. 벼락이 관통한 2개의 구멍에다 대고 그들은 잔인하고 못된 장난을 쳤다.

"신이 하는 일은 확실히 훌륭하군." 노아르슈가 말했다.

"햐아, 신은 정말이지 속이 깊어. 엉덩이에만은 흠집 하나 남기지 않았어. 그토록 남자의 물에 젖었던 이 호방한 엉덩이는 여전히 훌륭하군. 샤벨 씨, 당신은 집게손가락을 움직이지 못하시오?"

그 말을 들은 악랄한 샤벨은 이제 됐다면서 그 죽은 고깃덩이에 성기를 뿌리께까지 집어넣었다. 이것은 순식간에 모두가 따라 하게 되었고, 4명이 번갈아가며 이 사랑스런 아가씨의 시신을 능욕했다. 쥘리에트는 그들의 능욕을 지켜보면서 자위에 탐닉했다. 볼일을 마친 뒤에도 그들은 시신을 마냥 팽개쳐놓았을 뿐, 죽은 사람에 대한 마지막 예의마저도 지키려 하지 않았다. 슬프고 가엾은 쥐스틴은 죽음의 안식에서마저도 모질고 사나운 죄와 인간의 사악함으로부터 벗어나지 못할 운명인 것 같았다.

친구들과 함께 성으로 돌아오는 길에 로르상주 부인이 말했다. "이제 난 지금까지보다 훨씬 더 깊은 죄악의 삶을 살 결심을 굳혔어요."

그녀는 열광적으로 외쳤다. "아, 자연이여! 너의 의도엔 죄악이 필요해. 바보는 이 죄악을 탄압하려 하지만, 넌 죄악을 열망하고 있구나. 그렇기 때문에 죄악을 두려워하고 죄악에 빠져들려 하지 않는 사람들을 너는 그토록 가혹하게 벌하는 거야. 오오! 오늘 일어난 사건이야말로 나를 행복감으로 가득 차게 하고, 나의 결심을 한층 굳게 해주었어."

일행이 성에 닿자 때를 같이하여 베를린 마차 한 대가 다른 길을 통해 성으로 왔다. 그리고 일행이 안뜰로 접어듦과 거의 동시에 마차 안에서 차림새가 매우 요란하고 몸집이 큰 부인 하나가 내려왔다. 쥘리에트가 다가가보니 뜻밖에도 그 여자는 뒤랑이었다. 전에 베니스의 검찰관에게 사형선고를 받고, 무시무시한 재판관의 방에서 천장에 매달려 죽어 있는 것을 쥘리에트는 분명히 보았었다. 그런데 바로 그 사랑스런 친구 뒤랑이 거기에 있었다.

"아니, 당신이 어떻게!" 쥘리에트가 소리치며 친구의 품으로 뛰어들었다. "대체 어떻게 된 일이야? 설명 좀 해봐…… 뭐가 어떻게 된 건지 하나도 모르겠어……"

넓은 응접실에 다들 자리를 잡자 조용히 귀를 기울이며 이 기괴한 사건의 설명을 듣기에 이르렀다.

"나의 사랑하는 쥘리에트." 뒤랑이 차분하게 말을 꺼냈다. "넌 내가 무시무시한 사형에 처해져 죽은 줄로 알았겠지만, 책략과 교묘한 지혜를 써서 네 앞에 다시 나타날 수 있게 된 나는 사실은 전보다 훨씬 부자야. 게다가 내가 모은 재산은 물론이고 네가 베니스에서 몰수당한 재산까지 이렇게 가져올 수 있게 되어 얼마나 행복한지 모르겠어…… 이것 봐, 쥘리에트."

그녀는 테이블 위에 수표 다발을 내놓았다.

"이게 너에게 되돌아온 연간 150만 리브르의 수입을 올려주는 채권이야. 이것만 겨우 되찾았어. 느긋하게 즐기도록 해. 사례라면 죽을 때까지 너하고 함께 있을 수 있는 행복을 보장해주기만 하면 돼."

"여러분!" 쥘리에트가 미칠 듯이 기뻐 외쳤다. "어딘가에 나의 일대기를 쓸 사람이 있다면 그 사람은 자기 책에 《악덕의 번영》이라는 제목을 달면 좋지 않을까? 자, 뒤랑, 빨리 그 기괴한 사실을 우리에게 모조리 설명해줘. 나야말로 죽을 때까지 함께 있어달라고 당신에게 애원하고 싶으니까."

그리하여 이 유명한 여자가 되도록 짤막하게 얘기 해준 바에 따르면 그녀는 자기의 모든 비법을 베니스 당국에 양도하기로 약속하고, 다른 여자를 대신 사형에 처한다는 확약을 받았던 것이다. 이것은 쥘리에트를 위해 필요한 본보기였고, 베니스의 10인회는 쥘리에트의 경솔함을 두려워하면서 그녀의 재산을 노리고 있었으므로 그녀를 국외로 쫓아낼 필요가 있었다. 그리하여 위장처형의 효력을 나타냈고, 뒤랑은 검찰관의 명령에 따라 베니스에 전염병을 발생시켜 2만 명이 넘는 인구를 죽이게 되었다. 사건이 마무리되자 뒤랑은 특별 보답으로서 친구의 재산을 되돌려달라고 요구하여 허락을 받아냈는데, 이미 이때 그녀는 베니스를 탈출할 생각을 하고 있었다고 한다. 왜냐하면 마키아벨리의 원리를 따르며 자라난 베니스 정부의 음험한 관리들이 그들의 공범자인 자신을 언젠가 죽이려 할 게 틀림없다고 굳게 믿었던 때문이었다.

"그렇게 해서 나는 너에게로 곧장 달려온 거야." 뒤랑은 계속했다. "이렇게 널 행복하게 해줄 수 있어서 나는 너무나 기뻐. 인간의 운명이란 게 참 웃기지. 운명 덕분에 나는 두 번이나 교수형을 면했거든. 물론 지금은 그런 죽음을 무서워할 내가 아니지만. 운명이 나에게 어떤 죽음을 선고할지 알 게 뭐야. 아아! 하지만 나의 사랑스런 쥘리에트의 품에 안겨 죽는다면 어떤 죽음이든 나는 불평하지 않을 거야."

이리하여 두 친구는 서로의 품에 안겨 15분 동안이나 우정과 믿음과 애정의 맹세를 아낌없이 주고받으며 도무지 그만할 줄을 몰랐다. 고지식한 미덕의 신봉자가 뭐라 하건 악덕은 미덕과 마찬가지로 이런 맹세를 존중하는 법이다. 그 자리에 함께 있던 사람들도 우리의 흐뭇한 우정에 다같이 감동했다. 그런데 바로 그때 베르사유에서 온 전령이 허겁지겁 안뜰로 뛰어들어와 노아르슈에게 편지를 내밀었다.

편지를 죽 훑어본 그가 소리쳤다. "아, 이를 어쩌지! 오늘은 우리의 머리 위로 온갖 행복이 쏟아지는 날인 모양이야, 쥘리에트. 총리대신이 방금 죽었대. 이 편지는 왕이 직접 쓴 것으로서 정부의 대권을 나에게 맡길 테이니 빨리 궁으로 오라는 거야. 이걸로 어마어마한 행복이 보장되었어. 둘 다 이리 가까이 와."

노아르슈는 쥘리에트와 뒤랑에게 말했다.

"나는 당신들과 떨어져 살 생각은 조금도 없어. 앞으로 내가 천하를 호령해나가려면 당신들의 절대적인 도움이 꼭 필요해. 샤벨, 당신은 대주교로 임명하겠어. 후작, 당신은 콘스탄티노플 대사를 맡아줘. 그리고 기사, 당신에겐 40만 리브르의 연금을 줄 테니까 파리에 머물면서 내 사업을 감독해주고. 자, 여러분, 실컷 즐기지 않겠소? 일이 이렇게 된 것도 근원을 따지면 쥐스틴의 미덕 덕분이야. 이게 만약 소설이었다면 설마 작가가 그런 걸 쓰진 않겠지."

"그렇게 겸손할 필요가 어디 있어요?" 쥘리에트가 말했다. "흐트러짐 없는 진실이 자연의 비밀을 파헤친 거예요. 아무리 인간을 두려움에 떨게 만든다 해도 모든 것을 있는 그대로 말해야 하는 것이 철학이니까요."

이튿날 일행은 파리로 떠났다. 10년 동안의 빛나는 영예가 이 여섯 주인공의 머리 위에서 빛났다. 그리고 10년 뒤에 로르상주 부인이 죽어 이 세상을 떠난 것은 애초 산 사람은 반드시 죽는다는 자연의 이치일 뿐, 전혀 이상할 것이 없다. 그러나 이 동서고금에 독보적인 여성은 자기 일생의 마지막 사건을 기술하지 않고 죽었으므로 그 어떤 작가도 그녀의 모습을 세상에 결코 드러낼 수가 없게 되었다. 그러므로 감히 이를 시도하려는 자는 오직 진실 대신에 작가 스스로의 상상력에 기대는 수밖에 다른 방법이 없다. 그렇지만 제아무리 진실인 것처럼 분을 칠하고 화장을 해도 안목이 높은 사람, 특히 이 작품을 읽고 흥미를 느낄 정도의 사람이 본다면 그 두드러진 차이를 알 수 있을 것이다.

사드의 사상과 문학

사드의 사상과 문학

인간적인 너무나 인간적인 사드

사드의 사생활

　사드 가문은 콩데 왕가의 친척으로, 14세기 이탈리아 시인 페트라르카가 시로 노래하여 불후의 명성을 얻은 로르 드 노브가 조상이다. 1740년 프랑스 파리의 콩데 왕가 저택에서 사드가 태어난 뒤, 그의 아버지 장 바티스트 프랑수아 조세프 사드는 외교적 사명을 띠고 퀼른 선제후의 궁정에 파견되었다. 그의 어머니 마리 엘레오노르 드 마이예 드 카르망은 콩데 왕비를 모시던 시녀였다. 그는 뷔제·발로메·젝스 지방에 있는 영지뿐 아니라, 라코스트의 소만에 있는 영지와 마장의 공동 영지 가운데 프랑스에 있는 땅들도 물려받았다. 큰아버지인 에브뢰유의 사드 신부에게서 초기 교육을 받은 뒤, 파리의 루이 르 그랑 중학교에서 공부를 계속했다. 사드는 귀족 가문 출신이었으므로 국왕 친위대에서 여러 계급을 딸 수 있는 자격이 있었다. 1754년 군대생활을 시작했지만 7년전쟁이 끝난 1763년 군대를 떠났고, 같은 해 돈 많은 부르주아 가문인 몽트뢰유 집안의 딸과 결혼했다. 장인은 군주의 권한 아래 있는 파리 고등법원의 총재였다. 그는 아내와의 사이에 두 아들 루이 마리와 도나티앙 클로드 아르망, 딸 마들렌 로르를 두었다.

　결혼하자마자 사드는 이미 수많은 남자 후원자들과 염문을 뿌렸던 여배우 라 보부아쟁과 연애를 시작했다. 그는 아르쾨유에 있는 자신의 '작은 집'에 창녀들을 불러들여 온갖 가학적인 성행위로 그녀들을 학대했다. 이런 행위 때문에 그는 왕의 명령으로 뱅센 감옥에 갇혔다. 몇 주일 뒤 풀려났으나 다시 방탕한 생활을 시작, 빚더미 속으로 점점 깊이 빠져들어 갔다. 이윽고 1768년 처음으로 공개적인 추문이 일어났는데, 이것이 바로 로즈 켈러 사건이다.

아버지 장 바티스트 프랑수아 조세프 드 사드(1702~67)
사드 백작은 외교관·궁정인·문학자이자 방탕아였다. 이 복잡하고 매력적인 인물은 아들의 교육과 성장에 중요한 역할을 한다.

어머니 마리 엘레오노르 드 마이예 드 카르망(1712~77)
사드 백작부인은 아들의 인생에 관여하지 않았다. 이런 어머니의 부재 또는 도피는 사드가 적극적이고 노골적인 증오를 품는 원인이 되었다.

　로즈 켈러는 그가 부활절 일요일에 파리에서 만난 젊은 창녀였다. 그는 로즈를 아르쾨유에 있는 자기 집으로 데려가 방에 가두어 놓고 성적으로 학대했다. 로즈는 그 집에서 나와 이웃 사람들에게 상처를 보여주면서, 사드의 비정상적인 행위와 잔인함을 폭로했다. 사드는 이 일로 리용 근처의 피에르 앙시즈 요새에 투옥되었다. 풀려난 뒤 라코스트 성에 틀어박혀 있던 사드는 1772년 6월에 꽤 많은 돈을 구하기 위해 마르세유로 갔다. 이곳에서 하인인 라투르를 시켜 창녀들을 데려오게 한 다음, 평소처럼 성적 가혹 행위를 저질렀다. 라투르는 주인의 명령으로 동성애 행위를 해야만 했다. 젊은 여자들은 후작의 약통에 든 사탕을 마음대로 먹을 수 있었는데, 이 사탕에는 성욕을 자극하는 최음제가 들어 있었다. 얼마 뒤 그들은 심한 복통을 느끼고, 사드가 독약을 먹였다고 고발했다. 사드와 라투르는 사르데냐 왕의 영지로 달아났지만 곧 체포되었다. 그들은 엑스 고등법원의 궐석재판에서 사형 판결을 받았으나, 1772년 9월 12일 인형으로 처형을 대신했다. 그 이유는 사형 판결이 내려지기 전에 그가 이미 미올랑 요새에서 달아난 뒤였기 때문이다. 탈출에 성공한 사드는 애인 사이였던 처제 로네 수녀와 함께 이탈리아로 달아났다. 이에 격분한 장모는 직접 나서서 사드를 추적했고, 그는 이 추적을 피해 다녔다. 그가 라코스트로 돌아와 아내와 다시 만난 것은 1776년 11월 4일이었다. 아내는 그의 공범자가 되어, 남편이 납치해 온 소년 소녀들과 더불어 난잡한 쾌락을 함께 즐겼다. 소문이 퍼지고, 추문이 꼬리를 물고 일어났으며, 마침내 소년 소녀들의 부모가 고발하는 바람에 사드는 체포되어 1777년 2월 13일 뱅센의 지하 감옥으로 보내졌다.

마르키 드 사드(1740~1814)

사드의 감옥

이 감옥의 여건들은 가혹했다. 여기에 갇혀 있는 동안 사드는 간수 및 형무소 소장과 싸웠고, 동료 죄수인 미라보 후작 빅토르 리케티를 모욕하여 말다툼을 벌이기도 했으며, 다른 죄수들을 선동하여 반란을 일으키려고도 했다. 그의 아내는 마침내 남편을 만나도 좋다는 허락을 받았지만, 사드는 아내가 자기를 떠나기 위해 음모를 꾸미고 있다고 의심한 나머지 질투와 분노로 발작을 일으켰다. 아내의 면회는 다시 금지되고 그녀는 결국 수녀원으로 들어갔다.

사드는 감옥생활의 지루함과 분노를 이겨내기 위해 성애를 적나라하게 사실적으로 묘사한 소설과 희곡을 썼다. 1782년 7월에 《신부와 임종을 앞둔 남자와의 대화(Dialogue entre un prêtre et un moribond)》를 완성했는데, 여기서 그는 자신이 무신론자라고 선언했다. 아내와 변호사에게 보낸 편지에는 깊게 맺힌 반항 정신과 번득이는 재치가 뒤섞여 있다. 1784년 2월 27일에 그는 파리의 바스티유 감옥으로 옮겨졌다. 그는 12미터쯤 되는 종이 두루마리에 《소돔 120일(Les 120 Journées de Sodome)》을 썼는데, 수없이 많은 성적 도착 행위를 그림처럼 생생하게 묘사했다. 1787년 《미덕의 불행》을, 1788년 중편소설 및 단편소설들을 썼는데, 이 작품들은 나중에 《사랑의 죄》라는 제목으로 출판되었다.

1789년 7월 14일 프랑스 혁명가들이 바스티유 감옥을 습격하기 며칠 전에 사드는 창문을 통해 "놈들이 죄수들을 학살하고 있다. 빨리 와서 죄수들을 풀어주어야 한다!"고 외쳤다. 그는 샤랑통의 정신병원으로 옮겨져, 1790년 4월 2일까지 그곳에 머물렀다.

사드의 어느 저작집에 삽입된 권두화
사드가 감금되었던 네 감옥이 그려져 있다. 리용 근교의 피에르앙시즈 요새, 사보아의 미올랑 요새, 뱅센 감옥, 바스티유 감옥, 그리고 바스티유에서 샤랑통 정신병원으로 옮겨졌다.

사드의 작품들

사드는 풀려나자마자 코메디 프랑세즈 극장을 비롯한 여러 극장에 몇 편의 희곡을 보냈다. 그 가운데 5편이 채택되었지만, 몇 편만 공연되었다. 아내와 헤어진 그는 젊은 여배우이며 과부인 케네와 함께 살면서 《쥐스틴, 또는 미덕의 불행(Justine, ou les malheurs de la vertu)》과 《쥘리에트 이야기, 또는 악덕의 번영(Histoire de Juliette, ou les prospérités du vice)》이라는 장편소설을 썼다. 1792년에 그는 파리에서 피크당(les Piques) 혁명 분과의 간사가 되었고, 파리의 병원들을 방문하는 대표단 일원으로 임명되었으며, 애국적인 연설문을 썼다. 공포정치 시대에 사드는 자신을 여러 번 감옥으로 보낸 장본인인 장인과 장모의 목숨을 구해 주었다. 그는 혁명을 지지하는 연설을 했음에도 '온건주의자'라는 비난을 받았고, 실수로 망명자 명단에 이름이 오르기도 했다. 그는 혁명 지도자 로베스피에르가 몰락하기 전날, 운 좋게도 단두대에 오르는 것을 피할 수 있었다. 그 무렵 그는 과부 케네와 함께 비참하리만치 가난하게 살았다.

1801년 3월 6일에 그는 그의 책들을 펴낸 출판업자의 사무실에서 체포되었다. 이 사무실에서는 이미 출판된 《쥐스틴》과 《쥘리에트》 및 그가 갖고 있던 메모와 손으로 쓴 여러 묶음의 원고가 발견되었다. 사드는 그 무렵 샤랑통 정신병원으로 보내졌는데, 그곳에서 새로운 추문을 일으켰다. 그는

Le ciel est-il juste quand il abandonne la vertu a de si grands tourments?

《알린과 발쿠르》(1795)에 실린 종교재판 장면 삽화
이 책을 쓰기 위해 사드는 종교재판론과 종교재판 사료를 보내 달라고 요구한다. "······집필하려면 책에 둘러싸여 있어야 한다. 그렇지 않으면 환상소설밖에 쓸 수 없는데 나에게는 그런 재능은 없다."

부당한 감금을 거듭 항의했지만, 나폴레옹한테는 아무 소용이 없었다. 나폴레옹은 그의 항의를 받아들이기는커녕 사드한테서 모든 행동의 자유를 박탈하라고 직접 지시했다. 그런데도 그는 샤랑통에서 자신의 희곡들을 상연하는 데 성공했다. 또한 야심적인 장편소설 《플로르벨의 나날, 또는 베일을 벗은 자연(Les Journées de Florbelle, ou la nature dévoilée)》을 쓰기 시작하여, 계획한 10권 가운데 2권을 끝마쳤다. 그가 죽은 뒤 맏아들은 그의 원고들과 함께 이 글도 불태워 버렸다. 그의 유해는 뿔뿔이 흩어졌으며, 초상화는 한

점도 남아 있지 않다. 1806년에 쓴 유언장에서 그는 이렇게 당부했다. "이 땅 위에 내 무덤의 흔적을 남기지 말라. 나는 나에 대한 기억이 사람들의 마음에서 지워질 것이라고 자신하니까."

동시대인들에게 충격과 분노를 안겨주며 사는 동안, 사드는 자신의 작품에 다루어진 수많은 성행위를 실제로 체험했다. 그의 글은 프랑스 법원의 판결에 따라 지금도 공식적으로는 금지되어 있다. 작가로서 그는 엇갈린 평가를 받고 있다. 한쪽에서는 그를 본능의 발산을 거의 범죄적인 수준까지 옹호하는 절대 악의 화신으로 생각하고, 다른 한쪽에서는 그가 모든 형태의 욕망을 충족시킴으로써 인간의 완전한 자유를 옹호한 투사였다고 생각한다. 그의 작품은 19세기에 특히 작가와 화가들 사이에서 '은밀하게' 널리 읽혔다. 20세기 초기에 사드는 시인 기욤 아폴리네르의 노력에 힘입어 문화 영역에서 확고한 지위를 얻게 되었다. 오늘날에는 사드의 저서를 좀더 편안한 마음으로 분류할 수 있다. 그의 글은 사상사에 속하며, 문학사에서 중요한 시작점을 이룬다. 그는 근대의 '저주받은 작가들' 가운데 최초의 인물이기 때문이다.

위대한 성의 탐구자 사드

—모든 정부로부터 구속당한 사드의 묘비명—

나그네여,
이 지독히 불행한 인간 옆에서
무릎 꿇고 기도하라.
그는 전 세기에 태어나
이 세기에 죽었다.
추악한 얼굴을 한 전제주의는
시대를 막론하고 그를 괴롭혔다.
왕들의 시대, 전제주의라는 이 추악한 괴물들은
그의 인생을 깡그리 빼앗았다.
공포정치 시대, 그 괴물이 건재하여

사드를 파멸의 구렁텅이로 몰아넣었다.
통령정부 시대, 그 괴물이 다시금 찾아와
사드는 또다시 희생자가 되었다.

사드는 비참한 만년을 보내던 어느 날 스스로 위와 같은 아무 희망도 없는 묘비명을 썼다.

그렇다면 나그네인 우리는, 다른 세기에서 온 영원한 수감자의 외침, 자기 일생과 맞바꾸어 쾌락의 환상을 손에 넣은 이 사람의 외침에 잠시 걸음을 멈추어 보아야 할 것이다. 그런데 후세 사람들은 걸음을 멈추는 대신(줄곧 희생자의 처지였음에도) 사드를 극악무도한 악당이라고 불렀다. 하지만 사드가 죽은 뒤에 생긴 이러한 오해가 사드를 실망시키는 일은 없었다.

사드는 정부가 바뀌어도 계속 투옥생활을 했다. 방탕의 실천적 측면과 이론적 측면을 따로 구분해서는 안 된다고 주장한 사드는 그로 인한 가혹한 결과를 받아들여야 했다. 그는 구제도 밑에서는 지나친 방탕생활을 즐기다 고발되었으며(1777~1790년까지 12년 동안 투옥), 통령정부와 황제정부 때는 그의 저작 때문에 고발되었다(1801~1814년까지 13년 투옥). 평생을 옥중에서 지낸 사드는 이렇게 부르짖었다.

"아아, 모든 체제와 국가의 살육자여, 투옥자여, 어리석은 자들이여, 그대들은 언제쯤에야 인간을 가두고 죽이는 기술보다 인간을 아는 기술을 존중하게 될 것인가!"

사드가 자신을 노리는 온갖 검열에 완고하게 맞설 수 있었던 것은 그 특유의 활력 때문이다. 그의 활력은 앞을 가로막는 장애물이 강력할수록 더욱더 굳세어졌다. 사드는 이 활력 속에서 가족적인 특징을 발견했다. 그것은 사드 특유의 것이었다. 사드는 그 활력을 바탕으로 전대미문의 작품을 썼으며, 저작에 모범적인 측면을 부여했기 때문이다. 그 무엇도 사드를 두려움에 떨게 하지 못했으며, 그를 침묵시키지 못했다. 모든 종교적·정치적 권력과 우호적인 영향력도 마찬가지였다. 사드는 귀족의 오만하고 소동을 좋아하는 모순된 정신에 따르고, 진중함을 무시했다. 뱅센과 바스티유 감옥에서, 혁명의 동란 속에서, 그리고 19세기 샤랑통 정신병원에 갇혀 나폴레옹정부의 피로 물든 영웅적 행위를 멀리서 지켜보면서도 사드는 여전히 사드였다. 1807년

《호색가들에게 주는 선물, 또는 세 가지 성의 달력》, 소돔과 키테라(1793)
성직자의 방탕은 혁명기의 풍자 소책자와 판화가 즐겨 사용한 공격 표적의 하나였다.

에 경찰의 자택수사로 원고와 펜, 잉크, 종이를 압수당한 뒤, 사드 후작은 새로 쓰기 시작한 수첩 앞부분에 짧게 적었다.

"이 일기는 압수당한 일기의 뒷부분이다."

철학의 문제 이성의 문제

사드의 남다른 의지와 타협할 줄 모르는 도덕이 죄의 변명으로 보일 수도 있는 저작을 뒷받침하고 있으며, 바로 그러한 의지와 도덕이 에로틱한 요소와 더불어 독자를 끌어당기고 흥분시킨다. 사드를 읽으면 행복해진다. 그 방탕아의 당당한 말이 모든 의심을 한순간에 날려 버리고 두려움을 지워 버리기 때문이다. 그뿐만 아니라, 자신의 주장을 확실하게 전달하기 위해 작가 사드는 검열자의 수법을 교묘하게 봉쇄하고 자기의 불행을 훌륭하게 극복했다.

사드가 젊은 시절을 보낸 루이 15세 집권기(1715~74년)와 황정 시대 사이에 세상이 달라졌고 경찰의 조사 방법도 바뀌었다. 그러나 사드는 그대로였다. 시력이 감퇴할수록 규율을 반듯하게 지키는 글을 통해, 사드는 《쥘리에트 이야기》의 마지막에서 밝힌 '철학은 모든 것을 말해야 한다'는 장대하고 유토피아적인 계획을 수행하는 일에 열중한다.

사드가 말하는 전체성은, 사드가 다루는 주제의 다양성이 아니라, 그러한 주제의 파괴성으로 짐작할 수 있다. 사드는 감각의 혼란과 육체의 실어증에

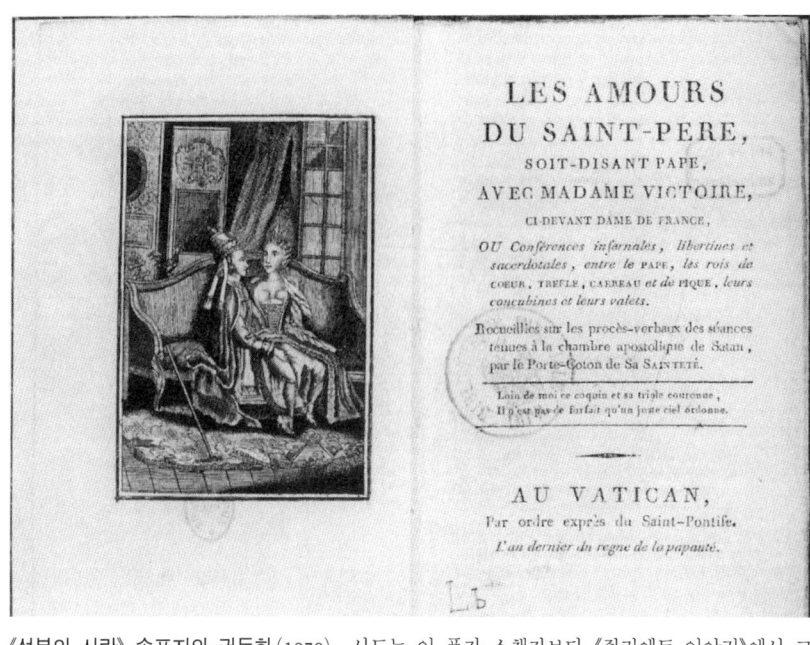

《성부의 사랑》 속표지와 권두화(1979) 사드는 이 풍자 소책자보다 《쥘리에트 이야기》에서 교황 피우스 6세의 사랑을 더 자극적으로 다루었다.

철학을 접합시킬 것을 거듭 강조했다. 사드의 등장인물은 차마 말로 나타낼 수 없는 내용을 말하며, 용서할 수 없는 것에 소리를 부여한다.

"그건 취향의 문제지."

뒤크로 신부는 플라비에게 키스하고 롤렛의 엉덩이 위에서 거칠게 자위하며 말했다.

그러자 데르벤 수도원장에게 집요한 애무를 받고 있던 볼마르가 말했다.

"철학의 문제예요, 곧 이성의 문제죠."

사드의 철학은 모든 의미를 침실에서 흡수한다. 왜냐하면 사드의 철학은 무엇보다도 향락의 수단이기 때문이다. 사드의 논리에는 에로틱한 목적이 있으며, 그것은 오르가슴으로 훌륭하게 증명되고, 그러한 고백은 언제나 "제기랄, 물건이 섰어!" 같은 정력적인 말로 마무리된다.

예측할 수 없이 변화하는 섹스의 역사가인 사드는, 성적인 묘사와 질리지

▲〈잠자는 헤르마프로디토스〉 (피렌체, 우피치 미술관) "이 조각상은, 배를 깔고 엎드려서 팔로 몸을 받치고 있기 때문에 풍만한 유방이 아주 잘 보입니다. 또한 허벅다리를 살짝 꼬아서 여성의 또 다른 특징을 완전히 감싸고 있습니다만, ……이 몸은 아름다우며, 숭고한 균형은 고도의 사실성을 가지고 있습니다." 《이탈리아 여행》

◀〈성 테레사의 법열(法悅)〉(로마, 산타 마리아 델라 빅토리아 성당) "이 작품은 사실적인 분위기가 으뜸입니다. 그러나 이 작품을 볼 때 그녀가 성녀라는 사실을 명심해야 합니다. 황홀경에 빠진 테레사의 모습을 보고 있으면 그 점을 쉽게 잊을 수 있기 때문입니다."《이탈리아 여행》

않는 논증의 정열을 한데 묶는다. 이 두 모티프는 서로 밀접하게 얽혀 있다. 한쪽에서 다른 한쪽으로 쉬지 않고 맥락도 없이 옮겨간다. "계속하라"고 방탕아는 명령한다. 모든 사실을 남김없이 말해야 하며, 말하기를 멈추어서는 안 된다. 사드의 산문은 전개가 단조롭고 막힘이 없으며 세련미가 있어, 하나의 '띠'(사드가 바스티유에서 종이를 한 장 한 장 붙여 만든 《소돔 120일》의 두루마리 초고와 같은 것)로 읽을 수 있다. 또한 이 띠는 외부의 침입을 막을 수 있을 만큼 두꺼울 뿐 아니라 '자신의 일탈 고찰'이라는 사드의 초기 논리에 도움되는 것들을 받아들이는 유연함도 갖추고 있다.

사드의 글에는 편집성과 유려함이 어지러이 뒤섞여 있으며, 모든 지식과 논리와 문학 분야를 자기 것으로 만들면서

폴 페를렌 《여자》의 삽화(1893)
"당신은 모든 시간과 모든 장소, 그리고 모든 남자를 자신의 쾌락에 이용해야 해요. 정조 같은 쓸모없는 미덕이나 지키고 있으면 자신의 권리를 침해받은 자연이 수많은 불행으로 우리를 벌할 거예요."《규방철학》)

도, 바꾸지 않고 발전시키는 독자적인 수법이 두드러지게 나타난다. 사드는 악당소설(가장 느슨한 양식)을 편애하며 서간체소설, 짤막한 콩트와 단편소설, 정해진 문체로 쓰인 여행안내기, 그리고 역사이야기를 두루 썼고, 평생 동안 연극에도 빠져 있었다. 무대장치와 무대 연출의 호화찬란함, 활기찬 대화, 풍자가 적힌 소책자의 재기발랄함, 설교의 부드러운 설득력, 백과사전의

정확함 등 그는 무엇이든 받아들였다. 그리고 이 여러 특성을 자신의 방탕한 규범에 따르게 했다. 하지만 이러한 독자성은 사드의 소설세계를 축소시키기는커녕, 사드로 하여금 자신의 욕망을 구현하는 등장인물을 만들어 내게 했다. 사드의 위대한 방탕아들은 놀랍도록 선명하게 마음을 울리는 존재감을 지니고 있다. 또한 모험담의 주인공처럼 매력 넘치는 그들은 신화에 나오는 신들의 초인적인 능력과 그 꺼지지 않는 빛을 지니고 있다. 그들은 이러한 존재로서 우리의 머릿속에 새겨진다.

도덕에 대한 끝없는 도전

사드는 자신의 목적을 고집하면서도 선택한 형식에 따라 다양한 변화를 꾀한다. 서로 다르게 배치하고 여러 미묘한 변화를 꾀한다. 자신의 방식을 더욱 바람직하게 되풀이하여 뚜렷하게 나타내기 위해서이다. 방탕아는 이렇게 고백한다.

"이게 내 방식이야, 아가씨. 나는 어렸을 때부터 그랬고, 앞으로도 절대 그만두지 않을 거야."

이 고백은 사드 작품의 출발을 설명한다. 사드는 작품마다 새로운 주제를 추구하지 않았다. 주제는 이미 《소돔 120일》에 나타나 있으며, 구상 형태에 지나지 않지만 젊은 시절에 쓴 《이탈리아 여행》의 초고에도 이미 드러나 있다.

사드의 글은, 난잡한 성애 장면의 구조에 보이는 것처럼, "변화가 아무리 풍부하더라도, 각색은 언제나 똑같다."《소돔 120일》) 사드를 좋아한다는 것은, 명인의 재주나 전략과 다를 바 없는 변화의 기교를 음미한다는 뜻이다. 사드는 불태워진 원고를 몇 번이든 다시 쓸 생각이라고 언제나 말했다. 그뿐만 아니라, 이전의 작품을 '각색'한 것은 없어질 것에 미리 대비한 방편이었다. 각 텍스트가 만들어 내는 이런 원활하고 연속적인 효과는 사드의 모든 작품에 나타난다. 비록 그 작품이 부분적으로 불타 잘려나간 상태로만 남아 있다 하더라도 그 사실은 달라지지 않는다.

《소돔 120일》에서 나타내고자 한 것은 '전쟁 기계'(현대 프랑스 사상가 질 들뢰즈 등이 제창한 포스트구조주의적 개념. '전체주의적'인 국가장치 바깥에서 끊임없이 그것에 대항하는 '유목민적인 것')이다. 또한 그것은 쾌락의 장치이기도 하다. 18세기의 분방한 작가들은 쇼데를로 드 라클로처럼 돈 후안의 죽음에 이르는 반역의 연속에 가담하든가, 아니면 크레비용 피스나 카사노바, 오스트리아 장군 리뉴

〈손님에게 딸을 권하는 중개인〉 장 바티스트 고티에 다고티의 작. "겔랑 부인은 나를 보고 무슨 일이든 할 수 있느냐고 묻기에, 나는 부인의 마음에 들기 위해 조금 새침하게 '네, 돈이 된다면 무슨 일이든 하겠어요'라고 대답했다."《소돔 120일》

공처럼 쾌락주의적인 곳에서의 은밀한 이야기를 즐기며 쾌락의 추구로 공공의 도덕을 위협하기보다는 기만하며 즐거워하든가 둘 가운데 하나였다. 사드는 악덕을 소리 높여 외치고, 최상층의 존재와 바로 맞서는 쪽을 선택했다. 사드의 등장인물들은 라클로의 《위험한 관계》의 주인공들처럼, 자신의 욕망을 채우기 위해 그들의 원리를 세우고 선의 숭고한 개념과 악을 대립시킨다. 그리고 발몽 자작(《위험한 관계》의 바람둥이)처럼 이렇게 분명히 말한다.

"나는 이 여성을 손에 넣고 말겠다. 그녀를 멸시하는 남편에게서 그녀를 빼앗아 보이겠다. 그녀가 숭배하는 신으로부터도 그녀를 빼앗아 보이겠다."

그런데 사드는 이러한 침입자의 계보를 잇는 동시대의 에로틱 작가 가운데 유일하게 노골적인 말과 철학적인 말을 분리하지 않은 작가이다. 철학적인 발언은 그것으로써 설명하고 해설하는 난잡한 성교 못지않게 격렬하다. 그뿐만 아니라 사드는 도착(또는 '욕정')의 목록과 자신의 에로틱한 상상세계의 자유로운 전개를 따로 구분하지 않았다. 더욱 정확히 말하면, 사드는 그 두 가지의 특징인 (그리고 '공상'이라는 말이 결부된다) 분리되지 않은 상태 속에 실제 행위와 그의 환상, 구체적인 몸짓과 그의 꿈의 발전을 두루 담아 나타냈다. "조금 더 상상력을 발휘해야 해요" 하고 쥘리에트는 (아주 자연스럽게) 말한다.

성의 고독, 성의 불가사의

시대가 바뀌고 풍속이 해방되어 관용적인 제도가 당연시되었지만, 사드의 주장과 묘사가 주는 충격은 약해지지 않았다. 사드는 여전히 받아들일 수 없는 존재였다. 그러나 그 강렬한 폭력과, 궁극적인 결과에 이르기까지 성의 고독과 성의 불가사의함을 밀어붙이는 단호한 태도는 독자를 끊임없이 매료시킨다. 사드가 모든 도착(倒錯)의 원인이라고 생각하는 섬세한 원리도 마찬가지로 사드의 글을 지배하고 있다.

사드는 과잉의 작가이다. 또한 마음 씀씀이가 세심한 주최자이며, 철저하게 도덕에 어긋나고 아주 이지적인 현자이다. 사드를 읽으면 우리는 판단능력을 잃고 무도덕의 환상으로 빠져든다.

'그럼 독자 여러분, 하늘과 땅이 열린 이래 가장 음란한 이야기를 듣기 위해 머리와 가슴을 대비하기 바란다. (중략) 여러분이 이제부터 듣게 될 온갖 일탈행위 가운데는 마음에 들지 않는 부분이 많겠지만, 무심결에 사정할 만한 것들도 있을 것이다. 작가는 그래야 한다. 작가가 모든 것을 말하고 모든 것을 분석하지 않으면, 독자는 자신의 취향도 알아채지 못한다고 작가를 나무랄 것이 틀림없기 때문이다. 그러므로 이야기 속에서 무엇을 선택할지는 독자 여러분에게 맡기겠다. 그러면 모든 이야기가 저마다 알맞은 곳에 자리잡을 것이다. 이 이야기는 독자의 식욕을 자극하는 600개의 산해진미가 제공되는 성대한 저녁식사이다. 모든 요리를 다 맛보고 싶다고? 그것은 불가능하다. 그러나 가짓수가 많아 선택 범위가 넓으니 많이 고를 수 있다는 점에 만족하고, 주최자인 작가에게 불만을 터뜨리진 말았으면 한다.'(《소돔 120일》)

사드의 글은 흠 잡을 데 없는 빼어난 기교로 우리를 사로잡는다. 음악적인 정확성으로 매혹한다. 그 음악적인 정확성은 사드의 글에서 가락과 형용사, 동사를 단숨에 찾아내게 하는 한편, 조화롭고 독특한 깊이가 있는 전체성과 일체화되어 있다.

영화감독 루이스 브뉴엘은 자신이 좋아했던 것들(소인, 호텔 바, 총, 빗소리 등)을 나열하다가 다음과 같이 말했다.

"나는 사드를 좋아했다. 스물다섯 살을 넘기고 파리에서 처음으로 사드를 읽었다. (중략) 나는 마음속으로 중얼거렸다. 가장 먼저 사드를 읽었으면 좋았을걸! 내 독서는 아무 쓸모도 없었어."

제5장 속표지 : 《신 쥐스틴》(1797)

"사람은 단순한 것에 싫증이 나면 상상력이 곤두서서 평범한 방법으로는 성이 차지 않고, 능력이 없음에 화가 나 정신이 점점 더 타락하여 더욱 추악한 짓을 하고 싶어지기 마련입니다."《소돔 120일》

《악덕의 번영》

쾌락을 찾아서

《소돔 120일》부터 《악덕의 번영》에 이르는 사드의 작품은, 희생자로서 죽게 될 운명에 처한 처녀가 살아남을 방법을 발견한다는 이야기가 작품의 중심을 이루고 있다. 이 책은 사드의 대표작으로 가장 많이 읽히는 원제《쥘리에트 이야기, 또는 악덕의 번영》을 《악덕의 번영》으로 옮긴 것이다.

《악덕의 번영》은 《새로운 쥐스틴, 또는 미덕의 불행》의 자매편으로, 미덕을 사랑하는 여동생 쥐스틴의 비참한 생애를 객관적으로 묘사한 뒤, 언니 쥘리에트의 고백을 통해 악덕과 음탕한 생애를 적나라하게 대조시킨 작품이다.

구상은 1789년 바스티유 감옥에서 씌어진 단편 《미덕의 불행》 이래 사드가 가슴 깊이 간직해 온 주제였다. 몇 번이나 고쳐 쓴 끝에 프랑스혁명 8년째인 1797년에 드디어 방대한 결정판으로 세상에 나왔다. 그전의 《쥐스틴》은 이 불행한 여주인공이 자기 생애를 이야기하는 1인칭소설 형식이었는데, 이 마지막 결정판에서는 쥐스틴 부분을 객관묘사로 바꾸고 새롭게 덧붙여진 쥘리에트 부분만 1인칭 고백형식을 취하게 되었다(쥘리에트의 고백이 끝난 뒷부분인 '쥐스틴의 죽음 및 대단원'에서는 다시 객관묘사로 돌아온다).

같은 변화가 뜻하는 바는 무엇인가.

모리스 엔은 말한다.

"첫 번째 원고에서는 여주인공 쥐스틴이 독자들에게 자신의 불행을 이야기한다. 하지만 가장 노골적인 부분에서조차 쥐스틴은 미덕의 화신으로서 그려진다. 어떠한 고문과 추행도 이 불쌍하고 착한 여인을 욕보이지 못하며, 그녀는 그 생애 못지않은 비극적인 죽음을 맞기까지 그리스도교적 수난자로서 살아간다. 그런데 1797년의 원고에서는 이야기가 객관적이 된다. 쥐스틴은 목소리를 빼앗긴다. 여주인공의 조신한 비탄 대신 생생하고 음탕한 낱말들이 판친다. 그로써 그녀의 체험은 어떤 우화적 양상을 띠며, 속편인 쥘리에트 이야기는 천재적인 전기소설의 성격을 띠게 된다. 작품의 등장인물들은 수많은 희생자를 상대로 하는 난폭한 섹스 자체로 대표된다."

모리스 엔의 말대로, 쥐스틴의 궁극적인 모습은 하나의 음화(陰畵)이며 육체를 잃은 공허한 그림자에 지나지 않는다. 그 곁에 악마 같은 등장인물들이 북적댐으로써 비로소 그녀의 존재가 부정적인 것으로 한정되어 흐릿한 윤곽을 얻는다. 반면 쥘리에트는 사드가 적극적으로 만들어 인물로, 누구보다 또렷한 실체를 과시하는 여성으로서 처음부터 운명이 정해져 있었다. 두 자매는 동상과 거푸집처럼 하나부터 열까지 닮아 있지만 하나부터 열까지 정반대이다.

쥐스틴은 외모는 물론이요 마음씨도 몹시 아름답다. 쥐스틴의 지성과 교

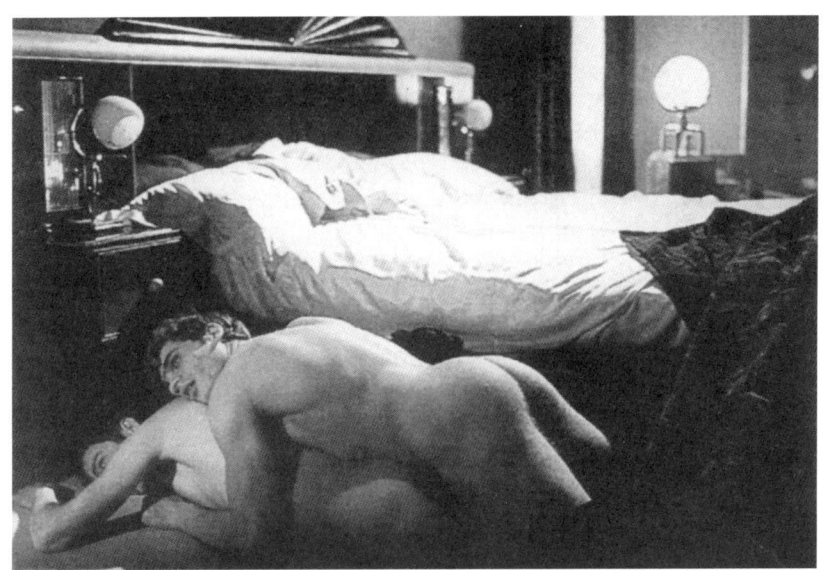

피에르 파올로 파졸리니 감독의 영화 〈살로, 소돔 120일〉의 한 장면(1975) "파졸리니는 각 장면을 문자 그대로 영화화했다. 마치 각 장면을 사드가 직접 묘사하는 것처럼. 따라서 각 장면은 백과사전의 커다란 도판처럼 슬프고 싸늘하고 정확한 아름다움을 지니고 있다." 로랑 바르트(《르몽드》지, 1976년 6월 15일).

양은 그녀의 인생에 등장하는 '괴물'들의 주목을 끈다. '괴물'들은 쥐스틴의 육체를 희롱하는 것으로는 성에 차지 않아 그녀를 유혹하려 애쓴다. 쥐스틴은 아직 어리고 내성적이지만 완고하게 반항한다. 방탕자의 특기인 악을 완고히 거절하는 태도는 그녀가 믿고 있는 미덕에 대한 열의에 결코 뒤지지 않는다.

쥐스틴은 악당인 '철의 심장'에게 아무리 협박을 당해도("'아아, 나리, 제발 부탁드려요.' 나는 열심히 애원했다"), 부르작 백작과 그 종복인 자스맹이 벌이는 파렴치한 행위를 목격해도("'아아, 나리!' 나는 양팔을 두 사람에게 뻗으며 외쳤다", 생플로랑에게 범죄 제안을 받아도("'아아, 나리.' 나는 그 이야기에 몸서리를 치며 이 악덕상인에게 말했다."), 뒤부아가 비웃어도 ("그런데 테레사, 넌 미덕에 대해 어떻게 생각하지?" "아아, 부인! 미덕은 대개 악행의 먹잇감이지만…….") 쥐스틴은 논의하고, 반론하고, 학대자들이 악용하고 싶어하는 설교의 재능을 발휘하여 자기가 생각하는 원칙의 정당성을 확고하게 거듭 주장한다.

쥐스틴의 웅변적인 미덕은 '일탈의 화폭'에 도덕이라는 요소를 집어넣는다. 그러나 쥐스틴은 누구도 설득하지 못한다. 설득은커녕 쥐스틴의 말은 늘 그녀에게 재앙을 가져오는 결과를 낳는다. 그녀가 애원하는 모습(눈물을 흘리고, 무릎 꿇고, 애원하는 상대에게 양팔을 뻗는 모습)이 악당의 욕망을 부추기기 때문이다. 또한 쥐스틴은 과거의 불행을 말함으로써 다시 그 불행을 겪을 수밖에 없기 때문이다. ("나는 이런 이야기를 하는 것이 그의 욕망의 불꽃에 기름을 끼얹는 꼴인 줄도 모르고 바보같이 있는 그대로 다 털어놓고 말았다.") 애원하는 여자는 고통을 부추긴다.

쥐스틴이 맞닥뜨리는 수많은 사건 배경에 등장하는 그녀의 가슴시린 순박함과 고난 속에서 두드러지는 아름다움은 《쥐스틴, 또는 미덕의 불행》에 악몽 같은 밤의 이미지를 부여한다. 커다란 숲과 결코 넘을 수 없는 두꺼운 성벽에 둘러싸인, 지하굴이 파인 성채, 파헤쳐진 정원 흙으로 시체더미가 들여다보이는 수도원 등이 소설의 무대이다. 헝클어진 머리에 옷이 다 찢어진 쥐스틴, 강도를 만나 폭행당하고 강간당하는 쥐스틴은 '암흑의 공포'를 철저히 맛본다.

쥘리에트—성(性)의 몽상여행

쥘리에트는 사드의 몽상을 그대로 구현한 긍정적인 인물이다. 따라서 그녀는 제한 없는 자유와 결핍을 모르는 정신을 지녔고, 온 우주의 질서적 위선에 맞서기 위해 날개를 달고 땅 위를 날아오른다.

쥘리에트의 호기심은 여행이라는 요소를 덧붙인다. 쥘리에트의 여행은 쾌락에 대한 그녀의 이해와 완전히 일치하며, 방탕을 장려하고, 사례를 통해 악덕의 보편성을 증명한다. 쥘리에트가 혼자 세상에 몸을 던져 발견한 세상은 그녀의 에로틱한 열광을 통해 만들어진 모습을 하고 있었다. 쥘리에트는 이탈리아 토리노에 도착하자마자 이렇게 말하며 기뻐한다.

'나는 이탈리아의 더없이 맑고 자유로운 공기를 마시며 '아, 기뻐라!' 마음속으로 외쳤다. 나는 호사가들이 동경해 마지않는 땅에 찾아온 거야. 네로와 메사리나가 태어난 나라에 찾아온 거야. 그 죄악과 음탕의 스승과도 같은 땅을 밟았으니 나도 언젠가는 아그리피나와 근친상간을 한 아들의 큰 죄와 클라우디우스 황제의 창부의 음란함을 흉내 낼 수 있을 거야! 그렇게 생각하니 나는 밤새도록 잠이 오지 않아, 투숙한 호텔 당그르테르에서 일하는 젊고 아름다운 시녀 품에 안겨 그날 밤을 보냈다…… 그녀는 내가 이 호텔에 도착하자마자 나를 유혹한 매력적인 소녀로, 나는 이 소녀 품에서 최고의 쾌락을 맛보았다.'

사드는 자기가 한 이탈리아 여행을 떠올리면서 쥘리에트의 이탈리아 여행을 묘사했다. 그러나 자신의 여행을 과거의 시각적인 근거로 이용하지는 않았다. 그는 그

제7장 속표지 : 위그 메를 〈거지 여자〉
쥐스틴은 대답했다. "아아! 나는 괴로움엔 익숙해요. 그러니 아무리 싫은 일이라도 받아들이지 못할 건 없어요." 《신 쥐스틴》)

것을 완전히 새로 만들었다. 사드의 수첩에 빼곡히 적힌 내용에는 욕망의 불꽃이 뒤섞여 있다.

"황홀경에 빠진 성 테레사 상 근처에는 항문섹스를 하는 메사리나의 초상이 있고, 그리스도 상 밑에는 레다의 그림이 있었다……."

쥘리에트가 세상을 돌아다니는 동안 그녀의 성기와 항문이 발기한 남근을 수없이 받아들이는 것도 채워지지 않는 형이상학적인 갈증을 풀어내기 위함이다. 또한 쥘리에트의 눈부신 알몸이, 마치 몰약 항아리처럼 우리의 신비로운 포옹에 몸을 맡긴 역사와 이야기 속의 여성을 담고 있는 것은, 작가의 성스러운 욕망의 사정이 역사의 그것보다 훨씬 크기 때문이다.

쥘리에트의 신비로운 알몸은 구이도 레니가 초상화를 그린 로마의 창부

베아트리체 첸치, 광기어린 프랑스 왕 샤를 6세의 아내 이자보 드 바비에르, 오빠 체사레와 불륜의 사랑에 빠진 루크레치아 보르자, 《위험한 관계》의 여주인공 메르퇴이유 후작부인 같은 인물들과 너무도 닮지 않았는가.

거룩한 악덕

또한 《악덕의 번영》은 움직임의 근원이다. 쥘리에트의 운동성은 그녀의 젊음과 유연함에서 비롯되어 튼튼한 마음과 이어져 있으며, 그러한 영향으로 쥘리에트는 방탕한 직업에 몸을 던지게 된다. 《악덕의 번영》은 그녀가 악덕의 계단을 하나하나 오르는 과정을 강조한다. 《소돔 120일》에서는 전혀 찾아볼 수 없는 놀라움이, 방탕의 세계에 빠진 쥘리에트의 진보를 분명히 보여준다.

"그럼 대체 어쩔 셈이죠?"
나는 깜짝 놀라 물었다.
"우리 유희의 희생양으로 삼는 거야. 아, 쥘리에트, 당신은 아직 어린아이구나!"

"어머나, 채찍으로 때릴 셈인가요?"
"그래. 피가 나도록! ……그리고 당신도 채찍으로 맞을 거야."

이러한 놀라운 순간은 《쥐스틴, 또는 미덕의 불행》에서는 망연자실한 상태로 바뀌어 질책을 불러일으킨다. 그러나 쥘리에트에게 그것은 새로운 쾌락을 앞둔 짧은 휴식에 지나지 않는다. 쥘리에트는 적응이 빨랐다.
쥘리에트에게 계속해서 새로운 가르침을 주는 '선생님들'은 그녀의 천부적인 재능에 희열을 느낀다. 팡테몽 수도원의 데르벤 원장이 쥘리에트의 첫 스승이었다. 뛰어난 원리에 근거하여 처녀들을 방탕의 길로 이끌었던 데르벤 원장은 스피노자·바니니·라메트리·엘베시우스·몽테스키외 등을 가르치고, 먼저 무신론과 유물론에 관한 논의부터 시작한다. 이론은 신을 모독하는 의식으로 이어진다. 수도원 교회에서 거행되는 이 의식에서 쥘리에트는 아주 굵은 남성의 성기 모양 도구를 차고 롤렛의 처녀성을 빼앗는다.

루이 브뉘엘 감독 〈은하〉(1968)
사드 후작 역의 미첼 피콜리는 목소리를 억누르고 혐오감을 참으며 《쥐스틴 또는 미덕의 불행》의 다음 대사를 말한다. "아니, 테레즈, 그렇지 않아. 그것은 신이 아니야. (중략) 너는 복수의 신을 기대하고 있어. 정신 차려, 테레즈……"

부모가 죽고 파산하자 쥘리에트는 쥐스틴과 함께 수도원을 떠나야 할 처지에 놓였다. 천애고아에 빈털터리가 된 쥘리에트는 원장의 너그러움에 의지하려 했다. 쥘리에트를 사랑했을 때 데르벤은 쥘리에트를 여러모로 돌봐주었다. 그러나 원장은 쥘리에트에게 "우정 따위는 무의미하다"는 짧은 가르침만 무뚝뚝하게 던지고 만다. 제자는 이 가르침에 따른다. 데르벤은 쥘리에트에게 관심이 식은 뒤에도 그녀를 교육한다.

'이미 타락하기 시작한 나는 놀랄 만큼 부당한 처사의 본보기를 보고 마음을 고쳐먹기는커녕 오히려 그것을 사랑하게 되었다.'

불운의 희생자가 되기를 거부하고 예상했던 다른 반응을 보인 이러한 대화 속에서 쥘리에트는 자기가 방탕자의 일원이 되었음을 처음으로 확실히 증명한다. 그 가르침대로 쥘리에트는 옳고 그름의 판단은 경우에 따라 다름을 이해하고,* 부정을 저질러 이익을 얻을 것과 기회가 없더라도 그런 견해

---

* 블랑지 공작은 《소돔 120일》에서 다음과 같이 말했다. "옳고 그름이라는 관념은 상대적인 것 아닌가? 약자가 그르다고 보는 것을 강자는 옳게 보듯이, 서로 처지가 다르면 생각도 달라지는 것 아닌가? 그러므로 내게는 쾌락을 주는 것이 올바른 것이고, 고통을 주는 것은 그른 것이네." 노아르쇠는 다음과 같이 말했다. "쥘리에트, 잘 들어. 모든 욕정에는 두 가지 면이 있어. 정욕은 희생자에게는 아주 부당한 것일지 모르지만, 신기하게도 정욕을 즐기는 자에게는 올바른 것이야." 쥐스틴과 쥘리에트의 대립되는 두 이야기는 이처럼 선과 악의 구조적 견해를 더없이 잘 말해 준다.

에 따를 것을 굳게 결심한다.

쥘리에트는 팡테몽 수도원 기숙사에서 뒤베르제 부인이 경영하는 매음굴로 몸을 옮겨, 힘든 수습기간을 거친 뒤 뒤베르제 부인의 고객인 한 부자에게 몸을 바친다. 그러던 중 우연히 자기 가족을 파멸로 몰아넣은 노아르슈라는 남자를 만나게 된다. 쥘리에트는 더욱 격렬하고 따라서 더욱 향락적인 비뚤어진 심리로 원한과 자신의 과거사를 완전히 극복하고, 악을 거듭 믿게 된다.

욕망의 감전

"정말 너무하시군요!"
나는 외쳤다.
"전 당신 때문에 많은 피해를 입었어요. 하지만 저는 그 악덕이 좋아요 …… 당신이 말하는 그 신조가 좋아 견딜 수 없어요."

노아르슈가 그 말을 믿지 못하자 쥘리에트는 이렇게 말한다.

"좋아요. 저를 범하세요, 노아르슈! 내 부모를 죽인 남자의 정부가 되다니, 정말 멋져요. 저에게 눈물 대신 애액을 흘리게 해주세요."

부모의 원수를 조건 없이 받아들임으로써 쥘리에트는 흥분한다. "좋아요"라는 말은 권위적인 위치에서가 아니라, 위험한 공간에서 나온 말인 만큼 더욱 열렬하다. 사드는 《소돔 120일》에서 일탈과 조화를 분명히 드러내는 네 남자 주인공을 한 여자 주인공과 바꾸어 놓음으로써 불확실함과 배신, 꿍꿍이가 판치는 더욱 변화무쌍한 영역으로 독자를 이끈다. 즉 정복 이야기로 이끄는 것이다. 실링 저택의 권력자들은 이미 방탕자였다. 그러나 쥘리에트는 방탕자로 거듭난다.

신비주의자의 황홀경이 그렇듯 사드의 이야기에서 문제시되는 점은 정반대이다. 실패란 이미 세상에 알려진 진부한 가치관으로 돌아가는 것이다. 신비주의자들이 그렇듯 방탕자에게도 다다르기 힘든 정상이나 보기 드문 심연으로 자신을 이끌어 주는 본보기가 있다. 데르벤·노아르슈·생퐁·크레아빌·뒤랭은 쥘리에트를 가르치는 데 기꺼이 정성을 쏟는다. 그들은 쥘리에트에게 자신들이 사로잡혀 있는 '열광'과 '감전된 것 같은 강렬한 상태', '신적 교감'을 전수한다. 쥘리에트는 그들의 가르침과 애무를 받고 쾌락을 향한 질리지 않는 욕망에 사로잡혀 '흥분'하고 '뜨겁게 타오른다.' 그들은 저마다의 신조를 펼치고, 쥘리에트는 그것을 기쁘게 받아들인다.

그 실제적 가르침의 한복판에 있는 같은 황홀경이 스승과 제자의 경계를 허문다. 제정신으로 돌아올 때는 샴페인을 더 주문하고, 새 희생자를 지명하며, 무대장치를 바꿀 때이다.

《신 쥐스틴》(1797)
"자, 다들 자리에 앉으세요. 토론을 시작하죠. 감각을 맛보는 것만이 능사가 아니에요. 감각을 분석하는 일도 중요하다고요."(《쥘리에트 이야기》)

방탕자의 '주체할 수 없는 정열(실천은 물론 신조에서도 엿보이는 놀랄 만한 상호이해)'은 이성애자끼리건 동성애자끼리건 똑같이 전달된다. 그러나 사드는 다양한 남녀관계나 유창한 논의에서 남녀의 경계선을 반드시 제시한다.

노아르슈는 쥘리에트를 크레아빌에게 소개하는데, 그것은 쥘리에트에게 자신의 가장 가까운 적을 소개하는 셈이었다. 하지만 그것은 쥘리에트를 소중히 아끼고 높이 샀기 때문이다. 결코 융합할 수 없는 깊은 적대관계에 있는 남녀 방탕자 사이의 협정은 예외적이고 한정적인 신뢰라는 행위를 바탕으로 맺어진다. 그러나 이 협정이 잠재적으로 전쟁상태에 있다는 의식을 없애 주지는 못한다.

노아르슈의 손아귀에서 쥘리에트는 자기 운명을(행복과 부라는, 사드가 따로 떼어놓고 생각할 수 없었던 이중 의미에서) 분석한다.

'우리는 서로 무관심했다. 노아르슈는 나를 사랑하지 않았지만 내 재치를 크게 샀으므로 내게 막대한 돈을 계속 지불했다. 나는 완전히 그에게 종속되어 나 자신의 쾌락을 위해 1년에 2만 4천 프랑이라는 돈을 받았다. 게다가 나의 안락한 생활에서 짐작할 수 있듯이, 나 스스로 번 돈도 연간 1만 2천 프랑은 되었다. 나는 남자 따위는 거의 신경 쓰지 않고 오로지 매력적인 두 여자를 상대로 내 욕망을 채웠다.'

위험한 관계

쥘리에트는 크레아빌을 처음 본 순간, 크레아빌이 언제까지나 남자에게 무관심하진 않을 거라는 점을 눈치 챈다. "순수한 쾌락을 얻기 위해 남녀를 뒤섞는 것이 법을 어기는 것이라고는 도저히 생각할 수 없어요."

《알레티노》(1787)의 판화 삽화
"관계하는 상대가 많으면 많을수록 즐거움과 흥분이 배가 되요."(《쥘리에트 이야기》)

크레아빌은 조심스럽게 감정표현을 한다.

"어머, 크레아빌, 그럼 당신은 남자가 싫어요?"
"내 몸이 원하니까 이용하고 있는 것뿐이에요. 하지만 난 남자를 경멸하고 싫어해요. 내가 타락한 곳까지 모든 남자를 타락시키고 싶어요."
"거만하군요!"
"그게 내 성격이에요, 쥘리에트. 거만하고 솔직하죠. 그런 성격이니까 당신도 금방 나를 이해할 거예요."

사드가 생각하는 거만이라는 개념은 《소돔 120일》이라는 무대를 빠져나와 세계에 한층 자유롭게 각인 될 때조차 자기가 아닌 다른 사람에게는 어떠한 자리도 내어주지 않는다. 희생자는 방탕자의 쾌락을 위한 소도구에 지나지 않았다. 희생자의 한탄은, 그것이 정당하더라도 가해자의 결정을 조금도 뒤집지 못한다. 또한 방탕자끼리도 자기가 아닌 남의 목소리에는 전혀 귀를 기울이지 않는다. 방탕자가 다른 방탕자를 만나 기뻐하는 것은 자기와 닮은 특질을 그들에게서 찾을 때뿐이다. 쥘리에트의 여성관계가 가져온 결과는 그들이 서로 두드러지게 닮아간다는 것과 감정의 고조이다. 쥘리에트는 크레아빌에게서 쥘리에트

《신 쥐스틴》(1797)
"제멋대로고 야비하고 추악하지 않다면 방탕이라고 하겠는가."《쥘리에트 이야기》)

자신의 한층 자신감 넘치고 강인한 모습을 발견한다. 자기 재능을 더욱 이끌어내 주는 여성이라고 느낀 것이다.

라클로의 《위험한 관계》에서 발몽 자작은 편지에 메르퇴이유 후작부인을 가리켜 "동성인 여성의 한을 풀고 당신네 남성을 지배하기 위해 태어났다"고 썼다. 그러나 부인은 남자 시체든 여자 시체든 똑같이 방치해 버리기도 한다. 동성의 원한을 풀어주었다고 해서 미덕으로 되돌아온 것은 아니다. 메르퇴이유 후작부인처럼 사드의 여주인공들도 매우 위험한 교제 상대이다. 그리고 서로 방탕벽을 공유하는 남자들과는 반대로, 함께 정열적인 관계를 맺는다.

실제로 쥘리에트와 크레아빌을 방해하는 것은 아무것도 없다. 두 사람은

사드의 사상과 문학 599

정열 없는 사람을 벌하기 위해 하늘이 보낸 사도처럼 이탈리아 왕국을 가로지르는데, 이 사랑과 파괴로 가득 찬 긴 여행에서 두 사람이 욕망 없이 보낸 시간은 거의 없다. 그러나 레즈비언들*의 관계는 무너지기 쉬워서 금세 변덕을 부리거나 싫증을 내기도 한다. 겉으로는 사드의 주인공들의 방탕을 방해하는 것이 아무것도 없어 보이지만 정말 무서운 위협은 내면에 있기 때문이다. 즉 위협은 머리의 욕구에 응하는 육체의 무능력에 있는 것이 아니라 포만으로 인한 욕구의 결여에 있다.

피에트라말라의 화산지대 끝 산속에 숨어 사는 거인 민스키는 "내 마음은 감동하지 않게 되었고, 쾌락도 퇴색해 버렸다"고 한탄하는데, 이 고백은 사드의 주인공들이 두려워하는 유일한 한계와, 그들을 의기소침하게 만드는 유일한 유한성을 나타낸다. 즉 모든 것이 그들에게 복종하는데도 무언가가 향락에서 달아나는 순간이다. 그들을 서서히 오욕의 극한으로 내몰던 충동은 갑자기 그 격렬함을 잃어버린다. 그들이 자신들의 향락을 위해 생각해 낸 전대미문의 세련된 취미에 쾌락을 위한 기계라는 이미지가 투영된다. 그 쾌락의 기계는 차가운 새벽, 마음이 감동을 잃어버릴 때 금속성의 서늘한 빛을 발한다.

영혼의 발전에 동기를

그러나 이러한 불안은 곧 없어진다. 다음 날에는 수많은 파렴치한 행위가 새로 벌어진다. 온갖 행위가 되풀이되고, 전날보다도 훨씬 자극적이다. 예를 들어 쥘리에트와 크레아빌은 베수비오 화산으로 소풍을 가 자신의 여자친구인 올람프를 죽인다. 피렌체에서부터 올람프 보르게스 공작부인과 함께 여행을 해 온 두 사람은 나폴리에서 왕가의 보물을 훔쳐낼 계획을 꾸민다.

---

* 레즈비언이라는 단어는 미스 뒤메닐에 관한 경찰보고서의 편견에 가득 찬 문장 안에 등장한다. "이 여자는 이러한 사례품을 받고도 레즈비언으로 알려진 라 무안이라는 여자를 자주 찾아간다. 이 여자와 가끔 잠자리를 함께하며 열렬히 사랑한다. 뒤메닐은 그녀를 '내 사랑'이라고 불렀는데, 그것은 정사에서 친밀한 관계에 있음을 보여 주는 호칭이다. 라 무안의 시녀는 뒤메닐이 자기 말을 듣지 않으면 사랑하는 라 무안의 목숨을 빼앗을 것이라고 말했다고 증언했다. 그리고 두 사람이 사귀기 시작한 뒤로 라 무안은 빼빼 말라갔다고 한다" (Paris sous louis XV).

"그 계획을 보르게스에게 말했니?"

"아니, 난 그 여자가 싫어."

"어머나, 나도 싫어."

"되도록 빨리 내쫓아 버려야겠어."

"내일 베수비오 화산에 가지 않을래?"

계획은 실행되었다. 올람프는 저항한다.

"아, 너희들, 내가 대체 무슨 짓을 했다고 이래?"

"아무것도. 그저 싫증이 났을 뿐이야. 이유는 그걸로 충분하잖아?"

장 자크 오에 〈마라의 죽음〉
1793년 7월 13일에 일어난 이 사건으로, 사드는 웅변적인 《마라와 페르티에의 영혼에 바치는 연설》의 초안을 쓸 기회를 얻었다. 그보다는 훨씬 간결하게 표현했지만 샤를로트 코르데도 웅변성에서는 지지 않았다. 그녀는 심문할 때 "혁명 전, 나는 훌륭한 공화주의자였으며, 열정도 누구 못지않았다"고 언명했다.

레즈비언들은 평범하지 않은 방법으로 서로를 사랑한다. 욕망이 어지럽게 변화하고 끊임없이 고조되어 가는 상태에서 에로틱한 정사가 끝없이 부풀어 오른다. 에로틱한 정사는 앞으로 나아가는 수단일 때에만 가치가 있다. 따라서 독점욕으로 치닫는 사랑이라는 욕구는 가까스로 허용된다. "나를 사랑해도 되는 사람은 나의 천사인 당신뿐, 이 세상에서 당신 하나뿐이야." 쥘리에트는 크레아빌에게 말한다. 그리고 며칠 뒤, 두 여자는 이탈리아 중부 항구 도시 앙코나의 바닷가를 거닐다가 전에 파리에서 만난 뒤 행방을 알 수 없었던 여자 사기꾼 뒤랭과 우연히 마주친다. 쥘리에트에게 홀딱 빠진 뒤랭은 경쟁자를 없애 버리기로 결심하고, 쥘리에트에게 크레아빌이 당신을 죽이려 한다고 속인다. 쥘리에트는 완전히 속아 넘어가 애인인 크레아빌을 독살해 버린다.

사드의 사상과 문학 601

쥘리에트는 자기가 실수했음을 깨닫고도 후회의 말은 한 마디도 하지 않는다. 쥘리에트는 뒤랭의 열정에, 뒤랭이 불러일으키는 '억제하기 힘든 감정'에 몸을 맡긴다. 새 애인이라면 자신을 마음껏 사랑해 줄 것이라고, 즉 독점적인 편애와 수의 법칙을 이어줄 것이라고 굳게 믿었기 때문이다.

이처럼 사드는 지금껏 어떠한 문학자도 만들어 내지 못한 뛰어난 전기소설을 창조해 냈다. 쥘리에트의 영혼이 고조되는 모습은 그녀가 밟고 지나간 걸음걸음마다 확인되어야 하며, 스톡홀름에서부터 로마까지 그녀의 발길이 닿은 온 유럽은 지축을 뒤흔들며 전율해야 한다. 그것은 때로는 혁명적 동란이고, 베수비오 화산의 경련이며, 인육을 먹는 향연이고, 대살육의 희생이며, 인간과 자연이 일으킬 수 있는 모든 주마등 같은 대이변이다. 그것은 또한 거대한 자연의 오르가슴이고, 별의 에로틱한 성교의 환상이며, 지상의 거짓 도덕성에 안주하지 못하고 미덕에 외면당했다고 믿는 사람들이 인간의 자유로운 의도에 들어맞는 거대한 세계를 건설하기 위해 이 땅을 남김없이 파괴하려고 하는 복수의 염원이다. 또한 손이 닿지 않는 순결한 이미지에 던져진 극심한 발작이며, 절망에 빠진 외침이고, 신을 모독하는 노래이며, 그러한 모든 것을 한데 모은 것이다.

모리스 브랑쇼는 이 소설을, '정력적인 영혼의 완만한 형성을 인식하도록 가르치는 어떤 인간의 수양서', 말하자면 반면교사(反面敎師) 같은 교양소설이라 했다. 이 소설은 언뜻 보면 성적 묘사의 연속 이야기같지만, 그 밑바닥에는 주인공 영혼의 발전에 동기를 부여하는 인간욕망 권력악행 순간들이 숨어 있다. 덧붙여 한국사회의 성적 풍속 내지는 성도덕 관념에 비추어 표현 수위가 자극적인 부분은 책 전체의 사드사상이 전개하는 주제상 문제되지 않는 한에서 강한 표현을 완화했음을 밝힌다.

사드 연보

1733년　11월 13일, 프랑스의 소만과 라코스트의 영주이자 마장의 공동영주인 장 바티스트 조세프 프랑수아 드 사드 백작이 마리 엘레오노르 마이예 드 카르망과 결혼함. 사드 백작부인은 사촌인 콩데 왕비의 시녀였음.

1737년　맏딸 카롤린 로르(도나티앙의 누나) 태어남.

1739년　11월 24일, 할아버지인 가스팔 프랑수아 드 사드 죽음. 그는 교황 클레멘스 11세의 교황령 콩타 주재사절로 아비뇽의 국왕대리인이었음. 카롤린 로르 죽음.

1740년　6월 2일, 프랑스 파리에서 도나티앙 알퐁스 프랑수아 드 사드가 태어나, 콩데 왕가의 저택에서 어린 시절을 보냄. 왕자 루이 조세프 드 부르봉의 놀이 친구였음.

1741년　사드 백작이 외교관으로서 쾰른 선제후 클레멘스 아우구스트 폰 비테르스바흐 대사교에게로 파견됨.

1744년　도나티앙, 아비뇽에 사는 할머니에게 맡겨졌다가, 그 뒤 문인 기질을 지닌 쾌락주의자로, 생레제 뒤브레유의 시트회 대수도원 주교 총대리인 숙부 폴 알퐁스 드 사드에게 맡겨짐. 부르보네 지방과 프로방스 지방(소만 성)을 왔다갔다하며 살았음.

1745년　2월, 사드 백작이 진치히에서 오스트리아군에 체포됨. 앙트베르펜과 루뱅으로 이송된 뒤 11월에 풀려남. 이 시점에서 외교관 직을 그만둠.

1746년　8월 13일, 마리 프랑수아(도나티앙의 여동생) 태어남. 그러나 며칠 뒤 죽음.

1750년　도나티앙, 파리로 돌아와 예수회 학교인 루이 르 그랑에 입학함. 가정교사 앙브레를 만남. 앙브레와는 평생 친교를 이어감.

1753년　여름, 처음으로 사랑에 빠짐.

1754년　사회에 나옴. 군대생활 시작. 베르사유의 근위기병대 연대부속사관학교에 입학, 20개월의 훈련기간을 거친 뒤 소위가 됨.

1755년　사드 백작은 자신을 닮아 게으르고 씀씀이가 헤프며 제멋대로 행동하는 아들의 앞날을 걱정함.

1756년　6월 27~28일, 7년전쟁에 종군함. 같은 날 마혼 항구 점령함.

1757년　1월 14일, 프로방스 백작의 기병연대 기수로 임명됨.

1758년　6월, 베스트팔렌 지방의 크레펠트 전투에 종군함.
　　　　10월, 롱그빌 성에서 한 달 동안 전원생활을 함.

1759년　봄, 생디지에에 주둔함. 그 무렵 그의 군대 동료가 백작에게 보낸 편지에는 다음과 같이 쓰여 있음. "아드님은 매우 건강합니다. 다정하고 솔직하고 유쾌한 친구입니다. (중략) 파리에서의 방탕한 놀이로 나빠졌던 건강과 얼굴색도 행군한 뒤로 회복되었습니다."

1760년　사드 백작부인, 앙페르 거리에 있는 카르멜회수도원에 숨어 지냄.

1763년　7년전쟁이 끝나며 사드의 군대생활도 끝남.
　　　　5월 17일, 르네 펠라지 드 몽트뢰유와 결혼함. 프로방스 지방의 어느 여자 성주와 사랑에 빠져 애끓는 슬픔을 맛봄. 창녀들을 자주 찾아다니며, 무프타르 거리에 '작은 집'을 빌림.
　　　　10월 29일, 불신앙 행위와 도를 넘은 방탕함 때문에 뱅센 감옥에 투옥됨.
　　　　11월 13일, 풀려나, 노르망디에 있는 몽트뢰유 집안 소유의 에쇼푸르 성에서 근신함. 동료들과 극단을 만들어 연극에 열중함.

1764년　사드, 디종 고등법원에서 국왕대리인 취임사를 연설함. 사드 부인이 임신하지만 아이는 태어난 뒤 이내 죽음.
　　　　사드 신부, 《페트라르카의 생애를 위한 비망록》 전3권(1764~67년) 펴냄.
　　　　사드, 여배우에게 탐닉함.

1765년　보부아쟁과 프로방스를 여행함. 파리로 돌아와서는 아내를 내버려 두고 고급 창부와 함께 삶. 몽트뢰유 장관부인의 분노가 커짐.

1766년　11월 4일, 아르쾨유의 작은 집에서 삶. 경찰 증언에 따르면, 사드는 그곳에서 "큰 소동을 일으키며, 밤낮 가리지 않고 남녀를 데려와 그들과 음탕한 관계를 가졌다."

1767년 1월 24일, 사드 백작부인 죽음. 유산을 조금 남김. 사드가 라코스트의 새 영주가 됨.

8월 27일, 맏아들 루이 마리 태어남.

10월 16일, "머지않아 사드 후작의 역겨운 행위에 대한 소문이 또다시 들려오겠지요."(마레 경찰)

1768년 4월 3일, 부활절 아침, 사드는 빅투아르 광장에서 로즈 켈러라는 여성에게 말을 걺. 그녀를 아르쾨유로 데려와 옷을 벗기고 채찍질하여 방에 가두지만, 그녀는 탈출하여 경찰에 신고함. "대중은 사드에 대해 말할 수 없는 증오를 품고 있다. (중략) 사람들은 그가 그리스도의 수난을 우롱하고, 도리에 어긋난 채찍질을 했다고 믿고 싶은 것이다." 사드의 한 여자친구는 말했음. 사드는 리옹 근처의 피에르앙시즈 요새에 투옥됨.

11월 16일, 풀려나 영지에서 근신처분을 받음.

1769년 5월, '완전한 자유의 몸'이 되어 파리로 다시 돌아옴.

6월 27일, 둘째아들 도나티앙 클로드 아르망 태어남.

9월 25일~10월 23일, 네덜란드를 여행함. 《서간체로 쓰인 네덜란드 기행》을 집필함.

1771년 4월 27일, 맏딸 마들렌 로르가 태어남.

9월, 채무불이행으로 포르레베크 감옥에 들어감. 라코스트에서 가족과 지냄.

1772년 6월, 사드 후작, 난잡한 행위를 할 준비를 함. 마르세유에서 네 창부(마리안, 마리에트, 마리앙네트, 로즈)와 하인 라투르와 함께 최음제가 든 사탕을 먹고 채찍질과 비역 등 성도착행위를 함. 같은 날 밤, 마르그리트 코스트를 상대로 똑같은 행위를 되풀이함. 사드는 영지로 돌아와 다시 연극을 상연함. 마르세유의 여자들로부터 독살미수 혐의로 고소당함.

7월, 처제인 안 프로스페르 드 로네를 데리고 이탈리아로 달아남. 장모 몽트뢰유 부인의 분노가 절정에 달함.

9월, 엑상프로방스에서 비역 혐의로 사드와 하인의 처형이 집행되어, 두 사람을 본뜬 인형이 불에 탐. 피고들은 베네치아에 머물고 있었고, 사드는 가을에 샹베리로 잠복함.

12월, 사드, 몽트뢰유 장관부인의 요청을 받은 사르데냐 왕국 관헌에 체포되어 미올랑 요새에 유폐됨.

1773년 4월, 사드, 라레 남작과 함께 화장실 창문을 통해 탈옥함. 옥중에서 기르던 개를 라코스트로 보내라고 요구함.

1774년 1월, 라코스트 성에서 가택수색이 이루어짐.

3월, 사드 후작은 수도사로 변장하여 라코스트를 떠남. 이탈리아에 잠깐 머묾.

9월, 사드 부부, 리용에서 하인 7명을 고용함. 비서 앙드레와 하녀 나농, 그리고 5명의 젊은 처녀.

겨울, 라코스트에서 난교를 벌임.

1775년 앙드레와 나농의 부모가 재판소에 고소함. 사드는 다시 이탈리아로 여행을 떠나 1년 동안 머묾.

1776년 여름에 라코스트로 돌아옴.《이탈리아 기행》집필을 구상함.

9월, 로마에서 사드의 친구인 이탈리아 학자 이베르티가 사드의 부탁으로 모으던 저속한 설화 때문에 종교재판소에 체포됨.

1777년 1월 14일, 어머니 사드 백작부인 죽음.

2월 13일, 파리로 돌아와 신중하지 못하게 행동한 탓에 아내와 묵고 있던 호텔에서 체포되어 뱅센 감옥에 갇힘.

12월 31일, 사드 신부 죽음.

1778년 6월, 엑상프로방스에서 재판. "적어도 2백 명이 넘는 구경꾼이 사드 후작의 얼굴을 보기 위해 몰려들었다. 그러나 장막으로 가려져 있어 대중은 기대한 바를 이루지 못했다. 후작은 이 첫 번째 재판에서 크게 동요한 것처럼 보이지는 않았다."(마레 경찰)

사드, 실질적으로 무죄 판결을 받고 자유의 몸이 되리라고 바랐지만, 2월 13일자 체포영장이 유효하여 다시 감옥으로 끌려감. 연행 도중에 발랑스 시내로 달아나 라코스트로 몸을 숨겼지만 8월 26일 다시 체포됨.

	9월 7일, 뱅센 감옥 독방 6호실에 갇힘.
1779년	사드는 《이탈리아 기행》을 〈청춘〉과 함께 하인 카르트롱에게 정서하라고 시킴.
1780년	사드, 섬으로 유폐되지 않을까 하는 불안에 떪. "만약 그렇게 된다면 배에 올라타느니 차라리 해안에서 갈가리 찢기는 쪽이 낫겠다."
	6월, 같은 죄수였던 미라보와 격렬한 말싸움을 벌임.
	10월, 하녀 고튼 죽음(사드는 르세 양에게 보낸 편지에서 고튼에 대해 이렇게 말함. "그녀는 스위스 산속에서 손에 넣은, 백년에 한 번 날 법한 더없이 아름다운 엉덩이였다.")
1781년	사드 후작, 몽텔리마르 감옥으로의 이송을 거절함.
	5월 13일, 처제인 안 프로스페르 드 로네 죽음.
	사드 부인, 생토르 수녀원으로 들어감.
1783년	격렬한 눈의 통증으로 괴로워함.
	자서전 기획. "나는 《내 인생의 자서전》을 쓸 생각이다. 분명히 말해 두지만 오로지 나 자신을 위해 쓸 생각이다."(1783년 9월 15일, 아내에게 보낸 편지에서)
	루소의 《고백록》을 신청하지만 거절당함.
1784년	1월 25일, 성실한 여자친구였던 마리 도로테 드 르세 죽음.
	죄인 사드는 몽트뢰유 부인의 성에 유폐되지 않을까 걱정한다. "……그 여자는 나를 토굴 속에 가두고 내가 죽었다는 소문을 퍼뜨리고 다니겠지."
	2월 29일, 바스티유로 이송됨. 그곳에서 5년에 걸쳐 여러 편의 초고를 집필하면서 주요 작품을 구상했음.
1785년	《소돔 120일》 탈고. 《이탈리아 기행》을 계속해서 집필함. 개를 기르게 해달라고 요구함.
1786년	"……나는 나에게 허락된 몇 가지 사치품만 가지고, 꽃들을 소중히 키우고 있다. 꽃들은 지금의 내 비참한 상황에서는 유일한 기쁨이다."(6월 30일자 사드 후작의 편지)
1787년	사드, 바스티유에서 쓴 수많은 작품 가운데 하나인 비극 《잔 레네》를 낭독함.

	6월 23일~7월 8일, 철학적 단편형식으로 된 《미덕의 불행》을 씀.
1788년	《외제니 드 프랑발》 탈고함. 사드, 자신이 쓴 책의 해제를 단 저작목록을 작성함. 3년의 세월을 들여 《알린과 발쿠르》 탈고함. 바스티유 탑에 벼락이 떨어짐.
1789년	7월 4일, 샤랑통으로 이송됨.
1790년	4월 2일, 사드, 영장 무효화로 자유의 몸이 됨. 몽트뢰유 부인은 사위인 사드를 배제할 법적 수단을 찾음.
	6월 9일, 사드 부인과 이혼함. 재정상태가 나빠짐.
	사촌누이인 델핀 드 클레르몽 토네르와 교류하며 다시 사교계에 흥미를 느낌. 자기 작품이 상연되도록 도모함.
	7월 1일, 피크 지구의 '능동시민' 신분을 얻음.
	8월 25일, 마리 콩스탕스 케네와 만남. 이듬해 1월에는 루 데 마튀랭 거리에서 그녀와 그녀의 아들과 함께 살기 시작함.
1791년	《쥐스틴, 또는 미덕의 불행》을 익명으로 펴냄.
	국왕 일가가 달아남. 사드는 파리로 다시 끌려온 국왕 일가가 탄 베를린 마차가 지나갈 때 〈프랑스 국왕에게 보내는 파리의 한 시민의 건의〉를 마차 안으로 던져 넣었다고 주장함.
	《옥스티에른 백작 또는 방탕의 대가》가 몰리에르 극장에서 상연됨.
1792년	사드, 피크 지구의 서기로 임명됨. 부슈뒤론의 망명귀족명단에 기록됨. 라코스트가 약탈당함.
	10월, 파리 시내 병원에 대해 보고함.
	11월, 정치적 소책자 《법률 인가방법에 대한 의견》을 낭독함.
	두 아들이 망명함.
1793년	4월 8일, 고발심사위원으로 승진함. 몽트뢰유 일가를 구함. "내가 한 마디만 했어도 그들은 끔찍한 꼴을 당했을 것이다. 나는 침묵했다. 내 복수는 이런 것이다."
	10월 9일, 〈마라와 르페르티에의 영혼에 바치는 연설〉을 낭독함.
	12월 8일, 체포됨. '프랑수아 드 사드, 53세, 파리 태생, 문학자', 마드로네트 감옥으로 연행됨. 열악한 환경에서 6주를 보냄.
1794년	1월 12일, 공포정치 아래에서 투옥생활을 함. 레카름 수도원, 생라

	자르 감옥, 그리고 픽퓌스에 투옥됨.
	7월 26일, 사형 선고 받음.
	7월 27일, 콩스탕스의 헌신적인 도움으로, 공포정치 시대의 마지막 사형수 호송차에 타는 것을 겨우 피함.
	10월 15일 사드 풀려남.
1795년	《규방철학》과 《알린과 발쿠르 또는 철학적 이야기》를 익명 출판.
1796년	라코스트 매각함. 생투앙에 집을 삼.
1797년	《새로운 쥐스틴 또는 미덕의 불행 및 악덕의 번영》을 익명 출판.
1799년	사드, 베르사유 시료원에 들어감. 베르사유 극장에 프롬프터로 고용됨.
1800년	사드, 콩스탕스와 함께 다시 생투앙으로 돌아옴. 《옥스티에른 또는 방탕의 대가》와 《사랑의 죄》를 펴냄. 후자에는 '《알린과 발쿠르》의 저자 D.A.F. 사드의 〈소설론〉'이라는 서문이 달려 있음.
1801년	3월, 자신의 저작 발행처의 밀고로, 그곳에서 체포됨. 《새로운 쥐스틴》 1권과 《악덕의 번영》 마지막권이 압수됨. 사드 후작은 생펠라지 감옥으로 호송되어, 2년 동안 투옥됨. 나중에 비세트르 감옥으로 이송됨.
1803년	4월 27일, 사드 가족의 탄원으로 샤랑통 정신병원으로 이송됨. 그 병원에서 더 먼 감옥으로 보내지진 않을까 하고 죽을 때까지 끊임없이 걱정함.
	콩스탕스는 사드 부인이 이루지 못했던 꿈을 이루어, 옥중에서 그와 하나가 됨.
	경찰 감시가 강화됨. 사드가 쓰던 일기의 주요 부분이 많은 자필 원고와 함께 몰수, 폐기됨.
1805년	병원 원장 쿨미에의 호의로 사드는 샤랑통에서 극단을 지도함(1813년까지).
	맏아들 루이 마리가 《프랑스 국민사》 제1권을 펴냄.
1806년	사드는 집필노트에 이렇게 썼음. "1806년 3월 5일, 정서를 시작했다. 수첩 16권을 정서하는 데에 꼬박 1년 걸렸다."(《플로르벨의 나날》)

1807년 "말하기 힘든 일련의 외설스럽고 모독적이며 악랄한" 표현이 있는 《플로르벨의 나날 또는 베일을 벗은 자연》의 메모가 압수됨. 그 원고는 둘째아들의 요청으로 사드가 죽은 뒤 불태움.

1808년 9월 15일, 둘째아들 도나티앙 클로드 아르망이 사촌인 루이스 가브리엘 로르 드 사드 데기엘과 결혼함.

1809년 6월 9일, 그가 사랑했던 맏아들 루이 마리 죽음. 그는 남이탈리아의 오트란토 근교에서 나폴리 폭도들에 의해 살해당했음.

1810년 7월 7일, 사드 후작부인 죽음.

1812년 《아델라이드 드 브랑스위크》를 집필함.

1813년 《이자보 드 바비에르 비사(秘史)》 완성함.
역사소설 《강주 후작부인》을 익명으로 펴냄.

1814년 12월 2일, 파리 근처 샤랑통에서 도나티앙 알퐁스 프랑수아 드 사드 죽음.

1909년 시인 기욤 아폴리네르가 《사드 후작 작품집》 펴냄.

1926년 모리스 엔이 《일화, 콩트, 우화》 펴냄.
모리스 엔이 파리에서 《신부와 임종을 앞둔 남자와의 대화》 펴냄.

1930년 모리스 엔이 《미덕의 불행》 펴냄.

1931~35년 모리스 엔이 《소돔 120일, 또는 음탕한 학교》를 교정, 펴냄.

1947년 장 자크 포베르가 《사드 전집》 간행 시작함.
모리스 나도가 《사드 선집》 펴냄.

1952년 질베르 렐리가 《사드 후작의 생애》 제1권 펴냄.

1953년 질베르 렐리가 《프랑스 왕비 이자보 드 바비에르 비사(秘史)》와 《사기(私記)》(1803~04년)를 펴냄(Paris, Gallimard).

1957년 《규방철학》, 《새로운 쥐스틴》, 《악덕의 번영》, 《소돔 120일》을 펴낸 일로 포베르가 유죄판결을 받음.
질베르 렐리가 《사드 후작의 생애》 제2권 펴냄.

1952~64년 총 15권으로 된 《사드 전집》이 출판됨.

옮긴이 김문운(金文橒)

일본대학 문과 수학. 대구고보 불어 영어 교사. 〈매일신문〉 편집국장 역임. 지은책 종군기 《조국의 날개》 옮긴책 마르키 드 사드 《소돔의 120일》 《악덕의 번영》 모리스 르블랑 《아르센 뤼팽》 부아고베 《철가면》 란포 《음울한 짐승》 하이스미스 《태양은 가득히》 등이 있다.

World Book 170
Marquis de Sade
HISTOIRE DE JULIETTE OU LES PROSPÉRITÉS DU VICE
악덕의 번영
마르키 드 사드/김문운 옮김
1판 1쇄 발행/2011. 12. 12
1판 3쇄 발행/2018. 12. 1
발행인 고정일
발행처 동서문화사
창업 1956. 12. 12. 등록 16-3799
서울 중구 다산로 12길 6(신당동 4층)
☎ 546-0331~6 Fax. 545-0331
www.dongsuhbook.com

*

이 책의 출판권은 동서문화사가 소유합니다.
의장권 제호권 편집권은 저작권 법에 의해 보호를 받는 출판물이므로 무단전재와 무단복제를 금합니다.
이 책의 법적문제는 「하재홍법률사무소 jhha@naralaw.net」에서 전담합니다.

*

사업자등록번호 211-87-75330
ISBN 978-89-497-0724-2 04080
ISBN 978-89-497-0382-4 (세트)